藝예에 살다

서예가 일중 김충현의 삶과 예술

이 도서의 국립중앙도서관 출판예정도서목록(CIP)은 서지정보유통지원시스템 홈페이지(http://seoji.nl.go.kr)와 국가자료공동목록시스템(http://www.nl.go.kr/kolisnet)에서 이용하실 수 있습니다. CIP제어번호: CIP2016028506

藝예에 살다

김충현 지음

일중선생기념사업회 엮음

서예가 일중 김충현의
삶과 예술

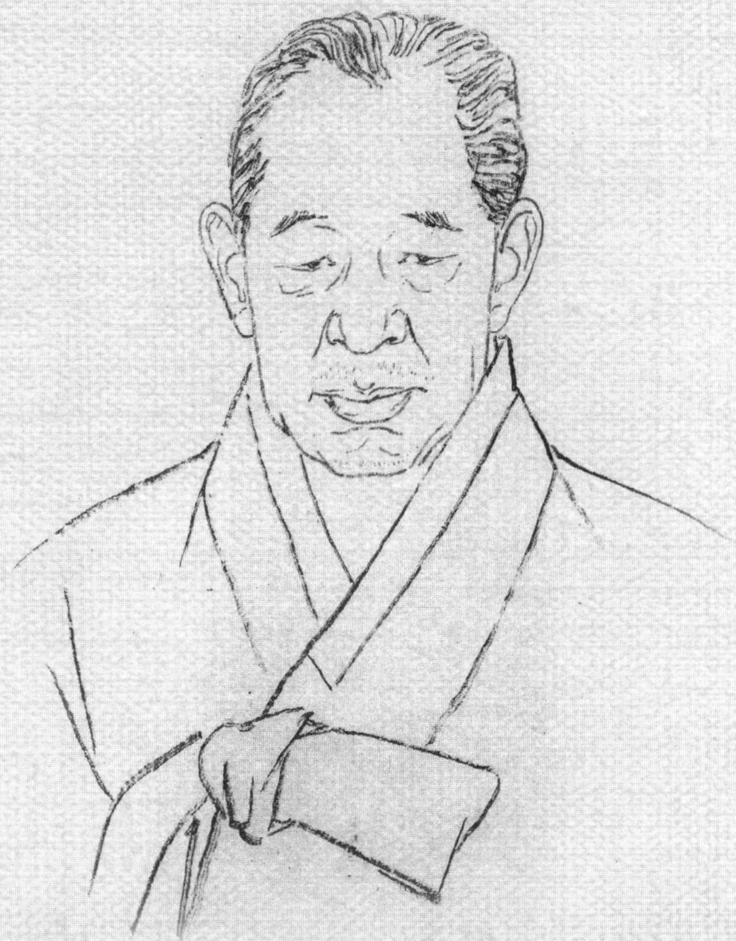

한울

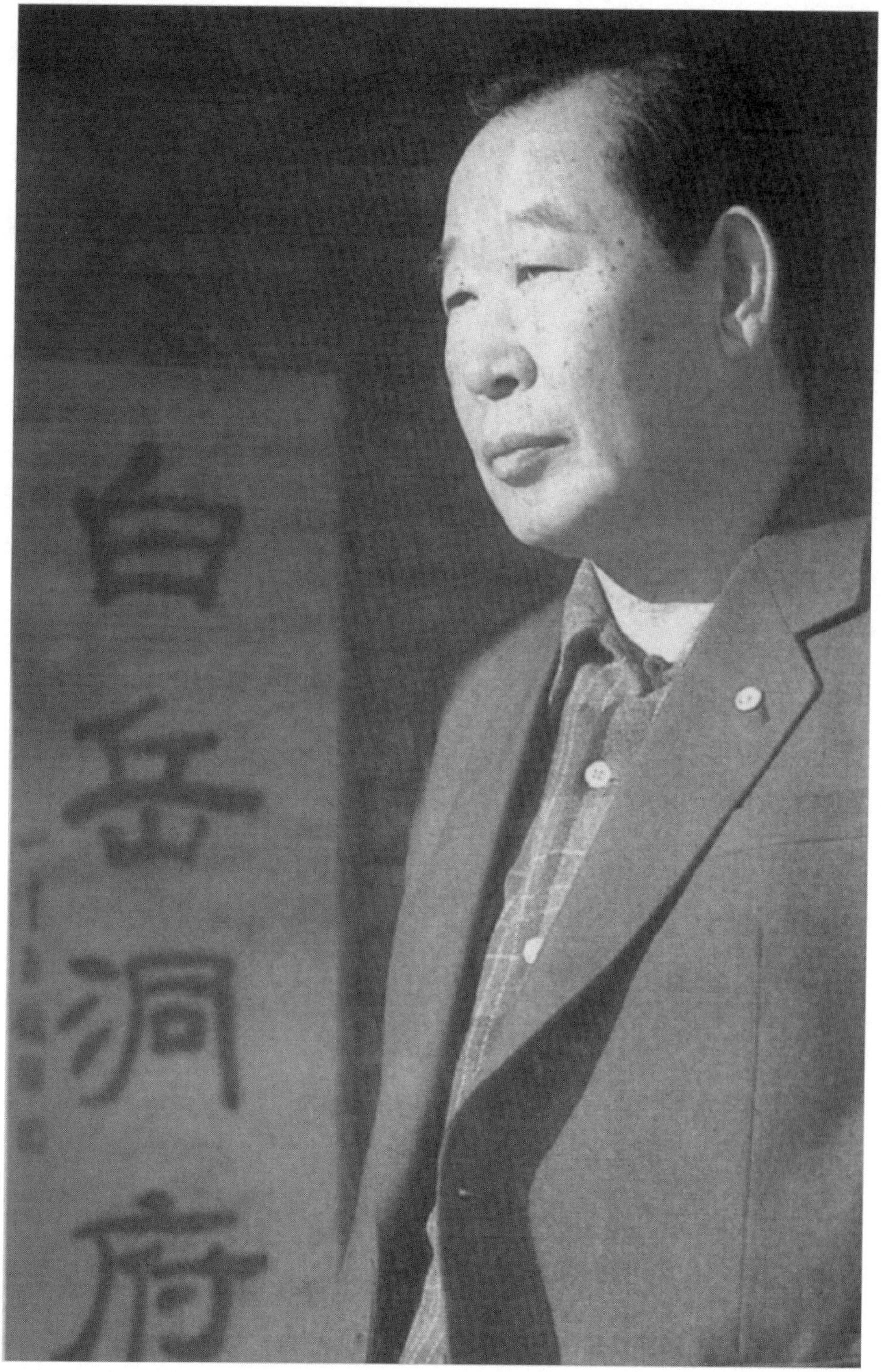

▌ 백악동부(白岳洞府)에서, 1983년.

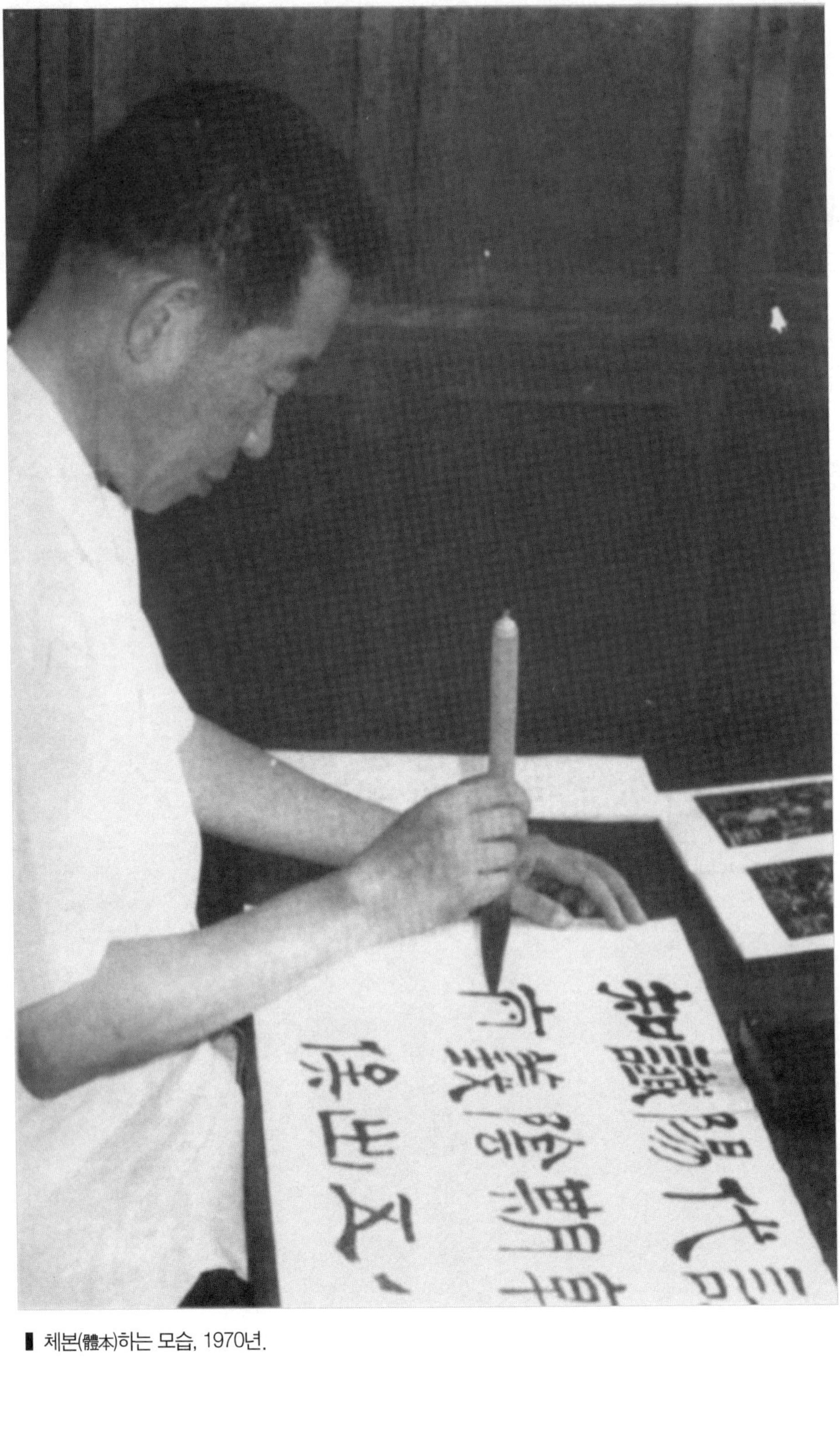

▌ 체본(體本)하는 모습, 1970년.

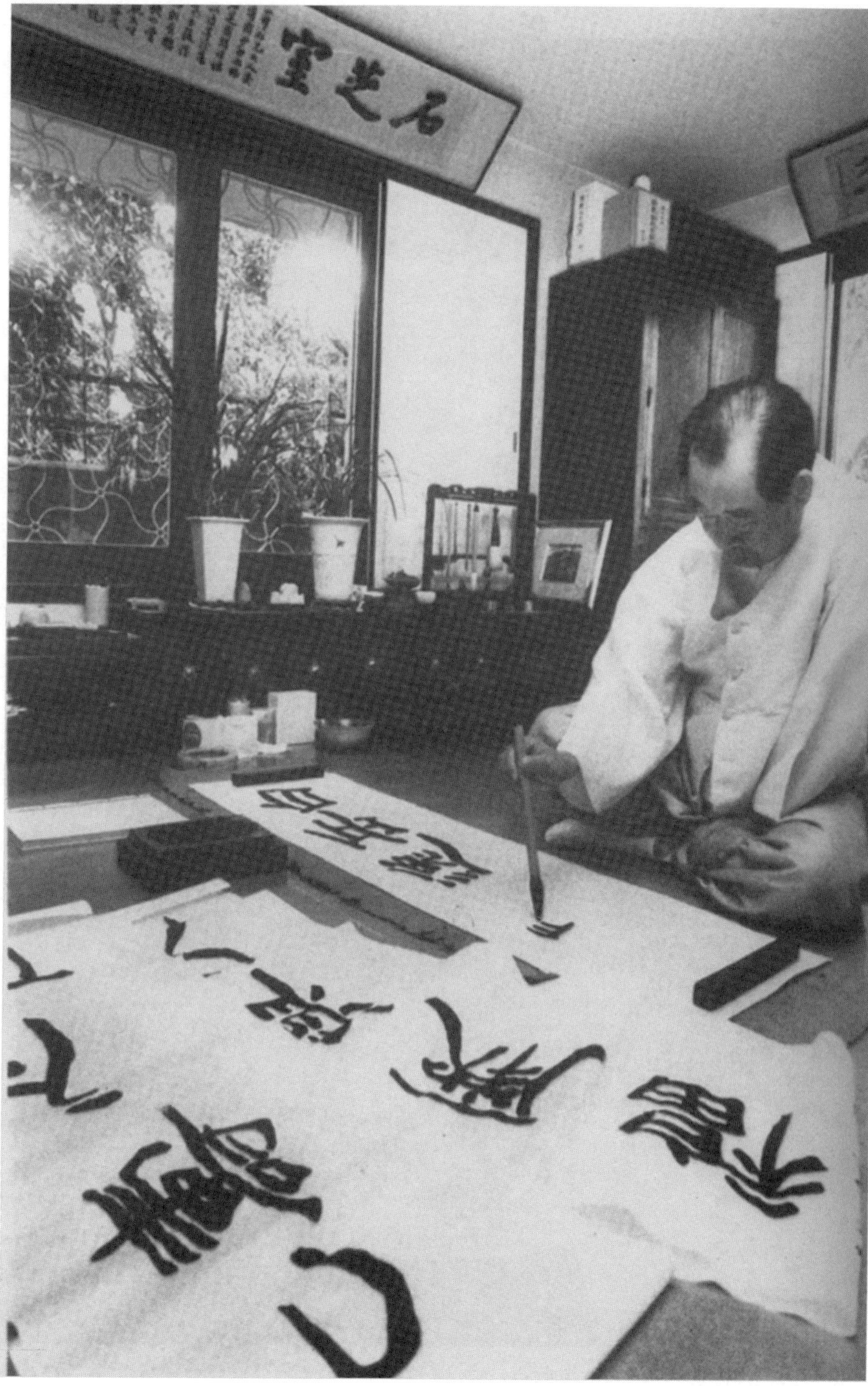

동선동 감나뭇골 제작실에서, 1983년.

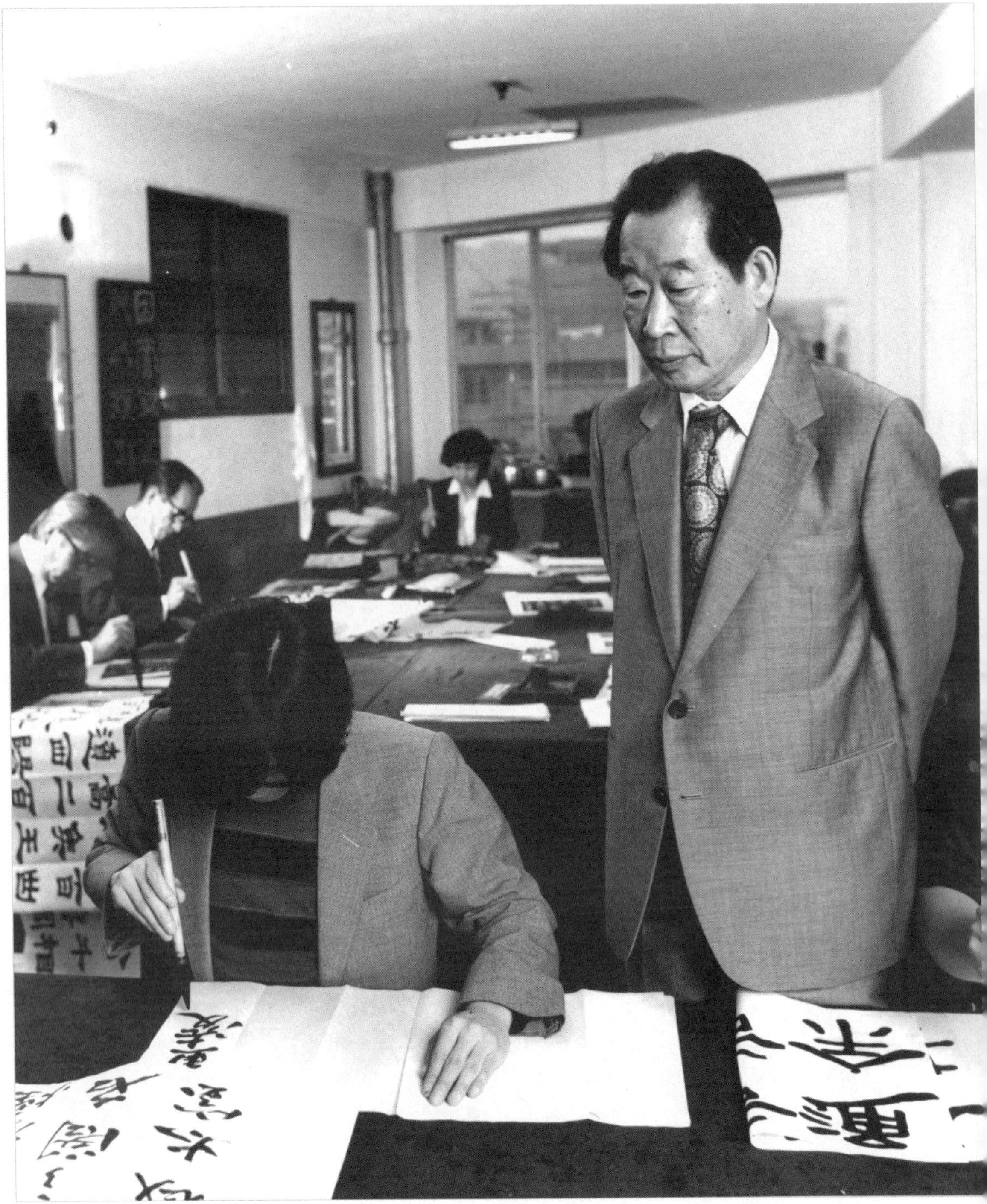

일중묵연(一中墨緣)에서 서예 지도하는 모습, 1972년.

서문

『예에 살다』가 처음으로 발행된 시기는 1998년 3월 예술의전당 서예관 개관 10주년 기념 특별기획전으로 일중 선생의 마지막 개인전을 연 이후 병환이 더욱 깊어지던 1999년이었다. 교육과 서예로 일관된 선생의 삶과 예술에 대한 선생의 생각을 정리하는 의미에서 1979년 당시 인기 있던 일간지 《일간스포츠》에 자서전 형식으로 연재되었던 "외길 40년, 예에 살다"를 중심으로 선생의 수필과 시, 시조, 서문, 발문, 조사, 작사 등을 엮어 발간했다. 이 책은 일중 선생의 서거 10주기를 맞아 기존의 책 내용에 일중 선생에 대한 연구와 추모글을 추가해 새로 펴낸 것이다.

이 책이 서예와 일중 선생에게 관심이 있는 분들에게 많은 도움이 되기를 바라며, 아울러 발행을 위해 글과 자료들을 준 분들과 출판하는 데 수고를 아끼지 않고 도와준 여러 분들의 노고에 깊이 감사드린다.

일중선생기념사업회 이사장

김 재 년

차례

2부

북한산과 나 — 수필 모음

3부

감나뭇골에 집을 짓고 — 시, 시조, 서(序), 발(跋), 지(識), 조사(弔辭), 작사 모음

4부

서예 가르침

부록 1

일중을 기리다 — 일중에 대한 지인의 글 모음

부록 2
일중을 논하다 — 일중연구 모음

1부

외길 80년, 예(藝)에 살다

자서(自敍)

1부에 실린 글은 1979년 3월 17일부터 4월 12일까지 ≪일간스포츠≫에 "외길 40년, 예에 살다"라는 제목으로 연재된 글들을 모은 것이다. 당시 표기를 현대 맞춤법에 맞게 수정하였다. — 엮은이

한학자 집안에서 태어나다

나는 1921년 4월 2일 조선조의 고종 밑에서 형조판서를 지낸 김석진(金奭鎭)의 증손자로 태어났다.

내가 태어난 곳은 도봉구 번동 93번지로 당시에는 한성부였으나 후에 일제가 행정구역을 변경하여 경기도 고양군 동부면으로 격하된 적이 있었다.

해방 후 내 고향은 다시 서울시로 편입되었으니 결국 나는 서울 토박이인 셈이다. 지금도 나는 본적을 도봉구 번동의 생가에 두고 있는데 막상 그곳에 가본 지 몇 해나 되었는지 기억이 희미하다.

내가 태어날 때에는 집에 나의 조부 김녕한(金甯漢)를 비롯해 부친 김윤동(金潤東)과 모친, 그리고 일가친척이 한 집에 모여 그야말로 대가족을 이루고 있었다.

당시 조부와 부친은 인근 지역에서는 이름난 한학자로 밤낮없이 책을 벗 삼아 지내고 집안 생계에는 별 신경을 쓰지 않으셨다. 우리 집은 1백 석가량 농사를 지었으나 그때의 가세는 몹시 어려운 형편이었다.

1백 석이라면 적지 않은 농사였으나 식구가 근 40명에 이르는 데다 따로 돈을 버는 사람이 없어 항상 쪼들렸다.

더구나 뿌리 깊은 한학자 집안으로 조부나 부친은 봉제사 접빈객을 무엇보다 소중히 여기는 터였으므로 양식이 모자라 점심은 굶기가 일쑤였다. 조상들의 제사를 모시고 조부의 친구분 발길이 끊이지 않아 손님접대를 하다 보면 40명에 가까운 식구들 양식마저 모자라는 형편이었다.

여기서 잠시 나의 집안 내력을 이야기해두고자 한다.

내 증조부 김석진은 고종조(高宗朝)의 형조판서로 1910년 한일합방이라는 역사적 비극을 맛보았다. 일제는 합방 이후 조선조 고관들에 대한 유화책으로 합방에 동조한 고관이건 반대한 고관이건 간에 소위 그들에게 귀족 작위를 주어 유화정책을 폈다. 나의 증조부에게도 남작(男爵)의 작위가 주어졌으나 증조부는 이를 거절하고 합방에 대한 통분을 참지 못하여 스스로 목숨을 끊고 말았다.

일제는 다시 나의 조부에게 남작의 작위를 주고 마음을 돌리도록 종용했으나 조부 역시 이를 거절하고 일가권속을 이끌고 도봉구 번동으로 피신하게 된 것이다.

조부는 번동으로 옮긴 후에 일제에 대한 반발심에서 일체의 신학문을 배격하고 오로지 한서(漢書)에만 묻혀 지내면서 찾아오는 손님들과 한담이나 하며 세월을 보냈다. 그래서 나도 어린 시절을 농사나 지으면서 학교에도 다니지 못하고 조부와 부친 밑에서 한문을 배우며 보내야만 했다.

수구파(守舊派)의 집안에서 태어난 덕분에 학교에는 가지 못했지만 일찍이 붓을 들고 한문을 배우기 시작했다. 집에서 웬만큼 한문도 배우고 붓글씨도 익히자 나는 다른 아이들처럼 학교에 가고 싶어 견딜 수가 없었다.

조부와 부친께 학교 보내줄 것을 간청했고 또 주위 사람들이 조부께 권유한 덕분인지 나는 14살이 되어서야 비로소 청진동에 있는 삼홍보통학교에 들어갈 수 있었다. 간단한 시험과 함께 3학년에 편입된 나는 뒤떨어진 공부를 위해 퍽 열심히 공부했다.

당시의 우리 집에서 청진동까지는 아주 먼 길이었지만 힘든 줄 모르고 통학했다. 번동에서 혜화동까지는 걸어 왔고 창경원부터 청진동까지는 전차를 타고 다녔다. 새벽에 집을 나서야 학교에 늦지 않게 도착할 수 있었는데 그래도 집에서 혹시 학교를 그만두랄까 두려워 힘들다는 말 한마디 하지 못했다.

그때 이미 나는 한문 글씨를 열심히 공부했는데 어떤 때는 연습할 종이가 없어 분판을 사용하기도 했다. 분판이란 하얀 분을 칠한 판으로 그 위에 먹으로 글씨를 연습하고는 물걸레로 지워버리는 것이었다. 이렇게 삼홍보통학교 6학년을 마친 나는 1938년 중동(中東)학교로 진학할 수 있었다.

혼자 한글서예를 연구하고

18세란 늦은 나이에 중동학교에 입학한 나는 다른 공부보다도 서예에 퍽 열심이었다. 중동학교 1학년 때의 일이다.

동아일보사에서 '전 조선 남녀학생 작품전람회'이란 걸 개최한 일이 있다. 동·서양화는 물론 조각, 서예에 이르는 각 부분에서 학생 작품을 공모하는 규모가 큰 행사였는데 나는 평소 공부한 것을 시험도 해볼 겸 별 다른 생각 없이 서예 부문에 작품을 내놓았다. 그런데 내 작품이 전시회 최고상인 특상을 받게 되었다.

비록 학생 신분이었지만 갑자기 내 이름이 여러 사람에게 알려졌고 사람들로부터 칭찬을 받았다. 아마도 내가 평생 동안 서도(書道)를 걷게 된 것은 이 학생미전에서의 입상이 직접적인 계기가 된 게 아닌가 생각된다.

보통학교 재학 시절부터 한문서예는 물론 궁체서예(한글서예)를 홀로 공부해 오던 나는 동아일보 공모전에 입상한 이후 더욱 열심히 글씨 공부를 했다. 내가 혼자서 한글서예를 연구할 때는 일제 말기여서 적당한 참고서적은 물론, 정확한 한글 교본조차 구하기 어려운 형편이었다.

나는 한글서예를 공부하며 국문 서체가 얼마나 아름다운가를 새삼 깨닫게 되었다. 나랏글씨에 대한 사랑이나 애국심에서 몰래 혼자서 공부했다기보다는 우리글을 내가 써보지 않으면 누가 쓰겠는가 하는 소박한 생각에서 꾸준히 계속한 것이다.

그러나 아무런 지침서나 선생도 없이 혼자 서예를 터득하기가 여간 어렵지 않았다. 그래서 나는 글씨 쓰는 틈틈이 국문 서법을 내 나름대로 정리, 국문서예 연구서를 따로 준비하고 있었다. 중동학교를 졸업한 것은 42년의 일로 이 당시에는 이미 국문서법 연구서가 완성되어 한 권의 책으로 펴낼 준비가 되어 있었다.

나는 원고를 한글학자인 정인보 선생에게 들고 가 보여드리고 의견을 여쭙기로 했다. 내 원고를 자세히 살펴본 정 선생은 훌륭한 일을 해냈다고 극구 칭찬하며 즉석에서 내 책을 위한 서문을 지어주었다. 이러한 인연으로 정인보 선생과 나는 이후로도 각별한 관계를 갖게 되었고 나를 무척 아껴주셨다.

이렇게 해서 완성된 책은 일제하에서 빛을 못 보다가 3~4년 후에 해방을 맞아 초판본이 간행되었다. 이 책의 초판본은 거의 유실되어 지금 내가 1권을 보관하고 있을 뿐인데 6·25 후에 재판을 간행, 지금까지 한글서예의 지침서로 널리 쓰이고 있다.

중동학교를 졸업한 나는 마땅한 일거리가 없어 형님이 하는 채석장 일을 도와 생활을 꾸려갔다. 중동학교 다닐 때 부모님이 맺어준 집사람 송용순과 혼인을 해 가장이 된 나는 미아리의 채석장 옆에 있는 집으로 분가해 한동안 열심히 일했다. 채석장에서는 집짓는 돌이나 토목공사용 석재를 캐내다 팔았는데 그런대로 장사가 잘되어 이때부터는 끼니 걱정하지 않고 살아갈 수가 있었다.

그런데 이 채석장은 우리 집안과 깊은 관련을 가진 장소로 나는 여기서 다시 우리 집안의 내력을 밝히고자 한다.

당시 채석장이었던 도봉구 미아 4동 8의 16에는 현재 창문여자중고등학교가 자리하고 있는데 이 학교의 설립자가 바로 나의 부친이다.

부친은 1971년 가세가 어느 정도 일어서자 순국선열이신 오천(梧泉) 김석진의 유업을 이어받고자 학교 설립을 결심하고 우리 집안 재산인 채석장 자리에 학교를 세운 것이다.

창문학교의 초대 이사장에는 우리 형님 김문현(金文顯)이 부임했고 교장은 내 동생인 김창현(金彰顯)이 맡아 집안 식구들의 힘으로 학교를 발전시켰다.

창문여중고의 교무실에는 '벽오산(碧梧山)'이라 쓴 현판이 하나 걸려 있다. 까만 나무에 양각(陽刻)된 이 글씨는 조선조 철종의 비(妃)인 철인왕후(哲仁王后)의 어필(御筆)로서 나의 증조부 오천에 하사된 것이며, 창문학교재단인 오산학원(梧山學園)의 상징적인 유물이 되고 있다.

집안에서 오산학원을 세우다

철인왕후가 나의 증조부에게 친필로 쓴 '벽오산'이란 현판을 하사하게 된 연유는 이러하다.

나의 생가인 도봉구 번동은 순조(純祖)의 둘째 공주인 복온(福溫)공주와 부마 창녕위(昌寧尉) 김병주(金炳疇) 내외의 묘소가 있는 곳으로 조선조 때는 창녕위궁(昌寧尉宮) 또는 궁동(宮洞)이라 불렀다.

증조부 김석진은 바로 창녕위의 사손으로 을사보호조약 이후에는 일가를 이끌고 이곳으로 은퇴하였다가 1910년 한일합방이 되자 음독자살, 지금도 이곳에 유택이 모셔져 있다.

철인왕후는 증조부의 아호인 오천(梧泉)을 생각하고 이곳을 오현(梧峴)이라 명명하고는 이내 벽오산이란 글을 써서 하사하게 된 것이다.

이러한 선조의 유래와 함께 시작된 창문여중고는 현재 5,845평의 교지에 학생수가 4,000명에 이르는 학교로 발전되었다.

오산학원의 초대 이사장이었던 나의 형님이 별세하자 나는 1975년에 학교의 2대 이사장으로 부임해 오늘날까지 교육사업의 일익을 담당하고 있기도 하다.

그런데 창문여중고 옆에는 지금도 내가 채석업을 할 때 살던 집이 남아 있다. 이 집은 40여 년 전에 채석장에서 캐낸 돌로 지은 집으로 현관에 '오산봉포(梧山鳳苞)'라고 돌에 음각된 글씨가 보인다. 이 글은 아버님이 친필로 자식에게 집을 지어주며 기념으로 써주신 것이다. 아무튼 채석장에서 4년가량 살던 나는 1945년 8월 14일 저녁 가까운 친구인 신창순의 집에 놀러 갔다가 놀라운 소식을 들었다. 미아리에 있는 친구

집에는 당시 퍽 희귀하던 라디오가 있었는데, 방송을 한동안 듣고 있노라니까 내일 정오에 일본 천황의 중대 방송이 있다는 예고를 했다.

나는 이튿날 정오에 잔뜩 부푼 기대를 안고 친구 집에 다시 갔다. 24세였던 나와 같은 또래의 친구 몇몇이 라디오에 귀를 기울이고 있노라니까 일본 천황이 떨리는 목소리로 무조건 항복한다는 문서를 읽어 내려갔다.

나와 친구들은 환희에 넘쳐 한동안 어쩔 줄을 몰랐다. 집주인 신창순은 "이제 살았구나" 하면서 기뻐했고 나는 "이제는 우리가 할 일이 너무나 많구나" 하고 새로운 각오를 했다. 그 당시의 감격을 맛본 젊은이들은 누구나 다 나라와 민족을 위해 한 몸을 바칠 각오가 되어 있었다고 생각된다.

나는 해방이 되던 해 경동학교의 국어교사로 부임하게 되었다. 채석장 일보다는 뭔가 뜻있는 일거리를 찾던 나는, 일본의 식민지교육의 때를 씻어내고 민족교육의 시대를 준비하기 위해서는 나랏말의 담당 선생이 할 일이 많을 것 같아 교사가 되기로 결심한 것이다.

당시의 경동학교는 한국인 학생과 일본 학생이 반반이었는데 해방이 되자 일본인 선생과 학생이 일시에 쫓겨나 학교가 텅 비게 되었다. 해방 직후에는 일본인 학생만 다니던 경성고(지금의 서울고), 용산고 같은 공립학교는 한동안 문을 닫아야 했다. 그러나 한국 학생이 남아 있는 경동학교는 당장 학생을 가르칠 선생을 모집해야만 했다. 다행히 나는 일찍부터 한글서예를 연구했고 국어에 대한 지식이 있어 학생들을 열심히 가르칠 수 있었다.

많은 학교들이 문을 닫은 형편이어서 경동학교에는 우수한 학생들이 모여들었고 선생들도 열과 성의를 다해 학생을 가르쳤다. 나는 국어선생을 하며 경동의 새로운 교훈을 만들어 붓글씨도 써주었고 교가도 내가 작사했다. 경동의 교가를 내가 짓게 된 것은 직원회의에서 나의 시를 교가로 결정했기 때문이다. 나는 시인도 아닌 내 작품이 뽑혀 송구스러운 마음에서 교가 가사를 들고 육당 최남선 선생을 찾아가 의견을 물었다.

육당은 "이만하면 훌륭하다"면서 한 자도 고치지 않고 그대로 넘겨주었다. 이렇게 해서 만들어진 경동중고교의 교가는 지금까지 그대로 불리고 있다.

해방 후 최초로 한글 비문 <유관순 기념비>를 쓰다

나는 1961년까지 경동학교의 국어 및 서예 선생으로 교단에서 청춘을 보냈다. 한 학교에서 오랫동안 봉직하다 보니 경동의 제자 중에는 서예를 하는 사람이 많아졌고 현재 우리의 서단(書壇)에서 활약하고 있는 이름 있는 서예가만도 5~6명이나 있다. 이들은 모두 경동 시절의 내 제자들이다.

해방 후 교편을 잡고 학생을 가르치던 나는 우리말 글씨 교본의 필요성을 절감케 되었다. 일제의 한국 말살 정책으로 국어에 대한 올바른 이해가 부족하던 때라 한글을 붓글씨로 연습하면 한글 사랑하는 마음을 기를 수 있으리라는 게 내 생각이었다. 그래서 나는 문교부의 검인정을 받아 『우리말 중등 글씨체』라는 서예 교과서를 펴냈다.

내가 처음 쓴 이 교과서가 문교부의 검인정을 받는 데는 적지 않은 어려움을 겪었다. 당시는 정부 시책에 의해 모든 교과서는 횡서로 인쇄되어야만 했다. 그러나 나는 서예 교과서란 특성을 들어 종서로 할 것을 주장했다. 당시의 문교부 편수국장은 최현배 박사로, 한글 학자인 그는 문교부 방침에 따르지 않으면 검인정을 해줄 수 없다고 고집했다.

나는 주장을 굽히지 않다가 결국 검인정을 해주지 않는다는 바람에 얼마간 양보를 해 책표지와 몇 페이지는 횡서로 하고 나머지 대부분은 종서로 하는 선에서 타협을 보았다. 지금도 그 교과서의 몇 군데를 횡서로 한 것은 서예 교과서란 특성을 무시한 잘못이었다는 생각에는 변함이 없다.

해방 후에는 한글 부흥운동의 일환으로 전국 각지에 세우는 기념비를 모두 한글로 하는 운동이 한동안 계속되었다. 일제의 잔재를 씻기 위해 순국선열과 유공자들의 비를 민족 고유의 문자로 세우는 것이 당연한 사실로 인정되었고 이러한 기념비의 비문은 대부분 한글학자인 정인보 선생이 짓게 되었다. 정인보 선생을 우연한 기회에 한번 만나본 나는 선생의 학식에 존경심을 갖게 되었고 정 선생 또한 나를 무척 아껴주셨다.

비문을 지어달라는 부탁이 들어오면 정 선생은 "비석 글씨는 누가 쓰는가?"라고 물어 다른 사람이 쓴다고 대답하면 "일중 김충현의 글씨가 아니면 나는 글을 짓지 않겠다"라고 말할 정도였다.

1947년, 충남 천안 옆 병천에 〈유관순 기념비〉를 세우게 되었다. 정인보 선생이 글을 짓고 내가 비문을 쓴 이 기념비는 내가 최초로 쓴 한글 비문으로, 우리나라의 금석문 중에서도 한글로는 해방 후 처음 시도된 게 아니었나 생각된다.

그 이듬해인 1948년 나는 이충무공의 〈한산도 제승당비(制勝堂碑)〉와 남해 〈노량충렬사비(露梁忠烈祠碑)〉를 쓰게 되었다. 정 선생이 비문을 짓고 내가 쓴 이 두 기념비가 제막식을 갖게 되어 정 선생과 내가 함께 제막식에 초대되었다.

당시 정인보 선생은 감찰위원장으로 지금의 감사원장 같은 자리에 있는 정부 고관이었다. 일개 고등학교의 교사인 나와 고관인 정 선생이 함께 여행을 하자니 불편한 점이 많았다. 나는 신분에 따라 대접이 판이하게 달라지는 데 화가 나 정 선생께 "지금은 학교 선생과 감사원장의 사이가 아니라, 비문을 지은 이와 쓴 사람이 함께 여행하는 것입니다"라고 말했다.

정 선생은 "내 생각도 그러하네만 주위 사람들이 우릴 가만두지 않네그려" 하고 웃으셨다.

제막식이 끝나고 우리 일행은 부산에 들렀다. 정 선생은 공무로 관청을 순시하게 되어 있어 나는 할 일 없이 여관방에 남아 있어야만 했다. 그때는 부산시가 경상남도에 소속되었던 때라 경상남도 학무국장이 여관방으로 나를 찾아왔다. 감찰위원장과 일행이 된 덕분에 한낱 교사가 학무국장의 대접을 받게 된 셈이다.

존경하는 스승 정인보 선생

정인보 선생과 함께 이충무공 제승당비 제막식에 참석한 일행 중에는 당시의 문교부 장관이던 안호상 씨 등이 있었다.

나는 경상남도 학무국장이 관광을 시켜주겠다고 제의해와 문교장관 안 씨와 같이 가자고 제의했고 그도 찬성해 함께 동래에 있는 범어사를 먼저 구경하기로 했다. 이렇게 해서 중등학교 교사인 나는 문교부 장관과 학무국장, 그리고 감찰위원장 비서관 정래동 씨 등 까마득한 상관들과 어울려 관광길에 나서기도 했다.

그러나 당시만 해도 남해안 지방 곳곳에는 공비들이 출몰하던 때라 우리 일행의 남해 관광은 경찰서장의 만류로 중단되고 말았다.

나는 1949년에 충남 예산의 〈윤봉길 열사 기의비(紀義碑)〉 비문을 쓰게 되었다. 비문은 역시 정인보 선생이 지었는데 정 선생은 이 비문을 정자보다는 흘림 글씨로 써 보도록 내게 권유했다. 나는 그때까지 한글서예는 모두 정자로 해왔으나 정 선생의 권유를 받아들여 한글 초서로 비문을 써내어 이 비문은 한글 흘림 글씨로 된 최초의 비문이 되었다.

이듬해인 1950년 나는 일생 동안 써낸 비문 중에서 가장 큰 일을 맡게 되었다. 온양에 세워지는 〈이충무공 기념비〉 건립을 맡은 정인보 선생이 모두 5,000자가 넘는 방대한 비문을 지어서 글씨를 내게 써달라고 부탁해온 것이다. 이 글은 정 선생이 처음 지어보는 장문의 비문이었고 나로서는 처음 써보는 많은 글자 수의 글씨였다.

정 선생은 비문이 너무 길어서 전체를 여러 개의 구절로 나누어 써주었다. 나는 정 선생의 원고를 받아 들고 온갖 정성을 기울여 한 자 한 자 써 내려갔다. 오랜 시간을 두고 심혈을 기울여 비문을 쓰다 보니 그만 해를 넘기고 말았다. 글씨를 다 완성하기도 전에 6·25 동란이 터져 온양의 〈이충무공 기념비〉 건립은 중단되고 말았다.

전쟁 중에 정인보 선생은 납북되어 가시고 정부는 혼미 상태에 빠져 누구 하나 충무공 기념비 건립을 기억해주는 사람이 없었다. 나는 피난길에도 정 선생의 비문 원고를 소중히 간직해서 비문 글씨를 완성해낼 수가 있었다.

환도 후의 일이다.

충청남도에서 온양에 〈이충무공 기념비〉를 다시 건립한다기에 내가 도청에 찾아가 보니 비문과 글씨를 새로 쓰겠다고 준비하고 있었다. 나는 어이가 없어, 지니고 있던 정 선생의 원고와 내가 쓴 글씨를 내놓았다. 이를 본 기념비 건립 담당자인 충청남도 산업국장 정락훈 씨는 "정 선생은 납치되었고 어지러운 난리통에 어떻게 글씨를 쓰고 원고를 보관했는가" 하고 놀라는 것이었다.

이렇게 해서 온양의 〈이충무공 기념비〉는 시작한 지 몇 년 만에야 겨우 완성되었다. 해방 전부터 나를 아껴주시고 그 후에도 나와 함께 많은 비문을 제작하며 정분을 두텁게 했던 정인보 선생은 전쟁이 발발하고 서울이 공산군의 손에 유린되면서 곧 납북되고 말았다. 당시에는 선생이 감찰위원장도 그만두시고 집에서 한학자로 연구 생활을 할 때였다.

납북 후 선생의 안부를 몹시 궁금하게 여기던 나는 지난 1974년 국제위원연맹 총회에 참가한 북한 대표단의 단장 홍기문이 선생의 부음을 밝혔다는 신문보도를 읽고 한동안 스승을 잃은 설움에 잠기기도 했다. 일제강점기 때부터 나를 아껴주시고 틈 있는 대로 나를 불러 시국담을 나누곤 하시던 선생은 나의 서도 일생에 커다란 영향을 준 존경하는 스승으로, 이 기회에 선생의 간략한 일대기를 소개하고자 한다.

정인보 선생의 일대기

선생은 1892년 조선조에서 영의정을 17명이나 배출한 명문에서 태어나셨다.

세 살 때부터 한문을 배우기 시작했고 공부를 시작한 지 1년 만에 조상들의 문집을 꺼내 읽을 만큼 뛰어난 천재성을 발휘했다고 한다.

자타가 공인하던 천재 위당 정인보 선생은 일곱 살 때 단 한 번 읽은 족보를 한 자도 틀리지 않고 써서 주위 사람을 놀라게 했다.

1910년 17세의 어린 나이로 중국에 유학한 뒤 귀국해서는 연전(延專)에서 교편을 잡고 한문학과 조선문학을 강의했다. 당시의 한문학은 사실상 조선사로, 애국심이 투철했던 선생은 끊임없이 일제의 눈총을 받았다.

선생은 옷차림에서도 뚜렷한 애국심을 엿보였다. 언제나 회색 두루마기 차림이었고 양복 차림의 위당을 본 사람은 별로 없다고 한다.

연전 교수 시절에는 학점 안 주기로 유명한 위당이었지만 학교 야구선수로 활약한 고 이영민 씨에게는 항상 후한 점수를 주어 다른 학생들을 어리둥절케 했다. 연습에 쫓겨 백지 시험지를 내는 이영민 씨에게 선생은 언제나 80점 이상을 주었다. 한 학생이 위당에게 이를 항의하고 나서자 선생은 "우리나라 청년으로 왜놈을 누르고 그 기개를 떨쳤으니 만점을 줘도 아깝지 않은 일이 아니냐"라고 반문했다고 한다.

동양학을 전공한 위당은 효심이나 예의범절이 뛰어나기로도 이름 나 있었다. 이런 얘기도 있다.

진구들과 관철동을 걸어가던 위당이 스승을 만났다. 비가 온 다음이라 길은 질척거렸는데 스승을 본 위당은 신발과 버선을 벗고 질척이는 땅에 엎드려 큰절을 올렸다고 한다.

엄격하기로 이름난 선생이었지만 이따금씩 군밤을 주머니에 넣고 다니다가 내게도 나눠주는 다정한 일면도 있었다. 잔병을 자주 앓는 부인 조아기 여사에게 한약을 직접 처방해주면서 "당신은 내가 없으면 못 살 거야" 하고 웃는 다정한 남편이기도 했다. 중국에 있을 때 신규식 등과 '동제사(同濟社)'를 조직, 독립운동과 동포 계몽운동을 적극적으로 폈고 육당 최남선, 춘원 이광수 등과 친분을 맺기도 했다.

고하 송진우 선생과 가장 자주 만났던 위당은 음으로 양으로 독립운동에 가담해 일경(日警)에 자주 체포되기도 했다. 해방 후 한때는 국학 대학장으로 취임, 곧은 성품과 애국심으로 학생들에게 큰 감명을 주었다.

평생을 청렴과 강직, 그리고 학자적인 양심으로 산 선생은 셋방에서 셋방으로 전전하는 청빈한 생활을 계속했다.

감찰위원장이란 고위직을 지내면서도 굶지 않을 정도로만 근근이 살아간 선생은 우리나라 한학계의 태두로 『조선사연구(朝鮮史硏究)』, 『조선문학원류고(朝鮮文學源流考)』, 『담원시조집(薝園時調集)』 등의 저서를 남겼다.

명문에서 태어나 명문의 후손답게 고결하게 살다 북녘 땅에 쓸쓸히 묻힌 위당은 대한민국에 미망인 조아기 여사와 6남매를 남겨두고 있다.

선생의 장남 연모는 나와 중동학교 동기 동창으로 절친한 사이이고 둘째아들 상모는 공무원을 지냈으며 셋째아들 양모는 지금 국립박물관의 수석 학예연구관으로 있으면서 민족 유산에 관한 연구를 거듭하고 있다.

제1회 국전과 첫 개인전

해방 후 1948년에 나는 문교부의 예술위원으로 임명되었다.

현재의 예술원쯤으로 생각해도 좋을 예술위원회에는 문학, 미술, 음악, 연극, 영화 등의 분과위원회가 있어 각 분야별로 위원이 위촉되었다. 나는 미술분과위원으로 임명되었는데 당시에 같은 위원으로는 고희동, 노수현, 이용우, 배렴, 이종우, 장발, 심형구, 도상봉, 김경승(조각), 손재형(서예) 등이 있었다.

나는 손재형 씨와 함께 서예 부문의 위원이었는데 20대의 나이로 예술위원에 임명되어 위원 중에서 가장 연소자였다. 당시에 이미 50대가 넘은 노인들과 함께 위원으로 있자니 거북한 점이 많았으나 나는 위원회에서 소신껏 의견을 밝히기도 했다.

문교부 예술위원회 미술분과 위원들이 할 일은 우선 대한민국 미술 전람회를 준비하는 일이었다. 미술분과 위원들은 연일 회의를 거듭하면서 제1회 국전의 창립을 준비했다. 문교부 미술분과 위원들의 노력에 의해 1949년에는 제1회 대한민국 미술전람회를 개최할 수 있었다.

동·서양화, 조각, 서예 등 각 부문에 걸쳐 일반 공모 작품을 심사·전시했는데 나는 추천작가(현재의 초대작가격)로 지명되어 국문서예와 한문서예 등 두 작품을 출품했다.

제1회 국전을 열기에 앞서 국전에 서예를 포함시키느냐는 문제로 위원들 간에 한동안 논란이 있었다. 대다수의 위원들은 서예를 포함시키는 데 반대했지만 서예계의 선배인 소전(素荃) 손재형 선생과 내가 강력하게 주장해 서예를 포함시키게 된 것이다.

나는 젊은 나이에 미술계의 선배 앞에 너무 나서는 것 같아 제1회 국전의 심사위원을 선발하는 자리에서 서예부문 심사위원이 되어달라는 요청을 끝까지 사양했다. 그

때의 내 생각으로는 서예의 경우 경향(京鄕)의 나이 많은 선배들이 다수 출품할 텐데 나이 젊은 내가 그들의 작품을 심사한다는 것이 쑥스럽게 여겨졌다.

나는 같은 해에 문교부 예술위원뿐 아니라 서울시의 문화위원으로도 위촉이 되어, 미술 부문에서 역시 손재형 선배와 함께 서울시 문화상의 수상 후보자를 선발하는 일에 참여했다.

나는 제1회 국전에 국문과 한문을 출품한 이후 모든 전시에 국문과 한문서예를 같이 출품해왔다.

미술분과 위원 중에서도 나는 작고한 심산(心汕) 노수현 화백과 조각가 김경승 씨, 그리고 선배인 손재형 씨 등과 절친하게 지내는 터였다. 심산은 내가 어렸을 때부터 우리 부친, 삼촌과 가까이 지내는 사이로 나를 귀여워해주었다. 심산은 예술위원이 된 후에 "어리던 자네가 이렇게 커서 나와 같은 예술위원이 되었으니 참 대단하구만" 하면서 대견스러워했다. 심산과 나는 나이 차에도 불구하고 자주 어울렸고 술자리에서도 별로 거리낌 없이 잔을 주고받았다.

소전 손재형 씨는 서예계의 선배로 익히 알고는 있었지만 예술위원이 된 후에 처음으로 만났다. 국전의 서예 부문에 관한 기초를 마련하면서 소전과 나는 가까워졌는데 나는 그의 인품에 존경심을 갖고 그를 따랐다.

제2회 국전(1950년) 때의 일이다. 그때는 나도 서예 부문의 심사위원으로 소전과 함께 일을 보고 있었는데 하루는 국전심사를 끝낸 소전이 내게 자기 집에 같이 가자고 했다.

나는 선배의 호의를 받아들여 두말없이 따라나섰는데 소전의 집에는 진도의 특산물인 홍주와 함께 주안상이 차려져 있었다. 전남 진도 출신인 소전은 그때까지 술 못하는 서예가로 알려져 있었는데 그날 나는 소전이 대단한 주객임을 발견하고 놀랐다. 난생 처음 홍주를 맛본 나는 그 후 소전의 제자들을 만난 자리에서 내가 선생으로부터 홍주를 얻어먹었노라고 자랑삼아 얘기했더니 제자들이 "10여 년 모셔온 우리도 선생님이 술 하시는 것을 몰랐다"라며 놀라움과 부러움을 함께 보인 일이 있었다.

조각가 김경승 씨는 나보다 4~5년 연상이었지만 미술분과 위원뿐 아니라 같은 예술위원으로는 가장 나이가 비슷하고 젊은 축에 들어서 자주 술자리에서 어울렸다. 김 씨는 술자리에서도 주도를 지키고 취해도 말이 없고 점잖은 사람이었다. 나는 김 씨의 신사풍 성격에 호감이 가 그를 깊이 사귀어 지금까지도 친한 친구 사이로 지내고 있다. 그와는 1958년 예술위원으로 국전 창립에 인연이 되어 지금도 국전 운영위원으로서 국전을 터전 삼아 자주 만나고 있다.

나는 1955년 경동학교에 재직하면서 생애 첫 개인전을 갖게 되었다. 당시로는 개인전을 갖기란 어려운 노릇이었고 특히 서예는 전시가 거의 없던 때라 나로서는 엄두도 못 낼 형편이었지만 경동학교의 교장이었던 서병성 선생의 격려와 주선으로 화신백화점에 있는 화신화랑에서 개인전을 할 수 있었다.

한국미술가협회를 만들다

나는 첫 번째 개인전에 국문과 한문서예 등 모두 50여 점을 출품했는데 그 당시로는 서예전이 드문 탓이었는지 대단한 성황을 이루었다.

개인전 출품 작품을 준비하기 위해 나는 돈암동의 경동학교 사택에서 밤잠을 줄여가며 열심히 글씨를 썼다. 출품작을 다양하게 하기 위해 여러 가지 글씨체를 시도해보았고 특히 국문서예 작품은 그때까지 혼자 공부한 것을 정리한다는 생각에서 정성들여 작품을 써 내려갔다.

내 첫 개인전 개막식에는 고희동, 노수현, 이상범 등 화가들과 박종화, 신익희, 김광섭 등 명사들이 다수 참석해 축하해주었다. 나는 당시의 개인전 모습과 출품작을 30여 장의 사진에 담아 지금도 보관하고 있는데 지금에 와서 그때의 작품을 보면 아무래도 부족하고 서툰 감이 드는 것은 어쩔 수가 없다.

개인전을 가진 다음 해인 1955년 나는 한국미술가협회의 상임위원이 되었다. 당시에는 이미 문총(文總) 산하에 한국미술협회가 있었고 나를 비롯한 서예가들도 한국미술협회의 회원으로 있던 터였다.

그런데 문총 산하의 한국미술협회에서 회원 총회를 열고는 한마디 예고도 없이 서예 부문을 축출해버렸다. 서예는 미술이 아니라는 이유로 서예를 협회에서 내쫓은 것인데 이 소식을 들은 손재형 씨와 나는 분노를 참을 수가 없었다.

손 씨와 나는 대책을 상의한 끝에 따로 미술인협회를 만들 것을 생각해냈다.

미술협회는 그 당시 홍익대와 서울대 등 이대(二大) 미술대학 교수들이 심한 대립을 보이던 때라 나와 손 씨는 당시의 서울대 미대 학장이던 장발 씨를 찾아갔다. 장 씨는 서울대 교수들이 주축이 되어 미술협회를 하나 더 만들자는 우리의 제의에 대해 처음에는 소극적이었으나, 여러 날에 걸쳐 찾아가 졸라대자 결국은 우리의 뜻에 찬동해주었다.

그렇게 해서 창립된 게 한국미술가협회로, 문총 산하의 미술협회에 가(家) 자만 하나 더 넣은 셈인지라 일반인에게는 혼동하기 쉬웠던 것 같다.

한국미술가협회는 서예가 한 분야로 가담해서 몇 년 동안 운영되었으나 5·16 혁명과 함께 정부의 문화예술단체 통·폐합 정책에 따라 두 단체도 통합되어 현재는 미술협회로 단일화된 것이다.

1955년에 나는 서울 〈사육신 묘비〉의 비문을 쓰게 되었다. 사육신의 유시(遺詩)는 선배인 손재형 씨가 쓰고 나는 김광섭 씨가 지은 비문을 쓰게 되었는데 그때가 마침 이승만 전 대통령의 한글 파동이 일던 때라 문제가 많았다.

한글 파동이란 이 대통령이 당시의 철자법을 무시하고 한글 철자법을 구(舊) 성경 구절 식의 구식 철자로 고치라는 지시를 내려 일어난 것인데, 서울시의 관계자들은 사육신묘 비문을 구식 철자법대로 쓰라는 것이었다.

나는 "아직 확정되지도 않은 철자법을 어떻게 영원히 남길 비문에 함부로 쓸 수 있는가"라고 반대했지만 시청 직원들의 고집은 꺾을 수가 없었다. 나는 직접 시장을 만나 얘기하기로 하고 당시의 서울시장 김태선 씨를 만나 내 의견을 밝혔다. 시장과 오랜 격론을 벌인 끝에 우선은 현재의 철자법으로 쓰고 이 대통령의 지시가 확정되면 다시 고쳐 쓴다는 데 합의할 수 있었다.

그런 어려움 끝에 묘비문은 완성되어 제막식을 갖게 되었는데, 제막식에 참석한 이 대통령이 철자법에 대해 아무런 언급이 없자 공무원들은 안도하는 빛이 역력했다.

나는 시청 직원들 옆으로 다가가 "저보시오. 대통령도 아무 말 안 하시는데 어째서 당신들은 그렇게 말이 많았소?" 하고 핀잔을 주었다. 같은 해 나는 학제가 개편되어 중학교와 고등학교가 분리되는 바람에 경동고등학교의 교사로 발령을 받았다. 중·고교가 분리되자 서예 교과서도 중학교, 고등학교용이 따로 필요하게 되어 나는 새로운 교과서 편찬에 들어갔다.

한강대교의 제자(題字)를 쓰다

1956년 학제가 개편되어 중·고등학교가 분리되자 나는 중학교 서예 교과서 『중학 서예』와 고등학생용 서예 교과서 『고등 서예』를 각각 펴냈다.

이어서 1957년에는 초등학생을 위한 『초등글씨체』를 출간했는데 이런 책들을 포함해서 내가 펴낸 서예 교과서는 검인정과 검인정 아닌 것 등 모두 12권에 이르고 있다. 서예 교과서를 연달아 펴낸 것이 인연이 되어 나는 1957년에 문교부의 초등학교, 중고등학교 교수요목제정(教授要目制定) 심의위원에 위촉되기도 했다.

1956년에는 6·25 전란으로 파괴된 한강대교(제1한강교)가 완전히 복구되어 준공식을 갖게 되었다. 현 서울시에서 새로 완공된 한강대교의 제자(題字)를 써달라고 내게 부탁을 해왔다. 나는 선뜻 응낙했다.

그런데 내 글씨를 받으러 온 서울시청 직원의 태도나 그가 준비해온 물건에 나는 적이 놀라지 않을 수 없었다. 그 공무원은 정중하게 내 앞에 보따리를 갖다 놓았는데 그 보따리 안에는 당시에는 보기 드문 고급 한지가 글씨 쓰기 좋을 만한 크기로 수십 장 준비되어 있었다.

나는 영문을 알 수 없어 "내 글씨를 받는데 어떻게 이런 준비를 다 해왔습니까?" 하고 찾아온 시청 직원에게 물었다. 그 공무원은 "사실은 이 대통령께 휘호를 받으려고 경무대에 이것을 준비해 갔었는데 대통령께서 한글서예는 익숙지 않으니 선생을 찾아보라는 지시가 있어 이렇게 찾아 왔습니다" 하고 대답하는 것이었다.

나는 그 말을 듣고 당시 이승만 대통령이 내 이름을 알고 있다는 사실에 놀랐지만 그 시청 직원의 정중한 태도를 이해할 수 있게 되었다.

여하튼 경무대에 들어갔다 온 한지에 한강대교의 제자를 써 주었는데, 그 글자는 준공일자와 함께 지금까지 제1한강교의 입구를 지키고 있다.

한강대교의 제자를 써 준 나는 그 글자에 대한 시청 측의 뜻밖의 사례에 또 한 번 놀랐다. 그때까지 관공서 일에 대해서는 큰 사례를 기대하지 않았었는데 한강대교의 제자는 이 대통령의 말 한마디 덕분에 지금 돈으로 약 100만 원 정도의 많은 사례를 받았던 것이 기억에 남는다.

그 이듬해인 1958년에는 안국동 네거리에 있었던 민충정공의 동상에 새겨진 고결서(告訣書)를 쓰는 일을 맡게 되었다. 고결서란 민충정공이 한일합방에 격분하여 자결하기 직전에 쓴 유서로, 밀려오는 분노와 슬픔 속에서 지필묵을 준비치 못하고 작은 종이에 연필로 황급히 쓴 유서다. 워낙 흘려 쓴 글씨라 판독하기가 쉽지 않았는데 관계학자들의 해독이 구구했다.

나는 내 나름대로 민충정공의 유서를 해독했는데 학자들의 의견은 달랐다. 유서 중에서도 글자 한 자가 애매했는데 학자들이 주장하는 글씨로는 해석이 되지 않았다.

나는 "문맥으로 보나 글자를 쓴 모양새로 보아서 그 글자가 아니다"라고 주장해보았지만 다수의 의견이 존중되어 결국 내 의견과는 다른 자로 결정되었다. 지금 무슨 자였는지 기억나지 않아 안타깝지만 여하튼 나는 당시 그 문제로 적잖이 고민하다가 결국 글씨 새기는 기술자에게 몰래 내가 생각하는 글자를 따로 하나 새겨주도록 부탁했다.

동상 제막식 직전에 나는 남몰래 그 글자를 고결서에 끼워 넣었다. 제막식 날 나는 내심 걱정이 되었으나 참가한 사람 누구 하나 고결서의 내용을 다시 읽어보는 사람이 없어 무사히 넘길 수 있었다.

같은 해에 나는 나의 중동학교 은사이자 한국 교육계의 원로인 고 최규동 선생의 비문을 쓰게 되었다. 백농(白儂) 최규동 선생은 휘문학교 교사를 거쳐 중동학교의 설립자로 내가 중동학교 다닐 때에 교장을 지내셨던 존경할 만한 은사였다. 그를 기념하기 위해 교육계에서 선생의 고향인 경북 성주읍에 기념비를 세우게 되었다. 그런데 비문은 휘문 시절의 제자인 박종화 씨가 짓고 글씨는 중동의 제자인 내가 쓰게 된 것이다.

1958년 동방연서회를 창립하다

백농 최규동 선생은 내가 중동학교 다닐 때 교장 선생으로 학생들에게 많은 존경을 받았다. 선생은 일제의 갖은 눈총 속에서도 한국인으로서 의연한 자세를 보이셨고 학생들에게도 은연중 자주독립사상을 불어넣어주었다. 그 당시 장안의 명사이면서도 창씨개명을 끝까지 안 한 채 버텼고 일주일에 한 번씩 갖는 조례 때마다 분명한 우리말로 훈시를 해 학생들을 감동케 했다.

1882년 경북 성주읍 가천면 창천동에서 농가(農家) 최영한(崔永漢) 씨의 장남으로 태어난 선생은 어려서부터 인근 지역에 신동으로 소문이 날 만큼 재주를 지니고 있었다 한다. 서울에서 독학으로 영어와 독일어를 공부한 후 학교 선생으로 취직해 돈을 벌면 생활비를 제하고는 모두 책을 사서 실력을 쌓았다고 한다.

1905년 을사조약으로 온 민족이 시름에 잠기자 민족의 실력을 배양하고 인재를 양성하는 길이 독립의 원천이라고 느껴 평양으로 가서 대성학교를 세우고 안창호, 조정환 선생 등과 함께 교편을 잡았다. 백농은 기호, 융희, 중앙, 오성, 기명 등 여러 학교에서도 교편을 잡았는데 일제가 학교 설치령을 빙자해 교문을 봉쇄하자 1945년에 당시 야간학교였던 중동학교를 인수했다. 중동학교를 혼자의 노력으로 시설을 갖추고 다시 문을 연 선생은 학생들에게 민족정신을 불어넣으며 1주에 50시간이 넘는 강의를 맡아 교육에 헌신했다.

백농은 8·15 해방을 맞아 교육 재건에 몰두, 1949년에는 국립 서울대학교의 초대 총장에 취임하는 한편 조선전기공업중학교(현 중동으로 폐합)를 설립하기도 했다.

선생은 6·25 동란 때 납북되었다가 평양의 감옥에서 옥사, 그 유해를 유족이 찾아와 성주 고향땅에 묻게 되어 기념비를 세운 것이다.

1958년에 나는 '동방연서회(東方硏書會)'라는 서예연구모임을 만들어 이사장이 되었다. 동방연서회를 창립하게 된 동기는 조선조 말기 이후 한국 서화계의 원로인 고 영운(穎雲) 김용진 선생을 스승으로 모시기 위해서였다. 김용진 선생을 중심으로 자주 자리를 같이하던 나와 원충희, 나의 아우 김응현 등 몇몇 사람은 가끔씩 선생을 찾아뵙는 것보다는 아예 서예연구회를 만들어 선생을 회장으로 모시자는 내 제안에 적극 찬동하고 나선 것이다.

그렇게 해서 10명 안팎의 서예 동호인들이 모인 것이 동방연서회인데, 초기에는 중구 수하동에 집을 빌려 회장에는 영운 선생을 모시고 나는 이사장이 되어 서예를 본격적으로 연구·보급했다. 동방연서회는 꾸준히 발전되어 지금은 내 아우인 여초(如初) 김응현이 회장으로 있으면서 많은 서예 동호인을 배출하고 있다.

근대 서화계의 원로인 영운 김용진 선생은 나와 친척뻘이 되는 일가 어른이다. 구룡산인(九龍山人)이란 별호를 갖고 있기도 한 영운 선생은 나의 증조부와 같은 항렬로 증조부와는 나이 차가 많지만 가까운 사이였고 나의 조부와는 절친한 친구였다. 조부와 동갑인 영운 선생은 내가 어렸을 적부터 우리 집에 자주 놀러오셨고 조부께서도 선생 댁에 자주 다니셨다. 한번은 집에 오셔서 내가 글씨 연습하는 것을 보시더니 "내가 책을 몇 권 줄 터이니 그걸로 공부를 해보아라" 하고는 며칠 후 책 두 권을 가져오셨다. 『안진경(顔眞卿) 글씨체』와 『한대예서본(漢代隸書本)』이었는데 선생은 그 책을 보고 글씨를 쓴 뒤 그걸 선생한테 가져와보라는 지시를 내렸다.

나는 책을 보며 글씨 연습을 한 뒤 한 달에 두세 번씩 습작을 갖고 운니동 영운 선생 댁을 찾아가 수정도 받고 서예 지도를 받았다. 말하자면 서예의 대가인 영운 김용진 선생께 어린 나이에 사사받는 행운을 누린 해인데 당시 나의 조부께서는 내가 영운 선생한테 글씨를 배우는 것이 별로 달갑지 않은 눈치셨다. 조부께서는 "우리 집안에도 훌륭한 서예를 한 조상이 많은데 네가 조상의 글씨체보다는 중국의 글씨나 공부하는 것은 의미가 없는 일이 아니냐" 하고 반대 의사를 나타낸 적도 있었다. 친구인 영운 선생이 섭섭해할까 봐 내놓고 싫은 내색은 안 했지만 내심 싫어하는 눈치가 역력했다.

조선조 마지막 서화가 영운 김영진 선생의 작고

영운 선생의 지도로 정통 서예의 깊고 그윽한 맛을 알게 된 나는 조부의 은근한 반대에도 불구하고 중국의 정통 서예를 열심히 익혔다. 비로소 서예에 대한 새로운 눈이 뜨이게 된 셈인데 영운 선생의 가르침에 힘입어 오늘날 서예를 평생의 업으로 삼게 된 것이다.

영운 김용진 선생은 조선조의 마지막 서예가로 서예와 문인화에 다같이 능한 실로 서화계의 대가였다. 선생은 글씨를 중국의 정통 서예에 입각한 정법으로 잘 썼을 뿐 아니라 문인화에서도 독보적인 경지를 이룩해 많은 사람의 존경을 받았다.

영운, 향석(香石), 구통산인(九龍山人), 석고연재(石鼓研齋) 등의 별호를 가진 그는 이른바 선비 혹은 정치가, 문인화가로서 마지막 조선조인이었다.

조선조 말기 영의정을 지낸 김병국의 손자인 선생은 수원 군수 등을 거쳐 동지돈녕사사(同知敦寧司事)까지 지내셨다. 동지돈녕사(同知敦寧司)는 종2품 가선(嘉善)대부로 지금의 차관급에 해당하는 벼슬이다.

선생은 고종이 세상을 떠나자 풍악을 버리고 채필(彩筆)을 잡고 망국한(亡國恨)을 달래기 위한 예도(藝道)를 걷게 되었다. 그때가 30세로 심전(心田) 안중식(安仲植), 관재(貫齋) 이도영(李道榮) 등 당시의 화가와 교류했으며, 중국의 당대 명가 방자석이 내한했을 때는 그를 모셔다가 그림을 배웠다.

생전에 "둔필이지만 하도 많이 하니까 늘더군" 하고 말해 주위를 어리둥절케 하기도 했다.

반평생을 일체의 잡기를 멀리한 채 그림에만 몰두해 그가 남긴 유작은 헤아릴 수 없이 많다. 선생은 서예에서는 해(楷)에 안진경, 예(隷)에 장천비, 행(行)에 쟁좌위[안체(顔體)]를 바탕으로 하셨으며 화(畵)는 오창석을 좋아하여 그의 기법을 바탕으로 이나라 문인화를 개척하는 데 큰 공을 세웠다.

대단한 애연가였던 영운 선생은 마음에 맞는 사람과 술자리를 같이하면 두주를 불사하는 애주가이기도 했다.

해방 후 한동안 서울대 미대 강사로 후진을 가르쳤고 1948년 첫 국전 때는 심사위원으로 참가하셨으며 1956년에는 서울시 문화상을 수상하기도 했다. 서울시 문화상을 받던 해에 나의 간청으로 동방연서회의 회장이 되셨고 작고하실 때까지 동방연서회를 이끌어주었다.

1967년에는 한국서예가협회의 고문으로 추대되었고 1968년 2월 14일 운니동 자택에서 작고하실 때까지 선비이자 서화가로서 문화·예술인의 존경을 받았다.

선생이 작고하자 장의 준비위원회가 구성되었는데 제자, 후배들뿐만 아니라 정계, 재계, 문화예술계의 인사들이 대거 위원으로 참여해 선생의 공적을 새삼 실감케 해주었다.

물론 나도 장의 준비위원의 한 사람이었는데 당시 위원장이 박종화 선생이었지만 장의 준비의 실무는 내가 도맡아서 해야만 했다. 장의 준비 부위원장은 서양화가 김인승 씨를 비롯하여 손재형 선배, 이해랑 씨 등이 맡아 장의 절차를 협의했던 것이 기억에 남는다.

나는 경기도 화성군 반월면에 있는 영운 선생의 묘소 비문의 글씨를 썼고 선생의 작고 당시에 애석한 마음을 글로 표현, 몇몇 신문에 싣기도 했다.

주도(酒道)를 지킨 이·칠회(二·七會) 회원

이제 이야기를 동방연서회를 창립하고 그 몇 해 되지 않았던 1950년대로 돌이켜보기로 한다. 동방연서회에서 자주 만나 나와 친구가 된 박춘영, 배종승 씨 등과 어울려 술을 마신 날이 있었다. 술이 거나해지자 누군가가, 앞으로 자주 자리를 같이하기 위해 친목단체를 하나 만들자고 제의했다. 나는 좋은 생각이라 찬동하고 그날이 마침 27일이라서, 이·칠회(二·七會)라고 이름 지을 것을 제의했다.

이렇게 해서 이·칠회가 생겼는데 회원은 앞서 말한 우리 세 사람을 포함, 한문학자인 홍진표, 김관호 씨 등이 가담해 10명 정도가 되었다. 심산 노수현 선생도 여기에 입회했는데 나이 차는 많지만 심산 선생은 우리와 의기(意氣)가 맞아 자주 술자리에 함께 어울렸다.

10명 안팎의 서·화가들이 모인 이 단체는 정기적으로 모여 함께 술도 마시고 서·화에 관한 이야기도 나누었다. 한 해에 몇 차례는 전국의 관광명소를 찾아다니며 즐기는 한편 작품의 소재(素材)도 찾곤 했는데, 주로 모이는 날은 회원들 중에 경사가 있을 때 그 집에서 모이곤 했다.

회원 중 한 사람이 생일을 맞아 술상이 벌어져 흥이 겨웠을 때이다. 회원 중에서 가장 연장자인 심산 선생이 갑자기 석상휘호(席上揮毫)를 하자고 제의했다. 모두들 찬성하고 즉석에서 그림을 그리고 글씨도 써보았다. 그런 일이 있은 후로는 회원 집에 경사가 있을 때마다 술자리에서는 으레 석상휘호가 열렸고, 거기서 얻어진 글씨와 그림은 서첩(書帖)과 화첩(畵帖)을 만들어 그날의 주인공 회원에게 증정하는 게 관례가 되었다.

심산 선생은 늘 뜻있는 말을 잘해 회원들의 존경을 받았다. 특히 주관이 뚜렷한 분이어서 회원들이 존경과 함께 어려워하기도 하였다. 선생은 특히 일제에 대한 반발이 강한 분으로 해방 이후에도 일제의 잔재를 씻어내기 위한 일을 많이 하셨다. 그림이나 글씨에서도 일제의 영향을 전혀 찾아볼 수 없거니와 친구들과 함께 술을 마시다가도 어쩌다 한 사람이 일본말이나 일본 가요를 입 밖에 내면 술자리를 박차고 일어나 "왜놈 말이나 노래를 입에 담는 사람들과는 같이 앉아 있을 수 없다"라며 다시는 어울리지 않아 모든 사람이 어려워했다. 그래서 심산 선생과 술 마시는 사람은 상당히 긴장한 채 주도(酒道)를 지켜가며 술을 마셔야 했다. 그러나 싫지 않은 술친구이기도 했다.

하루는 이·칠회 회원들이 뚝섬에 나가 뱃놀이하며 술을 마신 적이 있었다. 선상에서 술이 거나해진 심산 선생이 갑자기 옷을 벗기 시작하더니 한강에 뛰어들어 수영을 하겠노라고 고집하는 것이었다. 평소 수영은 전혀 안 하는 데다 할 줄도 모르는 것을 잘 알고 있는 회원들은 황급히 일어나 만류했으나 막무가내였다. 우리들은 뱃전에서 거의 강물로 뛰어들려는 선생을 간신히 말렸다. 맑은 정신에도 고집이 대단한 분이라 주정(酒酊)을 말리느라 무진 애를 먹었던 기억이 아직도 생생하다.

그처럼 뚜렷한 주관을 가진 선생의 회화세계는 어떠한가. 일찍이 1920~1930년대에 전국의 명산대천(名山大川)을 유람, 호연지기를 길렀고 거기서 광활하고 유현(幽玄)한 그분만의 특유의 독자적 화법을 창출, 동양화단을 이끌어왔지 않은가. 그러한 선생께서 지난 해(1978년) 여름에 제주도에서 그만 타계하고 말았다.

이처럼 회원들이 하나둘씩 세상을 떠나거나 또는 다른 곳으로 이사하는 사람이 생겨나자 이·칠회는 수년 전에 흐지부지 해산되고 말았다.

4·19 기념탑 비문과 경복궁의 건춘문, 영추문

1960년 4·19 학생 혁명이 터지고 부패한 이승만 정권이 물러나자 나는 젊은 학생들의 숭고한 의지에 감동했다.

그때 이미 젊은 세대를 지나 기성세대가 된 나는 학생들처럼 뜻있는 일을 할 수는 없지만 나라를 위해 목숨을 바친 그들을 위한 일을 하고 싶어졌다.

그래서 4·19 의거 주동 학생들이 내게 '4월 민주혁명 순국학생 위령탑건립위원회'의 위원이 되어달라고 위촉해왔을 때 쾌히 승낙하고 그 일에 적극 참여했다. 내가 할 수 있는 일은 나라를 위해 젊음을 바친 그들의 넋을 위로하는 비문을 정성들여 쓰는 일뿐이라는 생각이었다. 그렇게 해서 수유리의 4·19 묘지에 있는 기념탑의 비문을 쓰게 되었고 그곳에 묻혀 있는 177인의 순국 학생, 인사의 묘표(墓表)도 모두 내가 쓰게 되었다. 그뿐 아니라 경희대 캠퍼스에 있는 '4월 혁명 기념탑'에 조병화 씨가 지은 글을 내가 써 넣었고 고려대 캠퍼스에 있는 '4·18 혁명 기념탑'의 비문도 내가 쓰게 되었다.

이 밖에도 경기고교 구내에 있던 '민주혁명 학생기념탑'의 비문 등 곳곳의 4월 혁명 기념탑명(銘)을 써 그 당시에는 4·19에 희생된 젊은 영령들에 내 나름대로 조그만 보답이라도 했다는 자부심을 갖기도 했다.

1961년 나는 경복궁의 동편에 복건된 건춘문(建春門)의 현판을 쓰게 되었다. 그 후 1975년에는 경복궁의 서쪽에 세워진 영추문(迎秋門)의 현판도 내가 썼는데 옛날에는 대궐문의 현판은 명필로서 높은 벼슬을 한 사람이 썼다는 전통이 있어 지금도 나는 두 대궐문의 현판을 쓴 데 대해 일생의 영광으로 삼고 있다.

『서예집성』, '근역서보'를 집필하다

나는 경복궁의 영추문, 건춘문의 현판뿐 아니라 6·25 전란으로 파손된 동대문 흥인지문(興仁之門)의 수리가 끝나가 동대문의 상량문(上樑文)을 썼고 사직공원의 사직단 현판을 쓰기도 했다. 사직단(社稷壇)이란 옛날에 임금이 백성을 위해 토신과 곡신을 모시고 제사를 지내던 제단으로 그 유지(遺址)가 사직공원에 남아 있는 것이다.

1963년에 나는 『일중서예강의』을 만들어 전국의 서예 독학 연구생들에게 배포한 적이 있었다. 내 생각으로는 지방의 서예 동호인들이 따로 서예 공부를 할 지침서를 구하기 어려운 것 같아 내 나름대로 서예 교본을 만들어 통신 강의록으로 해보자는 것이었다.

일본이나 중국에서는 서예 통신 강의록이 오래전부터 있어 우리나라에서도 많은 호응이 있을 것으로 기대했었다. 그러나 예상 밖으로 『일중서예강의』는 부진했고 1집부터 3집까지 내보내고는 재정 형편상 중단할 수밖에 없었다.

모처럼 시작한 일이 중도에 실패하자 나는 적이 낙담했지만 이내 마음을 가다듬고는 다시 『서예집성(書藝集成)』이란 책을 편찬하기 시작했다.

『서예집성』이란 우리나라의 국문 글씨 중 잘된 것과 유명한 한문 명필의 글씨를 모아 한 권의 책으로 엮어본 것으로 한국과 중국, 일본의 명필의 필적을 모두 망라해 1집에서 9집까지 펴내었다. 이 『서예집성』은 한동안 서예 연구가들에 인기가 있었으나, 몇 년이 지나자 일본에서 각종 서예 연구서적이 마구 수입되어 배포되는 바람에 점차 인기를 잃어갔다.

『서예집성』을 펴내던 해인 1964년 나는 부통령을 지낸 성재(省齋) 이시영 선생의 묘비를 썼고 그 이듬해인 1965년에는 역시 부통령을 지낸 인촌 김성수 선생의 비문을 썼다. 같은 해에 나는 이시영 선생의 아들이며 한학자인 항재 이규욱 선생이 엮은 『대동천자문』을 직접 썼다.

『대동천자문』이란 중국의 천자문과 달리 항재 선생이 우리나라의 실정에 맞게 천자를 골라 엮은 것으로 우리나라의 역사, 지리에 알맞게 글자를 선택한 한국 고유의 천자문이라 하겠다. 항재의 천자문 원고를 정재근 씨가 소장하고 있었는데 정 씨가 내게 찾아와 『대동천자문』을 한 권의 책으로 써 달라기에 정성들여 써 주었다. 내가 쓴 『대동천자문』은 지금도 정재근 씨가 항재 이규욱의 원고와 함께 보관하고 있다.

1967년에 나는 《신아일보》에 '근역서보(槿域書譜)'를 연재하기 시작했다. '근역서보'란 근역이라는 우리나라의 별칭이 말해주듯이 우리나라 역사상 중요한 명필들의 작품과 생애를 설명하면서 서예의 역사를 훑어보는 것이었다.

신라의 김인문, 김생에서 조선조의 안평대군 김추사에 이르는 150인의 명필 이야기를 150회에 걸쳐 연재했는데 이 '근역서보'를 집필하면서 나는 적지 않은 어려움을 겪었다.

전국을 돌아다니며 자료를 수집했고 명필의 필적을 찾기 위해 소장자를 수소문해야 했으며, 뚜렷한 유작이 없는 서예가의 이야기를 쓸 때는 무척 애를 먹었다. 그러나 어려움을 무릅쓰고 150인의 한국 명필을 집대성한 '근역서보'를 쓴 것은 나의 서예생활 중 가장 뜻 깊고 보람 있는 일 중 하나로 지금도 이것을 한 권의 책으로 펴낼 생각을 갖고 있다.

나는 요즘도 종로3가에 있는 파고다 공원을 가끔 찾아간다. 공원에 무슨 일이 있어 간다기보다는 그 안에 보존되어 있는 나의 글씨를 돌아보기 위해서이다. 탑동(塔洞) 공원으로 불리기도 하는 파고다 공원은 내게는 마치 나의 서예 개인전 전시장 같은 기분이 드는 것이다. 〈탑동공원 사적비(塔洞公園 史蹟碑)〉를 비롯해 〈3·1 정신 찬양비〉, 〈3·1운동 십비(十碑)〉 등의 비문을 모두 내가 썼다. 〈3·1운동 십비〉란 조선 8도의 3·1 만세 사건 모습과 서울의 만세 사건 모습을 따로 특색 있게 조각하고 그 밑에 비문을 새겨 넣은 기념비로 내가 그 비문을 쓴 것이다.

일중묵연에서 제자를 가르치다

〈탑동공원 사적비〉, 〈3·1정신 찬양비〉, 〈3·1운동 십비〉 등 파고다 공원 안의 비문은 내가 모두 썼고 손병희 선생의 동상에 있는 비문까지 내가 썼으니 파고다 공원이 내게는 마치 내 개인 서예의 상설 전시장 같은 기분이 드는 것도 사실이다.

1968년 나는 남산에 세워진 김소월의 시비(詩碑)를 쓰게 되었다. 소월 시비는 한국일보사의 고 장기영 사주의 명물이 되었는데 소월 시비가 세워진 이후로 전국에 많은 시비가 생겨나게 되었다.

소월 시비를 쓰던 해 나는 한국서예가협회를 만들고 대표위원(회장)에 추대되었다.

한국서예가협회란 작고한 검여(劍如) 유희강과 시암(時菴) 배길기, 그리고 내가 앞장서서 창립한 서예 동호인들의 모임으로 내가 초대 회장을 지낸 후 지금까지 계속하고 있는 단체이다. 한국서예가협회는 1년에 한 차례씩 회원 작품 발표회를 갖는데 현재는 배길기 씨가 회장으로 활약을 하고 있다.

1969년에 나는 동덕여대에 서예 강사로 나가게 되었는데 날마다 내게 서예를 배우겠다는 사람이 늘어나 점점 바쁜 일과를 보냈다. 그러나 혼자 몸으로 작품 제작과 학교 강의, 서예 개인지도 등을 병행하자니 보통 어려운 노릇이 아니었다.

나는 생각다 못해 나의 개인 사무실 겸 서실(書室)을 하나 만들기로 하고 인사동에 적당한 장소를 하나 물색해두었다. 이렇게 해서 생긴 것이 이 '일중묵연(一中墨緣)'으로, 나와 함께 먹으로 해서 인연을 맺게 된 사람들의 모임이란 뜻에서 '일중묵연'이란 이름을 지었다.

나는 대개 오전 중에는 집에서 작품을 쓰고 오후에는 일중묵연에 나가 서예 동호인도 만나고 제자를 가르치기도 했다. 이 사무실을 개설한 후에는 훨씬 많은 제자들을 효과적으로 지도할 수 있었다.

나는 지금도 글씨를 가르치는 데 있어 절대로 내 글씨를 모방하지 않도록 지도한다. 서예를 배우는 사람은 자칫 선생의 글씨대로 흉내 내기 쉽지만 나는 의식적으로 내 글씨를 본뜨지 않도록 주의를 주곤 한다. 대신 제자들에게 한국과 중국의 옛 명필 글씨를 되풀이해서 연습시키고 있다. 서예에 재주가 뛰어난 사람일지라도 내 글씨만 흉내 내다 보면 결국 나의 아류가 될지언정 나보다 더 나은 글씨를 쓸 수는 없기 때문이다.

자고로 예도에 있어 스승은 제자가 자기보다 나아지기를 바라는 법이라 나도 나보다 훌륭한 서예가가 제자 중에서 나와야 한다는 생각을 잊어본 적이 없다. 고대의 명필 글씨를 섭렵하다 보면 내 제자 중에서도 나보다 나은 서예가가 얼마든지 나올 수 있는 일이다.

일중묵연에서 오랫동안 후학들을 가르치다 보니 자연 국전이나 그 밖의 서예전에서 입선, 입상하는 등 수준 이상의 제자들이 생겨나게 되었다.

1년에 한 차례씩 가을이면 일중묵연전을 개최, 제자들의 작품을 한 곳에 모아 발표회를 가졌는데 초보적인 수준의 제자와 앞에 말한 수준 높은 제자의 작품을 한 자리에 전시하자니 좀 어색한 기분이 들었다. 그래서 나는 지난 1973년 어느 정도 높은 수준에 이른 제자들을 모아 '열상서단(洌上書檀)'이란 순수 서예 그룹을 만들었다.

열상서단은 일중묵연전과는 달라서 예인들의 모임으로 모두 서예가로서 활약하는 제자들만을 회원으로 하고 있다. 열상서단은 매년 봄에 회원전을 열어 작품을 서단에 소개하고 있는데 이들이 모두 한국 서예계의 중요한 작가들이라는 점에 대해 나는 상당한 자부심을 갖고 있다.

나는 매주 일요일이면 가까운 산을 찾아 등산을 즐긴다. 평일에도 새벽에 정릉을 산책하는 것을 일과로 삼아 건강을 유지하고 있는데 일중묵연에 나와 서예를 공부하는 이들 중에는 나와 나이가 비슷한 사람들도 적지 않아 이들에게도 등산을 권유해서 요즘은 10여 명이 함께 등산을 즐긴다.

'한국 60년 근대미술전' 추진위원을 맡다

일중묵연에 나와 글씨를 배우는 사람 중에서 나보다 나이가 많거나 비슷한 연배의 사람들과 함께 자주 등산을 다니던 나는 제자 중 한 사람의 제안으로 '요산수(樂山水)'라는 친목회를 또 만들었다.

비록 내게 글씨를 배우기는 할망정 나이나 모든 점에서 나와 비슷한 사람들이 모여 등산도 다니고 술자리도 만들며 친구 삼아 같이 놀자는 것이었다.

12명의 요산수 회원은 일중묵연의 연례 회원전에 빠짐없이 출품했는데 나는 이들 요산수 회원 작품 중에서 가장 잘된 것을 골라 회원의 정성이 담긴 선물과 함께 시상하기도 했다. 정서를 위해 글씨를 배우는 사람들의 서예라 대단한 작품은 아니었지만 어쨌든 50대와 60대에 글씨를 배우고 인생을 좀 더 뜻있게 살려는 요산수 회원들의 뜻은 높이 평가할 만한 것이라는 생각에서 시상제도를 계속했다.

나는 1969년에 남산 야외음악당 옆에 세워진 백범 김구 선생의 동상에 새겨진 기록문을 썼다. 동상의 건립 취지문은 박종화 선생이 지었고 백범의 약전(略傳)은 이은상 선생이 엮었는데 나는 이 두 가지와 백범의 유언인 「나의 소원」 등 세 종류의 글을 모두 쓴 것이다.

「나의 소원」은 백범이 조국에 대한 희망을 쓴 것으로 구구절절 넘치는 애국 애족의 정신이 글을 쓰는 내게도 전해져 시종 엄숙한 마음가짐으로 썼다.

이 백범 선생의 동상 기록문은 1,000자가 넘는 장문이었는데 글자도 큰 편이어서 내가 쓴 금석문 중에서는 온양의 이충무공 기념비문에 버금가는 대작이었다.

1969년에는 또 국무총리를 지냈던 변영태 씨의 묘비문을 쓰기도 했는데 몇 년 후에 변영태 씨의 동생이자 시인인 수주(樹州) 변영로 묘비도 내가 쓰게 되었다. 이 두 형제 분은 모두 내가 잘 아는 처지였고 또 솔직하고 강직한 성격을 항상 높이 평가하던 분들이었다.

변영태 씨의 장형인 변영만 씨는 한학자로 우리 집안과도 잘 알고 지내는 터였으므로 내가 영문학자로 국무총리까지 지낸 변영태 씨의 묘비문을 쓰게 된 것은 우연한 일이 아니었다. 고 변영태 씨는 건강을 위해 아침저녁으로 아령을 열심히 해 주위 사람들로부터 아령 잘하는 분으로 통했고 동생인 수주 변영로 씨는 술을 잘해 건강을 해쳐 형보다 먼저 타계하고 말았다. 그 후에 나는 역시 국무총리를 지낸 최두선 씨의 묘비를 쓰기도 했는데 내가 육당 최남선의 묘비문을 썼기 때문에 작고한 형제의 비문만도 두 차례를 쓴 셈이다.

1970년에 나는 서예 교본을 다시 펴냈다. 국문과 한문을 함께 다룬 서예 교본으로 학생뿐 아니라 일반인들도 모두 참고할 수 있도록 엮어보았는데 국문은 내 글씨를 모델로 삼았고 한문은 옛날 명필의 명체를 망라해서 알기 쉽게 공부할 수 있게 했다. 『국한서예』에는 부록으로 국문 고전인 훈민정음의 글씨체를 실어 일반인에게 한글 창제 당시의 글씨체를 공부하도록 배려했다.

1972년에 나는 '한국 60년 근대미술전'의 추진위원에 위촉되었다. '한국 60년 근대미술전'이란 국립 현대미술관이 우리나라의 조선조 말 이후 동·서양화, 서예, 조각 등 각 분야의 대표작을 모아 60년 동안의 한국 미술사를 정리해보자는 의미에서 마련된 전시로 해방 이후 처음 갖는 대규모 전시였다. 추진위원장은 이당(以堂) 김은호 선생이 맡았고 위원 중에는 나와 친구인 조각가 김경승 씨와 그 형인 화가 김인승 씨, 서예계의 선배인 소전 손재형 씨, 동양화가 현초(玄艸) 이유태 씨 등이 있었다. '한국 60년 근대미술전'을 준비하는 동안 추진위원들은 각자 맡은 분야에서의 자료 수집, 작품 수집 및 전시장 배치 등의 문제로 회합을 자주 갖는 등 준비에 바빴는데 나는 서예뿐만 아니라 회화 분야에도 아는 사람이 많아 위원들이 내게 묻는 일이 많았다.

어떤 위원은 '일중은 미술계의 살아 있는 사전'이라고 과찬하기도 했는데 아무래도 글씨를 오래 쓰다 보니 예술계 인사들을 조금씩은 다 알게 되었던 것 같다.

송광사 등 유명 사찰의 현판을 쓰다

나는 1949년 국전이 탄생할 때부터 이에 관여해서 지금까지 두세 번을 제외하고는 초대작가, 심사위원, 운영위원 등으로 국전에 참여해왔다. 특히 국전 서예 부문의 심사위원을 여러 차례 지냈는데 심사할 때마다 느끼는 것은 심사위원들이 제자를 모두 입선, 입상시키려 무리를 한다는 것이다.

이것이 비단 서예 부문뿐 아니라 국전 전반에 걸쳐 제일 문제가 되는 점인데 자신의 제자 출품작 중에서도 잘된 것을 골라 입선시키면 별문제 없지만 형편없는 것도 입선시키려는 데 문제가 있는 것이다.

내 자신도 제자를 많이 두고 있는 터라 혼자 공정하게 했다고 주장할 수도 없는 일이지만 그래도 나는 심사를 할 때마다 글씨가 좋지 않을 때는 과감히 낙선시키곤 했다. 한때는 내 손으로 내 제자의 작품을 많이 낙선시켜 말썽이 일기도 했지만 그런 말썽보다는 같은 심사위원끼리 제자들 문제나 그 밖의 일로 의견이 맞지 않아 논쟁을 할 때가 제일 불쾌했다.

국전의 장기적인 발전을 위해서는 될수록 제자가 없는 작가를 심사위원으로 위촉해야 되겠지만 현실적으로 어려울 것이니 우선은 심사위원의 양심에 맡길 도리밖에 없는 것 같다.

지난 1973년에는 내가 전국에 있는 유명 사찰의 현판과 비문을 많이 썼다. 우선 기억나는 것으로는 승주의 송광사와 고창의 선운사, 김제의 금산사 등의 일주문(一柱門) 현판이 있다.

일주문이란 큰 절의 입구에 있는 큰 문을 일컫는 말인데 예로부터 유명 사찰의 일주문 현판은 명필들이 썼다고 한다.

내가 일주문의 현판을 쓴 것은 불교를 믿어서가 아니라 유명 사찰의 입구에 있는 일주문 현판을 쓰면 우선 많은 사람들이 보게 될 것이고 또 오래도록 남게 될 것이라는 생각에서였다.

1974년에는 화성에 있는 〈용주사사적비(龍珠寺事蹟碑)〉를 쓰기도 했는데, 이는 용주사의 자세한 내력을 쓴 비문으로 현재도 용주사 경내에 보관되어 있다.

사찰의 현판을 쓰던 1973년에는 또 경기도 파주에 있는 앙지대(仰止臺)의 현판과 앙지대 중건비를 쓰기도 했다. 앙지대란 조선조 태조 때 정승을 지낸 방촌(厖村) 황희(黃喜) 선생이 그가 만년에 은거하며 시조도 짓고 한유하며 보내던 곳이다. 이곳에는 앙지정이란 정자도 있고 방촌 선생의 영당(影堂)과 반구정(伴鷗亭)이라는 정자도 있는데 작년에는 22척이나 되는 선생의 동상이 세워져서 선생의 유적지로서의 면모를 갖추었다.

고려 말인 1363년에 개경에서 나서 조선 초 문종 2년인 1452년에 서세(逝世)하기까지 천수를 누린 황희 선생은 국민의 사표(師表) 또는 관리의 귀감으로 심지어는 초동목부(樵童牧夫)들까지도 추앙해 마지않았다.

황희 정승으로 흔히 불리는 방촌 선생은 여조(麗朝)가 쓰러지자 불임이군(不任二君)코자 두문동(杜門洞)에 숨었다가 태조의 간청으로 출임(出任)하여 각 조의 판서를 두루 거치고 90을 바라보는 나이에 영의정이 되어 국정을 이끌어 세종대왕의 치세를 빛내고 청백리(淸白吏)에 올랐으니 그 인품은 짐작하고도 남음이 있다.

농사짓는 일을 개량하고 예법을 새로 마련하고 천첩(賤妾) 소생들을 사회적인 대등한 신분으로 이끄는 등 그의 치적은 조선왕조 500년을 통해 드문 명정승이었다고 한다. 그는 작고 후에 익공의 시호를 받고 세종대왕의 묘정(廟廷)에 배향(配享)되었을 뿐 아니라 상주의 옥동서원과 장수의 창계서원에서 제사를 받들고 있으니 후인으로 하여금 참된 삶의 보람이 무엇인가를 깨닫게 해주는 분이다.

휴전선 가까운 강변에는 철조망이 겹겹으로 싸여 살벌하지만 앙지대를 감아 돌며 흐르는 장강(長江)의 모습은 지금도 내 머릿속을 떠나지 않는다.

이처럼 조선조 500년을 통틀어 가장 명정승이라는 방촌 황희 선생의 유적이자 그의 동상이 서 있는 앙지대에 내 글씨로 현판과 앙지대의 내력을 알리는 중건기(重建記)를 남겼다는 것은 내 자신뿐 아니라 내 조상에게도 자랑스러운 일이라 하겠다.

명산 속에 그림처럼 고운 자운서원

유서 깊은 유적지에 내 글씨를 남긴 곳은 앙지대 말고도 같은 경기도 파주에 있는 자운서원(紫雲書院)이 있다. 자운서원은 율곡 선생의 모친인 신사임당의 묘소와 율곡 선생의 묘소가 함께 자리한 곳이기도 하다.

앙지대의 중건기를 쓴 다음해인 1974년에 나는 이곳에 자운서원의 내력을 밝히는 유적정화비의 비문을 쓰게 되었다.

경기도 파주군 천현면 동문1리에 있는 자운산에 감싸 있는 서원 일대는 예로부터 명당으로 소문나 있던 곳이다.

율곡 선생은 16세 때 사랑하는 어머님 신사임당을 여의자 이 좋은 곳을 골라 묘소를 쓴 뒤 움막을 짓고 3년 동안 무덤을 지켰다고 한다. 그 뒤 자운산에는 율곡의 아버님, 누님 부부, 선생 자신과 두 부인, 자녀 등 가족 무덤 13개가 들어섰다.

율곡 선생이 사후 이곳에 안주하자 묘소를 참배하러 오는 선비들의 발길이 끊일 날이 없었다고 한다.

선생을 추모하던 후학들이 1615년에 이곳에 서원을 세웠으니 이것이 바로 자운서원이었다. 자운서원은 율곡 외에도 그의 제자인 사계(沙溪) 김장생, 현석(玄石) 박세채를 배향하여 봄과 가을로 제사 지내는 한편 많은 선비들을 배출하는 명문 서원으로 발전했으나 1871년 대원군의 서원 철폐령에 따라 그만 헐려버리고 말았다.

그 후 여러 차례 복원 기도가 있었으나 뜻을 이루지 못하다가 1969년 박 대통령의 지시로 복원 공사에 착수, 지난 1974년에 서원이 복원되고 율곡 묘소 주변이 정화되어 내가 그 내력을 밝히는 비문을 쓴 것이다.

명산 자운산에 감싸여 있는 자운서원 일대는 한 폭의 그림처럼 아름답다. 사철 따라 꽃이 피고 지는가 하면 주위의 울창한 송림과 서원 옆에 있는 약수터 등은 명당으로서의 조건을 유감없이 갖추고 있다.

율곡은 태어날 때부터 남다른 데가 있었다고 한다.

『율곡행장』에 나타난 것을 보면 중종 31년 12월 26일 새벽 인시(4시께)에 강릉 오죽헌에서 태어나던 날 어머니 사임당은 신기한 꿈을 꾸었다. 검은 용이 난데없이 동해바다로부터 날아오더니 사임당이 자던 방 처마 밑 문머리에 서려 있는 것이었다. 그 꿈을 깨자마자 사임당은 옥동자를 낳았다. 가족들은 이를 신기하게 여겨 율곡의 어렸을 적 이름을 현용(見龍)이라고 불렀고 그 방을 몽룡실(夢龍室)이라 이름 지었다.

율곡 선생은 세 살 때에 글을 깨우칠 정도로 천재였으며, 재주뿐 아니라 효심 또한 지극했다고 한다. 율곡이 다섯 살 때 어머니인 신사임당이 병석에 누워 위독했다. 온 집안이 경황이 없는 중에 어린 율곡마저 간 곳이 없었다. 집안이 벌컥 뒤집힌 채 찾아 나서 보니 집 뒤켠에 있는 외조부의 사당에 율곡이 엎드려 있었다 한다. 어린 율곡은 외조부께 어머니의 병이 낫게 해달라고 기도하고 있었던 것이다.

율곡은 11세 때에도 아버지 이완수의 병이 위급하게 되자 팔을 베어 피를 드리고 조상의 사당에 가서 열심히 빌었다. 이튿날 아버지는 기적적으로 눈을 뜨고 나아지더니 "꿈에 신선이 나타나 율곡이 동국의 큰 유학자가 될 인물이라고 일러주면서 이름을 구슬 옥(玉) 변에 귀 이(耳) 자로 지으라고 당부하더라"라고 했다는 것이다.

이렇게 해서 율곡 선생의 이름은 이이(李珥)가 되었다. 율곡은 어머니 사임당에게 많은 영향을 받았다. 이 탓으로 16세 때 갑자기 어머니를 잃자 깊은 충격을 받았던 것 같다.

눈물 속에 자운산의 모친 묘소에 움막을 짓고 3년상을 치른 그는 19세 때 금강산에 들어가 1년 동안 수도 생활을 하기도 했다. 큰 유학자 대신 불교의 대사가 태어날 뻔했던 이야기이다.

대만에서 열린 '한국미술전'에 참가하다

경기도 파주의 자운서원 유적정화비를 쓰던 해인 1974년 나는 삼청공원에 세워진 시조비의 글씨를 맡아 썼다. 시조비란 정몽주 선생의 유시(遺詩)를 비에 써서 공원에 세운 것인데, 비의 설계는 여류 조각가인 이정숙 씨가 맡았다. 이곡(二曲) 자리개식으로 설계된 시조비는 한국일보사에서 세운 것으로 특이한 설계와 그때까지 보기 드문 시조비였기 때문에 지금까지 삼청공원의 명물로 남아 있다.

지난 1975년 나의 아버님이 설립한 오산학원의 이사장으로 있던 나의 형님 김문현이 갑자기 타계하자 나는 형님의 뒤를 이어 오산학원의 제2대 이사장에 취임하게 되었다.

오산학원이란 앞에서도 이야기했지만 나의 아버님이 설립한 창문여자중고등학교의 학교법인체를 말한다.

서예인으로 바쁘던 나는 학교 일까지 떠맡게 되어 동분서주하는 몸이 되었지만 아버님의 뜻을 받들어 고등학교 교장인 나의 아우(김창현)와 중학교 교장인 나의 조카(김문현의 아들 김귀년) 등과 협조해 학교 운영에 힘쓰고 있다.

지난 1976년 12월 대만에서 한국 현대미술 전람회가 개최되어 한국의 동·서양화와 서예 작품이 소개된 적이 있었다. 한·중 예술연합회가 주관해서 개최된 전시였는데 나는 한국 현대미술 전람회를 위한 한국 방문단의 부단장으로 대만과 홍콩, 일본 등지를 여행하는 기회를 가졌다.

오랜 서예 생활 중에도 외국 여행을 할 기회를 갖지 못했던 나는 첫 번째 해외여행에서 많은 것을 경험할 수 있었다.

대만에서는 많은 서예인들과 화가들을 만날 수 있었는데 그중에서도 서예가인 리

차오자이(李超哉) 씨와 화가인 황쥔비(黃君璧) 씨 등은 퍽 인상적이었다.

전시는 대만의 역사박물관에서 개최되었는데 박물관장인 허하오티엔(何浩天) 씨가 여러모로 애써주어 대단한 성과를 거두었다. 타이베이 시(臺北市)에서의 전시가 성공하자 한국 현대미술전은 대만 전역을 순회하며 오랫동안 전시되었다.

대만에서 홍콩을 거쳐 일본에 들른 우리 일행은 일본의 미술계를 돌아보기도 했다. 그런데 당시에 나는 연로하신 부모님을 모시고 있던 터라 매일 국제전화로 부모님의 안부를 확인하고 있었다. 일본 도쿄에서 전화를 걸던 나는 갑자기 기쁨에 들떠 한동안 어쩔 줄을 몰랐다. 외아들을 두고 있던 나는 항상 건강한 손자를 기다리고 있었는데 뜻밖에도 쌍둥이 손자를 얻었다는 반가운 소식을 전화를 통해 들었던 것이다. 쌍둥이라면 여아 쌍둥이도 있는 법이고 남녀 쌍둥이도 있다는데 나는 기다리던 손자를 한꺼번에 둘씩이나 얻게 된 셈이다. 한동안 기뻐하던 나는 가족이 내가 너무 손자를 기다리다 보니 손녀를 둘 낳고도 나를 안심시키기 위해 거짓말을 한 게 아닌가 하는 의구심마저 갖게 되었다. 생전 처음의 해외여행에서 많은 것을 경험하고 집에 돌아와 보니 건강한 손자들이 나를 반겨주었다. 이렇게 해서 서예계에서는 이제 내가 쌍둥이의 할아버지로 유명해졌다.

1977년 나는 경주에 세워진 통일전(統一殿)의 삼국 통일 기념비 비문을 쓰게 되었다. 통일전은 삼국 통일의 역사적 의의를 기념하기 위해 신라의 옛 터전인 경주에 세워진 기념관 같은 것이다. 삼국 통일 기념비문은 이은상 씨가 짓고 비문은 내가 쓴 것인데 같은 시기에 또 나는 강화도의 전적지정화 기념비도 쓰게 되었다. 강화도는 1866년 병인양요 때 프랑스군이 상륙해 우리의 영토를 유린했던 관문이다.

일시적인 승전에 도취했던 프랑스군은 곧이어 김포의 문수산성과 섬의 오지에 있는 정족산(鼎足山)에서 양헌수 장군이 이끄는 우리 측 수비군에 의해 참패를 당하고 달아났다.

갑곶 돈대(墩臺)에서 강화 읍내 쪽으로 들어가면 성안에 고려 궁터가 있다. 빈 터에 석축(石築)만 나뒹굴던 이곳은 강화로 도읍을 옮긴 고려가 길고도 줄기찬 대몽항쟁을 벌이던 호국의 터전이다.

30여 년 연구 마무리

1978년 『한글서예』 출판

강화 섬의 곳곳에는 수도 서울과 영토를 지키려는 조상들의 군센 의지가 담겨 있는 전적지가 많다.

지난 1976년 박 대통령 지시에 따라 강화 섬의 전적지가 모두 복원되어 나는 연무당 유적지와 강화 전적지 정화 기념비의 비문을 쓰게 되었다. 전적지 기념비의 전면 대자(前面大字) 11자는 박 대통령의 휘호로 되어 있고 나는 후면에 새겨진 이은상 씨가 지은 기념문을 쓴 것이다.

강화 섬에 있는 고려 궁터는 고려가 당시 세계의 대제국이던 원의 7~8차에 걸친 침공에 맞서 싸우던 호국의 터전으로 원과의 전쟁 중에도 선원사(전등사 경내)에서 팔만대장경을 조판해냈으며 또 이 섬에서 가장 훌륭한 청자를 구워냈다.

경역에는 정화공사로 432m에 걸쳐 사고석담장이 둘러졌고 왕도의 위엄을 드러내는 장수석 석축이 가지런히 쌓여졌다.

본토의 대안(對岸)을 마주보며 수로를 지키던 요새인 덕진(德鎭)과 광성보(廣城堡)에도 석축만 남아 있던 성문의 문루가 세워지고 무너진 성벽과 해안 포대가 복원되었다.

1871년 신미양요 때 강화에 내습한 미(美) 아시아 함대는 로저스(J. Rodgers) 제독이 이끄는 5척의 군함으로 손돌목을 거쳐 연안에 깊숙이 들어왔고 이에 광성보 포대는 일제히 불을 뿜었으며 이어서 양군 사이에 치열한 포격전이 벌어졌다.

일단 후퇴했던 미 군함은 다음에는 초지진(草芝鎭)에 상륙해 덕진을 점령한 다음 강화 수로의 가장 중요한 길목인 광성진에 육박해 왔다. 이곳을 지키던 우리 측 수비군과 미육전대(美陸戰隊) 사이에 하루 종일 백병전이 벌어져 아군의 중군(中軍) 어재연과 그의 동생 어재순을 포함한 53명의 장병이 전사했다. 파괴된 성벽을 넘어 돌격하는 미육전대를 맞아 우리 수비군은 창을 들고 육탄으로 항전했다.

미군 측에서도 매키(Mckee) 해군중위 이하 3명의 전사자와 10여 명의 부상자를 내었고 이 싸움으로 미 아시아 함대는 승산이 없음을 깨닫고 물러가고 말았다.

빈약한 장비로 현대식 무기를 갖춘 프랑스군과 미군을 싸워 물리칠 수 있었던 것은 우리 조상들의 빛나는 호국정신의 발현이라 하겠다.

지난 1977년에는 나와 몇몇 서예가가 의견을 모아 '청림(淸林)'이란 서예 동호인들의 친목 단체를 설립하기도 했다. 청림이란 서예 그룹과는 성격을 달리하는 것으로, 서예가로 이미 인정을 받은 사람들이 모여 순수한 친목 단체로 출발을 본 것이다.

서예계에 어떠한 영향력을 행사하거나 그룹을 형성하기보다는 가끔 모여서 서예에 관한 이야기나 나누자는 목적으로 만들어진 청림은 작년 5월 첫 번째 동인전을 가졌고 금년 5월에 두 번째 동인전을 계획하고 있다.

참고로 청림의 동인 명단을 밝혀보면 고봉주, 구철우, 권갑석, 김기승, 김사달, 김충현, 민태식, 박태준, 박행보, 서희환, 송성용, 양진니, 유치웅, 이기우, 이미경, 이철경, 정채홍, 최정균, 현중화 씨 등으로 모두 19명이 매월 정기적으로 친목 모임을 갖고 있다.

작년(1978년)에 나는 『한글서예』라는 한글서예 교재를 출판했다. 『한글서예』는 내가 30여 년간 닦아온 한글서예 연구를 한 권의 책으로 집대성한 것으로 그동안 집필한 10여 권의 저서 중에서도 가장 완벽한 한글서예의 교본이라 하겠다. 이 책은 요즘에도 한글서예의 교본으로 널리 쓰이고 있어 30여 년간 한글서예를 연구해온 보람을 느끼고 있다.

이제 내 나이 59세. 예도를 걷는 사람으로는 그리 많은 나이는 아니다. 그동안 변변치 않은 글씨이지만 수많은 정·재계와 학계 인사들과 문화예술인들의 묘비문을 쓰고 많은 금석문을 남겼다. 하지만 앞으로 지금까지 한 일보다 더 많은 일을 하기 위해 더욱 서예 한 길로 정진할 마음뿐이다.

2부

북한산과 나

수필 모음

서울의 산과 강

우리나라를 일컬어 금수강산이라 한다. 동서양 어디를 가나 우리나라와 같은 아름다운 산이 드물며 물 또한 특이하여 어디서든지 자연 수를 그대로 마실 뿐더러 약수가 수없이 많아 모든 잡병의 치유제가 되기도 하니 이 얼마나 신기한 일인가. 금강산은 더욱 유명하여 그 이름이 세계에 떨쳐 '원생고려국(願生高麗國)하여 일견금강산(一見金剛山)이라'는 시구까지 있게 되었으니 이 또한 우리의 자랑거리가 될 만하다.

우리나라 전역에 걸쳐 각처에 좋은 산과 강이 있어 관광에 뜻있는 사람을 기쁘게 한다. 특히 서울 주변과 근처에도 산과 강이 아름다우니 서울 사람의 풍류를 만족하게 한다.

서울과 그 주변에 있는 산과 강들을 경산(京山), 경강(京江)이라 일컫는다. 나 자신이 서울 태생이라 그런지 서울의 강산만큼 아름답기도 어려울 뿐 아니라 이에 추종할 산들도 드물 것으로 안다.

우선 서울 도성 안에만 해도 4산이라 하여 동에는 낙산, 서에는 인왕산, 남에는 목멱산(木覓山: 남산의 다른 이름), 북에는 북악산이 있어 풍광을 자랑할 만하고 특히 북악은 도성의 진산(鎭山)으로 숭엄하다. 옛날에는 사산감역(四山監役)이란 관원도 있었다. 그리고 주변으로 많은 명산이 있어 서울의 수도다운 상징을 짓고 동의 불암산을 비롯하여 수락산을 거쳐 도봉산으로 삼각산을 포함한 북한산 연봉에 이어지니 이 속에는 수없는 절경이 철에 따라 자랑하고 있다. 남에는 관악산과 남한산성 등이 있어 북에 대응하여 서울에서는 춘추로 그 경치들을 말하여 남화류(南花柳), 북단풍(北丹楓)을 찬미하기도 한다.

그중에 무수한 사찰들이 있으나 특히 경산(京山) 4대 사찰이라 하여 동에 불암사, 서에 진관사, 남에 삼막사, 북에 승가사 등을 꼽는다.

이 4대 사찰 외에도 수락산에 홍국사, 회암사가 있고 도봉산에는 망월사, 천축사, 회룡사 등의 수석이 절등(絶等)하며 삼각산에는 고찰이 많았으나 지금은 폐허만 남은 곳이 많고 태고사만을 산성 안에서 볼 수 있다. 역사 깊은 절로는 문수사, 화계사, 도선사, 경국사, 봉국사, 홍천사, 개운사, 소림사, 연화사, 보문사 등이 북쪽에 있으며 관악산에는 연주암이 이름 높고 남쪽에도 많은 절이 있으나 봉은사, 화장사 등을 꼽을 만하다.

그리고 계곡으로는 북한산을 전후하여 일컫겠고 도봉산 계곡이 높이 평가된다.

경강(京江)은 물론 한강을 말하는 것이다. 좀 더 넓혀 말하자면 임진강도 빼놓을 수 없다. 한강은 동협(東峽)에서부터 흐르는 물줄기로 백리장강이니 이 경강을 5강(五江)이라고 일컫는다. 5강은 광나루[廣津], 뚝섬[纛島], 노들[鷺梁津], 삼개[麻浦], 서강(西江)을 말하는 것이다.

지금도 한강에 대하여 문제가 많으나 예전에는 지금보다 더 관심이 컸던 것으로 느껴진다. 연안(沿岸)에 경치가 아름다워 굽이굽이 정사(亭榭), 누대를 지어 역대에 유명한 인물들의 자취가 끊이지 않았고, 이 강에서 생산되는 어류조차 수도 많거니와 맛도 좋아 강놀이가 끊이지 않을 만하였다. 그뿐 아니라 서울에 오는 교통의 수단으로도 많이 이용되고 물자의 수송이 편리하매 선박의 왕래가 빈번하여 강이 놀 사이가 없을 정도였다. 그래서 5강은 자연 물자의 집산지인 동시에 도강(渡江)의 요지로 되어 이곳에는 부자가 많아 이를 강부자(江富者)라 일컬었다.

한강의 뱃놀이는 유명하였다. 특히 중국 사신이 우리나라에 오면 강 놀이를 크게 벌이고 그들을 환대하였다. 진수성찬과 청가묘무(淸歌妙舞)로써 즐겁게 하여줌은 물론이요, 시문서화(詩文書畵)로써 그들을 놀라게 하였던 사실이 역대에 이어졌다. 그들은 본래 우리를 다소 하시(下視)하였던 터에 이러한 문교(文交)를 겪고는 우리를 다시 보게 되어 국교의 도움이 컸었다.

서울의 강과 산을 지은 시문도 허다하거니와 진경(眞景)을 그린 그림도 많다. 경치가 워낙 빼어나고 보니 시문도 명작으로 묘사되었고 그림도 명화가 창출되었다. 진경산수에는 정겸재(鄭謙齋)의 〈인왕제색도(仁王霽色圖)〉가 뚜렷하다.

노래에도 서울의 강산을 찬미하여 부른 것이 있어 두어 수 소개하겠다.

「창부타령(倡夫打令)」

진국명산만장봉(鎭國名山萬丈峯: 도봉산의 가장 높은 봉)이 청천삭출김부용(青天削出金芙蓉)이라 서색(瑞色)은 반공 응상궐(蟠空凝象闕)이요

숙기(淑氣)는 종영 출입걸(種英出入傑)하니 만만 세지금탕(萬萬世之金湯)이라

태평연월(太平烟月) 좋은 시절 전조사(前朝事)를 꿈꾸는 듯 유유(悠悠)한 한강 물은 말없이 흘러가고 인왕으로 넘는 해는 나의 감회 돋우는 듯

「한강수타령(漢江水打令)」

한강수라 깊고 맑은 물에 수상선 타고서 에루화 뱃놀이 가잔다

아아하 에헤요 에헤요 어허야 얼사함마 둥게 디여라 내 사랑아 한강수야 네가 말을 하려마

눈물 둔 영웅이 몇몇 줄을 지은고 멀리 뵈는 관악산 웅장도 하고 돛단배 두서넛 에루화 한가도 하다

유유히 흐르는 한강물 위에 뗏목 위에 노래도 에루화 처량도 하다

조요(照耀)한 월화(月花)는 강심(江心)에 어렸는데 술렁술렁 배 띄워라 에루화 달맞이 가잔다

앞강에 뜬 배는 낚시질 거루요 뒷강에 뜬 배는 일 실러 가는 배란다

푸른 물결에 두둥 뜬 저 백구(白鷗) 날과 같이도 에루화 외롭구나

노들의 버들은 해마다 푸르른데 한강을 지키던 임 지금은 어디 계신가

양구(楊口) 화천(華川) 흐르는 물 소양정(昭陽亭)을 감돌아 양수리(兩水里)를 거쳐서 노들로 흘러만 가누나

잔잔(潺潺)한 물결에 노젓는 저 사공(沙工) 만단(萬端) 시름 잊고서 배만 저어 가누나

낚싯대 드리우고 졸고 있는 어옹(漁翁)은 삼공불환차강산(三公不換此江山)은 이를 두고 이름인가

정선(旌善) 영월(寧越) 지나서 단양 도담(丹陽島潭) 감돌아 여주 이천(驪州 利川) 광나루 압구정(押鷗亭)으로 흐르네

노을진 저녁볕 한강에 배를 띄우고 유유자적(悠悠自適) 즐기니 이도 멋진 흥취일세

사풍세우(斜風細雨) 저문 날 저문 줄 모르고 낚싯대 드리우고 근들근들 졸고 있네

강기슭 찬바람 몸에 스며드는데 정든 임 그리며 강물만 보고 있누나

「창부타령」은 그 부분 1절이요 「한강수타령」은 그 노래 전부이니 이만하면 한강이 어떠한 강이라는 것을 알 만하다.

나는 젊은 시절 산수를 즐겨 이런 곳 저런 곳 제법 다녔고 경산(京山)은 더욱 족적이 많이 닿았다. 그리하여 요산수(樂山水)라는 동인들이 10여 명되어 매월 한 차례는 그 동인들끼리 산수를 찾아 즐긴다.

그중 동우 송공호(宋貢鎬) 씨가 한시 칠언절구 2수를 지어 보냈기에 이 시를 졸작 시조 2수로 화답하여 다음에 적는다.

반백 년 산수 즐겨 명구승지(名區勝地)를 찾으려고
어디를 가야 할지 자나깨나 헤아렸네
이제는 나이 탓인지 옮길 줄을 모르네

원운(原韻) 년(年) 면(眠) 천(遷)

요산수 정든 벗이 물외(物外)에 잠기고서
술잔을 옷깃대로 돌리며 흥 돋구니
동심에 젊로이는 멋 어데다혀 이르리

원운(原韻) 침(沈) 금(襟) 심(心)

방한(防寒)과 피서(避暑)

우리나라는 세계 어느 나라보다 일 년 사계절이 뚜렷하다. 사계절이 뚜렷하다 함은 기후가 그렇게 달라 봄이면 봄, 가을이면 가을대로 특징이 있고 여름이면 여름대로, 겨울이면 겨울대로 판이하여 사시의 경치를 아름답게 누릴 수 있어 우리 생활의 다양함을 말하는 것이다.

특히 추운 겨울이나 더운 여름에는 생활하는 방법이 극도로 달라 모든 행동이 이에 따른다. 우선 방한(防寒)과 피서(避暑)에 당하여 일이 많다.

방한이란 뜻과 피서란 뜻이 재미있다. 방한이라면 추위를 막는다는 것이고 피서라는 것은 더위를 피한다는 것이니 추위는 한 곳에 있어서 능히 막아낼 수 있지만 더위는 한 곳에 있기는 어려워 어디로든지 피해야 한다는 뜻으로 풀이된다. 그렇게 되면 추위보다 더위가 더 견디기 어렵다고 생각해야겠다. 이는 고금이 없어 우리의 생활방법으로 그대로 전해지고 있다.

계절에 따른 생활 방법은 의(衣)·식(食)·주(住) 전반에 걸쳐 언급하게 된다. 옷은 추우면 따뜻한 것을 입어야겠고 더우면 서늘한 것을 입어야 하는 것을 누가 모르겠는가. 지금과 같이 양복, 양장 하는 것은 오히려 간단하다. 옛날 우리나라 옷만으로 생활해야 할 때는 아주 까다롭다. 여름이면 베나 모시 각종 깁(紗)의 옷을 입어야 하며 겨울이면 털[毛物]을 사용하여 모든 옷과 장신구를 장만했다. 장신구에는 남자는 남바위, 토시 등이 있고 여자도 남바위가 있으며 털은 안 붙이지만 조배기 같은 것도 있어 형편에 따라 갖은 장식을 하였다. 여름에는 땀이 흐르기 때문에 등(藤)으로 만든 목도리와 등걸이, 토시 같은 것으로 땀에 배지 않도록 하기도 했다. 심지어 쌈지 같은 것도 깁으로 만들어 서늘한 감을 느꼈다.

부채를 중요하게 여겨 매우 치중하였다. 부채는 크게 나누어 접는 부채, 접지 않는 부채 두 가지가 있으니 그 종류도 많았고 부채에 맞는 장식도 많았으며 또 글씨와 그림으로 선면을 메우기도 하여 큰 자랑거리로 삼기도 하였거니와 이는 뒷날 큰 문화재로 여기게 되기도 하였다.

음식은 기후에 따라 다르기도 하거니와 생산되는 산물에 따라 다르기도 하다. 가령 생선류로 말하여도 근해(近海)나 강에서 나는 때가 따로 있어 이 영향이 컸다. 그러나 요사이는 원양어업이 개척되어 때없이 모든 생선을 맛볼 수 있으니 예전과 달라졌다. 과실과 야채류는 국내 국외에 구애치 않고 유통되기도 하며 온실재배가 발달하여 사철 없이 모든 것이 우리 식탁에 오른다. 그래서 요새 아이들은 무엇이 그 철 실과냐 채소냐 하는 것을 모를 정도이다.

옛날에는 이와 같은 실정이 아니고 반드시 그 철이 되어야만 그 철 음식을 먹게 마련이다. 지금도 아무리 철 아닌 실과나 채소가 많이 생산된다 하여도 그 철을 기다렸다가 그 음식을 먹어야 제맛을 알리라 생각되어 나는 그러한 식생활을 하려고 노력한다. 술도 지금은 철없이 마신다. 이는 외국 습속의 영향도 있겠지만 술의 성격이나 여러 가지 까닭이 있다. 그러나 예전에는 그렇지 않았다. 계절을 크게 나누어 여름에는 소주류이고 겨울이나 춘추에는 청주류, 곧 약주류이었다.

우리나라처럼 술같이 가짓수 많고 맛도 다른 나라도 그리 많지 않으리라 생각된다. 계절에 따라 지방마다 다를 뿐 아니라 전통 있는 가정마다 그 비방(秘方)이 달랐으니 그 수를 이루 헤아리기 어렵다 하겠다. 과실주만 해도 얼마든지 있으니 그 원인은 모두 추위와 더위를 감안하여 연구된 것이다.

주택의 구조나 설계 또는 장치도 또한 방한에 관심이 컸고 더위를 생각하여 설계하기도 하였으며 이 외에 미관에 치중하여 오늘날 남아 있는 문화재가 경향 각지에 많다.

산수 좋은 곳에 정자가 많이 있다. 이러한 건축물은 더위를 피하거나 척서(滌暑)하려는 목적이 있다. 이러한 정자라 할지라도 온돌방을 겸하여 여름, 겨울에 겸용을 할 수 있게 되기도 하였고 아주 여름에만 소용되는 수각(水閣)이나 육모정, 팔각정 같은 집도 많이 지었다. 이러한 건축물은 대략 경관을 고려하여 그림 속에 있는 듯하다.

비록 정자나 별장은 아니라 할지라도 대청마루나 누마루가 있어 여름을 서늘하게 보내게 하였던 것이 설계의 한 공식으로 되었던 것이다.

겨울을 위한 장치도 다양하였고 슬기로웠다. 건축에도 벽만 쳐서 짓고 창만 여닫게 할 뿐 아니라 벽에 가방(假房)이라는 것을 들였다. 이 가방은 벽에 병풍 비슷한 나무틀을 짜서 덧붙이고 그 위에 도배를 하여 한기와 열기를 차단하도록 하였다. 이러므로 추위도 더위도 막게 되었다. 또 미닫이 같은 창에도 갑창이라는 병풍 같은 창을 달아 한기를 막았다. 그뿐 아니라 방장이라는 것을 문 있는 곳에 달아 외풍을 막았으니 이러한 방에 불을 잘 때 놓으면 외풍은커녕 도리어 공기가 저절로 잘 통하지 않을 정도이다.

그 밖에 또 중요한 것이 있으니 이는 병풍(屛風)이다. 병풍은 의식(儀式)용도도 되나 여기서는 글자 그대로 바람을 물리치는 용도로 말하는 것이다.

병풍은 2폭 곧 가리개, 8폭, 10폭, 12폭 등이 있고 이에는 그림이나 글씨를 붙여서 만든다. 간혹 수병(繡屛)도 있다. 이렇게 예술적으로 꾸며 연대가 오래고 그 서화가 좋으면 이는 문화적으로 높이 평가되는 것이다.

석촌음(惜寸陰)

'석촌음(惜寸陰)'이란 말이 있다.

이는 짧은 시간을, 극히 짧다 해도 아껴 써야 한다는 말이다.

현대에 우리가 쓰고 있는 시계가 발명되기 전 옛날에는 해시계 또는 물시계를 사용하였다는 일을 누구나 잘 알고 있을 것이다. 해시계의 일영(日影), 곧 해의 그림자를 이용하였다 하니 이것이 여기서 말하는 촌음(寸陰)이다. 또 촌음이란 것은 한 마디만 한 짧은 그림자이다. 비록 이 같은 짧은 시간이라도 마땅히 아껴 써야 한다는 교훈이다.

그전에 서울 안국동 복판에 석음당(惜陰堂)이란 시계포가 있었다. 이 앞을 지날 때 무슨 명칭인가 하였더니 이 말을 알고 보니 과연 좋은 이름인 것을 깨달은 적도 있었다.

요새 인간의 수명이 길어졌다고 한다.

전 세계적으로 수명이 길어져 그중에 우리나라도 예외가 될 수 없는 모양이다. 그래서 우리나라도 평균 수명이 육십 세를 상회한다고 한다. 그뿐 아니라 이 나이도 점점 올라가 칠십이니 뭐니 한다. 이제는 환갑(還甲)이 됐다 해도 늙은이로 보지 않는 것 같다. 그전에는 환갑이 되기 전에 이 세상을 떠나는 사람이 많아 환갑이 되면 큰 잔치를 베풀었던 것 같다. 연장된 시대라 할지라도 환갑이 못 되어 가는 사람도 있다. 그들은 평균 연령도 채우지 못한 셈이 된다. 인생칠십고래희(人生七十古來稀)란 시구(詩句)가 있다. 칠십까지 살기가 얼마나 어려웠기에 이같이 사람이 칠십까지 살기는 예로부터 드물었다는 시(詩)를 지었으랴!

불교에서 하는 말을 적어보겠다.

사람이 백 년을 산다 하여도 여러 가지 조건을 빼면 단 십 년도 되기 어렵다는 말이 있다. 우선 잠자는 시간을 뺀다. 이것이 가장 큰 비중을 차지하고 그 외에 철없이 자랄 적, 늙어서 망령 든다면 그것도, 병으로 고생할 적, 근심할 때, 이것들이 모두 참 삶에서 제외되는 것이다.

그러고 보면 백 년이라야 십 년도 되기 어렵다는 것이 그럴싸하다. 그러고 보면 산다는 것이 꼭 나이로만 따질 것이 아니라 참으로 삶은 고생 없이 의식(意識) 있게 행복스러운 것을 말하는 것이다. 사실 늙고 병든 사람을 보면 흔히들 "저러고 살면 무엇하나, 성한 사람 고생이나 시킬 뿐이지" 하고 도리어 죽는 것이 낫다고 말한다. 현재 우리나라의 실정을 살펴보겠다. 수명은 늘었다 하여도 직업으로 보아 문제가 많다.

각계각층에 정년제란 것이 있되 이것이 외국에 비해 약간 이른 것 같다 하여 말이 많다. 듣건대 하위직일수록 정년이 빠르고 상위직은 늦다 하여 생계가 어려운 사람의 수가 많다는 것이다. 55세만 되면 정년에 걸리는 자가 대부분이다. 그들이 어디로 가야 할지 막연한 모양이고 60세가 넘으면 상위직도 붙어 있기 어려운 모양이다. 관료급으로 보아도 총리, 부총리나 되어야 60이 넘은 것 같고 국회의원이라도 40, 50대에 비하면 60대는 드물게 보인다.

그러나 학계, 예술계는 그와는 다르다. 이들은 정년이라는 것은 생각지 않는다. 천직이라고 할까? 세상을 마칠 때까지 그 나름대로 활동할 수 있다. 교육계는 65세에 정년이 되니 부귀영화는 모른다 하여도 이 편에서 볼 적에 다소 느긋하긴 하다.

여기서 석촌음(惜寸陰)을 다시 한 번 생각해볼 만하다.

옛말에 이르기를 '이십 안 자식이요, 삼십 안 전량(錢糧)이라'고 하였다. 이 말은 모든 일이 젊어서 끝나야 된다는 말이다. 예전에는 조혼을 하기에 이십 안 자식을 두어야 젊어서 교육도 시킬 것이고, 또 전량은 재산을 말하는 것이니 이것도 젊어서 벌어두어야 한다는 것이다. 여기서 더 절실하게 느껴지는 것이 있다. 공부도 어느 방면의 공부나 젊어서 해야 한다. 나이 먹어서 공부한 것은 모두 잊게 마련이다. 그러니까 공부는 이를수록 좋다. 내가 생각하기에는 또 체험(體驗)하기에는 45세가 가장 중요한 나이로 안다. 모든 공부가 사람에 따라 다르겠지만 45세 이전은 가능하겠으나 그 이후는 기억력의 감퇴로 부진하거나 지둔(遲鈍)할 줄로 안다. 사업을 모르는 나이지만 사업도 그러려니 생각된다. 35세 전에는 모든 사업을 새로 시작해도 성공하겠지만 그 후는 하던 일이나 계속하지 새 방면으로 진출하기는 어려울 것으로 여긴다.

어려서는 나이를 먹으면 그렇게 좋을 수가 없다. 그래서 한 해가 지나가고 한 해가 새로 바뀔 무렵이면 더욱 좋다. 이 무렵 가령 아홉 살짜리 아이더러 너 지금 몇 살이냐고 물으면 며칠만 있으면 열 살이 된다고 한다. 또 스무 살짜리더러 물으면 곧 30줄에 든다고 한다. 우리 나이를 세되 요새는 만으로 치지만 그전에는 10 단위에 한 살만 더 하면 다음 10 단위로 쳤다. 그래서 21세면 30줄, 31세면 40줄 이렇게 해서 한목에 10년을 다 까먹는 느낌이 들었다.

늙으면 반대로 느낀다. 60만 넘은 사람도 몇 살이냐고 물으면 그 대답이 대개는 나이 먹은 것을 부끄럽게 여긴다. 한 일도 없이 부질없이 나이만 먹었다 하고 정확한 나이를 대답하려 하지 않는다. 이는 누구나 나이가 먹을수록 무능력해지기 쉽고 또 스스로 자기의 과거를 돌아볼 적에 별로 한 일도 없이 느껴져 그런 심경에 들리라 본다. 석촌음(惜寸陰).

늙어서 후회하지 말아야 한다. 무슨 일을 하든지 성공해야 한다. 젊어서 시간을 아껴 써야 한다. 그러지 않고는 다른 방법이 하나도 없다. 이 말이 옳은 줄 알고도 지키지 않는 사람이 얼마든지 있다. 그것이 또 거울이 되는 것이다.

큰일

'큰일'은 즉 대사다. 이를 크게 나누면 행(幸), 불행(不幸)이 다 해당된다. 그러나 '큰일 났다'라고 하면 불행 쪽으로 기울어져 그 뜻이 한정된다. 말이란 참 묘한 것이다. '큰일 났다' 해도 행, 불행에 다 해당되어야 마땅하련만 그렇지 않으니 이상하다.

사람은 문화를 창조하고 전승하고 발전시킴으로써 가치가 있는 것이다. 창조는 참으로 어려운 것이다. 전승과 발전은 무에서 유로 하는 데 비하면 그리 어렵다고는 할 수 없을 것이다.

우리는 역사가 있는 문화민족이다. 따라서 우리는 전승해야 할 것도 많고 발전시켜야 할 것도 많다. 전승과 발전을 이루려면 우선 있는 문화유산을 올바로 공부하고 연구함으로써 기대(期待)되는 것이다. 이는 다시 두말할 나위가 없다. 작금(作今)에 이런 일에 자극받아 말이 여기에 번졌다.

나는 어려서부터 글씨 공부에 뜻을 두고 오늘에 이르렀다. 특히 국문 글씨에 힘써야 할 것을 느껴 공부도 하고 한편 젊어서 이에 관한 책도 엮어보았다. 이때는 일제의 식민정책하(植民政策下)였다. 내 스스로 항일 애국자연(愛國者然)하여 그런 것도 아니고 단순히 내 것은 내가 가꾸어야 한다는 일념이었던 것이다. 그 당시에는 옆에서 보는 이 중에 시의에 맞지 않는 공부를 하는 것이 아니냐는 말도 있었다. 그때의 정열(情熱)로 보아 잘못된 말이 아닌 것 같다. 나는 그런 말을 들은 척 만 척하고 내 공부만 할 따름이었다. 누구나 공부같이 무서운 것이 없다고 한다. 느는 원리(原理)가 있기 때문이다.

어찌 생각하였으랴. 뜻밖에 광복(光復)이 되지 않았는가. 이제는 그 버림 받던 우리 글을 써야겠고 글씨도 써야 한다.

먼저 교과서가 급했고 전람회도 열어야 하며 사방에 비석도 세워야 한다. 이 모든 일이 예전과는 판이하게 달라졌다. 일본색은 진저리나던 끝에 말끔히 쫓아버려야겠고 본래의 서법을 발휘해야겠다. 그러나 몸에 밴 왜색들이 얼른 씻어지겠는가. 이 문제가 크다. 일본인은 몰아냈으나 연골(軟骨)적부터 배어든 왜색이란 뽑아내기 힘든 일이었다. 이는 대체로 한문 글씨에 관한 일이었고 국문 글씨는 다른 문제였다. 국문 글씨에야 왜색이 깃들 리 있겠는가.

이때에 나는 전날에 배웠던 국한문 글씨를 꺼내 쓰느라 바쁘기 시작했다. 정부는 교과서 편집하는 일에 불러댔다. 나는 그 당시 나이도 젊었지만 '옳다, 배운 것을 인제야 쓰게 되었구나' 하고 내심 무한히 기뻤다. 그러니 심혈을 기울여 일하지 아니할 수 없었었다.

내가 쓰고 편집한 교과서가 온 세상에 널리 퍼져 그 글씨체대로 교육이 되니 이른바 작가 또는 편집자로서는 그 이상의 기쁨이 없을 줄 안다.

이 근년에도 더러 교과서 편집 관계로 불려다녀 보기도 하였고 또 요사이 들어보기도 하니 내 자신으로 의아하게 느껴지는 일이 그대로 계속되고 있다. 이 무슨 불행인지 나는 알 수가 없다.

ㅈ, ㅊ, ㅌ에 대해서 문교당국은 어째 그리 고집을 하는지 알 수 없는 일이다. 훈민정음 제자해(制字解)에 ㅈ은 ㅅ에 ¯을 더하였고 ㅊ도 그와 같은 원리로 되었다. 궁체가 정립되면서부터 우리 글씨는 정자와 흘림으로 확실히 나누어지고 정자로는 ㅈ, ㅊ, 흘림으로는 ㅈ,ㅊ으로 쓰게 되어 비로소 서법의 구분과 한계를 짓게 된 것이다. ㅌ도 궁체 정자로는 ㅌ으로 쓰게 되었다. 이같이 쓰지 않으면 한마디로 궁체가 아니다. 그런데 현재 정부의 교육 지침으로 글씨 교육은 국문에 있어서 궁체를 표준으로 정한바 있는 것으로 나는 알고 있다. 이같이 지침을 세우고 어찌하여 그같이 실행하려 하는지 참으로 놀라지 않을 수 없다.

내 자신이 생각할 때에 일제하에서도 올바로 배우고 닦으려던 이 글씨가 오늘날 버젓한 우리 정부에서 무슨 일로 이같이 오도하려는가 하고 탄식하게 된다. 당국은 대오 각성하여 한시바삐 바로잡아야 한다.

이것이 바로 큰일이다. 또 큰일 났다. 이 불행 편의 큰일을 행(幸)의 큰일로 바로잡기 바라는 마음 간절하다.

북한산과 나

나는 북한산 밑에서 나고 자라서 늙는다. 나서부터 바라보던 것이 북한산이요, 또 오르는 산도 북한산이라 하리라.

내가 처음 북한산에 오른 것을 생각하면 어른을 따라 가오리(加五理)의 약수를 먹으러 간 일로부터 시작된다. 가오리는 지금 수유동의 일부 지역이고 이곳은 북한산록이 된다. 서울 사람들은 북한산을 '삼각산(三角山)'이라고 부른다. 가오리에는 약수터가 여러 군데 있다. 봄철 음력 3월 3일, 즉 삼짇날이 되면 약수를 먹기도 하고 맞기도 하는 것이 한 세시 습속같이 되어 있다. 이는 1년 동안 속병이나 부스럼을 막는 한 예방의 방법으로 쳤기 때문이다. 내가 어렸을 때 일이니 벌써 60년이 가깝다.

약수터에 가는 데는 으레 점심 준비를 한다. 돈 있는 사람은 물론 성찬도 준비하겠지만, 우리 집안은 워낙 어려워서 그랬는지 쌀과 미역과 무김치 정도였다. 그릇이라야 바가지와 바리때, 곧 나무로 판 그릇이 고작이었다. 밥을 지어 미역국에 말고 고추장을 풀어 길게 쪼갠 무김치를 곁들여 먹으면 그 맛이야 참으로 꿀맛이었으니 지금도 그 생각이 생생하다.

어려서는 그런 정도로 북한산록에 올랐으나 제대로 높은 봉우리까지 오른 것은 중학 4학년 때 일로 기억된다. 그때도 일제하의 교육이었으나 학생자치활동 같은 것을 하게 되어 그런대로 모든 부서가 있었다. 어찌된 셈인지 이른바 산악부장이란 직책을 맡게 되었다. 5학년이 물론 최고학년이나 졸업과 진학에 여념이 없는 관계로 4학년이 그런 책임을 맡게 되었던 것이다. 그래서 활동하고 보니 가끔 등산을 하였다. 그 행사의 하나로 백운대에 처음 올랐다. 그러니까 북한산에 제일 높은 등행의 역사로 50년이 가깝다 하리라.

서울은 좋은 곳이다. 명산이 둘렀기 때문이다. 그 주변에 삼각의 수려한 봉우리가 솟은 북한산, 만장봉이 하늘을 찌를 듯한 도봉산을 비롯하여 수락산, 천보산 등이 절경을 이루었고 한강 남쪽으로는 관악을 위시하여 여러 연산 기봉(連山奇峰)이 대치하였다. 멀리 남한산성도 서울의 가까운 승지로 쳐야겠다.

특히 북한산은 산성을 중심으로 허다한 고적이 있다. 이궁(離宮) 터를 비롯하여 고사(古寺)의 유적이 많고 여기 관련된 역사는 물론이겠지만 고인돌 발자취와 기록도 많은 곳이다. 대서문(大西門)·대남문(大南門)·대동문(大東門)·보국문(輔國門) 등의 통로를 거쳐 굽이굽이 특색 있는 절경을 찾을 수 있지 않은가?

서울 사람은 '남화류 북단풍(南花柳 北丹楓)'이란 말을 잘 한다.

남화류는 남한산성의 봄 경치, 북단풍은 북한산성의 가을 경치를 이르는 것으로 남한(南漢)의 꽃과 버들을 일컬었고 북한(北漢)의 단풍을 칭찬하였다.

북한의 단풍은 참으로 전국 어느 명산에 비하여도 손색이 없다 하겠다. 잡목들의 추경(秋景)도 좋겠지만 북한산에는 순수한 단풍나무만이 들어섰기 때문에 더욱 장관을 이루고 있다.

북한은 단풍뿐만 아니다. 봄 경치도 대단하다. 특히 대동문 근처의 꽃구경이란 꼽을 만하다. 그 이외 수석(水石)의 변화도 많아 보는 이들이 싫증을 낼 수 없게 만든다.

산남(山南), 산북(山北)의 경관이 또 다르다. 산남(山南)은 대체로 험준하여 급하게 보이나 산북(山北)은 이와는 달리 평포(平鋪)하고 광활하여 탐승의 흥미를 더욱 돋운다. 그 우열은 보는 이의 뜻에 맡기겠거니와 그저 백중이라 하여두는 것이 좋을 것 같다.

내가 일찍이 수학여행으로 금강산에 갔었고 설악을 여러 번 다녀왔고 또 내장의 가을을 찾았으나 북한의 단풍은 이 명산에 견주어 뒤지지 않는 것이라 생각한다. 또 수석(水石)으로도 그 산들의 일부와 견주어 넉넉하다. 북한(北漢)은 참으로 명산이요 절경이다.

나는 산수를 즐기는 연하벽(煙霞癖)이 있다. 젊어서도 산수를 접하면 그렇게 좋을 수가 없었지만 늘그막에 들면서는 진미도 더 느끼게 되었으며 한편으로 건강을 유지

하려는 신념으로도 산을 자주 찾게 되었다.

매주 일요일만 되면 으레 배낭을 짊어지고 산으로 향한다. 이러기 20년이 됐다. 일요일은 복잡하려니 생각하나 동반자를 찾으려면 별 수 없다. 그러니까 저절로 인적이 드문 곳을 찾으려고 노력한다. 한적한 곳을 찾으려고 이 산 저 산을 찾아 매주 다른 산을 골랐다. 북한은 물론이요 도봉도 찾고 수락, 천보, 관악도 번갈아 가보고 또 떨어진 곳도 간혹 찾았으나 별 수 없어 이 근래는 거의 북한만을 찾는 셈이 되었다. 다양한 경관을 볼 수 있는 북한인지라 싫증이 나지 않아 그런대로 매주 심심치 않게 즐긴다.

한 주라도 산에 오르지 않으면 당연히 해야 할 일을 하지 않은 것 같은 공허감을 금할 수 없다.

이렇게 북한을 자주 찾으니까 그 넓은 산이지만 어디 가면 복잡하고 어디는 조용하다는 것도 짐작하겠고, 어디는 겨울에 따뜻하고 어디는 여름에 시원하다는 것도 알아냈다. 그래서 내 집 모양으로 찾게 되어 별 신경도 쓸 것 없이 발길이 그쪽으로 향하게 되었다.

따뜻한 곳은 아무리 추운 겨울이라도 두세 시간 앉아 있을 수 있고 서늘한 곳은 복중 염천이라도 옷을 벗고 견디기 어려운 냉혈(冷穴) 같은 곳이 있어 하루 망서(忘暑)의 실현을 보겠으니 남이 믿기 어려울 것이다.

나는 이같이 산을 즐긴다 하였으나 등산가는 아니다. 그저 오를 대로 올라보는 사람이라 꼭 높이 올라야만 된다기보다 대자연에 호흡하고 그 속에 머물러 있으면 저 혼탁과 공해 속에서 숨쉬고 있는 이보다 얼마나 좋으랴 하는 생각이다. 누구에게 물어도 비교할 수 없으리라. 장수를 위해서라기보다 건강을 위하여 이 길을 밟는 것이 옳으리라 나는 믿는다.

매일 조기 산책을 한다. 산책과 등산은 또 다르다. 계속되는 산책도 눈에 뵈지 않는 효력이 있으려니 하므로 등산은 좀 더 나으리라는 생각도 든다. 그래서 자신의 능력이 있는 한은 둘 다 게을리 하지 않을 각오가 섰다.

요산수(樂山水)란 모임이 있다. 요산요수(樂山樂水)에 의하여 이름을 지은 것이니 묵우(墨友)들이 모여 의논하던 끝에 이루어진 모임이다. 월 1회 산수에 등림(登臨)하여 청유(淸遊)하기 이제 20년, 모두 건강한 모습으로 즐긴다. 지금은 만경(晩景)이라 면모도 달라지고 환경도 틀려 금석(今昔)의 감(感)을 금할 수 없다. 이 모임도 요새는 근거리를 택하기 일쑤라서 북한(北漢)을 단골로 하고 있다.

인걸은 지령(地靈)이라고 하지 않았던가? 인물은 타고난 그 지역의 정기를 받았다는 말이요 좀 더 자세히 말하면 그곳에 있는 산의 정기를 말하는 것이다. 우리나라 명산 중에도 금강산이 더욱 뛰어난 것은 사실이다. 그러나 금강산 정기를 타고난 명인은 아직 듣지 못하였다. 그렇지만 삼각산 밑의 명인은 많다. 이는 자고로 인구가 집중돼 있는 서울이 있기 때문이리라. 이런 생각을 하면 삼각산은 저절로 명산이 된 셈이다. 이같이 말할 때 사람과 땅은 저절로 불가분의 인연이 있게 마련이다.

다른 한 면을 들어보겠다. 중국 사람은 중국 산천을, 우리는 우리 산천을 그린다. 다른 나라 사람들도 마찬가지일 것이다. 이는 그 기질과 시각으로 보아 당연한 일이 아닐 수 없다.

저 유명한 겸재(謙齋) 정선의 그림을 보라. 그는 일생 진경산수를 그렸다. 전국 각처의 진경이 그의 붓 끝에 나타났지만 서울을 중심으로 한 경치가 더욱 많이 나타났다. 이 같은 사실은 그가 서울에 많이 살았기 때문이다. 또 서울 주변에 명산이 없었던들 무엇을 그렸으며 좋은 그림이 그렇게 많이 나왔었을까 생각된다. 이 모두 땅과의 인연을 말하는 것이다.

어느 지방이고 그 지방에 따라 용모와 언어가 다르다. 이것은 나라에 따라 다르듯이 한 나라 속에서도 그 같은 현상을 나타내는 것이다.

나는 3대가 북한산 밑에서 태어났다. 이따금 쌍둥이 손자를 쓰다듬으며 너희는 삼각산 정기를 받고 태어나 이렇게 맑고 깨끗하구나 한다.

벗으로서의 당림 이종무

당림(堂林) 이종무(李種武) 형을 내가 안 지는 40년이 거의 다 된 것으로 생각된다.

당림과 나는 이래저래 남달리 대하게 되었다. 그의 집과 내 집이 거리가 가까워 자주 만났던 까닭도 있거니와 그의 외조부와 나의 조부 사이에 친교가 두터웠기도 하였고 나는 그 선장(先丈)을 간혹 뵈올 뿐 아니라 술자리도 같이한 적이 있었다. 그분은 풍도(風度)가 호탕하고 주량이 너그러워 우리 같은 젊은 사람과도 대작하기를 즐거워하였던 분이었다. 그래서 지금도 당림을 만나면 이런 사연들을 늘어놓으며 미담(美談)을 하고 다정하게 지내는 터이다.

당림을 사귀어보니 그도 흉회(胸懷)가 넓고 아무 사심이 없는 이로 여겨 나는 외우(畏友)로 알고 있다. 이러다 보니 그의 반생을 내가 알고 나의 반생을 그도 알아 오늘에 이르니 내가 그의 장점을 안다면 그도 또한 나의 단점을 알게 되어 그런대로 정다워졌다.

당림의 걷는 길이나 내가 가는 길은 비록 다르다 하겠지만 의사는 통할 것이요, 예(藝)와 예(藝)는 서로 지향하는 바 같을지니 동도(同途)에 서서 가고 있다고 하겠다.

당림은 이제 희수(稀壽)를 누리고 있다. 그러나 화업에 정진함은 젊은이에 못지않다. 그의 생애를 더듬어보건대 몸은 늙어가도 예술은 항상 새로워지려고 부단한 노력을 하고 있다. 이 같은 정신은 어떤 예술가라도 다 가져야 하고 또 가지고 있다 하겠지만 그와 같이 집념이 강하기는 쉬운 일이 아니다.

당림은 근래 풍경화를 더 즐겨 그리는 것으로 알고 있다. 그런 까닭에 그는 국내 산천의 명구(名區) 승지(勝地)를 두루 다니며 좋은 소재를 찾느라 늘 바쁘게 지낸다.

참으로 좋은 일이라고 칭송하며 부러워하는 게 나의 심정이다.

명승을 찾는 일은 한갓 소일(消日)이나 일시적 즐김에 그치는 것이 아니요, 어디까지나 인격 도야에 그 의의가 있는 것이다. 그리고 건강의 비결은 여기서 찾을 것이니 더 말할 나위 없는 성사(盛事)라 하겠다. 그뿐 아니라 나아가 그 아름다운 자연을 화폭에 담아 불후의 작품이 영원히 남을 것이니 이는 당림 개인을 칭송하는 데 그칠 것이 아니라 우리 미술문화에 기여하는 바 클 것을 생각하여 기뻐해 마지않는다.

한편 예원(藝苑) 동우(同友)로서 소회(所懷)를 적는다.

먹을 같이 갈며

내가 본디 고루한 탓으로 한국방송통신대학에 대하여 아는 바 아무것도 없었다. 작년에 그 대학에서 작품 심사의뢰가 있어 가보아 학교 내용의 설명도 듣게 되고 여러 가지 책자도 읽어 비로소 이해할 수 있었다.

그 학교 학생들의 작품을 보고서는 놀라움을 금치 못하였으니, 놀란 까닭은 전습한 사람의 작품보다 나으면 낫지 조금도 못하지 않은 수작(秀作)이 많았기 때문이었다. 그 결과에는 다름 아니라 남보다 배나 노력하였다는 이유가 있다는 것이다. 진실로 감탄하지 않을 수 없었다. 그 후로 이 대학의 보도를 접하면 관심을 갖게 되었다가 얼마 전 어느 신문에서 이 대학의 입학식 광경을 보고 더욱 친근감을 느꼈다.

서예를 제대로 공부하여 국문과 한문을 정법으로 써낸 것이 많았으며 그 작품들은 어느 대전에 출품하여도 충분할 만큼 수준이 높아 그 노력을 높이 평가하였다. 무릇 서예는 고법을 본받아야 하며 고법일지라도 연대가 올라갈수록 좋다. 다시 말하면 중국을 표준하여 당대(唐代) 이상의 글씨를 배워야 한다는 것이다. 그 이후의 글씨도 물론 참고할 만한 것이 있다. 또 우리의 처지는 중국과 달라 우리 고유 문자가 있으니 우리 문자에 대하여 소홀히 할 수 없는 것이다. 그런 까닭에 우리는 중국 사람에 비하여 배전의 힘이 필요하다. 다시 말하면 국한병진(國漢竝進)의 정신을 가지고 공부해야 한다는 것이다. 글씨는 여가 선용으로도 공부할 수 있다. 좋은 법첩(法帖)만 얻고 정진하면 될 수 있어 독학으로도 대성한 예가 자고로 많다.

예전에는 서예가가 따로 없었다. 글 공부를 하면 글씨는 따라서 공부하여야 했기 때문이다. 그래서 글도 잘하고 글씨도 잘 쓰면 문필이 구비(具備)하다는 말을 써왔다.

사람은 미와 추를 구분할 줄 알아야 한다. 이는 글씨로 잘 표현되는 것이다. 글은 잘 하여도 글씨를 잘 못 쓰면 그 글까지 손색이 되는 수가 있다. 여기서 미의 중요성을 느끼게 된다. 그러므로 예전이나 지금이나 좋은 글은 좋은 글씨로 써야 한다. 그 많은 예로는 비문 글씨 같은 데서 볼 수 있다. 이 같은 유물이 많이 남아 있어 오늘날 우리가 공부할 수 있게 되었다.

종이나 깁, 곧 비단에 쓴 글씨는 오래 전하지 못한다. 예전으로 올라갈수록 오래 전할 수 있는 물질이 많이 사용되었다. 즉 가구성(可久性) 물질에는 갑골(甲骨)·금석(金石)·죽목(竹木)이 있다. 그러한 관계로 우리는 지금 지대한 혜택을 받는 셈이다.

독학하는 경우에 어려운 점이 물론 많겠지만 작품 제작이 가장 어려울 줄 안다. 고금의 작품을 많이 보는 것이 좋다. 비록 혼자 본다 하여도 세심히 보면 스스로 깨닫는 것이 있으리라. 이렇게 되면 감식안이 발달된다.

그렇게 함으로써 자기의 진로를 바로 개척할 수 있다. 그러한 결과로써 서체의 취사도 정확하게 된다. 서체는 많이 선택하지 말고 정진하는 목적을 세워야 한다.

학습에서 주의할 것은 무엇보다 정신집중이다. 정신이 흐트러지면 일점일획(一點一畫)을 이룰 수 없다. 그리고 많이 쓰는 것이 결코 능사가 아니다. 체법을 정확히 파악하고 정서할 것이 가장 중요하다.

흔히 말하기를 외국어를 배우려면 어느 나라 말이건 욕부터 배우면 잘 잊지 않는다고 한다. 글씨도 그와 비슷하다. 속기(俗氣) 투성이의 저질 글씨를 배우면 그 속기가 금세 배어들어 좀처럼 빠지지 않아 일생 동안 고쳐지지 않고 열이면 열, 백이면 백이 천편일률적으로 한 모양이 된다. 그러나 좋은 고법을 배우면 이와 반대로 각각 고상한 개성을 발휘할 수 있다. 그런 까닭에 연대 높은 좋은 서체를 배우라는 것이다.

임서(臨書)에 있어서 중요한 것은 법첩을 무엇보다 좋은 스승이라고 신봉하여야 한다. 그 법첩의 글까지는 비록 능해(能解)하지 못했다 하여도 글자만이라도 알고 쓰지 않으면 안 된다. 만일 모르고 쓰면 이것은 글씨도 아니요 그림도 아니다. 이 말은 쓰는 사람의 정신이 그 글씨에 깃들지 못한다는 말이니 그러고서는 글씨를 이룰 수 없다는 말이다. 모든 서체가 다 그렇겠지만 초서의 예가 가장 그러한 위험성이 내포되어 있다.

초서는 극단으로 말하면 글자를 모르고 쓰면 법첩과 같게 썼다 하여도 글자를 이루기 어렵고 글자를 알고 쓰면 약간 틀렸다 하여도 그 글자로 인정되는 수가 있으니 어떻게 생각하면 수수께끼 같은 말이다. 깊이 생각하면 알 일이다. 글씨는 이같이 정신과 심성이 나타나기 때문에 인품과 연대와 국적까지 나타난다 하여도 과언이 아니다. 어느 글씨고 간에 일단 보면 이러한 몇 가지가 나타나기에 예술성보다도 인격에서 오는 귀중한 가치를 논하게 된다. 명필은 명필대로 귀중히 여기거니와 인격으로 말미암아 존귀하게 여겨지는 편이 더욱 크다. 연대가 오래고 인격이 높으면 더 말할 나위 없다. 저 유명한 사육신이나 이율곡 선생이나 이 충무공의 글씨를 생각하여보자.

학서 총화(學書叢話)

소년기부터 회고하면서

예전에는 글씨 공부만 따로 하는 것이 아니고 글과 함께 하는 방법이었다.

글을 읽게 되면 글씨는 따라서 쓰게 마련이었다. 그래서 문필을 다 겸하게 하는 것이 옛날의 교육 방법이었다. 그러나 글씨 재주가 남다르면 그 방면으로도 출세하는 수가 많았다. 그리고 문장에 명필을 겸하면 이는 학자로서 더 말할 수 없는 명가가 되고 또 필원(筆苑)에도 들게 된다.

나도 역시 옛날식 교육 방법으로 글씨 공부를 하였다. 7·8세 때에 집에서 한문을 읽었다. 글과 동시에 글씨도 배웠다. 그때야 명필을 목표로 한 것도 아니고 더구나 요새처럼 서예가란 말도 듣지 못하였던 때였다.

글씨는 지금 와서 한 예술로 치게 되었지만 그전에는 실용이라 할지라도 모두 모필(毛筆)일 수밖에 없었다. 요새 같으면 경필류(硬筆類)도 많이 발달하여 편리하게 생활하니 저절로 모필은 별다른 서사(書寫)에만 그치고 말았다. 모든 책서, 편지, 일기 등이 모두 모필로 써야 하며 나도 잔글씨를 많이 써보았다.

우리나라의 서예사도 신라 때부터 면면히 흘러 찬연히 빛나고 있다. 여기서는 서예사의 본론은 그만두고 그 이외 고사로 어떠하였던가를 살펴보기로 한다.

세종조에는 승정원에 명하여 젊은 관료를 뽑아 매월 해서와 전서를 시험하게 하였으니, 해서는 만 백자(滿百字)를 쓰게 하되 초서도 겸하도록 하였으며 전서는 대소전(大小篆) 만 40자를 쓰게 하고 이를 뽑아 지필묵 등을 상급하였다. 이로써 당시 서예를 얼마만큼 권장하였던가를 살필 수 있다.

조선조 초기에는 사자관(寫字官)이 없었고, 문신 중에 글씨 잘 쓰는 사람을 골라 그

임무를 맡게 하였다. 중종조에 이르러 비로소 사자관 40인을 두더니, 선조조에는 사서인(士庶人)을 막론하고 제도적으로 글씨 잘 쓰는 사람을 뽑아 군직(軍職)에 부쳐 상임(常任)하게 하니 이해룡(李海龍), 한호(韓濩) 같은 이가 그 시작이었다. 이래서 사자관이 직업적으로 자리와 서체를 굳혀 한말에까지 이르렀다.

그림도 사대부의 그림과 도화서 화원의 그림이 다르지만 글씨도 또한 사대부와 사자관이 다르다. 사자관의 글씨는 규칙적이고 정제하기에 힘썼으나 아기(雅氣)가 적어 보인다. 이런 까닭은 이들의 임무가 관문서, 책서 등을 주로 쓰게 된 데 연유한다. 이른바 직업 서가인 까닭에 별수 없으리라 본다.

과거 유현(儒賢)으로 잘 썼던 분도 많다. 그중 퇴계 이황 선생, 동춘당 송준길 선생 등이 가장 뚜렷하다.

우리나라에는 특수한 풍습이 있었다. 전통을 계승하려는 법도가 두려워 그랬던지 선조에 명필이 있으면 그 자손은 그 글씨체를 본받는 것이 상례인 양 되었었다. 그래서 퇴계 후손은 퇴계체, 동춘 후손이면 동춘체를 많이 써왔다.

그뿐 아니라 당론에도 적지 아니 좌우되었던 것이다. 추사 김정희, 자하 신위 이 두 분은 다 근고의 명가가 아니던가. 추사는 노론이요, 자하는 소론이다. 그후 글씨 경향도 이 당색에 기운 것을 많이 보았다.

그전에 글을 잘하던 대제학(大提學) 등의 영직(榮職)을 거쳐 얼마든지 고위에 오른 일이 허다하지만 글씨도 만만치 않았다. 임금의 명정(銘旌), 책문(冊文), 어보(御寶) 등을 쓰면 벼슬이 승진되는 일이 많았다.

모든 학문과 예술이 다 그렇다 하겠지만 여기서 글씨의 예로써 살펴볼 만한 일이 있다. 안평대군과 추사는 조선조를 대표할 만한 명필임을 다 알 것이다. 안평대군의 생존 시기는 중국으로 보아 명조(明朝)로 별로 문화 발전이 없었던 때였고, 또 그가 요절하였으니 그의 받은 영향과 온축(蘊蓄)된 식견이 그리 넓지 않았으리라 생각된다. 그러나 그의 명성이 지금껏 떨치고 있음을 보면 그의 천분(天分)이 얼마나 높았던가를 짐작할 수 있다. 추사의 생존 시기는 당시 청조가 고증학, 금석학과 실학이 극도로 발달하였다. 이런 시기에 중원에 가 그곳 노사(老師), 숙유(宿儒)와 직접 친교를 맺은 추사는 뛰어난 그 학문 바탕에 얼마나 밝고 넓은 예도(藝道)를 열었을까 상상하면 알 것이다. 그 위에 장수를 겸하였으니 더 말할 나위 없다. 이러므로 먼저 시대를 잘 타고 나야 하며 또 오래 살아야 한다는 것, 또 널리 교유해야 한다는 것이다.

선비의 글씨는 일반적으로 체법과 계통이 별로 없이 익혀 문장을 기록하는 데 그쳤다. 그러나 유소(儒素)의 맛이 풍겨 이를 흔히 문인지필(文人之筆)이라 일컬었다. 이러한 바탕에 계통과 체법이 뚜렷하면 이는 과연 필원에 들 만한 명필로 치게 되었다. 비로소 이를 누구의 체라 전해지고 있다. 그러므로 비판(碑版)이나 현액(懸額)에 남아 사자관 글씨와는 다르게 알려졌다.

글과 글씨는 그림과는 다르게 쳤다. 인격을 몹시 따졌다. 예전에 세운 비석에 가끔 놀랄 만한 일이 있다. 찬자(撰者)나 서자(書者)의 이름, 혹은 어느 한 사람의 이름을 쪼아서 모르게 한 일이 있다. 이는 그 사람들이 나중에 역적으로 몰리면 그렇게 되는 것이다. 그래서 나이와 덕이 높지 않으면 짓거나 쓰기가 어려운 일로 쳤다.

우리가 지금 서화를 평가할 적에 명필, 명화이면 물론 고가로 친다. 그러나 인격의 문제가 더욱 큰 비중을 차지하고 있다. 사육신이나 이율곡 선생, 또는 이 충무공 같은 분을 생각해보자. 그분들의 필적이라면 이는 말할 수 없는 고가라야 한다. 그러면 그분들이 다 명필이라서 그런 것이 아니라, 그 인격에 말미암은 것이리라.

내력과 고사와 교훈될 만한 것을 떠오르는 대로 적어보았다.

나는 항일하는 집안에서 태어났다. 1910년 이른바 경술 합방이 되고 나서 일제는 한국의 고관이나 친일분자의 고위층에게 공·후·백·자·남 오등급의 작위를 주었다. 그 수작자(授爵者) 중 8인이 받지 않고 자결까지 한 분이 있었으니 바로 나의 증조 오천공(梧泉公)이다. 이러고 나니 일제는 분을 참지 못하고 갖은 위협을 가할 뿐 아니라 그들의 습작법(襲爵法)을 이끌어 우리 조부에게 습작할 것을 강권하였다. 이에 조부는 만일 작위를 이어받는다면 우선 작(爵)으로 말미암아 자결까지 하여 순국한 부친에 대하여 불효할 뿐 아니라 임금에게는 불충이 된다 하여 결사 항거하고 끝끝내 작위를 물리쳤다. 그러고 보니 우리 집안은 항일 일로를 걷는, 세상을 등져야 하는 집안이 되고 말았다.

당시 항일과 독립 투쟁으로는 두 가지가 있었다. 하나는 해외로 나가 신학문을 닦아 가며 활동을 전개하는 것이 있었고, 하나는 국내일지라도 일제와 모든 타협을 끊으며 심지어 신교육도 받지 않는 방법이 있었다. 그러니까 신교육을 받지 않는다면 저절로 구식 교육을 고수하는 일이 된다.

그래서 나도 이러한 가정 사정으로 구식 교육을 받게 되었다. 어려서 한문 교육에 입문한 것이 『천자문』부터였다. 그다음에는 『동몽선습(童蒙先習)』을 배우는 것이 항례인데 조부는 그 대신 『주역』을 가르치도록 하였다. 여기는 그런 이유가 있었다. 『천자문』이나 『동몽선습』을 뜻도 모르고 읽기는 마찬가질 바에야 아주 어려운 주역을 읽혀보겠다 하여 이렇게 된 것이다. 나중에 들은 이야기지만 내 돌상에 으레 『천자문』 대신 『주역』을 놓게 하였던 조부이기에 이 같은 착상을 하였다고 일러주셨다. 그다음에는 제대로 『논어』, 『맹자』, 『대학』, 『중용』 등 사서를 습득하였다. 이러는 동안 글씨도 계속하여 쓰게 되었다. 구양순의 〈예천명〉, 안진경의 〈다보탑〉 비문을 주로 쓰게 하되 나이도 어렸지만 행서, 초서는 글씨를 버리기 쉽다 하여 후일로 미루게 하였다.

철이 들자 영운(穎雲) 김용진(金容鎭) 선생의 영향을 많이 받게 되었다. 그래서 해서로 안진경의 〈마고선단기(麻姑仙壇記)〉, 〈가묘비(家廟碑)〉 등을 썼고, 예서도 시작하여 〈장천비(張遷碑)〉, 〈을영비(乙瑛碑)〉, 〈예기비(禮器碑)〉, 〈조전비(曺全碑)〉 등 한대제비(漢代 諸碑)를 썼다. 행서로는 〈쟁좌위(爭座位)〉, 〈성교서(聖敎序)〉, 초서의 〈서보(書譜)〉 등을 써서 오늘에 이르는 셈이다.

위에서도 언급한 바와 같이 자손은 조상의 필체를 이어받는 것이 상례라 하였지만, 우리 7대조 화서(華棲) 문간공(文簡公)의 글씨가 좋았다. 그래서 조부는 그 글씨를 이어받도록 말씀했다. 그러나 내 자신도 그랬지만 영운은 무슨 일이 있어도 중국 당대 이상의 서법을 이어받아야 대성을 기할 수 있다 하였다. 영운은 혈족(血族)일 뿐 아니라 조부와는 동갑이라 두 분의 친분이 남달리 두터웠다. 그래서 조부는 취중이면 이따금 조상의 글씨를 두고 다른 글씨를 왜 쓰느냐 하고 못내 서운하여, "내 손자를 성구(聖九)가 잘못되게 한다"라고 농반 진반 말씀하시던 것이 어제런 듯하다. 성구는 영운의 자(字)이다.

임지 승묵(臨池勝墨)

'퇴고(推敲)', 이 말은 시를 지을 때 자구(字句)를 다듬는다는 뜻이다.

중국 당나라 가도(賈島)라는 시인이 시를 짓고 퇴(推) 자를 쓸까 고(敲) 자를 쓸까 고려하던 끝에 한유(韓愈)가 말하기를 고자가 아름답다 하여 고자로 결정하고 '조숙지변수, 승고월하문(鳥宿池邊樹, 僧敲月下門)'이라 하였다는 고사에서 나온 말이다. 그런 까닭에 글자 고치는 것을 지금도 퇴고라 말한다.

여기서 말하고자 하는 것은 퇴고의 정신은 글뿐이 아니라 글씨에도 해당된다는 것이다.

글씨 한 장을 쓸 때도 이 정신으로 연구해서 써야 할 것이며 문장을 고르는 데도 이같은 세심한 주의가 필요한 것이다.

자기는 세상을 떠나도 작품은 오래 남는 것 아닌가. 지금 이 시구만 하여도 천 년이 되는 오늘날까지 고사로 남아 전하니 충분히 그 증좌가 되는 것이다.

목적(墨蹟)도 문학과 같이 오래 전한다. 그 자취를 우리는 얼마든지 볼 수 있다.

서구 제국을 돌아보니 고건축(古建築)의 자재는 거의가 석재로 되어 있다. 동양의 자재는 목재이고 보니 대조적인 인상을 주었다. 서양 건축에는 으레 광대하고 섬세한 조각이나 화려한 회화가 빠지지 않고 장식되어 있는 것을 어디서나 볼 수 있었다. 그런 것을 볼 때 느낀 것은 그곳 건축이라면 조각, 회화까지 포함한 삼위 일체였다고 보았다.

동양은 목조의 탓인지 벽화 정도는 있다 하겠지만 조각까지는 생각지 못하였던 것이다. 그 대신 서예로 된 목각은 으레 붙게 마련이다. 그리하여 오래 전한다.

서양은 물질적인 문명인 까닭에 물체로 된 조각품을 갖추게 되었을 것이고 동양은 정신적인 문명인 까닭에 문자로 표현하는 목각이 성행하였을 것이며 석물(石物)이라야 문장 위주의 비석이 아니었던가.

궁전, 사찰, 서원, 사우(祠宇), 정사(亭榭), 누대(樓臺) 등 공공 건축을 비롯하여 개인의 사사로운 주택을 보면 알 것이다. 이 건물들이 어느 정도 규모를 갖추면 현판이나 주련(柱聯)은 필수적으로 붙여져 있다.

이 목각물로 미루어 그 건축을 평가하고 추측하기도 한다. 그러므로 이 목각들이 얼마나 중요한가를 알 수 있다.

목각에 써놓은 집 이름이나 글 내용이 좋지 않거나 글씨가 시원치 않으면 그 건물은 별 것 아닌 것으로 느껴진다. 그 건물의 규모나 공법이 아무리 좋다 해도 여지없이 혹평을 받게 되는 수가 있다.

대만이나 홍콩을 갔을 때 복잡한 거리도 특이한 건물도 아니었건만 간판 글씨들이 좋은 것이 많아 그것을 보느라 정신을 빼앗기고 찬탄한 적이 있었다.

이렇게 생각해보니 동양의 서예 작품이 서양의 조각, 회화와 견주어 대등하리라 보여지기도 하려니와 문자의 심원한 뜻을 음미한다면 오히려 우세일 수도 있다고 생각된다.

다음에 화제(畵題)에 언급하려 한다.

'유성화 무성시(有聲畵 無聲詩)'란 말이 있다. 유성화는 소리 있는 그림이란 말이니 곧 시를 뜻하는 것이고 무성시는 소리 없는 시란 말이니 곧 그림을 뜻하는 것이다.

이 말은 시정화의(詩情畵意)로 서와 그림이 일체라는 뜻이다. 시는 읊으면 소리가 나지만 그림은 아무리 핍진(逼眞)하여도 소리는 안 난다. 그래서 이렇게 표시한 것이다.

그리고 시는 또 글씨로 표현하매 시와 서와 화를 한데 묶어 셋 다 잘하는 작가를 시·서·화 삼절이라 한다. 이러한 연유로 동양에서는 그림에 화제라는 것이 붙게 마련이다. 또 서화동원(書畵同源)의 이론도 겸하여 전한다.

화제는 그림의 해설이라 생각하면 좋다.

명월송간조 청천석상류(明月松間照 淸泉石上流)란 시구를 풀어보고자 한다. 이 시는 곧 밝은 달은 소나무 사이에 비추고, 맑은 샘물은 돌 위에 흐른다는 것이다. 읽어보면 별 깊은 뜻도 없는 것 같지만 눈을 감고 조용히 생각하면 그 정경이 눈에 어리는 듯하다. 그것이 바로 한 폭의 그림이 될 것이다. 그러면 이 그림을 한 폭에 그리고 그 시구를 아름다운 글씨로 써보자. 이것이 바로 시정화의(詩情畵意)를 구현하는 시·서·화 삼절이 아니고 무엇이겠는가.

근래 작품들을 살펴보면 글씨를 공부하지 않은 까닭인지 또 구도상의 문제인진 몰라도 화제를 별로 볼 수 없는 것이 섭섭하다. 또 쓴다 하여도 글씨가 열세하여 그림까지 버릴 수 있어 두렵다. 그렇다면 오히려 안 쓰는 편이 안전하다. 그리고 우리 젊은 작가들이 요사이 수묵화에 치중하는 듯하다. 매우 기쁜 일이다. 그들 작가도 서예 공부를 한다면 더 좋은 작품을 할 수 있으리라 의심치 않는다. 그런 때가 오기를 나는 간절히 기대한다.

글씨의 생명은 어떠한 것인가.

먼저 퇴고에 대하여 말하였지만 작가는 작품의 생명이 길다는 것을 다시 한 번 생각하여보아야 한다.

현재 서(書)는 2천 년 이래 전하여왔다. 2천 년 동안 내려오며 그 글씨들이 좋았으니까 우리가 지금 배우고 본받을 수 있어 오늘날의 서예가 이만큼 발전하였지, 만일 그렇지 않았다면 문제가 달라졌을 것이다. 우리도 다시 그 2천 년이 장래에 있을 것을 가상하여보자. 그러면 오늘날 우리가 할 일도 자명하지 않은가.

그동안 많은 물질에 의하였으니 갑골에 금속에 석물에 죽목(竹木) 등에 그리고 비단[帛]과 종이에 자필로 혹은 타각(他刻)에 말미암아 전해왔다. 자필은 자필대로 남의 탓을 못하겠지만 타각은 타각인 만큼 걱정이 많다. 어떤 사람이 잘 새겨준다 해도 자필을 당할 수 없을 터인데 더구나 잘못 새긴다면 그 결과는 말할 수 없을 것이다. 그러므로 작가의 생명은 각공(刻工)에게 달려 있다 하여도 과언이 아니다.

다음에 철재(鐵齋) 오옥진(吳玉鎭) 서각에 부친 졸시 한 수를 적어보겠다.

뼈다귀에

쇠붙이에
돌덩이에
나무 조각에
생명을 부쳐
오늘의 문화를
꽃피게 하였노라

팔만대장경
대동여지도

깁에
종이에
써서 전하기야 전했지만
어찌 그리 장수야 했으랴
정으로 쪼고 칼로 새긴 자취
붓에 견주어 오래도 간다

붓은 붓대로 묘하다 하지만
칼은 칼대로 묘하니라
인류 문화는 천 년 만 년
너로 하여 빛나리
끊겼다 이었다 하는
무상한 운명
끊겼다 다시 이은
철재의 솜씨

무궁한 앞날을
미리 보려는
철재의 솜씨

정신 집중하는 습관 길러야

어린이들이 초등학교에 들어가면 글자를 배우고 쓰게 되니 벌써 글씨를 쓰게 된다 하리라. 그러나 모필로 격식을 차려 쓰는 것은 아니다.

4학년이 되어서야 비로소 모필로 법을 따라서 쓰는 것이 현 교육제도인 것으로 안다. 그러나 이러한 제도를 그대로 따르지 않고 흐지부지하는 수가 많은 것 같다. 그러니까 서예 교육이 제대로 되지 않는다고 하겠다. 제도에 쓰게 마련이면 당연히 그대로 지켜서 가르쳐야 좋은 결과가 있게 된다. 모든 공부가 다 그렇겠지만 글씨는 정신이 집중 안 되고서는 한 점 한 획이 이루어질 수 없는 것이다.

정신을 집중하는 습관을 여기서 붙여두면 다른 공부에도 좋은 영향이 미치리라 생각한다. 그리고 정서적으로 큰 성과를 얻는 것이니 인격으로나 취미로나 글씨에서 받는 바는 지대하다.

학생들의 자질이 아무리 좋다 하여도 가르치기를 올바로 가르쳐야 하는 것이니 선생님의 책임 또한 큰 것이라서 좋은 교사가 재직하는 학교에는 그야말로 잘 쓰는 학생이 집중적으로 배출되는 사례를 얼마든지 보겠다.

옛말에도 세 살 버릇 여든까지 간다는 말이 있다. 어려서는 감수성이 풍부하다. 머리에도 빨리 흡수되고 그 기억력이 오래간다. 그래서 모든 공부는 어려서 젊어서 해야 하는 것이다. 그와 함께 두려운 것은 잘못하면 그것이 또 그만큼 오래가서 씻을 수 없는 것이니 잘 가르치고 잘 배워야 할 것을 강조하고 싶다. 여기서 일생이 결정된다 하여도 과언이 아니리라 생각한다.

나도 글씨를 쓰기 시작한 것이 벌써 50년이 넘었다. 글공부를 하면 으레 글씨를 쓰는 법이니 글과 함께 글씨를 써서 해가 그렇게 묵었다. 붓글씨로 시작하여 계속했기에 이런 말을 하게 된다. 어떻게 하다가 오늘날 와서는 나를 이른바 서예가라고 한다.

이를 생각하면 우스운 일이다. 처음 쓰게 된 동기는 이런 생각 없이 썼기 때문이다.

우리 글씨 쓰는 법

자서(自序)

내가 일찍이 궁체(宮體)를 배우며 항상 체계 있는 서법을 살펴볼 자료가 아직 없는 것을 아쉽게 여겨서 그 쓰는 법을 엮어 임오년(1942)에 이르러 마치고 위당(爲堂) 정인보(鄭寅普) 선생의 서문을 얻었다.

이 책을 곧 출판하려 하였으나 당시 일제의 국어 말살 폭정으로 뜻을 이루지 못하다가 조국광복이 되어 무자년(1948)에 상재(上梓)하게 되었다. 세상이 달라짐에 따라 궁체만을 우리 글씨의 전부로만 알아오던 생각이 점점 부족함을 느끼게 되고 따라서 다른 각도로 새 경지를 찾을 길이 없나 모색하게 되었다. 우선 역사를 거슬러 올라가 『훈민정음』이나 『용비어천가』, 『월인석보』 등의 판본을 더듬는 한편 제자(制字)의 원리 및 자형을 기본으로 하는 서체를 알아야 하는 일이 컸다.

그러고 보면 정자와 흘림만으로 발전한 궁체로는 아무래도 한문서예와 대비할 수 없음을 알았다. 『훈민정음』의 제자에 자방고전(字倣古篆)이란 말이 명시되었으니 여기서 큰 힘을 얻게 되었다. 훈민정음은 점획이 원리 그대로를 표현했고 『용비어천가』는 원점(圓點)을 방획(方畫)으로 했을 뿐이니 이로써 전예(篆隷)의 구실을 갖출 수 있다. 이러한 정신으로 써서 익히고 발전할지라도 이 역시 체계를 세운 연구자료가 있어야 할 줄 안다.

이에 본래의 궁체를 바탕으로 한 쓰는 법에 고체(古體) 쓰는 법을 증보하여 완벽을 기하고자 한다.

연민 이가원 서전(書展)을 보고

서(書)는 문자에 의존하여 이루어진 것이다. 그런 까닭에 기록에 그친다 하겠으나 한자는 상형(象形), 지사(指事), 회의(會意) 등 여러 가지 원리를 지니고 만들어져서 그 형태가 다양할 뿐 아니라 조형적이고도 예술적임에 틀림없다. 그래서 서화동원(書畵同源)을 말할 수 있게 되었다.

예술적으로 감상할 수 있는 서(書)이면서도 문자에 의존하지 않으면 안 되며 또한 문장을 떠날 수도 없는 것이다. 그러므로 문장을 모르고 쓰는 글씨와 알고 쓴 글씨는 다르다. 알고 쓰면 어딘지 문맥의 흐름을 알 수 있겠지만 모르고 쓴 글씨는 그 흐름을 보기 어려울 뿐 아니라 오자, 낙서도 더 많이 수반될 수 있다. 문인의 글씨는 비록 필법상으로 보아 서투르고 결구에 부족한 곳이 있다 하더라도 자신이 있어 보이고 아취(雅趣)도 곁들이게 된다.

과거에 수많은 필가(筆家)를 보더라도 학문이 높은 이의 글씨는 더욱 깊이 있어 보이고 순후(純厚)하며 대담하게 여겨진다.

성청송(成聽松), 이퇴계(李退溪), 김추사(金秋史) 같은 분들이 그러하다 하겠다. 예전에는 서가(書家)가 따로 없이 그같이 학문 높은 분들이 남보다 더 잘 쓰면 필원(筆苑)에 넣어 서가(書家)로 쳤던 것이다.

이번에 열린 연민(淵民) 이가원(李家源) 박사의 서전을 보고 나는 의의 깊게 생각하였다. 예전에도 서가는 따로 없어도 명필로 이름이 영세(永世)에 전하였으니 그들은 다 문학이 겸비하였던 데 연유된다. 이제 연민도 당세에 서가로는 꼽혀지지 않지만 문자에 특히 한자에 조예가 깊은 학자인지라 고인(古人)에 비하여 손색이 없는 위치에

처하여 있다고 믿는다. 연민은 현대 문인 중에서도 글씨가 뛰어나고 또한 그의 감식안이 높아서 나는 이 서전을 뜻있게 기대하였고 남에게도 일람을 권하기 여러 번이었다. 어떤 면에서는 오히려 서가의 작품전보다도 값진 것이 아닌가 생각도 된다.

수십 년간 연민과 교분(交分)이 두터운 나로서는 항상 그를 경외하였고 그의 문학은 문자대로 흠송(欽誦)하였거니와 그의 필적 또한 비범한 데 대하여 곳곳에서 찬탄을 금하지 못하였다. 그런데 이번에 그의 역작을 일실(一室)에 모아놓고 보니 과연 노사(老師) 숙유(宿儒)의 참모습이 눈에 역력히 보였다.

아무 꾸밈도 거리낌도 없는 글씨에 방제(傍題)와 제발(題跋)이 각 폭에 넘쳐흘렀고 자기감상이 곡진하고도 절실하게 마음대로 표현되었으니 이는 연민 아니고는 제대로 하기 어려운 일이라 아니할 수 없다. 설사 한학을 깊이 안다 하여도 그렇게 제대로 체재에 맞게 하기는 참으로 어려운 일이다.

취재(取材)에 있어서도 여러모로 좋은 점이 많았지만 은허문자(殷墟文字)에까지 그처럼 연구가 미친 데 대하여 놀라지 않을 수 없다. 자학(字學)의 원리를 잘 아는 그는 비록 전(篆) · 예(隸)의 법을 그대로 옮겨놓진 않았다 하겠으나 그중에 격(格)과 법(法)이 저절로 다 들어 있음을 알겠으니 용졸(庸拙)한 서학도인 나로서 다시 한 번 경의를 표하고자 한다. 특히 소자 세필(小字 細筆)은 고인을 방불케 하여 고아한 문기(文氣)를 움켜낼 만하니 보는 이의 눈을 끌기도 하였다.

금석학(金石學)이나 고증학(考證學)을 연구하려면 군서(群書)를 박람도 해야겠지만 더욱 중요한 것은 자학을 정밀히 공부해야 하는 것으로 안다. 그러려면 무엇보다도 역대에 변천해온 서학을 잘 알아야 할 것이다. 그러므로 큰 학자라면 이들 학문에 박식하지 않고는 이루어질 수 없는 것이다. 이러한 의미에서도 연민의 식견과 포부가 이 전시를 통하여 잘 알려진 것으로 생각된다. 한편 서예에 종사하는 이들도 서(書)라는 것은 붓으로 옮겨놓는 데만 그치는 것이 아니라 그렇게 학문적 배경이 없이는 제대로 안 된다는 것을 알아야 할 것이다.

서화동원(書畵同源)을 부르짖는 동시에 서문일체(書文一體)라는 것에 명심할 수 있는 기회를 만든 것으로 믿어 더욱 의의가 깊다.

서예 국전(書藝國展)에 대한 나의 제언

정부가 수립된 후 문교부는 예술위원회를 조직하고 예술 전반에 걸친 문화행정의 자문을 하였으니 그중 미술분과는 무엇보다도 대한민국 미술전람회 약칭 '국전'을 개최하려는 모든 작업을 서둘렀다.

그 후 예술원이 개원되고는 국전의 심사위원 선출 등의 일을 맡아오더니 여기에 대한 말이 많아, 한 해이던가 추천작가회의를 열어 심사위원을 선출하다가 이것도 시원치 않았는지 다시 예술원에 넘겨졌었다.

오랫동안 내려오던 예술원 일이 국립현대미술관이 창설된 다음부터는 운영위원회가 생겨가지고 거기서 그 일을 맡다가 따로 국전 운영위원회가 조직되어서 국전의 일을 전담하여왔다.

사람이 하는 일이라 그런지 아직껏 말이 많다.

22회에 걸쳐 종합미전으로 열리던 국전이 금년, 즉 23회부터는 여러 갈래로 쪼개짐에 따라 서예만의 국전이 따로 열리게 되었으니 이는 국전 사상 일대 개혁인 동시에 서예로 볼 적에 크게 발전된 셈이라 할 수 있으나 식자간에는 의견이 구구하다.

그동안 지내온 서예부를 더듬어 볼 때 잘잘못이 어찌 없겠는가? 잘되었다고만 한다면 더 말할 나위도 없겠거니와 잘못된 데에서는 누구보다 필자는 자책과 자괴와 또한 자성을 금할 길 없다. 창시 때부터 간여한 일원이요 심사원을 10회나 지냈던 일로 말미암아 이렇게 느껴진다.

잘된 것이 있었다면 22회를 거쳐오는 동안 많은 작가가 배양, 진출함에 따라 그런대로 폭넓게 발전한 것이라 하겠고, 잘못된 것이 있다면 위에서 말한 바와 같이 자신을 나무라야겠다.

그동안 입선이나 특선이 과연 공정하게 심사되었느냐 할 때 반드시 그렇다고만은 할 수 없을 것 같으며, 작품의 경향이 유파에 치우친 점도 있었던 것을 깨닫겠고 심사상의 소신을 제대로 펴지 못한 것도 사실이라 하겠다. 과거 22회가 길었다면 긴 것이었으나 한편 먼 앞날을 내다볼 적에 그렇게만도 생각되지 않는다.

이번 서예가 독립되는 국전을 열게 됨에 지난 그릇을 불식(拂式)하고 새로운 정신과 방향으로 이끌어나가기 바란다. 이럼으로써 국전의 의의도 있을 것이요 서예도 진정하게 발전 향상될 줄 믿는다.

이러한 일을 수행하는 데 몇 가지 시정해야 할 것들을 들어보겠다.

우선 심사의 태도를 작품 본위로 엄격히 하여야 할 것이며 고법(古法)에 의거한 출전이 뚜렷한 것을 위주로 하고 스승의 필법을 그대로 답습한 것은 지양되어야 하겠다. 완당(阮堂)이 우리나라 역대에 유일한 명필인 것은 누구도 부인하지 못할 줄 아나 그 글씨를 배워 대성(大成)한 사람을 아직 보지 못하였다.

대성이란 고법을 연구한 뒤에 일가견을 세운 것이라야 한다는 것을 말하고 싶다. 그러면 스승에게 배워서 스승보다 더욱 나아질 수 있는 길이 얼마든지 트인다.

진소위(眞所謂) 청출어람(青出於藍)이란 이를 두고 말한 것이 아니겠는가? 이번 서예의 독립전을 계기로 말썽 없는 서예국전이 되어 누구나 수긍할 만한 것이 되길 바라는 마음 간절하다.

학서 요령

요령이란 말을 잘못 이해하면 무슨 잔꾀나 부리는 것으로 생각하기 쉽다. 그러나 절대로 그렇게 생각해서는 안 된다. 어디까지나 바른길을 찾아서 옳고 바르게 깨우쳐야 된다는 말로 알아야 될 것이다.

요령이란 말의 뜻이 사물의 요긴하고 으뜸 되는 줄거리로 되어 있어 요령부득이란 말도 따르니 요령을 얻지 못하면 만사는 글러지는 것이다. 글씨공부에서뿐 아니라 모든 학술이나 예술에서도 요령을 얻지 못하면 마찬가지로 성공을 기대키 어렵다.

글 공부는 글씨 공부에 비하면 폭이 넓고 여유가 있는 셈이다. 많이 읽고 보면 사고의 방향이 변화를 일으킬 수도 있다고 하겠다. 그러나 글씨 공부는 한번 길을 잘못 들면 이내 버릇이 되어버려 고치려야 고칠 수 없게 되고 또 고쳐보려 하여도 여간해선 고쳐지지도 않는다. 그래서 일생을 통하여 고맹병(膏盲病)이 되고 마는 셈이니 참으로 두려운 일이라 하겠다.

그래서 글씨 공부에서는 무엇보다도 올바른 글씨를 배워야 한다. 바른 글씨를 배우려면 첫째, 좋은 스승을 만나야 되는 것이다. 그러나 초학자로서 또 주위에서 정당(正當)히 알려주는 사람도 없이 좋은 스승을 어떻게 만날 것인가. 이 또한 딱한 노릇이다. 이렇게 되면 운명에 맡길 수밖에 없는 노릇이다.

요사이 글씨 공부하는 사람이 많이 늘고 있다. 이러한 현상은 아름다운 일로 보겠으나 과연 좋은 스승을 만나서 공부하는 사람이 얼마나 될는지 궁금하다. 물론 좋은 스승이 많지도 않다. 대부분 되는대로 쓰고 있을 터이니 생각하면 위험하고 딱하기 짝이 없다. 그뿐 아니라 불쌍하기 이를 데 없기도 하다.

그러면 좋은 스승은 어떤 것을 말하는 것인가 한마디로 잘라 말하겠다. 자기 글씨를 가르치지 않고 고래의 명필들의 글씨를 충실히 가르치는 것이다. 그 반면에 자기 글씨를 고집(固執)하고 그 글씨를 체본으로 가르치는 것은 모든 선의의 사람을 모조리 버려놓는 것이 된다. 이 얼마나 가공할 노릇인가.

듣건대 외국 말을 배울 때 저속한 말이나 욕설 같은 것은 도리어 잘 잊히지 않는다고 한다. 글씨도 이와 비슷하다. 속기(俗氣)가 있고 보잘것없는 글씨는 손에 쉽게 익고 그 때를 벗기기 어렵다.

고래의 명필도 당대(唐代) 이전의 글씨를 써야 대성을 기대할 수 있으니 이는 역사적으로 증거가 얼마든지 있다. 그 후 글씨는 참고에 그쳐야 한다. 천언만어(千言萬語)보다 이 한마디가 중요하다.

중국 기행

중국의 편린을 더듬어보고 돌아와 그중에서도 가장 감명 깊었던 곳만 생각나는 대로 적어보겠다. 중국을 보고 저술한 문헌이 허다하되 근세에 유명한 기록으로 노가재 김창업의 『연행록(燕行錄)』이나 연암 박지원의 『열하일기(熱河日記)』가 있는 것도 새삼 생각난다.

중국과의 교통은 수천 년 동안 끊이지 않았다. 전대의 일은 말할 것도 없고 우리 세대의 일만도 그 다단함은 이루 말할 수 없다. 일제 강점하 식민지 시대에도 왕래는 자유로워 수많은 이민도 하였고 독립 운동가들이 많이 건너가 빛나는 운동을 전개하기도 하였다. 이에 대한 사실은 사가의 기술이 많기에 장제(長提)하지 않겠다.

제2차 세계대전 이후 정세는 달라져 국(國)·공(共)이 갈라져서 공산 정권이 들어서고 장개석 정권이 대만으로 분산되면서부터 자유 국가 사람의 입국이 불가능하게 되었다. 그러다가 정책이 다소 달라져 미수교국의 우리 같은 민족들도 입경이 용허되었다. 우리 세대 사람들은 일생에 막혔다 트였다 하는 정황을 맛보게 되었으니 참으로 곡절도 많았다. 그래서 이번에 중국을 찾게 되었다. 월전(月田) 장우성(張遇聖), 월정(月丁) 유경채(柳景埰), 남정(藍丁) 박노수(朴魯壽) 화백, 박종각 씨 등과 동반하였다.

중국은 일개 국가라기보다 중원(中原) 대륙이라고도 일컫는다. 현재 12억 인구에 56개 종족이 살고 있으니 세계 대국의 하나임에 틀림없다. 농토는 광활하지만 산악도 전 국토의 대부분을 차지하여 식생활에 힘겹기도 한 모양이다. 그러나 막대한 지하자원이 있어 이를 개발하는 데 기대하는 바 크다고 한다. 여러 종족 중에 조선족도 하나일 뿐 아니라 우수한 종족으로 꼽혀 요직에 등용되기도 한다니 듣기에 반갑기도 하였다. 북경에서 상해까지 오는 동안 산악은 보이지 않고 평야뿐이었으며 도처에 운하가 있어 교통과 관개(灌漑)에 편리함직하게 보였다. 운하와 농토와 가옥이 한데 섞여 있는 것이 이상하게 느껴지기도 하였다. 중국 전체로 볼 때 역사적 유물로 웅대한 건축, 성곽, 화려한 유품 등에 경탄하였다.

건축이나 성곽은 보수도 하였겠지만 별로 손상된 흔적을 보지 못하였다. 유물들은 역대의 전란과 외침으로 말미암아 많이 유실되었으리라 생각된다. 각지의 상가를 돌아보니 그 나라 전통이 그대로 이어져 있는 문방구를 위시하여 목공예품, 패물류, 견직류 등이 진열되어 있는 것을 보았다.

홍콩을 거쳐 북경에 이르러 고궁 자금성을 보았다. 그 웅대하고 화려한 규모와 기술에서 먼저 떠오르는 것이 있다. 우리나라와 하나하나 비교하려는 것이었다. 중국은 우선 국토로 보아도 우리의 몇 배이니 모든 것이 당연히 그렇게 크려니 하겠지만 우리는 우리대로 그만하면 대단한 역사적 유물을 가졌다는 생각이 굳혀지기도 하였다. 그렇게 생각할 때 도리어 작은 나라로서 자긍도 할 만하였다.

만리장성에 올라 천하의 명물을 실관(實觀)하였다. 이곳은 세계의 관광객이 모두 몰려든 듯 인산인해를 이루어 밀리고 밀려 어떻게 오르고 내려왔는지 모를 정도였다. 들으니 실지의 길이는 만 리가 넘는다 하며 이 거대한 성벽이 벽돌로 쌓아진 장관이고 축성술도 매우 정교하여 모든 것이 놀랄 뿐이었다.

13릉을 보게 되어 성조의 장릉, 신종의 정릉을 찾아 석인(石人), 석수(石獸), 화표(華表), 신석(新石) 등의 웅대함을 보았다. 봉분은 큼직한 구릉에 거대한 층루가 있고 광중(壙中) 속은 널찍한 공간에 허다한 부장품이 나열되어 지중(地中)인지 지하인지 분간하기 어려웠다. 천단은 기년전(祈年殿)이라는 전각이 있어 거기 황천 상제라는 위패를 봉안했다. 황제가 친림(親臨)하여 풍년을 비는 곳이라 한다.

명 시대부터 있었다는 유리창(琉璃窓)에 들렀다. 널리 알려진 상가로서 문방구, 서적, 기타 진기한 상품이 다루어진다. 점포의 건축은 고풍이 풍기는 양식으로 지은 고건축이다. 명 시대 건축도 더러 있는지 몰라도 그 후 재건 보수한 것이 있다 한다. 어쨌든 눈길을 끄는 것만은 사실이다.

만수산을 뒤로 두고 곤명호(昆明湖)를 앞에 둔 이름난 이화원(頤和園)을 찾았다. 중국에는 여러 곳에 명원(名園)이 남아 있다. 명원은 세 가지로 나눌 수 있으니 궁정 원림, 대관 원림, 문사 원림 등으로 보겠다.

이화원은 황제의 원림(園林)이다. 건축 양식이 극히 호화스럽다. 우리나라 도화서 그림에서 보던 누각도를 실감케 한다. 나는 그 도화서 그림들을 그저 상상으로 화려하게 꾸며 그린 것이겠거니 하였더니 그런 것이 아닌 것을 깨달았다.

화청궁도 보았으나 모든 제도와 방식이 이화원과 비슷하다.

서안(西安)에 이르러 비림(碑林)을 찾았다. 비(碑)가 숲같이 많이 서 있어 비림이라 일컫는 것이다. 우선 안로공(顔魯公)의 가묘비, 근례비, 조전비 등 수많은 보물들이 눈에 들어왔다. 일생 동안 이 비들을 스승으로 알고 공부한 나에게는 다시없는 스승을 만난 것 같고 반가우며 존경심까지 들었다. 그 심경을 어찌 필설로 다 형용하랴. 물론 탁본이나 사진으로 눈 익혀왔지만 실물인 비석을 보니 더욱 절실하였다. 여기서 생각나는 것이 있다. 중국은 벌써 오래전부터 비각을 세워 비석의 박락(剝落)을 막고 있는데 우리의 경우는 국보급 비석들도 방치하여 날로 마멸할 지경이니 딱한 일이 아닐 수 없다. 빠른 시일 내에 시정이 요청된다.

진병마용일호갱대청(秦兵馬俑一號坑大廳)을 보았다. 진시황의 위력과 대담성은 역사를 통하여 잘 알려졌거니와 사후에도 이처럼 어마어마한 구상을 실현하게 하였다는 데 다시금 놀라지 않을 수 없다. 그 규모와 기교 또한 대단했고 예술성에서도 형언을 다 할 수 없다. 아직 발굴을 다 하지 않은 터라 그 전모를 예상에 그치거니와 불문가지라 할 수 있다.

대자은사(大慈恩寺)의 대안탑(大雁塔)에 올라보았다. 탑 속을 오르내리며 구경하도록 되었으니 그 규모의 크기는 더 말할 나위 없으며 기법 또한 놀랄 만하다. 이 탑에는 유명한 저수량(褚遂良)이 쓴 비명이 있어 서학도(書學徒)의 더없는 보물로 여겨 걸음을 멈추게 한다. 귀에 익고 눈에 익은 그 필적을 볼 때 더할 수 없는 희열을 느끼게 하였다. 이어서 소안탑(小雁塔)도 보았으니 모든 것이 대안탑과 비슷하였다.

"고소성외한산사(姑蘇城外寒山寺)"라는 시구로 유명한 한산사를 찾았다. 이 절은 기록을 새긴 비석들이 특색이었다. 장안성, 곧 토성(土城)을 보았다. 이 성은 명 시대의 성이다. 규모와 건축 방법은 만리장성과 동일하게 벽돌로 쌓았으며 성루는 회랑(回廊)으로 이용하여 많은 사람이 왕래하고 있다.

계림(桂林)에 이르러 산악을 요망(遙望)하고 선유(船遊)로 하루를 보냈다. 봉만(峰巒)은 평지에서 용출(聳出)하였으며 양안(兩岸)에는 죽림이 우거졌다. 산세의 기출(奇出)함을 보고 이국 풍경을 새삼 깨닫게 하였다. 놀던 강은 이강(漓江)이라 한다.

소주(蘇洲)에 와서 명나라 서시태(徐時泰)의 유원(留園)과 명 왕헌신(王獻身)의 졸정원(拙政園)을 보았으니 이는 다 당시 대관(大官)의 원림이다. 규모도 크려니와 건축 방법이 고상하고 운치도 있어 보는 이에게 탈속한 경지에 들게 하였다.

항주의 만경산장(萬景山莊)도 역시 명원(名園)이었으며 운암사는 사탑(斜塔)이 기이하여 유명하다. 영은사(靈隱寺)의 장관도 보았다.

서호(西湖)에서는 중국 건축 양식으로 제작한 놀이배를 타고 놀았다. 인상적이었다.

근대 서화와 전각(篆刻)으로 명성을 내외에 떨쳤던 오창석(吳昌碩)의 명원 서령인사(西泠印社)를 찾았다. 서령인사는 천연지세를 이용하여 굽이굽이 건축도 고상한 설계로 잘 지었거니와 암벽을 이용한 석각과 층계가 한층 홍취를 돋우었다. 드문드문 있는 소당(小塘)은 아취를 자아냈고 부감(俯瞰)하는 서호의 경치는 산수의 무진한 가경을 마음껏 즐기게 하였다. 과연 대예술가의 안목을 엿볼 수 있는 문사 원림(文士園林)이다.

상해의 예원(豫園)을 보고 상해 중국 화원(中國畵院)을 방문하였으며 상해 박물관에 들렀다.

홍구 공원에 가서 매헌 윤봉길 의사의 충혼을 추모하고 이어 대한민국 임시정부 구사(舊舍)를 찾아 기념 촬영을 하였다. 상해에서는 관광이라기보다 우리의 피나는 역사의 유적을 더듬어보려는 마음이 앞섰던 것이다.

서예 교육의 문제점

현황을 진단하고 방향과 대책을 모색하다

오늘날 우리나라 서예는 몇 가지 큰 병폐가 있다. 과거 일제의 교육을 받았던 까닭에 거기서 우러난 일제 식의 글씨가 아직껏 상존한 것을 들 수 있고 또 무원칙·무법식의 글씨, 그리고 옛날 서당 식의 고루(固陋)·향암(鄕闇, 시골구석에 있어 온갖 사리에 어둡고 어리석음, 또 그런 사람)의 글씨들이 그것이다.

서예에까지 미쳤던 일제의 독소는 일구년심(日久年深)함에 따라 점차 가시어지는 듯하니 그리 염려할 것은 못 된다 치더라도 무원칙·무법식의 이른바 본 적 없는 야릇한 글씨는 오히려 초학자를 현혹시키고 있는가 하면 이에 반하여 고루·향암의 글씨는 그것이 우리나라 글씨의 정통인 양 행세를 하고 있다. 따라서 정규학교에서는 말할 것도 없거니와 사회적 교육기관이라 할 수 있는 서예학원이나 서숙 등에서도 이러한 글씨들은 하루속히 배제되어야 할 줄 안다.

또 각도를 달리하여 반성하여야 할 것은 학교 특히 중고교에서 서예 내지 서사교육(書寫敎育)을 너무 등한히 하고 있다는 점이다. 현행 교육과정에 서예가 엄연히 들어 있고 국정이나 검인정으로 교과서가 있는데도 정규 시간에 이것을 다루는 학교는 많지 않은 듯하다. 그 이유를 들어보면 초등학교의 경우, 교사의 실기지도 능력의 부실이 큰 원인인 것 같고 중고등학교에서는 서예교사의 인적 빈곤과 교과운영상의 시간 배정의 난점 등을 들고 있다. 그리하여 대부분의 학교에서는 특별활동시간이나 과외 시간에 극히 일부의 학생에게만, 그것도 서예를 전공하지 않은 교사가 가르치고 있는 형편이다.

초등학교 교사의 실기능력은 교사 양성기관인 교육대학에서 착실히 가르쳐야 할 것은 물론이지만 현직교사들을 위한 실기강습도 다른 과목 못지않게 실시되어야 마땅할 것이다. 그리고 중고교 서예담당교사를 확보하기 위해서는 미술계 대학에 서예과를 신설하거나 검정고시 제도를 부활시키는 조처가 있어야 할 것이다.

서예를 정과로 다루지 못하는 또 하나의 구실은, 학생들이 이수해야 할 과목이 너무 많기 때문이라고도 한다. 그러나 우리는 그렇게 생각하지 않는다. 그전에도 학교의 교과목이나 수업시간 수가 오늘날에 비해 별로 적지 않았지만 초등, 중등 할 것 없이 주당 한 시간씩은 서예가 정과목으로 들어 있었다. 그러고서도 다른 과목의 공부에 지장이 없었고 그 한 시간씩의 서예공부 때문에 다른 과목의 실력이 저하되었다는 말은 들어보지 못했다. 그렇다면 현재라고 그렇게 못할 이유는 아무것도 없지 않겠는가?

그런데 요즈음 보면 초·중·고교에서보다도 오히려 대학에서 서예를 열심히 가르치고 있는 것 같다. 미술계 학과면 으레 서예를 필수과목으로 다루다시피 하고 있고 일반대학 중에서도 교양과목의 학점을 주는 곳이 있다고 들린다. 반가운 일이긴 하다.

하지만 초·중·고교 때에는 붓 한 번 잡아본 일이 없는 학생이 대학에 올라와서야 비로소 붓을 잡게 되니 그 글씨가 오죽하겠는가. 신분은 대학생이라지만 그 서예능력은 초등학교 상급 아동만도 못한 셈이다.

이런 형편인 데다가 교재는 대학 정도에 맞추어 수준 높은 것을 가르치게 되니 소기의 성과가 오를 리 없다.

만일 이들이 초·중·고등학교에서 기초를 제대로 닦고 그러고서 대학에서 전문적인 지도를 받는다면 그야말로 대학생다운 수준 높은 실력을 지닐 수가 있었을 것이 아니겠는가.

다음으로 '글씨'를 소홀히 여기는 그릇된 사조를 지적할 수 있다. '서예'라는 것을 단순한 실용서사를 위한 '글씨 공부'라고 보는 잘못된 생각은 이제 거의 수정되어가고 있지만 실용을 위한 서사 자체를 소홀히 여기고 있는 사람은 아직도 적지 않다. 간편한 복사기기와 타이프의 보급으로 글씨를 쓸 일이 줄어들고 컴퓨터가 사람의 두뇌와 손을 대신해주는 시대로 바뀌어가고는 있다 하지만 아직도 우리는 '글씨 쓰는 일'을 멀리할 수 없는 실정이고 보면 서사의 기능을 제대로 살려야 한다.

실용서사의 측면에서 볼 때 지금은 경필의 시대이다. 따라서 경필(硬筆) 글씨를 바로 쓸 수 있는 서사교육이 필요하다. 그런데 우리나라에선 서예교육은 둘째 치고 경필 서사교육마저도 등한히 하고 있으니 실로 안타까운 일이다.

경필 글씨도 법식에 맞게 교육을 받아야만 제대로 쓸 수가 있는 것이다.

우리가 생활을 해나가면서 아름다운 것은 취해야겠고 추악한 것은 버려야 마땅하다. 글씨의 경우도 예외일 수는 없다. 제대로 교육을 받으면 아름다운 글씨, 보기 쉬운 글씨를 쓰게 되는 것이며 그렇지 못하고 제 멋대로 쓴다면 추악한 글씨, 알아보기 어려운 글씨가 될 것이므로 이는 당장의 생활에 괴로움을 가져올 것이며 나아가 남까지 괴롭히는 소이가 된다고 말할 수 있다.

우리의 서예교육은 크게 나누어 둘이 된다. 하나는 한문서예이고 또 하나는 국문서예로서 중국 사람보다 부담이 더 크다 하겠다. 그러나 이것을 너무 복잡하고 어렵게 생각할 것은 아닌 것으로 본다. 문자의 종류나 글씨의 성격은 비록 다르다 하겠으나 붓을 잡고 익숙하여지면 제대로 되게 마련이다. 두 갈래의 길이라 하겠으나 일맥상통하는 점이 있어 그렇게 어렵게만 생각하지 않아도 좋다. 누구나 실지로 써보면 다 가능한 것을 알게 되고 체험으로 별다른 일이 아니라는 것을 깨닫게 된다. 특히 젊은 학도들에게는 더욱 가능한 것이며 우리로서는 반드시 두 가지 글씨를 다 교육하여야 할 것을 강조하는 바이다.

서예의 근원과 필법의 정통이 한자에 있느니 만큼 이 글씨를 배우지 않고 서예를 말할 수 없는 것이며 국문은 우리의 고유문자이니 이 글씨를 우리가 배워 익히지 아니할 수 없는 것이다.

예전에는 서첩이 품귀하고 와본(訛本), 위본(僞本)이 도리어 진본보다 성행하였으나 지금은 좋은 체본(體本)이 많아 공부하기에 편리하여졌다. 그러나 지도를 올바르게 받고 나아가서 자신의 주견이 발라야 한다. 학교 교육에서는 무엇보다 좋은 지도자가 필요하다. 만일 잘못 가르친다면 순진한 학생을 모두 버려놓게 될 것이니 이 얼마나 가공할 일인가?

한문서예의 교도에 있어서는 서법이 워낙 많으니 그중에서 가장 보편성이 있는 것을 골라야 한다. 부작용, 즉 그 법을 잘못 배워 천루(淺陋)하기 쉬운 체법(體法)을 삼갈 것이다. 따라서 될 수 있는 한 연대가 높은 서체를 배우는 것이 무엇보다 좋다. 따라서 괴이한 글씨나 연대가 낮은 글씨는 참고로만 하는 데 그쳐야 한다.

국문서예는 발생 연대도 낮고 자형도 단조로워 한문서예에 비할 바 아니지만 그렇다고 안이하게 생각할 것은 아니며 이 역시 올바르게 지도하여야 할 것은 두말할 나위도 없다. 국문에는 궁체(宮體)가 유일한 서체이다. 근자에 보면 사이비 궁체가 많이 보인다. 심지어 교재에서도 그런 것이 보이니 놀라운 일이다. 지도자는 이런 것을 예의(銳意) 검토하여 가르쳐주는 것이 무엇보다 중요한 일이다. 그 외에 다른 방법의 서예로 글씨를 연구한다 하여도 어디까지나 국문 글자의 원형을 떠나서는 안 될 것이다.

모든 일이 공통되겠지만 알아야 반성할 수 있고 반성에서 다시 발전이 있을 수 있는 것이니 오늘을 냉철히 살피고 나아가 내일을 설계하여야 할 것이다. 서예는 무엇보다 정법으로 바르게 써야지 자신의 어설픈 창의성을 무턱대고 구사하려는 것은 위험한 일이다.

한글은 아름답다
우리 글씨는 얼마든지 발전시킬 수 있다

내 일은 내가 해야 하는 것이다. 남은 남의 일을 해주지도 않겠거니와 남의 일을 해준다 한들 제가 하는 이만큼 찐덥지도 못한 것이다.

서예라 하면 으레 한자를 말하게 되고 또 한자에서 서예의 원류를 찾게 된다. 그러나 한자 이외에도 어느 민족이고 자국 문자가 있다면 그 글자를 아름답게 쓰려고 노력하는 것이 당연하다. 그 문자 자체가 아름답게 쓸 수 있는 요소가 있어야 하는 것은 물론이다. 그러면 우리 한글은 어떠한가? 이는 아름답게 쓸 수 있는 요소가 충분하다. 그 기원이 고전(古篆)이나 범서(梵書)에 있다는 학설을 상기하여도 알 수 있다. 우리 글씨에는 예로부터 내려오는 궁체가 있어 이 체가 우리 글씨를 대표하게 되었다.

내가 한글 글씨를 쓰게 된 것은 두 가지 연유가 있었다. 먼저 내 일은 내가 해야겠다는 것이고 그다음엔 우리 집에 전해오는 궁체가 많았기 때문이다. 나는 항상 말하기를, 우리는 글씨 쓰는 데 힘이 갑절로 든다는 것이다. 중국 사람이라면 그들의 한문만 잘 쓰면 되지만 우리는 그 외에 자국 문자가 있으니 이것도 잘 쓰려면 그들보다 갑절의 힘이 필요하다는 말이다. 그러므로 우리로서는 두 글씨를 다 잘 써야 구비하여 쓴다고 보겠다. 그래서 이른바 국한병진주의(國漢併進主義)를 내세우려고 한다.

우리 집에 궁체가 많았다는 것은 그럴 만한 이유가 있어 등서본(謄書本)이 기백책, 서간도 많이 전하였으니 이 글씨들은 영·정 시대로부터 고종년간의 것으로서 궁체 중에도 좋은 글씨가 많았다. 자연 이같이 좋은 글씨를 보게 되어 어려서부터 거기 마음이 잠기게 되었다. 쓰다 보니 어떠한 체계를 세워야 공부하기에 편리한 것을 깨닫게 되어 약관의 나이로 모든 것이 미숙하지만 책을 하나 엮었다. 『우리 글씨 쓰는 법』

이란 책이었다.

이 책에는 벌써 일제 때 위당 정인보 선생의 서문까지 얻었으나 그 말기라 출판도 불능하다가 다행히도 광복을 맞아 즉시 간포(刊布)하게 되었으니 나로서는 기쁘기 한이 없었고 또 이러한 서적이 이때까지 없었던 것으로서 뜻있는 이들의 눈길도 모으게 되었다. 체계를 세우는 데는 고철자로 쓰던 것을 현대 철자로 바꿔가며 자체의 근본 필법을 살리려는 것이 무엇보다 중요한 일이었다. 그러나 문자 자체가 조직적이고 체계가 서서 유추하면 되는 작업이었다. 앞서 말하였거니와 일제 때부터 한글을 써온 나이기에 광복이 되면서 여기저기 세워지는 한글비를 많이 썼고 지금도 굳이 마다 않고 수응(酬應)하고 있다.

궁체만 써보니 이것만으로는 좀 부족한 감도 없지 않고 또 무엇을 연구할 수 있으리라는 생각으로 고판본(古版本)의 자체와 기원까지도 더듬어보려고 하였다. 훈민정음 원본의 글씨를 보면 과연 고전(古篆)의 기원설이 부합된 것을 알겠고 〈용비어천가〉나 〈월인천강지곡〉의 자체도 살펴보면 얼마든지 그 글씨로서 발전할 수 있으리라 생각하여 전(篆)·예(隸)의 필법으로 그 자체를 본령 삼아 써보니 조형미를 내포하여 좋게 보였다. 나는 이 글씨를 고체(古體)라 일컬었다. 우리 글씨로서는 가장 예로운 글씨이기 때문이다. 궁체는 그대로 특수한 필법이 있으나 고체는 한자식(漢字式) 필법으로 써야 하니 이것이 다를 뿐이다. 한자의 전·예를 써야만 한글의 고체를 쓸 수 있다는 것을 잊지 말아야 한다.

궁체에는 정자와 흘림이 있어 한문의 해·행·초서에 해당되고 고체는 저절로 전·예서에 해당되는 것이라 할 수 있어 결국 오체가 구비한 우리 글씨라 할 것이다. 그리고 궁체가 여성적이라면 고체는 남성적이라고도 형언할 수 있다.

내가 지난 일을 더듬어보면 그저 내 일을 해보는 것이라던 것이, 어찌 쉽사리 생각이나 하였으랴. 광복이 되어 오늘날 이 글씨를 실용하게 될 줄을! 진실로 감회를 이기지 못하겠다.

천자문 견문

천자문이란 자수가 천 자밖에 안 되니 짧다면 짧은 글이지만 퍽 뜻이 깊고 어려운 글이다. 다만, 천 자 중에 중복되는 글자가 없어 글자 익히기에는 알맞은 글이라 하겠다.

중국 글이면서 중국에서는 이 글을 가지고 어떻게들 배웠는지 알 길이 없지만 우리나라에서는 오래전부터 이 글을 어린 학동에겐 맨 처음 가르쳐온 것이다.

그래서 5, 6세 동몽(童蒙)들의 입에 '하늘 천', '따 지', '검을 현', '누루 황'이 노래처럼 익었고 목동, 초부(樵夫)까지도 글자의 생김새야 알든 모르든 앞머리 한두 줄은 홍얼거릴 정도였다. 천자문을 동몽들에게 가르친 것은 연대로 어느 시대부터 비롯된 것인지는 모르겠으나 내 집에서 본 견문으로 한 근거가 있어 적어보면 다음과 같다.

나의 칠대조 이조판서 문간공(文簡公) 휘(諱) 학순(學淳, 1767~1845)이 그 손자 창녕위 효정공 휘(諱) 병주(炳疇, 1819~1853)에게 친필로 써준 『천자문』이 지금까지 전하여 내려온다. 그 책 끝에는 '서차천자 기이백복(書此千字 祈爾百福)'이란 덕담이 적혀 있는데 이는 효정공의 돌상에 놓았던 것이라는 말도 함께 전한다. 책 체제는 한 줄에 넉 자씩 쓰고 두꺼운 색장지(色壯紙)로 여러 가지 색이 찬란하게 배색되어 있다. 이로 미루어보아 어린아이의 돌상에 『천자문』 책을 놓았던 풍습이 있었던 것은 오래전부터였음을 알 수 있다.

우리나라 풍속에는 초도(初度), 즉 돌이 되면 돌을 잡히는 수가 있다. 돌을 잡히려면 돌상을 차려놓는다. 이 돌상에는 먼저 쌀을 깔고 그 위에 지·필·묵, 『천자문』 책, 실, 활 등 여러 가지를 늘어놓고 어른들은 둘러앉아 돌잡이 아이가 무엇을 먼저 잡는가를 본다. 그 아이가 책을 먼저 잡으면 장차 대문장이 될 것이라 하여 기뻐했고, 지·필·

묵 중 어느 한 가지를 먼저 잡으면 명필이 될 것이라 하여 좋아했다. 물론 다른 물건도 그 나름대로 앞일을 점치는 것으로 삼았다. 근래에는 『천자문』도 인쇄한 것이 많아서 아무거나 사다 놓지만 옛날에는 인쇄본이 도리어 귀할 뿐만 아니라 정성을 들이기 위하여 필사본을 놓았다. 필사본에는 여러 가지가 있다. 당대 명필의 글씨로 쓴 것도 의당 있으려니와 부(父)·조(祖)의 글씨로 써서 가법을 보이려는 일도 있으며 또 하나 특이한 것은 '천자문'이니만큼 천 사람의 글씨를 받아서 책 한 권을 만드는 수도 있다. 천 사람이 제각기 써낸 것을 보면 장단교졸(長短巧拙)이 다 달라 그리 깨끗해 보이지는 않지만 그 정성은 대단하다. 천 사람이 다 당대의 명사요 명필이라면 그야 얼마나 좋겠는가.

천자문을 쓰거나 책 만든 것을 보면 여러 가지 방식이 있으나 대략, 한 줄에 넉 자씩 쓰고 글자마다 국문으로 훈(訓)과 음(音)을 달아놓았다. 이렇게 책을 만든 것은 글의 내용이 4언구이고 초학에게 가르치려면 훈과 음을 아주 달아놓는 것이 합당하였기 때문이다. 또 이 글을 배우는 방식은 먼저 훈과 음을 붙여 소리를 내어 읽고 그다음에는 넉 자씩 음만 붙여 토를 달아가며 읽게 된다. 이것이 글 읽는 방법을 배우는 기초훈련인 셈이다. 그러고 나서는 모든 글을 자유자재로 읽어나가게 되는 것이다.

오늘날 전하여오는 것에는 중국이나 우리나라의 유명한 진귀본이 많이 있어 배우는데 도움이 크다. 그중에도 역대 명필로 천자를 모은 것이 있으며 우리나라의 역사와 그 밖의 사실로 글을 엮어 천자문을 지은 이른바 『해동천자문(海東千字文)』도 있다.

광복 50주년을 맞이하여

미술문화의 발자취

고종조(高宗朝) 시대는 그 초기부터 외우(外優)에 싸여 국가 안위(安危)가 지극히 염려스러웠던 때였다. 그러다가 임오군란, 갑신정변 등이 일어나 내외 정세가 자못 미묘하였다.

서구의 정세는 더 말할 나위 없고, 이웃 일본만 하더라도 벌써 신문화에 젖어 일신(一新)한 모습으로 외교(外交)와 군사행동(軍事行動)을 개시하였고, 중국만 해도 신문화를 받아들여 그 위력을 떨치었다.

다만 우리나라 형편은 어떠하였던가. 깜깜한 옛 모습 그대로 깊이 든 잠을 깰 생각조차 하지 않는 듯하였다. 그러나 내외의 숨 가쁘게 돌아가는 정세는 마침내 왕조의 내정을 개혁하기 위한 갑신정변(甲申政變)을 일으키게 되었고, 그 10년 뒤엔 갑오경장(甲午更張)으로 전통적인 봉건체제를 서양의 새로운 근대적 체제로 개혁하고 서정(庶政)을 쇄신하는 듯하였다.

정치 면으로는 그렇다 치고 전래해오는 모든 문화, 곧 문학과 예술(서·화) 등에는 별다른 진전은 없었으나 그런대로 체면을 세울 만하였다. 그 당시는 미술학교 같은 교육기관이나 연구소 등 손쉽게 드나들 만한 곳도 없었다. 그러나 그림을 연구하고 또 이에 관한 실무를 관장하는 도화서(圖畵署)가 있었다. 여기에는 화원(畵員)이 있어서 그림을 그리고 연구도 하면서 후진을 양성하였다. 그때는 미술이니 서예니 하는 말은 쓰지 아니하고 서·화, 글씨, 서법 등으로 표현하던 때였다.

글씨 쓰는 기관에는 사자관(寫字官)이란 관원이 배치되어 연구하고 실무를 담당하였으며 그들이 후진도 양성하였다고 한다.

그림을 그리던 최후의 화원으로서 안중식(安仲植), 조석진(趙錫晉) 등이 후진을 양성하였으니 그 고제(高弟)로서는 이상범(李象範), 노수현(盧壽鉉) 등이 있다.

사자관으로서는 누가 최후까지 있었으며, 후진을 몇 사람이나 양성하였는지는 잘 알 수 없다. 다만 사자관이었던 김돈희(金敦熙)가 손재형(孫在馨), 장우성(張遇聖) 등을 그의 서숙(書塾) 상서회(尙書會)에서 지도하였다는 말을 들었을 뿐이다.

나라는 을사년(乙巳年)을 당하여 망국 조약(亡國條約)을 맺고 몇 해 지나서 아주 형태도 찾지 못한 경술합방(庚戌合邦)이 되었으니 더 무슨 말을 하리오. 그때 뜻 있는 이들이 프랑스, 일본 등지에서 유학을 하였으니 곧 이종만(李種萬), 장발(張勃) 같은 분들이다. 일본은 지리적으로 가까워 계속 도일 유학(渡日留學)하여 그 수가 자못 많았다.

광복 이후로 생각을 옮겨볼까 한다. 1945년 8·15에 일본이 연합국에 무조건 항복하였으나, 우리나라는 별다른 수권(受權) 태세를 갖추지 못하였다.

특히 글씨 교육에서는 어떠하였던가. 이는 내가 직접 관계하였기 때문에 너무나 잘 알고 있다. 비록 우리 국문 글씨를 초등학교에서 다루기는 하였다. 그러나 궁체(宮體) 같은 것은 어디다 내버리고 아주 극도로 속된 글씨가 온 세상을 풍미하였으니, 이러한 속체(俗體)는 금세 만연하게 마련이다. 이렇듯 속된 글씨를 궁체의 정체(正體)로 구해내려 하였으나, 참으로 간단한 일이 아니었다. 지금이야 궁체로 완전히 새 옷을 입혔으나 그래도 일제 시 교육을 받은 노년층에게는 약간의 잔재(殘滓)가 어느 구석엔가 남은 듯하니 그 독소의 무서움을 알아야 한다.

지금 생각하니 실로 반세기를 넘어서야 완전히 개선되었다고 할 수 있다. 이러한 민족적 큰 작업은 마침내 성공적으로 마무리 지었으니 감개가 남다르다.

그러나 그뿐이랴! 다시 생각하니 대과업이 또 있다. 서체(書體)의 확장이 바로 그것이다. 이는 가능할 뿐 아니라 당연히 해야 할 의무이다. 그것은 다름 아닌 『훈민정음』과 『용비어천가』, 『월인석보』 등의 판본체를 단지 서체의 도안화(圖案化)로만 보지 말고, 『훈민정음』 해례(解例)에서 언급했듯이 전서(篆書)·예서(隷書) 등의 필법으로 써내면 '전예적 국자(篆隷的 國字)'를 창출하리라 믿고, 또한 국(國)·한(漢) 혼서체로도 이 이상 적합한 것을 찾기 어렵다 하겠다.

그러면 국문의 궁체는 한문자(漢文字)의 해·행·초서에 해당될 것이고 고체(古體)는 전·예적 서체로 쓴 것에 해당될 것이다.

이와 같이 하면 한문자(漢文字)의 5체를 우리 국자(國字)에서도 볼 수 있겠다. 그리하여 나는 이와 같은 지론(持論)과 소신으로 전·예적 국자를 고체(古體)라 하였던 것이다.

지금은 궁체로 교과과정에 통일할 뿐 아니라 궁체를 유일한 서법으로 고정(固定)시켜 이설삼설(二說三說)이 있을 수 없다.

한문 글씨도 왜색인 것은 근접을 못 하게 하였으나 정당한 서첩 하나 없는 변변치 못한 나라라, 소위 글방 글씨체라 하였으니 고루하기 짝이 없는 글씨체만이 횡행하였고 게다가 글방 스승마저 그 모양이라, 별 수 없이 아까운 총준(聰俊)들만이 버려진 셈이다.

그러다가 약 20년 전부터 국내는 물론이나 중국이나 일본에서 양서가 많이 들어와 서학도는 마음껏 공부하게 되었다.

그전에는 서울과 같은 대도시라야 좋은 스승을 만날 수도 있고 여러 여건도 편리하여 출신이 훨씬 빠른 것 같더니, 이제야 경향(京鄕)의 차가 아주 없어졌다 하여도 과언이 아닐 듯싶다. 또 좋은 현상이 있다. 이왕에는 지도하는 사람이 자기 위주로 가르치던 경향이 줄어들고 서첩 위주로 지향하는 듯하다.

한자(漢字) 글씨는 한 자도 못 쓰면서 국문(國文)만 잘 쓴다고 서예가라고 하기는 어렵다.

미술학원도 그 수가 많고 사설학원도 많다.

예능교육은 곧 천재교육이라 생각해도 좋다. 해방 이후에 명가(名家)라고 지칭받는 이가 얼마나 되는지 궁금하다. 매년 각 학교에서 배출되는 이가 상당수 되어 적은 수가 아니기 때문이다.

전국 학생의 전체 실력을 대괄적으로 보려면 각종 전람회, 백일장으로 알 수 있다. 이들의 대괄적인 수준과 성적도 매년 성장되고 있다.

다른 나라의 각종 심사의 방법과 시상 문제는 어떤지 여하간 공정무사해야 되겠으니 이 점은 가장 중요한 일이라 할 수 있다. 그리고 일반 관객이 다 심사원이란 관심을 가져야 한다.

끝으로 서예공부와 감상법을 간단히 적어 일반의 안목의 수준을 높이는 데 돕고자 한다. 우선 감상자의 식견을 높이려면 고서첩을 많이 보고 명가의 작품을 많이 보아야 한다. 감상자는 작자의 연원을 잘 알아야 하며 작가는 자기의 연원이 어떤 것인지 잘 알아 볼 정도로 제작해야 될 것이다.

무릇 필적(筆蹟)은 심상(心象)을 그리는 것이라 하였으니 작품으로 미루어 그 사람을 안다는 것이 된다. 그러므로 연대, 국적, 인품, 직업 등을 추측(推測)할 수 있다. 실례를 들어서 말하면 가령 사육신이나 이율곡이나 이충무공 필적이라 하면 그 값을 매길 까닭도 없이 부르기 전에 고가일 것이고, 이완용, 윤덕영 배(輩) 같은 자의 것이라면 그것을 무엇에 쓰랴.

이와 같이 인품(人品)을 놓고 물건을 판정(判定)하고 보면 역사의 존엄성은 자명(自明)하지 않은가.

국적 연대적으로 보면 연대에 있어 우선 서체, 묵색, 지품(紙品), 체제에서 모든 것이 이에 포함되며 인물은 더 말할 나위 없다. 그전에는 금석(金石) 문자에 혹시 역적에 든 자가 제작자의 이름으로 있으면 그 이름을 긁어버리기도 하였으니 말이다.

찬내 풀이 자술(自述)

나는 어려서부터 글씨는 반드시 국문(國文)과 한문(漢文)을 병행(幷行)해야 한다는 데 뜻을 두고 또 그렇게 해왔다. 더 설명할 나위 없이 내 것을 내가 가꾸어야 한다는 일념(一念)인 것이다.

나이가 좀 들고 웬만큼 쓰니까 왕고(王考) 동강공(東江公)이 호(號)가 있어야겠으니 일중(一中)이라 쓰라 하시어 지금까지 다른 것 없이 하나로만 써온다. 그러나 국문 글씨에 일중(一中)이라고 써보니 아무 감흥이 없어 보여 생각던 끝에 찬내라 쓰기 시작했다. 찬내는 뜻으로 붙인 것이 아니라 실지 내의 이름이니 이는 손가장(孫家莊) 골짜기에서 안암동(安巖洞)으로 흐르는 내의 이름이다. 그런데 이 근방에 내 집이 있는 까닭에 쓰기로 정한 것이다.

찬내는 이같이 내의 이름이기도 하려니와 그 뜻으로 보아도 좋을 것 같다. 우선 내라는 것은 항상 흐르는 것이니 쉬지 않고 썩지 않는 교훈(敎訓)을 볼 만하고 차다면 깨끗하고 맑은 것을 연상(聯想)할 수도 있다. 그래서 정다운 고장으로나 아름다운 뜻으로나 이만하면 되리라 하여 그대로 쓰고 있다.

동강공(東江公)의 「제이목석거(第二木石居)」 상량문(上梁文) 육위(六偉)에 '한계하창여람(寒溪夏漲如藍)'이란 시구(詩句)가 있고 죽하김공승렬(竹下金公承烈)은 '한천(寒川)'이라 하고 위당정공인보(爲堂鄭公寅普)도 '한계(寒溪)'라 불렀으니 이는 모두 한문(漢文)으로 바꿔본 것이다.

3부

감나뭇골에 집을 짓고

시, 시조, 서(序), 발(跋), 지(識), 조사(弔辭), 작사 모음

시조

포손 지희(抱孫識喜)

사람이 사람 낳아 게서 다시 사람 나니
이로써 대를 이어 한없이 번을 것이
인간의 그 복 탔으니 못내 기뻐하노라

시조

시엽산방(柿葉山房) 팔영(八詠)

잎 좋고 열매 좋며 나무도 좋다 하네
예부터 이른 것을 그대로 좋게 여겨
이 숲에 집을 얽고서 시엽산방(柿葉山房) 새기니

시원(柿園)

한 잎이 다 자라면 또 한 잎 빼이느니
한 여름 다하도록 새 잎을 이어 보네
노초(老蕉)에 황화(黃華) 곁들여 집 이름을 써본다

초정(蕉庭)

홍백을 가릴 것가 뜰에나 방안에나
몇 송이 피었어도 향기에 묻히느니
사군자 꼽을 양이면 으레 먼저 치느니

매강(梅岡)

잎 솟아 몇 해 가고 꽃 피면 달을 넘어
향기는 멀리 들려 내 맡고 먼저 아네
사람을 칭송하려도 이를 어이 잊으랴

난대(蘭臺)

만상이 시들 적에 네 어이 생생한가

서리친 아침이면 내란 듯 버젓하다
고절을 오상에 비겨 귀히 알아주니라

국포(菊圃)

대숲이 어데 없고 뉘 아니 질겨 하랴
길 넘게 어른 대며 백천도 세고 남네
제 고장 아닌 데 보니 떠다 논 듯하여라

죽림(竹林)

바위 곁 두 나무에 열리기 주렁주렁
가을이 다가오면 둥근 볼 붉어지네
손아들 두 손 벌리고 재롱떨며 조른다

조암(棗巖)

사철에 어느 때나 변할 줄 아는 것가
둥글게 벋은 가지 정자라 하리로다
아마도 사시가홍은 이를 두고 알리라

송정(松亭)

시

머릿노래

뼈다귀에
쇠붙이에
돌덩이에
나무 조각에
생명을 붙여
오늘의 문화를
꽃피게 하였노라

팔만대장경
대동여지도

깁에
종이에
써서 전하기야 전했지만
어찌 그리 장수야 했으랴
정으로 쪼고 칼로 새긴 자취,
붓에 견주어 오래도 간다

붓은 붓대로 묘하다지만
칼은 칼대로 묘하니라
인류문화는 천 년 만 년

너로 하여 빛나리

끊겼다 이었다 하는
무상한 운명
끊겼다 다시 이은
철재의 솜씨

무궁한 앞날을
미리 보려는
철재의 솜씨

시조

한벽원송(寒碧園頌)

월전(月田) 장우성(張遇聖) 옹이 경오년에 백악산 밑에 큰 집을 짓고 그 이름을 한벽원(寒碧園)이라 하였다.

이 집은 월전이 노년에 휴식도 하려니와 후진 계도도 여기서 할 것이요 명품도 여기서 창출될 것이다. 진실로 예원의 기대되는 바 크다. 이에 나는 이 기쁨을 표하고자 졸작 시조 3수를 적어보았다.

월전옹 일평생에 화필로 벗 삼았네
수역(壽域)에 봄도 길어 조예가 높아지니
갈수록 새 경지 열려 늙을 줄을 모르리

시·서·화 삼절이란 예 듣고 이제 보니
호단(毫端)에 서린 정채(精彩) 신묘도 한젓이고
이어갈 우리 법통을 깨우치려 힘쏟네

백악이 벋은 자리 한벽원 열었으니
송죽은 상청(常靑)하여 세한(歲寒)에 돋보이네
이 기상 뇌중에 스며 이신양성(怡神養性)하리라

시조

일사(一史) 서화전

일사 구자무(具滋武) 군은 일찍이 서와 화에 뜻을 두었고 또한 애석 양화(愛石養花)의 고상한 정취를 품는 특출한 선비의 자품(資稟)을 타고났다.

일사는 서를 부녕(不佞)에게 화는 심산(心汕) 화백에게 배워 서화를 양전(兩全)코자 노력하였으니 서는 각 체에 걸쳐 다년간 익혔고 화는 심산 특유의 화법으로 산수화훼를 두루 공부하여 오늘날 겸비한 문인 화가로 꼽혀지고 있다.

무릇 그림은 사물을 형상하는 것이 목적일지나 어찌 그 형태를 나타내는 것만으로 만족하리요. 그 작가의 정신과 사상도 표현하는 것이 더욱 격조 높은 그림이라 하리라.

일사는 흉중(胸中)에 애석 양화하는 취미 외에 시서(詩書)의 아운(雅韻)까지 품었으니 저절로 그러한 정신이 붓 끝에 나타나 비범불속(非凡不俗)한 그림을 그렸으리라 믿는다.

이번 개인전을 열기에 두어 말을 붙이며 유지 여러분의 청상(淸賞)을 바라 마지않는다.

서와 화 같은 근원 예부터 일렀나니
이 뜻을 안다지만 몇몇이 지켰는고
일사의 오랜 적공(積功)을 호단(豪端)에서 보리라

돌이면 사랑하고 꽃이면 가꾸었네
보고만 있었는가 그대로 그림이라
겸전(兼全)한 그 정취이니 속될 줄이 있으랴

시조

백악동부(白岳洞府)

백악하(下) 터를 잡고 집 한 채 지었는데
발길이 닿기 좋아 벗님네 자로 온다
늙으막 흉금 열고서 그런대로 즐기세

시조

서(書) 조비(祖妣) 유필 후(遺筆後)

사대부 살림살이 봉제사 접빈객을
법도라 범절이라 어느 것 소홀할가
저자야 있다 하지만 정성 없다 안 샀네

술이요 음식이요 솜씨가 으뜸이라
거리도 장만하고 날짜도 따졌나니
손끝에 입맛 달려야 그만하다 하셨네

철마다 다른 술을 제때에 맞추려니
방문은 지켰어도 조화도 달려 있네
한마님 친필이시니 술만이라 하릿가

시조

소헌(紹軒) 서전(書展)에

유당(惟堂)공 문필(文筆)로서 서단에 빛이러니
그아들 이어받아 한층 더 돋보이니
옛적에 이렇던 일을 오늘 다시 보노라

연골적 잡은 붓을 그대로 놓지 않아
여러 체 널리 보고 깊이를 찾으려니
예롭고 새로운 맛이 이로 좇아 솟는다

그동안 공부한 것 펴봄즉 할 만하여
한자리 모은 것에 눈길이 절로 쏠려
앞날이 한없으려니 더 큰 열매 맺어라

시조

청람(淸嵐) 주갑대경(周甲大慶)

어질다 그 품성은 눈매에 어렸으며
너그런 그 풍도는 말씀에 섞였으니
백발에 넘친 그 멋은 뉘라 있어 따르리

바른 말 옳은 행실 한 몸에 모두 지녀
남의 일 내 일인 양 돌보기 얼마인고
가멸다 일컬으지만 그런 티나 있던가

만나면 반가워라 손잡고 술 마시며
흥 나면 체면 보랴 그대로 털어놓네
십여 년 한 모양으로 자조 뵙고 믿으니

강산에 뜻이 맞아 나라 안 두루 다녀
제주요 설악이요 그 밖에 호남 호서
근기에 명구승지야 일러 무삼하리오

인수봉 솟아 높고 소귓내 흘러흘러
사벽에 길금락석 서화에 담긴 정취
이중에 무량수 누려 그믈 뉘를 모르리

시조

명경(明卿)의 환갑을 기뻐하며

정승도 나셨지만 대제학도 여러 대를
절의로 이은 집안 가학이 전해온다
오늘에 그대 아니면 이리 자랑하리오

총명이 초륜하여 고금을 한 머리에
물어서 막히는 일 거의 없다 하리로다
들어서 그대로 알고 보면 더욱 안 잊네

한평생 해온 일이 배워서 가르쳤지
사십 년 한 길 걸어 많은 영재 길러내니
수만을 헤아릴 그들 모두 머리 숙이네

문헌록 엮으신 일 어렵기도 하려니와
양대에 다 못 마쳐 그대가 아물리니
옆에서 거들던 생각 어제런 듯하여라

세상이 달라져서 새것을 배우느라
고전을 안다 해도 통투한 이 드물은데
그대가 풀이하여서 명맥 이어 가노라

산천을 즐겨하여 발자취 두루 닿아

시주를 겸한 정취 거침없이 펴내었네
짝지어 다니던 나도 절로 장단 마친다

해로도 하려니와 자손도 진진하다
두 아들 세 딸아이 대견하게 출중하네
내외손 재롱부려서 웃음꽃이 피노라

터울이 두 살에 다 환갑을 서로 보니
내 일을 그대 알고 그대 일도 내가 아네
육십 년 지난 일 적어 무량수를 비노라

시조

선경(善卿)의 주갑을 기뻐하며

사백 년 내린 유소(儒素) 문필로 전해와서
어버이 아들에게 대부는 손아에게
한길로 이으라시니 한눈팔 새 없었네

휘호를 하려 하니 근원을 알아야지
오래고 깊은 논리 살살이 파헤쳤다
여기서 옳은 필법을 자득하여 놓았네

광개비 옛 글씨를 사무쳐 깨닫고서
정음자 곁들이고 양서(兩書)를 섞어보니
이 세상 처음인지라 너나없이 몰랐네

정법을 외칠 뿐가 많은 이 가르치고
나라 안 나라 밖에 널리 펴 보였으니
사해에 떨쳐진 이름 당대에만 그칠까

일주갑 수로치나 궁구는 가이없다
노성한 붓자취는 이제야 시작이라
명품을 끼칠 양이면 늙을 뉘를 모르리

시조

농경(農卿)의 주갑을 기뻐하며

임신년 삼월 보름 곡우날 태어나니
오형제 막내로서 귀여움 독차지를
한 몸에 지녀온 복이 무량수를 이루리

단아한 자품 이는 총명이 출중하여
전공을 닦는 한편 옛것에 뜻을 두어
전심매 한 권 엮으니 그 정신을 알리라

약관에 단신으로 만리타국 갔건마는
한 해에 두 번 골은 근친길 올랐었지
일생에 고쳐 보할 일 다했는가 하노라

한국문방제우시문보(韓國文房諸友詩文譜) 서(序)

지·필·묵·연을 가리켜 소인묵객(騷人墨客)의 사우라 하고 이 네 가지의 필기구를 비롯하여 문방의 갖추어두고 사용하는 모든 기구를 문방제우라 한다. 예부터 선비들이 이를 가까이 하고 소중히 여기기를 어떤 친구보다도 소홀히 하지 않았다. 그러기에 '벗'이라고 한 것을 보면 가히 짐작하고도 남음이 있다. 특히 문방의 주역이 되는 지·필·묵·연 가운데 그 어느 하나라도 빠져서는 그 기능을 발휘할 수 없다. 다른 것은 차치하고, 붓을 가지고 그 공노를 따져보면 어느 작가건 그 생명과 역량은 붓에 달려 있다. 붓이 말을 들으면 성공할 것이요, 그렇지 않으면 실패하는 것이 분명하다. 이 사실 하나만 보더라도 그 붓의 위치를 알 수 있는 것이다. 그런 까닭에 선비들은 웅문걸구(雄文傑句)로 이들을 높이 찬미하지 않았던가.

예부터 서화가가 시문까지 겸하면 시·서·화 삼절이라 일컬어 더욱 고격으로 친다.

일사 구자무(一史 具滋武) 군은 서화병수(書畵竝修)를 목적으로 서(書)는 부령(不佞)에게 종유(從遊)하고 화(畵)는 심산 노옹(心汕 盧翁)에게 사사하였으며, 한학을 월당(月堂) 홍공(洪公) 및 백아(白牙)에게 수학하였다. 이제 일사는 이 길을 닦아 굴지의 작가로 널리 알려져 있다. 예도에 정진하는 한편 문방에 대한 우리 선대의 감정과 사상의 시문을 광람박채(廣覽博採)하여 거편(巨編)을 이루었다.

수록된 자료를 보면 지·필·묵·연 등 문방청공(淸供)의 시문은 물론이려니와 나아가 이에 대한 품론(品論)·제법(製法)·양법(養法)·장법(藏法)과 인장의 전·각법(篆·刻法)·채색의 조제법 논필묵과 화제에 이르기까지 실로 광범위하다. 이러한 여러 가지 유관(有關) 문헌은 나·려(羅麗)로부터 현대에 이르기까지 수록하여 박학에 자(資)코자 하였다. 이 권 중에 실린 시문으로 천 년의 찬란한 광채를 마음껏 볼 터이니 어찌 예원(藝苑)에 성사(盛事)가 아니랴.

조선영물시선(朝鮮詠物詩選) 서(序)

일사(一史) 구자무(具滋武) 군은 역당(亦堂) 구공(具公) 영회(永會)의 초윤(肖胤)이니, 그 선업을 이어받은 선비의 기품(氣稟)을 갖춘 재사이다. 일사는 침착, 과묵하고 소신 그대로를 행동에 옮겨 궁행(躬行)하려는 의지를 지녔다.

일사는 서(書)와 화(畵)를 다 전공하여 어느 것 하나 치우치지 않는 작가로 명성이 높다. 화는 심산(心汕) 노수현(盧壽鉉) 화백에게 사사하여 일가(一家)를 이루었고, 서는 불녕(不佞)에게 종유하여 지남(指南)을 찾았으니 둘 다 그처럼 닦기가 그리 쉽지 않은 것이다.

일사는 지난 1994년 『한국문방제우시문보(韓國文房諸友詩文譜)』를 찬술(纂述), 간포하였으니 이는 우리나라 초유의 예원의 성거(盛擧)였다.

일사는 독서 여가에 뜻을 늦추지 않고, 한적(漢籍)의 총림 속에서 영물시(詠物詩)를 가려 뽑아 이 책자를 이루는 데 성공하였다. 수록된 시편의 내용은 문인화(文人畵) 화제(畵題)로 수용(需用)될 수 있는 것으로서 한계를 정하였다. 그 내용은 매·난·국·죽 사군자를 비롯하여 초화(草花), 수석(樹石), 소과(蔬果), 비금(飛禽), 주수(走獸), 인개(鱗介), 곤충(昆蟲) 등이다. 수록 작가는 멀리 신라의 고운(孤雲) 최치원(崔致遠)으로부터 현대로는 백아(白牙) 김창현(金彰顯)에 이르기까지이고, 수록된 시편은 236가(家)의 1,175편이다.

전통적인 의미에서 화제란 그림과 일치되는 분위기의 '시가(詩歌)'나 '산문'을 자작하거나 혹은 다른 사람의 적당한 것을 골라 화면 일우(一隅)에 적절히 안배(按排)하면서 그야말로 일휘서지(一揮書之) 정련된 필력을 유감없이 발휘해야 하는 것이다. 이는 동일한 작품 속에 시·서·화 이 세 가지 요소를 골고루 결합시키는 것으로서, 문인화만이 갖는 지고(至高)의 예술인 것이다. 말하자면 이 '시가'나 '산문'은 붓으로 그린 그림을 문자로 된 언어로 표현한다고 말할 수 있을 것 같다. 화제의 또 다른 기능은 작가의 목적하는 바이나, 기본적인 사상과 감정을 더욱 뚜렷하게 부각시키는 방법이기도 하다. 그러므로 비록 다른 사람의 시편을 화제로 수용한다 하더라도 만취일수(萬取一收) 할 수 있어야 한다. 많은 것 중에 하나를 고르려면, 상대적으로 자료가 풍부해야 한다. 일사는 바로 이에 착안(着眼)하여 공력(功力)을 경주하며 이 책자를 찬술(纂述) 한 것이다.

문인화는 어떻게 그려야 할 것이냐와 연관해서 고민해야 하고 아울러 깊이 마음 써야 할 것은 바로 화제요, 글씨이다. 그 그림에 꼭 알맞은 시편을 화제로 골라 쓴다면 더욱 깊이 있고 정취(情趣) 있는 작품이 되리라.

1996년 병자(丙子) 정월

강암서집(剛菴書集) 서(序)

강암(剛菴) 송사문(宋斯文) 성용(成鏞)은 부녕(不佞)이 강의(講誼)하는 외우(畏友)로서 학덕(學德)이 높아 수십 년(數十年) 동안 정답게 사귀어오는 처지이다. 강암은 간재(艮齋) 문하(門下)의 의발(衣鉢)을 이은 유자(儒者)이니 그 뿌리는 양대(兩代)에 걸쳐 깊이 내렸다. 호남(湖南)에 기구(箕裘)를 전(傳)해온 그는 명성(名聲)이 그 고장에만 그치지 않고 전국(全國)에 떨쳤다.

서(書)는 본래(本來) 육예(六藝)의 하나로 오랜 교훈(敎訓)이 되어왔지만 선비는 글공부(工夫)를 하면 으레 겸(兼)하여 하는 과정(課程)으로 되었다. 그래서 글도 잘하고 글씨도 잘 쓰면 문필(文筆)이 다 유여(有餘)하다고 하는 것이다. 금세(今世)에 강암이 바로 그러한 칭송(稱頌)을 듣는 명가(名家)이다.

강암은 이제 희수(稀壽)를 맞이하도록 세속(世俗)에 물들지 않고 고의고관(古衣古冠)으로 일관(一貫)하여 망세자락(忘世自樂)하며 연마(硏磨) 고구(考究)한 묵적(墨蹟)이 영역(領域)을 차지한 바 넓다. 그 주옥(珠玉) 같은 서화(書畵)를 이 한 책에 모아 영세(永世)에 전(傳)함은 참으로 보람 있는 일이라 하리라.

임술(壬戌) 상강절(霜降節) 일중(一中) 김충현(金忠顯) 지(識)(1982년)

송곡서집(松谷書集) 서(序)

송곡(松谷) 안규동(安圭東) 옹(翁)은 우리나라 굴지(屈指)의 명문후예(名門後裔)로서 여초(麗朝)에는 회헌(晦軒) 문성공(文成公)을 위시(爲始)하여 문순(文順) 문숙(文淑) 문혜(文惠) 문정(文靖) 제명석(諸名碩)이 계승(繼承)하였고 조선조(朝鮮朝)에는 은봉(隱峯) 문강공(文康公)과 같은 대유(大儒)가 나서 안문(安門)을 빛내었다. 그 후(後) 옹의 조부(父祖) 양대(兩代)는 송연재(宋淵齋) 문충공(文忠公)에 사사(師事)하여 옹에게 직접(直接) 연원(淵源)과 계통(系統)이 이어졌으니 진실로 갸륵한 일이 아닐 수 없다.

옹은 낙천(樂川) 이공교천(李公敎川)에게 학문(學問)을 선고(先考) 운전공(雲田公)과 설주(雪舟) 송공운회(宋公運會)에게 서법(書法)을 배워 문여필(文與筆)이 겸비(兼備)하였다.

옹은 전(篆)·예(隷)·해(楷)·행(行)·초(草) 각 체(各體)에 능(能)하지 않은 바 없어 국중(國中)에 넓게 알려질 뿐 아니라 호남(湖南)에 세거(世居)하여 일향(一鄕)의 문화발전(文化發展)에 진력(盡力)함은 물론이요 그 문하(門下)에서 영재(英才)를 배출(輩出)하였으니 과연 출람지예(出藍之譽)를 옹에게서 보겠다. 이 어찌 장(壯)하지 않으리요. 옹의 일신(一身)으로는 다하지 못할 일을 그 문도(門徒)들이 옹의 훈도(薰陶)를 받아 일향(一鄕)뿐 아니라 장차 일국(一國)의 서풍(書風)을 울홍(蔚興)함을 볼지니 미리 앞일을 생각하고 옹과 계분(契分)이 두터운 부녕(不佞)으로서 가히 찬하(讚賀)하여 마지않을 일이라 하겠다. 이제 문도(門徒) 제언(諸彦)의 성력(誠力)으로 옹의 평생정화(平生精華)인 주옥(珠玉) 같은 명품(名品)을 모아 등재(登梓)하고 권두(卷頭)의 변언(弁言)을 간청(懇請)하매 사양치 못하고 무사(蕪辭)를 부치노라.

정묘(丁卯) 황화절(黃花節) 일중(一中) 김충현(金忠顯) 제(題)(1987년)

시습록(時習錄) 서(序)

우리의 예의(禮儀)와 철언(哲言)이 점점 실생활과 멀어져가는 일은 뜻있는 자의 개탄(慨歎)할 바이다. 이에 구산(九山) 송우공호(宋友貢鎬)는 이문목견(耳聞目見)한 제의(祭儀)와 거가항언(居家恒言)을 병편(幷編)한 시습록(時習錄)을 인출(印出) 반포(頒布)하게 되니 진실로 궁행실천(躬行實踐)의 생생한 기록이다

송우(宋友)는 본디 유가(儒家) 출신으로 독실(篤實)한 선비의 자질을 갖췄으며 면면(綿綿)한 그 가학(家學)은 뚜렷하니 수옹(睡翁) 경헌공(景獻公)에 이르러는 우암(尤菴) 문정공(文正公)과 같은 대유(大儒)가 계승(繼承)하여 더욱 천양(闡揚)되었다. 우암(尤菴)은 백대(百代)의 유종(儒宗)으로 추앙(推仰)하니 어찌 갸륵지 않으리요.

제의(祭儀)는 오늘날 그 절차와 격식이 거의 어긋났지만 관혼상제(冠婚喪祭) 사례(四禮) 중 가장 잘 지켜진다 하겠다. 사례(四禮)를 얼른 살펴보면 관(冠)은 말만 남았고 행(行)은 없어졌다. 다만 상고자(尙古者)의 연구자료로 되었다. 혼(昏)은 방식이 달라졌고 상(喪)은 절충혼성(折衷混成)하여 치르고 제례(祭禮)는 이교(異敎)의 성행(盛行)으로 포기(抛棄)도 하나 행하는 자는 그런대로 고법(古法)을 좇는다. 제례는 예설(禮說)이 허다하여 예학자(禮學者)는 많았으나 그러나 표준(標準)과 통례(通例)로 많이 준행(遵行)되고 있다.

거가항언(居家恒言)은 경전(經傳)을 비롯하여 역대 선현(先賢)의 유훈(遺訓)과 특히 아국유현(我國儒賢)의 교훈도 채록(採錄)되어 모두 경세(警世)의 명언(名言) 아닌 바 없다. 충동(充棟)한 전적(典籍)을 어찌 다 읽으랴. 요약(要約)한 이 편저(編著)로써 대강(大綱)을 깨달을 수 있으리라.

송우(宋友)의 박람강기(博覽强記)한 학식(學識)과 정력(精力)이 아니고는 엄두도 내기 어려운 편저(編著)이다. 이로 말미암아 송문(宋門)의 총준(聰俊)은 물론이요 곁에서

보는 후진(後進)도 따라서 훈도(薰陶)되는 바 적지 않으리라.

기사(己巳) 대설(大雪) 안동(安東) 김충현(金忠顯) 지(識)(1989년)

경인유묵(褧人遺墨) 서(序)

백씨(伯氏) 경인공(褧人公)이 세상을 떠나신 지 어언 십유오년(十有五年)이 되었다. 질아제곤계(姪兒諸昆季) 이제 공(公)의 흩어져 있는 묵적(墨蹟)을 모아 등재(登梓)하여 널리 피려 하매 나의 느낀 바를 적어 지난 일을 더듬고자 한다.

우리 집은 본래 가학(家學)을 존중(尊重)하여 전통(傳統)을 이어왔다. 증왕고(曾王考) 오천공(梧泉公)의 경술(庚戌) 순국(殉國) 후(後)로는 오로지 배일(排日) 한길로 교육(教育)을 받게 되어 독서(讀書) 학서(學書)하고 현대교육과는 담을 쌓았으니 공도 그러한 테두리 안에서 수업(修業)하게 되었다.

공은 출중(出衆)한 재분(才分)으로 경사(經史)에 전념(專念)하였거니와 글씨도 제법(諸法)에 통하여 전(篆)·예(隸)·해(楷)·행(行)·초(草)에 모두 일가(一家)를 이루었다.

선원(仙源) 문곡(文谷) 양공(兩公)의 유법(遺法)을 이어 전(篆)을 썼고 곡운공(谷雲公)의 예법(隸法)으로 선대(先代) 비명(碑銘)에 유적(遺蹟)을 남겼으니 과연 가학을 이었다 하리라. 해서는 안노공(顔魯公)을 본받되 〈마고산선단기(麻姑山仙壇記)〉에 득력(得力)하였고 행(行)·초(草)는 명(明)·청(淸) 제가(諸家)의 찰한(札翰)과 시축(詩軸) 제발(題跋) 등의 필법(筆法)에 유의(留意)하여 탈속전아(脫俗典雅)하니 세인(世人)의 흠선칭송(欽羨稱頌)한 바 되었다. 국문(國文) 글씨는 전래(傳來)하는 궁중(宮中) 등서(謄書)와 어필(御筆) 봉서(封書)의 필체(筆體)에 젖어 궁체(宮體)의 일경(一境)을 열었다.

이 같은 박식(博識)으로 고인전문(古印篆文)의 고구(考究)와 난초(亂艸)의 전적(典籍)을 해독(解讀)하여 그 명성(名聲)이 퍼졌으니 족히 서학법(書學法)의 모해(模楷)가 되리라 믿고 이 한 권으로 공(公)의 조예(造詣)를 가히 짐작할 수 있어 갈수록 더욱 불후(不朽)의 명적(名蹟)이 될 것으로 안다.

기사(己巳) 조하(肇夏) 제(弟) 충현(忠顯) 근지(謹識)(1989년)

소헌서전(紹軒書展) 서(序)

지금 우리나라의 글씨는 사상 유례없이 발전할 고비에 있다. 나(羅)·려(麗) 시대는 말할 것도 없거니와 조선조에 들어와서도 진전(進展)을 보지 못하였다. 그 까닭은 법첩(法帖)의 희귀(稀貴)와 견문(見聞)의 빈핍(貧乏)에 연유(緣由)가 있다. 그 시대는 중국에도 별 수가 없었으니 전대(前代)에 밀려 창의력(創意力)이 미급(未及)하였기 때문이리라. 근대와 현세(現世)에 이르러는 죽간(竹簡), 목간(木簡), 백서(帛書) 등이 발굴(發掘)되고 이 글씨체를 본받을 뿐 아니라 〈광개토대왕비서(廣開土大王碑書)〉까지 파고드니 공부(工夫)의 영역이 얼마나 넓어졌는가.

요새 우리나라의 학서실정(學書實情)을 보건대 과거 체본(體本) 위주의 누습(陋習)을 일식(一拭)하고 법첩숭상(法帖崇尙)의 정신으로 공부하니 이제는 고장과 스승의 차이가 없어졌다. 이러한 방향으로 매진한다면 한자문화권에서 두각을 나타낼 줄 안다. 반드시 실현을 보리라 믿는다.

소헌(紹軒) 정도준(鄭道準) 군(君)은 다년간 나에게 종유(從遊)하여 그의 자품(資稟)과 조예(造詣)를 잘 안다. 소헌은 각 체에 걸쳐 고법(古法)을 고구(考究)하였으며 또 창의력이 왕성하여 과연 대성(大成)의 길목으로 들어선 줄 안다.

소헌은 유당공(惟堂公)의 철형(哲兄)으로 가학(家學)을 극승(克承)하였으니 금세(今世)에 드문 일이 아닐 수 없다. 소헌은 이 같은 작가(作家)로서 이제 전시(展示)를 베푸니 유지자(有志者)는 더욱 명념(銘念)하여 남상(覽賞)하시라.

계유(癸酉) 우수절(雨水節) 일중거사(一中居士) 제(題)

화촌전(華村展) 제사(題辭)

화촌(華邨) 문영렬(文英烈) 군(君)이 나에게 종유(從遊)한 지 벌써 이십성상(二十星霜)이 넘었다. 화촌(華邨)이 경사(京師)에 부급(負笈)하여 수학(修學)하는 한편 서예(書藝)에 정진(精進)하여 일생과업(一生課業)으로 삼게 되었으니 그 어찌 우연한 일이라 하랴.

순후(純厚)한 인품에 재예(才藝) 또한 출중(出衆)하여 초학(初學)할 때부터 기대되는 바 자못 컸었다. 학교를 마치고 고향인 대구에 돌아가 있어도 부단한 노력을 경주(傾注)하여 그 조예(造詣)가 점점 높았다. 나와는 물론 경향(京鄉)이 낙락(落落)하여 자주 만나지는 못하나 왕왕(往往)이 작품으로 접(接)하게 되기는 하여 그의 진전(進展)의 정도(程度)는 잘 알게 되었다.

화촌은 국한(國漢) 양서(兩書)에 다 일경(一境)을 열어 중견작가(中堅作家)로서 그 이름이 일향(一鄉)에 떨칠 뿐 아니라 일국(一國)에 들레이고 있다.

이제 그의 전시(展示)를 보게 되어 한마디 제사(題辭)를 하는 바이니 동호제언(同好諸彥)은 동경(同慶)하는 마음으로 감상(鑑賞)하시기 바라노라.

기사(己巳) 국추(菊秋) 일중거사(一中居士)(1989년)

발(跋)

완당 묵적에 대한 발〔阮堂墨蹟跋〕*

是帖阮堂墨蹟也 余嘗閱玩翁印譜 得崇陽墨緣之文 竊訝于中矣 覃谿酷好大蘇天際烏雲帖 自號寶蘇而帖中有崇陽字 亦稱崇陽帖云 蓋阮翁曾隨其大人游燕 親承指敎於覃谿門庭 以寶覃爲扁 覃谿之於蘇 阮翁之於覃 精神所注同一揆也 則謂之私淑於大蘇可也 其云結翰墨之緣於崇陽 不亦宜乎 於是快釋囊惑 且副月田翁雅囑癸亥冬 永嘉[1] 金忠顯

이 서첩(書帖)은 완당(阮堂)[2]의 필적이다.

나는 일찍이 완옹(阮翁: 완당에 대한 존칭)의 인보를 열람하여 '숭양묵연(崇陽墨緣)'[3]이라는 인문(印文)을 알고는 있었으나 마음속으로는 의아하게 여기고 있었다.

이제 이 첩을 읽어보니 담계(覃谿)[4]가 대소(大蘇)[5]의 『천제오운첩(天際烏雲帖)』[6]을

* 이 발문(跋文)은 담계 옹방강(翁方綱: 1733~1818)이 육교(六橋) 이조묵(李祖默: 1792~1840)에게 보낸 답서에 대해, 완당이 전사(轉寫)한 그 묵적 끝에 그에 관계된 사항을 간략하게 적은 글이다. 원문 내용 중에는 담계 소장의 소동파 진적 『천제오운첩』을 차관(借觀)하고자 하는 육교의 요청에 대하여 '첩지(帖紙)가 손을 댈 수조차 없이 너무 낡아서 비록 우인(友人)이 내방하여 열람한다 하더라도 다만 소궤(小几) 위에 펼쳐놓은 것을 함께 볼 뿐, 휴출(携出)은 감히 엄두도 못 낸다 하였고, 임본(臨本)은 풍씨(馮氏) 쾌설당(快雪堂) 등 여러 사람이 〈오운첩(烏雲帖)〉을 탁본한 것이 있으나 모두가 진적(眞蹟)에 의한 것이 아니다'라고 담계는 말하고 있다.
[이 글은 일중의 한문을 문말(門末) 구자무(具滋武)가 번역한 것이며, 이 글의 모든 주(註)나 참고 문헌도 번역자가 썼다. — 엮은이]

1) 영가(永嘉): 안동의 고호(古號). 이 발문(跋文)을 쓴 필자의 관향(貫鄕)을 이름.
2) 완당(阮堂): 추사 김정희의 예당(禮堂), 노과(老果) 등 많은 호 가운데 하나.
3) 숭양묵연(崇陽墨緣): 주문(朱文)으로 된 전각. 〈阮堂印譜〉에 실려 있음.
4) 담계(覃谿/覃溪): 청나라 때 학자로서 금석문(金石文)과 시·서·화에 모두 뛰어났으며, 완원(阮元)과 더불어 추사의 학문과 예술에 지대한 영향을 끼친 거유(巨儒). 담계가 소중하게 소장하고 있는 것 중에 소동파(蘇東坡)의 진적(眞蹟) 『천제오운첩』, 별칭 『숭양첩』이 있었는데, 이것은 소동파가 42세를 전후하여 채양이 꿈속에서,

지극히 좋아하여 보소(寶蘇)라 자호(自號)하였고, 그 첩 내용 중에 '숭양(崇陽)'이라는 글자가 있어서 별칭 『숭양첩(崇陽帖)』이라고도 한다 하였다.

아마 완옹이 일찍이 그의 아버지[大人]를 수행하여 연경(燕京)에 들어가 몸소 담계 제택(覃谿第宅)에서 가르침을 받았으므로 보담(寶覃)[7]이라 편액(扁額)을 삼았을 것이니, 담계는 소(蘇)로부터, 완옹은 담(覃)으로부터 그 정신에 말미암은 바가 동일함을 헤아릴 수 있다. 다시 말해서 대소(大蘇)에게 직접 가르침을 받지 아니하였으나 스스로 그 덕(德)을 흠앙하고 본받아서, 학문과 도(道)를 닦았다고 말할 수 있을 것이다.

그 내용 중에 '숭양(崇陽)'에서 한묵(翰墨: 시·문이나 서·화)과 인연을 맺었다고 하였

하늘가 검은 구름 비 머금어 묵직하고	天際烏雲含雨重
누 앞의 붉은 해는 산에 비쳐 환하구나	樓前紅日照山明
숭양거사 그 사람은 지금 어디에 있는가	崇陽居士今何在
청안으로 사람 보니 만리의 정이로다	靑眼看人萬里情

라고 지은 시를 분전지(粉箋紙)에다 쓴 것이라 하는데, 이 『오운첩』은 담계가 광동에서 재임 중 구득한 것으로 첩지(帖紙)가 낡아 여러 군데가 헌 지폐와 같이 되어 이미 분전지라는 것을 알 수 없을 정도였으나, 담계는 진적을 얻은 기쁨으로 그의 서재 이름을 보소(寶蘇), 소재(蘇齋)라 하였다 함.

시에서 청안(靑眼)이란 반기거나 중요하게 여기는 눈길, 즉 마음이 맞는 벗을 뜻함. 완당의 「송조운경입연시(送曺雲卿入燕詩)」에 "만리라 서로 보는 청안이 예 있으니 소재(蘇齋)에 또 하나의 나루 묻는 사람이네[萬里相看靑眼在 蘇齋又是問津人]"라는 시구가 있음.

5) 대소(大蘇): 북송 때 문호(文豪) 소식(蘇軾)에 대한 존칭. 동파(東坡)는 그의 호.

6) 『천제오운첩(天際烏雲帖)』: 주 4)의 담계 참조.

7) 보담(寶覃): 완당이 연경에서 귀국 후 담계.완원 두 경사(經師)에 대한 흠앙의 생각을 금할 수 없어, 시·문이나 서찰로 반담 연완(攀覃緣阮)의 뜻을 보내고 담계의 '담'(覃)자를 따서 완당의 서재 이름을 보담(寶覃)이라 하고, 완원(阮元)의 '완'(阮) 자를 취해서 완당(阮堂)이라 자호(自號)하였다 함.

으니, 역시 그렇지 아니한가. 이제야 지난날의 의혹을 명쾌하게 풀었으니 월전 옹(月田翁)[8]의 아촉(雅囑)에 좇아서 응(應)한다.

참고문헌

「阮堂手抄覃溪手札」,『復初齋文集』,『阮堂全集』.
藤塚鄰, 淸朝文化東傳の然究, 六橋槁略(奎章閣藏本).

8) 월전 옹: 월전 장우성(張遇聖) 화백에 대한 존칭.

담원 고시 경인본 소지(薝園古詩景印本小識)*

余弱冠書楹聯一對 呈覽薝園鄭丈 鄭丈甚器之 作古詩一篇 寄示而寓意深切 庚寅之亂煙滅於燹 余竊惜之 公文錄之行于世也 以鄭丈手筆 景印騰載 喜奉罔已 仍攝影此本揭諸壁上以觀 省云 歲戊申日南至 書於漢瓦研齋 時凍雪初霽 山茶始開 恕卿盥手

내가 약관 시절에 영련(楹聯) 일대(一對)를 써서 담원(薝園)[1] 정장(鄭丈)[2]에게 드렸더니 정장께서 매우 중히 여겨 고시(古詩) 한 편(篇)을 지어 보내셨는데, 다른 사물에 붙여서 그 뜻을 암시하심이 매우 깊고 친절하였다[寓意深切].

경인년(庚寅年) 6·25 난리로 일어난 불에 타서 없어지니[煙滅於燹], 나는 마음속으로 여간 애석한 게 아니었다.

공(公)의 문록(文錄)이 엮어져 세상에 나오니 정장의 친필 그대로 경인(景印)되어 올려져서, 기쁨에 받들고 어찌할 줄 몰랐다. 이에 사진을 찍어 장표(裝裱)한 이 경인본을 벽에 걸고 바라다본다.

무신년(1968) 동지(冬至)날 한와연재(漢瓦研齋)에서 쓰다. 추운 날씨에 내리던 첫눈도 맑게 개이고 산다화(山茶花)는 막 피려고 한다. 서경(恕卿)[3]은 손을 씻다.

* 이 글은 일중의 한문을 문말(門末) 구자무(具滋武)가 번역한 것이며, 이 글의 주(註)도 번역자가 썼다. — 엮은이

1) 담원(薝園): 국학자 위당 정인보의 다른 호.

2) 정장(鄭丈): 여기서 장(丈)은 존숭하는 어른에 대한 존칭이며 곧 위당(爲堂)을 이름. 성, 별호, 직함 등에 붙여 높이는 뜻을 나타내는 접미사.

3) 서경(恕卿): 필자 일중 김충현의 자(字).

조사(弔辭)

곡(哭) 영운(穎雲) 김용진(金容鎭) 선생

영운 선생은 현대의 작가라기보다 구한말의 작가이요, 서(書)·화(畵)에 큰 변혁을 일으킨 작가라 하겠다. 그리고 선생은 서와 화를 겸비한 높은 조예와 전고(前古)에 드문 고령으로서 작품 활동이 가장 길었던 일로 더욱 명성을 떨치게 되었다.

선생의 서(書)는 해·행·예에 정통하였으나 해서는 안노공(顔魯公)체의 진수를 얻었고, 예서는 한대(漢代) 예서의 정법(正法)을 이어받았다. 행서는 그림과 함께 오창석(吳昌碩)의 운의(韻意)가 풍겼으니 모두 탈속(脫俗) 고아(高雅)하다.

우리나라 서화는 호불호간(好不好間) 오랜 전통을 지녔고, 우리나라다운 특색이 짙었다. 그러나 선생의 글씨와 그림은 다같이 중국에 핍진하였다. 이와 같은 일이 선생의 특색이요 공적이다. 글씨와 그림은 중국이 발상지요, 그 법이 정법이기에 선생의 공효가 더 큰 것이다.

이와 같이 변혁을 일으킨 선생은 식견이 고명하고 흉회(胸懷)가 청아(淸雅)했기에 이루어진 것이니 어찌 경앙(景仰)하지 않을 수 있으랴. 이로 말미암아 후진이 입은 영향은 참으로 큰 바 있고 우리나라 예도(藝道)가 비로소 바른 곬으로 들어섰다 하리라.

선생은 진실로 노익장하였던 작가이다. 90 고령에 이르도록 휘호에 게으르지 않아 많은 작품이 나왔으며 80이 되어서는 후진을 양성하고자 하여 〈동방연서회〉를 창설하게 되었다. 연서회를 연 뒤에는 때때로 손수 지도하는데 게을리 하지 않았다.

이에 배양(培養)된 작가는 해를 거듭할수록 불어나고 문을 두드린 자 2천여를 산(算)하겠으니 선생의 업적은 두고두고 잊지 못하겠다.

나는 남달리 선생의 훈도를 받았고 총애도 두터웠던 처지이므로 선생의 영전에 다다라 남다른 오열을 금할 길이 없다.

작사

창문고등학교 교가

동녘에 돋는 햇살 담북이 안고
태화의 맑은 바람 쏘이는 여기
깨끗한 몸과 마음 한없이 길러
배우고 닦자 내훈 겨레이 날까
빛나리 빛나리 우리 학교 창문
빛나리 빛나리 우리 학교 창문

이 나라 지키시던 정신이 커서
영원히 끼친 영광 우리가 받아
내 행실 삼가려니 그 덕을 잇고
참다운 사람되어 기어이 갚자
빛나리 빛나리 우리 학교 창문
빛나리 빛나리 우리 학교 창문

작사

경동중·고등학교 교가

삼각산 높은 봉은 기상이 씩씩하고
한강수 맑은 물은 마음도 깨끗하다
옛 성밖 뫼뿌리에 우뚝한 우리 경동
모여든 즈믄 아이 배우는 마당일세

나날이 닦고 닦아 학문은 늘어가고
때때로 뛰놀므로 몸매는 굳세지네
튼튼한 기질에는 정기도 새로워라
나날이 준수하게 세차게 자라거라

배움과 가르침이 다같이 참다웁게
꽃다운 그 연값에 하루도 놀지 말세
무겁게 실려지는 나라의 주축 되리
고웁게 쪼아내고 빛나게 갈아내세

4부

서예 가르침

서단 수상(書壇隨想)

글씨란 문자를 대상으로 하여 쓰는 것이며 그림은 현상을 그리는 것이다. 또 글씨는 현상을 그려 문자화하기도 한 것이니 곧 정신을 그린 것이다. 그리고 글씨는 문자를 아름답게 쓰는 것이 목적이니 이 아름답게 쓴다는 데서 모든 문제가 발생하는 것이다.

한자는 수천 년을 내려오며 유구한 역사가 흘렀고 국문의 역사는 훈민정음 창제 이후 오백 년의 세월을 따지게 되었다. 그동안 발달된 과정에서 모든 곡절과 변천한 자취를 살펴보면 과연 인류의 지혜에 놀라울 만한 것이 허다하다.

현금 우리는 이 오랜 역사를 더듬어가며 공부하는 것이 당면한 과제로 되어 있다. 역사가 오래고 많을수록 우리의 부담은 커지고 있는 것이다. 다시 말하면 고대로 올라갈수록 역사는 짧고 간단한 것이니 서체 또한 그러하여 배우는 폭도 그만큼 좁았단 말을 하려는 것이다. 그리고 고대로 올라갈수록 창의성, 창조력이 컸고 근대로 내려올수록 이와 반대여서 답습하기에 여념이 없게 되었다. 이 모든 사실은 갑골문자 이후 면면히 흘러온 자취를 보아 넉넉히 알 수 있다.

그래서 우리는 글씨에서 제일 중요한 것이 모방에서 창작으로 되어 있다.

그러므로 임서(臨書)에 힘들임으로써 좋고 올바른 자기의 창의력을 발휘하게 된다. 전·예·해·행·초서 오체에 걸쳐 좋은 글씨가 많이 전하여오니 이 많은 서체들을 어떻게 임할 것인가 하는 것이 큰 문제이다. 이 글씨들을 다 임하기는 어려운 것이다. 그렇다면 각자 개성에 맞는 서체를 골라야 한다. 이 또한 큰 문제이다.

나는 내 나름대로 일생을 통하여 임서로 공부하여왔으며 지금도 계속하고 있다. 그리고 남도 가르쳐봤고 남의 물음에 대답도 해보아 그 소감을 적어보겠다.

임서를 하되 연대 높은 글씨를 택할 것이고 연대가 얕은 것은 모두 참고로 할 것이다. 그러면 임서해야 할 대상인 서체의 연대는 당 이전의 것으로 할 것이다. 그 이유로는 여러 가지가 있겠으나 제일 중요한 이유로 그 이후는 별 창의성 없이 그저 답습에 지나지 않았기 때문이다. 답습한 글씨를 배워서 또 답습해보아야 별 방법이 나서지 않는 것으로 생각되기 때문이다. 그러므로 누구나 그 스승의 글씨를 배우지 말라는 지론이다. 또 남을 가르칠 때 임서 지도를 철저히 하는 것만이 옳다고 주장한다. 고법의 원전을 공부하면 좋은 창조력이 자생할 수도 있어 대성하는 길이 트인다고 믿는 바이다.

전·예·해·행·초별로 임서해야 할 서체를 내 의견대로 골라 보고 그 까닭을 간단히 말하려 한다.

전서는 갑골문, 금문, 석고문(石鼓文) 등 여러 체를 다 배우되 양이 많으므로 특이한 체를 골라 배우는 것이 좋겠고 태산각석(泰山刻石), 역산각석(嶧山刻石)을 써서 소전(小篆)의 필력을 기를 것이며 진권량(秦權量)을 배워야 한다.

예서는 한대 제비(諸碑)를 두루 쓰는 것이 좋겠고 그중 예기비(禮器碑), 장천비(張遷碑)에 주력할 것을 권하고 싶다. 예기비는 예서의 기본 필획이 가장 정확한 글씨로 보아지며 장천비는 고박(古樸)한 필운(筆韻)을 맛볼 수 있는 것으로 생각했기 때문이다.

해서는 당대 해서에 중점을 두어 말하겠다. 누구나 이 글씨는 일생 외길을 걸어야 한다는 것을 우선 주장한다. 구양순과 안진경의 해서는 양대 산맥이다. 그러므로 배우는 사람도 이 양대 산맥의 하나를 택해야 한다고 믿는다. 구양순체는 〈구성궁예천명(九成宮醴泉銘)〉, 〈황보비(皇甫碑)〉에 주력하고 안진경체는 〈근례비(勤禮碑)〉, 〈마고산선단기(麻姑山仙壇記)〉, 〈가묘비(家廟碑)〉 등에 주력할 것을 권한다. 육조해(六朝楷)에 언급하면 당해(唐楷)에 전력하여 구(歐)·안(顏) 양 체 중 어느 일체에 일경(一境)을 열었다 해도 육조해(六朝楷)는 서적(書蹟)이 많고, 같은 육조해라 할지라도 필법이 현수(懸殊)한 것이 있어 개성에 맞는 것을 택하기 힘들다. 나는 가장 중용될 만한 서체는 〈장맹룡비(張猛龍碑)〉가 될 것으로 생각하여 권하고 싶다. 그리고 육조해에 득력

(得力)하면 구양순체를 쉽게 터득할 것으로도 안다.

행서는 해서와 초서의 중간에 놓여 있어 알아보기에 비교적 쉽고 쓰기도 무난할 듯하나 쓰기를 너무 얕보지 말아야 한다. 행서는 서적이 많다. 그러나 당 이전 것은 그렇게 많지도 않다. 이 체는 몇 가지 체를 써서 혼합된 결과로서 창작력을 발휘하는 것이 좋으리라 생각한다.

임서에 주력할 것으로 〈집자성교서(集字聖敎序)〉와 안진경의 〈쟁좌위(爭座位)〉를 권하고 싶다. 이 두 체를 써서 그 두 가지 필운이 겸한 창작도 바람직하다. 초서는 한 자를 가지고도 수없이 달리 써지기도 하고 다른 자를 같은 필법으로 쓰는 일도 많아 이해하기 어려우니 따로 공부 안 하고는 알기 어렵다. 당 이전의 초서가 여럿 전하나 나는 『손과정서보(孫過庭書譜)』를 제일 표준되는 범본(範本)으로 보고 있어서 누구나 초서를 배우려거든 서보(書譜) 하나로 족하리라 한다.

이상 오체에 대한 법첩(法帖)을 열거하였듯이, 꼭 많은 서첩을 쓰는 것보다 질적으로 정선하여 일생을 정진하는 것이 바람직하다.

다음에 오체를 배우는 순서를 따진다면 나는 이렇게 생각해본다.

현재 우리는 해서 중심으로 생활하고 있다. 그러므로 먼저 해서를 알아야 그 나머지 여러 체를 이해하게 된다. 서체의 생성 연대로 보면 전서가 맨 처음이니 전서부터 공부하는 것이 마땅하리라 하겠지만 생활상 해서를 먼저 익히고 다음에 해서와 관련이 가까운 행서, 예서를 쓰 고 그다음에 예서와 가까운 전서, 그다음 초서 순으로 쓰되 전과 초는 순서를 바꿔도 무방하리라 생각한다. 그중 초서는 점획의 위치나 방향, 거세(巨細)가 약간만 달라도 글자를 이루기 어려우니 특히 주의하여야 한다.

우리 고유의 국문 글씨 또한 우리로서는 꼭 배워야 한다. 국문 글씨는 궁체의 정자 흘림만이 발달하여온 것이 사실이다. 현재 궁체 원본이 많이 전하여지고 있다. 이를 정확히 배우되 이 글씨들은 모두 고문이므로 현대문 쓰기에 응용하여 발전시켜야 한다.

또 『훈민정음』 판본을 비롯하여 『용비어천가』, 『월인석보』 제 언해(諸諺解) 등 고판본이 많이 전하고 있다. 이들 판본체를 연구하고 필법을 적응시켜 써보면 여기서 별경(別境)을 이루는 좋은 글씨가 나오리라 기대한다. 나 또한 여기에 힘들여 써보고

이 글씨를 고체(古體)라 부른다.

그러고 보면 우리 글씨도 궁체로 이루어진 정자 흘림, 즉 해·행·초가 있거니와 판본체로 기본 삼은 고체로서 전·예도 이룰 수 있어 오체가 겸비되는 것이라 하겠다.

서예개관(書藝槪觀)

1970년 서단회고

1970년의 한국 서예계는 대체로 보아 풍요했다고 생각한다. 1970년뿐만이 아니라 광복 이후 각계가 다 그러했겠지만 특히 서예계가 활발히 움직였던 것은 사실이다. 이러한 현상은 해를 거듭할수록 그 폭이 넓어졌다. 6·25 동란을 전후하여 그전은 광복된 지 시일도 얼마 안 된 데다가 갑자기 동란으로 말미암아 황폐에 극하였을 뿐 아니라 아직 일제 학정의 상처도 가시지 않았었으니 그야말로 설상가상격이었다. 이러고 보니 우리 생활 전부가 빈곤과 공포로 몇 해를 지내고 말았던 것이다.

동란의 티끌이 그친 후 해가 쌓이고 또 일제의 기억도 차츰 멀어져 우리의 참다운 문화를 되찾고 또 키워보려는 의욕이 왕성하여지게 되었다.

인구의 자연 증가에 따라 서예인구도 이에 정비례하여 늘어나고 있으니 여기는 인구만을 말하기보다 생활 정도가 다소라도 높아지고 문화 수준도 그에 따라 높아진 데 연유되리라 생각한다. 이러한 상태는 우리로서 경하하지 않을 수 없다. 그러나 그 수의 늘어남을 보고 즐겁게 여기기에 앞서 그 질을 생각하지 않을 수도 없는 일이다.

현재 우리나라 서예는 전공 학교가 있어 정규로 배우는 형편이 못 되고 개인에 사사하여 배우거나 학교 교육이라야 교양 정도에 그치고 있으니 수는 는다 해도 질이 문제이다. 물론 개인 스승에게 배운다 하여도 조예가 높고 학식이 해박한 이에게 배운다면 다행한 일이겠으나 그렇지 않은 경우 위험하고 경계되는 일이 아닐 수 없다. 학교 교육은 그러한 근심까지는 아니 한다 하여도 깊이가 없으니 큰 기대는 하기 어려운 처지에 있다. 그런 데다가 지도하는 사람도 또한 많은 터로 그 많은 지도가 꼭 옳게 이끌어간다 여겨지지 않아 염려스럽고 조심스럽게 여겨진다. 모든 공부도 다 그렇겠지만 잘못 배우면 안 배우느니만 같지 못하다. 한번 잘못 든 버릇은 고치려야 고쳐지지 않고 누습만 몸에 배이게 되는 것이니 얼마나 딱한 일이겠는가.

그리고 현대 감각이니 현대 의식이니 하여 별로 기초지식도 없는 데다가 엉뚱한 멋을 부리려 하여 우스운 꼴을 연출하려 든다. 이것도 큰 걱정거리다. 서투른 멋보다는 고지식하게 구는 것이 아름다운 일이다.

예전의 우리 서예 역사를 돌이켜 보면 고지식하게 어떤 체를 본받기에 그친 일이 많았다. 꼭 그래야 된다는 말은 아니다. 그러한 공부 태도로 기초를 든든히 쌓아 올린 위에 제 나름대로 어떤 경지에 이르러 새로운 창작의욕을 가지고 나서 비로소 현대의식이나 감각을 운위(云謂)할 문제인 줄 안다.

요컨대 제대로 기초도 없는 터에 현대적 창의성을 부르짖는 것은 금물인 줄 안다. 그뿐 아니라 어떤 작가의 창의성만 알고 그의 공정을 모른 채 그 창의를 닮으려 한다면 이는 수박 겉핥기라는 옛말도 있듯이 실패로 돌아가게 되는 것이니 아예 그런 생각조차 먹지 말아야 할 것이다. 이즈음 그러한 징후를 보았기에 한마디 부쳐둔다.

신라 때부터 오늘에 이르는 동안 우리나라 서예의 흐름을 더듬어보고 또 현대의 상황을 말해보기로 하겠다. 신라 때에 서예가 들어오면서부터 고려 때에 이르기까지 다른 서체도 간혹 섞여 있기는 했었으나 구양순체를 주로 하여 일관하다가 고려 말기에 와서 조맹부체가 들어오고 이 체가 다시 조선에까지 뻗어내려 중엽에까지는 이 체 일색이다시피 되었었다. 그러다가 중엽 이후에는 명조의 문징명, 동기창의 서체까지 흩어져 서체의 경향이 여러 갈래로 나가게 되었다. 청조의 서체가 들어오면서부터 그 갈래가 더욱 많아진 것이다. 그러다가 완당(阮堂) 김정희 선생과 같은 절세의 명필이 나면서부터 서체의 변화도 그러하려니와 작품의 체제도 다방면으로 생각하게 되었다.

위에 말한 바와 같이 우리 서예의 흐름은 그 종류에 있어 가짓수가 적었었으니 이는 안목이 좁은 데도 있었거니와 공부에 대하여 조심성이 너무 심하였던 탓도 있었으리라 생각한다. 그때는 무엇보다 서체를 본받을 만한 서첩도 희귀하였거니와 완호(完好)한 서체를 구하기도 어려웠던 데 그 원인이 있었으리라 믿는다. 그러므로 좋은 재질을 가졌으면서도 제대로 펴보지도 못하고 말은 사례가 많았으니 이 얼마나 아까운 일이겠는가?

완당 선생 같은 대명필로 보더라도 그분은 행복한 분이었다. 다시 말하면 그분의 재질은 말할 것도 없거니와 모든 조건이 명필되기에 구비(具備)한 이였다. 그분이 태어나기를 청조의 문화가 고작 높았던 당시였으니 우선 그 시기로 보아 좋았고 또 서울 경재가(卿宰家) 출신이었으니 그 처지가 좋았고 그리고서 중국엘 가게 되었고 중국에 가서도 당대 일류 석학을 만날 뿐 아니라 그들로부터 환대를 받아 깊은 지식을 얻어 견문을 마음껏 넓혔으니 기회가 얼마나 좋았었던가. 이러한 여러 가지 조건이 갖추어지지 않았던들 아무리 재질이 탁월한 완당이라 할지라도 결코 대가의 완당이 이루어지지 않았을 것이다. 그런데다 완당은 수를 많이 누렸고 적거생활(謫居生活)을 오래했었다. 오래 못 살고 명필로 이름이 높은 안평대군이나 전기(田琦) 같은 대가도 있었으나 그들이 더 오래 살았더라면 얼마나 원숙하여졌었으랴. 완당은 원숙이라기보다 통달하였다 하리라. 경재가에 태어나고 또 그 자신이 재열(宰列)에까지 오른 처지에 사환(仕宦)에만 일생이 매었더라면 어느 겨를에 대성할 수 있는 공부가 되었겠는가. 자신의 불행은 말할 것도 없겠지만 오랜 적거생활로 얻은 그 공부는 천추(千秋)에 빛을 얻게 된 것이라 생각한다.

예전에는 교통이 극난한 까닭에 문화가 보급되지 못하였다. 그러므로 시골은 언제나 시골대로 고루하고 서울은 서울대로 문명하였다. 그러나 유배된 인사가 절도벽지에 가면 그곳 문화는 제대로 발전하게 되었다. 유배된 이는 그야말로 대개가 명인달사(名人達士)이니 그곳 토민으로는 둘도 없는 영광이다. 완당도 제주(濟州)로 북청(北靑)으로 오랫동안 적거하였기 때문에 그의 필적이 퍼졌고 또 그 제자 역시 각처에 많아 문화가 널리 퍼졌던 것이다.

오늘날 우리는 얼마나 행복한 처지에 있는가를 다시 한 번 생각하여볼 일이다. 우선 과거의 유명한 필적을 정확한 원본으로 다 볼 수 있다.

그리고 지·필·묵이 예전의 쓰던 것에 비하여 좋아졌다. 물론 입수하기 어려운 경우도 생각하지 않을 수 없으나 예전에는 금전과 성의가 있어도 뜻을 이룰 수 없는 터이었으니 그러한 일을 생각하면 얼마나 다행한 일인가. 그뿐 아니라 교통이 좋아 마음대로 교유(交遊)할 수 있기는 하나 다만 좋은 스승을 제대로 만나느냐 하는 것이 큰 문제이리라.

먼저도 말했거니와 좋은 스승을 만나 올바른 지도를 받아야 하겠고 그리고 진지한 공부로 기초를 쌓아 올린 위에 창의를 발휘하여야 하는 것이다. 그런 연후에 현대의 감각과 의식을 불어넣으면 이야말로 제대로 되는 것이며 이 길만이 우리의 택할 길이라 믿는 바이다.

다음에 70년의 서예계를 훑어본 소감을 적겠다. 국전을 위시하여 각종 단체 및 학교전과 개인전이 경향(京鄕) 각지에서 많이 열려 가위(可謂) 풍작이라 하겠다. 그리고 또 특기할 사실은 처음 생긴 종합적인 전람회로 열렸던 대학 미전이다. 이 대학 미전이야말로 당연히 열려야 할 것이고 기대 또한 큰 바 있다.

과거 국전에 대부분이 대학생 작품이어서 국전이라기보다 학생미전이 되어버렸다는 일반의 비평도 없지 않았었다. 그러던 것이 대학미전이 열림으로써 어느 정도 학생 작품은 국전에 참여하는 것을 지양하고 학생들은 대학미전에 치중하게 한다는 뜻이 있는바 이렇게 된다면 대학미전은 과연 양적으로 질적으로 기대됨이 크며 국전에 비하여 과히 못지 않으리라는 희망도 갖게 된다.

제1회 대학미전의 서예부를 볼 적에 수로는 그렇게 많지 않았었으나 질로는 국전작에 못지 않은 것이 많이 출품되어 든든하였다. 해를 거듭할수록 좋은 작품이 나오리라 짐작되며 대학생들의 공부하는 태도도 매우 진지하다 하겠다.

현재 중고등학교보다 대학에서 서예교육에 힘쓰는 것도 사실이니 근거 있는 작풍이 눈에 뜨이기도 하였다. 물론 미술부문 학도들의 작품이 많았으리라 생각되나 그 밖에 제 부문에서 전공하는 한편 개인 스승에게 사사하여 좋은 성과를 거둔 학생들도 적지 않아 서예에 향념(向念)이 큰 것도 느꼈다.

다른 전시회, 즉 단체전이나 개인전들도 진실한 작품을 발표한 것이 있었지만 그렇지 않은 것도 있어서 앞으로 더 향상되어야 할 줄 알며, 국전도 해가 쌓여 많이 나아진 것으로 보겠으나 전체 수준이라기보다 어떤 작품은 아직 힘이 미치지 못한 것으로 보아야 하겠다.

신진들의 작품에서 느낀 것은, 창작과 임서(臨書)에 있어서 무엇인가 잘못 생각하는 것이 있는 듯하다. 창작은 물론 자기의 창의대로 쓸 것이며 또는 전수받은 스승의 필치로 써도 무방할 것이나 임서인 경우는 그렇지 않다. 어디까지나 그가 임하는 고법첩에 핍근(逼近)해야 될 것으로 안다. 그렇지 않고 글만 그 법첩의 글을 베끼는 데 그치고 서체는 엉뚱한 다른 체라면 이는 임(臨)이라 할 수 없는 것이다. 그러한 작품에다 무슨 비(碑)나 첩(帖)을 임하였다고 명시까지 하였으니 그 뜻을 이해할 수 없을 뿐 아니라 이러한 현상은 하루속히 없어져야 할 것이다.

서예 미답지(未踏地) 한글 고체(古體)

지금은 우리 한글과 한자를 혼용하여 쓰거나 한글로 전용하는 시대이다. 한문을 숭상하여 전용하던 시대는 이미 지났고 일제가 일어를 강요했던, 우리나라가 쇠운(衰運)하던 때도 옛일이 되었다.

한글서예를 이야기하기 전에 우리의 문자 생활을 예로 들고, 『훈민정음(訓民正音)』의 창제 정신을 먼저 말하려는 것은 한글 역시 '자체(字體)'가 변화하여왔기 때문이다.

궁체는 뒤늦게 생성되었다

세종이 훈민정음을 창제한 뜻은 몽매한 백성들이 쉬운 글자로 문자생활을 할 수 있게 하려는 데 있었다. 그러나 우리 글자로 한문을 더 빨리 정확하게 이해할 수도 있도록 고유문자를 만들었다는 사실도 간과할 수 없다.

이런 한글 창제정신은 중간에 흐려져서 국문학 자체를 발전시키지 못했으며, 따라서 글씨의 발전도 기대하기 어려웠다. 한글의 한 '서체'인 '궁체'가 뒤늦게 이루어진 것은 바로 이런 사정에서이다.

한글 창제 이전 한자를 빌려 썼던 우리로서는 어쩔 수 없이 한자로 서예의 꽃을 피웠으나, 오늘의 사정은 예와 같지 않으니 우리 글자로 서예에 힘써야 할 때인 것이다. 하지만 한글서예는 '서체'를 비롯하여 정립해야 할 많은 과제를 안고 있어 '서예가'는 물론 학자들의 꾸준한 노력이 요청된다.

한자는 역사도 오래고 글자를 만든 원리[制字原理]도[육서(六書) = 상형(象形), 지사

(指事), 회의(會意), 해성(諧聲), 전주(轉注), 가차(假借): 한자의 구조. 사용에 대한 여섯 가지 구별 명칭] 다양하여 조형성이 풍부하나 우리 한글은 한자와 비교할 때 역사도 짧고 자형도 간략하다. 따라서 한자와 달리 한글서예에는 어려움이 있는 것이다.

상형(象形)에 근본을 두고 제자(制字)하였다

그러나 훈민정음의 제자원리도 '상형(象形)'에 근본을 두어 그 변화하는 모습을 그렸으며, 글자는 고전을 본받은 것[字倣古篆]이라 하여 우리 글씨체를 형성한 것이니 '서법(書法)'의 새 길을 여는 길이 될 것이다. '궁체'에만 의존하던 우리 글씨체를 이러한 새 방향에서 찾으면 온고지신(溫故知新)의 열매를 맺을 수 있을 것으로 생각한다. 졸저『우리 글씨 쓰는 법』에 위당 정인보 선생이 서문을 통해 밝힌 훈민정음의 '제자' 원리가 '서법' 정립에 도움이 되겠기에 초록(抄錄)해본다.

"훈민정음 지을 때 엄[牙=어금니]과 혀[舌], 입시울[脣=입술], 이[齒], 목궁게[喉=목구멍]의 모습과 그 변화하는 것을 형상화하여 성음(聲音)의 미묘함을 앞에 나타나게 하니, 이는 세종의 '성대한 덕(叡聖)'으로… (중략) 반포 전에 용비어천가 나고, 반포 후 여러 가지 서적의 번역이 있어 오늘에 전하니… (중략) 훈민정음을 비롯하여 월인천강지곡을 날[經=줄기]로 한 석보상절과 같은바, 문자는 예롭고 장중하여 맵시[態]를 아니 보이나 규구(規矩: 걸음쇠와 자)로만 쓴 까닭으로 중국의 은, 주의 고전(古篆)과 같아 부르거나 빤 획이 없고, 삐치고 어슷한(한쪽으로 비뚤어진) 모양을 만들지 않았다. 이런 글자들이 역사를 흘러 내려오며 여러 사람들의 손을 지나 비로소 필법(筆法)이 생기니 '정자(正字)', '흘림'의 두 체로, 예컨대 중국의 진한(秦漢) 이래 '예서(隸書)'와 '해(楷)', '초(草)'가 있게 된 것과 같다."

위당(爲堂)은 전예(篆隸)로 봐

위당이 분석했듯, 우리의 글씨도 한자의 '전·예·해·행·초' 5체와 같이 쓸 수 있다는 것은 이 같은 근거로 주장되는 것이다.

훈민정음의 자형(字形)을 보면 직획, 원점이고, 용비어천가의 자형은 '원점'이 '방획'으로 변했을 뿐이다. 그리고 모두 '판본체(板本體)'이다.

훈민정음 창제 당시의 '서체'는 훈민정음과 용비어천가 두 '체'가 대표될 만하며 새 '서체'의 연구에도 이 두 체를 기본으로 해야 할 것이라고 생각한다. '궁체'는 궁체대로 특이한 필법이 있고 판본의 글씨체는 '판본체' 자체에서 우러나는 '판각'의 모양을 버릴 수 없으므로 모필(毛筆)로 쓸 때 '판각체'대로 쓸 수도 없거니와 또 그럴 필요가 없으니 그대로 흉내 내서는 안 될 것이다. 때문에 우리는 '전·예서'를 먼저 배우고 그 '필법'과 '필력'으로 훈민정음이나 용비어천가의 '자체'를 기본으로 써나가야 할 것이다. 그래서 이런 글씨를 '판본체'라고 하기보다 가장 오래된 '자체'라는 뜻으로 '고체(古體)'라고 일컫고 그렇게 말해보는 것이다.

'궁체'가 형성되기 전이나 그 이후의 글씨가 더러 있기는 하나 독특한 '자체'로 발전하지는 못했고 '판본체'와 비슷하거나 한자 글씨의 여세로 썼을 따름이다. 그러니 체계도 없이 되는대로 썼던 셈이다.

고판(古板)의 어떤 것을 보면 이응(ㅇ) 이 모두 반잇소리[半齒音] 'ㅿ'로 되어 있다. 'ㅇ'과 'ㅿ'은 다른 글자인데 'ㅿ'으로 된 것은 각자에 있어 'ㅇ' 보다 'ㅿ'이 편리했던 때문으로 생각된다.

한글과 한자를 혼용할 때도 유의해야 할 점이 많다. 한글과 한자는 물론 그 형태가 다르나 실제로 혼용하여 쓴 역사도 길고 현재도 이 같은 문자생활을 하고 있다. 그러므로 이 분야의 연구도 중요한 것이다.

궁체(宮體)로 만족 못 해

먼저 '궁체'의 경우를 보면 '정자'에는 '해서', '흘림'에는 '행서'나 '초서'를 혼용하는 것이 당연한 것처럼 자연스럽다.

'고체'의 경우에는 '서가'에 따라 의견이 다르고 아직 연구할 여지가 많아 단정하기는 어렵다.

나의 생각으로는 '전·예'의 필법으로 쓰는 것이라 하였지만 '고체(古體)'와 '전(篆)'을 곁들여도 별 맛이 없고, '예서'도 '파책(波磔)'을 하여 곁들여도 볼품이 없어 '전'도 권량문자(權量文字)의 '자체'를 혼용하거나, '예(隷)'도 '파책(波磔)' 없는 '자체'를 혼용하면 좋을 것 같다.

앞서 지적했듯이 '궁체'는 궁체대로 결정된 것이나 '고체'는 아직 발전의 여지가 많고 특히 한글·한자의 혼용에는 그 조화 현상에 적지 않은 연구가 필요하다.

한글을 전용하거나 한글·한자를 함께 쓰는 현대의 우리로서는 새 각오로 한글은 물론 국·한문서예에 힘써야 할 것이다.

우리 글자로 현판(懸板)도 써야 하고 비문(碑文)도 새겨야 하며 작품도 해야 하니, 연약해 보이는 작은 글씨 위주의 '궁체'로만 만족할 수는 없지 않은가. '고체'는 글자의 크기를 막론하고 필력을 구사할 수 있으니 이 '체(體)'의 개발과 무궁한 발전이 기대되는 것이다.

안진경(顔眞卿) 비첩(碑帖)의 학습 요령

내가 어려서부터 해서(楷書)를 배우기 시작한 글씨체가 바로 안진경 해서였으니 지금 헤아려보면 어느덧 반세기에 가깝다. 그러니까 나는 안진경체와 반세기를 같이 살아왔고 이 동안을 이로써 소비한 셈이다.

그러나 오늘날 나는 안체(顔體)로 대성하였다는 말을 못 하겠다. 생각하면 제대로 배우지 못한 탓도 있겠지만 재주가 미치지 못한 것으로 느껴지며 한편 안체가 그같이 어려운 글씨인 탓이라고도 하리라. 그동안 섭렵한 글씨로는 해서에서 구양순예천명(歐陽詢醴泉銘)이나 육조체(六朝體) 등도 없지 않으나 주로 안진경의 〈다보탑비(多寶塔碑)〉, 〈마고선단기(麻姑仙壇記)〉, 〈가묘비(家廟碑)〉, 〈근례비(勤禮碑)〉 등을 써가며 오늘에 이르렀으니 말하자면 안체로 일관(一貫)하여온 것만은 사실이다.

여기 한마디 하고 싶은 말이 있다. 물론 나같이 노둔(魯鈍)한 실례로 남을 미루어 보는 것은 잘못일지 모르나 근래 젊은 학도들의 너무 급진(急進)하려는 경향을 보고 충고하려는 생각이 든다. 학서 50년에 이 한 곬의 서체도 성가하기 어려운데 이 체 저 체 마구 갈아 써보려는 생각과 태도는 좀 위험한 것이라는 말을 하고 싶다. 내 생각으로는 해서는 한 곬으로, 즉 일체계통(一體系統)으로 일생일관(一生一貫)하는 정신이 필요할 줄로 믿는 터이다.

무릇 비첩의 학습 요령이라면 그 배우려는 비첩의 글씨를 그대로 임(臨)하는 데서의 요령일 것으로 생각된다. 물론 법첩(法帖)의 선택도 중요하겠지만 그 글씨들을 정확히 임하느냐 않느냐에 따라 성취 여하는 결정되는 것이다. 이는 모든 체법에 공통되는 진리이다.

그러면 우선 임에 대하여 말하고자 한다. 고인(古人)이 말한 바와 같이 글씨를 임한다는 것은 그 글씨의 골력(骨刀)을 구(求)하여 형세가 저절로 나오게 하는 데 있다 하였다. 그러니까 그 형태보다는 그 골력을 먼저 얻어야 하는 것이 중요한 것이다. 그리고 임(臨)과 모(摹)의 구별을 확실히 알아두는 것이 좋다. 송대에 이르러서는 임과 모를 구분하였고 또 이를 혼동하여서는 안 된다는 의견이 많이 나타나 있다. 미불(米芾)의 서사(書史)에 이르기를 화(畵)는 모(摹)할 수는 있어도 임(臨)할 수는 없으며 서(書)는 임할 수는 있으되 모할 수는 없다 하였으니, 이 말은 임은 세(勢)를 얻는 것이며 모는 형(形)을 얻는 것이라 한 것으로서 임과 모의 성격을 잘 구분한 것이다.

황백사(黃伯思)는 임, 모 이법(臨摹二法)을 논하되

> 世人多不曉臨摹之別 臨謂以紙在古帖旁 觀其形勢而學之 若臨淵之臨 故謂之臨 摹謂以薄紙覆古帖上 隨其細大而搨之 若摹畵之摹故謂之摹 又有以厚紙覆帖上 就明牖景而摹之 又謂之響搨焉 臨之與摹 二者逈殊 不可亂也

라 하였다. 즉 "세상 사람이 임과 모의 구별을 깨닫지 못하는 자가 많다. 임이라 함은 종이를 고첩(古帖) 옆에 놓고 그 형세를 잘 살펴보고 배우는 것으로서 마치 못에 임하듯이 임한다는 것이다. 모라 함은 얇은 종이를 고첩 위에 덮어놓고 그 세대(細大)에 따라 그것을 탑(搨: 원본 위에 종이를 대고 그대로 베끼는 것)하는 것으로 모화(摹畵)의 모와 같다. 또 두꺼운 종이를 첩의 위에 덮어놓고 밝은 창 빛에 비추어 모자(摹字)하기도 한다. 임과 모는 이같이 크게 다르니 혼동하여서는 안 된다" 하였다. 참으로 적절, 명확한 말이다. '여임심연(如臨深淵)'이란 격언(格言)이 이에 적용된 것은 뜻 깊은 말이 아닐 수 없다.

고첩을 임할 때는 어디까지나 조심성 있게 그야말로 '여임심연'의 정신으로 써야 할 줄 안다. 쓰려는 그 글자를 비록 자기가 안다 하여 되는대로 써서는 안 된다. 필법상으로 그 글자를 배우려는 것이지 그 글자의 뜻을 몰라 쓰는 것은 아니기 때문이다. 나는 항상 이렇게 말한다. 어떤 글자 한 자를 임할 때 그 한 자를 다 쓰고 보는 것은 벌써 늦고 틀린 일이다. 한 점 찍고 보고 한 획 긋고 보아야만 한다. 그리고 한 자를 다 쓴 연후에 그 글자 전체 자형을 살펴보아야 이를 비로소 임이라 할 수 있다. 이것이 '여임심연'의 정신이다. 이상에 말한 바와 같은 학습 태도와 요령은 어느 글씨체나 마찬가지이다.

다음에 안진경의 인품과 서체의 특징을 적어 학습의 일조가 되게 하려 한다.

안진경은 자는 청신(淸臣)이요 중당(中唐) 때 사람으로 어버이에게 효성이 지극하였고 벼슬은 상서우승(尙書右丞), 태자태사(太子太師)에 이르고 노군개국공(魯郡開國公)에 봉(封)하였으며 시호(諡號)는 문충(文忠)이라 한다. 안녹산(安祿山)의 난(亂)에는 평원태수로 군비를 튼튼히 하고 군사를 많이 모아 평원만이 완전할 뿐 아니라 크게 전승을 거두었다. 박학(博學)하고 사장에 공력을 들여 『안노공집(顔魯公集)』도 전한다. 그러므로 충효 문장이 겸비한 대필가이다. 진경(眞卿) 이외에 청신(淸臣), 노공(魯公), 평원(平原), 문충(文忠)이라 별칭하여 부르기도 하며 문헌에도 그렇게 많이 나오니 유의하여야 할 것이다. 우리가 글씨를 공부하는 데도 될 수 있으면 그 필가의 성격, 인품, 학식 같은 것을 잘 연구하고 알아두는 것이 좋다.

안진경은 초당(初唐)의 사대가(四大家) 우세남(虞世南), 구양순(歐陽詢), 저수량(褚遂良), 설직(薛稷) 중에서 설직(薛稷)과 바꿔 당사대가로까지 불리는 대가이다. 서체의 특징은 전기(前記) 사대가의 필치를 완전히 이탈한, 말하자면 일종의 혁명서가(革命書家)이기도 하다. 그리고 그는 전서(篆書)에 해획(楷畫)을 가하여 쓰기도 한 별경(別境)이 있어 전서 구성의 글자가 많이 눈에 띈다. 그러므로 안체를 쓰려면 우선 전의(篆意)가 품어 있는 것을 알아야 하겠고 따라서 장봉(藏鋒)과 원필(圓筆)임을 알고 써야 한다. 안체를 말하려면 흔히 구양순 서체와 대비하는데 구체는 종획결구(縱畫結構)에서 외향이라면 안체는 내향이고 파(波)에 연미(燕尾)를 이루는 것이 또한 특색이며 종획의 끝을 멈추지 않는 것이 많은 것도 다른 서체에서는 보기 드문 것이다. 이런 것들은 실제 서첩을 놓고 고구(考究)하여야 한다.

안진경은 해·행·초서에 걸쳐 모두 능할 뿐 아니라 백세에 사표(師表)가 되는 대가요 그 인품마저 존숭(尊崇)받는 터이니 참으로 천추(千秋)에 빛나는 서체가 된 것이다.

안체 계통에 대가가 배출한 것은 중국에서도 물론 역대에 끊일 사이 없었거니와 우리나라에도 많다. 우리나라의 실례를 들어보면 조선조 중엽까지는 별로 이렇다 할 만한 대가를 잘 모르겠으나 숙종조에 우암(尤庵) 선생이 이 글씨체를 써서 금석에 남은 것이 있고 1900년대부터는 안체가 많이 퍼져 이제는 안체를 배우는 서학도가 구체(歐體)보다 오히려 우세인 것 같다.

다음에 해(楷), 행초비첩(行草碑帖)의 몇 가지를 들어 그 특색과 학습상의 문제를 언급하여보겠다.

〈다보탑비(多寶塔碑)〉

이 비는 장년 때 쓴 것으로써 결구에 치중하였고 규격이 짜여 있는 것으로 보겠으며 대소획[횡획(橫畫)은 가늘고 종획(縱畫)은 굵은 것]이 뚜렷하다. 만년의 이취(異趣)는 보이지 않으나 벌써 초당의 우(虞), 구(歐), 저(褚)의 서풍은 벗어난 것이 보인다. 우리가 이 비에서 배운다면 결구의 짜임새를 볼 것이다.

〈마고선단기(麻姑仙壇記)〉

대·중·소 자(字) 3종이 있다. 이 글씨는 기격(氣格)이 웅혼한 예술적 걸작이라 하겠다. 파(波)에 연미의 형이 나타나 있어 안체의 특색이 보인다. 여기서 배운다면 웅혼한 자형에서 본받을 점이 많다.

〈안근례비(顔勤禮碑)〉

기년(紀年)이 없어 잘 알 수 없으나 만년작으로 추측된다. 다보탑비의 필법과 비슷하나 결구의 짜임새가 그리 엄하지 않은 것 같다. 대소획은 다보탑비에 비하여 더 두었으며 내향적인 종획을 그은 안필에 예외로 외향적인 것도 간간이 보인다. 여러모로 다소 평이한 듯하여 다시 말해 운필(運筆)한 것을 뚜렷이 알겠고, 비교적 안체해법이 다양하게 모인 것으로 보인다고도 하겠다. 그러므로 배우는 자에게 다른 비(碑)보다 도움이 더 크다 하겠다.

〈안씨가묘비(顔氏家廟碑)〉

가장 만년의 걸작이다. 이 비는 그의 아버지 안유정(顔惟貞)의 묘에 찬병서(撰幷書)로 세운 비이며 그가 72세인 만년의 필치를 보인 '연고필노 풍력주후(年高筆老 風力遒厚)' 한 글씨이다. 가묘를 위하여 세운 것이니 태산의 암암(巖巖)한 기상에 조두숙목(俎豆肅穆)의 뜻을 더할 뿐 아니라 그 글씨는 장엄 단각(端慤)하기 상주(商周)의 이정(彝鼎)과 같다는 왕주(王澍)의 허주제발(虛舟題跋)은 적평(適評)이다. 또 왕세정(王世貞)은 이렇게 말했다. 노공(魯公)의 가묘비는 결법이 동방삭화상찬(東方朔畵像贊)과 상류(相類)하여 완선(完善)하고 잔결(殘缺)이 적어 이를 보면 풍릉수출(風稜秀出)하고 정채주사(精采注射)하며 경절직기(勁節 直氣)가 필획 간에 은은하다고 하였다. 이 비의 글씨의 특징으로는 잠두연미(蠶頭燕尾)를 말할 수 있으니 〈마고선단기〉나 〈이원정비(李元靖碑)〉에도 뚜렷이 나타나 있다. 이것은 기필할 때 필봉을 감싸 잠두와 같이하고 파임을 마칠 때는 붓을 한 번 누르다가 위로 빼서 꼬리가 둘로 나눠지는 연미와 같이 되는 것을 말한 것이다. 이러한 안법은 다른 글씨에서 보기 어려우며 〈다보탑비〉, 〈근례비〉 등에서도 그렇게 뚜렷하지는 않다. 안법을 배우는 데 있어서 이 비는 그의 극치의 글씨로 알고 배울 것이며 다른 비를 쓴 다음에 쓰는 것이 좋을 듯하다.

행·초서(行·草書)

안진경의 해서(楷書)는 특이하기 때문에 이를 즐기는 사람이 있는가 하면 그렇지 않은 사람도 많아 평가에 있어서는 상위(相違)되는 것이 많다. 그러나 행·초서는 해서에 비하여 대체로 좋아하는 사람이 많고 그중에 저명한 것이 삼고(三稿)이니 〈제질문(祭姪文)〉, 〈고백부문(告伯父文)〉 및 〈쟁좌위첩(爭座位帖)〉이다.

〈제질문고(祭姪文稿)〉는 그 필치가 호방하며 비분강개한 심회(心懷)를 그대로 뿜어내고 주초(走草)의 형태도 그대로 나타나 있다. 〈고백부문고(告伯父文稿)〉는 전아(典雅)하되 해(楷)에 치우치는 편이 많다.

〈쟁좌위첩(爭座位帖)〉은 처음부터 끝까지 행·초가 고루 혼성된 것으로 보겠으며 다른 양고(兩稿)에 비하여 더 유려하지 않은가 생각된다. 그리고 삼고 중에 어떤 것이 더 좋으냐는 것은 보는 사람에 따라 다르겠지만 〈쟁좌위첩〉을 제일로 치는 사람이 많다. 미불(米芾)은 이 첩을 평하여 전주(篆籒)의 기가 있어 안서의 제일이라 하고 글자가 서로 연속하여 궤이(詭異), 비동(飛動)한다 하였고 왕주(王澍)는 〈난정(蘭亭)〉과 병치(竝峙)하는 것이라 하였으며, 완원(阮元)은 행서의 극(極)이라 하였으며, 포세신(包世臣)은 〈제질고(祭姪稿)〉가 가장 기절(奇絶)하다고도 하였다. 삼고(三稿) 중 〈고백부고(告伯父稿)〉는 그렇게 칭찬한 것이 없는 듯하다. 결론 지어 말하면 〈쟁좌위〉 하나만 배우고 그 외 양고(兩稿)는 참고로 할 것이며 〈쟁좌위〉에 득력(得力)한 후에는 양고는 제대로 써질 것이다. 제대가의 평정도 있거니와 〈쟁좌위〉는 행서의 대표적 교재가 아닌가 여겨진다. 물론 왕희지의 행서도 좋겠으나 당대(唐代)로는 이를 특거할 수 있다.

〈쟁좌위첩〉을 임하는 데에 있어서 첫머리서부터 중간까지는 제대로 줄도 맞춰 있기 때문에 그리 힘들지 않으나 중간 이하에는 초서도 비교적 많이 나올 뿐 아니라 줄도 바뀌지고, 써서 끼워 넣은 곳도 많으며 잔 글자도 많아 쓰기에 힘들다. 이것을 제대로 문맥을 찾아가며 쓰면 한편 재미도 붙게 된다. 그러나 대개 중간 이전 부분의 잘 보이고 쓰기 쉬운 곳만 쓰고 마는 것을 종종 보겠다. 이것은 공부하는 태도가 아니다. 도리어 쓰기 어려운 곳에 실력을 길러나가야 할 줄 안다.

해서도 안법을 쓰고 행·초서도 역시 안계(顔系)를 쓰면 일맥 상통하는 데가 많아 공부하는 데도 큰 도움이 될 것이다.

고첩을 임하는 데에 있어서 하나 알아둘 일이 있다. 고첩에는 비판(碑版)을 비롯하여 모든 것이 완결(刓缺: 글자 또는 그림이 닳아 없어짐)되어 잘 안 보이는 곳이 많다. 진본일수록 더욱 그렇다. 이럴 경우에는 잘 보이는 곳을 골라서 먼저 익히고 거기서 힘을 얻으면 차차 잘 안 보이는 글자도 터득하게 된다. 이러는 사이 공부는 늘게 마련이니 잘 안 보인다고 영영 내버려 둘 것이 아니다. 마치 밤길을 가는 것과 비슷하여 처음에는 어두워 방향을 모르다가 한참 가보면 길이 저절로 트이게 되는 것이다.

학서(學書) 요령도 중요하지만 지도 요령 또한 그만 못지 않다. 요새 보면 자기 나름의 글씨로 임서를 지도하는 것 같다. 그 결과로 〈난정서(蘭亭序)〉니 〈예천명(醴泉銘)〉이니 〈가묘비〉니 〈쟁좌위〉니 하지만 글씨는 전혀 딴판이고 글만 베꼈을 뿐이다. 이런 것을 볼 때는 어리둥절하게 된다. 그 밑에는 '臨'이라고 명시마저 하였으니 말이다.

법첩을 임하되 원본을 제대로 보고 쓰면 열이 한 법첩을 써도 각각 개성이 나타나 다 다르거니와 체본만 보고 그리듯이 쓰게 되면 백이라도 개성을 나타내는 사람이 하나도 없게 되어 한 사람의 글씨 모양으로 되니 얼마나 가공할 일이랴. 도로무익(徒勞無益)의 미몽(迷夢)에서 방황하는 학도가 있다면 마땅히 대오각성(大悟覺醒)하여야 한다. 간혹 형태는 약간 달라도 그 체의 골력(骨力)과 정신이 보이는 것이 있으니 이는 의임(意臨)이라 보게 되어 오히려 홍취를 느낄 때도 없지 않다. 그러나 이럴 경우 다소 불안감을 금치 못한다. 특히 초서는 더욱 정성 들여 써야 한다. 나는 이렇게 말하고 싶다. 어떤 글자를 임할 때 그 글자가 해서로 무엇인지도 모르고 형용만 그리면 모양은 비슷하나 뜻은 통하지 않아 글자 맛이 나지 않는다. 그래서 초서는 비슷해도 아닌 것이 있고 약간 다르다 해도 알고 쓰면 도리어 그것이 맞는 수가 있다.

무슨 글씨든지 연대가 높을수록 여운이 있다. 그 이유는 역대의 모든 필가들의 글씨가 다 고대의 글씨에서 우러나왔기 때문이다. 그러므로 우리는 되도록 오래된 글씨, 즉 당(唐) 이전의 글씨를 배우는 것이 좋다. 그러면 역대 모든 사람에게서 우러난 것이 현대 우리에게도 우러날 것이다. 그런데 고첩은 아예 집어치우고 자신의 글씨를 본받게 하니 무슨 까닭인지 모르겠다. 또 말로는 임서라 하지만 골력(骨力) 없는 임서를 자랑삼는 것도 삼갈 일이다.

한국 서예와 완당(阮堂) 김정희

1. 한국 서예

우리나라는 중국 문화를 직접 받아들인 나라이기에 종족과 언어만 다를 뿐이지 모든 문물 제도는 중국과 대략 같게 수천 년을 살아온 게 사실이다.

나는 대만에 갔을 때 우선 고궁 박물관을 찾아보고 서화, 도자기 등을 위시하여 모든 것을 살펴보며 하나하나 우리 것을 연상하느라 바빴다.

또 중국 대륙을 돌아다니며 그곳에 산재해 있는 수많은 건축, 도성(都城), 능원(陵園) 등 명소 고적을 살펴볼 때 역시 우리나라의 문화유산이 생각나 시종 비교해보느라 여념이 없을 지경이었다.

저 중국으로 말하면 국토의 넓이로는 우리의 몇 배인지 말할 수 없고 역사상 제반 자취도 대단하며 현재의 인구도 12억을 산(算)하고 그곳에 사는 종족도 56종족이라니 모든 것이 우리와 어찌 견주어 말하랴.

그러나 넓고 크고 많은 것은 한마디로 우리와 비교가 어려우나 문화유산으로 말하면 조그마한 우리나라로서도 짜임새 있고 아름다운 점에서 볼 때 하나도 손색이 없게 느껴 자위할 만하였다.

중국 관광에서 본 수많고 한없는 것을 어찌 다 말할까마는 그중 비림을 본 것이 가장 인상적이어서 적어보겠다. 비림은 많은 비가 몰려 있어서 '비림(碑林)'이라 일컫는 것으로 생각된다. 물론 산재한 것을 모아서 큰 집 속에 보관한 것이다. 〈안근례비(顔勤禮碑)〉를 비롯하여 수많은 천하 명보(名寶)를 한눈으로 단숨에 볼 때 그저 황홀할 뿐이다. 특히 서학도(書學徒)로서는 감탄할 따름이었다. 여기서 생각나는 것이 있으니 우리나라도 산재한 국보급 금석(金石)을 큰 집을 짓고 한 곳에 모아 보관도 안전하게 하며 감상도 편리하게 하였으면 하였다. 관광에서 얻은 소득이 이만큼 지대하다는 것을 잊을 수 없다.

다음에 역사적으로 뚜렷한 서적(書蹟)과 서가(書家)에 대하여 소개하겠다.

1) 삼국시대

- 광개토경호태왕릉비(廣開土境好太王陵碑): 예서(隸書)(414) 고구려 방엄질후(方嚴質厚) 파책(波磔)이 없는 고예(古隸)
- 신라 북한산진흥왕순수비(北漢山眞興王巡狩碑): 육조(六朝)
- 백제 무령왕릉(武寧王陵) 지석(誌石): 육조

2) 통일신라시대

- 성주사(聖住寺) 사적비편(事蹟碑片): 근엄단아(謹嚴端雅), 안진경다보탑체(顔眞卿多寶塔體)
- 단속사신행선사비(斷俗寺神行禪師碑): 석영업서(釋靈業書) 행초(行草) 왕희지체(王羲之體)
- 쌍계사비(雙溪寺碑): 최치원 서(崔致遠書) 구양순(歐陽詢)·유공권체(柳公權體)

3) 고려시대

- 백월서운비(白月栖雲碑): 김생(金生) 집자(集子) 행초(行草)
- 봉암사정진대사비(鳳巖寺靜眞大師碑): 장단설 서(張端設書) 우세남체(虞世南體)
- 현화사비(玄化寺碑): 채충순 서(蔡忠順書) 구양순체

• 거둔사승묘선사비(居頓寺勝妙禪師碑): 김거웅 서(金巨雄 書) 구양순체
• 현화사개창비(玄化寺開創碑): 백현예 서(白玄禮書) 구양순체
• 법천사지광국사비(法泉寺智光國師碑): 안민후 서(安民厚書) 구양순체
• 영통사대각국사비(靈通寺大覺國師碑): 오언후 서(吳彦侯書) 구양순체
• 문수사장경비(文殊寺藏經碑): 이암 서(李嵓書) 해행체(楷行體)

고려시대만 해도 육필로 남은 것은 근소하고 금석문만 남아 있다. 그리고 고려는 불교를 숭봉(崇奉)한 까닭에 불찰에 궁비(穹碑)가 많이 있고 서체는 구양순체가 대종을 이루었다.

4) 조선시대

초엽에는 왕희지 조맹부 서체가 성행하여 그 여운이 중엽까지도 전수되다가 안진경체가 싹트기 시작하여 몇몇 작가의 출현을 보겠고 계속해서 안체에 관심이 커서 사육신 신도비(神道碑), 이충무공 신도비(神道碑), 송우암묘비 등 유명한 금석문의 집자가 발현되었으니 이는 한국서예사상 일대 획기적인 변혁이라 할 수 있다. 말엽에 이르러서는 청조의 영향을 받아 다양해지며 전(篆)·예(隷)·해(楷)·행(行)·초(草) 전반에 걸쳐 새로운 면모를 보이게 되었다.

고려 이전은 연대가 오래 되어 육필이 거의 없어 금석문만 가지고 글씨의 성쇠를 알게 된다. 조선조에는 임란 전의 유적으로는 간찰(簡札)이 어느 정도 남아 있고 그 이후는 간찰이 많아 이로써 서체를 평정(評定)을 할 수 있다. 그러므로 한국 서예는 그 연구에 있어서 간찰의 비중이 매우 크다.

조선조 서예는 작가 본위로 소개하겠다.

• 정도전(鄭道傳) 삼봉(三峯) 조체(趙體)
• 성석린(成石璘) 독곡(獨谷) 조체(趙體) 건원릉비(建元陵碑)

- 권근(權近) 양촌(陽村)
- 설경수(偰慶壽) 용재(慵齋) 왕법(王法) 용문사정지국사비(龍門寺正智國師碑)
- 공부(孔俯) 어촌(漁村) 예해초(隷楷草) 이색신도비(李穡神道碑) 무학선사탑비(無學禪師塔碑)
- 석만우(釋卍雨) 천봉(千峰) 안평대군(安平大君) 소상팔경시권(瀟湘八景詩卷)
- 권홍(權弘) 송운헌(松雲軒) 전예(篆隷) 헌릉비음(獻陵碑陰) 성균관비(成均館碑)
- 신색(申穡) 암헌(巖軒) 조법(趙法) 숭례문(崇禮門)
- 김숙자(金叔滋) 강호산인(江湖散人)
- 강석덕(姜碩德) 전예(篆隷)
- 정척(鄭陟) 정암(整庵) 새보(璽寶) 관인(官印)
- 성개(成槪) 수헌(睡軒) 유법(柳法) 성령대군(誠寧大君) 이종신도비(李種神道碑)
- 안숭선(安崇善) 옹재(雍齋) 왕법(王法)
- 정인지(鄭麟趾) 학역재(學易齋) 조법(趙法)
- 이영서(李永瑞) 희현당(希賢堂) 팔경시권(八景詩卷)
- 문종(文宗) 조법입신(趙法入神)
- 이용(李瑢) 안평대군(安平大君) 자(字) 청지(淸之) 호(號) 비해당(匪懈堂) 낭간거사(琅玕居士) 매죽헌(梅竹軒) 왕법(王法) 조법(趙法) 화금(畵琴) 문종 2년 동활자서사(銅活字書寫) 임신자(壬申字) 몽유도원도발문(夢遊桃源圖跋文)
- 박팽년(朴彭年) 취금헌(醉琴軒) 조법(趙法) 몽유도원도서(夢遊桃源圖序)
- 성삼문(成三問) 매죽헌(梅竹軒) 조법(趙法)
- 이개(李塏) 백옥헌(白玉軒) 조법(趙法)
- 이현로(李賢老) 조법(趙法) 몽유도원도부(夢遊桃源圖賦)
- 강희안(姜希顔) 인재(仁齋) 시서화(詩書畵) 왕(王)·조법(趙法) 을해자(乙亥字)
- 성임(成任) 안법(顔法) 홍화문(弘化門)
- 정난종(鄭蘭宗) 허백당(虛白堂) 왕법(王法) 을유자(乙酉字)

• 성종(成宗) 조법(趙法)
• 김구(金絿) 자암(自菴) 회소풍(懷素風) 광초(狂草) 인수체(仁壽體) 안평대군(安平大君)·김구(金絿)·양사언(楊士彥)·한호(韓濩) 사대가(四大家)
• 성수침(成守琛) 청송당(聽松堂) 문징명법(文徵明法)
• 이황(李滉) 퇴계(退溪) 왕법(王法)
• 황기로(黃耆老) 노고산(老孤山) 왕법(王法) 회소풍(懷素風) 광초(狂草) 초성(草聖)
• 김인후(金麟厚) 하서(河西) 안법(顏法) 초(草)
• 사임당(師任堂) 신씨(申氏) 왕법(王法) 초(草)
• 양사언(楊士彥) 봉래(蓬萊) 해서(楷書) 안법(顏法)
• 석휴정(釋休靜) 청허당(淸虛堂) 서산대사(西山大師) 천의무봉필법(天衣無縫筆法)
• 송준길(宋浚吉) 동춘(同春) 조법(趙法)
• 송시열(宋時烈) 우암(尤庵) 안법(顏法)
• 성혼(成渾) 우계(牛溪) 안법(顏法)
• 윤근수(尹根壽) 월정(月汀) 왕법(王法) 영화체(永和體)
• 이산해(李山海) 아계(鵝溪) 왕법(王法) 정암(靜庵) 조광조비(趙光祖碑) 회재(晦齋) 이언적비(李彥迪碑)
• 김현성(金玄成) 남창(南窓) 송설체(松雪體) 통제이공수군대첩비(統制李公水軍大捷碑) 숭인전비(崇仁殿碑)
• 한호(韓濩) 석봉(石峯) 사자관(寫字官)
• 김상헌(金尙憲) 청음(淸陰) 동기창법(董其昌法)
• 신익성(申翊聖) 동회(東淮) 전예(篆隸)
• 허목(許穆) 미수(眉叟) 전(篆)
• 김수증(金壽增) 곡운(谷雲) 예전(隸篆)
• 이우(李俁) 관난정(觀瀾亭) 낭선군(朗善君) 선조손(宣祖孫) 대동금석첩(大同金石帖)
• 윤순(尹淳) 백하(白下) 행(行)

• 이간(李侃)　　최락당(最樂堂) 낭원군(朗原君) 선조손(宣祖孫) 전예(篆隸)

• 이광사(李匡師) 원교(圓嶠) 해행(楷行) 초(草) 백하문인(白下門人)

• 이인상(李麟祥) 능호관(凌壺觀) 삼절(三絶)

• 강세황(姜世晃) 표암(豹庵) 삼절(三絶) 왕 · 미 · 조법(王 · 米 · 趙法)

• 정조(正祖)　　홍재(弘齋) 만천명월주인(萬川明月主人) 홍재전서(弘齋全書)

• 유한지(兪漢芝) 기원(綺園) 전예(篆隸)

• 정약용(丁若鏞) 다산(茶山) 행서(行書)

• 신위(申緯)　　자하(紫霞) 동기창(董其昌) 삼절(三絶)

• 조광진(曺匡振) 눌인(訥人) 유석암(劉石庵) 예서(隸書)

• 권돈인(權敦仁) 이재(彝齋) 추사서풍(秋史書風)

• 김정희(金正喜) 추사(秋史) 완당(阮堂) 추사서체(秋史書體)

• 전기(田琦)　　고람(古藍) 전예해행(篆隸楷行) 화(畵)

• 오경석(吳慶錫) 역매(亦梅) 삼한금석(三韓金石)

• 윤용구(尹用求) 해관(海觀) 구법(歐法)

• 민형식(閔衡植) 우하(又荷) 안법(顔法)

• 김돈희(金敦熙) 성당(惺堂) 각체(各體)

• 김용진(金容鎭) 영운(潁雲) 안법(顔法) 예(隸)

• 오세창(吳世昌) 위창(葦蒼) 전(篆)

• 손재형(孫在馨) 소전(素荃) 전(篆)

• 유희강(柳熙綱) 검여(劍如) 육조(六朝)

학술이나 예술이나 배우고 연구하려면 그 원천을 찾아야 함은 더 말할 나위 없지만 글씨의 경우는 더욱 그러하다. 옛날에는 인쇄술이 발달되지 못하였지만 현대는 이의 발달로 진서귀적이 얼마든지 나와 공부하기가 편리해졌다. 원천을 찾아 고법을 배우되 당대 이전으로 올라가야 창작력을 충분히 발휘할 수 있다. 법첩을 공부함에 있어서는 많은 종류를 욕심내서 쓰는 것보다 가지 수를 정선하여 일생을 두고 공부하는 것이 좋다. 우리나라 금석문은 모두 중국 서법에 의거하고 우러나온 것이므로 참고에 그치는 것이 합당할 줄로 안다. 우리나라의 서예는 중국 서예에 근거를 두어야 함은 물론이겠지만 우리의 특수사정으로 국문 글씨를 쓰는 데 주력하지 않으면 안 되겠다. 그러나 국문 글씨만 썼다고 서예가라고 하기는 힘들 것으로 안다.

2. 완당(阮堂) 선생

완당 김정희 선생의 본관은 경주요, 자는 원춘(元春)이요, 호는 완당(阮堂) 이외에 추사(秋史), 예당(禮堂), 시암(詩庵), 과파(果坡)와 별서(別署)를 모두 합치면 수백을 꼽을 것이다.

정조 10년(1786)에 판서 노경의 아들로 회임 24개월 만에 태어났다고 하며, 백부 노영에게 출계(出系)하였다.

순조 9년에 생원이 되고 1819년 문과에 급제하여 설서(說書) 검열 대교(待敎), 충청우도 암행어사, 의정부 검상, 성균관 대사성 등을 거쳐 이조참판에 이르렀다.

24세 때에 생부를 따라 북경에 가서 그곳 거유 완원(阮元) 옹방강(翁方綱) 등과 교유하여 막역한 사이가 되었다. 1840년 윤상도 옥사에 연루되어 제주도에 위리안치(圍籬安置), 1848년에 석방되었으나 1851년 헌종의 묘천 문제 때 그 주창자로 북청에 유배, 그다음 해 풀려났다.

학문에 있어서는 실사구시(實事求是)가 요도(要道)임을 주장하고 그것을 훈고(訓詁)로써 실천하는 데 있다고 역설하였다. 또한 역대의 명필을 연구, 그 장점을 모아서 독특한 일체를 이루어 대성하니 이를 추사체라 일컫게 되었다. 그중 예서·행서는 전무후무한 경지를 열었다. 이는 심오하고 해박한 학문의 배경과 원천 없이는 불가능한 결과라 하겠다.

문인화 또한 서법과 학문의 저력에서 우러나 탈속 비범하여 추종을 불허한다. 금석학에 주력하여 『금석과안록(金石過眼錄)』이 있으며, 북한산에 있는 진흥왕 순수비를 고증하였다.

완당의 대가를 이룬 세 가지 연유를 들면 ① 명문가에 출생, ② 고증학의 성세, ③ 장수하였던 것을 말하겠다. 그 외에 천부적인 재질은 더 말할 나위 없다.

그의 서예를 서체별로 간략히 설명하면 다음과 같다.

1) 전서(篆書)

완당의 전서는 많지 않으나 주역상경과 장서목록 일부가 전서로 되어 있다. 그 유필은 철선전(鐵線篆)으로 고문과 소전을 혼합하여 원만한 장봉이다. 장엄한 태세를 잃지 않을 뿐 아니라 탈속하였다.

2) 예서(隸書)

완당의 글씨 중에 예서와 행서가 대종을 이뤘다. 그리고 가장 많이 전한다. 서경예(西京隸), 즉 전한예(前漢隸)와 동경예(東京隸), 즉 후한예(後漢隸)로 구분하였으니 서경예는 파세(波勢)가 없고 동경예는 파책(波磔)이 있다. 완당의 예는 서경예에 주력한 듯하다.

「서시우아(書示佑兒)」 중 일구(一句)를 보면

隸書 是書法祖家 若欲留心書道 不可不知隸矣 …… (中略)

라 하였고 또

又非有胸中文字香書卷氣 不能現發於腕下指頭 …… (中略)

라 하였으니 예서(隸書)는 바로 서법의 조가(祖家)이다. 만약 서도에 마음을 두고자 하면 예서는 몰라서는 아니 된다. 더구나 가슴 속에 문자향(文字香) 서권기(書卷氣)가 들어 있지 않으면 능히 완하(腕下)와 지두(指頭)에 발현되지 않는다고 하여 문자향·서권기의 중요성을 서시(書示)하였다. 이와 같이 예수의 진수를 피력하였고 서법의 조종(祖宗)으로 예서를 들었다. 무릇 서도에 뜻을 두었다면 반드시 예서에 뜻을 두지 아니하고는 안 된다고까지 강조하였으니, 바로 완당 서법의 특징이라고 하겠다.

예서의 방경 고졸(方勁古拙)함과 청고 고아(淸高古雅)한 필의와 흉중에 문자향·서권기가 있어야만 비로소 이루어진다는 것이 완당 서법의 정체(正體)이기도 하다.

3) 해서(楷書)

해서에 있어서 「서시우아(書示佑兒)」에

書法 非醴泉銘 無以入手 …… (中略)

라고 하였는데 이는 서법이 예천명이 아니면 손에 들여놓을 수가 없다 한 것이니, 완당의 해서관(楷書觀)을 잘 알 수 있는 대목이다. 또한 초학(初學)에 있어서 예천(醴泉)·화도(化度) 등 비(碑)에 입수(入手)할 것을 역설하였다.

채상국(蔡相國)은 완당이 6, 7세 때 쓴 입춘첩을 보고는 훗날 이름을 날릴 것을 점쳤다고 하는데 그가 8세 때 쓴 서간을 보면 그럴 만도 하다.

그의 이론과 서법에서 보면 전·예·행·초의 특징이 종합되어야 비로소 해서가 될 수 있다는 데 주목해야 될 것이다. 완당의 해서는 이왕(二王), 구(歐)·저(褚), 안진경의 법을 배워 근원을 삼았고 소식, 황정견, 유용, 옹방강 등의 영향이 적지 않았으며, 육조 해서의 필법과 관심 또한 적지 않았음을 알 수 있다.

4) 행서(行書)

완당의 행서는 서체 연변(演變)에 따라 해서에 바탕을 두었음을 더 말할 나위 없다. 구·저와 안진경을 거쳐 소식·황정견·문징명·심주·동기창·유용·옹방강에 이르기까지 그 영향이 미치지 아니한 것이 없다.

그는 행서의 원칙을 이왕(二王)에 두고 그 후 제가(諸家)의 장점을 취하고 더욱 육조비판(碑版)의 깊은 맛을 더하여 완당 서법이 나타난 것이다. 그가 연경(燕京)에서 옹방강과 필담한 묵적(墨蹟)으로 볼 때 그가 24세 때의 행서가 어느 정도였는지를 옹(翁)과 대비하여 볼 수 있는 좋은 자료이다. 청년의 서(書)와 노필(老筆)의 대비도 되려니와 여기서 완당의 행서가 비상함을 여실히 증명하고 있다.

5) 초서(草書)

완당의 논고인서(論古人書) 중 초서에 관하여

白陽山人草法 有孫虔禮揚少師規度 是草法正宗也 草法不由孫揚 皆作一鎭宅符 東人尤甚 無非惡札耳

라는 대문이 있으니, 즉 백양산인(白陽山人: 陳淳)의 초서 쓰는 법에 손과정(孫過庭)·양무구(揚无咎)의 규법이 있으니, 이는 바로 초법(草法)의 정종(正宗)이다. 초법이 손·양을 말미암지 않는다면 모두 진택부(鎭宅符: 집 지키는 부적)를 만들 뿐인데, 동쪽 우리나라 사람들이 더욱 심하여 악찰(惡札: 졸렬한 편지나 글씨)이 아닌 것이 없다고 단정하였다.

성친왕(成親王)의 글씨를 논함에

草法尤長於孫虔禮舊法 一洗惡札之鎭宅符俗習 可爲後民之式

이라 하여 성친왕(成親王)의 초법이 손과정의 법을 따랐기 때문에 진택부 같은 속(俗)된 버릇을 씻어내니 뒷사람의 법식이 될 만하다고 지적하였다.

6) 전각(篆刻)

완당의 전각은 노경에 들수록 자각풍(自刻風)의 졸박 청수(拙樸淸瘦)한 특징을 드러내고 있다. 그 많은 별호와 문자인(文字印) 등이 모두 자각으로 고문(古文), 기자(奇字), 무전(繆篆), 예서(隸書), 초상인(肖像印) 등에 이르기까지 구비하고 있어서 이 분야에서도 한국 전각의 선구를 이루었다.

전각이 문인이나 서화가들 손으로 직접 주도(奏刀)된 까닭은 비단 장인(匠人)에 의한 속기(俗氣)를 피하려는 데 그치는 것뿐만 아니라 자기의 고상한 풍취를 그 전각에 발휘해보려는 의욕이기도 하다. 특히 화가로서 전각을 겸한다면 더욱 좋은 일이며 불연(不然)이라도 안목은 지녀야 하겠다. 낙관이 작품에서 화룡점정(畵龍點睛)이니 이 얼마나 중요한 일인가. 따라서 작품이 죽고 사는 관건이니만큼 매우 유념해야 할 일이다. 수장인(收藏人) 또한 낙관인만 못지않아 그 진장품(珍藏品)의 품위도 결정짓는다 하겠다.

예서와 경수당 시

1. 서(序)

서(書)의 대상은 문자이니 서예 작품을 하려면 그 대상이 자연 문장일 수밖에 없다. 여기서 우리는 고대와 현대 문장 중에서 마음에 맞는 좋은 문장도 그 대상이 되는 것이지만 어느 경우에는 자작도 무방하겠고 오히려 이를 더 의의 있게 취급하기도 한다.

글씨를 쓰는 데는 먼저 제자(制字) 원리를 알고 또 문장의 의미를 이해하는 것이 선행되어야 하겠다. 이러한 경지에 이르려면 큰 학자가 되어야 하겠으니 어찌 쉽사리 될 일이겠는가. 통투(通透)한 학식은 비록 갖추지 못한다 하더라도 학술 면에 향념(向念)을 가져야 할 줄 안다.

한문은 상형(象形)·지사(指事)·회의(會意)·해성(諧聲)·전주(轉注)·가차(假借) 등 육서로 제자하여 자형이 다양할 뿐 아니라, 수천 년에 이른 연구과정을 겪고 그동안의 수많은 작가로 말미암아 전·예·해·행·초 등 오체(五體)의 서체들이 이루 헤아릴 수 없이 많이 발달하였다.

우리 국문은 천·지·인 삼재(三才)와 음·양 양의(兩儀) 원리로 제자하였으되, 자형이 규율적으로 간단히 되어 어떠한 조화를 부리기 힘들다 하리라. 그뿐 아니라 제자 연대가 한자에 비하여 얕고 그간에 국문 발전에 있어서 거리끼는 일도 많아 서체가 제대로 발달하지 못한 것이 사실이다.

그러나 궁중에서 이루어진 궁체가 있어 정자와 흘림 두 체가 성립되었고 광복 후

『훈민정음』을 비롯하여 『용비어천가』, 『월인천강지곡』 등의 고판본체를 본뜨고 전·예의 필법을 이끌어 써보니 고아하여 훈민정음 제자원리에도 상부(相符)할 뿐 아니라 법고창신(法古創新)의 열매를 맺었다 하겠다. 나는 이 글씨를 고체라 일컫는 것이 마땅하다고 생각한다. 이 고체는 한자의 전·예에 해당하겠고 궁체는 해·행·초에 맞서 저 오체에 필적할 만하다.

우리는 이같이 고유문자와 서체가 있으므로 주로 한문서예를 공부, 연구하는 한편 국문서예에 주력하지 않을 수 없다. 국자(國字)의 형태가 단조롭다 하지만 이 또한 우리의 힘으로 개척시킬 수 있으리라고 믿는다.

본 작품의 소재는 조선조 후기의 시·서·화 삼절로 천하에 이름을 드날린 경수당 신공(申公) 위(緯)의 시 10수이다. 이 시는 한대(漢代) 명비(名碑)를 보고 그것을 옮은 것이다.

이 졸작이나마 동호인 학서자(學書者)의 도움이 될까 하여 등재하여 펴 보이는 것이니 대방(大方)의 많은 질정(叱正)을 바란다.

2. 예서작품(隸書作品)

1) 예서

예서는 소전(小篆)을 계승하여 통행하던 한자 서체이다. 한(漢) 허신(許愼)의 『설문해자』 서(敍)에 진(秦)의 경서(經書) 소멸 후 관옥(官獄)의 직무가 번거로워 간략하고 쓰기 쉬운 예서를 썼으니 이때 고문은 끊어졌다 하였다.

예서는 필획이 전서의 원전(圓轉)에서 방절(方折)로 변하고 산번(刪繁) 취간(就簡)하여 쓰기에 편하다. 일반이 예서는 정막(程邈)이 제작하였다 한다. 막(邈)은 진(秦) 사람으로 시황에게 득죄하여 옥중에 유계(幽繫)되었다가 이 예서를 제작하매 시황은 그 공로를 가상히 여겨 어사에 임명하였다.

예서는 여러 가지로 일컬으니 도예서(徒隷書), 좌서(佐書), 고예(古隷), 금예(今隷), 해예(楷隷), 초예(草隷), 팔분(八分), 진예(秦隷), 한예(漢隷) 등 많다. 이에 대하여 간단한 설명을 열기(列記)하겠다.

동한(東漢) 때가 예서의 전성기가 된다. 한비(漢碑) 중 명품은 다음과 같다. 예기(禮器) 화산(華山) 을영(乙瑛), 공주(孔宙) 석문송(石門頌) 사신(史晨) 장천(張遷) 조전(曹全) 형방(衡方) 서협(西狹) 등이다. 근대에는 간독(簡牘) 백서(帛書)가 대량으로 발견되어 유려한 필치를 볼 수 있다.

① 도예서(徒隷書)

양의(兩義)가 있다.

- 예서의 처음 생길 때의 명칭. 관옥(官獄)의 일이 많아 성이(省易)한 글자로 도예(徒隷)에게 시용(施用)한 것이니 천자(賤者) 소용(所用)을 말한 것이다. 도예는 원래 진시(秦時) 천민이며 그 말을 빌려 예서를 가리켰다.
- 육조 비각에 많이 썼다. 어린아이의 서투른 글씨 같았으나 고색(古色)이 있다.

② 좌서(佐書)

좌서라고도 하니 곧 예서이다.

③ 고예(古隷)

금예(今隷)의 대칭 파책(波磔)이 없는 것, 진(秦)·한(漢)을 합쳐 고예라 한다. 개통포사도석각(開通褒斜道石刻), 사삼공산비(祀三公山碑) 등이 있다.

④ 금예(今隷)

고예의 대칭.

⑤ 해예(楷隸)

예서 중 정연하고 법도가 있는 것, 초(草)예(隸)의 대칭.

⑥ 초예(草隸)

양의(兩義)가 있다.

• 초솔(草率)하게 쓴 예서이니 초·행·장 장초(章草)를 혼합하여 쓴 것이다.
• 초서에 예서를 섞은 것.

⑦ 팔분(八分)

예서의 일체, 또한 분예(分隸), 분서(分書)라고도 하였다. 위(魏)·진(晋) 때 그같이 일컬었다. 후세에 해석이 극히 번잡했다.

• 작자 왕차중(王次仲)
• 사설(四說)이 있다.

㉠ 한(漢) 채문희(蔡文姬) 술부 옹설(述父 邕說)

㉡ 북호(北胡) 왕음설(王愔說)

㉢ 당(唐) 장회관설(張懷瓘說)

㉣ 송(宋) 곽충서설(郭忠恕說)

⑧ 진예(秦隸)

진대의 예서. 진분(秦分)이라고도 한다. 한예의 대칭, 농중(濃重)한 전서의 의취(意趣)가 있고 필획이 평정(平整)하며 파책이 없다.

청 풍반(馮班)의 『둔음서요(鈍吟書要)』에 진권상자(秦權上字)는 "진(秦)의 예서이니 전(篆)의 빠른 것"이라 하였다.

⑨ 한예(漢隸)

양의(兩義)가 있다.

• 양한(兩漢)의 예서를 통칭한 것이다.

• 오로지 동한의 예서로 파책이 명현(明顯)한 것을 가리킨 것이니, 진과 서한의 예서와 풍격이 형이(逈異)하다.

⑩ 위예(魏隷)

조위(曹魏) 때의 예서. 용필(用筆)이 한분(漢分)을 계승하되 결자(結字)에 있어서 변체(變體)한 것이 많다.

⑪ 진예(晋隷)

진대(晋代)의 예서. 예서에서 해서로 들어가는 필세(筆勢)이다.

⑫ 당예(唐隷)

양의(兩義)가 있다.

• 당대의 진서(眞書)가 곧 예서라 한다.

• 당대의 예서니 곧 당팔분(唐八分) 당분(唐分)이라고도 한다.

⑬ 죽간(竹簡)과 목간(木簡)

서한시대(西漢時代)의 예서.

죽간은 죽편(竹片)에 쓴 것. 서법은 전의(篆意)를 간직하고 곡직(曲直)이 어울려 있으며 파세(波勢)가 나타난다. 목독(木牘)은 서체가 죽간과 비슷하고 여러 쪽을 마승(麻繩)으로 연결하여 마치 책같이 만들어 책자의 근원을 보여주었다. 매독(每牘) 전후에는 숫자를 기록하였다. 오늘날 편지를 간독(簡牘)이라 하는 것도 여기에서 연유된 것이다.

⑭ 백서(帛書)

서한시대의 예서.

서풍은 전의(篆意)가 있고 단정하며 파(波)는 우하(右下)로 길게 드리웠다.

2) 학서과정(學書過程)

이 작품은 1987년에 내가 예서로 경수당 시 10수를 지본(紙本)에 쓴 횡축(橫軸)이다. 내가 예서에 뜻을 두고 공부한 지 이제 50년이나 된다. 그러나 그 시간에 비하여 큰 성취를 못한 것을 자성하고 오늘에 이르렀다. 그동안 배운 예서는 한대 제비(諸碑)이고 그 이후의 예서는 참고에 그쳤다.

모든 서체가 그렇듯이 예서도 당대 이전의 글씨를 배워야 대성할 기틀을 잡을 수 있다는 것이 나의 신념이기 때문이다. 이 같은 생각은 나뿐이 아닐 것으로 믿는다.

당대 후의 글씨는 대체로 창의력이 부족할 뿐 아니라 당대 이전 글씨에서 우러났기 때문이고 고졸(古拙)한 필치가 점차 줄어들어서이다.

내가 주로 배운 글씨는 장천비(張遷碑), 예기비(禮器碑), 조전비(曹全碑), 을영비(乙瑛碑), 공주비(孔宙碑), 사신비(史晨碑), 석문송(石門頌) 등이고 그 외의 제비(諸碑)는 섭렵에 지나지 않았다. 이같이 배우는 동안 내 나름대로 자기 의사를 겹치게 되어 이 작품에 나타나게 되었다.

이에 이르는 데도 10년, 20년, 30년의 시간에 따라 변화와 변천이 자생하였던 것으로 느껴진다. 이러한 과정을 겪는 것은 아마 서화에 종사하는 사람이라면 누구나 겪었으리라 생각된다.

그러나 이 결과가 좋은 방향으로 흘렀는지 또는 그렇지 않은지는 객관적 논평이 따를 것이다. 어쨌든 인서구노(人書俱老)의 감을 금할 길 없다.

예서는 전(篆)과 해(楷)의 중간에 위치하여 서체의 성격조차 이에 따르므로 이해하기에 좋으며 또 전의(篆意)를 품는 예서(隸書)도 있을 것이며 해의(楷意)를 품는 예서도 있을 것이다.

해서라 할지라도 전의나 예의를 품는 원필(圓筆)과 방필(方筆)로 쓴 글씨가 있다. 나아가서 행서나 초서에도 전예의 필법을 원용(援用)하여 쓸 수 있고 심지어는 이들 서체를 굳이 혼용하는 것도 좋은 것이다. 이러한 경지에 이르려면 모든 서체를 다 습득하여야 함은 더 말할 나위없는 것이다. 그러한 명작들도 많아 그 탈속 고상한 필적을 완상(玩賞)할 수 있고 배울 수도 있다. 그러고 보면 모든 서체가 서로 조화됨을 알 수 있다.

이 작품에 경수당의 이 시를 취하게 된 것은 예서를 공부하는 사람으로서 지극히 긴절(緊切)하게 느꼈기 때문이다.

서가로서 글씨는 물론 잘 써야겠지만 그 소재 되는 문장도 잘 선택해야 한다. 문장은 크게 나누어 교훈적·서정적·서사적인 것들 여러 가지가 있다. 이 시는 순수하게 서법, 서론, 서사(書史) 여러 각도로 한비(漢碑) 제종(諸種)을 옮은 것이므로 서학도에게는 다시없는 명시로 여겨지는 것이다.

중국에도 이러한 시가 드물겠거든 하물며 우리나라에야 더욱 드문 것으로서 시·서·화 삼절로 지칭되는 경수당이 아니고서는 생의(生意)도 못한 불후의 명작이다.

법고창신(法古創新)이란 말은 서예 공부하는 사람에게 무엇보다 적절한 말이 아닐 수 없다. 서예는 모방에서 창작으로 전개되어야 한다. 다시 말하면 고법을 임서(臨書)하지 않고는 창작이 제대로 될 수 없고 혹시 제 나름대로 재기 있게 써 보았대도 이를 제대로 된 창작이라고 할 수 없다. 그러나 창작이라 하지만 창작의 표현이 전연 안 보이는 글씨도 있다. 그래서 일생을 모서(模書)에만 그치게 된다. 이를 노서(奴書)라 하며 일가를 이루었다 할 수 없다.

그러니까 일가를 이루려면 고법을 제대로 익혀 자생하는 자력이 절대 필요한 것이다. 그리고 어떠한 법서에 집착하여 쓰지 않고 사전류에만 의존한다면 이는 마치 일종의 조각보 모으는 데 그칠 것이고 체계가 서지 않을 것이다. 사전은 다만 고거(考據)에만 그쳐야 한다.

3. 대상 제비(對象諸碑)

1) 해제(解題)

① 진태구비 병음(陳太邱碑 幷陰)

비석을 잃은 지 오래되어 탁본이 전하지 않는다.

예서 채옹(蔡邕)이 짓고 쓰다.

동한(東漢) 중평(中平) 3년(186) 8월 입(立).

액제(額題) '한문범선생진중궁지비(漢文範先生陳仲弓之碑)' 10자[송(宋) 조명성(趙明誠) 금석록(金石錄) 저록(著錄)].

진태구의 명은 식(寔)이요 중궁(仲弓)은 자이며 문범선생은 그 시호이다. 그는 소시(小時)에 현리(縣吏)가 되기도 하고 학문을 좋아하였으며 태구장(太丘長)이 되었다. 그의 집에 도둑이 들었을 때 그는 양상군자라 하였더니 도둑이 대경 감복하였다. 이는 유명한 사화(史話)로 전한다.

경수당 신위(1796~1845) 시에 이 비를 읊었고 또 그 시에 비(碑) 후면에 '북평 옹방강관(北平 翁方綱觀)' 6자의 각이 있다 하였으니 그 당시까지 탁본이 전하였음을 알 수 있고 옹방강의 기록까지 있어 더욱 확실하다.

② 백석신군비(白石神君碑)

원래는 중국 하북(河北) 원씨(元氏). 소장본묘(蘇莊本廟)에 있다가 뒤에 현립 여자고소학교로 옮겼다.

예서 비양(碑陽) 16행, 행 35자. 비음(碑陰) 3렬, 상렬(上列) 4행, 중렬(中列) 12행, 하렬(下列) 11행.

동한 광화(光化) 6년(183) 입(立).

액(額) 양문(陽文) 예서 '백석신군비(白石神君碑)' 5자.

청 정제강(鄭際康) 발(跋)에 "'백석신군비'는 자체 방정(方整)하여 한예 중 가장 숙목

(肅穆)하고 담계전배(覃溪前輩)는 그 풍골이 주경(遒勁)하여 관교비(官校碑)에 있어서 예법의 상(上)이라"라고 하였다.

양수경(楊守敬) 발에는 『예석(隸釋)』에 이르되 "이 비는 비록 포치(布置) 정제하나 한자 기골이 없고 전혀 위진간(魏晋間) 비와 상약(相若)하니 혹 후인이 구문(舊文)을 가지고 재각(再刻)한 것인가 한다. 내가 이 비를 보건대 한예(漢隸)중 최하이나 위진(魏晋)의 것으로는 처음이 아닐지 어찌 알랴" 하였다.

『분예우존(分隸偶存)』에 이르기를 "『예석』에 그 글자가 한인(漢人)과 같지 않으니 중각(重刻)인지 의심난다. 다만 비말(碑末)에 연원새(燕元璽) 3년(354) 제명(題名)이라 있으니 원새는 광화로부터 170여 년이나 되므로 중간의 중각이 꼭 아닐 것이고 만약 원새 이후 사람이라면 또한 어찌 명자를 모각(摹刻)하였으리요" 하였다.

구탁본(舊拓本) 제11행 '준극태청(峻極太淸)'의 청자(淸字) 미손(未損) 예원진상사(藝苑眞賞社)에 영인본이 있다.

③ 경군비(景君碑)

전칭(全稱) 한고익주태수북해상경군명(漢故益州太守北海相景君銘), 또한 경군명이라 한다.

중국 산동 제녕(濟寧)에 있다.

예서 동한 한안(漢安) 2년(143) 8월 입(立).

비양(碑陽) 17행, 행 23자, 비음 4열, 열각(列各) 18행, 오직 제4열이 2행 말기문(末紀文) 2장행(長行) 행 42자.

액 양문 전서로 한고익주태수북해상경군명(漢故益州太守北海相景君銘) 2행 12자.

명(明) 왕세정(王世貞)이 평하되 "서법이 고아하다" 하였고 청(淸) 손승택(孫承澤)은 "방정하여 분법(分法)이 있다" 하고 왕원미(王元美)는 말하기를 "고아하여 미가 넘치는 것은 아니라" 하였다. 강유위(康有爲)는 평하되 "고기(古氣) 방박(磅礴)하고 예각(曳脚)에 주필(籒筆)을 많이 써서 천발신참비(天發神讖碑)와 상사(相似)하다" 하니, "대체 화제(和帝) 이전 글씨는 다 전의(篆意)가 있다" 하였다. 구탁본 비양(碑陽) 제8행 '잔위역

심(殘僞易心)'의 잔자(殘字)는 완호 무손(完好無損)하여 더욱 오래된 것으로 알겠고 '상인공시(商人空市)'의 '시(市)' 자는 아직도 상좌반(上左半)을 볼 수 있다. 번각본(翻刻本)이 있고 상해예원정사(上海藝苑眞賞社)의 영인본이 있다.

④ 을영비(乙瑛碑)

전칭(全稱) 한노상을영치백석졸사비(漢魯相乙瑛置百石卒史碑), 또한 한노상청치백석졸사비(漢魯相淸置百石卒史碑) 공화비(孔龢碑)라 한다.

중국 산동 곡부(曲阜) 공묘(孔廟) 동문문(同文門) 서(西)에 있다.

예서 동한 영흥(永興) 원년(153) 입(立).

18행, 행 40자, 비 끝에 해서 제기(楷書題起) 1행이 있으니 후한 종태위서(鍾太尉書) 가우 칠년(嘉祐七年) 장치규안 도제지(張稚圭按圖題記)라 하였다. 명(明) 조함(趙崡)은 『석묵전화(石墨鐫華)』에 이르되 "차비 영흥원년조(此碑 永興元年造)라" 하였는데 종(鍾)은 헌제(獻帝) 초에 비로소 황문시랑(黃門侍郎)이 되었다. 그러면 영흥으로부터 40년이나 되니 이는 종(鍾)의 서(書)가 아니다. 그렇다면 장치규(張稚圭)는 무슨 근거로 그랬는지 모른다.

청(淸) 방삭(方朔)은 이 비에 발(跋)하되 "을영은 영흥 원년에 세웠으니 한칙(漢勅), 사신(史晨) 등 삼비(三碑) 중에 최선이다. 그리고 글씨의 방정 침후(方整沈厚)한 것이 또한 족히 종묘의 미(美)와 백관의 부(富)를 일컬을 만하다" 하였다.

왕약임(王蒻林) 태사(太史)는 "웅고(雄高)하다" 하였고 옹담계(翁覃溪) 각학(閣學)은 "골육이 균적(匀適)하여 정문(情文)이 유창함이 한예(漢隸) 중에 가장 본받을 만하다" 하였다.

『분예우성(分隸偶成)』에 이르되 "글씨가 특히 웅위(雄偉)하여 의관을 정제하고 패옥(佩玉)함과 같아 사람으로 하여금 기경(起敬)할 만하다" 하였다.

정보(鄭簠)는 매양 즐겨 임하였다.

현존 최조(最早) 탁본의 3행 '벽옹(辟雍)'의 벽자는 완호 무손(完好無損)하고 명탁본 신부(明拓本辛部)의 반(半)이 보이며 청초 탁(淸初 拓)에는 공장(工狀) 삼필(三筆)이 겨우 보인다. 중각본이 있는데 원석문(原石文) 내의 영자(瑛字)가 '삼(三)'이 보이는데 다 '옥(玉)' 방(旁)이고 중각본에 '왕(王)' 방(旁)으로 되어 있다. 영인본은 연광실인 고물동흔사본(延光室印 古物同欣社本)을 가장 좋게 친다.

⑤ 예기비(禮器碑)

전칭(全稱) 한노상한칙조공묘예기비(漢魯相漢勅造孔廟禮器碑). 또한 한칙비(漢勅碑), 수공자묘기표(修孔子廟器表), 한명부공자묘비(韓明府孔子廟碑), 노상한칙복안씨요발비(魯相韓勅復顔氏繇發碑)라 한다.

중국 산동 곡부(曲阜) 공묘에 있다.

예서 비정(碑正) 16행, 행 36자, 비음 3렬, 열 17행 좌측 3열 열 4행, 우측 4렬, 열 4행.

동한(東漢) 영수(永壽) 2년(156) 상월(霜月) 『집고록(集古錄)』에는 9월 5일, 전대흔(錢大昕)은 7월 입이라 했다.

비문에 노상(魯相) 한칙(韓勅)이 공묘를 수식한 것과 예기 등을 제조한 일을 기술하고 또한 이민(吏民)이 그 덕정(德政)을 칭송하였다. 비음(碑陰)과 양측에는 당시 자조(資助) 입각(立刻)한 관리의 성명 및 전수(錢數)를 새겼다.

곽종창(郭宗昌)의 『금석사(金石史)』에 이 비를 평하되 "그 자획(字畫)의 묘(妙)가 비필 비수(非筆 非手)하여 고아함이 전에 없어 신조(神助)와 같아 인조(人造)가 아닌 듯하여 이른바 성류전전 섬유식발(星流電轉 纖踰植髮)이라 하여도 형용을 족히 하였다 하지 못하리라" 하고 "한제비(漢諸碑)의 결체(結體)와 명의(命意)가 다 비슷하다 하겠지만 유독 이 비는 저 하한(河漢)과 같아 바라보기는 한다지만 접하지는 못하리라" 했다.

왕주(王澍)는 평하되 "미를 모두 갖추어서 청초하고 주경(遒勁)하며 주경함으로써 또 숙괄(肅括)하여 팔분(八分)과 예서(隸書)가 있은 이래 이 비보다 묘한 것은 없다" 하였다.

명 탁본 비정(碑正) 제5행 '수식택묘(修飾宅廟)'의 '묘(廟)' 자는 완호(完好)하나 번각수종(翻刻數種)에는 다 모각(摹刻)이 부정(不精)하다. 상해예원진상사(上海藝苑眞賞社)

유정서국(有正書局) 등에 영인본이 있고 상무인서관 청산농 제첨본(商務印書館 靑山農題簽本)도 번각(翻刻)한 것이다.

⑥ 석문송(石門頌)

전칭(全稱) 사예교위건위양군송(司隸校尉楗爲楊君頌). 또한 양맹문송(楊孟文頌)이라 한다. 마애서(摩崖書)이다.

중국 섬서(陜西) 포성현(褒城縣) 동북포사곡(東北褒斜谷) 석문(石門) 애벽(崖壁)에 있다.

예서 동한(東漢) 건화(建和) 2년(148) 각(刻).

22행, 행 30, 31자 불등(不等) 액예서(額隸書) 사예교위건위양군송(司隸校尉楗爲楊君頌) 9자 문사(文辭)는 "왕승찬(王升撰) 서한중(徐漢中) 태수(太守) 왕승가상사(王升嘉賞司) 예교위양맹문개착석문통도이칙석(隸校尉楊孟文開鑿石門通道而勅石)이라" 하였으니 이 송(頌)의 결자(結字)가 대소 불일(不一)하되 쇄락(灑落) 자연하고 종횡 경발(勁拔)하며 자이(字裏) 행간이 널찍하여 한예(漢隸) 중 초서라고도 일컫는다. 비문 중 '명(命)', '승(升)', '송(誦)' 자 등은 수필(垂筆)이 특장하여 역시 한예 중 드물게 보는 것들이다. 청 장조익(張祖翼)은 이 비 발문에 "300년 내 한 비를 익히는 자가 무릇 몇이 되는지 모르겠으나 마침내 석문송을 배우는 자가 없었다. 대체 그 웅후 분방한 기풍은 겁 많은 자는 감히 배우지 못할 것이며 힘이 약한 자도 능히 배우지 못할 것이리라" 하였다.

건융(乾隆) 전엔 제21행 고자하(高字下) 구(口)는 아직도 이끼가 끼어 탁본에 모두 구자(口字)가 없었다. 구부(口部)가 명현(明顯)한 것은 다 건융(乾隆) 후 탁본이다. 번각본이 있다. 영인본은 상해서화출판사의 것을 가장 좋게 친다.

⑦ 공표비(孔彪碑)

전칭(全稱) 한박능태수공표비(漢博陵太守孔彪碑).

중국 산동 곡부(曲阜)에 있다.

예서 동한 건영(建寧) 4년(171) 7월 입(立).

비양(碑陽) 18행, 행 45자, 비음(碑陰) 13행.

액전서(額篆書) '고한박능태수공부군비(故漢博陵太守孔府君碑)' 10자.

청 손승택(孫承澤)이 발(跋)하되 "표(彪)는 공자 19대 손이요, 하동 태수로 마쳤으나 비액(碑額)에 박릉태수라" 하였으니 혹시 박릉의 고민(故民)이 세운 듯하다. 서법이 연미(娟美)하여 종원상(鍾元常)의 법문을 열었다 하였다.

양수경(楊守敬)은 "비자(碑字)가 심소하고 또 박락(剝落)이 심하나 필획이 정경(精勁)하고 결구가 근엄하여 마땅히 안노공(顔魯公)이 본받을 만하다" 하였다.

이서청(李瑞淸)은 발(跋)하되 "이 비는 용필(用筆)이 침착 표일(沈着飄逸)하고 계백(計白) 당흑(當黑)의 묘를 대득(大得)하였으니 유태(劉態)와 더불어 항형(抗衡)할 만하다. 학자가 이를 습득하면 가히 판각(板刻)을 진화(盡化)하여 범골(凡骨)을 벗어버릴 것이라" 하였다.

구탁본 제14행 '변물거방(辯物居方)'의 '거(居)' 자를 볼 수 있다. 유정서국(有正書局), 예원진상사(藝苑眞賞社)에 영인본이 있다.

⑧ 장천비(張遷碑)

전칭(全稱) 한고곡성장탕음령장군표송(漢故穀成長蕩陰令張君表頌). 또한 장천표(張遷表)라 한다.

중국 산동 동평현(東平縣)에 있다.

예서 비는 고리(故吏) 위맹(韋萌) 등이 고령(故令) 장천을 추념한 것이다.

비양(碑陽) 15행, 행 42자, 비음 3렬, 상 2렬 19행, 하렬 3행.

동한 중평(中平) 3년(186) 2월 입(立).

액서 '한고곡성장탕음령장군표송(漢故穀成長蕩陰令張君表頌)' 12자니 필의가 전·예 사이에 있고 굴곡 전만(塡滿)하여 인문(印文)의 무전(繆篆)과 같으매 사람들이 전(篆)으로 간주한다.

명(明) 왕세정(王世貞)이 평하되 "그 글씨는 재주 부리지 않아 전아(典雅)하고 고의(古意)가 많다. 마침내 영가(永嘉) 이후로는 미치지 못할 것"이라 하였다.

청(淸) 만경(萬經)이 평하되 "내가 그 글씨를 보건대 자못 아름다우나 모수(摹手)의 솜씨 없어 필법(筆法) 모름을 아깝게 여기고 비음(碑陰)을 더욱 아깝게 여긴다" 하였다.

청(淸) 방삭(方朔)이 평하되 "웅후박무(雄厚樸茂)라" 하였다.

손퇴곡(孫退谷)이 평하되 "서법이 방정(方整)·이아(爾雅)하여 한석(漢石) 중 흔치 않다" 하였다.

명(明) 탁본 제8행 '동리윤색(東里潤色)' 4자 완호(完好), 청초 탁(淸初 拓) 수행(首行) '환(煥)'자 완호(完好), 번각이 있고 인본(印本)이 많다.

고물동흔사본(古物同欣社本)이 가장 좋다.

무석예원진상사인(無錫藝苑眞賞社印)과 독행산인장본(獨行山人藏本)은 번각본이다.

⑨ 노준비(魯峻碑)

전칭(全稱) 한고사예교의충혜부노군비(漢故司隸校尉忠惠父魯君碑), 또는 노충혜비(魯忠惠碑)라 한다.

중국 산동 제녕현학(濟寧縣學)에 있다.

예서 동한 희평(熹平) 2년(173) 4월 입(立).

비양(碑陽) 17행, 행 32자, 비음(碑陰) 2열, 열각 21행, 액예서(額隸書) '한고사예교위충혜부노군비(漢故司隸校尉忠惠父魯君碑)' 12자. 비문은 노준(魯峻)의 평생 사적을 기록하였다.

청(淸) 만경(萬經)이 평하되 "자체 방정 윤정(勻淨)하며 무릇 늑필(勒筆), 책필(磔筆), 적필(趯筆), 도기처(挑起處)가 풍비(豊肥)를 극(極)하니 개원(開元) 제가(諸家)가 그 체를 본받은 듯하다" 하였다.

양수경(楊守敬)은 발하되 "풍비 웅위하고 당명황(唐明皇) 서계해(徐季海)가 여기서 나왔으나 비농(肥濃)이 태심(太甚)하여 기운(氣韻)이 없다" 하였고 "비음(碑陰)은 고박(古樸) 자연하여 천취(天趣)가 많다" 하였다.

명(明) 탁본 제7행 '동독경연(董督京輦)'의 '동(董)'자 완호(完好)하다. 번각본이 있다. 상해 예원진상사(藝苑眞賞社), 유정서국(有正書局)에 영인본이 있다.

⑩ 무영비(武榮碑)

전칭(全稱) 한집금오승무영비(漢執金吾丞武榮碑).

한비(漢碑) 무년월(無年月).

중국 산동 제녕현(濟寧縣)에 있다.

예서 10행, 행 31자, 환만(漶漫) 수심(殊甚)하여 문의(文義)를 읽지 못할 곳이 많다.

액(額) 양문예서(陽文隸書) '한고집금오승무군지비(漢古執金吾丞武君之碑)' 2행 10자.

청(淸) 만경(萬經)이 평하되 "액자(額字)는 극히 수일(秀逸)하여 가애(可愛)나 비문자(碑文字)는 구박(拘迫)하고 공들이지 않아 액자(額字)만 훨씬 못하다" 하였다. 또 이르되 "글에 연월이 실리지 않았으나 중간에 '조효환후(遭孝桓憂) 비종질운(悲憧疾隕)' 구가 있으니 당연히 건녕 초(建寧 初)가 될 것이라" 하였다.

양수경이 평하되 "순고(淳古)하고 초건(峭健)하며 유려하고 원결(圓結)하여 한비(漢碑)의 가품(佳品)이요 분법(分法)의 정종(正宗)이 될 것이라. 글자가 적다 하여 홀대하지 못하리라" 하였다.

⑪ 공주비(孔宙碑)

전칭(全稱) 한태산도위공부비(漢泰山都尉孔宙碑).

동한(東漢) 연희(延熹) 7년(164) 7월 입(立).

중국 산동 곡부(曲阜) 동문문(同文門) 동쪽에 있다.

예서(隸書).

비양(碑陽) 15행, 행 28자, 비음(碑陰) 상제(上題) '문생고리명(門生故吏名)' 상 전서(上篆書) 하 예서제명(下隸書題名) 3열 상 2열 각 21행 하열 20행 액 양문전서(陽文篆書) '유한태산도위공군지비(有漢泰山 都尉孔君之碑)' 양행(兩行) 10자.

공주(孔宙)의 자는 계장(季將). 공융(孔融)의 부 공자의 19세손[견(見) 『후한서』「공융전(孔融傳)」].

청(淸) 양수경이 이 비에 발(跋)하되 "파별(波撇)이 병출(幷出)하니 팔분의 정종(正宗)이라 일자(一字)도 비동(飛動)하지 아니함이 없고 일자(一字)도 규구(規矩) 아님이 없다. 양맹문송(楊孟文頌)의 개합(開闔) 동탕(動宕)함을 보면 격에 불구한 것이 또한 같지 않으나 각기 묘(妙)에 극하여 헌지(軒輊)가 미이(未易)하다. 비음의 글씨 또한 순후(淳厚)하다" 하였다.

청(淸) 주죽타(朱竹垞) 이르되 "공주비(孔宙碑)는 유려한 일파에 속하니 서법이 종일비동(縱逸飛動)하고 신취(神趣) 고묘(高妙)하다" 하였다.

청(淸) 만경(萬經)은 평하되 "규구(規矩) 정제(整齊)하여 일필불구(一筆不苟)하나 자태가 스스로 횡일(橫溢)하고 졸사비(卒史碑) 웅건함이 있으나 판중(板重)함은 버렸고 한칙비(漢勅碑)의 방폭(方幅)이 화하여 청진(淸眞)함이 있다" 하였다.

강유위(康有爲)는 이르되 "비음(碑陰) 필의(筆意)는 심고(深古)하여 석인(昔人)이 칩충반굴(蟄蟲盤屈)하여 심동(深冬) 자위(自衛)함에 비유하였으니 참으로 잘한 말이라" 하였다.

명초 탁본 제9행 '범백공고(凡白卭高)'의 '고(高)'자는 완호(完好)하다. 중화(中華). 문명(文明). 유정서국(有正書局)에 영인본이 있다.

⑫ 윤주비(尹宙碑)

전칭(全稱) 한예주종사윤주비(漢隷州縱事尹宙碑).

원(元) 황경(皇慶) 원년(1312) 언릉현(鄢陵懸) 달노화적(達魯花赤) 아팔적(阿八赤) 수공묘시(修孔廟時) 유천(洧川)에서 발현하여 공묘(孔廟)에 옮겼으나 미구(未久)에 또 흙속에 묻혀 명(明) 만역(萬曆) 중에 유수(洧水)가 범창(泛漲)하여 언덕이 무너짐으로 인(因)하여 비석이 다시 나와 거듭 언릉공묘(鄢陵孔廟)에 두게 되었다.

예서 15행, 행 27자.

동한(東漢) 희평(熹平) 6년(177) 4월 입(立).

액 전서 '종명(從銘)' 2자가 있다. 비문에 윤주(尹宙)의 공덕을 찬송하였다.

청(淸) 강유위는 이르되 "풍화 표일(風華飄逸)하여 한분중(漢分中) 묘품(妙品)이라" 하였다.

청(淸) 왕허주(王虛舟)는 평하되 "한인의 예서가 비(碑)마다 각기 일격(一格)을 이루어 서로 같은 것이 없고 대요는 방경(方勁) 고졸(古拙)한 것을 숭상한 것이 많되 홀로 윤주비(尹宙碑) 필법(筆法)이 원건(圓健)하여 해서에 가깝고 당인(唐人)으로 그 법을 본받은 자를 말한다면 염(斂)하면 우백시(虞伯施: 世南)가 되겠고 확(擴)하면 안청신(顔淸臣)이 되리라" 하였다.

명탁본(明拓本)은 일자(一字) 불결(不缺)하다. 번각본이 있으니 불가이해(不可易解)하다. 예원진상사(藝苑眞賞社) 영인본이 있다.

4. 경수당(警修堂) 시와 작가

1) 역시(譯詩)

제 한예 10수(題 漢隷 十首)

① 진태구비(陳太邱碑)

진태구(陳太邱)의 명덕 공경(公卿) 속에 뛰어나서
문범선생(文範先生)은 시호(諡號) 되었네
증고(證古)하는 말씀 당의 이북해(李北海)부터이니
경비(敬碑)하는 예(例)는 한동경(漢東京)의 예(隷)라야 한다

② 백석신군비(白石神君碑)

음양(陰陽)을 유찬(幽讚)하여 사물(事物)을 기르니
은인(恩仁)과 위무(威武)를 두루 겸(兼)하다
이 백석신군(白石神君)의 예(例)를 미룬다면
제북(濟北) 곡성(穀城)*에 어찌 비(碑) 안 세우리

③ 북해상 경군비(北海相景君碑)

예체(隷體)의 기괴(奇怪)함은 하나 둘 아니니

경군(景君)의 비자(碑字)를 이끼 씻고 보리라

하늘이 낸 치기(稚氣)에 기교를 더하니

필세(筆勢)는 차츰차츰 초해(草楷)에 젖어드네

④ 노상을영비 공묘예기비(魯相乙瑛碑 孔廟禮器碑)

석묵(石墨)을 씀은 어찌 예법(隷法)만 기괴하랴

궐문(闕門)을 흔상(欣賞)함에 시대마저 짐작되리

공림(孔林)의 의형(儀刑)을 추유(追惟)함에

예기비(禮器碑)와 졸리비(卒吏碑)를 두루 참간(參看)하리*

⑤ 양군 석문송(楊君 石門頌)

추폄(秋貶) 춘선(春宣)에 지력을 다하니

광군보주(匡君輔主)하여 환우(寰宇)를 안정하다

석문(石門)에 대필로 새겨 칭송하니

장천비(張遷碑)와 노준비(魯峻碑) 사이에 있다

⑥ 박릉태수 공표비(博陵太守 孔彪碑)

말을 실천하는 박릉태수는

부자(夫子)의 가풍(家風) 이어왔어라

돌 깎아 시 새겨서 덕 찬양하니

넓으며 불속(不俗)하여 진애(塵埃)에 벗어나다

---

* 제북 곡성은 황석공(黃石公)이 있던 곳.

* 석묵(石墨)은 진(晋) 위후(魏後)에 쓰지 않았고, 졸리(卒吏)의 리(吏)는 사(史)의 와(譌)이다.

⑦ 탕음령 장천비(蕩陰令 張遷碑)

눈인 듯 희고 난인 듯 향기로워 효우도 독실하니
천심이 그릇되랴 사람도 맑다.
이미 복 받아 남산처럼 수(壽)하니
대대로 녹(祿) 쌓아서 한(限)이 없어라

⑧ 사예교위 노준비(司(隷校尉 魯峻碑)

소청(疎聽)*의 다음 만족을 알고
어릉중자(於陵仲子)**처럼 관원옹(灌園翁)되다
유종(儒宗)과 사표(士表)로 명망 높으니
시(詩)와 역(易) 춘추(春秋) 예(禮)에 널리 통하다

⑨ 집금오 무영비(執金吾 武榮碑)

학문 있어 벼슬한 이 무함화(武含和)이라
노시(魯詩)를 힘써 닦아 태학(太學)에 놀다
돌에 새겨 고절(高節)을 권장하니
비 내리고 해 쬐어도 마멸(磨滅) 없어라

⑩ 공주비 윤주비(孔宙碑 尹宙碑)

한예(漢隷)에 마음 두고 찾기에 바쁜 이때
발 드리고 달 밝아서 향기도 이네
묵색도 짙으게 종이에 어리니

* 소청(疎聽)은 한(漢) 난릉인(蘭陵人)이니 자는 중옹(仲翁)이다. 춘추에 밝아 태부(太傅)되고 5년 만에 향리에 돌아가 쉬다.

** 진자종(陣子終)은 제인(齊人)이니 어릉중자(於陵仲子)라 일컫다. 벼슬을 사양하고 은거(隱居) 관원(灌園)하며 지냈다.

윤주비와 공주비 그 어떠한가

2) 작가: 신위(申緯)

영조 45년 기축(己丑, 1769)에 서울의 소론(小論) 가정에서 태어났다. 본관은 평산(平山), 자는 한수(漢叟), 자하(紫霞)는 호이다.

그가 젊었을 때 시흥 선영 근처인 자하산 기슭의 산장에서 글을 읽었으므로 스스로 호를 자하라 하였다. 그 뒤 청조의 명가인 옹담계 방강(翁覃溪方綱)에게서 '경수당(警修堂)'이란 편액을 얻은 적이 있어 경수당이라 불리기도 하였다.

달빛이 유난히 아름다운 밤, 많은 선비들이 성균관에서 시권(試券)을 앞에 놓고 정좌한 채 좋은 글귀를 짜내기에 여념이 없었다. 이때 좌우 건물과 수목 위에 교교히 흐르는 달빛에 빨려들 듯 눈길을 보내고 있는 한 젊은 선비가 있었다. 이윽고 그 젊은 선비는 붓을 들어 듬뿍 먹을 찍었다. 붓은 달빛을 받아 더욱 하얀 시권 위를 힘차게 달렸다. 그러나 그 붓끝이 지난 자리에는 시제에 의한 글귀가 아니라 꼿꼿한 대가 솟아나고 있는 게 아닌가. 대잎은 달빛 아래서 흔들리는 듯했다. 대나무로만 가득찬 시권지를 말아 쥔 젊은이는 어느덧 담처럼 에워싼 구경꾼들을 헤치고 표연히 사라졌다.

황홀한 달빛에 도취되어 묵죽을 그려 가지고 돌아온 그 선비가 바로 젊은 날의 자하(紫霞)였다. 그는 예법이나 제도에 얽매기 싫어했다. 그런 성품이기에 등과하고 나서도 10여 년 동안 한직에 머물러 있었다. 그의 날카로운 시사 논평은 위정자에게 거슬렸다. 43세가 되어서 정 3품에 올랐다.

그다음 해 7월 주청사(奏請使)의 서장관으로 연경(燕京)에 다녀와서 병조참지(兵曹參知)가 되고 곡산, 춘천 부사를 거쳐 사간원 대사간, 도승지, 이·병조참판, 강화유수(江華留守) 등 요직에 올랐다.

순조 때 세자가 청정(聽政)하여 자하(紫霞)를 총애함이 지극해서 '양연산방(養硯山房)'이라 써서 내리고 이어 〈십팔나한도(十八羅漢圖)〉를 모사하고 시를 짓기를 명하였다.

연보에 그 그림은 시에 버금가되 묵죽이 더욱 묘하여 중국인도 다투어 보물로 삼고 서(書)는 또 화에 버금된다. 세상에서 이를 삼절이라 한다 하였다.

헌종 11년 을사(乙巳) 서울 장흥방에서 77세에 졸(卒)하였다.

담계(覃溪) 옹방강(翁方綱)이 자하 묵죽에 제(題)하되

碧玉林深水一灣 烟横月出海東山
却憑淡墨清鸞尾 淨掃淨清風五百間

푸른 대숲 자욱한 물 한 굽이에
연기는 감돌고 달은 바다 동쪽 산에서 떠오르는구나
문득 담묵을 청란(清鸞) 꼬리에 묻혀서
깨끗하게 맑은 바람 부는 오백 간을 그려냈구려

완당(阮堂) 김정희(金正喜)는 『자하서권(紫霞書卷)』에 쓰기를 "자하의 필법은 순수하게 전세(篆勢)로 썼다(紫霞筆法 純用篆勢)"라고 하였다.

5. 발(跋)

졸필 예서 작품은 장축(長軸)으로 되었다. 이를 원형대로 수재(收載)하고 또 분폭(分幅)으로 등재하여 감상에 편리를 도모하였다.

원시(原詩)의 대상 제비의 원탁(原拓)을 모두 올리고 각비에 대한 기록을 실었으되 탁본이 전하지 않은 진태구비(陳太邱碑)만은 기록만 적었다.

원시는 경수당집 원집을 그대로 영인하고 그 시를 번역하였으며 약간(若干)의 주해도 곁들였다. 시는 모두 10수이나 2수에는 이 비(碑)를 합쳐 지어 비수(碑數)로는 모두

12비가 된다.

작가 경수당의 약력과 그의 예술적 사적을 약기(略記)하여 고구(考究)에 자(資)코자 하였다.

비탁(碑拓)을 연대 순서로 등재하는 것이 원칙이나 여기서는 경수당 시에 있는 대로 따르는 것이 편리할 듯하여 그에 의존하였다.

국(國)·한(漢) 서예 논고

1. 서언

글씨는 누구나 써야 하는 것이고 또 쓸 수도 있는 것이다. 그러나 제대로 배워서 대성하기는 결코 쉬운 일이 아니다.

오늘날 서예라 하면 문자를 붓으로 써서 그 미를 추구하는 것이다. 그리고 서예는 오랜 역사를 지녔으며 이를 써온 나라도 동양 삼국으로 전승 발전시켜 면면(綿綿) 수천 년에 이른다.

그리하여 이들 민족은 전통적으로 서예성이 내재해 있다. 그러하기에 이들 민족은 타 민족에 비해 서예가 우수한 것이며, 자연발생적으로 익숙하게 되는 것이다. 이 삼국 민족에게 공통된 서예는 물론 한문서예이고 한일 양국과 같이 각기 특유한 문자의 서예는 그 전유물로 되어 있다.

그런 까닭에 한문서예의 서법 서론 등 학술적 연구 문헌은 중국으로부터 우리나라나 일본에 파급되었다. 중국의 학술적 자료는 말할 것 없이 많으나 우리나라나 일본의 경우는 그렇지 못하다. 우리는 한문서예의 연구에 대해서 그 자료가 많음을 알고 있는 터이니 이에 필적할 수 있는 우리 고유문자 서예에 대하여 개발하는 데 주력하지 않으면 안 될 줄 안다.

글씨는 예술적인 요인도 있거니와 실용적인 면에서도 우리의 일상생활에 누구나 써야 하는 불가결의 존재이며 학문적으로는 비중이 지대한 위치에 있다.

예부터 육예(六藝)라 하여 예(禮)·악(樂)·사(射)·어(御)·서(書)·수(數)를 들어 인간 교육에 가장 기본 요소로 삼았고, 학문을 닦는 데 다독(多讀)·다작(多作)·다서(多書)라 하여 이른바 삼다주의를 거론하였다. 많이 읽어야 외울 수 있고 많이 지어야 능할 수 있고 많이 써야 다듬어질 수 있어 좋은 구상으로 아름답게 표현할 수 있다는 교훈이다.

예전에는 생활 방식이 현대와 달라 그다지 심한 분업 상태가 아니기에 서예가란 말도 별로 쓰지 않고 선비, 곧 교양인이나 학자면 으레 어느 수준의 글씨를 써야 하는 것이 상례였다. 위에서 말한 육예나 삼다 중의 서(書)도 어느 수준의 서를 말한 것이지 명필의 경지를 말한 것이 아니리라 생각한다.

선비의 글씨는 별다른 필법이 없이 써도 그 글씨가 어울릴 뿐 아니라 속기가 없어 소위 탈속이니 문인지필(文人之筆)이니 하는 말을 썼다. 그런가 하면 순사무적인 글씨, 즉 문서를 닦는다든가 치부(治簿) 같은 데 쓴 글씨는 자연 속필이어야 하고 그 쓴 사람 자체가 별다른 학문이 없기 때문에 속기 투성이였다.

예전에 유명한 학자라면 대개 글씨를 잘 썼다. 그런 까닭에 유수한 명필은 학자 중에서 배출하여 문필이 겸전(兼全)하다고 일컬었다. 우리나라를 대표하는 명필 완당 김정희 선생이 가장 좋은 예가 된다. 그의 학문이 탁월한 데다가 필재(筆才) 또한 신묘하였으니 더 말할 나위 없겠고 다시 바꾸어 말하면 그 탁월한 학문이 아니었던들 신묘한 필재가 발휘되지 못하였을 것은 의심할 여지 없다. 그러고 보면 학문적 배경 없이는 명필을 이룰 수 없다는 말이 된다.

현대에는 학문의 갈래가 많고 생업이 복잡하여 고대의 서가와는 다를 뿐 아니라 예전과 같은 기대는 어렵다. 글을 알고 써야 할 터인데 글을 모르고 쓰는 수가 많으니 과연 딱한 사정이다.

글씨는 글을 알고 쓴 것과 모르고 쓴 것이 다르기 때문이다. 그러므로 설혹 글은 모르고 쓸 지라도 글자만이라도 알고 써야 한다는 것이다.

글씨는 심상(心像)이란 말이 있다. 곧 마음을 그린다는 말이니 그 쓴 사람의 인품과 학식이 반영되기 때문이다.

2. 국문서예

1) 제자원리

훈민정음의 제자원리는 천(天)·지(地)·인(人)의 삼재와 아(牙)·설(舌)·순(脣)·치(齒)·후(喉)의 오음과 음·양의 양의(兩儀)와 금·목·수·화·토의 오행과 춘·하·계하(季夏)·추·동의 계절과 궁(宮)·상(商)·각(角)·징(徵)·우(羽)의 오음률 등에 근거하여 자형과 자음을 표현하였다. 여기서는 음운학적 심오한 원리는 생략하고 다만 자형에 관한 원리만을 추려 적었다.

훈민정음 제자해(制字解)에 따라 초성·중성 순서로 초략(抄略)하여 싣는다.

① 초성(初聲)

ㄱ 아음: 혀가 목구멍으로 들어가는 형상 목(木), 춘(春), 각(角)

ㄴ 설음: 혀가 윗잇몸에 올라붙는 형상 화(火), 하(夏), 징(徵)

ㅁ 순음: 입 모양의 형상 토(土), 계하(季夏), 궁(宮)

ㅅ 치음: 입 모양의 형상 김(金), 추(秋), 상(商)

ㅇ 후음: 목구멍의 형상 수(水), 동(冬), 우(羽)

ㅋ 아음: ㄱ에 가획(加畫)

ㄷ 설음: ㄴ에 가획

ㅌ 설음: ㄷ에 가획

ㅂ 순음: ㅁ에서 ㅂ

ㅍ 순음: ㅂ에서 ㅍ

ㅈ 치음: ㅅ에서 가획

ㅊ 치음: ㅈ에 가점(加點)

ㆆ 후음: ㅇ에 가획

ㅎ 후음: ㆆ에 가점

ㆁ 아음: 소리로 인하여 가획한 것은 같으나 ㆁ이 다르다.

ㄹ 반설음(半舌音)

ㅿ 반치음: 또한 혀와 이의 형상을 그리니 그 체형이 다르고 가획을 안 했다.

ㅱ ㅸ ㆄ: ㅇ을 순음(脣音)에 연서(連書)하면 순경음(脣輕音)이 된다.

② 중성(中聲)

ㆍ 형상의 둥근 것은 하늘을 그린 것이다. 천(天). 양성(陽性)

ㅡ 형상의 평평함은 땅을 그린 것이다. 지(地). 음성(陰性)

ㅣ 형상의 선 것은 사람을 그린 것이다. 인(人). 중성(中性)

ㅗ 천지가 처음 사귀어지는 뜻

ㅏ 천지의 쓰임이 사람을 기다려 이룸을 취한 것

ㅜ ㅗ와 같음

ㅓ ㅏ와 같음

ㅛ ㅗ와 같되 ㅣ에서 일어나다

ㅑ ㅏ와 같되 ㅣ에서 일어나다

ㅠ ㅜ와 같되 ㅣ에서 일어나다

ㅕ ㅓ와 같되 ㅣ에서 일어나다

ㅘ ㅗ와 ㅏ를 합한 자

ㅝ ㅜ와 ㅓ를 합한 자

ㅗ ㅏ ㅜ ㅓ의 하늘과 땅에서 비롯한 것은 처음 나온 것을 위한 것이요, 원점이 하나인 것은 처음 나온 뜻을 취한 것이다.

ㅛ ㅑ ㅠ ㅕ의 ㅣ에서 일어나 사람을 겸한 것은 두 번째 나온 것을 취한 것이요, 원점이 둘인 것은 재생(再生)의 뜻을 취한 것이다.

ㅗ ㅏ ㅛ ㅑ의 원점이 위나 밖에 있는 것은 하늘에서 나와 양(陽)이 된 것이다.

ㅜ ㅓ ㅠ ㅕ의 원점이 아래나 안에 있는 것은 땅에서 나와 음(陰)이 된 것이다.

ㆍ의 팔성(八聲)을 꿴 것은 양이 음을 거느리고 만물에 두루 흐름과 같다.

ㆉ ㆌ ㆊ ㆋ의 사람을 다 겸한 것은 사람이 만물의 영장으로 음양에 참여함으로

써이다.

2) 서체의 종류

① 고체(古體)

『훈민정음』은 한문이 자연을 대상으로 함과 그 형음의(形音意)로 출발했던 것과는 달리 음운의 원리를 살펴 자형을 창출한 글자이다.

초성 글자 아·설·순·치·후 오음(五音)은 형상과 작태를, 중성 글자는 천·지·인 삼재(三才)의 의(義)를 점획의 근본으로 삼았다.

글자를 만듦에 규칙을 정연히 세우고 음운의 이(理)뿐만 아니라 규구(規矩)의 이(理)를 겸하도록 했으니 이를 앎이 우리 글씨 서법의 근본이다.

우리 글씨의 역사를 살펴보면 『훈민정음』은 필의(筆意) 없는 원점과 방획(方畫)을 제자원리 그대로 썼고 『용비어천가』에 와서는 원점이 방획으로 변했을 뿐이고 『월인석보(月印釋譜)』에 이르러서도 그대로 지켰다. 이후에도 이 같은 판본체(板本體)의 이념으로 별다른 필치(筆致) 없이 고졸(古拙)하게 썼다. 이것이 궁체까지의 발전 과정이다.

우리 글씨의 고유한 가치를 지키며 예술로서의 생명을 불어넣기 위하여 『훈민정음』, 『용비어천가』 등 판본에 좇아 씀을 고체(古體)라 일컬었다. 이에 온고지신(溫故知新)의 발현에 힘을 기울여야 할 것이다. 고체는 옛 자형을 그냥 따라 써서는 그 생명을 끌어낼 수는 없는 것이고 획의 중묘(衆妙)를 잡아넣음으로써 생명을 배태시키는 것이요, 이들 생명을 모아 한 글자를 이루고 나아가 한 작품을 이룰 수 있는 것이다.

다시 밝히겠거니와 고체(古體)를 씀은 판본의 답습만이 결코 아니요 획의 중묘(衆妙)를 살려서 써야 할 것이다.

② 궁체(宮體)

『훈민정음』이 제정될 당시에는 신생 문자를 중요시하여 『용비어천가』와 같은 존

중할 창작이 나왔을 뿐 아니라 번역에도 귀하게 쓰였고 글씨체는 내리 판본체로만 쓴 것이 전하고 있다.

그 이후 판본체에서 필사체로 변화시키려는 움직임이 일게 되었다. 이 시기의 처음에는 제자원리를 지키며 쓰려 하였기에 필의를 크게 살리지 못하고 고졸하게만 써왔다. 이를 체계 있고 맵시 있게 쓰려 한 것이 궁체의 생성이 된 것이다.

궁중에서는 내전의 문서를 전담하는 내관과 궁녀를 두고 이들에게 우리 글씨 쓰는 전문 교육을 시켰으니 이로부터 비로소 체계가 서게 되고 필법을 정리하게 되었다. 그리하여 사대부가와 일반에게까지 널리 퍼져 아름답고 독특한 맛을 가진 우리의 표준서체로 되었다. 그런 까닭에 궁중의 글씨체 즉 대내(大內: 내전, 임금 거처)의 글씨라 하여 궁체(宮體)니 내서(內書)니 하는 이름을 붙이게 되었다.

현전(現傳)하는 선조(宣祖)의 어찰(御札)을 보면 판본에서 궁체로 변하려는 맥락을 짐작하겠고, 효종비 인선(仁宣) 왕후(1618~1674)의 서간에 이르러는 궁체로서의 체계를 세우려는 필의를 알 수 있으며, 현종비 명성(明聖) 왕후(1642~1683)에 이르러서는 단순한 필사라기보다 예술적 추구가 있었음을 알 수 있으니, 궁체의 생성은 현종(1659~1674) 이전으로 소급될 줄 안다. 그리고 숙종(1674~1720) 이후는 계속 발전하여 국운은 쇠하였을망정 왕조 말까지 잘 써왔다.

궁체의 쓰임으로는 등서(謄書)와 서간(書簡)으로 크게 나누겠고 등서가 전아한 데 비하여 서간은 정감을 옮기려 한 때문인지 쓰는 이의 개성이 뚜렷할 뿐 아니라 붓길의 흐름도 매우 자연스럽다. 등서(謄書) 글씨에는 남필(男筆)이 많고 서간 글씨는 여필(女筆)이 단연 많다. 위당 정인보 선생은 졸저 『우리 글씨 쓰는 법』 서문에 국문서예의 내력을 간명하게 표현하여 이로써 국문서예사의 줄기를 가히 짐작할 수 있어 다음에 초록한다.

훈민정음 처음 지으실 제 어금니와 혀와 입술과 이와 목구멍의 그대로와 및 변화하는 것을 형상하사 성음의 미묘함을 눈앞에 나타나게 하시다. 이는 세종 예성(睿聖:임금의 성덕)으로 인류 문화 역사에 처음 비치신 광명이라 반포전 용비어천가 나고 반포한 뒤 여러 가지 서적 번역이 있어 지금에 전하는 바 오히려 몇몇을 헤이게 되니 훈민정음(訓民正音)을 비롯하여 월인천강지곡(月印千江之曲)을 날(經)로 한 석보상절(釋譜詳節) 같은 배 가장 뚜렷하니 문자 예롭고 장중하여 태를 아니 보이고 규거로만 쓴 까닭에 저 은(殷)·주(周) 고전(古篆)과 같아 부르고 빤 획이 없고 삐치고 어슷하는 모양을 만들지 아니하였더니 나려오며 여러 손을 지나 비로소 필법이 생기어 정자 흘림 두체되니 비(比)컨대 진(秦)·한(漢) 이래 예서(隷書)와 해(楷)·초(草) 있게 된 것과 같다. 대내(大內)에서 쓰오시던 체법(體法)이 특히 단정 엄중하여 자미 가운데 예스러움을 가지니 이른바 궁체라 ……(하략).

3, 한문서예

1) 한자의 생성

한문서예에 관하여는 전적(典籍)이 허다하여 가고(可考)할 만한 문헌이 많고, 또 번잡하여 이에 대해서는 극히 간단하게 적었다.

중국 상고에 제왕(帝王) 복희(伏羲), 신농(神農), 황제(皇帝), 삼황(三皇)이 있었다 하며 복희씨가 팔괘(八卦)를 만든 것이 문자의 시작이라 한다. 황제 시대(기원전 약 2600년) 창힐(蒼頡)이라는 사람이 새의 발자취를 보고 그 형상을 본떠서 글자를 만들었다 하며 이를 조적전(鳥跡篆)이라 한다. 이로부터 물형(物形)을 보고 착안한 대로 그리기 시작하니 이른바 상형의 기원이 된 것이다. 문자가 생성되기 이전에는 끈의 매듭을 지어 그 모양이나 수로써 의사를 소통하고 사물을 기억하는 방편으로 삼았던 시대가 있어 이를 결승문자(結繩文字)라 한다. 그러나 사실상으로는 은왕조(B.C. 1384년 이후) 시대에 갑골문자라는 것이 있었다. 이 갑골문자는 구갑(龜甲)이나 짐승의 뼈에 새겨져 있었으며 이들 갑골(甲骨)이 출토품으로 전해왔다.

서(書)는 문자를 대상으로 표현하는 것이기 때문에 문자를 떠나서 성립되지 않는다. 그러므로 문자의 본질을 이해한다는 것은 무엇보다 중요한 일이다.

한자의 구조는 조형성이 내재하고 있어서 그것이 의적(義的) 표현의 충동을 환기시키고 있는 것이라 할 수 있다.

서(書)는 출발에서부터 회화성을 띠고 있다. 상형문자로서 구상성이 있고 선조(線條)의 추상성을 아울러 갖추고 있어 이 양면을 지닌 복합적 예술이라 할 수 있다.

여기서 한자의 구성 원인을 살펴보면 육서(六書)가 있다. 육서는 설문해자(說文解字)에 다음과 같이 되어 있다.

① 상형(象形)

물체의 형상을 본떠서 만든 것이다.

예: : 日, : 月, : 山, : 川

② 지사(指事)

선과 점으로서 사물의 성질 등을 표한 것이다.

예: 一, 二, 三, 亖(四), 上, 下

③ 회의(會意)

두 개의 문자를 합쳐서 새로운 의미를 만드는 것이다.

예: 明(日, 月을 합친 것), 信(人, 言을 합친 것)

④ 형성(形聲)

형상의 문자와 음성의 문자를 합친 것이다.

예: 江(工의 음에 水를 가한 것), 河(可의 음에 水를 가한 것)

⑤ 전주(轉注)

동일 부수로서 타(他) 구성의 부분이 변화하여 의미가 상사(相似)한 것이다.

예: 考, 老 [다 같이 고년(高年)의 의(義)]

⑥ 가차(假借)

오직 음성(音聲)이 있고 거기 상당한 문자가 없을 때 동음성의 기성(旣成)의 문자를 빌려 쓰는 것이다.

예: 아세아(亞細亞: 아시아)

이상 육서를 살펴보면 상형자(象形字)에 속하는 자는 상형·지사이고, 회의·형성·전주·가차에 속하는 자는 형(形)과 성(聲)을 중심으로 해서 이루어진 문자이다.

2) 서체의 종류

① 전서(篆書)

한자의 원시적 형태로 썼던 것이 전서이다. 전서에는 고문에 속하는 갑골문, 종정문(鍾鼎文)을 비롯하여 대전(大篆)과 소전(小篆)이 포함되어 있다. 현재 고문의 최고 문자는 갑골문이다.

갑골문은 고대 은인(殷人)들이 길흉을 점치고 제사하기 위하여 짐승 뼈와 거북 껍질 같은 데 복사(卜辭)를 새긴 것이다. 이는 거의가 도각(刀刻)인 까닭에 직선적인 것이 특징이다.

주대(周代)에는 모든 기록이 동기(銅器) 명문(銘文)으로써 남았으며 서풍도 풍만(豊滿) 장엄한 것이 특색이다. 정(鼎). 호(壺). 종(鍾) 등 다양한 형태로 발달한 고동기를 종정이기(鍾鼎彝器), 이들의 명문을 관지(款識)라고 하며 그 문자를 종정문자(鍾鼎文字)라고 한다. 관은 음문이요 지는 양문이다.

주말(周末)에 나타난 석각(石刻)문자로서 석고문(石鼓文)이라는 것이 있다. 석고의 연대는 주(周) 선왕대(宣王代)라고 한다. 석고문은 자체가 소박하고 균형이 잡혔다.

대전(大篆)에 대해 진대(秦代)에 생긴 자체를 소전이라 한다. 소전은 철선적(鐵線的)인 획으로 좌우 대칭이 엄격하고 대전에 비해 생동미는 덜한 듯하다. 전서는 후세에까지 소중하게 쓰여 왔으니 오늘날까지 비액(碑額) 같은 데 많이 쓰이고 있다. 전서는 상형의 원리를 가지고 있기 때문에 상형성을 염두에 두고 써야 할 것이다.

② 예서(隷書)

예서는 전서에서 일변하여 간략하게 쓴 서체이다. 예서 다음에는 해서가 생겼으니 예서는 전과 해의 중간에 있으므로 양체의 서의(書意)가 다 품어 있다. 전하는 말에 의하면 진(秦)의 옥리(獄吏) 정막(程邈)이 번거로운 공무로 편하게 쓰기 위하여 당시 유통되던 글자를 정리해서 만든 것이 예서라 한다. 그리고 예서는 한 시대에 이르러 필법이 발달하여 완성되었고 그 형태가 그대로 오늘에 전한다. 예서라는 명칭이 문헌상으로 처음 나타난 것은 B.C. 3세기 진(秦) 시대이고 필법이 제대로 잡히지 않고 간략하였던 것이니 진권량(秦權量)에서 엿볼 수 있다.

그러던 것이 획에 파세(波勢)가 생기면서 파책(波磔)을 이룬 것이 전한의 무제시대 B.C. 2~1세기가 된다.

한편 팔분(八分)이란 명칭이 있으니 이 어원에 대하여는 구구하다. 문자가 팔(八)자 모양 같다 한 데 연유된다고도 하고 또는 전(篆)의 팔분이 남은 까닭이라고도 한다. 그러나 예서가 실지로 사용되던 한대(漢代)에는 다만 예서라고 했을 따름이다.

예서는 고예(古隷)와 팔분으로 갈라 볼 수도 있다. 고예는 파책이 생기기 이전의 것으로 전이 예로 변화하기 시작할 무렵으로서 전의 요소가 많다. 시기적으로는 전한에서 후한의 초기에 걸친 동안이다.

③ 해서(楷書)

해서는 대별하여 육조해(六朝楷)와 당해(唐楷)로 나눌 수 있다. 이것은 근본적으로 동일한 것이라 할 수 있으나 필법과 결구의 양상이 동일하지 않아 그 특징을 면밀히 살펴야 할 것이다.

해서는 진서(秦書) 또는 정서(正書)라고도 하니 이는 표준체의 서라는 의미가 있다.

해서는 위(魏)의 종요(鍾繇, 133~230)라는 사람이 쓴 선시표(宣示表)가 효시라고 전한다. 본격적인 해서는 대체로 3세기 중엽을 지나면서 정리가 되어 5세기 중엽에 이르는 동안 완성된 것으로 본다.

해서는 초기에는 예서와 따로 구별되지 않고 사용된 일이 있으며 그래서 진당(秦

唐)시대에는 금예(今隷)라고 불렀다. 이 해서는 초당(初唐)에 이르러 완성되었다. 해서는 예서적인 해서와 행서적인 해서가 있다.

④ 행서(行書)

행서는 해서와 초서의 중간에 놓여 있는 서체이다.

행서의 점획이나 자형은 해서에 가깝고 연결성 있는 운필이다. 필세는 초서에 가깝다. 행서는 해서에 비해 점획이 생략되어 쓰기에 간편하고 난해한 초서보다 이해하기 쉬우니 이는 행서의 특징이다.

⑤ 초서(草書)

초서를 대별하면 장초(章草)와 금초(今草)로 구분된다.

장초는 예서, 즉 팔분을 쓰는 필법으로 점획을 연결시키지 않고 떼어서 쓰는 것이 특징이다.

금초는 한의 장지(張芝)가 처음으로 점획을 연결시켜서 썼다. 그 초서가 오늘날까지 쓰이고 있는 금초라는 것이다. 이 금초는 많은 시대를 거치면서 몇 가지 형태로 분화되었으니 대체로 구별하여 정초(正草)·대초(大草)가 된다.

정초는 한 자 한 자 떼어 쓰는 것이고 대초는 이것을 보다 더 풀어 쓴 것이다.

4. 문인화(文人畵)

문인화는 서예의 여기(餘氣), 여운으로 그렸다고 하여 서예 부문에 속하고 있다. 즉 문인들이 홍취(興趣)로 그리거나 또는 문인의 정취를 나타냈기에 문인화로 일컫고 있는 것이다.

매·난·국·죽 등 사군자는 물론이요 그 밖에 초목, 화훼 및 산수까지도 수묵(水墨)으로 그리매 이를 묵화라 부르기도 한다. 설혹 설채(設彩)를 한다 하여도 그 필치·필법은 동일한 것이다. 비록 묵색 하나로만 나타내더라도 농담과 원근의 묘가 자재(自在)하여 모든 표현이 핍진 자유롭다.

한자 제작의 원리로 보아도 상형으로 제자(製字)되었으매 그림과 다름이 없을뿐더러 그 용구도 글씨와 그림이 다를 바 없다.

여기서 서화동원(書畫同源)의 이(理)의 일치는 자명한 것이다. 서화동원의 이론을 실증으로 든 학설이 무수하나 몇 가지 예(例)를 초록(抄錄)한다.

주관(周官) 교국자이육서(教國子以六書)에

其一曰 象形卽畫之意也 故曰書畫 異名而同體 ……(中略).

첫째, 상형(象形)은 그림이란 뜻이니 서·화는 이름만 다르지 동체(同體)이다.

안광록(顔光祿)은

圖載之意有三 一曰理卦象是也 二曰圖識字學是也 三曰圖形繪畫是也

그림에 실린 뜻이 셋이니 첫째, 이(理)는 역괘(易卦)의 길흉의 상(象)이요, 둘째, 도식(圖識)은 자학(字學)이요, 셋째, 도형은 회화이다.

조희곡(趙希鵠)은

今人如米元章 善書必能善畫 善畫必能善書 實一事二

오늘날 사람들이 미원장(米元章)과 같이 글씨를 잘 쓰면 그림에도 능하고, 그림을 잘 그리면 글씨에도 능하니 실로 하나의 일이다.

왕불(王紱)은

畫竹之法 幹如篆 枝如草 葉如眞 節如隷 所謂書畫一法也

대를 그리는 법은 줄기는 전서 쓰듯, 가지는 초서를 쓰듯, 잎은 해서를 쓰듯 하여야 하니 이른바 서·화는 한 법이다.

김정희(金正喜)는

蘭法亦與隸近 必有文字香書卷氣 然後可得 且蘭法 最忌畵法 若有畵法 一筆不作可也……(中略).

난초를 치는 법(蘭法)은 역시 예서를 쓰는 법과 가까워서 반드시 문자향(文字香)과 서권기(書卷氣)가 있은 연후에야 얻을 수 있다. 또 난법은 화법(畵法)을 가장 꺼리니, 만약 화법이 있다면 그 화법대로는 일필(一筆)도 대지 않는 것이 옳다.

라고 하여 원래 글씨와 그림이 그 근본을 같이한다[書畵同源]는 설명과 아울러 문자향·서권기를 강력히 주장하였다.

그림에는 예로부터 글이 따랐으니, 이를 화제(畵題)라고 한다. 이는 그림을 그린 작가의 사상과 감정을 시문(詩文)이라는 형식을 통해 동일한 화면(畵面)에 글씨라는 표현수단으로써 그 사상과 감정을 표출해내는 행위이니, 곧 문인화의 삼요소(三要素) 가운데 하나다.

그래서 고인(古人)의 시문집을 읽으면 각종 그림을 두고 지은 시문을 많이 접하게 된다. 좋은 그림에, 좋은 글을, 좋은 글씨로 쓰면 이는 금상첨화 격으로 쳤다. 그런 까닭에 한 사람이 이 세 가지를 다 잘하면 삼절(三絶)이라 하여 높이 평가하였다.

근래 우리 젊은 작가들이 수묵화(水墨畵)에 주력하고 있어서, 이것이 바로 서화동원의 근원을 찾자는 운동이 아닌가 하고 생각해보았다.

이러한 정신에 글씨까지 연구·연마한다면 그 성과가 얼마나 더 좋지 않겠는가. 그림이나 글씨는 다 같이 기운생동(氣韻生動)하는 묵선의 필획이 아니고서는 그 성과를 기대할 수 없는 까닭이라 하는 말이다.

5. 결어

예술적인 글씨를 일컬어 서예(書藝)·서법(書法)·서도(書道)라 하니 이들 명칭이 다 예부터 전하여오는 말들이나 오늘날 와서는 모두 국적이 있는 것같이 되어 있다. 중국은 서법, 일본은 서도 그리고 우리나라는 서예라 하고 있다. 실용성(實用性) 있는 글씨는 그저 글씨라 하면 좋을 것이다.

한문서예는 한문대로의 역사와 서체와 특징이 있고 서예라면 으레 한문을 먼저 꼽아야 할 것이다. 그런 까닭에 한문서예를 모르고 우리 글씨만 안다면 일가를 이루었다 말하기는 어려운 형편으로 생각된다.

저 한문서예의 서체를 대별하여 전(篆)·예(隷)·해(楷)·행(行)·초(草) 오체(五體)로 꼽으며 그 형태 또한 다양하여 과연 그 예술성을 높이 평가할 수 있다.

여기 우리 국문서예를 비교해보지 않을 수 없다. 국문은 궁체 하나만 쳤으니 이 체는 정자 흘림, 즉 해(楷)·행(行)·초(草) 서(書) 밖에 없는 셈이다. 이러고 보면 서체도 너무 단조로울 뿐 아니라 현대와 같이 국문 생활을 하는 시대에 폭이 좁은 아쉬운 감을 금할 수 없다. 그렇다면 우리도 그 폭을 넓힐 수 있는 것이니, 『훈민정음』 제자원리에 '상형이자방고전(象形以字倣古篆)'이란 문구가 있다. 여기서 생각해보면 고전을 본떠 만들었으니 그 원리를 좇아 볼 수 있는 것이다. 『훈민정음』의 자형대로 원점 방획을 이용하여 쓰면 전(篆)에 해당될 것이고 약간 변모한 『용비어천가』나 『월인천강지곡』의 판본을 좇아 쓰면 예(隷)에 맞설 만하다. 이러고 보면 전(篆)·예(隷)에 맞설 고체와 본래 해·행·초에 해당하는 궁체를 합쳐 한문의 오체와 같이 구비하였다 하여도 과언이 아니리라.

한편 한문의 오체와 우리의 오체를 혼효(混淆)하여 써보아도 아무 서투른 점을 느끼지 않겠으니 앞으로 더욱 발전시킬 정신으로 연구 정진하면 그 소지는 얼마든지 있으리라 믿는 바이다.

우리 서예의 진로는 어떠한 것인가. 과거에는 서첩(書帖)이라야 오각(誤刻) 안본(贋本)이 횡행하였고 그나마 품귀하여 어느 서체의 면모조차 엿보기 힘들었다. 그러나 이제는 인쇄술의 발달과 서적의 교류로 말미암아 국내 서적도 양호한 것이 발간되거니와 일본과 중국의 서적들도 많이 들어와 공부하기에 편리해졌다.

무릇 서예는 고법을 임하여야 한다. 다시 말해 모방에서 창작이다. 올바른 모방 없이 좋은 창작이 있을 수 없는 것이다. 임이란 남의 글씨를 그대로 닮는 것이니 곧 임서(臨書)라 하는 것이다.

고법도 연대를 가리켜 말하면 중국의 당대 이전을 말하는 것이고 그 이후의 글씨는 모두 참고에 그치라고 권하고 싶다.

다음은 동양인으로서의 예술 생활상에 언급하려 한다.

갑골 이후 종정(鍾鼎)·석(石)·죽목(竹木) 등에 의하여 전해온 서예는 수천 년 동안 찬연히 꽃 피워왔을 뿐 아니라 우리는 그로 인하여 계승하고 발전시켜왔다. 이러한 문자 전래가 예술이라면 예술이거니와 생활에 절실한 관계를 맺어왔던 것은 역사가 증명하는 것이다.

우리의 생활 주변에서 이 같은 실제적 사실을 얼마든지 예나 지금이나 보고 있다. 다시 말해 생활의 미화(美化)를 말하고자 한다. 우리의 주거에 현판(懸板)이나 주련(柱聯) 등이 바로 그것이다.

궁전·사찰·서원·정사(亭榭) 및 일반 주택의 실내외 할 것 없이 글씨를 붙여서 장식, 미화했다. 어떻게 생각하면 붙어 있는 글씨로 말미암아 그 건축을 평가하기에 이르기도 한다.

누구나 서구 제국을 돌아볼 때 그곳 건축은 동양 건축이 목조인 데 비해 모두가 석조이고 으레 조각과 회화가 겸하여 건축의 3요소라 꼽을 만하다. 동양의 건축은 조각이 미약하다지만 글씨가 으레 곁들이고 보니 동양도 이렇게 쳐서 3요소라 하겠다.

동양 한문화권(漢文化圈)은 글씨를 이같이 중시하고 생활화한 것이다.

부록1

일중을 기리다

일중에 대한 지인의 글 모음

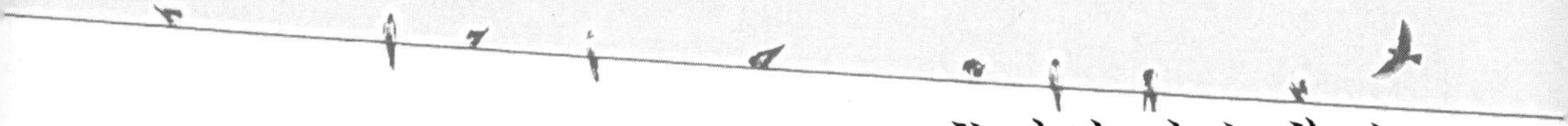

한평생 붓과 함께*

김단희

서예가. 일중의 장녀

이 책에는 한평생 붓과 함께 외길을 걸으며 서예술(書藝術)을 풍미한 노대가(老大家) 일중(一中) 김충현(金忠顯)의 문학세계를 엿볼 수 있는 글들이 실려 있다. 일제 식민지 시대 한글서예로 민족의 서러움을 달랜 10대의 어린 애국자였던 그가 이제 80을 바라보는 나이에 이르렀다. 이 책은 그분이 쓴 시와 수필의 모음이다.

그분의 문학적 재질은 예술의전당 개관 10주년 기념 특별전 '일중 김충현 서예전' 세미나에서 중견시인 이근배(李根培)에 의해 심도 있게 논의되었다. 일중이 쓴 시조를 신춘문예에 장원으로 뽑고 싶다는 말이 인상적이었다.

저자의 한문 호는 一中, 한글 호는 찬내. 딱 한 번 寒溪(한계)라는 한문 호를 쓴 일도 있으니 이는 아마도 차가우나 청정한 시냇물이라는 뜻이리라. 그분의 한글 호 찬내는 순수한 우리의 시어(詩語)이다.

그분은 말을 절제하고 집 안에서나 밖에서나 나무처럼 과묵하다. 그분 서예의 아름다움은 예술가의 천품에서 나온 것이겠지만 그 아름다움의 예술은 시문학과 밀접해 있을 것이다. 아니, 문학적 삶이 서예의 기초를 이루고 있는 것이다.

* 이 글은 1999년에 발간한 김충현 문집 『藝에 살다』에 서문을 대신하여 실렸다. — 엮은이

서예는 구도자(求道者)의 예술이다. 구도의 경지에 따라 그의 예술 모습이 드러난다. 그분은 이미 10대에 정인보 선생의 글을 서예로 승화시켰다. 이충무공 기념비를 쓰실 때에는 민족의 사랑과 아픔을 담았다. 소월의 시 「진달래꽃」을 쓰실 때에도 시인이 되어 쓰셨다.

이 책에 담긴 그의 수필들은 서예의 이론, 글씨 공부하는 데 필요한 조언과 그가 태어나 성장한 서울의 자연과 변화, 중국, 러시아 등의 여행기, 친구와 제자에게 보내는 글들이다. 그러나 이 수필보다도 몇 수 안 되는 시조들이 그의 내면세계를 보여주고 있다.

감나뭇골에 집을 짓고 쓴 8수 시조는 이근배가 탐낸 시조가 아닌가?

동선동에 새 집을 짓고 쓴 시조는 그분 아니면 쓰기 어려운 시조가 아닐는지?

이 책 안에는 서예인들에게 주는 노(老)대가의 끊임없는 조언이 있고 그 밑 어디에 서예라는 예술은 문학의 심지가 있어야 한다는 말이 찾아질 것이다.

일중 김충현 선생은 시인적인 은유나 수사학에 개의치 않는다. 그는 자연스럽게 그의 마음을 적어나간다. 그러나 그의 언어 선택은 정교하면서도 소박하다. 그에게는 과장이나 축소가 없다. 하늘을 우러러 조금도 부끄럽지 않게 사는 삶에서 우러나온 기(氣)가 있다.

그에게는 예술을 하는 긍지가 있다. 아무도 그를 오만한 예술가라 보지 않는다. 그는 지금까지 자서전을 쓴다거나 책을 간행하려 하지 않았다. 그래서 이 책 앞부분의 '외길 40년 예(藝)에 살다'(1979년 《일간스포츠》 연재)는 그의 자서전에 가깝다.

그는 우리 시대 마지막 문필가일 것이다. 편지를 붓글씨로 써 보내는 마지막 현대인일 것이다. 세월은 가고 새로운 사상과 기술이 우리를 찾아온다. 그러나 잊혀가고 있는 우리 시대 마지막 선비를 이 책은 보여주게 될 것이다.

일중대사(一中大師) 회고전에*

장우성

전 예술원 회원

붓 한 자루, 먹 하나, 벼루 한 개, 종이 몇 장이면 서예 입문이 가능하고 누구나 붓에 먹을 찍어 종이 위에 점(點)을 찍고 획(劃)을 그으면 글씨다. 그 다음 얼마 동안 습작(習作)을 하고 한자나 한글을 서체(書體)에 따라 공들여 써놓으면 서예작품이 된다. 얼핏 생각하면 서예란 참 간단하고 손쉬운 작업인 듯하다. 그래서인지 요즘 청소년, 주부, 직장인 등 많은 사람들이 서예를 배우기 위하여 서실(書室)을 찾고 얼마 지나면 단체를 만들고 전시회를 여는 등 매우 활발한 움직임을 보인다. 요즘 같은 삭막한 세태 속에서 반가운 현상이 아닐 수 없다.

그러나 서예는 그렇게 손쉽고 간단한 것은 아니다. 과거 얼마나 많은 서예인들이 허무한 꿈을 안고 미로를 헤매다가 덧없이 가라앉았던가? 생각해 보면 대부분의 사람들이 글씨는 스승의 지도 밑에 열심히 법첩(法帖)이나 베끼면 된다는 안이한 생각으로, 정작 보다 중요한 서사(書寫) 이전의 정신적·철학적 내면성을 소홀히 한 데 그 원인이 있지 않은가 생각한다.

---

* 이 글은 1998년 3월 예술의전당 개관 10주년 기념 특별전 일중 김충현 도록(1998년 3월)에 실렸으며 김충현 문집 『藝에 살다』 제2판(2000) 해설란에도 실렸다. — 엮은이

요컨대 정신문명의 소산(所産)인 동양의 예술, 즉 문인화나 서예는 한마디로 기술이 아니고 심성(心性)의 표현이며 형이상학적(形而上學的) 추상세계이기에, 작가는 '쟁이'가 아니라 '선비'여야 하고 선비란 학식과 인격을 갖춘 지성인인 것이다. 그래서 실제로 옛 명인들의 명작(名作)을 대해보면 작품 속에 넘치는 흥과 멋이 있고 세속을 초월하는 철학과 풍류(風流)가 있다. 그뿐만 아니라 작가의 근엄한 영상(映像)마저 아련하게 떠오르는 듯 작가의 혼령(魂靈)과 신기(神氣)를 교감하게 되는 것이 동양 예술만의 특이한 정서다.

이러한 고차원의 세계는 속물(俗物),범부(凡夫)로서는 도달하기 어려운 경지다. 그러나 사람에 따라 천부적 재질과 선택된 환경, 그리고 남다른 노력만 있다면 반드시 불가능한 것은 아니다. 예를 들어 추사(秋史) 김정희(金正喜) 선생의 경우 그 비범한 천분(天分)과 빛나는 가문(家門), 혜택받은 기회, 타의에 의해 얻어진 긴 전수기간 등이 그의 예술을 그토록 대성시킨 것이 아닌가 생각된다.

이번 예술의전당이 개관 10주년 기념 특별전으로 일중 김충현의 예술 일대기(一代記)를 보여주는 것은 여러 의미로 시의(時宜) 적절한 기획이라 하겠다.

일중은 우리나라 현대 서단의 원로요 대표적 서예가다. 그는 명문의 후예(後裔)로 대대(代代) 문한가(文翰家)에서 태어나 일찍이 사서삼경(四書三經)을 떼고 한문고전(漢文古典)을 두루 섭렵했으며 가학(家學)으로 서예에 입문하여 대방가(大方家)의 훈도(薰陶)를 거쳐 장년기에 이미 대가의 역량을 과시하였다. 그의 전서, 예서, 행서 등 대표작들은 고대 중국의 명류(名流)들의 유적에 손색이 없을 정도다.

일생 동안 정통서법을 준수하면서 개성 강한 독자의 세계를 구축한 일중은 침체 일로의 우리 서예계에 선도적인 역할을 다하였다. 근대 이후 일제의 통치 시기를 거쳐 현재에 이르기까지 대소(大小) 서예가들의 성패부침(成敗浮沈)이 많았으나 일중은 정도(正道)를 지켜 시류(時流)에 영합하지 않고 허세와 사술(詐術)을 용납하지 않았다. 그러기에 요즘 백화제방(百花齊放). 백가쟁명(百家爭鳴)의 소용돌이 속에서 더욱 돋보인다.

세간에서는 일중을 그저 글씨꾼으로 보는 사람도 없지 않은 듯하다. 그러나 일중은 과묵한 인격자요 겸손한 지식인이며, 설치지 않는 도시의 은사(隱士)이고 문장력(文章力)을 지닌 선비다.

이번 전시회는 그의 생애의 빛나는 업적을 조명함으로써 정통 서예가 무엇이고 참 서예인의 위상이 어떤 것인가를 시범적으로 보여주는 계기가 될 것으로 믿는다.

필원종장(筆苑宗匠) 일중 사부

김준섭

기념사업회 고문

세상의 모든 만물이 인과관계로 서로 얽히어 상호인연으로 이루어지는 자연의 오묘한 이치가 있듯이 나에게도 경동(京東)의 입학이 곧 생(生)의 좌표가 결정되는 순간이었다. 나는 경북의 작은 도시인 예천에서 출생하여 초·중학 과정을 향리(鄕里)에서 보냈다. 남보다 붓글씨 재능이 뛰어나다는 소리를 들으면서 『중등서예』(김충현 지음) 교본으로 공부를 했다. 경동고에 진학하고서 선생님이 이 학교 교사인 것을 알고 무척 반가웠고, 서예가이니까 연세가 많으실 줄 알았는데 뜻밖에도 35세 청년이셨다. 2학년이 되어 특별활동시간에 서예반이 편성되었는데, 지도교사가 김충현 선생으로 되어 있어 즉시 입반(入班)을 하였다. 그해에 청계천 입구 수하동에 동방연서회(東方研書會, 이하 연서회)가 처음 창설되었는데 선생님께서 '학교에는 시설이 부족하여 서예수업을 하기에는 적절치 못하니 연서회에 가서 하겠다'고 해서 매주 한 번씩 연서회를 찾았다.

서예반에는 백석(白石) 김진화(金振和) 선배가 상급생으로 있었고, 동기로는 율리(栗里) 박준근(朴俊根), 문곡(文谷) 강문석(姜文錫) 외 서너 명이 같이 활동했다. 나중에 초대작가로 등단한 사람은 선배로는 우림(雨林) 김진상(金鎭祥) 씨, 백석 김진화 씨가 있고 동기로는 나와 율리 박준근이, 후배로는 겸와(謙窩) 김진익(金振益) 군이 있으며,

문곡(文谷) 강문석(姜文錫)은 재야작가로 활동하고 있다.

당시 동방연서회는 우리나라에서 처음으로 전통서법을 체계적으로 강의하는 단체였으며, 연서회 회원으로 입회한 몇몇 사람과 경동고 재학생에게 잠시 지도하던 서예교습을 전국에서 찾아오는 일반인들도 수강하게 된다. 나는 경동고 재학 시절의 서예교습은 대학입시 준비관계로 특활시간에만 받았고 대학에 진학하고는 연서회에 정식으로 입회하여 전통서법을 학습하게 되어 평범한 학교의 사제의 관계를 넘어 평생을 따르며 훈도를 받는 사승(師承) 관계로 발전하였다. 이때부터 나는 스승을 부모와 같이 여기고 사부로 모시게 된다.

일중 선생의 행장(行狀)에 대하여는 여러 계층으로부터 발표된 문헌이나 작품으로 오래전부터 널리 알려졌기 때문에 나는 여기서 재론하지 않기로 한다. 다만 일중 선생이 유년기에서 청년기로 넘어온 기간의 몇몇 발자취를 들여다봄으로서 후학들의 연서(硏書) 활동에 도움이 되고자 하는 것이다.

일중 김충현은 1921년 5월 9일에 안동 김씨 종가의 둘째아들로 서울 도봉구 번동 오현(梧峴)에서 태어나, 폐쇄된 가학(家學) 교육환경과, 넉넉지 못한 생활, 일제(日帝)가 경계(警戒)하는 환경에서 성장하였고, 이러한 성장환경이 바로 일중을 서예가로 성장하게 하였으며, 성실하고 근엄한 생활태도를 몸에 배게 하였다.

6세의 어린 나이에 조부와 부친 밑에서 천자문을 배우고, 9살에는 귤원(橘園) 홍종길(洪鐘佶)에게 학문을 닦고 『소학(小學)』을 읽었다. 2년 뒤에는 가제(家弟) 창현(彰顯), 종제(從弟) 강현(康顯)과 함께 한문을 배웠으며. 12세가 되던 1932년부터는 『대학』·『논어』를 읽고, 조선 말기 이후 한국 서화계의 원로인 영운(潁雲) 김용진(金容鎭)으로부터 안진경(顔眞卿) 서법을 배웠다.

그러나 한학(漢學)만으로는 다음 세대를 살아갈 수 없다고 판단한 일중은 신학문을 배울 것을 결심하고, 일제의 교육을 받게 할 수 없다는 조부의 반대에도 불구하고 1934년 14세의 늦은 나이에 지금의 청진동에 있던 삼흥보통학교 3학년에 편입한다. 1938년 18세에는 중동학교 1학년에 입학하고 동아일보사가 주최하는 전 조선 남녀학생 작품전람회에 한문서예 작품을 출품하여 최고상을 수상하는데, 일중은 이것이 뒤에 서예가가 되는 직접적인 계기가 된다.

1939년 중동학교 2학년이 되는 해에는 19세 나이에 부모님이 맺어준 송용순(宋容順)과 혼인하여 가장이 된다. 1945년(25세) 일제에서 해방이 되던 해에는, 일본의 식민지 교육의 때를 씻어내고 민족교육의 시대를 준비하기 위해서는 국어 담당 선생이 할 일이 많을 것 같아 교사가 되기로 마음먹고 경동학교 교사로 부임하여 열성을 다해 학생을 지도한다. '나라를 빛내자, 성심것 배우자, 책임을 다하자'로 새로운 교훈을 짓고 궁체로 크게 써서 중앙 현관에 게시한다. 교훈 가운데 고어체로 쓴 '성심것'은 나중에 현대어 '성심껏'으로 바꿔놓게 된다.

'삼각산 높은 봉은 기상이 씩씩하고 한강수 맑은 물은 마음도 깨끗하다'로 시작하는 교가를 3절까지 작사하여 육당 최남선 선생에게 의견을 청하였더니 "이만하면 훌륭하다"면서 한 자도 고치지 않았다고 하였다. 이렇게 해서 만들어진 경동중고등학교 교가는 지금까지 그대로 불리고 있다.

교문에는 교문액(校門額)을 중·고교로 나누어 예서로 써서 사용하다가 나중에 한글전용으로 바뀌는 바람에 단아하게 궁체로 써서 달게 된다.

1961년에는 서울상고로 전임하여 잠시 근무하다가 이듬해인 1962년에 사임하고 17년간의 교사직을 마감한다. 그 후 서울대, 경희대, 성신여대, 동덕여대, 연세대학원의 강사를 역임하며, 창문학교의 학교법인 오산학원 이사장을 맡는 등 교육활동에 헌신하였다.

일중 선생이 경동학교 교사로 재직하는 동안에 제자들이 겪었던 일화 몇 가지를 적어본다. 일중 선생의 근엄하고 강직한 성격은 학생들의 입에 자주 오르내렸는데, 수업 중에는 항상 바른 자세를 강조하고, 흐트러진 자세를 바르게 갖도록 하였다. 시험감독으로 들어와서는 옆 사람의 답안지를 넘겨보는 학생을 보면 가까이 가서 큰 소리로 야단을 쳐 혼을 내지만, 그때를 틈타 다른 학생들이 딴 짓을 할 수 있는 기회를 주게 되니 감독 효과가 없게 되고 장난기가 있는 다른 학생들은 선생님의 이런 점을 역이용하여 딴 짓을 하게 된다. 한때는 수업시간에 교과서를 가져오지 않는 학생이 많이 있어서 수업을 시작하기 전에 교과서 검사를 하는데, 가져오지 않은 학생은 옆 반

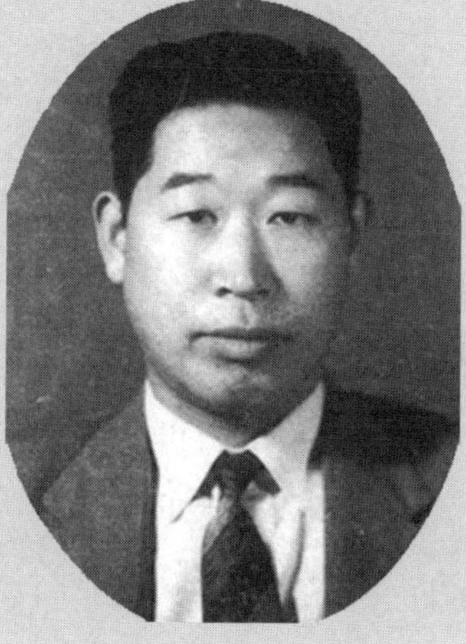

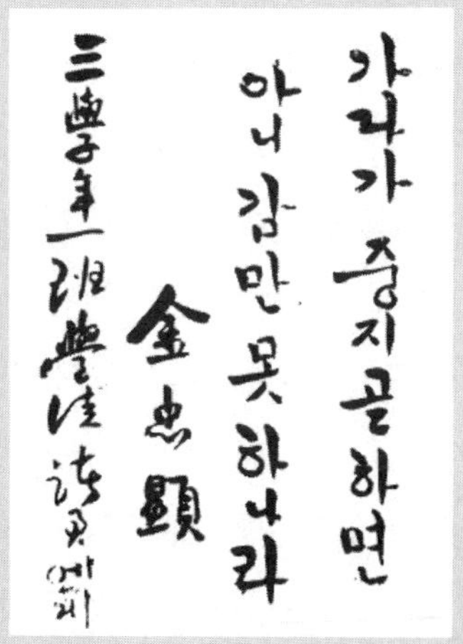

경동고교 교사 시절(1958년)(왼쪽) 학생들에게 보내는 격려문(오른쪽)

에서 잠시 빌려와서 교과서 검사를 모면하고자 한다. 하지만 그것을 막기 위해 선생님은 교과서 뒷장에 각 반마다 일일이 위치를 바꿔 도장을 찍어서 빌려오는 행위를 막는 일도 있었다. 남을 속이는 행위, 더구나 자기를 가르치는 스승을 기만하는 것 같은 행동은 절대로 용납하지 않았다.

사소한 일이라도 바른 일이 아니면 얼굴을 붉히며 큰소리로 나무라곤 해서 학생들은 '핏대 선생'으로 별명을 지어 부르기도 하였다. 한번은 두발 사건이 일어났는데, 3학년 2학기가 되어 머리를 기르자는 학생들이 뜻을 이루기 위하여 단체행동에 들어가자 교사들은 교무회의를 열어 의견을 물어보기로 하였다. 원흥균(元興均) 교장 이하 대부분의 교사는 반대의 의견을 내었으나 일중 선생을 비롯한 몇몇 교사들의 '졸업도 가까웠으니 학생들의 요구를 들어주자'는 의견도 만만치 않았다. 복도에서 회의의 내용을 엿들은 일부 학생들은 '뜻밖에 큰소리로 찬성발언을 하는 핏대 선생은 단연 좌중을 압도했다'고 전해왔다. 그래서 졸업을 2개월 남짓 남겼을 즈음에는 학생들이 짧았던 머리를 제법 덥수룩하게 길러 멋(?)을 낼 수 있었다.

당연히 반대를 할 줄 알았던 '핏대 선생님'의 찬성 발언은 지금까지도 의문을 남긴 채 졸업생들에게는 김충현 선생보다 '핏대 선생님'으로 기억에 남아 있으니, "일중은 큰 목소리로 좌중을 제압하는 호기와는 반대로 가슴속에 부드럽고 자상한 성품이 있다"라고 일중 선생의 행장을 소개한 어느 학자의 말이 가슴에 와 닿는다.

일중 선생이 청년기부터 서예가로 성공할 수 있었던 것은 그의 뛰어난 천부적 재능을 각계로부터 인정받았기 때문이라고 생각한다. 위당 정인보, 육당 최남선, 수주(樹州) 변영로, 노산(鷺山) 이은상, 이산(怡山) 금광섭, 월탄(月灘) 박종화, 일석(一石) 이희승 등 거학(巨學)들은 그가 지은 비문을 일중 선생에게만 쓰게 하였다. 전국에 펼쳐 있는 수많은 정·재계와 학계 인사, 문화예술인 등의 묘비들과 사찰, 서원, 누대와 궁전에 걸린 각종 현액(懸額) 등은 거의가 일중 선생의 글씨인 것은 국내여행을 다녀본 사람이면 누구나 쉽게 알 수 있을 것이다. 특히 일중 선생이 쓰신 〈한강대교〉 제자(題字)는, 처음에는 이승만 대통령의 휘호를 받기로 하고 관계관이 경무대에 갔었는데 대통령께서 "나는 한글서예는 익숙지 않으니 일중이라는 서예가를 찾아보라"라고 하여 쓰게 된 것이다. 당시 일중은 "대통령이 내 이름을 알고 있다는 사실에 놀랐다"라고 한다.

1958년에는 아우인 여초(如初) 김응현(金膺顯)과 고미술 감정가인 동창(東滄) 원충희(元忠喜) 등과 함께 '동방연서회'를 결성하고 중구 수하동에 자리를 마련한다. 조선조 말기 한국 서화계의 원로인 영운(穎雲) 김용진(金容鎭) 선생을 회장으로 추대하고 일중은 이사장을 맡는다. 그때 연서회 창립취지에 찬동하고 회원으로 관여한 인사로는 소남(蘇南) 송치헌(宋致憲), 창애(蒼厓) 김순동(金舜東), 의재(毅齋) 유길상(劉吉相), 심재(心齋) 이건직(李建稙), 경인(褧人) 김문현(金文顯), 어천(菸川) 최중길(崔重吉), 동교(東喬) 민태식(閔泰植), 소연(素硏) 정명순(鄭明旬), 석하(石霞) 성순명(成淳明) 등 제씨(諸氏)이다. 연서회는 수하동에서 다시 종로구 관수동 박리준(朴利俊) 내과의원 2층으로 옮겨서 연서회의 전성기를 맞는다.

일중 선생은 경동고에 재직할 때이고 여초 선생은 국회도서관에 근무할 때여서, 두 분은 오후 늦게야 회관에 나오셔서 지도하였다. 경인(褧人) 김문현(金文顯) 선생, 중앙고 교사인 백아(白牙) 김창현(金彰顯) 선생. 증권거래소 이사장인 원정(圓亭) 배종승(裵宗承) 선생도 거의 매일 나오셨다. 해어(海於) 김관호(金觀鎬) 선생과 월당(月堂) 홍진표(洪震杓) 선생은 한문 강의를 해주셨고, 상하(尙何) 김서봉(金瑞鳳) 선생은 서예를 하면서 한편으로는 옆방에서 입시를 앞둔 고등학생들에게 석고 데생을 가르쳤다. 시암(是菴) 배길기(裵吉基) 선생은 일중 선생과 예술원 회원을 같이하면서 절친하게 지내시는데 가끔 들려서 회원들이 글씨 쓰는 모습을 관심 있게 보시고 격려도 해주셨다.

일중 선생은 체본(體本)을 쓰는 것을 별로 좋아하지 않는다. 중봉(中峰) 긋는 기본획 정도만 써주고 체본 없이 곧 법첩(法帖)을 임서(臨書)하게 되었는데, 임서를 하다가 잘못 쓰면 그때에 지적을 해서 바로잡아 주었으며, 법첩을 보고 써야 지도자를 뛰어넘어 성가(成家)를 할 수 있다는 청출어람(靑出於藍)의 이치를 일깨워주었다. "근래에 와서 각 서실에서는 체본을 쓰느라 골몰하지만, 당장은 쉽게 갈 수 있을지 몰라도 멀리 내다보면 오히려 체본이 독이 된다"라고 하였고, "글씨는 이론보다 쓰기가 먼저이고, 말로 쓰는 것이 아니며, 자로 재는 것도 아니다. 부지런히 쓰다 보면 물리(物理)가 트인다"는 것을 강조하였다.

나는 여기서 관수동 시절의 연서회에 있었던 몇 가지 작은 일들을 적는다. 다만, 자료가 미비하여 나의 기억을 더듬어 제한된 지면에 기록하다 보니 일부 행사 내용과 여러 회원들의 이름이 누락되었을 수도 있다는 점을 양해해주기 바란다.

연서회에는 서예를 배우기 위해 많은 학생과 성인이 연구회원으로 입회하게 되며, 회원들은 열심히 글씨를 썼다. 해마다 국전(國展) 때가 되면 출품을 준비하는 회원들은 연서회에서 합숙을 해가며 밤을 새웠고, 글씨 쓴 화선지가 수북하게 쌓였다. 본인과 (고) 율리(栗里) 박준근(朴俊根), 지정(芝汀) 이규숙(李圭淑), 홍석창(洪石蒼, 홍익대학교 동양화과 명예교수), 초정(艸丁) 권창윤(權昌倫), 중관(中觀) 황재국(黃在國, 강원대학교 한문교육과 명예교수), (고) 오천(午川) 이광범(李光範), 도천(陶泉) 이동열(李東烈, 캐나다 온타리오 대학교 명예교수) 등이 입회년도는 서로 다르지만 거의 같은 연배여서 동기 간보다 더 가까이 지냈다. 초등학교 학생인 김주성(金周晟, 현 한국교원대 총장)은 대전에서 방학 때면 유학을 왔었고, 중고등학교 재학 중에 입회한 겸와(謙窩) 김진익(金振益), 해정(海庭) 김세호(金世豪), 현암(玄庵) 정상옥(鄭祥玉, 전 동방대학원대학교 총장), 하려(荷廬) 맹정주(孟廷柱, 전 강남구청장), 화산(華山) 최황(崔滉, 서울대 의대 비뇨기과 명예교수), 오재(五齋) 노성희(盧性姬, 전 동구여상 교사) 등과 규당(圭堂) 조종숙(趙琮淑),

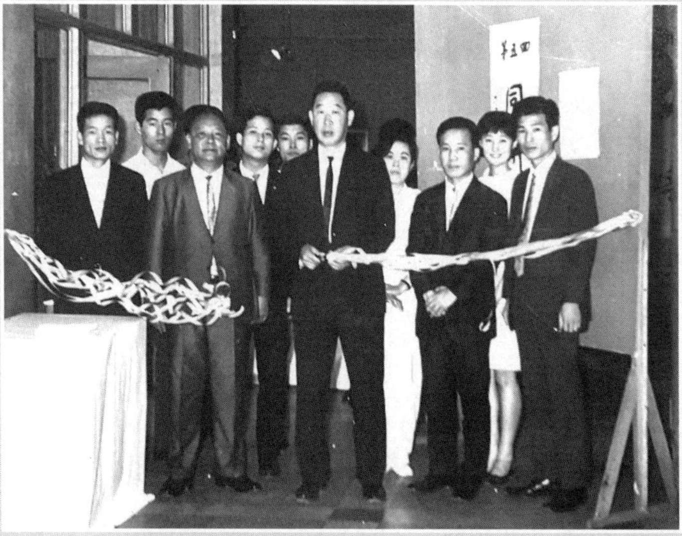
제5회 동연전 개막식

이기옥(李箕玉), 배영숙(裵英淑), 유헌(囿軒) 이명환(李明煥), 그리고 정산(鼎山) 우종천(禹鍾天, 서울대 물리학과 명예교수. 정혜서숙 이사장)과 최혜미(崔惠美, 서울대 식품영양학과 명예교수) 부부, 매씨(妹氏)인 우종령(禹鍾玲)·우종벽(禹鍾璧), (고) 석정(石汀) 김동현(金東炫, 전 중앙대 교수), 심영수(서울대 의대 호흡기내과 명예교수), (고) 계산(谿山) 김상용(金相用), 동허(同虛) 권태영(權太暎), 청교(靑喬) 김세경(金世經), 오산(午山) 채남술(蔡南述), 벽강(碧崗) 김상립(金相立), (고) 화촌(華村) 문영렬(文榮烈), 한재(閒齋) 안국희(安國姬), 정헌(貞軒) 김숙원(金淑媛), 파전(葩田) 김보연(金甫姸), 소운(素雲) 이송자(李松子) 등이 관수동 시절의 회원들이다. 이들 몇몇 회원들은 초대작가로 등단하여 한국 서단의 중심역할을 하고 있으며, 위에 적은 바와 같이 전공분야에서 두각을 나타내고 있다. 승려 회원도 여러 분이었다. 청도(淸道) 운문사(雲門寺) 회주(會主) 전명성(全明星) 스님, 공주 동학사(東鶴寺) 주지 (고) 박봉민(朴奉敏) 스님과, 서울 보문사(普門寺) 차덕현(車德賢) 스님이 연서회에서 공부하였다.

그 밖에 기억에 남는 작은 일로는, 회원들 상호 간 인연을 맺은 일이 있다. 도천(陶

泉) 이동렬(李東烈)과 미석(美石) 정옥자(鄭玉子) 두 사람은 대학 선후배 사이로 어려운 난관(難關)을 극복하고 결혼한 첫 번째 커플이었고, 북한산 야유회를 갔다가 몰래 사랑을 한 (고) 구당(久堂) 이성직(李成稙)과 소운(素雲) 이송자(李松子), 그리고 벽강(碧崗) 김상립(金相立)과 김준자(金俊子) 두 쌍이 열애(熱愛) 끝에 혼인했다. (고) 계산(谿山) 김상용(金相用)은 이기옥(李箕玉) 회원의 서랑(壻郎)이 되었으며, 현암(玄庵) 정상옥(鄭祥玉)은 삼천(三泉) 김강현(金康顯)의 3녀와 혼인하여 일중 선생의 종질서(從姪壻)가 되었다.

연서회 회원들의 숫자가 늘어나 조직이 확장되고 대외에 널리 알려지게 되면서 연서회에서는 여러 행사를 치르게 되는데, 제일 큰 행사인 동방연서회 회원전을 소공동 중앙공보관에서 제1회 전시회를 개최했으며 회원들은 1년에 한 번씩 열리는 이 전시회에 참여하는 것을 큰 영광으로 생각했다.

다음은 전국학생휘호대회이다. 즉석 휘호대회로는 동방연서회가 처음 시작한 이 대회는 동아일보사와 공동주최하고 문화공보부 후원으로 해마다 숙명여고 강당을 빌려서 개최하였으며, 이 대회에서 수상을 하면 대학 진학 때 가산점을 받는 혜택이 있어서 수상자에게 큰 도움이 되었다.

그리고 회원들의 연구의욕도 높이고, 스스로 공부한 진척도를 측정하는 기준을 마련하는 취지에서 정급고시 제도를 실시하였다. 9급에서 1급까지 급을 정하고 각 급수에 따라 부과하는 서체 가짓수가 달랐다. 3급 이상부터는 주어진 시제(詩題)에 따라 한문 5체와 한글 궁체 및 고체를 화선지 반절 크기에다 전부 써서 내도록 하여 1급으로 반제(及第)하면 월회비가 면제되고 정회원으로 승급한다.

다음으로 동연회라는 회원들의 친목·연구 모임이 있는데, 동방연서회전과는 별도로 매년 동연전을 개최하여 공부한 것을 외부에 발표하는 행사를 가졌으며 《동연》지도 발간했다. 《동연》지 제자(題字)는, 홍석창(洪石蒼)과 청교(青喬) 김세경(金世經)이 동연지 기자 역할을 맡아 운니동 영운 회장 댁에 취재를 갔다가 그 자리에서 받아온 귀한 회장님의 친필이다. 선생님들께서도 원고를 내주시지만 주로 회원들의 글이 실렸다. 창간호는 1964년 2월에 발간했는데 활판인쇄를 못 하고 필경사(筆耕士)에게 의

뢰하여 출판했지만, 그다음부터는 본인이 주관하여 편집을 해가면서 원지(原紙)에다 필경을 하였고, 등사(謄寫)와 제본은 석농(石農) 신정순(申政淳) 형이 맡아했다. 밤샘을 하여도 피곤한 줄 모르고 즐겁게 일했던 것 같다.

연서회를 관수동에서 창덕궁 앞 와룡동으로 세 차례에 걸쳐 이전하여 운영하다가 1969년에 일중 선생은 동방연서회를 여초 선생에게 맡기고, 사무실 겸 서실을 따로 만들기로 하고 관훈동에 '일중묵연(一中墨緣)'을 개설하여 제자들을 지도한다. 제자들 가운데 수준이 높은 제자를 따로 모아 '열상서단(冽上書壇)'이라는 서예모임을 만들고 해마다 회원전을 열어 서단에 발표하도록 지도를 하였다. 일중 선생은 "이들이 모두 한국 서단의 주축을 이루고 있다는 점에서 많은 자부심을 가진다"라고 하였다.

1983년에는 관훈동에 '백악동부(白岳洞府)'를 건축하여 개관하면서 제자들의 서실(書室) 지도는 그만두게 되고, 찾아오는 서예동호인과 지인을 만나는 등 안일한 날을 보내신다. 1993년에 우연히 병을 얻으시어 기력을 잃으시고 병석에 계시다가 2006년 11월에 서거하시니 향수(享壽) 86이시다. 선생님 가신 지 10주기를 맞는다. 선생님은 가시었으나 남기신 절륜(絶倫)한 업적들은 경향(京鄕) 각지에 만개하여 유방무절(遺芳無絶)로 후세에 빛날 것이다.

나는 선생님이 쌓아올리신 공적과 명성에 누를 끼치지 않으려고 스스로를 경책하며 서가로서의 길을 묵묵히 정진할 것을 다짐한다.

여기에 간송미술관 최완수 실장이 찬(撰)한 일중 선생 묘비명의 서두를 옮기며 끝을 맺는다.

"一中 金先生은 韓國書藝의 基準座標를 新設했으니 今世筆苑 宗匠이요, 萬代書家 師範이다."

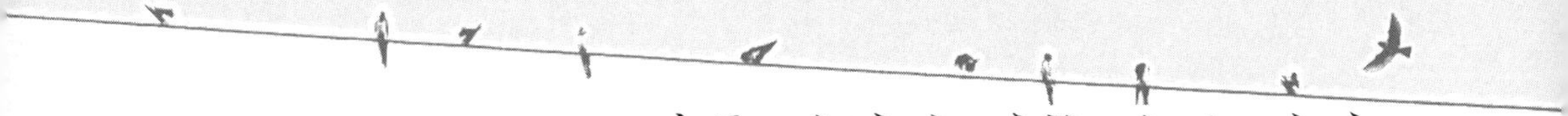

일중 선생에 대한 나의 기억

김수천

원광대학교 교수

고등학교 1학년 때 일중 선생의 제자이신 장암 이곤순 선생의 지도를 받았기에 일중 선생에 대한 이야기를 자주 들을 수 있었다. 매년 대전 회덕 동춘당(東春堂)에서 서예휘호대회가 있을 때마다 일중 선생께서 심사에 참여하셨다는 이야기를 들었다. 동춘당은 송준길(宋浚吉)이 자기의 아호를 따서 건축한 별당인데, 송준길은 우암 송시열과 더불어 노론을 이끈, 조선 후기를 대표하는 유학자였다. 일중 선생의 어머니와 부인이 모두 송씨 가문의 자손이었으며, 일중 선생의 14대 조상인 청음 김상헌과 우암 송시열은 사제지간으로서 그로부터 두 집안은 300년 동안 학문과 붕당을 같이하여 혼인을 맺어온 집안이었다. 이러한 연유로 일중 선생은 자주 대전에 들르셨다.

일중 선생을 직접 뵌 것은 대학 2학년 때였다. 대학에 다니면서 전공분야인 한국화보다는 서예에 더 전념했었다. 그러던 어느 날, 일중 선생을 찾아뵙고 싶은 마음에서 용기를 내어 일중묵연(一中墨緣)을 찾았다. 서예를 하는 후배와 동행을 했는데 선생께서는 우리를 반갑게 맞아주셨다. 학교에서 습작한 작품을 몇 점 가지고 가서 보여드리니 다른 말씀은 없으셨고 좋은 재주를 가졌다고 하시면서 칭찬해주셨다. 처음 만나뵙고 가장 인상 깊었던 점은 일중 선생의 치기(稚氣) 어린 눈빛이었다. 동심을 연상케 하는 맑은 어린아이의 눈이었다. 음성은 쇳소리가 날 정도로 힘차면서도 어조는 부드러웠고 선생의 당당한 기세가 느껴졌다.

그런 일이 있은 지 얼마 후 일중묵연에 정식으로 입회를 하게 되었다. 그때는 마침 겨울방학이어서 하루 종일 서예에만 전념할 수 있었다. 아침부터 오후 늦게까지 임서 공부를 했다. 안진경 해서를 썼는데, 체본도 없었고 가르쳐주시질 않으셨다. 그저 선생께서는 글씨 쓰고 있는 자리를 둘러보고 지나갈 뿐이었다.

그러던 어느 날, 드디어 일중 선생의 서예지도가 시작되었다. 갑자기 정신을 잃을 정도로 호된 꾸지람을 하셨다. "자네 어디서 글씨를 배웠나?"라고 하시고는 나의 답변이 끝나자마자 "시골에서 글씨를 배워서는 안 되네! 글씨가 왜 그렇게 더러운가!"라고 하시면서 역정을 내셨다. 이어서 선생께서는 지도를 못 하겠으니 한별한테 배우라고 하면서 위층으로 올라가셨다. 그날 한별 신두영 선생으로부터 안근례비 체본을 받았다.

그 일이 있은 후 한참 동안 고민에 빠졌다. 왜 나의 글씨를 더럽다고 하시는지 당시로서는 잘 이해가 가지 않았다. 외롭게 방법을 모색해야만 했다. 그러던 어느 날, 동산방화랑에서 심산 노수현 선생의 유작전이 있었다. 화집에서 익히 심산 선생의 작품을 보았지만 진품을 본 것은 처음이었다. 전시된 심산 선생의 작품을 보면서 한 가지 특이한 점을 발견했다. 점묘화법으로 그린 산수화는 점 하나하나가 마치 목욕을 한 것 같은 모습이었다. 심산 선생의 그림에서는 신령스런 기운이 감돌았고, 온통 점(點)으로 이어지는 산수화에서 청정(淸淨)한 화가의 성정을 느꼈다.

전시를 본 후 각성할 수 있는 기회가 또 한 번 찾아왔다. 인사동에서 대학 은사이신 지목 이영찬 선생을 뵙게 되었는데 선생께서는 인사동의 어느 큰 건물에서 산수화 대작을 제작하고 계셨다. 작품이 너무 커서 좁은 공간에서 할 수 없는 작품이기에 큰 공간을 이용하신다고 했다. 지목 선생의 산수화에서도 심산 선생의 그림에서 볼 수 있었던 청기(淸氣)가 느껴졌다. 두 분의 작품을 거울로 나의 모습이 투영되어 부끄러움을 느꼈다. 일중 선생께서 나의 글씨를 보고 왜 더럽다고 하셨는지 충분히 이해를 할 수 있었다.

그로부터 마음을 가다듬고 글씨를 썼다. 마음을 가다듬을수록 필획이 맑아지는 것 같았다. 일중 선생께서 불호령을 내리신 지 일주일이 지났다. 선생께서는 먼발치에서 유심히 나의 글씨 쓰는 모습을 바라보고 계셨다. "알아들었군!" 선생께서 혼잣말로 하시는 말씀을 들었다. 일중 선생의 지도법을 이해한 첫 순간이었다. 그날의 기쁨은 즐거움을 넘어서 법희(法喜)에 가까웠다. 선승의 심법전수와도 같은 신비로운 서예지도법이었다.

지금에 와서 돌이켜보면 선생은 지시적 교육보다는 스스로 알아서 성장하는 교육을 하셨다. 오늘날 혁신교육에서는 교사의 가르침보다는 학생 중심의 자기주도학습이 큰 효과가 있다고 강조한다. 그런 점에서 일중 선생은 요즘 미래교육의 대안으로 떠오르고 있는 비지시적 학습, 학습자 중심 교육, 수요자 중심 교육의 선구자셨다.

한편 기본적으로는 비지시적 교육을 하시면서도 경우에 따라서는 단호한 지시를 내려 스스로 자각을 하게 했다. 일중 선생을 무서워하지 않는 제자는 거의 한 명도 없었던 것 같다. 선생이 계시는 연구실에 들어갈 때 반드시 심호흡을 한 후 들어갈 정도로 경외의 대상이었다. 나는 그런 선생님의 모습이 좋았다. 그분의 눈을 보면 언제나 순수함과 치기가 느껴졌다. 원칙이 아주 뚜렷하신 분이었다. 화를 내더라도 거기에는 분명한 이유가 있어 보였다. 기분 내키는 대로 화를 내시는 것이 아니라 교육을 시키기 위한 엄한 꾸지람이었다. 전·예와 행·초서를 쓸 때는 체본을 해주셨는데 그때도 특별한 말씀이 없으셨다. 공모전에 출품할 작품을 제작하여 보여드리면 간단한 말씀을 해주실 따름이었다. 일중 선생께서는 작품에 오자가 생기면 무척 꾸짖으셨다. 하루는 초서작품을 했는데, 한 자가 오자가 났다. 4층 선생님 연구실에서 한참 동안 꾸중을 들었고, 잠시 후 서예를 하는 3층에 오셔서 다시 꾸짖으셨다. 돌이켜 생각하니 이것이 일중 선생 특유의 교육 방법이었다. 지금도 글을 쓸 때 퇴고 정정을 수없이 하는 것은 오래전 일중 선생 밑에서 엄하게 배운 데에서 비롯된 습관이다.

일중 선생의 가장 인상적이었던 점은 규칙적인 생활이다. 그분의 생활은 시계 그 자체였다. 2시에 출근하여 회원들에게 체본을 해주시고 3시가 되면 노인 회원 몇 분을 데리고 학원 밖으로 차를 마시러 나가신다. 30, 40분 정도 자리를 비웠다가 4시가 가까워오면 다시 학원에 돌아오셔서 나머지 회원들에게 체본을 써주시고 5시가 되면 어김없이 퇴근을 하셨다. 따라서 선생께서 학원에 계신 시간은 고작해야 3시간에 불과했다. 시간 경영을 아주 잘하시는 분이었다.

선생께서는 작품을 함부로 판매하지 않았다. 작품을 원하는 사람이 인품이 떨어진다고 생각할 때는 아무리 돈을 많이 준다 해도 팔지 않으셨다. 언젠가 병풍을 써주면 천만 원을 주겠다고 하는 사람이 있었다. 당시의 천만 원은 지금의 수억 원에 해당된다. 선생은 그 자리에서 당신은 무, 배추 장수가 아니라며 단번에 거절했다. 내로라하는 정치가도 장성들도 그분 앞에서는 위세를 펴지 못할 정도로 선생은 호연정기가 대단한 분이었다.

일중 선생은 언제나 간단명료했다. 군더더기 없이 필요한 말씀만 하시는 분이었다. 대만 유학 시절 일중 선생으로부터 한 통의 편지를 받은 적이 있다. 단 한 줄의 편지였다.

"무거운 짐을 지셨습니다."

한 줄이었지만 몇 장 이상의 무게감이 느껴졌다. 유학을 마치고 월전미술관에 입사한 후에도 일중 선생을 가끔 뵐 수 있었다. 논자는 당시 월전미술관 큐레이터로 재직했고 일중 선생은 월전미술관의 이사이셨으므로 회의가 있을 때마다 1년에 한두 번씩 미술관에서 뵐 수 있었다. 일중 선생과 월전 선생은 아주 오래전부터 절친한 사이였다. 월전미술관을 개관할 당시 「한벽원송(寒碧園頌)」이라는 시를 지어 보내셨다. 그 시를 돌에 새겼는데 지금도 미술관 정원에 놓여 있다. 건물을 가득 매운 월전미술관의 푸른 담쟁이넝쿨도 일중 선생께서 1991년도 미술관 개관 당시에 가져오신 선물이었다.

월전미술관 이사회를 마치고 근처에 있는 중국집에서 이사분들이 식사를 하는 것으로 예정이 되어 있었다. 일중 선생은 월전 선생께 특별히 부탁을 드려 논자를 그 자리에 동석하게 했다. 그때 옆에 앉으신 일중 선생께서는 술 한 잔을 따라주셨을 뿐, 별다른 말씀이 없으셨다.

일중 선생께서는 타고난 판단력을 지니셨고 진퇴(進退)가 빠르신 분이었다. 1993년 겨울로 기억된다. 한번은 세배를 드리러 평창동 댁을 방문한 적이 있다. 선생께서는 댁에 있는 서화작품을 보여주시면서 친절하게 작품설명을 해주셨고 특별한 기색이 없으셨다. 사실 바로 며칠 전에 선생 댁에 도둑이 들어 겸재 정선의 그림 등 많은 명작들을 잃으셨다. TV 뉴스에 나올 정도로 큰 사건이었다. 그런 일이 있었는데도 평상심을 유지하시던 그 모습을 뵈니, 지난 일에 대해 집착하는 분이 아니라는 것을 느낄 수 있었다.

1990년대 중반쯤부터 선생의 건강이 악화되기 시작했다. 1998년 백악예원에 들렀을 때, 선생께서는 병세가 심하여 아침저녁으로 기운이 바뀌셨다. 오후에 찾아뵈올 때는 정신이 있으신지 논자를 알아보셨다. 나의 이름을 부르시면서 혹시 일본 문학에 대해 아느냐고 했다. 잘 모른다고 했더니 한참 동안 일본 문학에 대해 말씀하셨다. 그전 같지는 않지만 그래도 말씀의 중심은 잃지 않으셨다. 함께 동행했던 제자가 사진기를 가지고 가서 혹시 사진을 찍을 수 있느냐고 여쭈니 그러자고 하여 선생님과 함께 사진도 찍었다. 마지막 작별의 대화였다.

그 후에도 댁에 인사를 드리러 간적이 있지만, 선생께서는 사람을 못 알아보셨다. 말씀도 하실 수 없었다. 그러나 자태는 여전히 건강하실 때의 모습을 잃지 않으셨다. 의연한 모습은 전혀 흐트러지지 않았고, 눈을 감으신 굳은 표정이 돌부처를 보는 듯했다. 이것이 선생님과의 마지막 만남이었다.

일중 선생님과 나의 학창시절

김진익

서예가

내가 붓글씨를 배우기로 마음먹은 때는 숭덕초등학교 5학년 때였다. 우리 집은 부모님 슬하에 6남매가 있었고 나는 둘째아들이었다. 장남인 형은 당시 선생님께서 재직하시는 경동고 학생 김진화로, 선생님께 사사받아 학생명필로 이름 나 있었다. 형은 정릉교회에 다니면서 여러 해 동안 매월 성경구절을 써서 교회당 강단 옆에 족자로 게시하는 봉사를 계속하였는데 나는 그 옆에서 먹을 갈아대면서 글씨를 쓰는 형의 모습과 글씨에 심취되어 붓글씨를 배우기로 작정하게 되었다. 형에게 청하였더니 형은 '글씨는 일중 선생님께 정식으로 배워야 된다'고 하면서, 우선 한글을 가르쳐 주었다. 형이 군대에 입대하면서 유공권의 현비탑비첩을 주어서 나는 독학으로 열심히 임서하여 글씨공부를 하였다.

나는 중학교 입시를 앞두고 글씨를 배우기 위하여 일중 선생님이 계시는 경동중고등학교에 들어가기로 하였다. 합격자 발표 날 교정에 들어가니 2층 난간에 붙인 합격자 명단에서 이름이 확인되어 무척이나 기뻤다. 그때 합격자 이름들이 너무나 아름다운 글씨여서 감탄하였는데 그것이 일중 선생님의 글씨임을 알고 깜짝 놀랐다. 신입생 오리엔테이션에서 교가를 배웠는데 작사자가 김충현 선생님이라 또 다시 놀랐다.

형이 군대에서 제대하자 중 2학년 초에 드디어 선생님이 세우신 동방연서회에 우리 형제가 입회하게 되었다. 선생님은 형제가 나란히 입회하자 퍽 기특하게 여기시고 열심히 서예공부를 하라고 격려해주셨다. 그 당시 동방연서회는 현재 3·1 빌딩 부근에 있던 수표교 옆에 아담한 2층 건물이었다. 처음 들어섰을 때 많은 법첩들이 소장되어 있었고 정급고시 준비로 학생 회원들이 쓴 글씨들이 쭉 벽면에 진열되어 있어서 분위기가 학구적이고 묵향이 가득하여 퍽 인상적이었다. 나는 이제야 훌륭하신 선생님 문하에서 전통적이고 예술성이 뛰어난 서예를 배울 수 있게 된 것을 큰 복으로 여기고 열심히 글씨 공부를 하기로 작정하였다.

선생님은 어린 나에게 집필법과 운필법을 일러주시고 안진경체로 기본 획과 '구(冓)' 자와 '영(永)' 자 8법을 비롯하여 기본 한자 30여 자를 체본하여 지도해주셨다. 어느 정도 익혀지자 『안진경 법첩』을 임서하도록 하셨다. 나는 이때부터 글씨 쓰기에 심혈을 기울이며 나날이 보람된 공부를 하며 서예의 길로 매진하였다. 중2 때 5월 학도호국단의 날을 하루 앞둔 날 갑자기 교장실로 오라는 연락을 받고 갔더니 원홍균 교장선생님과 일중 선생님이 웃으시면서 맞아주셨다. 교장선생님께서 '내일 학도호국단 날 서울지역 고등학교 학생대표 연대장들이 경무대로 이승만 대통령 각하를 뵈러 가는 행사가 있는데, 이때 학생대표로 각하께 기념휘호를 써드려야 되는 일이 있어 그 글씨 쓰는 학생으로 일중 선생님이 김진익 군을 추천하셨다'고 하시면서 준비하라고 하셨다. 나는 선생님을 따라 사주시는 곰탕을 든든히 먹고 동방연서회로 가서 선생님의 지도로 안진경체로 '流芳百世'를 썼고 다음 날 표구한 작품을 가지고 내무부장관과 더불어 경무대로 들어갔다. 대통령 각하께서 단상에 서 계시고 학생대표들이 교기를 들고 도열해 있었다. 각하께 작품을 드리니 '네가 썼느냐, 참 잘 썼다. 열심히 배워서 훌륭한 명필이 되어라' 하시면서 칭찬과 격려를 해주셨다.

그해 말에는 이 대통령 각하 송수 휘호대회가 있었는데 나는 중학생최고상을 받아 대한뉴스에 휘호글씨가 방영되기도 하였다. 경동고 1학년 때에는 동아일보사와 동방연서회가 공동주최한 제1회 전국학생휘호대회에서 고등부 최고상을 받아《동아일보》에 작품과 인물사진이 크게 실리기도 하였다. 이러한 모든 과정들이 선생님의 큰 가르치심이 있으셨기에 가능하였다.

나는 고1 때부터 방과 후에 연서회로 부지런히 가서 안진경체를 비롯하여 육조체, 한예서, 왕희지 행서를 중심으로 법첩들을 임서하는 데 많은 시간을 보냈다. 그리고 임서한 글씨를 선생님께 보여드리면 수정해주시고 글씨공부에 필요한 말씀을 해주셨다. 그때마다 글씨 솜씨가 느는 것을 느끼고 보람과 기쁨을 얻었다. 선생님은 배우는 학생들을 위하여 법첩 전문을 임서하셔서 연서회 벽 상단에 횡으로 붙여놓으시는 일이 가끔 있었는데, 너무나 운치가 뛰어난 멋진 글씨라 드나들 때마다 감상하게 되어 서예공부에 큰 도움이 되었다. 늘 말씀하시기를 '글씨는 현역작가의 글씨를 흉내 내지 말고 옛 명필들이 남긴 전통적인 비첩과 진적을 공부해야만 법고창신(法古創新)의 작품을 만들 수 있다. 또한 글씨와 더불어 독서도 열심히 하여 속기가 없는 문자향(文字香) 서권기(書券氣) 있는 글씨를 써야 하며 인격 도야를 통해 올바른 사람이 되어야만 훌륭한 서예가가 된다'고 하셨다. 이러한 가르침은 서가(書家)의 길을 가는 내게 평생의 길잡이가 되었다. 또한 동방연서회에서는 매년 정급고시를 모든 학생들이 참여하는 정급고시를 개최하여 서예공부에 큰 도움이 되었고 나도 열심히 참여하여 대학 1학년 때 최고 급수인 1급을 획득하였다.

선생님께서는 경동고에 오래 재직하시면서 고문을 강의하셔서 나도 고1 때 선생님께 직접 배우는 행운을 얻기도 하였다. 이 시기에 선생님이 문장가로도 유명하신 것을 알게 되었다. 선생님께서 지으신 시조, 비문, 평론, 수필 등에서 제자들이 많은 가르침을 받았으며 평생을 서예 보급과 부흥을 위하여 불철주야 힘쓰시면서 우리 글씨 쓰는 법, 서예교과서, 국한서예, 일중한글서예 등을 발간하시므로 우리나라 서예 발전에 크게 기여하심을 보게 되었다. 또한 경동고에 서예반을 만드시고 국문과 한문서예를 지도하셔서 유명한 제자들이 배출되었으니 김진화, 김준섭, 박준근 등의 서가가 서단에서 활동하게 되었으며 동방연서회와 일중묵연을 통하여 수많은 제자들을 양성하여 서예교육에 큰 성과를 이루셨다. 전국 각지에 비문과 전적지, 기념건물 현판, 사찰, 공원 등에 수많은 휘호를 남기셔서 그 글씨들이 후학들에게 좋은 교본이 되었다.

이제 선생님이 서거하신 지 10년이 되니 선생님의 다정하신 모습과 높은 가르치심이 새삼 눈에 선하며 그리움과 감사와 존경의 마음을 금할 수 없다. 나도 선생님의 크신 가르치심을 마음속 깊이 간직하며 서예 보급과 발전에 미력이나마 정성을 다하고자 한다.

뿌리 깊은 나무 일중 선생

맹관영

전 KBS 아나운서, 문인화가

선생께서 타계하신 지 벌써 10주기가 된다는 게 실감이 안 나는 건 선생을 아는 모든 이의 생각일 테지만, 나는 아직도 백악동부 3층의 일중 선생 서재에서 안경을 내려쓰고 나의 첫 번째 개인전 제자를 쓰시던 모습이 생생하다. 1997년 초봄의 일이다. 그즈음 건강이 안 좋은 때인데 그날따라 손이 많이 떨려서 작은 붓으로 〈우전 맹관영 서예전〉 8자를 쓰는데, 무척 힘들어하시던 모습이 퍽 안쓰러워 죄송한 마음뿐이었다. 막상 도록에 쓸 사진을 찍으려고 글씨를 자세히 보니 아무래도 안 될 것 같아 다시 써달라고 조르고 싶었으나 힘들여 써주신 글씨를 내가 퇴짜 놓은 것 같아서 부랴부랴 여초 선생을 찾아가 새로 제자를 받았다. 일중 선생에겐 2회전 때 다시 받을 계획이었는데 그전에 타계하셔서 이루어지지 못한 게 못내 아쉽고 죄스러웠다. 내 개인전 오픈행사에 참석하셔서도 '내가 써준 제자가 아니네?' 하지 않으셔서 더욱 몸 둘 바를 몰랐던 기억이 새롭다.

내가 일중 선생을 처음 만나 뵌 게 정확히 언제인지는 기억에 남지 않으나 대략 1970년대 초반이 아닌가 싶다. 내가 동양방송(TBC)에서 〈카메라의 눈〉이라는 TV 프로그램을 한 5년 동안 진행하고 있을 때 매월 마지막 주 일요일에 방송되던 〈한국의 인물편〉에 동양화 6대가를 비롯해 도예가 · 무용가 · 조각가 · 국악인 · 건축가 등 우리나라 예술계의 대표적인 인물들을 찾아 그분의 삶과 작품을 소개하는 60분짜리 프로그램이 있었는데, 여기서 서예가 검여 유희강 선생편을 방송하고 난 뒤, 1975년 신세계화랑에서 좌수서 제1집 발간 기념전을 할 때 개막식에서 선생을 뵌 게 기억에 남는다. 무성한 검은 수염의 검여 선생의 10년 연하인 일중 선생이 막역한 친구처럼 검여 선생과 농담 섞인 정담을 나누는 모습이 이 나라 서예계의 거목답게 흐뭇해 보였다. 그때의 인상은 마치 시골 초등학교의 교장선생님이나 마음씨 좋은 이웃집 아저씨의 모습 같았다. 그 이후로 일중 선생과는 자주 만나게 되었고 가까운 제자들과 함께 곧잘 술자리도 같이하게 되었는데 그게 인연이 되어 그 집안 3형제 분들과 모두 가까운 사이가 되었다. 백아 김창현 선생과는 내가 진행하는 라디오 공개방송 〈유쾌한 응접실〉에서 MC와 고정 초대 손님으로 오랜 기간 만났고 여초 선생과는 동방화랑의 서정철 사장과 함께 자주 만나 소주를 따끈하게 데워 마시는 등, 세 형제분들과 격의 없이 지냈으니 그것도 나의 홍복이 아닌가 한다.

아무래도 술자리 일화가 그분의 성격과 삶의 단면을 엿볼 수 있는 가장 가까운 화제일 것이다. 하루는 선생의 제자인 권창륜, 신두영 씨와 나와 동행한 황성현, 이영수 씨와 함께 선생이 이끄는 대로 돈암동의 단골집 이화장 2층에 자리를 잡았다. 언제나처럼 우선 맥주로 시작해서 양주로 입가심을 하고 있는데 한쪽에서 떠들썩한 소리가 나서 보니 면식이 있는 젊은 친구들끼리 사소한 일로 언쟁이 붙은 모양이다. 그들 중에 한의사란 사람이 불교계에 득도한 양 잘난척을 하니 이를 못 마땅히 여긴 옆 친구가 그의 옷자락에 술을 부으며 "도통한 사람이니 참으실 테지……" 하여 싸움 나기 일촉즉발인데, 일중 선생이 넌지시 건너다보며 "거 도통한 걸로 치고 기분 바꿔 술이나 마십시다" 하고 양주병을 건네주니 모두 숙연해져서 말씀대로 따랐다. 주기가 거나해진 선생께서 당신의 집에 가서 한잔 더 하자고 앞장서니 제자들은 익숙한 듯 "좋습니다" 하고 따라나서는 것이 아닌가. 하는 수 없이 모두 선생 댁으로 몰려가 그날 밤 늦게까지 술판을 벌였다. 그날 방문자를 대표해서 내게 써주신 휘호가 〈柿下高興〉(33×126cm, 칠순기념서집 147쪽 수록)이다. 한별이 먹을 갈고 초정이 화선지를 대령해서 시엽산방 방문기념 휘호를 써주셨으니 방문객을 빈손으로 보내지 않는 선생의 배려가 놀라웠다.

어느 해인가 정초에 세배를 갔을 때엔 손수 술을 따라 순배를 돌리는데 얼큰해진 한별이 "선생님, 담배가 피우고 싶은데 나가서 피울까요, 여기서 피울까요?" 하니, "마침 나도 담배 생각이 나던 참인데 거 잘됐군. 나도 한 대 주고 같이 피우세" 해서 사제간에 맞담배질도 쾌히 허락하시는 걸 보고 역시 대인의 풍모를 엿볼 수 있었다.

선생의 면모는 주위 여러분들의 표현에서 잘 나타난다. 한학자이며 서예가인 월당 홍진표 선생은 일중의 조부이신 동강 선생에게서 같이 수학했지만 일중을 못 따라간다고 토로했고, 아우이신 여초가 형님에게 험담을 해도 일중은 여초를 칭찬할 것만 하더라고 했으니 '형만 한 아우가 없다'는 옛말이 틀리지 않음이다. 월전 장우성 화백은 일중을 가리켜 과묵한 인격자요 겸손한 지식인이며 설치지 않는 도시의 은사이고 문장력을 지닌 선비라 했고, 석남 이도성 국립현대미술관장은 남이 흉내 내지 못하는 훌륭한 기술을 가지고 있으되 그를 자랑하지 않고 역사에 남을 독창을 개척하였건만 그것에 대한 내색을 하지 않는 천재 예술가의 태도라고 평했다.

일중 선생은 대화를 할 때도 중언부언하는 긴 말을 싫어하고 간결하고 운치 있는 표현을 잘 쓰는 것으로 알려져 있다. 실로 선생께서는 왕성한 작품 활동과 후진 양성을 통해 우리 현대 서단의 새로운 지평을 연 선구자라 해도 과언이 아닐 것이다. 선생께서 즐겨 쓰셨던 『용비어천가』의 '불휘 기픈 남간 바라매 아니 뮐쌔 곶 됴코 여름 하나니'의 구절이 곧 선생의 일대기가 아닌가 생각된다. 선생의 세계(世系)에서 보듯이 명문거족의 후예로서 경학과 서예를 유소시부터 익혔으니 뿌리가 깊은 것이요, 일제와 조선 건국기의 갖은 혼란기에도 흔들림이 없었고 어려서부터 '글씨는 반드시 국문과 한문을 병행해야 한다'고 생각했기에 일생 동안 한글과 한문서예를 수많은 후학들을 배출해냈으니 그 열매가 얼마나 많은 수확을 거두었는가!

이는 선생의 뿌리가 그만큼 깊고 튼실했던 결과라 본다. 내가 그동안 방송을 통해 친분을 갖게 된 각계 명사들 가운데 일중 선생을 가장 잊지 못하는 것은 그분의 인품과 도량이 누구보다 뛰어나기 때문이다. 인색하지 않고 언제나 부탁하면 다 들어주시는 아량, 버릇없이 굴어도 크게 탓하지 않고 보듬어 주는 포용력, 한번 믿으면 끝까지

변치 않는 신의!

그런데 인간의 품격을 따지는 데는 엄격했다. 그래서 당신의 화갑(華甲) 기념 서집(1981.4.28) 출판기념식의 사회자를 선정하는 데 얼굴이 많이 알려진 연예프로그램 진행자는 마다하고 글씨도 쓸 줄 아는 나를 택했다는 후문을 들었다. 그를 본보기로 월전 선생의 고희전 서집 출판기념식에도 나를 사회자로 불렀고 일중 선생의 칠질(七秩) 기념 서집 출판기념식도 내가 진행을 했다. 그런저런 인연으로 선생 사후에도 일중자가 들어가는 행사에는 내가 마이크를 잡는 게 도리라 생각되어 '일중 선생 전속 아나운서'를 자처한다.

뿌리 깊은 나무, 일중 선생 서거 10주년! 열 번을 다시 명복을 비나이다.

나의 스승 일중 김충현 선생

양교석

전 한일고등학교 교장

필원종장(筆苑宗匠)이라 칭송되는 선생님에 대한 글을 써달라고 부탁을 받고 서단(書壇)과 아무런 관련이 없는 나는 그 자리에서 사양을 하였다. 그랬더니 서단과 관련이 없는 분야에 있는 사람들이 본 선생님의 편린도 함께 싣고자 한다며 다시 간곡히 청하니 둔필이나마 이에 마중하기로 한다.

"만남이 교육에 선행한다"는 독일 교육 철학자 볼노브(Otto Friedrich Bollnow, 1903~1991)의 말이 있듯이 내가 선생님을 처음 만난 것은 1955년 경동중학교에 입학함으로써 비롯된다. 당시 선생께서는 경동고등학교에 재직 중이셨기에 직접적인 교과 지도는 못 받았으나 당시 이미 서예로 일가를 이루시어 국전 초대작가로, 운영위원으로, 심사위원으로 명성을 날리셨기에 교문에 새긴 교명으로부터 현충탑(顯忠塔) 글씨, 강당의 군자삼락(君子三樂)의 대형 현판 글씨를 통하여 간접적으로 선생님을 대하며 학교를 드나들었다. 한편 당시에는 가을에 매년 경복궁 미술관[지금 건청궁(乾淸宮) 자리]에서 국전이 열려 서울 시내 중고등학교 학생이 관람하는 것이 특별활동의 일환으로 진행되었는데, 그때 선생님의 작품이 앞서 말한 초대작가 또는 심사위원의 작품으로 전시되어 다른 학교 다니는 학생들에게 자랑하고, 그들이 부러워했던 기억이 생생하다.

고등학교에 진학하여 선생님께 고문(古文)과 국문학사를 직접 배웠으나 워낙 말씀이 간결하고 강건했으며 당당하신 자태에 범접하기 어려운 풍모이셨다. 겨울에는 한복을 즐겨 입으시어 당시 30대 후반으로 요즘 같으면 청년기라 할 연세였지만 우리 동기들이 느끼기에는 50대 후반의 할아버지로 어렵게만 느껴졌다. 이와 같은 풍모는 내가 나중에 알았지만 안동 김씨 집안에 병자호란 때 청나라에 붙잡혀 가서도 절개를 지키신 문정공 청음(淸陰) 김상헌(金尙憲) 선생의 14대손으로 영의정 문충공(文忠公) 문곡(文谷) 김수항(金壽恒), 육창(六昌)으로 이어져 순조(純祖)의 부마(駙馬)인 창녕위(昌寧尉) 김병주(金炳疇, 순조의 둘째 복온공주 부군), 그 손자인 오천(梧泉) 김석진(金奭鎭) 선생 대에 이르러 벼슬은 형조판서 판돈녕원사(判敦寧院事)에 이르렀으나, 1910년 경술국치를 당함에 일국의 대신으로서 나라를 지키지 못한 부끄러움에 순국자정(殉國自靖)하신 애국선열이 증조부인 내력과 무관하지 않은 듯하다.

대학에 입학하니 일중 선생의 완장(阮丈)이신 한학자이며 교수인 운정(云丁) 김춘동(金春東) 선생에게 한문을 배우게 되어 인연이 이어졌다. 그리고 육군 장교로 제대 후 신구문화사에서 『한국현대사』 편찬 주관을 하다 교직에 입문하여 내가 혼인을 할 때도 인연이 되었다. 대학 은사이신 약전(藥田) 김성식(金成植) 교수님 소개로 대학 후배인 내자를 만났는데 일중 선생님의 서예 제자라는 것이었다. 그리하여 우리 내외가 일중 선생의 제자가 된 것이었다. 그 후 첫딸을 낳아 내자가 자기 호를 지어주신 일중 선생께 이름을 청하니 승연(承姸)이라 지어주셨는데 그 딸아이가 미국 뉴욕 대학에서 박사학위를 얻어 현재 미국 대학의 교수로 있으니 일중 선생님께 감사의 정을 금할 수가 없다.

일중 선생 집안에서 오천 김석진 선생의 애국정신을 이어받아 육영에 뜻을 두어 순국하신 그 자리에 창문여자중학교를 1973년 설립하게 되었는데 진학 지도에 경험이 있는 사람이 필요하여 내가 초빙되어 옮기게 되었다. 그때 교장이 일중 선생의 숙씨(叔氏)인 백아(白牙) 김창현(金彰顯) 선생이었다. 백아 선생은 내 이름을 누가 지었냐고 물으시어, 조부께서 '교(敎)' 자를 주어 지어 주시며 "내가 이놈이 장성하도록 못 살 것 같으니 자(字)를 '중경(中卿)'이라 하라"라고 하셨다고 하니, 백아께서 "『중용』에서 따서

교(敎) 자를 주셨군" 하며 내게 호를 용헌(庸軒)이라 지어주시고 늘 그렇게 불러주시었다. 백아 선생과는 비록 제도권 학교에서 사제 간으로 만난 것은 아니지만 『논어』, 『맹자』 등을 틈틈이 배웠고 대학원을 다닐 때 『병인일기(丙寅日記)』 등 한적(漢籍)의 많은 것을 배웠으며, 후일 내가 다른 학교의 교장으로 교육 행정을 맡았을 때, 덕(德)으로 경영하라는 지침을 주신 인생의 멘토이셨다.

창문학교 교직원 연수 여행 시 내가 그것을 주관한 적이 있는데, 옛날 선인들은 조직을 이끌어나가는 방법으로 덕치(德治), 법치(法治), 정치(政治)의 세 가지 유형이 있었는데 백아의 리더십은 덕치에 가깝다고 하니 백아 선생이 사실 거기에 뜻을 두고 있다고 하시며 용헌의 날카로운 지적이라 말씀하신 기억이 새롭다. 내가 교직에 있으며 교장님을 대여섯 분을 모셨는데 가장 덕치의 리더십을 가진 분이 백아 선생이셨다. 이 모든 것이 일중 선생으로부터 비롯된 것이었다.

일중과 백아 선생은 5형제 중 연세도 두 살 차이로 자랄 때부터 같이 성장하시어서 교직에 함께 몸담으며 가장 친하게 지내셨다. 일중께서는 5·16 후 교직을 그만두시고 서예계의 원로로서, 또는 예술원 회원으로서 후진을 양성하시었지만 두 분의 우애는 한결같아 뜻을 같이하는 친우 분끼리 요산수회(樂山水會)를 만들어 전국의 산수를 주유(周遊)하시는 풍류를 즐기셨다. 나도 아주 가끔은 참석하는 영광을 가질 수 있었는데 두 형제분의 그 풍류와 우애는 참으로 부러웠다.

창문학교를 유지·경영하는 학교법인 오산학원 초대 이사장은 일중 선생의 백씨(伯氏)인 경인(褧人) 김문현(金文顯) 선생이셨다. 1975년 창문여자고등학교를 개교하시고 그해에 작고하시어 이사회에서 2대 이사장으로 일중 선생을 선임하였다. 그런데 선생께서 극구 사양하시니 다른 이사들께서 '당신 집안에서 오천(梧泉)의 정신을 계승코자 설립한 학교의 이사장을 사양하시면 우리 모두는 사퇴하겠다'고 강권하여 할 수 없이 맡게 되시었다는 후일담을 내가 들은 적이 있다. 이는 사학법인의 설립자가 공익성을 무시하고 자기 마음대로 천단(擅斷)하는 사회 풍조가 팽배했던 당시 선생의 교육관을 엿볼 수 있는 한 단면이라 할 수 있다. 하여튼 이같이 이사장과 교장으로 두 형제분을 모시게 되니 일중께서 학교 경영에 간섭은 하지 않으셨지만 나는 자주 선생님을 뵐 수 있게 되었다.

나는 1977년 삼각산 기슭 수유리로 이사를 하게 되었다. 삼각산은 예부터 서울의 진산(鎭山)으로 유명하고 산을 좋아하는 내가 시간이 나면 늘 찾는 산이다. 나의 모교인 경동고교 그리고 창문여고 교가에도 삼각산이 언급되어 있다. 이 두 학교의 교가를 일중 선생님이 작사하시었다. 그해 가을 일중과 백아 선생을 포함하여 일곱 분을 우리 집에 초대한 적이 있는데 두 분은 누추함을 가리지 않으시는 소탈한 성격으로 기꺼이 응해주셨다. 술이 몇 순배 돌아 거나해지시니, 어려운 말씀을 드리지 못하는 내 성격을 아시고 일중께서 먹을 갈라고 하시고는 선뜻 내 호와 내자의 호를 써주시었고, 백아께서는 '용헌오복(庸軒五福)'이라 즉석에서 휘호해주시며 "용헌이 오재를 만났으니 복 누리고 살라는 말이야" 하며 설명해주셨다. 내가 그때 당호를 써주셨으면 했는데 하고 말씀드리니 "무어라고 쓰랴" 하시기에 제가 삼각산이 좋아 그 기슭에 사니 삼각산의 별호인 태화산에서 따 '태화산방(太華山房)'이라고 말씀을 드리니 나중에 써서 보내주시었다. 그래서 지금도 그 집에서 그 당호 밑에 나는 살고 있다. 이렇게 선생은 금세고인(今世古人)의 풍류가이셨다.

그 뒤 창문여자중고등학교에서 예법실을 새로 짓고 당호를 '태화실(太華室)'로 했을 때, 일중께서 병이 깊으시어 글씨를 쓸 수 없게 되어 집자로 작성하려 하였는데 글씨체 등 어울리는 것이 없자 당시 교장께서 나에게 태화산방을 그대로 당호로 쓰게 해달라 부탁하여 낙관을 생략하고 목각을 하여 부착하였다. 그리하여 창문여자중고등학교에도 태화산방이 있게 되었다.

설악산 백담사에서 봉정암으로 가는 수렴동 계곡에 영시암(永矢庵)이라는 암자가 있다. 영원히 벼슬길에 나가지 않겠다고 맹세한다는 뜻이다. 이 암자의 창시자가 전술한 김수항 선생의 아들 육창(六昌) 중 셋째인 문강공(文康公) 삼연(三淵) 김창흡(金昌翕) 선생이다. 삼연 선생은 일중 선생의 본생(本生)으로 11대조에 해당하는데 벼슬에 뜻이 없어 둘째형 문간공(文簡公) 농암(農巖) 김창협(金昌協) 선생과 함께 성리학과 문장으로 널리 이름을 떨쳤다. 숙종 때 서인과 남인 간에 세자 책봉 문제로 날카롭게 대립하다 아버지 문곡(文谷)이 사약을 받고 돌아가시자 은거생활을 하기 위해 영시암을 짓고 설악산에 은둔하여 평생 처사로 살았다. 삼연은 매월당 김시습 선생과 비견될 만큼 문재(文才)가 뛰어난 분이었는데 시중을 들던 하녀가 호환(虎患, 호랑이에게 물려 감)을 당하여 더는 그곳에 살 수 없어 하산한 후 영시암은 폐허가 되었다. 1988년 일중, 백아, 여초 삼형제가 도현(현 영시암 회주) 스님과 함께 영시암 복원에 뜻을 같이하여 특별 전시회를 열어 기금을 마련하고 『삼연집(三淵集)』에 있는 설계대로 복원하였다. 영시암이 복원된 후 필자도 일중의 함씨(咸氏)인 김귀년(金貴年) 교장, 도현 스님과 함께 몇몇 사람이 이곳을 찾아 1박을 했던 기억이 새롭다. 이같이 일중 선생께서는 역사의 복원에 늘 관심을 갖고 법고창신(法古創新)을 실천했던 분이셨다.

그러나 애석하게도 복원된 영시암은 신도의 불찰로 촛불로 인화되어 다시 소실되었는데 그 후 중창하여 큰 절로 변모되어 오늘에 이르고 있지만, 옛 영시암의 모습을 찾을 길이 없으니 아쉬움이 남는 것은 필자만의 생각일까? 화려함보다는 질박했던 옛 선비들의 모습을 보고 느끼게 하는 것이 더 중요할 듯하다.

1990년은 오천 김석진 선생이 순국하신 지 80주년이 되는 해이다. 중고등학교 평준화 이후에는 공사립을 불문하고 정부에서 고시한 등록금을 받고 부족한 예산은 정부 보조금으로 운영하다 보니 사립학교의 설립 정신을 받들거나 기타 특화된 활동을 할 수 없게 되었다. 그리고 해방 후 반세기 가깝게 흐르다 보니 민족의 해방이나 독립을 위해 많은 애국선열들이 피 흘리며 투쟁한 결과라는 사실을 잊어버리고 그냥 저절로 이루어진 것으로 생각하는 세대가 늘게 되었다. 이에 일중과 백아 선생은 창문학교의 설립정신인 애국애족의 독립정신을 고취하고 오천(梧泉)의 순국 정신을 되새기고자 '오천 선생 순국 80주년 추념 전례'를 10월 26일 거행하게 되었다. 추념 행사와 더불어 일중 선생이 사비를 출연하여 『오천실기(梧泉實紀)』를 간행, 널리 배포하여 그 정신을 선양하고자 하였다.

『오천실기』는 오천 선생의 유작과 순원왕후 어찰(御札), 교지(敎旨) 교서(敎書), 경신일기(庚辛日記)인 『읍혈록(泣血錄)』, 유사(遺事), 행장(行狀), 묘지(墓誌), 묘갈명(墓碣銘), 제문(祭文) 등을 모아 그 아드님인 동강(東江) 김영한(金甯漢) 선생이 1934년 완편한 것을 1961년 그 손자인 번계(樊溪) 김윤동(金潤東) 선생이 인쇄하여 배포한 바 있으나 이번에 백아 선생이 보유(補遺)와 전(傳) 및 제가기술(諸家記述)을 첨입하여 다시 인쇄하여 배포하니 오천 선생의 유덕이 고루 퍼져 쇠세(衰世)의 경성(景星)이 되기를 바라는 마음에서 행하신 것이다. 백아 선생은 그다음 해 2월 평소에 건강하셨는데 갑자기 급서하니, 일중 선생이 그토록 애통해하시는 모습을 전에는 본적이 없었다.

일중 선생의 질녀인 정혜당(靜慧堂) 김숙년(金淑年) 선생과는 내가 창문학교에 부임 후 계속 함께 근무하였다. 정혜당께서 60이 넘어, 『아버지, 유채꽃이 참 고와요』라는 이름으로 책을 출간하였다. 이 책은 정혜당이 누대를 살아온 4대문 안 효자동, 재동, 송현동에서 경술국치를 전후하여 오현의 복온공주와 부마의 병사(丙舍)로 옮겨와 정혜당이 태어나서 장성할 때까지 증조부모로부터 조부모, 종조부모, 부모, 삼촌, 고모, 당숙, 당고모들과 함께 대가족을 이루며 생활하였던 사대부 집안의 이야기를 엮어은 것이었는데, 이 책을 출간할 때 나에게 당신의 세계(世系)를 청하였다. 내가 동강공편 『안동 김씨 문헌록』을 참조하여 세계를 작성하여 드리니, 중부(仲父) 되는 일중께 보여드렸더니 “이거 누가 작성했냐?”고 물으시어 양(梁)아무개가 했다고 하니 “그럼 됐다”라고 하셨다는 말씀을 전해 들었다. 일중께서는 아무것도 모르는 필자를 그렇게 믿어주셨으니 송구스러울 뿐이다.

어느 해인가 우리 부부가 신축하신 선생님 댁을 방문한 적이 있었다. 일중 선생께서 일일이 집 구조를 설명해주시며 누다락은 당신이 직접 설계에 넣도록 했다고 하시며, 옛 선비들은 여름에 누다락에서 시원히 여가를 즐겼다고 하시며 만족해하시던 모습이 생생하다. 어느 해에는 “자네는 역사를 한 사람이니 내가 보여줄 것이 있다”며 겸재(謙齋)의 열수(洌水) 8곡 병풍을, 또 언젠가는 추사(秋史)의 병풍을 보여주시며 기뻐하시던 모습에서 지순한 예술인의 순수성을 엿볼 수 있었다. 1990년대 초 졸업식을 위해 학교에 오셨을 때 교장선생으로부터 내 아이들이 일류 학교에 진학했다는 소식을 들으시고는 진심으로 나에게 축하해주셨다. 평소에는 말이 없으시고 무뚝뚝하다고 느꼈던 선생님이 이런 자상함이 있다는 것을 필자가 느끼기까지는 오랜 세월이 걸렸다.

매년 새해에 학교 선생님들과 함께 세배를 가면 그냥 앉아 세배를 받으신 적이 없었다. 앉아 세배를 받으시라고 하면 "여보게, 왜 남의 절을 앉아서 받나" 하시며 꼭 일어나서 세배를 받으셨다. 기품 있는 양반 법도를 평생 실천하신 마지막 양반 선비이셨다.

1995년 내자가 개인전을 백악동부(白岳洞府)에서 가질 때 선생님께 서문을 부탁드렸더니 긴 글은 쓰실 수 없다고 하시면서 '고풍일운(古風逸韻)'이라고 써주셨다.

선생님은 2006년 수(壽) 86세로 영면하시니,『논어』「술이」편에 공자께서 "도에 뜻을 두며, 덕을 굳게 지키며, 인을 따르며, 예에 노닐어야 한다[子曰 志於道 據於德 依於仁 游於藝]" 하였는데 일중 선생이야말로 그렇게 사시려 노력한 이시대의 마지막 지사(志士)요 예술인이 아니신가. 오호라, 선생의 중후한 자품(資稟)과 공검(恭儉)한 성행(性行)은 스스로 제자와 지우(知友)의 신망이 높아 일세(一世)의 사표(師表)가 되셨다.

일중 김충현 선생을 기리며

유상옥

코리아나 화장품 회장

내가 서예 대가이신 일중 김충현 선생을 처음 뵌 것은 1970년대 말입니다. 때는 동아제약에 재직하던 시절로 거슬러 올라갑니다. 당시 일본 명치제과의 사장이 동아제약 회장을 만난 자리에서, '頭走無路(두주무로, 앞서서 가는 사람은 길이 없다)'라는 뜻의 글씨를 받아달라고 부탁하셨습니다. 평소 친하게 지냈던 서예가 이백교 씨를 통해 글씨의 대가이신 일중 선생을 알게 되었고, 그와 함께 일중 선생을 찾아뵙고 글씨 부탁을 드렸습니다. 며칠 후에 '頭走無路' 글씨를 두 장을 받았는데, 한 부는 명치 제과 사장에게 드리고, 나머지 한 부는 뜻이 좋아서 제가 가지고 있습니다. 이 글이 내가 일중 선생께 받은 첫 번째 글입니다.

그 후에 백악동부에서 일중 선생을 자주 찾아뵙고 여러 글씨들을 받았습니다. 총 세 종류의 글씨를 받았는데, 기업경영자로서 필요한 글씨, 개인으로서 새겨들을 만한 글씨, 일반적인 명구를 쓴 글씨입니다. 그중에서 일중 선생에게 받은 가장 뜻깊은 글씨는 바로 '愚公移山(우공이산)'입니다. 내가 라미화장품에서 10여 년간 근무하다가 코리아나 화장품을 창업을 하게 됐는데 그때 일중 선생이 써주신 것이라 더욱 소중하게 간직하고 있습니다.

'우공이산'을 설명하자면 다음과 같습니다. 중국에 우공이라는 사람이 산을 옮기기 위해서 흙을 파고 있었습니다. 지나가는 스님이 우공에게 무엇을 하느냐고 물었습니다. 우공의 집 앞에는 산이 있고 산 앞에는 바다가 있었습니다. 집에서 바다를 보고 싶은데 산에 가려서 바다를 볼 수가 없으니 산을 헐기 위해 흙을 나르고 있다고 우공이 대답하였습니다. 그러자 스님이 '아니, 바다가 보이는 쪽으로 집을 지으면 될 것을 산을 언제 다 옮기냐'고 물으니 우공이 대답하길, '내가 이 산을 다 옮기지 못하면 우리 아들이 옮기고 아들이 다 못하면 손자가 옮기면 된다'고 하였습니다. 그래서 미련할 우(愚)자를 써서 우공이라는 별명이 붙은 것인지 모르겠습니다. 하지만 이것은 일화일 뿐이고 속뜻은 '어려운 일이 세상에 많지만 하려고 하는 의지를 가지고 포기하지 않고 노력하면 세상을 바꾼다'는 것입니다. 작지만 쉬지 않고 기울이는 노력이 큰 결과를 가져온다는 말이겠지요.

내가 일중 선생께 받은 글씨 중 아주 소중하게 여기는 또 하나의 글씨는 바로 '守素明德(수소명덕)에 開物成務(개물성무)'입니다. 이 글씨는 내가 동아제약에서 20년을 근무하고 1978년에 라미화장품 사장에 취임한 것을 축하하는 글이기도 해서 더욱 의미 있는 글씨입니다. 원래 '守素成務(수소성무)'라는 글은 유명한 학자이신 이가원 선생께 받은 글인데, 여기에 덕을 밝힌다는 의미로 '明德(명덕)'이라는 글씨를 일중 선생께 추가로 청하여 받은 것입니다. 이는 '자기 본바탕을 잘 지키고 덕을 밝히며 물자를 개발해서 자기의 직무를 성취해나간다'는 뜻입니다. 이런 여덟 자의 글씨를 일중 선생이 아주 정밀하고 우아하게 써주셨습니다. 그래서 나는 이 글씨를 사무실에 현판으로 걸어놓고 직원들에게 설명을 하면서 이렇게 삶을 살아나가자고 당부를 해왔습니다. 일중 선생도 60 회갑 때 낸 서집에 '수소명덕 개물성무'를 실었습니다. 일중 선생도 이 글씨는 아주 잘 쓰셨다고 생각하셨나 봅니다.

일중 선생이 써주신 글 중 '月掛椰子葉(월괘야자엽)하고 波靜發尼夢(파정발니몽)'이라는 아주 낭만적인 글이 있습니다. '야자나무 숲에 달이 걸려 있고 파도가 고요해서 바닷가의 꿈을 달래더라'는 뜻입니다. 이 글씨에 얽힌 재미있는 일화를 하나 소개할까 합니다. 때는 내가 라미화장품에 근무하던 1980년입니다. 당시 두발 화장품 전문회사로 명성을 날리던 독일의 '웰라'와 1980년 봄 계약을 하였습니다. 그 후 웰라로부터 인도네시아 발리에서 열리는 국제회의에 참여해달라는 요청을 받았습니다. 며칠 동안 나는 발리에 머무르며 낮에는 웰라의 발전을 위한 회의를 하였고, 저녁에는 바닷가 근처 연회장에서 저녁 식사를 하며 발리 여성들의 노래와 무용을 구경하였습니다. 저녁 모임을 다 끝내고 호텔로 돌아오는 밤이었습니다. 밝은 달이 비치고 있는 아주 운치 있는 저녁이었는데, 그때 나는 시 한 구를 지었습니다. 그 시가 바로 앞에서 언급한 '월괘야자엽하고 파정발니몽'입니다. 그 후 일중 선생을 뵙고 오행시를 지은 사연을 말씀드렸고, 일중 선생은 "유상옥 씨가 발리에 갔다가 읊은 시구"라며 멋진 글씨로 흔쾌히 써 주셨습니다. 아직까지도 아주 고맙게 간직하고 있는 아름다운 글씨입니다.

일중 선생께 받은 좋은 글이 여러 개 있는데, 그중에 천자문에 나오는 '如松之盛(여송지성)'이라는 글귀가 기억에 남습니다. 소나무와 같이 번성하라는 뜻인데, 내가 호를 송암에서 송파로 쓰고 있었고 소나무를 즐기는 편이었으며 천자문에 옛날부터 그런 문구가 있었기 때문에 여러 의미에서 소중한 글씨입니다. 아직도 나는 '여송지성'을 거실에 걸어두며 자주 보고 있습니다.

1993년에 내가 수필집을 처음으로 냈습니다. 그때 일중 선생을 뵈러 가면 선생은 저 사람이 글씨를 써달라고 부탁하러 왔겠지 짐작을 하시고 어떤 쓸 거를 가져왔나 물으셨습니다. 선생께 "제가 이번에 책을 한 권 냅니다. 책 이름이 『나는 60에도 화장을 한다』인데 선생님이 그거 하나 써주시겠어요"라고 말씀을 드렸습니다. "그래, 좋은 일이지" 하시면서 원고를 써놓으라 합니다. 며칠 후에 가니 글씨를 보관하는 곳에서 뒤적뒤적해서 써놓은 글씨를 가지고 나오셨습니다. 글자가 많으니까 한글로 길게 써가지고 오셨습니다. 제 개인으로 봐서는 아주 좋은 글을 써주셨다고 생각합니다.

그 후 일중 선생은 코리아나 화장품에 관한 많은 글씨를 써주셨습니다. 코리아나 화장품을 경영하면서 회사의 타이틀로 지은 '幸福을 追求하는 企業 코리아나 화장품'이라는 글씨가 대표적입니다. 일중 선생은 회사 타이틀을 아주 잘 지었다고 칭찬하시며 이 글씨로 현판을 써주셨습니다. 또한 일중 선생은 아름다움을 창조하는 기업이라는 뜻의 '美의 創造'라는 글씨를 써주셨고, 이 글씨는 매월 나가는 월간지에도 활용되었습니다.

그리고 '勤能補拙(근능보졸)'이라는 글씨도 있습니다. '부지런하면 능히 모자람을 보충할 수 있다'는 뜻입니다. 코리아나 화장품의 판매 방식은, 회사에서 직원을 뽑아 그 사람들이 고객을 직접 만나 판매를 하는 형식을 취하고 있습니다. 판매를 잘하기 위해서는 직원들이 머리가 좋은 것도 좋지만 무엇보다 부지런해야 합니다. 고객관리를 하려면 고객을 늘 따라붙어야 하는데 고객 유치를 위해 늘 부지런하면 능히 모자람을 보충할 수 있다는 뜻입니다. 이러한 뜻의 '근능보졸'을 일중 선생께 글씨로 받아서 사원들을 격려하는 데 많이 활용하였습니다. 그리고 마지막으로 '企業家精神(기업가정신)'이라는 글씨는 늘 사원들에게 주장하기도 하고 내 자신이 기업인이라 '기업가 정신'이 투철해야 한다고 생각해서 받은 글씨입니다.

논어 첫 장을 보면 '子曰, 學而時習之 不亦說乎'라는 글자가 나옵니다. '배우고 때때로 익히니 즐겁지 아니한가'라는 뜻인데 이 글씨는 지금도 사원교육을 하면서 매번 활용하고 있습니다. 나는 항상 사원들을 교육시켜서 뭘 언제 맡겨도 척척 해낼 수 있는 질 높은 사원으로 만드는 데 많은 공을 들여왔습니다. 새로운 특허품목이 나올 수 있도록 사원들을 훈련시키고 연구시켜야 합니다. 사원들이 날랜 병사가 되어야 한다는 의미에서 '精兵主義(정병주의)'라는 말을 만들었습니다. 이 글도 일중 선생께서 아주 좋은 글이라고 하시며 글씨로 써주셨습니다.

일중 선생이 써 주신 글 중 '名品主義(명품주의)'라는 것도 있습니다. 좋은 물건을 명품이라고 합니다. 우리 회사의 연구소에서는 아주 좋은 명품을 개발해내야 하니 이 글씨를 연구소에 걸어놓았습니다. 연구소 직원들이 이를 보면서 좋은 명품을 만들기 위해 열심히 노력하고 있습니다. 또 '樂天知命(낙천지명)'이라는 문구를 부탁드렸더니 아주 예쁘게 넉 자를 써주셨습니다. 이것은 환경을 즐기고 자기의 할 일을 알아야 한다는 뜻입니다. 제가 이 글을 가지고 있는 것을 보고 주위의 사람들도 갖고 싶어 하여 일중 선생께 부탁드려 글씨를 받아 준 적도 있습니다. 여러 가지 글을 부탁해서 받았으니 얼마나 고마운지 모르겠습니다.

그 외 나는 '오래된 돌과 똑바로 서 있는 소나무가 좋다'라는 뜻의 '家和萬事成(가화만사성)', '老石貞松(노석정송)'이라든가, '덕이 있으면 따르는 사람이 있어 외롭지 않다'라는 뜻의 '德不孤必有隣(덕불고필유린)' 등 일중 선생이 지은 주옥같은 시를 가지고 있습니다. 또한 '世傳淸德(세전청덕)'이라고 해서 '맑은 덕을 세대로 전한다'고 하는 글씨도 가지고 있습니다. 그리고 '고기는 뛰어놀고 사슴은 맹맹 운다'는 '魚躍鹿鳴(어약녹명)'이라는 글씨도 간직하고 있고, '寸陰是競(촌음시경)'이라든가, '平和統一(평화통일)'이라든가, '난초와 지초가 향기를 뿜어낸다'는 뜻의 '芝蘭麝香(지란사향)' 등도 가지고 있습니다. 또 하늘이 큰 복을 준다고 해서 '天與厥福(천여궐복)'이라는 글씨도 있고 자연환경을 얘기하는 '산이 높으면 물이 오래 흘러갈 수가 있다'라는 '山高水長(산고수장)' 등의 좋은 명구도 일중 선생이 써주신 것입니다.

수십 점의 일중 선생 작품을 보유하고 있는 것을 매우 영광스럽게 생각합니다. 글씨 하나하나를 정성껏 써 주셔서 일중 선생께 깊이 감사하고 있습니다. 2004년도에는 코리아나 미술관이 소장한 일중 선생의 서예 작품 26점을 포함하여 한국 근·현대 서예사의 주요 작품 총 70점을 선정하여 '향 서린 글씨'전을 개최한 바 있습니다. 일중 선생의 글씨에 담긴 정신적 가치와 문자향을 대중과 나눌 수 있었던 소중한 기회였습니다.

일중 선생은 거룩한 신념과 강인한 의지와 신뢰를 지켜 문화재 보존자로서 큰 역할을 하셨습니다. 일중 선생이 남기신 작품을 한국의 문화재로서 길이 보존하겠습니다. 감사합니다.

일중묵연 회고담

이명환

서예가

서예와 절연(絶緣)한 지 30년이 넘는 나로서 이런 자리에 글을 쓸 마음이 아니었는데 경후 김단희 씨의 청을 물리치기 어려워 그냥 생각나는 대로 몇 가지 50년 전의 회고담을 적어보기로 한다. 헤아려보니 반세기가 훨씬 지난 옛날 일을 회상하려니 자연 나도 애들 적으로 돌아가게 된다. 따라서 지금은 고희를 훌쩍 넘긴 대가들일지라도 경칭 생략 거명(擧名)을 하게 되는 일이 생길 것 같아 미리 양해를 구하는 바이다.

1961년 새 학기가 시작된 첫날 한 친구가 내게 이번 방학 동안에 붓글씨를 쓰러 다녔다는 말을 했다. 순간 강한 끌림으로 무작정 그 친구를 따라간 곳이 청계천 변 관수동 박리준 내과 2층 다다미방이었다.

동방연서회(東方硏書會)라는 나무 간판이 붙은 이층으로 올라갔더니 마침 일중 선생님을 비롯해 여초, 경인 선생님 등 형제분들이 계셨다. 형님 되시는 경인 선생님은 가끔 들러 한문을 풀이해주시기도 하고 넉넉한 인품으로 분위기를 부드럽게 해주셨다. 일중 선생님은 한글 호 찬내[冷泉]가 딱 어울리시는 분. 그냥 방안을 근엄한 자세로 왔다 갔다 하실 뿐 자상한 말씀 한마디 없으셨지만 누가 어디 잘못 쓰고 있는 것은 용케 지적하시는 예리한 분. 서도(書道)는 설명해서 가르치는 것이 아니라 스스로 터득해야 한다는 교육방침이셨는지는 모르겠지만 나처럼 아둔한 사람은 답답하다 못해

섭섭할 때도 있었다. 도무지 곁을 주지 않으시니 감히 질문할 엄두도 못 냈다.

친구를 따라간 첫날부터 나는 글씨를 배우기 시작했다. 예쁘장한 아가씨 지정(智汀)이 붓 한 자루와 신문지 몇 장을 건네줬다. 선생님께서 붓 잡는 법, 팔을 들어 중봉(中鋒)이 되게 하는 법 등 간단한 설명을 하신 후 가로 줄 세로 줄을 그으라 하셨다.

그 다다미방에는 6인 정도가 앉을 수 있는 교자상 같은 책상 몇 개에 상보처럼 담요가 덮여 있었다. 책상 중앙의 큼직한 대접에는 새까만 먹물에 자루가 길고 끝이 제비꼬리 진 옛날 수저가 하나씩 꽂혀 있었다. 글씨를 다 쓰고 나면 그 그릇에 담긴 물에 붓을 휘휘 저어 씻어 붓걸이에 걸고 가니 아침에 맑았던 물일지라도 그 물은 이미 먹물인 셈이어서 오후에 늦게 가면 오래 갈지 않아도 제법 쓸 만했다. 더구나 모두 신문지에다 글씨 연습을 했으니 번질 일도 없고 그해가 다 갈 무렵 정급고시(定級考試) 방(榜)이 붙어 그 준비를 할 때 비로소 화선지라는 것을 샀다. 이후 나는 학교 졸업하고 고향으로 내려가 있을 때나 혼인 후 여러 해 동안 묵연에 못 나올 때를 제외하고는 이 정급고시(후에는 명칭이 바뀌었다)에 꾸준히 참여하여 일계(一階)로 마무리했다.

처음 얼마 동안 나는 붓에 손만 대고 있고 뒤에서 지정이 내가 잡고 있는 붓을 움직여 쓰는 것을 보고 필순을 익혔다. 거의 매일 가서 나무목 변을 뗀 구(構) 자, 길 영(永) 자, 상하대소(上下大小)·중앙사방(中央四方) 자 등등 신문지가 수북이 쌓이도록 재미있게 썼다.

일중 선생님 말씀이 지정은 혼자 쓰는 것보다 붓 잡은 학생 뒤에서 써야 더 잘 쓴다고 칭찬인지 뭔지 알쏭달쏭한 말씀을 자주 하셨다. 이렇게 지정이 잘 지도해준 덕택에 비교적 빨리, 뒤에서 붓을 잡아주지 않고 혼자 써도 되는 「근례비 집자(集字)」 쓰기에 들어갔다. 신세계 건너편 중국서점에 가서 얄폭한 「근례비 집자」를 사가지고 집에 와서도 더러 썼다. 물론 신문지에.

당시에는 책이 귀해서 동방연서회에 나와야 근례비고 뭐고 교본을 접할 수 있었다. 요즘 그렇게 흔한 볼펜도 없고 복사(複寫)라는 것도 없던 시절이었다. 아무튼 교본이 없는 나는 수본(繡本) 베끼는 얇은 종이에 쌍구(雙鉤)를 해서 신 형(석농)한테 맡기면 솜씨 좋은 그는 옛날 한지 책처럼 맵시 있게 제본해서 벽에 걸어놓고 갔다. 『정문공비』,

『석고문』 등등. 여초 선생님은 鄭文公碑 雙鉤本(정문공비 쌍구본)이라 겉표지에 쓰고 안에도 똑같이 쓴 밑에 여초(如初) 선생님 호와 김응현(金應顯)이라 이름이 새겨진 갸쭉한 도장까지 찍어주셨다. 일중 선생님은 石鼓文 雙鉤本(석고문 쌍구본)이라고만 쓰시고 서명은 안 해주셨고 이 외에 또 전서 책 한두 권이 더 있었는데 다 어디로 갔는지 안 보인다.

왜 그랬는지 나는 근례비 대신 마고비(麻姑碑)를 썼고 행서도 쟁좌위(爭座位)를 안 쓰고 일중 선생님이 내켜하지 않으시는 집자 성교서(聖教序)를 택했다. 그 당시 왕희지 성교서는 여초 선생님이 지도하셨는데 두 분이 다 유명을 달리하셨으니 이제는 그 때 일을 말해도 되겠지.

뭣 때문이었는지 가끔 여초 선생님과 일중 선생님이 선생님 방에서 큰 소리로 다투셨는데 대체로 여초 선생님 음성만 들렸다. 그날은 '아직 김장도 못 했다' 등등 금전 문제로 여초 선생님이 화가 난 것 같았는데 간간이 일중 선생님더러 '언니'라는 호칭을 쓰면서 언성을 높이셨다. 우리 친정이나 외가 등 모두 나이 많은 남자형제끼리도 언니라 하는 걸 보고 경상도 친구가 흉을 보기에 난 충청도에서만 그러는 줄 알았는데 안동 김씨 서울 양반들도 언니라 하는구나 싶어 반가웠던 기억이 난다.

어쨌거나 며칠 만에 연서회에 나와 책을 찾아보니 성교서가 안 보였다. 지정의 얘기인즉슨 그게 여초 선생님 것이어서 화가 난 김에 당신 책을 모두 회수해 가셨다는 사연. 그때는 그냥 지도만 했지 체본을 써주지는 않으셨다. 일중 선생님께 말씀드릴 수도 없고 이만저만 난감한 게 아니었다. 그렇다고 쟁좌위를 쓰기도 그렇고 하여 때가 되면 다시 계속하리라 맘먹고 중단했던 일이 있었다. 그 후 10년도 훨씬 지난 인사동 묵연 시절에 나는 내 책으로 일중 선생님 체본까지 받으며 성교서를 꽤 오랫동안 여러 번 임서했다. 그리고 한별, 소헌과 함께 월당 선생님을 모시고 『반야심경』 해설을 돈암동 어딘가에 가서 공부했던 기억이 난다. 한글판 『반야심경』을 교재 삼아 새까맣게 강의 내용을 적어놓은 두툼한 책을 그 집에 놓고 다녔는데 무슨 사연이 생겨서인지 중도에 다시 못 가고 말아 가끔 그 책 생각이 난다. 말이 나온 김에 지금이라도 그 책을 찾을 방도는 없는지 한별한테 물어봐야겠다.

너무나 열심히 씀으로 해서 일중 선생님께서 오히려 덜 좋아하시던 특이한 경우가 있었으니 바로 아원(雅園) 윤덕임 씨다. 아원은 정말 아침에 와서 저녁때까지 지치지도 않고 매일 쓰시던 분. 왕희지 행서체로 병풍을 만든다 했다.

저렇게 매일 온종일 쓴다고 글씨가 느느냐. 저건 미련한 짓이다. 일중 선생님이 싫어하시던 또 하나는 둘이 짝지어 다니는 사람들이다. 하나가 안 오면 다른 하나도 빠지고 계속 소곤소곤 잔소리하고 어느 세월에 공부를 하겠느냐. 요는 혼자서 집중해서 연마하라는 말씀이셨다.

아원 옆에 늘 자리 잡고 앉아 있던 비구니 명성 스님은 모기나 개미 한 마리도 살려보내는 불교의 불살생을 실천한 분으로 유명했고, 몹시 바쁜 모양으로 잠깐씩 들러 그야말로 집중해서 쓰고 가던 조종숙 씨, 창덕여고생 노성희는 빵떡모자를 쓰고 슬그머니 나타났다가 쓰는 둥 마는 둥 하는 것 같아도 착실히 공부하고 가던 학생, 필력 좋고 걸걸한 동덕여고 이효자, 부완혁 씨 따님 새침이 이화여고생, 그리고 남자고등학교 학생 김세호, 명찰이 특이해 금방 표가 나는 경기고등학교 학생 두서넛, 그중에 너무 조용해서 오히려 기억에 남는 최황. 이 황이는 다 쓰고 갈 때까지 거의 한마디도 하는 걸 못 봤는데 게다가 예외적으로 저수량(褚遂良) 〈고수부(枯樹賦)〉를 썼던 것 같다. 누구나 안진경으로 시작하는 연서회에서 저수량을 쓰는 것을 본 것은 전무후무하다. 후에 내가 아는 얌전한 후배와 결혼해서 의사가 된 줄을 알았는데 자기 부인하고는 도란도란 말을 하겠지? 하루는 김세호가 자그마한 초서 서첩을 보면서 빠른 템포로 임서하는데 경인 선생님이 신기한 듯 한참 바라보시더니 그래도 붓대를 제대로 놀리기는 하는구나 하시면서 웃으시던 생각도 나네. 그때 나도 일어서서 고등학교 교복을 입고 있는 학생이 써젖히는 걸 구경하고 있었다. 일중 선생님이야 물론 마땅찮아하시며 그냥 선생님 방으로 들어가버리셨겠지 아마.

이 글을 쓰려는데 도무지 이름이 생각나지 않아 젊은 오제한테 전화로 물어 받아적은 걸 놓고 지금 쓰고 있는 중이다. 내가 일중묵연 이전 연서회 시절 얘기를 주로 쓰려 한댔더니 낄낄대면서 하는 말, 보아하니 대학생 같기는 한데 털털한 사람이 들어와 먹을 갈면서, 아침부터 여기 오려고 맘먹고 있었는데 이렇게 늦었네 중얼거리기에 시계를 보니 네 시더라나. 하도 기가차서 아니, 다 저녁 때 와놓고선 아침부터 준비했다? 이러면서 속으로 웃었다는 얘기. 그날 내가 왜 그랬을까? 뭘 하노라 꿈지럭대다 그때 와서 아침부터 올 마음이었다는 말은 왜 또 중얼거렸을까. 도무지 알 수 없는 일이다.

4·19 직후 중앙대학 교복에 큰 책가방 들고 눈을 반짝이며 들어오는 작달막한 초정더러 지정이, 나한테 묻지도 않고 우리 학교 신문에 연재되는 내 중편소설 제목 글씨를 보여주며 너무 조악하다고, 하나 좀 잘 써달라 했다. 초정은 씩 웃더니 '디오니소스의 後裔(후예)'라고 앉은 자리에서 고체와 예서로 멋있게 써줘서 다음 날 학보사에 가지고 가면서, 나는 언제쯤 이렇게 잘 쓸 수 있을까 하고 부러워했던 일. 신참들도 다 호를 쓰는데 이명환 씨는 벌써 몇 년차인데 호 하나 없느냐며 신계가 월당 선생님께 청해 받아다 준 호 유헌. 원고지에 宥軒說解(유헌설해)까지 선생님 글씨로 받아가지고 와서 전해준 일을 나는 두고두고 고마워하고 있다.

유(宥)라는 것은 너그럽다는 뜻이니 그 덕(德)을 항구(恒久)케 간직한다는 것이다. 악(惡)이라는 것은 저절로 오래갈 수가 없으려니와 선(善)인들 어이 길게 갈 수 있으랴. 요(堯)의 선(善)과 걸(桀)의 악(惡)이 서로 바꿈질처 오늘까지 이르게 된 것이 바로 그 명징(明徵)이 아닐까. 반드시 무선무악(無善無惡)의 사이에 저마다 알지 못한 묘(妙) 있으니 맑고 전일하고 화하고 빈 것으로서 도무지 이름이나 모양을 부칠 수 없는 것은 하늘이니 구(久)와 장(長)을 가히 기필할 수가 있느니라. 말이 이에 그치노라. 丙午元春荒江古木參老人自解.

장자에 나오는 유(宥)라 하시더라는 말을 신계한테 전해 들었다. 여기서는 처음과 끝만 인용하려 했는데 예스러운 어투나 문장에서 월당 선생님 모습이 떠올라 그냥 전문을 적었다. 바스러질 것같이 빛바랜 200자 원고지 두 장은 지금도 잘 간직하고 있다.

연서회 그 다다미방에서 어느 날 초정과 신계의 대화를 글씨 쓰면서 들었는데 아직도 기억하고 있는 것은 이렇다. 신계가 자기는 글씨 쓰다 싫증이 나면 쉬어야지 절대로 계속은 못 한다는 말을 받아, 초정이 자기는 싫증이 나면 참고 그 고비를 어떻게라도 넘기면 글씨가 잘 되더라. 두 사람의 이 이야기를 들으면서 나는 어느 편일까? 하다가 저 두 사람의 기질과 특징이 잘 드러나는구나 했었다.

가을에 연고전이 열리면 끝날 때까지 연서회는 시끌시끌했다. 고대 패 오천 동허 등과 연대 패 율리 정헌(貞軒) 안국희, 거기에 원정 선생까지 합세하여 "고연전이라니 고연놈이란 말야?" 하면, "그럼 테라마이신 연고라고?" 하면서 서로 자기 학교를 앞자리에 놓으며 입씨름하기 일쑤. 몸이 부대한 원정 선생은 근무를 마치고는 동방연서회로 직행하시는지 거의 개근하셨다. 그때는 사랑방 마실꾼처럼 낯익은 손님들이 많았다. 경매 주선하던 원충희 선생, 하루는 누구 굉장한 분이 오시는지 평소답지 않게 일중 선생님께서도 공손히 허리 굽혀 인사하시던 생각이 나서 오제한테 물었더니 아마 영운 김용진 선생님이었을 것이라 한다. 동방연서회 당호도 지어주셨고 어진(御眞)을 그린 분이시란 말을 들었던 것 같기도 하다. 이 외에도 기억에 남는, 슬슬 웃은 소리 잘하던 홍석창, 노상 독일어사전 들고 다니던 석정, 동천, 미석, 간산, 서울대 독문과 여학생, 조소과(彫塑科) 남학생, 또 아무도 없으면 큰 소리로 염불을 외우던 키 큰 고등학생…….

옛날에 동방연서회 혹은 일중묵연에서 만났던 사람과 우연히 마주쳐 반갑게 인사할 일이 내게는 더러 생긴다. 엊그제 차남이 지휘하는 음악회에서 만난 교수 정산(鼎山), 정산의 두 여동생들도 다다미방의 책상에서 가끔 마주치던 예쁜 여대생들이었다. 학교 때 과 후배 최청규, 생전 안 가던 모교 영학회 모임에 갔다가 영학회 임원으로 봉사하고 있는 청규를 보고 서로 안면이 익어 한참 생각해보니 그 다다미방에서였다. 또 일중묵연 시절 지인들. 이탈리아 식당 오너가 된 유재(游齋), 이 유재는 글씨 쓰고 나면 언제나 붓을 아주 말끔히 빨아서 걸고 가던 정갈한 사람. 광화문 '나무와 벽돌' 레스토랑에서 40여 년 만에 만난 사람을 서로 첫눈에 알아봤다. 유재! 유헌! 하면서. 묵연에서 내 옆자리에 앉아 안씨(顔氏) 가묘비(家廟碑)를 쓰던 팀파니스트 박동욱 씨. 미국에서 팀파니 공부하고 엊그제 돌아왔대서 반가워 만날 때마다 옆자리에 앉아 음악이야기를 많이 했다.

요즘 망령이 났는지 옛날에 쓰던 닳아빠진 붓과 벼루를 꺼내 남편의 시 등 한글을 더러 써본다. 손이 떨려 삐뚤빼뚤 쓰면서도 뭔지 그냥 카타르시스가 되는 것 같기도 하다. 진작 한별처럼 한글이나 쓸 걸 그랬나? 뜻도 모르는 한자와 한 20여 년 씨름하다가 손 놓고 나니 이현사(二玄社) 간(刊), 한국판 서첩 남편이 모아둔 추사 연구 서적, 도록, 서체 자전, 전시회 도록 등 서예 관련 책들만 수십 권, 아니 100여 권 쌓여 이사 다니면서 더러 정리했는데도 책꽂이에 가득하다.

헛되고 헛되도다. 세상사 허무로다.

엄하지만 따뜻했던 일중 선생님

조종숙

기념사업회 고문

일중 선생님과의 첫 만남은 1962년 11월 어느 날이었다. 지금부터 54년 전의 일이다. 종로구 관수동에 있는 국일관 옆 2층 다다미방에서 작고하신 경인 선생님, 여초 선생님, 백아 선생님과 함께 지도하셨던 시절이었다. 네 분께서 모두 작고하셨으니 새삼 그립고 마음이 아려온다. 회원들은 백석 선생, 초정 선생, 중관 서생, 석창 선생 등등 모두 청년시절이었으나 이제는 함께 늙어가는 것 같다. 모두 장난기가 심했지만 중관 선생의 장난기는 개구쟁이 아이와 같았다. 뜨거운 난로 위를 딛고 뛰어넘는 등 선생님께서 나오시기 전까지는 무슨 곡예장 같은 때가 많았다.

원고 의뢰를 받았지만 나는 붙임성도 없었고 아이를 키우는 주부였기 때문에 선생님 따라다니며 약주 대접도 못 하고 함께할 시간이 많지 않아 에피소드도 간직하지 못하였다. 다만 선생님이 어렵고 무서워 서실에 공부하러 나갔다가도 선생님께서 나오시면 우리는 보따리 싸서 귀가 길에 올랐다. 어차피 선생님께선 체본을 해주지 않으셨기 때문에 자칫하면 꾸중만 들을 것 같아 무서워 피하고 싶었던 것이다. 그래도 우리는 선생님의 그늘에서 제자 됨이 좋아서 열심히 묵연에 나가 법첩을 보며 공부를 했다. 자료가 없던 시절이라 집에서 공부를 하려면 습자지(미농지)를 대고 쌍구를 해 와서 글씨를 썼다. 아마도 지금 같은 세월에 그랬다면 아무도 남아 있을 회원이 없지 않았을까도 생각한다. 우리도 그 당시에는 어찌 그렇게 가르쳐주지 않으시나 하고 원망스럽기도 했다. 그러나 세월이 지난 지금에 생각하면 선생님의 교육방침이셨다. 체본을 해주면 스승보다 훌륭한 작가가 나올 수 없고 창작 능력이 생기지 않는다고 하신 말씀이 옳은 참 교육 방침이었다고 생각한다.

그렇게 엄하면서도 가끔씩 흘리시는 유머는 놀라운 때가 많았다. 한번은 어느 여대생 회원이 글씨를 쓰면서 나는 안경을 써야 하는데 아버지가 보기 싫다고 쓰지 말라고 말한다고 했더니 1분도 지나지 않아 "안 쓰면 뭐 나은가?" 하시며 우리를 웃기셨다. 물론 우리는 어려워서 그 앞에서 웃지도 못했지만, 선생님을 향한 존경스러운 마음은 표현하기도 한이 없지만 한두 가지만 이야기하자면, 축하받을 일이 있어 보답하자는 뜻에서 선생님께 약주 대접을 할 기회에 회식석에 가도 한 사람 앞에 3, 4만 원을 넘지 않게 여기까지만 계산하고 가라고 하신다. 그리고 특히 주부들에겐 시간을 오래 있지 않도록 배려해서 귀가를 시키셨다. 그렇게 제자들의 경제적·환경적인 배려 등등 모든 면에 보살핌을 주시는 분이시다. 더욱 제자들에게 절대로 작품구매를 강요도 권유도 하지 않는 분이셨다.

그래도 우리는 어렵고 무섭기도 했지만 참으로 존경하는 스승님의 제자로 작가의 길을 가고 있는 나의 행운이라고 자부심을 갖는다. 서예 인생 반세기를 넘었지만 훌륭한 스승님을 모셨기에 오늘이 있고 힘들고 어려웠던 작가의 세월도 많이 있었지만 나는 지금 붓글씨의 꽃밭을 돌고 있는 행복한 서예인이라고 당당히 말할 수 있는 것은 선생님의 은덕이고 그 그늘이 컸음을 생각하며 감사를 드린다.

오사(吾師) 일중 선생과의 묵연(墨緣)

홍석창

홍익대학교 명예교수

처음으로 붓을 잡게 된 인연을 돌이켜보니 감회가 새롭다. 6·25 한국전쟁이 발발한 1950년에 나는 초등학교 4학년으로 강원도 영월군 거안동에 있는 초등학교에 다니고 있었다. 우리 집은 전쟁의 소용돌이에 휩싸이지 않은 덕분에 피난을 가지 않고 있었는데 외조부가 가솔들을 이끌고 이곳으로 피난을 왔다. 외조부의 존함은 죽파 김병욱인데 안동 김씨였다. 우정국 주사로 일하셨는데 거안동으로 이사 와서는 서당을 열고 가족의 아이들뿐 아니라 동네 아이들에게 여러 가지 공부를 가르쳤다. 그때 처음으로 모필을 잡아볼 수 있었다. 이후 외숙(운당 김용규)은 쳇줄을 써 주었고 그것을 따라서 쓰며 서예를 익히게 되었다. 휴전 이후 외숙은 서울을 왕래하면서 붓과 먹을 사가지고 와서 주며 글씨와 그림 배우는 것을 도와주었다. 어머니는 결혼하기 전부터 다양한 이야기책을 필사하였는데 결혼 후에도 필사를 계속하셔서 그 책 중에 몇 권을 가지고 있기도 하였다. 이렇게 외가 쪽의 DNA를 가지고 있어서인지 나는 글씨와 그림에 관심을 가지고 계속 공부할 수 있었다.

영월에서 중학교를 마치고 고등학교는 서울에서 다닐 수 있게 되었는데, 외숙이 영운 김용진 선생에게 데리고 가서 서화를 배울 수 있도록 해주었다. 이때 중국의 법첩을 접하게 되었고 임서를 하며 작품을 준비하여 제9회 국전에 처음으로 입선을 하게 되었는데 당시 나는 홍익대 미대 1학년 학생이었다.

동방연서회에 입회하게 된 것은 1958년인데 영운 선생이 "나는 이제 연로하여 가르치기가 힘드니 일중과 여초에게 배우라"라고 하여 외숙이 두 분에게 소개해준 일이 계기가 되었다. 그래서 낮에는 학교를 다니고 밤에는 동방연서회에 와서 밤늦게까지 열심히 서화공부를 하였다.

동방연서회에서 서화 일치 교육의 일환으로 서울대학교 명예교수이신 심산 노수현 원로교수를 초빙하기도 하여, 심산 선생께 산수화와 문인화를 다시 배우면서 배움의 폭을 넓힐 수 있었다. 그 당시 동방연서회 선배로는 일중 선생의 경동고 제자인 박준근, 김준섭, 김진화가 있었다. 일중과 여초 선생과 함께 김창현 선생과 김문현 선생도 동방연서회에서 뵐 수 있었고 영향을 받으며 서화공부를 할 수 있었다.

대학에 재학 중이던 1960년대 초에는 학교 수업을 마치고는 바로 동방연서회에 가서 주로 생활하였다. 주전자에 밥을 해먹기도 하고 자기도 하면서 열심히 글씨를 쓰는데 골몰하였다. 동방연서회에서 학생들을 위한 학회지가 필요하다는 것을 착안하여 《동연(同硏)》지를 창간하는 데 주도적인 역할을 하게 되어, 동방연서회 회장이신 영운 김용진 선생을 찾아뵙고 '동연'이라는 제자를 부탁하여 붓글씨로 받아왔다. 그 당시에는 경제적으로나 여러 가지로 제대로 된 인쇄를 하기가 어려웠기에 골필로 쓰고 연서회에서 사용하는 등사기(가리방)로 밀어서 인쇄했는데, 당시 사무장으로 있던 석농 신정순 선생의 수고가 있었기 때문에 가능하였다. 제1호의 표지 그림으로 홍석창의 복숭아 그림이 실린 것으로 기억되고 첫 페이지에 김용진 회장을 내가 직접 찾아뵙고 동방연서회의 창립 등 여러 가지를 인터뷰하여 기사화하고 선생들의 글과 대학생 및 중고생들의 글을 실어서 서예공부와 인문학에 신선한 바람을 불어넣었다. 그 잡지를 지금 볼 때 열악하기 짝이 없지만 당시에는 참 보람 있었다고 추억된다.

동방연서회가 있었던 관수동 부근은 중국인들이 살고 있는 곳이어서 자연스럽게 법첩을 접할 수 있는 환경이었다. 평소 일중 선생은 제자들에게 선생의 글씨를 가르치기보다는 법첩의 글씨를 배우라고 하시며 법첩 임서를 매우 중요시하셨는데 이러한 가르침은 서예를 배우는 과정에서 잊을 수 없는 아주 중요한 원칙이었다.

지금 돌이켜 생각해보면 일중 선생으로부터 받은 가르침과 사랑이 너무 많아서 일일이 열거할 수 없을 정도이지만 그중 기억나는 몇 가지를 순서 없이 적어보려고 한다.

대만 유학을 마치고 귀국하여 화단활동과 대학에 강의를 하고 있을 때인 1978년, 나는 고혈압과 협심증으로 고생을 하던 차에 엎친 데 덮친 격으로 간염이 심하여 학교 강의 및 화단 활동을 중단하고 절대안정을 요하는 상황이었다. 일중 선생님께서는 그 소식을 들으시고 친히 수유리 집으로 오셔서 위로해주시고 건강을 빨리 회복하라 시며 두 손을 잡아주셨다. 그때를 생각하면 제자를 사랑하시는 마음에 눈물겹도록 감사할 뿐이다.

일중 선생이 제자를 사랑하는 모습은 여러 가지로 나타났는데, 그중 한 가지는 제자들의 취직을 위해서 몸소 움직여 주신 것이었다. 내가 홍익대학교에서 교원과목도 들었고 교사자격증이 있는 줄을 아시고는 졸업을 하자마자 내 손을 이끌고 직접 중동중고등학교 이사장 댁을 찾아가셨다. 미술교사로 취직을 시키려는 부탁을 송구스럽게도 일중 선생이 먼저 생각하시고 직접 하신 것이었다. 그 일이 성사는 되지 않았지만 이때의 일을 결코 잊을 수가 없다. 유학을 마치고 돌아와서 홍익대와 서울여대, 덕성여대 등 여러 곳에서 서예를 가르치게 되었는데 많은 경우 일중 선생이 추천을 해주셔서 기회를 갖게 된 것이었다.

문화공보부에서 주관하는 신인예술상에 출품하려고 규격(140 × 35cm)에 맞는 작품을 준비하게 되었다. 큰 글씨여서 밤을 세워가며 같은 작품을 열 장 정도 써서 제출 전에 일중 선생의 허락을 받으려고 보여드렸더니 그중 하나를 골라서 그것을 제출하라고 하셨다. 그런데 일중 선생이 선택한 작품이 내 맘에 들지 않았고 더 잘 쓴 작품을 제출하려는 욕심에이 생겼다. 그래서 같은 작품을 열 장 정도 더 써서 먼저 골라주신 작품과 함께 보여드렸더니, 일중 선생께서 “아니 그것으로 끝내라고 했더니 또 썼냐?” 고 하시며 작품을 쭉 살펴보시고는 “먼저 골라준 작품으로 내라”라고 하시며 또 같은 작품을 선택하시는 것이었다. 결국 그 작품을 제출해서 차석상을 받았고 일중 선생은 작품이 좋다고 하시며 동방연서회 회관에 걸어두라고 하셨다. 그때 느낀 점은 역시 대가의 안목은 어린 안목과 다르다는 것이었다. 나는 곱게 정리가 된 작품을 좋다고 생각했지만 대가는 힘 있고 생명력 있는 작품을 더욱 잘 쓴 것이라고 판단한 것이다. 그때의 경험을 바탕으로 작품을 골라주는 기회가 있을 때면 일중 선생이 선택한 기준이 나에게도 똑같이 적용되는 것을 깨닫게 되었다.

나는 본명이 홍숙호이고 호 자 돌림이었다. 집에서는 생각해서 잘 지었지만 숙호라는 이름은 부르기에 편하지 않았다. 정확한 사정은 알 수 없지만 12세 때 외조부가 석창이라는 호를 지어주셨다. 그런데 시골에서 어렸을 때야 호를 부를 일이 거의 없어서 사용하지 않았고 지냈는데 작품을 쓰게 되면서 일중 선생이 호가 필요하지 않냐고 말씀하시며 이런저런 제안을 하시었다. 그래서 어렸을 때 짓고 그동안 사용하지 않은 호가 있다고 했더니 뭐냐고 물으셔서 돌 석(石) 자에 푸를 창(蒼)이라고 말씀드렸다. 듣고 잠시 생각하시더니 석창이라는 호가 좋다고 그것을 사용하라고 하셨다. 그때부터 나는 석창이라고 부르기 시작했는데 석창과 홍숙호를 함께 섞어가며 부르는 것이 번거롭기도 하고 불편도 하여 일중 선생께 홍석창이라고 간편하게 부르겠다고 내가 주장하여 이제는 그것이 내 이름이 되어버렸다. 물론 공식적인 이름은 여전히 홍숙호이다.

대만에 유학 가서 동양화를 전공하였고 공부를 마치고 1973년에 귀국해서는 동양화에 전념하기 위하여 서예작품 발표를 거의 하지 않고 출품을 하지 않아서 일중 선생이나 여초 선생 모두가 섭섭해하셨다. 국전에서 특선을 세 번 하면 추천작가가 되는 제도가 있었는데 1980년에 국전 제도가 없어졌다. 그러던 중에 1983년 봄에 국립현대미술관에서 주관하는 '83현대미술초대전'에 서예 부문의 초대작가 의뢰가 와서 참여 여부를 회답해야 하는 상황이 되었다. 서예가라면 누구도 부러워하는 기회였지만 나는 고민을 하지 않을 수 없었다. 그 당시 홍익대학교에서 전임 자리를 찾고 있었는데 서예과가 없었으므로 미술 쪽으로 전임교수가 되기 위해서는 서예보다는 동양화를 해야 했기에, 이번에 서예 쪽 초대작가에 응하면 가을에 있게 될 회화 쪽의 초대작가는 기회가 없을 것이라 판단이 되었다. 그래서 고민 끝에 초대작가에 응하지 않았다. 이후 며칠을 고민하다 일중 선생을 찾아가서 사실대로 말씀드렸더니 한동안 아무 말씀이 없으시더니, 서예와 동양화를 같이 하는 교수를 언급하시며 함께 할 수도 있지 않느냐는 뜻의 말씀을 하셨다. 하지만 그 분과는 상황이 같지 않음을 설명드리고 양해를 구할 수밖에 없었다. 이후 홍익대학교에서 어렵게 7년 만에 전임이 되었고 서예과목도 만들어서 서예와 문인화를 같이 가르칠 수 있는 여건이 만들어졌다. 지금도 그때의 일을 생각하면 일중 선생이 얼마나 서운해하셨을지 짐작이 되고 큰 잘못을 했다는 죄송한 마음이 크다. 그 이후에 서예와 동양화를 열심히 하며 제자들도 많이 가르쳤고 서예활동도 활발히 하고 있다.

존경하옵는 오사(吾師) 일중 선생님 감사합니다. 제가 오늘이 있기까지 이끌어주신 은혜 항상 잊지 않고 살아가겠습니다.

일중 선생님과의 인연을 감사하며

황재국

강원대학교 명예교수

내가 처음 선생님의 성함을 뵈온 것은 6·25 사변 직후 1951년 초등학교 4학년 때 얇고 조그마한 학교 붓글씨 교본에 '김충현 쓴 한글 습자본'이라는 표지 글씨를 대한 때였다 그 교재에 나오는 〈공덕심 단결력〉이라는 문구를 선생님 필체를 따라서 붓으로 여러 번 써 본 기억이 난다.

그 후 꼭 10년 후 1961년 대학 재학 때 이문동에서 하숙을 했는데 같은 방 하숙생으로 외국어대학생 이학헌 학형과 함께 지냈다. 서반아어과인 그 학생이 큰 소리로 원서를 읽는 동안 나는 방바닥에서 벼루에 먹을 갈아 신문지에 붓글씨를 쓰곤 하였다. 나는 교만심으로 글씨 솜씨를 자랑 삼았다. 그는 힐끗 한번 내 글씨 쓰는 것을 보곤 했다.

그러던 중 며칠 지난 어느 날 뻐기고 있는 나에게 글씨를 좀 쓰고 싶으냐고 묻질 않는가. 그러면서 청계천 2가 동방연서회라는 곳이 있는데 그곳에 가면 일중 김충현 선생님께 배울 수 있다고 알려주었다.

그는 동방연서회에서 몇 년을 배웠다고 한다. 바로 그다음 날 그가 알려준 약도대로 물어 물어 관수동 꺾인 골목 박이준 내과 2층 계단을 올라 동방연서회 문을 두드리게 되었다.

그리고 사무를 겸하는 여선생에게 문의하는 도중 옆방에서 나오시는 어른을 뵈었다. 산같이 과묵해 보이시는 체구와 표정이셨다. 우러러 보였다. 일중 선생님이셨다.

그때 선생님 연세가 40세였지만 60세 정도의 점잖은 어른으로 보였다. 엄한 자태에 겁이 났다. 그리고 바로 등록을 하고 선생님 문하에 들게 된 것이다.

그 후 동방연서회 내 정급고시에 작품을 걸어놓고 보니 내 자신에게 너무 실망되었는데 의외로 선생님께서는 칭찬을 해주시는 것이 아닌가. 그것이 내 연서(硏書) 과정에 큰 활력이 되었다. 늘 과묵하시던 선생님은 1966년 내가 제15회 국전 출품 준비를 할 때도 별다른 말씀 없이 관심이 없으신 것같이 느껴졌지만 실은 면밀히 보시고 마무리 며칠 전부터 중요한 지적을 해주신 덕에 억지로 턱걸이 입선을 할 수 있었고, 그것이 내 서예 길에 큰 힘이 되었다.

1970년 나는 재학 때 만들어놓은 모교 경희대학교 서도회에서 후배들을 지도하고 당시 여자초급대학에서 서예 강사로 있을 때 선생님은 그곳 사범대학 미술교육과에 출강을 하고 계셨다. 그러나 바쁘신 사정으로 출강을 못 하시게 되시면서 후임으로 나를 적극 추천해주시어 선생님 강의를 물려받게 된 것은 너무나 큰 힘과 자랑이 되었다. 그 후 대학 전시회 때도 친히 오셔서 격려해주시곤 하셨다.

1973년 초 선생님 방을 찾아서 조심스럽게 말씀을 올렸다. "선생님, 제가 선생님 덕분에 대학 미술교육과에서 강의도 맡고 대학서도회 지도도 하고 있는데 저의 호가 무슨 자인지 알지를 못하는 학생들이 많습니다. 간산(艮山)을 민산(民山)이라고 읽기도 하고 또 친구와 선배들까지도 언뜻 잘못 보고 양산(良山)이라고 부르기도 하고 또 꼭지 빠진 양산(良山)이라고 놀리기도 합니다. 호(號)를 바꾸고 싶은데 하나 지어 주십시오"라고 말씀드렸다.

이 양산(良山) 호는 대학 때 일중 선생님의 백씨인 경인(褧人) 선생님이 지어 주신 것이어서 더욱 조심스럽게 말씀드렸다. 그런데 선생님은 꾸중하시는 어조로 "이 사람아, 호를 바꾼다는 말이 무슨 말인가. 호를 하나 더 가지겠다고 말하게" 하셨다. 호는 하나뿐 아니라 여러 개를 가져도 된다는 것을 알았다.

며칠을 기다리고 선생님 눈치만 살피던 중 한 열흘 가까이 지나 "자네, 들어와 보게" 하셔서 따라 들어갔더니 편지 봉투에 종이 한 장을 꺼내주셨다. 펴보니 '中觀 黃在

國'이라 적혀 있었다.

감개로웠다. "감사합니다" 인사를 하고 그날부터 나는 호를 중관(中觀)이라고 쓰고 가끔 간산(艮山)을 사용하기도 한다.

아마 중(中) 자는 내가 성(姓)이 황(黃)이라서 오행에서 취한 것이라 알고 있다. 그러나 선생님의 호(號) 글자가 들어 있어서 조심스럽게 처신해야 하겠다고 생각해왔다.

호를 선생님께 받고 난 후 얼마 안 되어 대학 후배인 취묵헌 인영선이 일중 선생님께 함께 인사를 가자고 했다. 취묵헌을 대동하고 돈암동 선생님 댁 대문 앞에서 초인종을 눌렀다. "누구세요?" 선생님 음성이셨다. "중관입니다." 들어가 선생님 댁에서 술잔을 받고 난 후 취묵헌이 느닷없이 "선생님, 아까 황 선배가 '중관입니다'라고 대답한 것은 실례지요"라고 물었다. "그래, 자네 말이 맞네. 어른한테는 자기 호를 사용하는 것이 아닐세" 일깨워주셨다.

선생님의 그 가르침으로 비로소 알게 된 나는 그 후로부터 윗어른들과 우리 선조 문장 사용과 타인의 기념비 묘비 성경구절 등을 쓸 때는 호를 사용하지 않고 있다. 실수를 범하지 않게 됨을 늘 감사드린다.

1975년 작가 분들의 도록 개인 프로필에 당호(堂號)를 적어놓은 것을 보고 나도 당호를 하나 갖고 싶었다. 어느 날 서예실 수업이 끝나고 선생님 방에서 약주를 드시는데 기분이 좋으신 듯하여 서예실 테이블에 먹을 갈고 화선지를 펼쳐놓고 선생님 나오시기만을 기다렸다가 외람되고 당돌하게 "선생님, 저 당호 하나 써 주세요" 하고 말씀드렸다. "그래 당호가 뭔가", "선생님 생각나시는 대로 하나 지어서 써주세요. 제가 너무 게을러서 부지런하라는 뜻으로요"라고 말씀 올렸더니, "이 사람이" 하시고는 금방 생각하시더니 붓을 들어 '至勤堂(지근당)'이라고 예서로 쓰시고 쌍관을 해주셨다.

이렇게 선생님은 근엄하여 겁나기도 하지만 도량이 넓고 부드러운 어른이셨다. 지금도 이 당호 현판을 집 현관에 걸어 두고 아침저녁 보지만 아직도 부지런하지 못하고 게으르게 살고 있으니 선생님께 죄송할 따름이다. 이렇게 하여 호와 당호를 선생님께 받았음은 내게 큰 영광이다.

1972년 나는 늦은 결혼을 앞두고 청첩장을 들고 선생님을 찾았다. "그래, 축하하네.

며칠 후 자네 보세" 하시더니 "특별히 좀 크게 썼네" 하시면서 서류봉투에서 화선지 반절에 예서로 두 줄 열 자를 쓰시고 신랑인 내 이름과 신부 이름도 써서 낙관을 해주시었다. 제자 본인이 결혼 축필을 받은 경우는 별로 흔치 않은지라 너무나 기뻤다.

그뿐 아니라 그때 내가 일중묵연에 출강하시던 심산 노수현 선생님께 사군자를 배우고 있었는데 일중 선생께서 자네 심산 선생님 출강 오시는 날 일찍이 먼저 나와 기다리고 있다가 인사를 잘하고 청첩장을 공손히 드려보게 코치까지 해주셨다. 정말 선생님 말씀대로 하여 심산 선생님께도 결혼 축화(祝畵)를 받는 영광을 누렸다. 선생님 덕택이다.

나중에 여초 선생님께 받은 축필과 함께 이 세 분의 축필을 이제껏 매우 귀중히 걸어두고 자랑으로 여기고 있다. 1990년 춘천에 1930년대 대표작가 소설가 김유정의 문학비를 세우는 데 제가 썼다고 자랑을 드렸더니 웃으시면서 "한번 가보지" 그러시더니 정말 오셨다. 그 문학비 앞에서 선생님과 기념사진을 찍은 것을 나의 정년퇴임 기념집 화보란에 실어 화집이 빛나게 되었다.

그리고 1995년경 마침 춘천에 지방법원장으로 양인평(梁仁平)이 부임하여 왔다. 그는 1960년대 초 관수동에서 나와 함께 배운 선생님의 제자이다. 그리고 선생님의 경동고등학교 제자인 전용태(田溶泰)가 춘천지검장으로 발령받아 함께 근무하고 있을 때다. 우리 세 사람이 모여서 일중 선생님을 춘천에 한번 모시기로 했다. 석농(石農) 신정순(申政淳) 형이 선생님을 모시고 내 연구실로 먼저 오셨다. 내가 국립대 환경이 좋은 캠퍼스 아늑한 연구실에서 교수로 근무하는 것을 보시고 매우 반가워하시던 모습이 너무나 감사했다. 또 나의 연구실 벽 중앙에 20년 전에 선생님께서 지으시고 써주신 나의 당호 지근당(至勤堂) 현판을 보시고 "이젠 저렇게 못 써" 하시곤 웃으시던 모습이 선하다.

1996년경 나는 백악미술관 3층 선생님 방을 특별한 목적을 가지고 일주일에 두 번씩 가서 뵈었다. 선생님 소파 옆에 조그마하고 낮은 간이침대가 놓여 있었다. 석농 형의 안내로 병환이 많이 진행된 선생님께 전에 조금 익힌 기술로 안마를 해드리곤 한 것은 나에게는 조금이라도 보람으로 느끼고 있다. 또한 한방치료가 어떨까 원하시기에 나의 고향 후배이며 대학 후배로서 경희대 한방병원 내과 과장을 역임하고 송파구 오금동에서 영생한의원을 크게 운영하고 있는 김덕호 박사에게 모시고 갔다. 마음에 드신 선생님은 여러 차례 나를 대동하고 선생님 차로 통원치료를 하셨다. 어느 날은 따님 경후 여사와 함께 갔는데 따님이 정성껏 모시니 그렇게 행복해하시는 모습을 볼 수 있었다.

1997년 나는 선생님께 또 큰 은택을 받았다. 강원도 홍천군에 기미만세운동기념사업회가 유적지를 만들고 그곳에 큰 누(樓)를 세워 양천루(仰天樓)라고 하고, 현판 글씨를 선생님께 받고자 하여 건립위원이었던 내가 조심스레 선생님께 부탁드렸는데 어려운 중에도 써주셨다. 이것이 현판글씨로는 선생님의 마지막 글씨였다.

지난번 『김충현 현판글씨』 모음 책에 이 현판 사진을 실으면서 자세히 그 내력도 설명해놓았다. 이렇듯이 나는 여러모로 선생님께 많은 사랑을 받았다. 그러나 사랑에 조금도 보답하지 못한 것이 너무나 죄송스럽다.

서예가는 먼저 사람 되고 나중이 글씨이며 어떤 관록과 수완보다 글씨가 먼저라고 가르쳐주신 교훈을 새기고 열심히 서예인으로 노력하는 것이 선생님에 대한 보답이라고 명심할 뿐이다.

손목시계 한 번 차본 적이 없으시지만 정확히 시간을 지키시던 선생님.

과묵하시면서도 유머가 넘치던 선생님.

철두철미하시면서도 여유가 있으시던 선생님.

정말 신사이시고 멋쟁이시던 선생님.

그러나 세월과 병마 앞에 어쩔 수 없이 그 타고난 명기(命期)로 서거하신 지 10년. 오늘날 더욱 선생님의 은덕이 크게만 느껴진다.

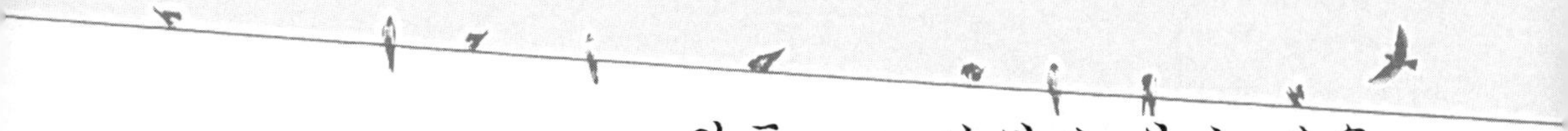

일중(一中) 선생의 삶과 예술

문생(門生)의 견수지담(肩隨之談)

권창륜

기념사업회 고문

필자는 1960년 겨울 당시 석간신문인 《동아일보》 문화면에 1단 50행 정도의 문화행사 안내 기사를 읽고 동방연서회라는 생소한 이름의 서예연구원을 찾은 것이 일중 선생과의 큰 인연이 되었다. 그 기사는 겨울방학을 이용하여 한 달가량 실시하는 서화특별 강습회로서 교사, 학생, 일반인 등 다양한 수강생들로 구성되었는데 50여 명 정도 수강했던 것으로 기억된다. 강좌의 내용은 서예사, 서론, 한문 고전시와 사부, 채근담, 한문기초, 한글쓰기, 사군자, 작품제작법, 감상 등 매우 다양하고 체계적인 내용이었다.

강사진으로는 여초 김응현 선생이 서론과 서예사를, 일중 선생께서는 문장 선택법과 국한문 서예작품 제작법을 강의하셨고, 월당 홍진표 선생은 한시 명구를, 해오 김관호 선생은 『채근담』, 백아 김창현 선생은 『고문진보(古文眞寶)』와 당송 8대가의 명문장을 강의하셨는데, 이태백의 「장진주(將進酒)」 강의는 하해와 같았고 월당 선생의 한시 강의는 표현방법이 매우 오묘하고 핍진하여 매우 감명이 깊었다. 사군자는 서울미대 원로교수이면서 동양화단의 거장인 심산 노수현 선생이 지도하셨다.

이때는 4·19 혁명이 막 지난 시기로서 실업자도 많고 하여 매우 시국이 불안정하였다. 지금도 그 건물이 남아 있지만 동방연서회가 세 들어 있던 곳은 종로 2가 대관원 골목 안에 있는 박이준 내과 2층으로써 25평가량의 강의실과 3~4평가량의 다다미 방을 사무실로 쓰고 있었다.

한 달 동안의 강습회에서 느낀 기상천외의 일들은 60여 년이 지난 지금에도 기억에 생생하게 남아 있다. 시골서 갓 올라온 촌뜨기가 생전 듣지도 보지도 못한 강의 내용과 출강 교수들의 인상이었다. 중봉, 편봉, 현완, 제완, 침완, 역입평출 회봉, 법첩, 안체, 구체, 예서, 전서, 고매원 먹 등등 희한하고 생소한 용어들과 강사 선생님들의 독특하고 평범하지 않은 인상과 어법에 경이로움을 느꼈었다. 얼굴이 길지 않으면 동그랗고 키가 큰 분이 많으셨고 때로는 아주 작은 분도 계셨다. 대가가 되려면 뭔가 특색이 있어야 하는 생각이 들었다. 그 당시 동방연서회는 영운 김용진 선생이 회장직을 맡으시고 일중 선생께서는 이사장으로 계셨다.

동방연서회는 1957년 11월 10일 개관하였으며 1958년 10월에 종로구 관수동 149-2번지 소재 박이준 내과 2층으로 이전하였다. 동방연서회는 1956년 12월 서예의 정법을 발양하고 서예 전반에 대한 연구와 그 발표 및 후진양성을 목적으로 하여, 서예인 상호의 친목을 도모하기 위하여 원충희, 최중길, 김충현, 이기우, 김응현 등 여러 분의 발의로 구성되었고 초대회장에 김용진 선생을 추대하였다.

특강을 수료한 필자는 두어 달포 뒤인 1961년 봄에 동방연서회에 정식회원으로 입회하여 일중 선생께 집지(執贄)의 예를 올리고 드디어 문생(門生)이 되었다. 입회번호가 463인 것으로 기억되는데 가물가물하다. 그 당시에는 일중 선생께서 직접 실기지도를 해주셨는데 간혹 초학자에게는 지정 이규숙 사무원이 보조 역할을 하기도 하였다. 여초 선생께서는 사회활동이 많아서 《국회보》 창간과 국회도서관 창설에 관여하는 관계로 가끔 회관에 급히 들렀다가 가시곤 하였다. 일중 선생께서는 경동고등학교에 17년간 봉직하고 계셨기 때문에 오후에야 회관에 나오셨다.

동방연서회는 인문과 예술분야 서적이 많이 수장되어 있지만 모두 희귀본이라 1년에 한 번씩 포쇄(曝曬)할 때만 열독(閱讀)의 기회가 주어진다. 평소에 임서하는 법첩은 몇 권 되지 않아서 여러 사람이 돌아가면서 임서해야 하기 때문에 법첩 쟁탈전이 벌어지기도 하였다. 그 당시에는 웬만한 서예가라도 좋은 법첩을 가지기가 어려운 상황이었고 가지고 있더라도 위작이나 원본과 거리가 먼 번각본(飜刻本)이 대부분이며 그저 훈장이 써주시는 글씨(쳇줄)에 의존하는 것이 상례였다.

처음 회원이 되면 현완법(懸腕法)으로 가로세로 선 긋기를 하고 그 과정이 끝나면 구(冓) 자를 안진경체로 구성하는데 획의 길이, 방향, 굵기, 대칭구조 등 조형연습을 하였다. 그다음 코스로는 영(永) 자의 여덟 가지 점획법을 익히고 나면 상하대소(上下大小), 일월화수(日月火水), 중앙사방(中央四方), 춘하추동(春夏秋冬) …… 세계열강비견(世界列强比肩)을 끝으로 12고개 기초를 끝내고 드디어 법첩임서로 들어가는데, 일중 선생께서 회원의 손을 잡고 한두 자 써주시면 그다음에는 본인이 알아서 써야 한다.

초학자들에게 많이 가르치는 법첩은 『안진경 가묘비』(축소본), 『마고선단기(麻姑仙壇記)』, 『삼포첩』, 『쟁좌위고(爭座位稿)』 등을 여러 회원이 함께 보고 쓸 수밖에 없었으며 먼저 차지한 회원의 옆이나 앞에서 훔쳐보면서 임서하였는데, 그때 일중 선생께서 지나시다 잘못된 점획이나 결구에 대해서 제자의 손을 잡고 운필해주셨다. 붓대를 꼭 잡고 있어도 선생의 주경한 필력을 감지할 수 있었다.

1961년 5월 16일 군사혁명이 일어난 뒤 이를 기념하는 문화예술사업으로 '5·16 민족상' 제도가 있었다. 그 일환으로 미술 분야에도 공보부 주최로 신인미술작품 공모전이 개최되었는데, 제2회 신인예술상에서 외우 홍석창 형이 차석상을 차지했으며 입회한 지 얼마 안 되는 필자가 장려상을 받았고 회원 23명이 모두 입선하는 경사가 일어났다. 그때의 축하연에서 일중 선생께서 〈출람증광(出藍增光)〉이라 예서를 쓰시고 낙관에 연서제생 무유입선(硏書諸生 無遺入選)이라 제(題)한 작품을 내리셨는데 필자가 소중하게 비장하고 있다.

일중 선생의 지도 방식은 어디까지나 자율 학습으로서, 그 사람의 적성에 맞게 이끌어주셨다. 새 법첩을 선택할 때에는 "자네는 ○○ 법첩이 더 나을 거야!" 하고 제자의 적성에 맞게 혹은 보충, 교정의 의도를 담아 범첩을 지정해 주시기도 하였다. 작품을 제작할 때에도 문장 선택, 체제, 서체 등도 모두 본인이 구상하고 기획한 내용만을 수정해주셨으며 일체의 귀띔이나 체본은 일체 인정되지도 않고 해주지도 않으셨다. 그렇기 때문에 서체나 체제 등에서 아이디어가 좋으면 입선하는 첩경이 되기도 하여

사전연구가 많이 요구되었다.

어느 정도 작품 연습이 된 연후에 일중 선생께 교정을 받게 되는데 이때 "빨갱이 갖고 와!" 하시면 깜짝 놀라 당황하고 있을 때 지정 이규숙 사무원이 빨간 수정 잉크와 한글 붓 정도의 붓을 가지고 온다. 그러면 어느 글자에 대하여 "이렇게 써도 괜찮지만 나라면 요렇게 쓸 것 같은데, 그래야 결구도 완전하고 여러 글자와도 조화가 되지 않을까?" 하시면서 빨간 글씨로 수정해주신다.

일중 선생께 집지를 받으면서 선생님의 집안 내력, 서화 및 문화예술계의 동정에 대해서 직간접으로 여러 회원으로부터 많이 들어서 문화예술에 대한 상식을 넓혔고 실제로 체험도 많이 하였다. 어느 봄날 오후에 안동 김씨 서윤공파 종손이시며 한학과 서예의 경지가 높으신 경인 김문현 선생과 셋째 동생이신 백아 김창현 선생, 일중 선생과 교분이 두터운 지인 몇 분이 담소를 하고 계시다가 일중 선생께서 "지정(사무원), 먹 갈아!" 하시는 말씀을 듣고, 아! 오늘은 회관에서 작품을 쓰시는구나 생각하고 늦게까지 남아 있다가 선생님이 운필하시는 모습을 직접 보게 되었다. 제자의 손을 직접 잡고 체본을 써주시는 것만 보았지 작품을 하는 모습을 보지 못했던 궁금증이 일시에 해소되었다. 뒷전에서 선생님의 운필하시는 모습을 조심스레 바라보았다. 마치 신선이 소요하듯 용필의 완급이 매우 여유롭다가도 갑자기 독수리가 토끼를 낚아채듯 하는 날쌘 필세로 한 작품을 완성시켰는데, 정간도 접지 않고 백지 상태에서 이를 단번에 성취시키는 광경은 그야말로 경탄을 자아내지 않을 수 없었다. 전체 화면의 기획에서의 구도(서예에서는 장법)의 안배는 그 누구도 추종을 불허한다고 옆에서 어느 분이 귀띔해 주었다.

동방연서회 관수동 시절의 추억이 많은데 그중에서도 감명이 깊고 인상이 지워지지 않는 것은 출입하는 명사들의 면면이다. 모두 하나같이 교과서에 소개되는 명사, 대가, 석학들로서 노산 이은상, 월탄 박종화, 김성진 박사(의사, 영화배우 복혜숙 씨 부군), 이성직(역사학자), 이선근(역사학자), 심산 노수현(동양화가), 이태극(시조시인), 월전 장우성(동양화가), 표천 김경승(조각가), 서예가 송치헌, 최중길, 배길기, 박병규, 이기우, 유희강, 김기승, 강창원, 김명제 등과 한학자로서는 김관호, 홍진표, 이가원 등, 그 외에도 필자가 알지 못하는 저명인사들이 많이 출입하였다. 그중에서도 가장 기억에 남는 분은 송사(松史) 김화진(金和鎭) 옹이다. 김 옹은 안동 김씨 후예로서 얼굴이 매우 길면서 피부색이 검은 빛을 띠고 키가 5척 정도인데 "일중이 계시는가?" 하시면서 지팡이를 짚고 가끔 회관에 들르셨다. 송사 옹은 구수하고 걸걸한 음색으로 KBS 라디오 방송에 출연하여 우리의 옛이야기와 기이한 소문 등의 야사를 들려주었는데 워낙 문물제도에 박학다식하여 많은 청취자로부터 존경을 받는 분이었다. 그런데 말씀하실 때마다 "응, 응, 응" 하시기 때문에 '끙끙이 할아버지'로 통했었다.

1968년에 일중묵연을 관훈동 197번지에 개설하였는데, 당시 필자는 회사원이기 때문에 퇴근 후에 선생님을 배알하러 묵연에 들르면 선생님은 오후 4시가 술(酒)시라 벌써 방울이네 집에서 친우 몇 분과 제자들로 주석이 벌어졌을 때였다. 평소에는 과묵하시고 근엄한 분이지만 주석에서는 농담과 재담을 많이 해주셔서 주위를 화기롭게 해주셨다. 문화예술계의 동정과 예술인들의 작품세계와 행실, 서화의 오묘한 이론 및 비결과 삶의 지혜 등 평소에 들어보지 못한 다방면의 해박한 이야기를 들을 수 있어서 많은 감화를 받았다.

그 가운데에서도 후학들의 큰 관심은 서예의 비법과 국전 이야기였다. 제1회 국전 때 심사위원으로 위촉받고서 한국일보 맞은편 화동고개에서 당대 최고의 화단 원로인 춘곡 고희동 선생을 뵙고 인사를 드렸더니 "일중은 어딜 그리 바삐 가시는고?" 하고 묻기에 "예! 어딜 갑니다" 하고 목적지를 밝히지 않고 경복궁 심사장으로 갔는데, 회의석상에 들어오신 춘곡 선생 왈 "일중이 심사하러 오시느라 그리 바빴구먼!" 하시더라는 얘기를 회고해주셨다.

제1회 국전 서예부 심사위원 가운데 영운 김용진 선생이 참여하고 계시기 때문에 일중 선생은 자퇴했다고 하셨다. 영운장이 안동 김문으로서 일중 선생의 할아버지와 친분이 도타웠고 서화계에서 국중 최고 원로인 연유로 인해서 일중 선생은 자진 사퇴하셨으며, 그 뒤 제9회 국전에 참여한 후로 열 차례 심사위원으로 참여하셨다. 항간에

떠도는 낭설로는 '일중이 참여하지 않은 국전 심사는 믿을 수가 없다'는 루머가 돌기까지 하여 공정심사의 표본이 되기도 하였다.

필자는 직장업무를 빨리 끝내고 퇴근 후 주사에서 선생님 시중을 많이 든 제자의 한 사람이었다. 특별한 날이 아니면 늘 들르는 집이 방울이네 집, 돈암동 이화집, 혜화동 고개돌집, 석굴집, 애인집, 선천, 사천집 등으로서 선생님과 친우 및 지인, 제자들이 고정멤버였다. 그중에서도 창전 권재영 선생은 하루도 빠지는 날이 없었고 석전 신정순 세브란스 병원장도 자주 동석하였으며 박애병원 원장이면서 서예가인 서봉 김사달 박사, 서예가 해정 박태준 선생을 꼽을 수 있다. 제자 중에서도 한별 신두영, 소헌 정도준 군과 필자 등 제자군으로 화기애애한 주연이 벌어지곤 하였다. 돈암동 이화집에서는 동양화가 안상철 선생도 옆자리에서 자주 술을 들고 계셨다.

전국 서예가들의 초미의 관심사는 국전이었는데 심사위원부터 수상자까지 화제의 대상이 되었다. 국전이 끝나고 나면 일중 선생께서 심사에 참여하지 않았을 때도 입상자들이 인사를 드리러 오는 경우가 많았다. 그들에게 서예에 관한 덕담을 내리셨는데 그 자리에서 사례봉투를 내미는 분이 간혹 있었다. 그러면 일중 선생께서는 "나는 돈이 많은 사람이야! 돈이 필요 없어! 주시려면 아주 많은 돈을 줘야 돼!" 하시며 "정 그러시다면 맥주 두 병만 사!"라고 하시었다. 그렇게 하여 맥주 두 병을 마신 뒤에는 일중 당신께서도 답례로 맥주 한 병을 접대하셨다. 관훈동 시절에는 프랑스에 체류하다 영구 귀국하신 서양화가 일유 김종하 선생이 자주 묵연을 들러 일중 선생과 회포를 푸셨는데 자상한 인품으로 여러 사람들로 부터 존경을 받았다.

1977년 제26회 국전에서 필자가 대통령상 없는 국무총리상을 수상하게 되었는데, 그 당시 국전은 출품 수가 폭주하여 전시공간이 부족하였다. 이에 정부에서는 봄, 가을로 나누어 개최하였는데 동양화 · 서양화 · 조각은 1부 국전으로서 가을에, 서예 · 공예 · 사진 · 건축은 2부 국전으로서 봄에 열렸었다. 선생님 문하에서 필자는 제일 먼저 수상의 영예를 누리었다. 전시회가 열렸던 덕수궁 개막식에는 김성진 문화공보부장관, 박종화 예술원 회장, 일중 선생 등 서화미술계 원로 및 심사위원들이 대거 참여하였다. 전시장에서 월탄 박종화 선생은 여러 참석자들에게 '초정은 각 체에 능할 뿐 아니라 전각에도 조예가 깊다'고 소개해주셔서 황송하여 어찌할 바를 몰랐다. 그것은 몇 년 전에 월탄 선생이 일중 선생을 찾아와 전각 잘하는 사람을 소개받고자 하여 일중 선생이 필자를 소개하였기 때문이었다. 그렇게 해서 월탄 선생이 상용하는 아호, 성명인과 손녀, 손자들 인장까지 새겨 드린 연고로 과분한 과찬을 받게 되었다.

그때에 국전 수상자는 심사위원분들께 감사의 인사를 드림이 도리인데 그 인사법은 물품이나 금전이 아니고 무교동의 양식집인 호스그릴이나 외교구락부, 한일관 같은 고급 음식점에서 식사대접을 하는 것이 상례였다. 필자를 이끌어주신 일중 선생님, 일약 스타로 발탁해주신 남정 최정균, 평보 서희환 선생을 호스그릴로 모시었다. 식사 자리에서 일중 선생 말씀이 "그동안 국전으로 인하여 한국서예계가 지연, 학연 등 정실에 치우쳐 너무 문란해졌으니 작품 수준에 따라 당락이 결정되는 올바른 심사와 서단의 정화를 위하여 서단의 원로, 중진들이 솔선수범하는 것이 어떠한가?" 하고 물으니 모두 찬동하여 단체 이름을 청림(淸林)이라 지으시고 창립 발기가 되었다. 그 후 청림은 양식 있고 실력 있는 분들로 조직되어 서단의 모범을 보이는 단체로 활동하였다.

국전 28회 때부터 필자는 국전 추천작가가 되었는데, 당시의 국전 제도는 추천작가가 되려면 입선 15회, 연특선 4회이거나 건너뛰면 6회의 경력을 쌓아야 한다. 추천작가로서 4년이 지나야 초대작가가 되며 심사위원 자격을 부여받게 된다. 관 주도의 국전이 30회를 끝으로 하고 제도가 바뀌어 민간 문화예술단체로 이관되었다. 프랑스의 르살롱전이나 일본의 문전 등 외국에서도 이미 민간 문화단체로 이양된 사례를 들어 우리나라도 문예진흥원으로 이관되어 대한민국 미술대전이란 명칭으로 새로이 출범하였다.

국전 말기에 운영의 묘를 살리고자 운영위원 제도를 설치하고 원로대가들을 모시고 자문을 받기 위하여 매년 번갈아 운영위원을 위촉했는데, 미술대전에서도 국전에 이어 일중 선생께서 운영위원으로 초빙되어 원활한 운영에 심혈을 기울이셨고 평소 지기인 시인 정한모 원장도 교왕(交往)이 잦았다.

1970년대 어느 술자리에서 회고하시기를, 동양화가인 산정 서세옥 선생과 함께 제주도를 여행하였는데, 산정 선생과 룸메이트가 되어 밤새도록 주고받은 가화(佳話)는 잊을 수가 없다고 하시며 산정 선생의 깊고 넓은 문예지식과 서화에 대한 고차원의 이론 전개 및 감식안은 물론 선비의 도학 및 아취와 수석, 금수조충에 이르기까지 폭넓은 문화소양에 매우 감탄하였다고 하셨다.

1985년 예술원 종신 회원이 되신 후로는 평생지기인 월전 선생과는 더욱 절친하셨으며 남정 박노수 선생과도 옛 정을 더 기리는 사이가 되었다. 남정 선생은 술을 전연 드시지 않았지만 온아한 모습이었다. 서양화가인 오승우 선생과도 자리를 하셨는데 대음(大飮)이셨다. 오승우 선생의 재치 있는 유머는 주석의 분위기를 온화하게 달구어주었다.

백악동부에 오후쯤 되는 시각에는 서양화가 이대원, 이종무 선생이 가끔 들르셔서 구수한 대화로 교류하는 것을 뵈었고, 사람은 덕성을 낮추고 있어야 된다 하시면서 동양화가 지목 이영찬 선생을 매우 칭찬하곤 하셨다. 미술사학자 최완수 선생의 재지를 상찬하시고 우현 송영방 선생의 전신의 묘법을 기리었다. 백악동부에 자주 들르는 또 다른 한 분은 우해 이일수 선생인데 연상이지만 우정 어린 재담과 농으로 좌석을 즐겁게 이끄셨다. 국문학자인 모산 심재완 박사는 영남대학교 교수인데 서울에 올라오면 꼭 일중 선생을 뵙고 문예에 관한 담론을 하시곤 하였다.

일중 선생께서는 천품이 매우 소탈하고 사고(思考)가 집약적이면서 간단명료한 정일집중(精一執中) 그 자체라고 표현해도 과색이 되지 않는다. 매우 축약되고 정제된 사고와 의지를 지니신 분이시다. 군더더기 말을 도쉬(淘淬)하여 정령만을 추출한 언행이나 사리의 분별은 작품 제작에서도 그대로 반영되어 결자나 장법의 구성에서 확연하게 드러난다. "이상 끝!"이라고 하시면 언즉시야(言則是也)가 된다.

천자(天資)의 재지(才智)와 전통 가학(家學)의 수련을 바탕으로 한 당대 문예계의 교왕(交往)한 활약상은 만인의 호응과 상찬을 받게 된 기연이 되었다고 볼 수 있다. 선생의 학예 성취도는 왕조 말기부터 기맥을 상실한 퇴폐성과 일제 강점기에 물들었던 왜색의 불식을 위하여 서법의 복고를 지향하는 혜안을 발휘하시었다. 한문서법은 당 이

전의 한예(漢隷)의 규구(規矩)를 본받고 국문 글씨는 한글 창제원리에 들어맞게 전서의 법을 개발함으로써 전대미문의 고아(古雅)하고 혼박(渾朴)한 품격의 서풍을 창안해내시었다.

이러한 연구 공업으로 인하여 문화예술계의 기린아로 칭송받아 약관의 나이에 원로들과 함께 각종 문화 분야에 참여하게 되었다고 생각된다. 필자가 등 뒤에서 경험하고 목도한 것 이외에도 더 생생하고 감동적인 일들이 많으리라 생각되지만 천학비재(淺學菲才)한 문생의 한 사람으로서 그저 감동스럽고 신기한 여러 일들을 다 기억하지 못한 아쉬움의 회고가 뇌리에 남을 뿐이다.

"자네가 일중묵연 1호일세"

신두영

기념사업회 이사

2016년 올해는 일중 선생님께서 86세로 돌아가신 지 10년째다. 나도 이제 나이 70이 넘었다. 선생님께서 병석에서 10여 년을 계셨으니 '일중체'로 대표되는 걸작들을 완성하신 것도 아마 지금 내 나이였을 것이다. 일중 선생님을 회고할 때면 '일중묵연 등록 1호 제자'로 그때나 지금이나 오늘날 나를 있게 한 가르침에 무한한 감사를 드릴 뿐이었다. 그런데 새삼스럽게 지금은 감사할 수만은 없다는 마음이 드는 것은 무슨 일일까. 제자로서 진정으로 일중 선생님을 기쁘게 해드릴 일이란 뭘까. 죄송하다고 해야 할지, 제대로 된 제자라면 오래전부터 해결했어야 할 큰 짐이랄까 숙제랄까 이런 것이 불현듯 엄습해온다.

나도 이제 철이 든 것일까? 불경스럽게도 그 숙제는 단도직입적으로 말하면 일중 선생님을 넘어서는 일이다. 하지만 선생님을 이겨먹고 넘어선다니 있을 수가 없는 말이다. 사람이 나이를 먹는다는 것은 숫자를 넘어 세상을 더 많이 경험한다는 뜻일 것이다. 그러고 보면 그것은 바로 일중 선생님께서 경험하지 못했던 오늘날 이 시대와 사회를 서예가로서 제대로 된 작품으로 담아내는 일이다. 다 같은 노력하에 어떤 작품은 역사가 되고 어떤 작품은 그렇지 못함을 많이 보게 되는데, 그 차이는 붓끝이 사회를 향하고 있느냐 아니냐의 문제다. 그런데 가만히 생각해보면 그것마저도 선생님을 넘어서 있는 일도, 되는 일도 아님은 분명하다. 일중 선생님 또한 옛 어른들이 간 길을 넘어서고 벗어나 지금의 일중이 된 것은 아니기 때문이다. 요컨대 선생님의 길을 가되 선생님과 달라야 된다는 말로 선생님의 무언의 가르침이 귀에 쟁쟁하다. 요즈음 와서 이러한 일중 선생님의 가르침을 더욱 실감한다.

지난 5월에는 김영삼 대통령 묘비가 동작동 국립현충원에 세워졌다. 그 글씨를 쓰게 된 것은 영광스런 일이었다. 어떤 과정을 거쳐 필자가 선정되었는지는 모를 일이다. 하지만 누가 유명하고 누가 글씨를 잘 쓰고 못 쓰고 하는 세상의 평판을 기준하지 않았을 것 같다. 결정의 관건은 김영삼 대통령 정신을 어떻게 글씨로 담아내는가에 있기 때문이다. 김영삼 대통령의 철학과 정신, 삶 자체는 우리가 너무나 잘 알고 있는 '대도무문(大道無門)'이다. 바로 풀이하면 '큰 길은 문이 없다'는 정도로 생각되지만 김영삼 대통령의 삶이란 '무문' 이전에 '대도'가 대전제다. 그러고 보면 '대도'라는 것이 대원칙이다. 그것이 얼마나 중요하고 그 '대도'로 일관되게 산 삶이란 이 문 저 문 여러 문이 필요도 없는 것 아닌가.

대도, 즉 어디에도 걸림 없는 대(大)원칙에 입각한 삶이란 예술에도 예외가 아니다. 일중 선생님의 가르침은 서(書)의 대도, 즉 대원칙이었다는 점에서 나에게 장차 무문의 필획 여지를 던져주신 것만은 분명하다. 물론 이것의 실천 여부마저도 이제는 전적으로 나의 노력의 결정에 따른 일일 터이지만.

누구나 다 잘 알고 있는 — 그래서 글씨 쓰는 사람들에게는 뻔한 상식적인 사실이지만 또 실천에 가서는 아무나 안 되는 — 일인 것이 한자서예, 한글서예의 구분이 없이 하나로 통하신 것, 한글서예 또한 별도의 한자와 다른 필법을 요구치 아니하고 궁체, 고체를 하나로 통하여 인식하고 실천하신 것이 글씨에 있어 대도무문이 아니고 무엇일까. 지금에야 그 큰 가르침을 실감한다. 특히 '한글 고체가 단순히 우리말을 기록하는 수단이 아니다', '인간과 우주자연의 운행원리를 조형언어로 시각화해낸 것이다' 이와 같은 사실을 일깨워주시고 평소 실천해내신 분이 일중 선생님이다. 이러한 가르침은 오늘날 나의 글씨가 그냥 조형만 반듯하고 번지르르한 글씨로 머무르지 않게 한 채찍이 된 것이다. 그래서 나의 미감이 우리사회와 시대의 미감과 직통하고, 나의 정신이 우주자연의 이치와 성령(聖靈)과도 하나 될 수 있는 길을 내주신 것이다.

'대통령 김영삼의 묘'는 한글 고체(古體)로 휘호하였다. 유가족 측이나 국립 현충원 관계자의 여러 제안 중에서 내가 고체를 선택한 배경도 여기에 있다. '어린 백성이 제 뜻을 실어 펼칠 수 있도록 한' 것이 세종대왕의 한글창제 정신이다. 한글고체의 조형미학도 하늘·땅·사람(天地人 三才)을 형상화한 것이다. 이 정신과 미학은 '국민이 주인이 되는' 한국민주주의를 위해 대도무문의 삶으로 평생 일관한 김영삼 대통령의 철학과 직통하고 있다고 나는 판단하였다.

다행히도 제막식 때 참석한 귀빈들도 묘비문을 보고 크게 만족하였다. 글씨조형의 큰 원칙도 서 있고, 그 가운데 큰 힘이 온축되어 있어 평생 한국의 민주주의를 지키기 위해 헌신해온 김영삼 대통령의 삶과 철학을 잘 담아냈다는 것이다. 많은 안목자들의 칭찬에 나는 하늘을 보았다. '이 글씨를 일중 선생님이 보셨으면 어떤 말씀을 하셨을까.'

지금까지 아무리 생각해도 일중 선생님과의 만남은 운명이다. 충남 보령 대천 앞바다 효자도 섬놈이 공주 유학 온 공주사범대학 부속고등학교 서예서클에서 선생님을 뵈었기 때문이다. 그렇다고 일중 선생님의 직접 훈도는 아니었다. 대면하여 손을 잡고 가르침을 받은 것이 아니라 일중 선생님이 쓰신 『고등서예』를 통해서다. 당시는 일중이란 뜻이 무엇이고 김충현이 누구인지도 몰랐지만 10대 중반부터 서예교과서에 수록된 '일중체'를 무작정 죽기 살기로 사숙한 것이다. 그 결과 서예대회에 나가면 좌우지간 최고상은 내 차지였다.

그다음 교본은, 나중에 안 사실이지만 일중 선생님의 〈훈민정음〉, 〈용비어천가〉, 〈월인석보〉 등 고판본체 글씨체였다. 일중 선생님은 이런 한글 고체를 바탕으로 전서(篆書)와 예서(隸書) 등의 한자 필법으로 구사한 '훈민정음체'를 우리 시대 처음 재해석해낸 분이다. 지금 생각해보면 몽연(夢緣)이랄까, 꿈속과도 같은 이런 인연이 70이 넘은 오늘날 나의 서예 토대가 된 셈이다.

잘 알다시피 20세기 근현대의 우리나라는 식민지와 서구화로 인해 한글의 중요성을 특별히 극도로 강조하고 실천해왔다. 그러면서 교육현장은 물론 일상에서도 '한글 전용'이라 하여 오직 한글만을 문제삼아왔다. 그 결과 한자와 한글이 무관하게 인식되고 실천되어왔다. 한글서예도 궁체 중심으로 전개된 나머지 한자서예와 무관하게 인식되었다. 이런 현실에서 일중 선생님의 고체(古體) 실천은 그야말로 암흑시대 한글서예의 대도를 가신 것이다.

하지만 일중 선생님의 직접훈도는 서울로 다시 유학을 와서 대학생활을 시작하면서다. 때는 대학 3학년, 1969년 5월의 일이다. 나는 궁체흘림으로 쓴 〈국민교육헌장〉 394자를 가지고 '일중묵연'의 문을 두렸다. 마침 그때 '일중묵연'은 '동방연서회'에서 분리되어 막 문을 열었다.

"집에서 혼자 썼구먼."

첫눈에 이렇게 말씀 하시고는 다음 달 등록하라 하셨다. 하지만 나는 그 때까지는 도저히 참지 못하고 그다음 날 등록을 하였다.

"자네가 일중묵연 1호일세."

일중 선생님은 이렇게 말씀하셨고, 그래서 그냥제자가 아니라 일중묵연 1호 제자가 된 것이다. 이것은 아무리 생각해도 운명 말고는 다른 이름으로 설명이 될 수가 없다.

'한별'이라는 호도 그해 가을 〈국토〉라는 작품으로 국전에 입선할 때 내려주신 것이다. '일중묵연' 공부 3개월 만이다. 『고등서예』 인연부터 곰곰이 생각해보면 10년이 넘었다. '한별'은 일중 선생님께서 '한결같아라'는 뜻으로 내려주신 것이다. 그 뜻대로 지금까지 나는 어떤 어려움이 있어도 손에서 붓을 놓은 적이 없었다.

하지만 나도 나이 70을 넘기고 보니 '한별'이 또 다른 뜻으로 와 닿는다. 일중 선생님은 자타가 공인하듯 붓으로 20세기를 가로질러 가셨다. 가까이 계셨을 때는 얼마나 큰 역사의 무게인지 진정 몰랐다. 하지만 시간이 지나 멀리 가시면 가실수록 그 큰 모습은 내 앞에 더 명료하게 다가오신다.

일중 선생님의 가르침대로 한결같이 붓을 쥐고 왔다. 그것만으로 부족하지만 제자된 도리만은 다 했다고 할 수도 있다. 하지만 제대로 된 더 큰 제자가 되어 일중 선생님이 한 시대를 가신 길을 다시 또 새로 가고 있는가 하는 자문(自問) 앞에는 아직 드릴 말이 없다.

"한별, 자네가 일중묵연 1호일세."

50여 년 전의 일중 선생님의 목소리가 오늘따라 커렁커렁 더 크게 들리는 것은 웬 일인가.

삼가 일중 김충현 선생의 영전에 바침

성찬경
시인

아아, 일중 김충현 선생님, 유명을 달리하시니
강산이 더욱 적막합니다.
군자의 사귐은 담담하기 물 같다고도 하오나
생전에 문안 못 드려 못내 걸리옵니다.

남기고 가신 큰 자취 무슨 글로 다 기리겠습니까.
단단하기 대나무 마디 같고 천연하고 부드럽기
미풍에 난(蘭) 같은 일중체 예(隸)에 이르러서는
우리 현대 서예의 빛나는 전범(典範)일 따름입니다.

언젠가 조심스레 여쭈웠을 때 선생님은 천천히
높은 세 봉우리 이름 김생(金生) 청송(聽松) 추사(秋史)를 드셨습니다.
이제 봉우리 또 하나가 솟은 것이라 여겨집니다.

고을마다 그윽한 선생님 서(書)의 향(香). 그 따뜻함은
겨레 사랑 나라 사랑에서 오는 것이라 헤아립니다.
길이 명복 누리소서.

조사

이준
예술원 회원

일중 김충현 선생은 1921년 안동 김 문송가의 둘째아들로 태어났다. 선생은 어렸을 때부터 조부와 유원선생에게 한문을 배웠고 14세에 신학문의 길을 걷기 시작하여 삼흥보통학교와 중동학교를 졸업하였다.

중동학교 시절 선생은 1938년에 있었던 전 조선 남녀학생 작품전람회에서 한문으로 출품하여 본상을 수상하였다. 이 수상은 선생을 서예가의 길을 걷게 한 계기가 되었다. 1939년엔 한글 궁체에 관한 논문을 쓰고 1942년 한글서예에 방법론을 다룬 저서 『우리 글씨 쓰는 법』을 펴내어 한글 말살 정책으로 한글 붓글씨가 금지되고 서예연구에 관한 자료가 거의 없었던 일제 강점기였기 때문에 시민의 놀라움은 컸고 대단한 주목 거리였다. 1948년부터 1961년까지 경동고교 교사로 재직하며 후학양성과 학교 서예교육의 저변 확대에 힘썼다.

서예를 연구하는 데 있어서 온고지신을 실천하여 선생만의 독특한 필체를 구사하였다. 한글서예에 무관심했던 시절 한글서예 방법론을 다룬 이 책을 보고 위당 정인보 선생이 즉석에서 시문을 써줬다는 일화가 있으며 선생이 궁체와 훈민정음, 용비어천가, 월인석보 활자체를 종합적으로 연구해 창안한 '한글고체'는 지금도 자주 쓰이는 글씨체다. 이 일이 인연이 되어 선생은 1940~1950년대 정인보 · 이은상 · 박종하 선생이 지은 문장을 글씨로 옮기는 일은 거의 도맡아 전국 방방곡곡에 최소한 700여 점의 글씨를 비석으로 남기고 있다.

선생은 후한의 조전비 서풍의 예서를 즐겨 쓰며 특히 한글 궁체 서예에 뛰어났다. 또한 경복궁의 건춘문, 탑골공원의 3·1 정신 찬양 비문, 이승만·박정희 대통령 묘비 글씨, 서울 남산의 안중근 동상과 돈화문의 민충정공 동상의 이름 글씨 등이 일반인들에게 잘 알려진 작품이다.

그리고 또 많은 후학을 길러내 서예의 맥을 이어왔으며 이러한 후학 양성과 서예 저변 확대의 큰 업적으로 국가적 예우로 부관문화 훈장(1980)과 은관문화훈장(2004)을 받고 영면한 고인의 명목을 충심으로 기원한다.

고별사

구자무
서예가

선생님, 그예 떠나가십니까. 그 괴롭고 긴 환후(患候)를 끝내시고 그예 가셨습니까. 돌아보면 추운 겨울, 무더운 여름을 10여 성상(星霜) 투병하시다가 끝내 영면(永眠)하셨습니다.

회자정리(會者定離)라 만나는 자는 반드시 별리(別離)할 운명에 있고, 생자필멸(生者必滅)이니 누구나 다 가고 마는 것이지만, 선생님의 그 영명(英明)하신 천품과 생전에 이뤄놓으신 탁월한 업적을 마무리하지 못하신 채 말씀 한마디 남기지 않으시고 가시다니 참으로 한스럽기 그지없습니다.

오늘, 선생님 영전(靈前) 앞에 이르러, 이승에서의 마지막 이별을 이렇게 고(告)하게 될 줄은 꿈에도 생각하지 못한 일이었습니다. 그리하여 큰 스승님을 잃은 설움에 이렇게라도 제자들이 한마음으로 고별(告別)의 말씀을 올리게 되었습니다. 선생님은 명문 사대부 집안의 후손답게 유년시절부터 경학(經學)과 서예에 눈을 뜨셔서, 중동학교 재학생으로 17세 때 동아일보가 주최한 '전 조선 남녀학생 작품전'에서 서예로 최고상을 수상하시어 일찍이 그 천품을 드러내셨습니다. 일제 치하에서 1942년 『우리 글씨 쓰는 법』을 저술하셨고 1945년 『우리 글씨체』를 비롯, 『서도집성(書道集成)』, '근역서보(槿域書譜)'들의 저서를 남기면서 어려운 정치암흑기에도 '우리말,

우리글'을 잘 쓰는 법에 대하여 많은 논문과 수필을 발표하셨습니다.

선생님은 예서 · 행서 · 초서 등 한문서예술(漢文書藝術)뿐 아니라 특히 한글서예에도 대성하신 어른으로 후세의 귀감이 되십니다. 훈민정음의 '둥근 획' 용비어천가와 월인석보의 '모난 획'을 전(篆) · 예(隸)의 필법과 접합시켜 독자적으로 창안(創案)하신 '국문고체(國文古體)'에서 한껏 빛나 보입니다. 선생님은 우리나라의 원로 거장(巨匠)으로서 이토록 일찍이 서예의 새로운 기풍을 불러일으키셨고, 종이에 금석(金石)에 수많은 불후의 명작을 남기셨을 뿐 아니라 선생님 유풍을 따르는 많은 후진들을 배출하여 한국 서단에 한 조류를 형성하게 된 것은, 이제 선생님께서는 떠나셨으나 예술가로서 우리나라 서단(書壇)에 영생(永生)을 누리실 것이라고 믿습니다. 이 자리를 빌려 지난날을 회상하니, 작은 일에 얽매이지 않는 장자(長子)의 풍모를 지니신 큰 선비셨습니다. 세세한 말씀을 피하시는 대신, 한마디 말씀에 그 뜻을 농축집약(濃縮集約)시키는 남다른 대범함을 늘 보여주셨습니다.

묵연시절(墨緣時節), 저희 제자들에게 남기신 말씀 가운데 "진리는 고법에서 배워라, 그러나 새 뜻을 펴도록 하라" 하신 말씀이나, 슬쩍 지나가는 말씀으로 "생활은 평범하게 그러나 작품은 비범(非凡)하게"라고 하신 말씀의 뜻을 저희들은 가슴에 깊이 새기겠습니다. 우리의 큰 스승님, 그 자애로우신 모습을 다시는 뵐 수 없는 저희들은 저 하늘 끝에 고아(孤兒)가 된 듯 너무나 적막하고 쓸쓸하기만 합니다. 끝으로 드릴 말씀은 선생님께서 남기신 크나크신 업적과 불후의 명작은 천추만대에 영원히 보존될 것이며, 마음에 두셨던 깊은 뜻을 만분의 일이나마 헤아려 유사(遺嗣)와 제자들이 잘 받들어 실현할 것이오니 안심하시고 편히 잠드소서.

조선의 마지막 선비가 이 세상을 떠났습니다

최연홍
시인

누가 조선의 선비입니까.

그는 세상의 명예나 부귀보다 정신적인 명예 부귀를 구하는 분이었습니다.

일중은 세상의 명예부귀를 향유한 분이었지만 그것들을 탐한 분이 아니었습니다. 명예나 부귀를 탐하면 천해집니다. 이 현대 사회에 많은 이들이 명예와 부를 탐하고 얻고 있지만 일중은 그런 것들에 초연했습니다. 이것이 일중을 잃은 우리들의 슬픔 속에 빛나는 유훈입니다.

조선의 선비는 평범한 소시민의 삶에서 행복을 건지는 분이었습니다.

일중은 명문학교, 대학 출신이 아니었지만 그들을 부러워한 적 없으셨고 꾸준히 자기의 길을 걸어간 분입니다. 중학 시절 『우리 글씨 쓰는 법』 교과서를 준비한 일중은 스스로 천재에 비유한 적이 없으며 평범한 사람으로 자처했습니다. 이것이 일중을 빛나게 하고 있습니다.

조선의 선비는 그의 가슴이 나라사랑을 간직하고 있었습니다.

조선 500년을 지킨 선비 정신은 나라사랑 아닙니까.

일중은 안동 김씨가의 후예인 것을 크게 자랑하시지 않았지만 한일합방을 성토하고 자결하신 선조를 늘 자랑스럽게 말씀하셨습니다. 충무공 이순신의 기념비문을 위당 정인보가 짓고 일중 김충현이 쓴 3인의 인간관계 속에는 민족의 긍지를 지키는 선비 정신이 들어 있습니다.

상형문자가 아닌 한글에서 아름다움을 찾아 예술로 승화시킨 어린 일중의 마음에 이미 나라사랑의 충정이 깃들어 있습니다. 서예는 그냥 예술이 아니라 이 나라 이 민족의 혼이 들어 있어서 빛납니다. 그리고 시적 향기가 들어 있어서 빛납니다.

동선동에 대망의 집 한 채 지으시고,

일련의 시편들 「감나뭇골에 집을 짓고」를 짓고,

인사동에 백악동부 지으시고 시 한편 쓰신 일중 그가 정일품 시인이었습니다.

조선의 선비다움은 거기 있습니다.

노년에 이르러 벗님들 들려, 인사동 골목에서 술 한잔 나누고,

유유히 송씨부인, 아들, 며느리, 손자 기다리던 집으로 돌아가시던 일중의 삶과 멋. 아, 이 시대에 얼마나 귀중한 것입니까.

일중이 이 세상을 떠났습니다.

일제 식민지 어둠 속에서 한글의 아름다움 스스로 터득해 예술을 찾아가던 십대 소년을 우리는 오늘 찾아야 합니다. 『우리 글씨 쓰는 법』을 준비해 위당 정인보 선생을 찾아가던 당찬 소년을 기억하시겠습니까. 그는 애국자를 낳고 키운 가문에서 묵향 속에서 조선 선비의 대(代)를 이었습니다.

그의 글씨는 이제 경주의 신라통일 전으로부터, 제주의 항몽유적비, 한산도 성웅 이순신 제승당에서 천안 유관순, 독립기념관, 소월의 진달래꽃에서, 금산사, 선운사, 송광사, 용문사……. 이 나라 산하에서 영원히 빛날 것입니다. 어린 나이에 잃어버린 나라 찾아 나선 애국자, 한글의 아름다움을 찾아 영원한 구도자로 살아간 예술가.

그러나 제겐 둘째딸 봉희가 미국으로 시집갔을 때 쓰신

'물은 돌 위에 밝고 달은 숲 위에 밝다'는 시구가 절품으로 남아 있습니다.

고국의 산천을 그릴 딸의 향수를 달래주기 위해 쓰신 글입니다.
그는 시인이었습니다.
시인이 누구입니까.
언어의 사원을 짓는 분 아니겠습니까.

조선의 마지막 선비가 이 세상을 떠났습니다.
그 빈 공간이 너무 큽니다.
하나의 일에 열중하고
찬 내에 손을 담고 얼굴을 씻는 일중의 모습을 이제 다시 볼 수 없어도
그가 우리에게 남긴 유훈을 간직하고 살아갑니다.
소박하고, 아름다운 삶. 나라와 의(義)를 생각하는 삶을 생각하며
감사하며 살아가야겠습니다.

일중이시어,
이제 극락정토에서 평안하시옵소서.

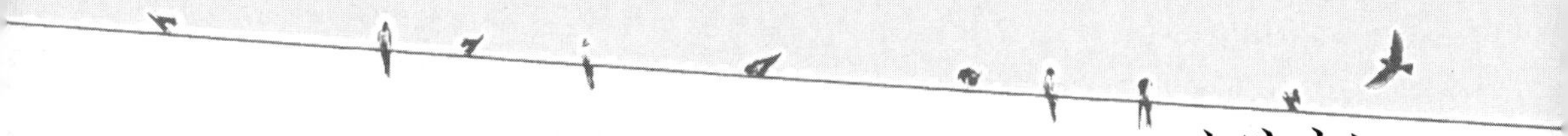

선생님!

정웅표
기념사업회 이사

선생님께서 저 먼 나라로 떠나셨다는 소식을 듣고 저는 한참 동안을 아무 생각도 할 수가 없었습니다. 이렇게 가시기까지 그 오랜 세월 동안 아무런 말씀도 없으시지 않으셨습니까. 그 무언의 세월 속에서도 선생님께서는 서예계를 걱정하고 계셨으리라 생각합니다. 선생님께서 먼 여행을 떠나신 후에야 저는 선생님의 자리가 그렇게 컸다는 것을 비로소 알게 되었습니다. 순식간에 이 세상에 남겨진 저희들은 마치 바람막이 없는 허허벌판에 홀로 남겨진 어린아이가 되어버렸습니다.

선생님, 때로는 엄격하시고 때로는 인자하시던 그 가르침을 항상 마음속에 간직하겠습니다. 선생님께서는 글씨 그 자체보다는 자세를 강조하시며, 제자들이 매사에 법도에 어긋나지 않게 행동하길 바라셨습니다. 글씨는 세월이 가면 고칠 수 있으나 자세는 고쳐지지 않는다며, 자세가 서예의 모든 법과 그 사람의 인격이라고 하신 선생님의 가르침은 세월이 흐를수록 깊은 깨달음으로 저희에게 다가와, 어느새 어린 저희들 역시 제자들에게 선생님과 같은 말을 하고 있는 것을 발견하곤 합니다.

선생님께서 먼 여행을 떠나시니, 선생님과 함께하면서 있었던 일들이 하나하나 떠오릅니다.

저희가 공부하는 것을 지켜봐주시고 기다려주시던 선생님, 글씨를 써 가지고 수정하러 가면 늘 오탈자 확인 후 나올 때 "잘 썼네. 그렇게 쓰는 것도 쉽지가 않지" 하고 위로하시던 말씀. 그때는 왜 그렇게 선생님이 무서웠는지 모릅니다. 그것이 선생님의 사랑이었음을 알면서도 말입니다. 어제까지 칭찬하시던 선생님께서 오늘은 "자네 글씨가 왜 그런가?" 하시던 말씀도 세월이 흐른 지금에야 알겠습니다. 공부하는 사람의 어제와 오늘은 분명 차이가 있어 발전해야 하는 것을 알지 못한 저희들의 어리석음이 이제야 가슴 깊은 깨달음으로 남습니다.

언젠가 선생님께서 덕수궁 석조전에서 문공부가 주최하는 개인전 작품을 준비하실 때, 우연히 선생님을 모시게 되었던 적이 있었습니다. 아마도 그때 저희 역시 공모전을 준비하고 있었던 것으로 기억합니다. 저녁에 식사자리에서 술잔을 기울이시며 "자네들 작품 하기 힘들지? 나도 아네. 나 대가지? 그런데 나도 힘드네. 전시회 날짜를 받아놓으니 작품이 되지를 않네. 남의 손에 가 있는 괜찮은 내 작품이 있는데 빌리려 해도 주질 않네"라고 아쉬워하시던 선생님의 모습이 기억납니다. 항상 그렇게 대범하시고 지침이 없이 편안하게 쓰시는 것으로만 보였던 작품들을 위해서 그렇게 많은 고민을 하셨다는 것을 그때야 깨달았습니다. 아무런 고민과 노력 없이는 훌륭한 작품 역시 나올 수 없다는 것을 가르쳐주셨습니다. 선생님께서도 그러셨는데, 하물며 제자인 저희들이야 어떻겠습니까? 선생님의 그러한 자세를 마음에 담아 항상 명심하고 생활하겠습니다.

선생님께서는 형제간의 우애도 가르쳐주셨습니다. 글씨를 써가지고 수정하러 갔을 때의 일입니다. 각기 다른 시집에서 같은 내용의 시를 골랐는데, 한 자가 달랐습니다. 어느 것이 옳은지 여쭈니 "둘 다 뜻은 되는데, 백아에게 갔다 오게나"라고 말씀하시어 백아 선생님을 뵈려고 나오는데 불러 세우시며, "전화로 물어보세" 하시며 전화를 하셨습니다. 형제간에 우애 깊은 대화를 듣고, 겉으로 보이는 것과는 달리 많은 따스함을 가진 분임을 알게 되었습니다. 또 선생님과 백아 선생님 두 분을 모시고 약주를 할 기회가 있었습니다. 백아 선생님께서 건강이 안 좋으셔서 술을 못 드신다니까 "백아, 무슨 재미로 사나" 하시니 백아 선생님께서는 "그럼 조금만 주세요" 하시고 보리차에 술 몇 방울 떨어뜨리셨습니다. 선생님께서는 "그래, 그렇게 해야지" 하시며 형제분을 보고 박장대소하시던 그 모습을 잊을 수가 없습니다. 그렇게 멋스럽고 우애 깊으셨던 선생님을 이제는 뵈올 수 없다는 것이 가슴 깊은 곳에서 아련함으로 저려옵니다.

이루 헤아릴 수 없이 많은 일들이 있었지만, 개인적으로 가장 기억에 남는 일은 아마도 1988년도에 제가 대한민국미술대전에서 특선을 했을 때의 일일 것입니다. 백악미술관에 선생님을 뵈러 가서 밖에 서서 기다렸습니다. 그때 방으로 들어오라고 하시어 들어서자 "축하하네" 하시기에 "선생님이 잘 가르쳐주셔서 그렇습니다"라고 말씀을 드리니, "자네 주려고 글을 써 놓았네" 하시며 '죽림서주(竹林書廚)'라고 쓴 작품을 펼쳐놓으셨습니다. 그렇게 감격스러울 수가 없었습니다. 선생님의 글을 받는 것이 얼마나 큰 영광이겠습니까. 보잘것없는 제일 끄트머리 제자에게도 그렇게 자상하게 정을 주셨습니다. 그 작품을 볼 때마다 선생님의 그때 모습을 잊을 수가 없습니다. 아무 말씀도 못 드리고 돌아 나오는 저에게 "사진을 찍어 슬라이드나 가져오게" 하시던 선생님의 깊은 정이 선생님이 계시지 않은 지금 더욱더 크게 다가옵니다.

마지막으로 가장 가슴 아팠던 기억은 '예술의전당 개관 10주년 기념 특별전'을 할 때 일이었습니다. 그 얼마 전부터 선생님께서는 환우에 드셨던 것으로 기억합니다. 전시회 내내 그 주옥같은 작품을 보고 감탄하는 가운데, 환우 드신 후의 작품을 볼 때는 조금만 더 건강하셔서 좋은 작품을 많이 남기셨으면 하는 마음에 가슴이 아팠습니다. 전시회 내내 그 많은 사람들이 선생님께 찬사를 드릴 때에는 제 마음도 들떴고 그런 선생님을 모시게 되었던 것이 이 세상에 태어나 가장 큰 기쁨일 것이라고 생각하였습니다. 전시회 마지막 날 선생님께서는 오후 3시경 휠체어에 의지하여 전시장에서 도착하셨습니다. 가끔 내려서 걸음을 옮기시며, 작품 하나하나 살피실 때, 어느 작품에서는 한참을 머무르시며 회상에 잠기시는 듯했고, 어느 작품에서는 아무 말씀도 없이 그냥 지나치실 때도 있었습니다. 다 돌아보신 후 선생님은 댁에 가셨다가, 작품을 철수할 때 다시 돌아오셔서 "너희와 저녁 한 끼를 해야 하겠다" 하시는 선생님의 표정에서는 '마지막으로 정리하고 남겨야 할 소중한 기억이 바로 너희들'이라는 깊은 아쉬움의 정을 읽을 수 있었습니다. 식사 중에 전시회를 잘 끝냈다는 기쁨보다 바로 그런 안타까움에 누구도 한마디 말도 못하고 무거운 마음으로 식사를 마쳤던 일은 지금도 잊을 수가 없습니다. 어찌 하늘은 선생님께 그리 힘든 고난을 겪게 했는지 모르겠습니다.

선생님, 그 후에 백악예원에 계시며 그 많은 후학들의 전시회를 많이 보셨을 것입니다. 때로는 흐뭇함이 때로는 안타까움이 교차하셨을 것이라고 생각합니다. 항상 사람을 평가할 때 좋은 점만 보시려던 선생님, 작품을 논하실 때는 선입견을 가지지 않고 오로지 그 작품만으로 평가하시던 선생님, 저희에게는 단순히 글씨 쓰는 것을 뛰어넘어 삶을 살아가는 것에서도 너무도 많고 큰 가르침을 주셨습니다. 이제는 그렇게 자상하시고 정이 많으셨던 선생님을 다시는 뵈올 수 없다는 것이 저희에게는 너무도 큰 쓰라림으로 다가옵니다. 선생님께서는 너무 힘겹게 병마와 싸우시다, 이제는 병도 없는 평안함으로 가득한 곳으로 긴 여행을 떠나셨습니다. 이제 저희들은 선생님의 유지를 받들어 세우기 위해 열심히 쓰고, 열심히 살아가겠습니다. 막내 제자 다시 한 번 크게 불러보고 싶습니다. 선생님!

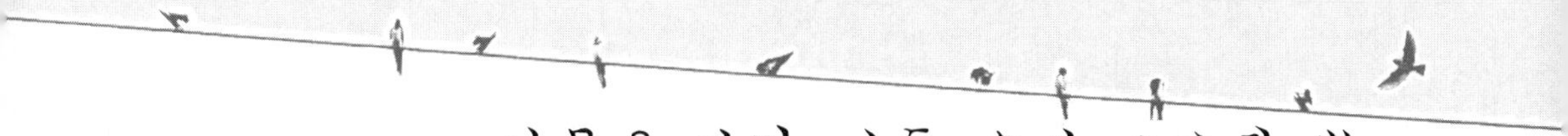

거목은 다만 어둠 속에 사라질 뿐, 결코 잘려 넘어짐이 없어

이종상

예술원 회원

예술원 회의 중에 접한 일중 선생의 서거 소식은 그분께서 비워놓으신 자리를 다시는 채울 수 없다는 허전함으로 안타까운 순간이었다. 오래전부터 숙환 중에 계셨으나, 그동안 지근에 살면서도 병문안 한 번 변변히 드리지 못한 것이 못내 죄송스럽기만 하다. 선생께서 한국 서예사에 끼친 크나큰 공로는 비록 중환으로 절필 중이시라 해도 우리 곁에 생존해 계시다는 그 한 가지 사실만으로도 서예인들뿐만 아니라 우리 문화예술계에도 큰 위안이며 홍복이었다.

선생은 이제 오랜 투병 끝에 당신께서 다하지 못한 많은 과제들을 후학들에게 물려준 채 홀연히 세상을 떠나셨다. 인터넷과 디지털 문화가 지배하는 대중문화현장에서 '전통예술로서의 서예문화가 어떻게 생존해나갈 것이며, 급변하는 현대문명 속에 과연, 예술로서의 경쟁력과 문자로서의 실용성을 향한 자기 변혁이 얼마나 가능할 것인가, 이러한 시대적 변화 속에서 우리의 전통문화가 감당해내야 할 역할은 과연 무엇인가' 질곡의 역사 속에서 힘겹도록 어깨에 지고 오셨던 숱한 난제들이 이제 큰 스승을 잃고 보니 고스란히 우리 후진들의 몫으로 남겨졌다.

선생께서는 일제강점기를 거치면서 6·25와 4·19, 5·16 등의 커다란 사회적 변혁 속에서도 오로지 현대서예 발전을 위해 개척자적 사명과 열정만으로 일관해오셨다.

그 결과 한글, 한문 서예 모두에서 창조적 실험정신을 통해 '일중체'라는 독자적인 서체를 확립하셨을 뿐 아니라 전국 방방곡곡의 문화유적과 비문 등에 주옥같은 작품을 많이 남기셨다.

내가 아는 바로는 선생께서 여느 서예가와 달리, 한문서예 못지않게 한글서예를 유독 사랑하시고 연구를 거듭하셨다. 명문반명의 후예로 태어나 민족문화와 한글서예에 관심이 많으셨던 선생께서는 일제 말기, 극악한 황국신민의 열풍 속에서도 '한글의 아름다움을 우리가 깨닫고 쓰지 않으면 누가 쓰겠느냐'며 당당히 자신의 민족적 예술 의지를 굽히지 않으셨다니 이 얼마나 장하고 통쾌한 일인가. 이러한 선생의 역사의식은 1942년도에 일어났던 일만 보아도 알 수 있다. 선생께서는 그동안의 한글서예 연구를 통해 모아진 텍스트인 '우리 글씨 쓰는 법'을 당시 위당 정인보 선생의 서문을 받아 함께 펴내려고 치밀한 계획을 세우셨으나, 결국 일제의 완강한 저지에 부딪히게 되어 차일피일 미루다가 해방 직후에 출간한 일이 있었다. 당시 한글서예자료나 책들이 흔치 않던 시대에 조선왕조 외척 집안이라 대궐과 오간 한글 서간들과 가전(家傳)하는 궁체 서적과 어찰(御札), 봉서(封書) 등 여러 가지의 글씨 등이 많아서 책을 발간하는 데 큰 역할을 하게 되었을 터이다. 그러나 이렇게 다양한 자료들은 시대나 형식 등에서 비교·연구할 수 있는 체계적인 정리를 통해 서예교육과 대중화를 위한 연구 작업을 필요로 했다. 이어 광복 후 서예교과서 사정위원과 『우리말 중등 글씨체』 등 검인정 서예 교과서를 친히 집필하시며 해방된 조국의 서예교육 발전을 위해 눈부신 활동을 전개하게 된다.

이 무렵 한글부흥운동은 전국 각지의 기념비를 한글로 쓰게 되고 선생께서는 약관 29세에 안종원·김용진·손재형 등과 함께 대한민국미술전람회(국전) 추천작가로 추대되기에 이른다. 이미 20대 초반에 진적(眞蹟) 산각석모각(山刻石摹刻)으로 소전(小篆)을 접했고 친지의 도움으로 한예 탁본인 〈예기비〉, 〈장천비〉, 〈조전비〉, 위의 〈용문이십품〉을 비롯, 당해(唐楷)인 〈구성궁예천명(九成宮醴泉銘)〉, 안진경의 〈다보탑감응비〉, 〈안가묘비〉, 유공권의 〈현비탑비〉 등을 두루 섭렵하셨다고 한다. 또한 안진경의 〈쟁좌위첩〉을 입수하여 공부하는 등 각 서체의 기초를 튼튼히 하셨으며, 송·원

·명·청대의 대가들의 작품을 가까이 하며 꾸준히 견문을 넓히셨다.

이러한 기반 위에 한글 반포 당시의 훈민정음체를 근간으로 한 우리 옛 글자에 대한 연구와 국한문 혼용을 시도하셨으며, 독자적인 '일중한글예서'를 만들어내기에 이른다. 또한 서보와 쟁좌위를 응용, 행·초서의 새로운 경지를 개척했고 장천비와 예기비를 재해석하여 적극적으로 소화한 소위 한문 '일중예서'를 탄생시키셨다. 한 화면에 서로 대립되는 여러 서체를 등장시키고 이를 다시 종합하여 조화를 이끌어내는 새로운 형식을 만들어내기도 하셨다.

선생께서는 대중적 서예교육을 위해 1957년 영운 김용진 선생을 회장으로 한 동방연서회 창설에 주도적인 역할을 하시게 된다. 당시 국전 주도세력을 제외한 서예인들이 모인 동방연서회는 창설 다음 해에 선생을 이사장으로 선출하고 본격적인 활동을 전개해나가신다. 이후 4·19에서 5·16으로 바뀌는 정치적 대변혁기를 맞아 국가안정을 위한 문화예술로서의 역할에 고심한 선생께서는 서예를 배우는 사람들에게 선인들의 지혜가 담긴 고전을 가르쳐야 한다고 생각하셨다. 이에 아우인 여초 김응현 선생과 함께 서예보급을 위해 『일중서예 강좌』, 『서예집성』 등을 펴내며 서화동근(書畫同根)의 이상을 실현코자 심산 노수현 선생을 모셔다가 문인화반을 만듦으로써 서예, 문인화의 대중화에 박차를 가하신다.

후에 선생께서 동방연서회를 아우에게 맡기신 후 당시 내가 서울대학교 미술대학을 졸업하고 국전 최연소 추천작가로 화단활동을 전개할 무렵 모교 은사이신 심산 선생이 지도하시던 문인화반을 부탁해오신 것이 인연이 되어 그 후 10여 년 동안 줄곧 동방연서회에서 문인화반을 지도하게 된다. 이처럼 선생은 한자서예는 물론이고 한글서예와 더불어 문인화에 이르기까지 한국의 전통문화를 계승하고 저변화시키는 데 평생을 바치셨다.

이제 그분께서 남겨놓으신 많은 과제들은 당연히 후학들이 떠맡아야 할 몫이라고 생각한다. 디지털 혁명이 이끄는 대중문화의 엄청난 파고를 타고 넘어 실생활 속에 살아 숨 쉬는 예술로서 서예문화를 어떻게 발전시킬 것인가의 여부가 바로 후학들의 두 어깨에 걸려 있음을 통감한다. 서예계의 거목은 다만 어둠 속에 사라질 뿐, 결코 잘려 넘어짐이 없으니 후학들은 선생의 올곧은 예도를 본받아 안으로 냉엄한 자기성찰을 통해 밖으로 세계화의 위업을 달성할 프로 근성이 필요한 때이다.

임지의 큰 산, 어디서 다시 만날까

인영선

서예가

獨有千秋一中墨

後世何人繼此道

서력(西曆) 2006년 11월 20일 일중 선생의 부음(訃音)을 접하고 임지(臨池)의 큰 산이 무너져버렸다고, 이제 어디서 큰 산을 만날까 걱정이 앞서 겸제(謙齊)의 숙상팔경(肅湘八景)을 가슴에서 꺼내어 중화(中華)의 산을 우리 근역(槿域)의 산으로 바꾸어 담묵(淡墨)과 농묵(濃墨)으로 사(寫)하고 무운대구(無韻對句)로 선생의 만사(輓詞)를 적으니, 그간의 서류일월(逝流日月)이 석화광중기차신(石火光中寄此身)이라.

필생(筆生)이 일중 선생의 큰 산을 처음 뵈온 것은 이묵서회(以墨書會) 제1회전인 무오(戊午) 1978년 천안문화원의 협소한 전시장이었다. 그 모습은 신언서판(身言書判), 옥골선풍(玉骨仙風)이시었다. 중관 선배의 배려와 당시 미술동호인 김성렬 님, 유성우 님의 후원으로 일중 선생을 모시는 영광을 얻게 되어 당시 천안의 정호 주사(酒肆)에서 천안시장 고(故) 김현구 님의 중식찬(中食餐)으로 안내해 가게 되었는데, 시장님 왈(曰) "명성으로만 접하던 대가(大家)님을 뫼시게 되니 천안의 큰 광영(光榮)입니다" 하고 수인사를 하시니 일중 선생 왈 "광영은 제가 광영이지요. 원님 나리께서 점심을 사신다니 이보다 더한 영광이 어디 있겠습니까" 하시질 않는가. 관(官)에 아첨해야 그나마 한 작품 팔 수 있는 현금(現今)에 비추어볼 때 얼마나 대범하시었나. 당신 근역 시생(侍生)이라면 어느 누구 하나 일중은 큰 산이었고 닮고 싶은 텍스트이셨다.

선생은 청음(淸陰)의 14대 손으로 올곧은 선비정신으로 예문일치(藝文一致)를 실천하신 예술가이셨다. 흔히 서가(書家)라면 문자향(文字香) 서권기(書卷氣)를 가슴에 품고 먹을 갈지만 겉에 보이는 건 옹졸하고 치졸하고 답답한 것을 가지고 바람 부는 언덕에 서서 사향(麝香)인 듯 서 있지만 근세에 일중만 한 서품(書品)이 어디 있으랴.

넉넉하고, 덕 있고, 예스럽고, 향기 나는 글씨를 찾아볼 수 없으니 애석타 아니할 수 있으랴. 1960년대 장천, 조전을 기호(嗜好)하실 때 작품, 정과정, 혼합된 서체, 장법은 작품마다 서예사(史)가 혼용되고 1980년대 취인유묵서(聚人遺墨序) 국한혼용의 전범이요, 축경사장(祝慶四章)은 정음, 정자, 흘림의 표본이며 오촌분식(梧村分植) 매(梅)는 척독(尺牘)의 전승(典承)이요 팔영(八詠) 팔폭(八幅) 병서는 문장의 백미(白眉)로, 후대에 뉘라서 이러한 향기 나는 글씨를 쓰는 이 있으랴. 후학이 비옵나니, 숙상팔경 안양암(安養菴)에 주석(住席)하시어 굽어 사도(斯道)에 후학을 살피시옵소서.

나의 스승 일중 김충현

정도준

기념사업회 이사

지난해 봄, 예술의전당 개관 10주년을 기념하기 위해 생존 작가로는 처음으로 '일중 김충현전'이 기획되었다. 개막식에서 거동이 어려우신 선생님의 휠체어를 밀어드리며 말씀조차 생각대로 잘 되지 않는 선생님을 뵈니 안타까움에 두 어깨에 힘이 빠졌다. 서른 해 넘도록 모셔온 스승이 아닌가. 태산과도 같던 이분도 세월을 어쩌지는 못하시는구나 하고 생각하니 생의 무상함에 콧등까지 시큰해왔다. 나도 모르게 휠체어를 미는 손에 힘이 들어갔던지 선생님께서 물끄러미 나를 올려다보시어 뭐라 말씀을 하실 듯한 그 눈과 마주쳤다. 세월이 많은 것을 바꿔놓았지만 눈빛만은 처음 선생님을 뵈었던 그 시절과 변함이 없었다. 그윽하고 온화하지만 범접할 수 없는 위엄이 있는 눈. 내 맘속에 각인된 바로 그 눈빛이셨다.

선생님은 언제나 말씀이 적은 분이셨다. 긴말을 싫어하시는 그 성품이 젊었을 적에는 어렵고 무섭게만 느껴졌다. 어쩌다 마음먹고 하시는 말씀도 수 분을 넘기는 일이 드물었다. 항상 약주를 즐기셔서 친구들이나 제자들과 성북동의 일식집에서 늦도록 대작(對酌)하시는 일이 많았다. 어쩌다 주석에서 실수를 하는 사람이 있어도 "나는 술

* 월간 까마 창간호(1999년)에 실린 글.

마시는 사람이라 언제라도 실수할지 모른다" 하며 허물을 덮으시고 두둔해주곤 하셨지만 정작 나는 선생님이 술로 흐트러지는 모습을 아직 한 번도 뵙지 못했다.

외길 인생으로 위대한 서예가가 되었다는 찬사를 언론에서 받으셨을 때도 다른 것을 못해서 그저 이것을 했을 뿐이라고 말씀하신 겸손한 분이셨다. 그러나 정말 그러했으면 그 높은 경지까지 어찌 오르실 수 있었으랴. 한문 오체는 물론 이미 일제강점기에 우리글의 아름다운 조형을 보전하기 위해 한글 궁체, 『우리 글씨 쓰는 법』을 지으시고 해방 후에는 『훈민정음』, 『월인천강지곡』, 『용비어천가』의 자형에 중묘(衆妙) 획을 구사해 고체라는 새로운 서체를 탄생시켰다. 이 고체는 궁체에 비해 오래된 서체라는 뜻으로 본인께서 직접 명명하신 것이다.

또 "한글이 예전에는 통일된 문법이 없었다면 이는 내 문법일세" 하시며 짓고 쓰는 데도 놀라운 어휘 선택을 하셨다. 그러나 그 어느 것 하나도 법에 벗어나는 적이 없으셨다.

글도 마찬가지여서 화려한 수식이 있는 것을 피하고 가능하면 간결한 표현을 하려고 하셨다. 어려서부터 익힌 가학(家學)과 천부적 재능으로 누구보다 문장을 잘하시는 선생님이셨지만 언제나 본질에만 전념하는 모습을 보여주셨다. 회고전 행사의 일환으로 '일중(一中)의 문학세계'란 학술 발표회에서 이근배 시인은 선생님이 시, 시조, 수필, 금석문 등을 창작해온 문사(文士)이시라는 찬사와 함께 문학인으로서도 평가했다.

선생님은 화려하고 번거로운 것을 싫어하셨다. 말보다는 행동을 중히 여기고 늘 남보다 자신에게 엄격하셨다. 당시에 많은 예술가들이 작업실을 겸한 별장을 갖는 경우가 많았는데 주위에서 넌지시 권해드리면 선생님은 정색을 하시며 "그런 것 없어도 글씨는 얼마든지 잘 쓸 수 있어. 별장이라고 정하면 얽매여서 가고 싶은 곳도 못 가. 옛날에 차도 없었는데 지금 이만만 해도 얼마나 좋아?" 하시며 사양을 하셨다. 불필요한 것이나 헛된 사치라고 생각되는 것에는 아무런 관심이 없으셨던 것이다.

그러나 제자들에게는 얼마나 다정하신 분이었던가. 내가 국전에 입선만 계속하고 힘이 빠져 있었을 때 나에게 술을 주시며 "내 잔이 특선만 못하겠나. 대신 이 술을 받게" 하시며 위로와 자부심을 동시에 주시던 선생님의 모습이 자꾸만 떠오른다. 그 다

정한 인정이 나에게 얼마나 큰 위안을 주었는지……. 또 내가 제1회 미술대전에서 대상을 수상하게 되었을 때 선생님은 미주여행 중이셨다. 교포신문을 통해 현지에서 소식을 접한 선생님은 귀국 시 마중나간 나를 당신의 차에 태워 댁까지 데리고 가셨다. 하필 그날은 정전이었는데 선생님은 기어이 촛불을 켜시고 술을 따라 주시면서 누구보다도 기뻐해주시며 흐뭇해하시던 기억이 떠오른다.

선생님의 선비정신은 자연스러움을 추구하는 작품의 세계에서 나타났다. 그래서 선생님은 서예이론에 지나치게 신경 쓰는 것을 경계하셨다. "서론보다는 글씨가 먼저 나왔어"라는 짧은 말씀으로 실기 공부의 중요성을 강조하면서 좋은 법첩을 많이 임서할 것을 권하셨다. 그런 선생님께서는 이론 부재의 서단을 위해서 일찍이 1963년부터 『일중(一中) 강의록』과 『서예집성』을 발간, 전국에 보급하는 데 힘쓰셨다. 그 뜻은 이론을 가볍게 여겨서가 결코 아니며 작가는 언제나 작품이 우선이어야 한다는 뜻이셨다. 기초가 튼튼해지고 물리가 터지면 저절로 작가 개개인이 특유의 서체를 개발할 수 있다고 강조하시며 나에게도 "자네가 쓰는 금문(金文), 전서는 금문이 제일이야"라는 말씀을 하셨다. 그때는 주로 해서, 행서와 예서를 많이 썼었다. 많은 자료가 없는 상태에서 금문을 쓰면서도 선생님의 권고는 늘 힘이 되어주었다. 이것이 계기가 되었던가, 훗날 난 금문으로 대상을 수상하게 되었다.

선생님은 언제나 표피적, 말초적이고 기교적인 것은 예술의 깊이를 손상시킨다면서, 글씨란 자고로 물이 흐르듯이 자연스럽고 편안한 느낌을 주어야 한다고 하셨다. 그래서 제자들이 법첩을 임서할 때에도 당 이후의 것은 손도 대지 못하게 하셨다. 글씨의 모든 서체는 당대(唐代)로 완성되며, 그 이후의 작품은 개인의 개성이 너무 많이 나타나 있다는 생각에서였다. 선생님은 담백하면서도 격이 높은 자연의 이치를 거스르지 않는 그런 글씨를 추구하신 것이다.

그러나 사람이 만들어내는 것에서 자연스러움을 찾기란 실제로 얼마나 어려운 일인가. 흔히 세상에서는 선생님을 타고난 천재성이 있다고 말하지만 내가 보기에 그것은 전부가 아니다. 선생님의 도록을 만들면서 그간 발표된 작품의 무수히 많은 실험작을 발견하고는 그 엄청난 양에 놀란 적이 있다. 좀 더 나은 장법을 위해 글자 하나의 위치를 바꿔보기도 하고, 가로 세로의 형태를 뒤바꾸기도 한 그 수많은 인간적 고뇌와 흔적들은 선생님의 천재성이란 이름에 맺혀 있는 땀방울이었던 것이다. 환갑에 〈농가월령가〉 전문(7,000여 자)을 제작하시는 정열을 보여주시며 "늙은이도 많이 쓰니까 늘데" 하고 던지신 말씀이 오늘날까지도 내게는 큰 교훈으로 새겨져 있다. 아마 우리 시대에 안주하는 후학 모두에게 하고 싶으신 말씀이 아니셨을까. 그러한 선생님의 부단한 실험성 속에서 고체, 국한문 혼서 등 새로운 한글 서체를 개발, 서예사의 한 획을 긋는 굵직한 업적들이 쏟아져 나왔던 것이다.

'우리나라 서예에서 근세에 추사가 있다면, 현대에는 일중이 있다'는 월당(月堂) 홍진표(洪震杓) 선생님의 평가는 이미 당대에 맡겨진 선생님의 소임을 완수했다는 의미일 것이다. 그러나 선생님의 뒤에 남겨진 우리의 의무는 또한 얼마나 막중한가. 끊임없는 자기 혁신과 노력을 통한 서예술의 현대화, 이것이 디지털 시대를 살아가는 우리 후학들에게 던져진 과제인 것이다.

이 글을 쓰는 시간, 저녁 뉴스에서는 선생님의 병환에 특효약이 외국에서 개발되었다는 반가운 소식을 전하고 있다. 하루빨리 보급되어 가시고 싶은 아름다운 산야들을 마음껏 다니실 수 있었으면 한다. 또 우리 모두의 언덕이 되어주시고 주옥같은 새로운 명작들을 길이 남겨주었으면 하고 소원 또 소원해본다.

우당 시, 일중 글씨

김영복

KBS 〈진품명품〉 감정위원

글씨란 다른 예술품과 다르게 예술성도 따지지만 내용을 매우 중시한다. 하여 아무리 글씨가 예술성이 뛰어난다 해도 내용이 남을 욕하거나 혹은 제문(祭文) 같은 글인 경우에는 집에 걸어두기에는 찜찜하고, 또 글씨 쓴 이가 우리 정서에 어울리지 않을 때에는 그 사람의 이미지가 먼저 떠오르기 때문에 예술성과는 무관하게 대접을 받지 못한다.

그래서 미술시장에서 다른 미술품과는 다르게 인기도 많이 떨어지고 매매도 덜 이루어진다. 훌륭한 인품까지도 요하는 글씨는 여러 가지로 미술시장에서 인기품목이 되기는 어떻든 쉽지 않다. 얼마 전 어느 경매장에서 본 일중 김충현(一中 金忠顯, 1921~2006)의 한자 행서 작품은 글씨도 좋지만 내용이 너무 좋아 무조건 구입하게 되었다. 일제 말부터 근년까지 서예계(書藝界)에서 가장 다방면으로 활동을 하였으며 글씨는 말할 것도 없고, 인품과 제자 육성 등 모든 면에서 어른 노릇을 제대로 했던 분의 글씨에다가 이렇게 필자가 좋아하는 한시(漢詩)까지 써 있는 작품이면 가격의 고하를 막론하고 꼭 사야만 하는 것이 글씨를 좋아하는 이의 즐거움이다.

비바람 부는 봄, 횡으로 종으로 자유롭게 다니는 게[蟹]여

참으로 부럽구나 창자 없다니, 평생을 창자 끊어지는[斷腸] 괴로움 없을 것이니

秋風秋雨滿汀洲, 特地縱橫任自由

公子無腸眞可羨, 一生不識斷腸愁

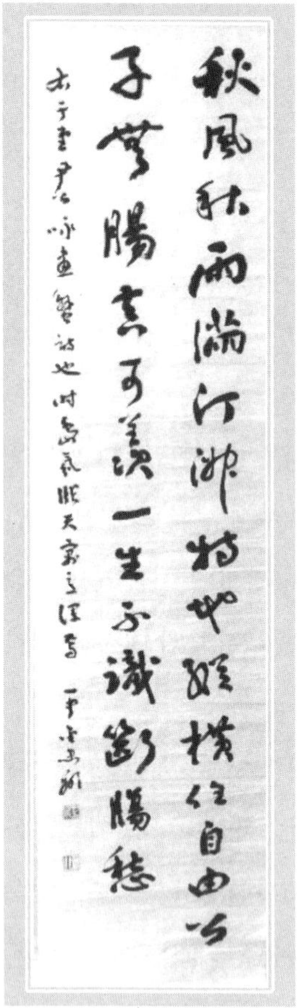

시를 보아 알겠지만 일제강점기 친일(親日)한 사람들에 대한 은근한 조롱이다. 구한말 일제 초기에 문장으로 이름을 날린 우당 윤희구(于堂 尹喜求, 1867~1926)의 게에 관한 시다. 어떤 이가 게[蟹] 그림을 가져와서 화제(畵題)를 써달라 하자 즉석에서 쓴 시라고 전한다. 일중의 "그때에 일제의 기운이 하늘에 넘쳤는데 부친 뜻이 깊다[時島ㅁ漲天 寓意深焉]"란 평이 당시의 상황을 여실히 표현했다.

우당 선생은 1897년 박학사(博學士)로 발탁되어 『대한예전(大韓禮典)』과 『증보문헌비고(增補文獻備考)』를 다시 편찬할 때 그 일에 참여하였다가, 나라가 망하자 시와 술로 평생을 보낸 마지막 조선 선비의 한 사람이었다. 당시 현실에 깊이 뛰어들 수도 없고 그렇다고 뛰어들자니 양심에 꺼리고 어찌할 수 없는 현실 앞에서 설 자리를 잃은 힘없는 지식인이 읊은 시가 바로 무장공자(無腸公子)라 불린 이런 게와 같은 시가 아닐까?

일중 선생은 한자를 이렇게 잘 썼을 뿐만 아니라 궁체를 비롯해 각 체에 능한 분이었다. 특히 『훈민정음(訓民正音)』, 『용비어천가(龍飛御天歌)』 등의 옛 판본체(板本體)에 한자의 전서와 예서의 필법을 가미하여 한글의 새로운 체를 새롭게 개발하여 '한글 고체'라 명명한 것으로 더욱 유명하다.

그동안 궁중에서 쓰던 궁체를 응용한 글씨만 썼던 서예계(書藝界)에 새 바람을 일으

켰고 이로 인해 우리 한글 글씨체가 다양화됐다. 한자도 모든 체에 두루 능했지만 한글의 다양화는 일중 선생의 큰 업적이다. 한글 고체를 한자 글씨로 말하면 한글의 예서라 할 수 있다. 또 얼마나 한글 글씨체를 잘 썼는지 해방 이후에 공식적인 비석을 한글로 쓴 첫 번째 분이기도 하다.

심사한조(沈思翰藻)를 일깨워주신 일중 선생을 기리며

전광진

성균관대학교 교수

고등학교를 갓 졸업한 약관(弱冠)의 시골 학생이 서울 땅을 밟은 후 처음으로 사제(師弟)의 인연을 맺은 분이 일중 김충현 선생이다. 서예를 가르쳐 주신 은사(恩師)이기에 앞서 세상을 알게 해주신 세사(世師), 예술에 눈을 뜨게 해주신 예사(藝師), 학문의 길을 안내해주신 학사(學師)로서의 스승상이 가슴 깊이 각인되어 있는 분이 바로 선생이다. 어느덧 세월이 흘러 환력(還曆)을 넘기고 보니 예전에 미처 몰랐던 스승의 은택(恩澤)이 더욱 크게 느껴진다. 이제 조금씩 철이 들어가는 방증(傍證)이기도 한 것 같다. 가장 젊었던 시절, 혈기왕성했던 만큼 고민도 많았던 격동의 시기에 북극성 같은 사표(師表)가 되어주신 선생의 일깨움이 있었기에 방황과 번민을 극복하고 심사한조(沈思翰藻)의 길로 접어들 수 있었다. 그런 선생께서 서세(逝世)하신 지 벌써 십재(十載)가 되었다니 세월의 무상함과 그리움으로 눈시울이 뜨거워진다. 10주기를 맞아 명복을 빌고 추모의 뜻을 조금이나마 표하기 위하여 선생의 은덕을 하나하나 이실직고(以實直告)해본다. 이루 형언할 수 없을 만큼 많으나, 숫자가 좋아 세 가지로 요약해 본다.

첫째, 깨달음의 중요성을 각인시켜주신 은혜

서예를 배우기 위하여 선생을 찾아간 것은 1974년 봄이었다. 그해 1월에 상고(商高)를 졸업하고 신들도 부러워한다는 한국은행에 입행하였다. 잔반(殘班)의 빈한한 가세(家勢)로, 태어나자마자 고서(古書)로 도배한 벽지를 보고 자란 탓인지 한문과 서예를 좋아하는 호고벽(好古癖)은 은행원이 된 후로도 바뀌지 않았다. 그래서 행내(行內) 서예 동호회에 가입하였고, 그 모임에서 춘당(春塘) 박효심(朴孝心) 선배로부터 큰 소식을 들었다. 종로구 인사동에 일중묵연(一中墨緣)이란 서예 강습소가 있고, 거기에 가면 우리나라 최고의 대가에게 정통 서법을 배울 수 있다는 것이었다. 일중 선생을 스승으로 모실 수 있게 된 것만으로도 대단한 홍복(洪福)이자 자부심이었기에, 매일 퇴근 시간이 되기 무섭게 인사동으로 달려가 먹을 갈았다.

서예에 입문한 이듬해에 제자들 작품 전람회인 '일중묵연전(一中墨緣展)'에 출품하자면 호(號)가 필요했다. 그래서 선생께 부탁을 드렸더니 오헌(悟軒)이라 지어주셨다. 내 이름자의 하나인 진(鎭) 자에 '참 진(眞)'이 있음에 착안하시어 '깨달을 오(悟)' 자를 택하셨다며, '깨달음'이 중요하다는 말씀을 덧붙여 주셨다. 그 가르침이 내 일생의 과업이 될 줄이야 그땐 미처 몰랐다. 당시 대학생도 아닌 고졸 은행원에 지나지 않았던 애송이가 훗날 학자가 될 기미가 있음을 어렴풋이나마 짐작하셨던 것은 아니었을까. 선생의 혜안(慧眼)에 경배를 올린다. 아무튼 그날 이후로 매사를 건성으로 넘기지 않고 속에 담긴 깊은 의미를 깨달으려고 애쓰는 습성을 가지게 되었다.

돌이켜보면 서예를 대단히 좋아하였으나, 소질이 남들보다 뛰어나지는 못하였던 것 같다. 국전(國展)에 출품은 한 적은 있었지만 입선은 하지 못하였다. 그래도 서예에 대한 짝사랑은 변함이 없었다. 해서는 〈안근례비(顏勤禮碑)〉와 〈안씨가묘비(顏氏家廟碑)〉로, 행서는 안진경(顏眞卿) 『제질문고(祭姪文稿)』와 『쟁좌위고(爭座位稿)』로, 육조해서(六朝楷書)는 〈장맹룡비(張猛龍碑)〉로, 예서(隸書)는 〈예기비(禮器碑)〉로 익혔다. 일본 이현사(二玄社)에서 발간되는 법첩(法帖)을 구입하여 각종 서체를 공부하였다. 수입 도서인지라 꽤나 비쌌던 것으로 기억된다. 그래서 한 권을 사더라도 큰맘을 먹어야 했다. 용돈과 식비는 아꼈지만 낙원상가 2층에 있는 서점으로 달려가 그런 법첩을 사는 일에는 과감했다. 그러던 중 하루는 『갑골문집(甲骨文集)』 1권과 『금문집(金文集)』 4권을 한꺼번에 거금을 들여 구입하였다. 너무나 기뻐서 은행 기숙사에 돌아오자마자 한 권씩 펼쳐 보고는 너무너무 경탄했던 모습이 아직도 역연(歷然)하다. 그 이전까지 보았던 서체와는 너무너무 달라서 신기하기 짝이 없었고 심지어 신비롭기까지 하였다. 그때부터 갑골문과 금문에 매료되었고, 각 권 말미에 있는 석문(釋文)을 하나하나 모두 옮겨 적었다. 볼수록 신비로워 더욱 열심히 이기(移記)하였다. 그러한 작업은 마음을 달굴 뿐이었고, 답답증은 더욱 커져만 갔다. 아무리 노력해도 뜻을 알 수 없어 느꼈던 현기증과 고통이 오기를 발동시켰다. '내 언젠가는 이것을 꼭 마스터하고 말거야!' 그 집념이 14년 후에 꽃을 피웠다. 대만사범대학(臺灣師範大學) 석사학위 논문 「양주금문통자연구(兩周金文通字硏究)」는 그런 오기(傲氣)에서 싹이 튼 셈이다. 그 논문의 호평으로 대만 최고의 명문인 대만대학(臺灣大學) 박사반에 합격할 수 있었고, 현지 저명 출판사의 요청에 따라 단행본으로 출간되는 영광도 누리게 됐다.

지나놓고 보니 그저 꿈만 같다. 선생을 모시고 서예를 익히며 각종 한자 서체를 공부하면서 갑골문자와 금문을 접하게 되었던 것에 자극을 받아 문자학자의 길을 가게 되었으니, 저간의 우여곡절이 한 편의 드라마처럼 펼쳐진다. 많은 어려움 속에서도 나의 학구열이 남달랐던 것은 바로 '깨달을 오'(悟) 자를 넣어 호를 지어주시며 격려해 주신 선생의 예지(叡智)와 예지(豫知)에 의하여 지펴진 불씨라 할 수 있겠다. '깨달음'이 중요함을 일깨워주신 선생의 가르침은 내 인생 항로(航路)의 등대가 되었다. 그 은덕을 어찌 잊을 수 있으랴! 그야말로 몰치부망(沒齒不忘)이로다.

둘째, 더욱 넓은 세상이 있음을 알게 해준 은혜

일중묵연은 서예를 배우러 오는 학생들로만 분비는 곳이 아니었다. 붓글씨를 쓰기 편리하도록 꾸며놓은 테이블이 'ㄴ' 자 형태로 배치되어 있고 그 안쪽에 선생의 서재가 있었다. 그 곳은 당시 문화계, 예술계, 학술계 저명인사들의 발길이 끊이지 않았다. 글씨를 쓰다 보면 선생을 예방(禮訪)하러 온 인사들을 자주 접할 수 있었다. 명망 높은 인사들의 뒷모습만 봐도 흠모(欽慕)와 선망(羨望)이 느껴져 나를 분발케 하였다. 많은 분들이 계셨지만, 대표적으로 연민(淵民) 이가원(李家源) 선생, 일석(一石) 이희승(李熙昇) 선생의 모습이 떠오른다. 당시 연세대 국문과 교수였던 연민 선생은 일찍이 1955년에 성균관대 중문학과를 창설하여 초대 학과장을 지낸 분이다. 훗날 성균관대 교수가 되어 연민학회(淵民學會) 총무로 선생을 자주 뵙게 되었다. 그때 느낀 흠모의 정을 말씀드렸더니 "허허, 그런 일이 있었던가!"라며 특유의 너털웃음을 지으셨다. 1995년 이래 지금까지 사전 활용 교육으로 육영흥국(育英興國)에 이바지하겠노라며 노심초사하고 있는 일도, 일찍이 일석 선생 모습을 뵙게 된 것과 무관하지 않다. 우리나라에서 국어사전다운 국어사전을 최초로 편찬 감수하는 일에 솔선수범하신 분이 바로 일석 선생이셨다. 중문학자인 내가 국어사전 개편 작업에 남다른 열의를 가지게 된 원인은 먼발치에서나마 일석 선생을 뵈었을 때 받은 감화로 소급된다.

일중 선생께서는 당대 최고의 서예가로 명망이 높았던 관계로 서예에 뜻을 둔 사람들이 제자가 되겠다고 전국에서 모여들었다. 당시 일중묵연에는 이미 일가견을 이룬 기라성 같은 입실문제(入室門弟)가 무척 많았다. 그런 선배님들로부터 받은 영향으로 말미암아 정저지와(井底之蛙) 좌정관천(坐井觀天)의 관견(管見)을 벗어날 수 있었다. 수제자 그룹에 속하는 초정(艸丁) 권창륜(權昌倫), 신계(新溪) 김준섭(金準燮), 현암(玄庵) 정상옥(鄭祥玉) 선배님은 워낙 나이 차이가 많아서 가까이 범접(犯接)할 수는 없었으나 졸졸 따라다니며 뒷모습을 보는 것만으로도 큰 감응을 받을 수 있었다.

서울의 버스 노선도 잘 모르는 시골뜨기임에도 괄시하지 아니하고 자상하게 감싸준 분들이 많았다. 일중묵연의 유사(有司) 일을 맡고 계신 석농(石農) 선생께서 갈 때마다 늘 따뜻하게 맞이해주신 정을 잊을 수 없다. 석농 선생께서는 전각(篆刻)에도 능하셨다. 내가 즐겨 사용하는 낙관은 거의 모두 석농 선생의 작품이다. 지금도 책상 서랍에 깊숙이 잘 간직하고 있다. 이미 고인이 되신 세 분이 떠오른다. 가장 먼저 세상을 떠난 소정(素丁) 선생은 심산(心汕) 노수현(盧壽鉉) 선생께 동양화를 배워 그림에도 능하였다. 선물로 준 합죽선(合竹扇) 작품은 더위를 식히는 용도가 아니라 지인들에 대한 자랑용으로 애용하였다. 서각(書刻)이라는 새로운 분야를 개척한 철재(鐵齋) 선생은 1975년에 추사(秋史)의 〈부작란도(不作蘭圖)〉와 〈세한도(歲寒圖)〉를 손수 새겨 주었다. 국보인 원본보다 획의 생동감이 더 또렷하게 보이는 서각 작품이다. 철재 선생의 작품들은 잦은 이거(移居)에도 불구하고 늘 우리 집 거실 중앙을 차지하고 있다. 서예는 물론 문인화 분야에도 당대 최고 대가로 손꼽히는 일사(一史) 선생이 베풀어준 각별한 정도 잊을 수 없다. 3년 전에 용인 상현동 소영루(疎影樓) 자택으로 우리 부부를 초청하여 환대해주셨다. 2013년 12월 22일에 작고하셨음을 최근에야 알고 너무나 비통했다. 영결(永訣)의 예도 갖추지 못한 송구스러움이 죄책감으로 남아 있다. 이승에서는 갚을 수 없는 은정(恩情)이 되었기에 더더욱 따스하게 느껴진다. 일중 선생의 10주기를 맞이하여 고인이 되신 세 분 선배에 대하여도 충심(衷心)으로 명복을 빌어 드리고 싶음은, 세 분의 영령(英靈)이 명국(冥國)에서 선생의 호위무사(護衛武士) 역할을 하리라 짐작되기 때문에 더욱 그러하다.

일중 선생의 도통(道統)을 이어받아 우리나라 한글서예계의 큰 별로 우뚝 선 한별 신두영(申斗榮) 선배는 서예뿐만 아니라 의학(醫學)에도 조예가 깊다. 뵐 때마다 건강 상담사 역할까지도 해주시는 자상함에 이루 형언할 수 없는 고마움을 느낀다. 소헌(紹軒) 정도준(鄭道準) 선배는 아호(雅號)에 같은 헌(軒) 자가 들어 있어서 남다른 정을 느낀다. 특히 연민학회(淵民學會) 활동도 같이 한 적이 있다. 그래서 서예는 물론 한학(漢學)에 대하여도 배울 점이 참으로 많은 분이다. 그리고 당시 한국은행 기숙사가 있던 후암동에 화실(畵室)을 가지고 있어 자주 만나 조언을 듣던 김남주 선배, 한국은행 대선배이자 일중 선생과의 인연을 맺게 해준 춘당(春塘) 박효심(朴孝心) 선배, 늘 온정으로 감싸준 노산(魯山) 여영구(呂英九) 선배, 토론으로 밤을 지새운 적이 있는 일광(一光) 김주성 선배의 고마움을 잊을 수 없다. 특히 김 선배는 서예로 출발하여 대학에 몸담고 있는 동질감 때문에 동병상련의 정을 느낀다. 한국교원대 철학과 교수로, 총장으로 봉직하면서 격무에도 불구하고 서예에도 깊이 천착(穿鑿)하여 한글 초서체라는 새로운 지평을 열기도 하였다. 나완 달리 두 마리의 토끼를 다 잡은 것에 대하여 선망감(羨望感)을 감출 수 없다.

마지막으로 언급하지만 가장 큰 영향을 미친 분은, 해정(海庭) 김세호(金世豪) 선배이다. 서예를 예술로 접근함과 아울러 학술로 발전시키는 데에도 앞장섬으로써 서예학의 토대를 일군 해정 선배는 탐구열이 대단히 뛰어난 분이다. 안암동 자택으로 초대해 준 일이 여러 번이 있었다. 그럴 때마다 서예에 관한 새로운 지론을 경청하느라 밤을 꼬박 새우곤 하였다. 한문에만 관심이 있었던 내가 중국어라는 새로운 세상을 알게 된 것은 순전히 해정 선배 덕분이었다. 한 번은 한국은행에서 가까운 명동 세종호텔에서 서예 세미나가 있으니 와보라는 요청을 받았다. 근무시간인지라 외출 허가를 받고 가보았더니 선배께서 중국어로 논문 발표하는 것이었다. 그 광경이 참으로 감격적이었다. 그 후 만날 때마다 선배의 손에는 대만에서 발행되는 해외판 《중앙일보(中央日報)》가 꼬깃꼬깃 들려 있는 것이 내 눈엔 더욱더 크게 들어왔다. 대단한 부러움을 느낀 나머지 나도 중국어를 배우고 싶어졌다. 당시 서울에는 중국어를 가르치는 학원이 한 곳도 없었다. 마침 수원 화교(華僑) 학교에서 야간에 일반인을 대상으로 중국어 무료 강습을 한다는 소문을 접하게 되었다. 곧바로 한국은행 수원지점 근무를 자청하였고, 그 소원이 이루어져 1976년에서 1977년까지 야학으로 중국어를 배우게 됐다. 그것이 평생 과업의 튼튼한 발판이 될 줄이야! 이렇듯 운명은 인연의 결실이다. 해정 선배의 선각과 선구(先驅)가 오늘의 나를 낳은 셈이니 감격스러움과 고마움을 어찌 몇 줄을 글로 다할 수 있으랴!

서예 선배인 동시에 은행 선배로서 나의 진로에 큰 영향을 미친 분이 또 있다. 바로 일지(一芝) 김재년(金載年) 선배이다. 일지 선배는 선생의 영윤(令胤)으로 서울대 상대를 졸업하고 한국은행에 합격한 엘리트 행원이었다. 같은 행원이었지만 신분이 달랐다. 전도(前途)가 양양한 중견 행원이었기에 늘 선망의 대상이었다. 우리는 때로는 인사동 묵연(墨緣)에서 때로는 은행에서 자주 뵙곤 하였다. 상고 출신으로 한국은행에 다녀봤자 찬밥 신세를 면할 수 없으니, 야간 대학을 다니는 것이 서예를 배우는 것 보다 훨씬 낫다는 충심어린 권고를 여러 차례 해주었다. 실제로 대부분의 한국은행 입행(入行) 동기 친구들은 야간 법대나 상대를 다녔고, 사법고시나 공인회계사 시험에 합격하여 출세 가도를 달렸다. 그러나 앞에서 말한 괴벽(怪癖) 때문인지 법대나 상대에는 관심이 없었다. 한문학과나 중문학과를 다니고 싶었으나 문과대학에는 야간부가 없어 허탈한 마음으로 애꿎은 먹만 열심히 갈았다. 그러던 어느 날 야간 중문학과가 개설되었다는 소식에 귀가 번쩍 하였다. 그래서 고등학교를 졸업한지 7년 만인 1981년 3월에 성균관대학교 야간 중문학과에 들어가게 되었다. 비록 야학이었지만 2년간 중국어를 배웠기 때문에 중문학과 공부는 '식은 죽 먹기'나 진배없었다. 고기가 물을 만난 듯, 순풍에 돛을 단 듯, 대학 학업은 참으로 순조로웠다. 해정, 일지 두 선배께서 무지몽매한 나를 일깨워주었기 때문에 학해(學海)를 유영(遊泳)할 수 있게 되었으니 그 고마움을 내 평생 어찌 잊을 수 있으랴!

대학에 들어가기 이전까지 7년 동안 나의 뇌리에는 오직 서예밖에 없었다. 서예를 두고 많은 생각을 하였다. 획(劃, stroke)을 선조(線條, line)로 확대하여 선조화(線條畵, Linear-graphy, 한자어 및 영문 용어 모두 필자가 명명한 것임)라는 새로운 영역을 개척해 보겠노라고 발광하였던 일이 있었다. 화가 이중섭이 나뭇가지의 선(線)에 매료되어 시간만 나면 나무에 올랐다는 일화에 읽고 감동되었던 일, 비에 젖은 소나무에서 느낄 수 있는 선조의 생동감이 너무너무 좋아 비만 오면 산을 오르던 일, 인간의 몸과 율동에 나타는 선조에 매혹되어 발레나 춤 공연이 있다면 어디든 다 찾아가 춤사위를 스케치하던 일, 공사장 유리창에 '칠 주의'라 써놓은 글씨가 서예보다 더 아름답다며 공사장을 찾아 헤매던 일, 빗물에 촉촉이 젖은 진흙 바닥에 손가락으로 갈겨 쓴 글씨에서 느껴지던 미감(美感)에 매혹되어 빗물에 젖은 진흙을 찾아 나서던 일 등등의 기행(奇行)이 끊이지 않았다. 한국은행 도서관에 1920년대에 출간된 일본 책이 많이 소장되어 있다. 1975 봄에 우연찮게 『조선금석총람(朝鮮金石總攬)』이란 책이 눈에 보였다. 거기에 저록된 우리나라의 저명 비문을 찾아보기로 작정하였다. 신라 최치원의 사산비(四山碑)를 하나씩 찾아 나섰던 일, 울산 반구대(盤龜臺)의 암각화를 찾아갔으나 탁본은 할 수 없어 배를 타고 사진만 찍었던 일, 신라 화랑도들의 혼이 담긴 임신서기석(壬申誓記石)을 관리인의 도움을 받아 탁본했던 일 등등의 탁본 답사를 통하여 많은 것을 몸으로 배우고 느꼈다.

그러저러한 일로 고민하며 방황하던 젊은 서예 지망생이 넓은 안목과 시야를 가지게 된 것은 선생을 위시한 문하의 입실(入室) 제자들 덕분이었다. 승당(昇堂)은커녕 입문(入門)도 제대로 못한 나에게 서예는 너무나 좋아했지만 '가지 않은 길'이 되고 말았다. 로버트 프로스트의 시 「가지 않은 길(The road not taken)」이 남달리 가슴 깊이 와 닿는 것을 바로 그런 애달픔이 있었기 때문이리라! 선생의 숭고한 뜻을 받들어 끝까지 서예 대업을 완수한 서예계 선배님들께 이 자리를 빌려 무한한 경의를 표해둔다.

셋째, 학자의 길을 선도해 주신 은혜

묵연에 가면 날마다 선생께서 체본(體本)을 한 장씩 써 주셨다. 작품이 가까울 정도로 글씨가 좋아서 그것을 버리지 않고, 배접을 한 다음 차곡차곡 잘 보존하였다. 이렇게 모아둔 것이 각 서체별로 몇 권의 책이 될 정도로 많았다. 그리고 아주 드문 일이긴 하지만 특별히 작품을 써서 선물해 주시기도 하셨다. 대만사범대학에 파견될 교환 장학생 시험에 합격하여 유학이 확정된 것은 1985년 봄이었다. 그 일도 말씀도 할 드릴 겸해서 묵연에 들려서 인사를 드렸더니, 곧바로 필을 들어 화선지를 사분의 일로 접어 글을 써주셨다. 선생의 작품을 처음으로 직접 하사받는 감격스러운 순간이었다. 붓을 들어 쓴 글씨는 '沈思翰藻'란 네 글자였다. 유학 갔다 온 후에 표구를 해서 높이 걸어둘 작정으로, 잘 접어서 책 속에 끼워두었다. 그랬는데 아뿔싸! 1989년 말에 귀국하여 누님 집에 보관해두었던 짐을 찾아와 집안 살림을 꾸리면서 아무리 뒤져봐도 그 묵적(墨蹟)을 찾지 못하였다. 가보(家寶)를 잃어버린 것 같은 안타까움과 선생에 대한 죄스러움에 어쩔 줄 몰랐고, 마음에 큰 상처를 남겼다. 잃어버린 것일수록 더 소중하게 여겨지는 법이다. 그래서 그 글귀가 내 마음 깊은 곳에 고이고이 각인되었고, 한 순간도 잊을 수 없는 글귀가 되었다.

'심사한조(沈思翰藻)'는 '생각에 푹 담가야 매끈한 글이 나온다'는 뜻이다. 이렇게 의역(意譯)하는 까닭은, 중국 남조시대 양(梁)나라 소통(蕭統, 501~531)이 쓴 『문선(文選)』의 서문에 나오는 "事出於沈思, 義歸乎翰藻"란 구절에서 따온 말이기 때문이다. 원문은 '(글을 쓰는) 일은 생각에 푹 담금에서 나오고, (문장에 담을) 뜻은 글의 매끈함에 귀

착된다'는 뜻이다. 양나라 무제(武帝)의 장자(長子)로 일찍이 태자로 봉해져 '소명태자(昭明太子)'로 알려진 소통은 요절하는 바람에 등극은 하지 못하였으나 문학에 조예가 깊어, 중국 최초의 시문총집(詩文總集)인 『문선』을 편찬하였다. 그때 좋은 작품을 선별하는 기준으로 삼은 것이 바로 위 구절이었다. 그러니 글을 잘 쓰자면 반드시 알아두어야 할 금과옥조(金科玉條)가 아닐 수 없다.

내친 김에 좀 더 자세히 풀이해보자. 중국학자들이 '寓意深刻, 文辭華麗'로 풀이하는 '심사한조(沈思翰藻)'의 '沈思'는 深思와 비슷한 말이지만, 훨씬 더 의미심장한 말이다. '깊을 심(深)' 자보다 '가라앉을 심(沈)' 자가 더욱 심오한 의미를 지닌다. 深思는 그야말로 '깊은 생각'이라는 뜻이지만, 沈思는 '생각[思]을 푹 가라앉히다[沈]', '생각에 푹 빠지다', '생각에 몰입하다'는 뜻이니 그 깊이가 몇 배나 더 심오한 것이다. 이렇게 해야 글을 쓰는 일에 종사할 수 있다는 뜻이니 얼마나 좋은 말인가. '한조(翰藻)'의 翰(날개 한)은 새의 '깃'이 본래 뜻이지만 '붓', '글', '문헌(文辭)' 등으로 확대 사용된다. 藻(말 조)는 '바닷말', '무늬 있는 말', '무늬', '화려함' 등으로 쓰이는 글자이다. 합쳐서 '翰藻'는 '시가(詩歌)나 문장(文章)의 화려함'을 뜻하는데, '잘 다듬어진 글' 또는 '글을 잘 다듬음'을 말하는 것으로 볼 수도 있다. 생각을 깊이 있게 잘해야 하고, 글을 잘 다듬어야 하는 일에 종사하는 학자에게는 심사한조(沈思翰藻)란 네 글자는 이토록 대단히 소중한 의미를 지닌다. 친히 붓글씨로 쓰서 유학을 떠나려는 애송이 제자에게 하사해준 선생의 깊은 뜻을 당시는 잘 몰랐다. 자신의 무지와 몽매에 대한 자각과 자책으로 그 의미를 더욱 깊이 새기니, 선생의 은덕이 갈수록 더 크게 느껴진다.

이상 세 가지 은혜 덕분에 험난한 유학의 길이 남달리 순조로웠다. 대학에 들어간 지 10년 만에 박사학위를 받은 것, 11년 만에 전임교수가 된 것 등등의 결실은 모두 심사한조(沈思翰藻)의 격려에 힘입은 것이었다. 특히 1999년 3월부터 2010년 8월까지 《조선일보》에 3,300여 회에 걸쳐 「생활한자」라는 칼럼을 쓰면서 글을 쓰고 다듬는 일을 하면서 '글은 고치는 맛에 쓴다'는 진리를 터득한 것도 따지고 보면 심사한조(沈思翰藻)의 정신에서 비롯된 것이니 선생의 가르침과 일깨움이 얼마나 큰 도움이 되었는지는 알고도 남음이 있겠다.

문과대학장이라는 과분한 직책을 맡아 동분서주하고 있던 2013년 3월 21일, 일중 선생기념사업회 김재년(金載年) 회장으로부터 전화를 받았다. 이사를 맡아서 선생을 기리는 일을 함께하자는 제안이었다. 역부족에도 불구하고 흔쾌히 수락한 것은 앞에서 말한 세 가지에 대하여 조금이라도 보은(報恩)할 수 있는 절호의 기회라고 생각하였기 때문이었다. 평균 두세 달에 한 번씩 이사회가 열린다. 사실 이사회 때마다 내가 배우거나 새롭게 알게 되는 것이 더 많으니 보은의 기회라기보다는 또 다른 '배움의 장'이 된 셈이다. 지난 9월 22일에 개최된 이사회에서는 10주기를 기념하는 일에 관하여 논의하였다. 그 과정에서 《신아일보(新亞日報)》에 150회에 걸쳐 연재한 '근역서보(槿域書譜)', 그리고 자전적 산문과 수필 등을 모두 한 곳에 모으면 두 권의 문집이 될 수 있음을 알게 되었다. 서집(書集)에 아울러 문집(文集)도 낼 수 있을 정도로 예(藝)와 학(學)을 겸비하셨음을 새롭게 알고 나니 배전(倍前)의 경의(敬意)와 흠모가 우러났다.

오헌(悟軒)이란 아호로 '깨달음'의 소중함을 일깨워주시고, 심사한조(沈思翰藻)란 글로 학자의 길을 선도해주신 선생의 은택(恩澤)을 다시 한 번 상기하면서 삼가 명복을 빌고 추모의 정을 마음속 깊은 곳에 새겨본다.

님이여 영원하소서

이종선
서예가

말없이, 보이지 않는 미소로도 많은 말씀을 남기시는 이여
님은 보이지 않는 곳에서도 늘 확연하였습니다.
본령을 떠난 이에게,
서세동점(西勢東漸)에 어쩔 줄 몰라 하는 이들에게
묵묵히 길을 열어주시던 이여
님은 근대 우리 서단의 등대였습니다.

해관(海觀), 영운(穎雲), 위당공(爲堂公) 사랑 속에
가학(家學)을 연원으로 안노공(顔魯公), 장천(張遷), 예기(禮器) 섭렵하고
전(篆)을 꿰뚫어 엮어 일중(一中) 서풍(書風) 피워내니
김생과 석봉, 추사를 앞에 두고
한국 서맥을 이로써 잇습니다.
율곡(栗谷)의 학통 이은 청음(淸陰), 문곡(文谷) 충의지가의 후예,
연골(軟骨)에 『우리 글씨 쓰는 법』을 펴낸 것은
조상의 뜻을 이은 나라사랑 그것이고,

일념으로 신구학문 궁구하니
학문과 예술이 하나로 어우러짐을 오늘에 봅니다.

님의 손을 빌려 궁체는
비로소 궁궐 밖 나들이 하게 되고,
흘려 쓴 〈농가월령가〉는 궁체의 앞날을 밝힙니다.
훈민정음 옛 뜻 살려 고체를 이뤄내니
이로써 우리 글씨 다양함을 보게 됨은
님이 남긴 자취 중에 유달리 뚜렷해서
이런 일 전에 없다 모두 입을 모읍니다.

이충무공, 안의사, 백범, 유관순……
역사 속의 충절들은 님의 붓 끝에서 다시 살아
참았던 숨결을 비로소 토해내고,
3·1이며 4·19의 함성,
님을 통해 다시 외쳐
만세토록 이 땅에 민족정기를 바룹니다.
이 시대의 한인물 들도 님으로서 자취를 남기니
그 수가 무릇 얼마던가요.

건춘문·영추문에서, 사직단에서
조선을 이어온 오늘의 우리 글씨를 봅니다.
남산 길 돌아들면 소월과 함께 계시는 님.
명승 대찰 어느 곳에서든
님은 우리를 오래런 듯 맞아주시고,
민족의 정기 서린 탑골공원에서

님은 언제나처럼 뒷짐 지고 산책하시다가
넉넉한 미소를 또 그렇게 보냅니다.
그렇습니다.
이 산하 어디에서든 님은
형형한 모습으로 늘 그렇게 우뚝합니다.

제자 서전(書展)에, 여러 책의 머리에, 혼사에, 수연(壽宴)에
남 기쁜 날 그 기쁨 함께하려 글 직접 지어 쓰니
절제된 언어는 어느 시선(詩仙)의 체취이며,
그 속에 넘쳐나는 정은 어이 간직하리오.
새 집 짓고 지은 글, 친지에게 남긴 글, 구산(九山) 선생과 나눈 시문,
글씨의 맛이야 미룬다 하더라도
은은하고 고고한 그 향기는 또 어찌 주체합니까.

해내(海內) 온 뉘를 두루 하며 흔연히 주경에 젖어
여유와 해학으로 깊은 뜻 녹이시고
술 끝자리 댁으로 이어 제자 모두 재우시던 일
이제는 아련한 옛이야기인가요.
그 시절 그리는 이 열이요 백(百)입니다.

님이 가셨습니다.
언제고 그러실 줄을 짐작은 했지만
남기신 빈자리가 너무도 큽니다.
행여 님 계신가 한동안 두리번거리겠지요.
문득 문득 님의 너른 품이 그립기도 할 것입니다.
하지만, 님은 떠나지 않으신 줄을 우리가 압니다.

수많은 작품으로 님은 영원히 살아계시며,
『우리 글씨 쓰는 법』으로
여전히 엄한 훈도를 멈추지 않으십니다.
그 흔한 유인 하나, 난 잎 하나 함부로 내두르지 않으신
님의 엄격함을 우리는 잊지 못합니다.
이 시대 다시 뵙기 어려운 분을 보내면서도 슬프지만은 않은 것은
님이 영원하신 줄을 믿기 때문입니다.

내 안의 조국이신
님을 보낸 허전함을 가누지 못한 채, 영전에
만해 선사의 「님의 침묵」을 삼가 올립니다.
님이시여!
극락왕생하소서.

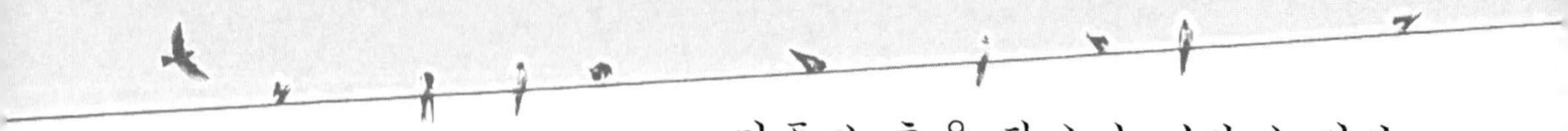

민족의 혼을 담아낸 서단의 대부

일중 김충현 서예가

이인평

시인

민족의 얼이 담긴 그의 서체는
그 자신이 한평생 추구해온 정신을 머금고 있다.
그는 조상들로부터 이어져 내려온
시서(詩書)의 근본에 정통한 예도(藝道)를 표현하여
당대 서단의 대부다운 면모를 보여주었다.

그는 의연한 가문의 후예로서
한일 합방의 통분을 참지 못해 목숨을 끊은 증조부와
일제가 주는 작위를 거절하고 산야로 피신한 조부에게서
수구파의 가풍을 이어받은 까닭에
그의 삶은 한결같은 충심의 품격을 지니고 있었다.

그의 아호 '일중(一中)'과 한글 호 '찬내'에서 느껴지듯
흔들림 없는 필선은 곧고도 맑은 격조였고
'석봉, 추사 잇는 조선 후기 서맥(書脈)의 적손'*답게

정중동(正中動)을 아우른 그의 서체는 빼어난 경지였다.

그는 한문은 물론 한글서예에 깊이 천착하여
훈민정음의 아름다운 얼을 구도적 필치로 체현해냈고
해방 후엔 중등학교 서예 교과서를 비롯하여
충의지사들의 비문을 적어 수난의 역사를 증언하였으니
그의 서예는 곧 민족혼을 밝힌 충절의 얼개였다.

그의 묵향이 가람의 물빛처럼 가슴을 파고들 때
누구든 그의 삶에서 나라사랑의 깊은 지조를 보리라.
한글의 뛰어난 멋을 창의적으로 살려내면서
소박미 넘치는 시조의 서정을 아껴 살아온 그에게서
민족혼을 운필해온 뜨거운 생애를 읽게 되리라.

* '석봉·추사를 잇는 조선 후기 서맥(書脈)의 적손'은 부록 2에 수록된 간송미술관 최완수의 글에서 나온 것이다.

원칙이 분명한 분이었다

신정순

일중묵연 사무장

1960년도부터 2003년까지 43년간 일중 선생님을 모셨다. 일중 선생은 집안 간으로 아저씨뻘 되는 분이시다. 1959년에 제대하고 일이 없어 일중 선생을 도와주게 되었다. 관수동 동방연서회 때부터 일을 도왔고, 동방연서회는 관수동에서 비원 쪽으로 옮겼다. 그때 일중과 여초 형제분이 사이가 안 좋아 여초 선생께서 동방연서회를 맡게 되고, 얼마 후 일중 선생은 일중묵연을 만들어 새로운 출발을 하게 된다. 이 당시에도 일중 선생은 초연하셨다. 큰일을 당하시면서도 가만히 계셨다.

일중 선생의 본받을 만한 점은 절약과 검소함이다. 일중 선생은 조그만 화선지 조각이라도 버리는 일이 없었다. 화선지의 하얀 부분이 있으면 작게 잘라두었다가 인장을 찍은 후의 낙관을 덮는 용도로 활용했다. 물질의 낭비가 없으신 분이었다.

사람들에게 금전적인 부담을 주려고 하지 않았다. 작품을 받아간 후에 대접하는 경우가 있으면, 누구든 거절하지 않았는데 사람 보아서 식당을 정하셨다. 없는 사람 같으면 고급 집에 가지 않는다. 수준에 맞추어서 그 사람의 주머니를 생각해서 식당을 잡았다. 그래서 일중 선생이 가는 식당은 아주 다양했다. 이러한 방식은 서예지도를 하는 데도 적용된 것 같다. 사람을 느끼면서 수준에 맞추어서 체본을 해주었다.

내가 일중 선생을 모시고 있을 때만 해도 금품사례가 없었다. 입·특선한 사람이 단체로 선생님을 모시고 식사하는 정도였다. 사람들(지방작가)이 봐달라고 돈을 들고 오면 되돌려 보냈다. 그런데도 슬그머니 물건을 놓고 가면 우편으로 돈을 우송하곤 했다. 그런 사람들의 대부분은 수준이 없고 근본이 없는 사람들이었다. 시골 노인들이 평생 소원이라고 하며 입선시켜달라고 애원했다.

스캔들이 없는 작가였다. 자기관리에 철저한 분이었다. 오로지 조강지처 한 분뿐이었다. 약주를 좋아하셨고 여자들하고 술을 마시는 기회가 많았다. 여류 서예인뿐만 아니라, 사회에서 활동하는 각계각층의 여자들과 술좌석을 했지만 스캔들을 남긴 적이 없다. 아무리 약주를 많이 하셔도 귀가하여 식사를 꼭 하셨다. 약주를 잘 하셨지만 밤새면서 술을 마시지는 않으셨다. 잡술만큼 드시고 귀가하셨다. 인사불성인 적이 없었다. 술친구들이 많았다. 연세가 비슷한 분, 제자, 사업가들과 술을 하셨는데, 인간관계가 원만하셨다. 예술원 회원들과 친했으며, 학술원 회원들과도 교유가 많았다.

약속을 잘 지키셨다. 시계를 평생 안 가지고 사셨다. 그러나 시간관념이 정확했다. 늦게 오면 안 통하는 분이셨다. "감안해서 다녀야지 왜 그러나" 하면서 훈계하셨다. 롤렉스시계도 있었지만 사용을 안 하셨다. 라이터를 안 쓰시고 성냥을 가지고 다니셨다. 나중에 말년에는 라이터를 쓰셨다. 라이터에 기름이 떨어지면 그냥 두신다. 그런데 신경을 안 쓰셨다. 아주 단순하고 간결한 삶을 사셨다. 주례를 많이 하셨는데, 주례사가 간단명료했다.

일중 선생은 친한 분과 오래간다. 폭넓은 교유를 하셨다. 일중 선생은 한번 알면 싫어하는 이가 없었다. 발이 넓은 분이었다. 서예 하는 사람만 아는 것이 아니었다. 스님들과도 친하셨다. 속리산 법주사 주지인 추담 스님과 친하게 지냈다. 그 외에도 친하게 지낸 스님이 많다. 그래서 절에 일중 선생 글씨가 많다.

일중 선생은 큰 문장가였다. 창문여고 교가를 지으셨다. 신문을 잘 보셨다. 집에서는 동아일보를 보시고, 학원에서는 조선, 중앙일보를 보셨다.

파킨슨 병이 왔다. 처음에는 병명을 몰랐다. 속 검사만 하고 뇌 쪽은 생각을 안 했다. 아드님께서 서울대 병원 내과에 아는 분이 계셔서 노재규 정신신경과 의사를 소개받았다. 1990년대 중반이었다. 치매와 파킨슨이 동시에 왔다. 나중에 아산병원으로 옮기셨다.

돌아가시기 4~5년 전까지 글씨를 쓰셨다. 아이들이 쓴 것 같은 글씨였다. 점심 식사 후 오후에 학원에 출근하셨다. 출퇴근이 아주 정확하셨다. 정신이 없는 상태에서도 출근하셨다. 2시쯤에 오셨다가 잠깐 앉아 있다가 가셨다.

원칙이 분명한 분이셨다. 언제나 변함없는 한결같은 분이었다.

중부(仲父) 일중(一中) 선생 이야기

김통년

조카

증조(曾祖)이신 동강공(東江公, 諱 甯漢)께서는 한말(韓末)에 벼슬이 통정대부 비서원승(通政大夫 秘書院丞)에 오르셨으니 일본의 늑약(勒約)으로 나라가 망하고 더욱이 오천공(梧泉公)께서 순의자정(殉義自靖)하시니, 두문불출하시며 아드님 세 분과 외동따님은 물론 아래 손자들까지 왜인(倭人)의 왜어(倭語)로 하는 학교교육을 절대로 못받게 하시며 오직 전래의 가학(家學)만을 고집하심으로 날로 개화(開化)되어가는 세상과는 인연을 끊게 하시었다.

중부 일중 선생께서는 1938년 18세에 중동중학교 일학년에 진학하시며 동아일보사가 주최한 전 조선 남녀학생 작품전람회에서 한문 최고상을 받으시었다. 아울러 우리 집과 대궐(大闕) 간에 왕래되던 간찰(簡札)에 관심을 두시고 깊이 연구하시는 중, 나아가 일제치하(日帝治下)임에도 《동아일보》에 궁체 논문을 발표하시는 한편 한자인 장천비(張遷碑)를 쓰시기 시작하시었다.

1941년 동강공 밑에서 가학을 하시는 중 꾸준히 전래(傳來)의 학문과 서예에 정진(精進)하시며 신학문(新學問)을 가르치는 중동학교의 교육도 받으시니 그 뜻하시는 바가 남다르셨다. 한편 송씨 부인과 오현(梧峴) 안채 작은 거름방에서 지내시며 음(陰) 5월 5일 단오절(端午節)에 장녀가 태어나니 이름을 동강공께서 단희(端喜)라 지으셨다.

1943년에 중동학교를 졸업하시고 백씨(伯氏)인 경인공(褧人公)께서 경영하시는 채석장(採石場)의 일을 잠시 보시었으나 일제가 전쟁 말기에 최후로 발악을 하며 우리나라 젊은 사람들을 징병(徵兵)과 징용(徵用)으로 마구 끌어가는 바람에 이를 피하시기 위하여 마음에는 없으셨으나 심근솔에 있는 숭인면 면사무소 서기(書記)로 부득이 들어가셨다. 하지만 아무리 징병을 피하실 요량(料量)으로 취직은 하셨지만 불호령이 틀림없으니 동강공께는 말씀을 못 드리셨다.

1944년 동강공께서는 둘째손자인 일중 선생을 살림 내시기로 하시고 채석장이 있는 가까운 곳에 신옥(新屋)을 짓게 하시며 당호(堂號)를 오산봉포(梧山鳳苞)라 하시었다. 한편 다른 당호로 제이목석거(第二木石居)라 하셨다. 본래 목석거(木石居)는 청음(淸陰) 문정공(文正公, 諱 尙憲)께서 병자호란이 일어나자 남한산성에서 항서(降書)를 찢으시고 안동 소산으로 내려가셔서 서미동에 만석산방(萬石山房)이라 하시며 두옥(斗屋)을 마련하시고는 목석거라 하신 것을 따라 하신 것이다. 다음 해인 1945년 일제로부터 나라가 해방을 맞으며 음(陰) 7월 13일에는 차녀가 태어나니 오산봉포에서 낳았다 하여 봉희(鳳喜)라 이름하셨다. 1949년 음(陰) 9월 7일에는 장남 재년(載年)이 태어났다.

중부 일중 선생께서는 일제억압(日帝抑壓) 밑에서 배우지 못했던 우리 국민들을 무지몽매(無知蒙昧)에서 깨어나게 하여야 한다는 일념으로, 그간 왜인(倭人)들만을 교육시키던 돈암동의 옥구중학교를 몇 분과 인수(引受)하는 일을 맡으시어 경동중학교라 이름하시고 교가(校歌)를 손수 지으시는가 하면, 직접 국어과목을 담당하시며 가르치시기도 하셨다.

위당(爲堂) 정인보(鄭寅普) 선생은 중부 일중 선생에게 '일찍이 우리 글씨 쓰는 법을 연구·발전시키고, 또 "당대에 그만큼 잘 쓰는 이가 없으니, 내가 짓는 글은 모두 일중이 쓰도록 하라"라고 하실 정도로 아끼시었으며 실제 〈이충무공한산도제승당비(李忠武公閑山島制勝堂碑)〉, 〈유관순열사기념비(柳寬順烈士記念碑)〉 등이 모두 위당 정인보 선생이 짓고 중부 일중 선생께서 쓰신 글씨다.

1948년 대한민국이 건국이 되고 이듬해인 1949년 경복궁 미술관에서 개최된 제1회

대한민국미술전람회(國展)에서 당시 서예계의 거장이신 소전(素筌) 손재형(孫在馨) 선생 등과 힘을 합하셨으며, 또 직접 출품을 하시기도 했다.

중부 일중 선생의 나라 사랑하는 마음은 각별(各別)하셨다고 생각된다. 약관(弱冠)의 나이에 왜정치하(倭政治下)에서도 우리 궁체 쓰는 법을 연구하시는 한편, 전시회에 출품하시고 신문지상에 논문을 발표하셨으며, 금석문(金石文)의 법첩(法帖)을 구하시어 임서(臨書)를 꾸준히 하시는 한편, 우리나라가 해방이 되면서 제일 먼저 배우는 학생들을 위하여 교과서를 집필(執筆)하시고 특히 월인석보(月印釋譜)와 용비어천가(龍飛御天歌)의 한글 고체(古體)를 연구하시어 끝없이 발전시키시니 역사에 길이 남을 저 유명한 일중체(一中體)의 고안해내시었으니 이것이야말로 법고창신(法古創新)이 아닌가.

많은 후학(後學)들을 위하여 교과서를 집필하셨으며 문교부 초·중등학교 미술과 교수요목사정위원(敎授要目査正委員)에 피촉(被囑)되시기도 하셨다. 하루는 나에게 가까이 앞으로 오라고 하시며 글씨의 균형에 대하여 설명을 해주셨다. 한자로 글 서(書) 자를 쓰시며 글 서(書) 자는 옆으로 긋는 획이 많은데 중요한 것은 그 획(劃)들의 간격(間隔)이다, 간격이 골라야 한다, 다음에 내려 긋는 획이 바로 내려와야 한다, 즉 가로획과 세로획이 R각(角)이 되어야 한다는 말씀을 해주셨는데, 그때 내가 기하(幾何)시간에 R각이 90도라는 것을 배울 때여서 글씨 쓰는 분도 R각이라는 말씀을 하시는구나 하며 깜짝 놀랐다. 그 이후로 지금까지 모필(毛筆)이 아니고 볼펜을 쓰고 있는 글자의 가로 긋는 간격을 일정하게, 또 내려 긋는 획을 곧게 유의(有意)를 하게 된다. 그러면 글자는 균형을 잡고 바르게 보인다. 중부 일중 선생의 휘호(揮毫)는 그냥 쓰시는 것 같이 보이는데, 정간(井間)이 정확하고 균형이 잡혀 있어 참 많은 노력을 하셨구나 생각하게 되고, 옛날 한석봉의 어머니 일화(逸話)를 떠오르게 할 적이 많다.

나는 중부 일중 선생께서 하신 휘호를 수 점 보관하고 있다. 가끔 전시회를 할 적이면 빌려다 전시를 한다. 워낙 잘 쓰셨지만 내가 보관하고 있는 작품은 감히 말씀드리면 그중에도 모두 수작(秀作)이다. 써 주실 때에 흔쾌(欣快)히 즐겨 쓰셨기 때문이라 생각한다.

중부 일중 선생 밑에서 70년을 살았으니 어려서 오현(梧峴)에서부터 뵈어온 일중 선생에 대한 기억이 돌아가신 지 10년이 지난 지금도 눈앞에 아른거린다.

중동학교 때 금강산 만폭동계단(萬瀑洞階段)에서 멋 부리시며 찍으신 사진.

중동학교 졸업 앨범에 종이로 만든 역기(力器)를 한 손으로 치켜드시고 찍으신 사진.

봉포(鳳苞) 지을 때 신성한(辛晟漢)과 애쓰시면서 돌을 쪼아 우물 파시던 일.

봉(鳳) 포(苞) 장지문(壯紙門)의 완자창(窓) 살을 권(權) 서방(權五成)과 아교(阿膠)로 붙여 복원(復元)하시던 일.

심근솔 숭인면사무소 면서기(面書記)를 하실 때 중모(仲母)께서 "오늘은 숙직하신단다. 갖다 잡수시도록 해라" 하시며 싸주신 도시락을 전하던 일.

6·25 때 민청(民靑)에 붙잡혀 가셨다 빠져나오셔서 그 길로 목식(木食)골로 숨어 들어가신 일.

밀양에 피난 갔을 때, 길에서 경동학교 제자를 만나셔서 국민방위군교육대(國民防衛軍敎育隊)에 문관(文官)으로 취직하셨던 일.

수표교 다리 건너 도장포(圖章鋪) 2층에서 형제분들이 동방연서회를 여시고 후학을 지도하시며 매해 화신백화점 화랑(畵廊)에서 회원전(會員展)을 여시고 또 개인전(個人展)도 여신 일.

홍수 피해가 심하였던 해, 청와대를 다녀 나오시며 이북(以北)에서 쌀을 보낸다고 내게 "네 의견은 어떠냐" 하시며 단호(斷乎)히 "같은 동포(同胞)로서 받아야 한다"라고 하신 일.

독립기념관 현판 휘호를 부탁(付託)하는 관리에게 폐백(幣帛) 안 받으신다 하시며 기꺼이 쓰신 일.

경복궁 영추문(迎秋門), 건춘문(建春文) 현판을 쓰시며, "내가 대궐(大闕)의 현판(懸板)을 쓴다" 하시며 기뻐하시던 일.

예술의전당 개관 10주년에 일중 김충현 특별전을 열던 때, 그날엔 전주의 강암(剛菴) 송성용(宋成鏞) 선생과 동양화를 하시던 월전(月田) 장우성(張遇聖) 선생이 오셔서 작품들이 좋다 하시며, 나도 저런 작품 한 점 해달라고 하시니 휠체어에 앉으셔서 그냥 빙그레 웃고만 계시던 모습.

내가 자그마한 기업체를 열면서 백악동부(白岳洞府)로 중부 일중 선생을 찾아뵈었을 때 "어쩐 일이냐, 노는 날도 아닌데" 하셨던 일. 거의 작품을 댁(宅)에서 하시는데, 마침 그날은 작품을 하시고 계셨기에 이때다 하고 "'보은(溥珢)'이라고 두 자(字)만 써주세요" 하니 쳐다보셨다. '별안간 보은은 무슨 보은인가' 하시는 것 같았다. "넓을 보(溥) 자에 옥돌 은(珢) 자입니다" 말씀드리니, "응 너희들 이름이로구나. 그래, 회사 차렸니?" 하시며 큼지막하게 한자와 국문으로 써주시고는 "필요한 대로 써라" 하셨던 기억.

중부 일중 선생께서 기세(棄世)하신 후는 중모(仲母)께서 평창동을 지키시고 계셔 자주 가 뵈었으나, 이제는 두 분 모두 죽능(竹陵) 선영(先塋)에 계시니 4명절(名節) 성묘(省墓)만 한다. 아이가 자라서 어른이 된다더니 내가 백씨(伯氏) 다음으로 집안에서 두 번째 늙은이가 되었다. 여든이 다 됐다. 이렇게 세대(世代)가 바뀌어가는가 보다.

일중설(一中說)*

先師有孫曰忠顯 字之以恕卿 寵之以一中 申之以訓辭而俛焉曰 一中則忠 二中則患 烏乎 寥寥此八個字 道盡千萬古不傳之祕 而使後之學者知有所趨向而寡過 夫豈百世而俟聖人 而不惑者非耶 世多文其師說而惡夫佞者 故姑實之以賤說而止曰 夫說理之難 非說之之難 使之聽之在心 而有得于踐履之驗者爲尤難 孔子曰 吾道一以貫之 曾子復足之以忠恕而已 而弗惟後世人之終鮮明白 當時已罕 曰唯 而且此言之不講久矣 余觀夫世降俗末 援仁而弋名 據義而鉤利 心越而北轅 望沸而投雪者皆曰余中 固不知此二中之中 本無中而遺實患也 西人操口舌之繩尺 思與惠施 馮能異端 得物外之風影 反謂靈臺無主 亦曰余中 而固不知二中之中 亦無中而遺實患也 然則一中之中 何謂也 貫天地古今物我萬象而由是中也 故不中而自中 故曰一也 一中而天下定 二中而一身難保 患莫大焉 凡物日出而動 昏暮而定 定則自反 自反則得中 得中則一而不二 且天下人之失中而得實患者 無如今日之禍亂相續 而不知所以自反 悲夫 斯乃吾先師命孫之意 一中其毋以余言爲河漢 則幸也 山民洪震杓

선사(先師)에 손자 충현(忠顯)이 있어 자(字)를 서경(恕卿)이라 하고 일중(一中)이라 고이니, 훈사(訓辭)로 권면(勸俛)하여 중(中)이 하나면 충(忠)이요 중(中)이 둘이면 환

* 이 글은 예술의전당 개관 10주년 기념 특별전 일중 김충현 도록(1998년 3월)의 부록에 실린 글이다. — 엮은이

(患)이라 하시었다. 아아! 많지 않은 이 여덟 글자로 천만고(千萬古)에 전(傳)하지 못하던 비밀을 다 말하고 후학으로 하여금 가야 할 바를 알고 과실(過失)을 적게 하셨다. 오래도록 성인(聖人)을 기다린다고 의혹이 풀리는 것은 아니지 않겠는가. 세상에 스승의 말을 할 때 아첨을 꺼린다지만 많은 사람들은 자신의 말로 채우는 데 그치며 설리(說理)의 어려움보다는 이를 마음에 새겨 듣고 실천, 체험하는 것이 더욱 어렵다고들 말한다. 공자(孔子)께서 우리들의 도(道)는 하나로 관통(貫通)함에 있다고 말씀하셨고 증자(曾子)는 다시 충서(忠恕)라고 보족(補足)하였을 뿐이다. 그러나 뒷사람들은 이를 명백하게 아는 이 적었을 뿐 아니라 당시에도 드물어서 그렇다고 하였을 뿐 이를 말하지 않은지 오래되었다. 내가 보건대 세대(世代)가 내려오고 시속(時俗)이 떨어지면서 인(仁)을 핑계 삼아 이름을 얻고자 하고 의(義)를 들어 이(利)를 낚으려 하지만 마음은 다른 곳에 있을 뿐이다. 끓는 물을 보면서도 눈을 던지는 사람들은 모두 내가 말하는 중(中)이라고 하지만 이 이중(二中)의 중(中)에는 본래 중(中)이 없어 환(患)만이 남게 된다는 것을 알지 못한다. 서양 사람은 말로 이론을 따지지만 생각과 이를 베푸는 것이 서로 달라 사물(事物)의 겉 풍영(風影)만을 얻을 뿐이고 도리어 사람의 정신이 주체(主體)가 되지 못하면서 내가 말한 중(中)이라 하지만 이중(二中)의 중(中) 또한 중(中)이 없어 환(患)만이 남게 된다는 것을 또한 알지 못한다.

그렇다면 일중(一中)의 중(中)은 무엇을 말하는가? 천지(天地), 고금(古今), 물아(物我), 만상(萬象)을 꿰뚫는 것이 중(中)이기 때문에 꿰뚫지 않아도 스스로 꿰뚫는 것을 일(一)이라고 말하는 것이다. 하나로 꿰뚫으면 천하(天下)가 안정되고 둘로 뚫으면 한 몸도 보존하기 어려우니 근심이 클 뿐이다. 무릇 사물(事物)은 해가 돋아 움직이며 어두워져 안정하고, 안정하면 스스로 일을 뒤집고 뒤집는 가운데 꿰뚫음을 얻는 것이니 꿰뚫음을 얻는다는 것은 하나이지 둘은 아니다. 또한 천하(天下) 사람들이 꿰뚫음을 잃고 환(患)만을 얻게 된 것은 지금처럼 화란(禍亂)이 이어지면서도 스스로 반성할 줄 모르는 것과 다름없어 슬프다. 이는 곧 우리 선사(先師)께서 손자에게 명(命)하신 뜻이니 일중(一中)이 나의 말을 모호한 말로 여기지 않는다면 다행이겠다.

산민(山民) 홍진표(洪震杓)

서제이목석거(書第二木石居)*

散策閒行數里强 仲孫卜築在西岡
巖根鑿井甘泉涌 山足開田晩稻香
駒脫銜羈方蝶躞 雛成毛羽任翺翔
聊將木石題堂額 文正遺規倘不忘

산책하며 한가히 두어 마장 가니
중손(仲孫)이 서강(西岡)에 집을 지었네
바위 뿌리 우물 파니 단 샘 솟고
산 아래 밭을 일구니 벼가 익네
망아지 굴레를 벗기니 지척거리고
어린 새 깃 자라서 날갯짓하네
목석(木石)이라 당액(堂額)을 짓고
문정공(文正公) 끼치신 지조(志操) 잊지 말지어다

왕고(王考) 동강공(東江公)

* 이 글은 예술의전당 개관 10주년 기념 특별전 일중 김충현 도록(1998년 3월)의 부록에 실린 글이다. ㅡ 엮은이

제이목석거기(第二木石居記)*

我仲氏之將分壑也 王考嘗命而署之曰第二木石居 噫 陶之復穴尙矣 夫誰有遠木石而居者 而奚木石云乎哉 昔者 鼠牛覺羅之肆也 石室先祖大歸花山 構木石之居焉 則木石云者先志也 第二云者志先志也 爲不忘也 或曰 島氛旣霽 槿蕚重綻率土之光華且無艾也 今之世豈先生之世乎 而奚云乎哉 烏乎 鳶躍而魚飛 巧奪天機 無有乎乾端坤倪之限 此所謂無入而不自得焉者也 是豈先生之世乎 而冠屨之倒 經傳之廢 皮人心獸 横目而犇走之者比比焉 尤何等先生之世乎 然不能離群斷俗 長往孤邁 苟爲旅進旅退 和光而同塵 顧迺一片靈臺 炯然自守 期不失所賦之天 固不外於命義之萬一矣 今仲氏骯髒而不羈 浮雲軒冕 斂華就實 入則羅麗秦漢博古之圖書也 出則鍾王墳典問字之徒弟也 其乘興引滿 劈牋抽豪 墨香襲人 璣珠錯落 而正音龍歌杜解宮體甲骨石鼓禮器廟碑燦然縱橫於前 殆不知身在千百年後白岳冽水之間 何可與夫人道哉 傳不云乎 毋念爾祖 聿修厥德 又不云乎 禮不忘其本 樂樂其所自生 是固今日相勉罔己者 而方一陽添線 山茶吐英 中庭古石蒼然不老 亦一木石之象 是爲記 戊申日南至 胞弟彰顯拜書

우리 중씨(仲氏) 장차 살림나매 왕고(王考) 제이목석거(第二木石居)라 이름하시었

* 이 글은 예술의전당 개관 10주년 기념 특별전 일중 김충현 도록(1998년 3월)의 부록에 실린 글이다. ― 엮은이

다. 아아! 고대(古代)에 토굴에서 살던 것은 말할 것도 없고 누가 나무와 흙을 멀리하고 사는 이 있겠는가마는 어찌하여 나무와 흙을 들어 말씀하였는가. 옛날 병자(丙子), 정축(丁丑) 청군(淸軍)이 왔을 때에 석실(石室) 선조(先祖)께서 안동으로 가시어 목석거(木石居)를 지으시니 이에 나무와 흙을 들춤은 선대(先代)의 뜻이요 제이(第二)라 함은 선대의 뜻에 마음을 둠이니 잊지 않기 위함이다. 혹 말하기를 일본의 세력이 물러가고 무궁화가 다시 피어 온 누리에 넘치는 빛이 한(限)이 없을 것이라. 지금 이 세상은 선생의 세상과 다른데 어찌 제이목석거(第二木石居)라 하시었는가. 아아! 소리개가 뛰고 물고기가 날아 기교가 자연을 빼앗아서 하늘과 땅의 한계가 없으므로 무엇이든지 아니 되는 것이 없으니 이 어찌 선생의 세상과 같으리오마는 갓과 신이 뒤바뀌며 경전(經傳)을 업신여기고 겉은 사람이나 마음은 짐승과 같으면서 바삐 날뛰는 이 많으니 더욱 선생(先生)의 세상과는 같지 않다. 그러나 능(能)히 무리 짓지 않고 세속(世俗)과 인연을 끊으며 외로운 생활은 하지 못하여서 다른 사람과는 같이 행동하고 휩쓸려 지나더라도 나의 마음만은 밝아 본분(本分)을 지키고 타고난 천성(天性)을 잃지 않는다면 이는 집 이름의 뜻을 저버리지 않음이 된다. 지금 중씨(仲氏) 꿋꿋하여 얽매이지 않고 명예를 뜬구름처럼 여기며 내실을 기하니 들어오면 신라, 고려, 진한(秦漢)의 예스런 도서(圖書)뿐이요 나가면 종요(種繇), 왕희지(王羲之)의 학문을 묻는 제자들뿐이다. 그리고 흥(興)이 나서 한잔 들고 종이를 펴 붓을 빼들면 먹 향내 물씬하고 구슬이 우수수 떨어지매 정음(正音), 용가(龍歌), 두해(杜解), 궁체와 갑골(甲骨), 석고(石鼓), 예기비(禮器碑), 가묘비(家廟碑)의 서체(書體)가 앞에 벌여 있어 몸이 천백년(千百年) 뒤 백악(白岳)과 한강 사이에 있음을 깨닫지 못하겠으니 어찌 예사 사람과 말할 수 있겠는가. 경전(經傳)에 이르기를 너의 조상을 생각하여 덕(德)을 닦으라 하였고 또 이르기를 예절은 그 근본을 잊지 않으려는 것이요 음악은 그 난 바를 즐김이라 하였으니 이는 오늘 실로 권면(勸勉)하여 마지않는 것이나 바야흐로 동지(冬至)가 되어 산다화(山茶花)가 활짝 피고 마당에 고석(古石)이 푸르게 의연(毅然)하니 또한 하나의 나무와 돌의 기상(氣象)을 볼 수 있는 것이라 이에 기문(記文)을 쓴다.

무신년 동짓날 포제(胞弟) 창현(彰顯)이 삼가 쓰다

능라세묵발(綾羅世墨跋)*

王氏置氈爲其舊也 范公泣硯由乎慕也 況先生手蹟 允出心劃 寒暄問答若奉謦咳 其油然而興感者 豈一氈一硯之所可比也耶 甲戌孟秋 仲孫忠顯 搜出家藏先蹟 彙而粧池 間附傍先筆翰爲上下二帖 敬爲之籤曰綾羅世墨 盖我金系出安東 而安東一號爲綾羅云 嗟爾忠 奉之若琬琰 壽之若金石 無爲塵煤蟲鼠所壞汚

왕희지(王獻之)의 청전(靑氈)을 보존했음은 구물(舊物)인 때문이요, 범교(范喬)의 벼루를 잡고 울던 것은 사모했던 까닭이다. 하물며 선세(先世)의 수적(手蹟)이 심획(心劃)에서 나오고 한훤문답(寒暄問答)은 경해(謦咳)를 받듦과 같으니 그 유연(油然)히 흥감(興感)됨이 어찌 청전(靑氈)과 벼루에 견주겠는가. 갑술맹추(甲戌孟秋)에 중손(仲孫) 충현(忠顯)이 가장(家藏)한 선적(先蹟)을 찾아내어 모아 장첩(粧帖)하고 방선(榜先)의 필적(筆蹟)을 첨부(添附)하여 상하(上下) 두 첩으로 만들어 삼가 능라세묵(綾羅世墨)이라 제첨(題籤)하였다. 대체 우리 김씨는 안동에서 나오고 안동의 다른 이름이 능라(綾羅)이기 때문이다. 아아! 충(忠)아, 완염(琬琰)처럼 받들고 금석(金石)처럼 오래 지녀 진매(塵煤)와 충서(蟲鼠)로 괴오(壞汚)되지 않게 하여라.

왕고(王考) 동강공(東江公)

---

* 이 글은 예술의전당 개관 10주년 기념 특별전 일중 김충현 도록(1998년 3월)의 부록에 실린 글이다. — 엮은이

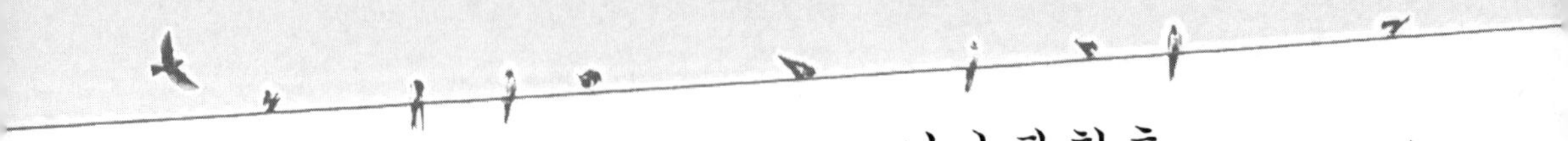

서가장첩후(書家藏帖後)*

日 家兒忠顯持一帖示余 余謹以閱之 此乃夢窩農巖三淵老稼齋圃陰五先生 暨蘭谷茅洲兩先生遺詩遺墨 幾巨編也 文雅風流 照耀一世 可謂盛矣 而距今累百有餘祀 滄桑百變 而篇翰無恙 墨光如新 怳然復承謦咳 豈不奇哉 忠也 加意愛護 不至毁汚放失 永世相傳可也 庚子梧秋吉朝

어느 날 가아(家兒) 충현(忠顯)이 첩(帖) 하나를 가져와 내게 보였다. 내가 조심스레 펼쳐보니 이는 곧 몽와(夢窩), 농암(農巖), 삼연(三淵), 노가재(老稼齋), 포음(圃陰) 다섯 선생 및 난곡(蘭谷), 모주(茅洲), 두 선생의 유시(遺詩)와 유묵(遺墨) 여러 편이다. 문아풍류(文雅風流)가 일세(一世)에 빛나니 장(壯)하다 할 것이나 지금 수백여 년이 지났으니 많은 세변(世變)을 겪었음에도 글씨가 성하고 먹빛이 새로워 황연(怳然)히 경해(謦咳)를 다시 받듦과 같다. 어찌 기이하지 않는가. 충(忠)아! 애호(愛護)에 뜻을 더하여 훼오(毁汚)되거나 잃지 말고 길이 전(傳)함이 옳을 것이다.

경자년 오현(梧峴)의 어느 가을 아침

가군(家君) 번계공(樊溪公)

---

* 이 글은 예술의전당 개관 10주년 기념 특별전 일중 김충현 도록(1998년 3월)의 부록에 실린 글이다. — 엮은이

석지실소기(石芝室小記)*

一中仁兄大人藏有周少白大幅石芝圖 揭諸樓壁 以淡墨健豪 一氣寫出 復渲染以極軟青赭 淋漓交映如雲烟 余獲觀久坐便覺塵襟洒落 況吾兄旦夕玩讀 任嘯詠於其閒 瑞芝壽石長留胸中矣 因扁其室而命余題 故忘拙應之 記之如此 丁未南至月 劍如

일중(一中) 인형(仁兄)은 주소백(周少白)의 큰 석지도(石芝圖)를 벽에 걸어놓고 계신다. 담묵(淡墨)이 가득한 붓으로 한 번에 그려낸 뒤 연한 청자(青赭)로 칠하니 그 젖은 모습 운연(雲烟)과 같다. 내 앉아 오래볼수록 진금쇄락(塵襟灑落)함을 깨닫겠다. 하물며 인형(仁兄)은 조석(朝夕)으로 보며 틈틈이 즐기시니 서지(瑞芝)와 수석(壽石)이 가슴속에 오래도록 머물 것이다. 이런 까닭에 집 이름을 석지실(石芝室)이라 하고 내게 편액을 쓰라 하시니 부족함을 잊고 이에 응(應)하여 쓰다.

정미년 동짓달 검여(劍如) 유희강(柳熙綱)

* 이 글은 예술의전당 개관 10주년 기념 특별전 일중 김충현 도록(1998년 3월)의 부록에 실린 글이다. — 엮은이

한와연재기(漢瓦研齋記)*

昔阮堂金侍郞之居曰漢瓦研齋 今吾友一中金君忠顯研書之室 亦曰漢瓦研齋 或曰因之也非也 一中爲人骯髒 不憙因於古 隸有時自有睨漢西京之概 何翁阮也 一中嘗爲余作紫甓館 今又爲淵淵夜思齋 而紫甓古而拙 若蒼筍礧結 淵思則遒而豪 若斷藤悲秋 皆絶品也 據此而論之 其爲物古而勿陳揤而能雅 詎爲因者哉 君欲余文齋 余旣竊嗜其藝又深感其義 怡然泚豪而爲之 豈曰文爲 蓋亦古風人報瓊以果之遺旨也歟 戊申初秋 李家源作幷書

옛날 완당(阮堂) 김시랑(金侍郞)의 집 이름을 한와연재(漢瓦研齋)라 하였더니 지금 나의 친구 일중(一中) 김군충현(金君忠顯)이 글씨 쓰는 집을 또한 한와연재라 하였다. 누구는 말하기를 모방한 것이라 하나 이는 아니다. 일중의 사람됨이 꿋꿋하여 옛것을 모방하기 싫어하니 예서(隸書)에서도 때로 한(漢) 서경(西京)의 필치를 참작함이 있으나 완당(阮堂)을 본받지는 않았다. 일중이 나에게 자벽관(紫甓館)이라 써 주고 지금 또 연연야사재(淵淵夜思齋)라 썼는데 자벽(紫甓)은 고졸(古拙)하여 창순(蒼筍)이 삐죽삐죽함과 같고 연사(淵思)는 주호(遒豪)하여 가을에 늙은 등(藤)이 문드러짐과 같으니 모두 절품(絶品)이다. 이로써 논(論)하면 사물에 있어서 예스러워도 진부하지 않고 독창(獨

* 이 글은 예술의전당 개관 10주년 기념 특별전 일중 김충현 도록(1998년 3월)의 부록에 실린 글이다. — 엮은이

掰)하면서도 능(能)히 전아(典雅)하니 어찌 모방한 것이겠는가. 군(君)이 나의 글로 재(齋)의 기(記)를 하려 하니 내 이미 그 서예를 즐기고 또 깊이 그 의기(義氣)에 느끼는 바 있어 기쁘게 붓을 들어 썼지만 어찌 글이라 하리요. 대체 또한 옛 시인이 옥(玉)을 과실(果實)로 갚았다는 유지(遺旨)라 하리로다.

무신년 늦은 가을 이가원(李家源)이 짓고 쓰다

노초황화실기(老蕉黃華室記)*

自阮堂金公 千百億化身 世之一藝名者 室堂軒齋在在各俱竗諦 水月在天上 萬池幷受 自衒其獨我有也 今此老蕉黃華之室 卽一阮堂慧眼未及囊括 秦城神鞭獨有餘石也 余甚愛之 思欲取而代之 已其人名弗限域雖契劵而固之 崇價而諾之 亦難乎 其劣我有也 遂盡吾之伎倆 椎碎其室 如鶴樓之李白 則荒江古木齋之始顯頭角也 雖其雄健邃古竟未知何如 而溫雅明麗已全輸於彼 可愧也 已從而爲之記曰 老蕉黃華之竗 竗在於聲音字句色相之間 不在於宜 雨傲霜之跡 實出於福緣之得 如可智取者 必須鍊琢萬首詩而後庶可道 得室一中金忠顯居有也 戊申晩秋 月堂洪震杓

완당(阮堂) 금공(金公) 이후 수많은 사람 가운데 재예(才藝)로 이름난 이들의 실(室), 당(堂), 헌(軒), 재(齋)는 모두 그 묘체(竗諦)를 갖고 있다. 물속의 달은 하늘에 있지만 수많은 못들은 모두 달을 담고 있기에 자기만이 달을 가졌다고 자랑한다. 오늘에 노초황화실(老蕉黃華室)만이 완당(阮堂)의 혜안(慧眼)이 미치지 못한 것으로 진시황(秦始皇)이 만리장성(萬里長城) 쌓을 때 채찍에도 유독 남은 돌과 같은 것이라 하겠다. 내가 이를 매우 좋아하여 갖고자 하였으나 이미 그 이름이 널리 퍼져 비록 문서(文書)를 꾸

* 이 글은 예술의전당 개관 10주년 기념 특별전 일중 김충현 도록(1998년 3월)의 부록에 실린 글이다. — 엮은이

며 비싼 값으로 팔기로 내낙(內諾)을 받았다 하여도 나의 것이 되기는 어렵다. 이는 내가 가지고 있던 것들을 부끄럽게 할 뿐이어서 황학루(黃鶴樓)의 이백(李白)처럼 가지고 있던 것들을 버리고 있는 기량을 다하였으니, 즉 황강고목재(荒江古木齋)가 비로소 두각을 드러냈다. 비록 황강고목재의 웅건수고(雄健邃古)한 경지는 어떨지 모르지만 온아명려(溫雅明麗)함에서는 노초황화실(老蕉黃華室)에 완전히 졌기 때문에 부끄러울 뿐이었다. 이미 진 것을 받아들였으니 이를 위하여 노초황화실의 묘(妙)를 글로 남기려 한다. 그 묘(妙)는 성음자구(聲音字句)의 색상(色相)에 있지 비 온 뒤의 파초(芭蕉)와 서리 내린 뒤의 국화(菊花) 모습에 있지 않으니 실로 복연(福緣)에서 나온 것이라 하겠다. 이렇게 취할 수 있는 것을 아는 사람은 반드시 수많은 시를 연마한 뒤에야 비로소 말할 수 있는 것이니 노초황화실로 이름으로 한 일중(一中) 김충현(金忠顯)만이 가질 수 있는 것이다.

무신년 늦은 가을 월당 홍진표

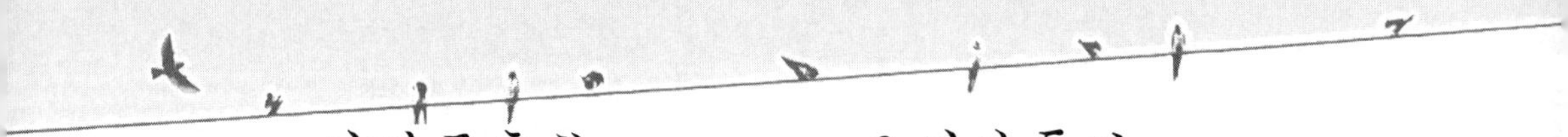

김일중충현(金一中忠顯) 구백악동부(構白岳洞府) 어관훈호동(於寬勳衚衕) 시이위송(詩以爲頌)*

今時自居能書士 列崻都中指難僂

大人小兒各一匙 旣非剏新亦非古

誰歟健者金恕卿 不離古法紹前武

有時剏出新意匠 翩翩奇氣自靈舞

白岳南畔古衚衕 十載經營開一宇

揭以洞府事亦奇 落之其日賓朋聚

我時西遊在美洲 乃阿加羅觀瀑流

念君筆勢壯如此 恨不與君此共游

君言我面遮猶可 須將一物以相投

物云豈亶泉貝云 一紙字墨紆蒼虯

我昔記其漢硏齋 可將韻語壁上留

蘄君藝境老彌壯 千古玖阮與爲疇

一中金恕卿新構一宇於都中 揭之以白岳洞府 文酒以落之 余適離美洲之行 不得晉賀 逮其歸吟此長句 携以相訪爲一粲之資 癸亥小春之初吉 李家源拯淵頁藁

* 이 글은 예술의전당 개관 10주년 기념 특별전 일중 김충현 도록(1998년 3월)의 부록에 실린 글이다. — 엮은이

요사이 글씨 쓴다는 사람
서울만도 헤아릴 수 없네
어른도 한 술 아이도 한 술
새것도 아니요 옛것도 아니라네
오직 건전한 이 김서경(金恕卿)뿐이니
옛것을 본받아 전통을 이었네
때로 새 맛을 창출하니
덩실덩실 신이 나서 춤을 추네
북악(北岳) 남쪽 옛 마을에
십 년을 경영(經營)하여 집을 이루었다네
동부(洞府)라 이름한 일 기이도 하니
낙성(落成)하던 그날 벗님들 모였다네
내 마침 미국을 여행하다
나이아가라 폭포를 보았네
임의 글씨 장(壯)함이 폭포 같으니
임과 함께 노닐지 못함을 한탄하였네
임은 내 얼굴 보지 못해도 괜찮다 하며
무엇이든 어찌 아니 표(表)하리요 말했다네
물건으로 하랴 지전(紙錢)으로 하랴
용이 꿈틀대듯 글씨 한 폭이 어떨까
내 앞서 한와연재기(漢瓦硏齋記) 지었으니
시(詩) 지어 벽 위에 걸어보게 하리
비노니 임의 글씨 늙어 더욱 장(壯)해
길이 안평대군(安平大君), 완당(阮堂)과 함께하리라

주(註)

일중(一中) 김서경(金恕卿)이 서울 한가운데 새로 집을 지어 백악동부(白岳洞府)라 걸어 붙이고 문주(文酒)로 낙성하였다. 내 마침 미국으로 여행하여 축하하지 못하였다가 돌아와 시를 지었으니 이를 갖고 찾아가 웃음거리를 마련하였다.

계해년 이른 봄 어느 날 이가원(李家源)

백악동부기(白岳洞府記)*

我先世 奠居漢水之陽白岳之趾 終始不離雲從之北者 踰半千載矣 國家興替之蹟 人事榮枯之徵 不難遑而易擧也 今仲氏迺定寬勳之基 拓爽塏而面午 築白堵而大之 聳喻觀以侈之 盖張嫩堂構讚躋芋之義也 仲氏自少趨庭涉獵 留心竹素 端精毫墨 探頤闖奧 貫穿今古 龍歌正音 漢碑唐帖 擷其英而咀其華 著書成編 秩然有序 簡而有要 嘉惠來學 故自不尠 非一時乘興揮灑之比 其操觚落紙 烟雲變化 蛟螭騰翔 眩奪人眼目 皆謂阮公 後初有也 冢刻扁額 殆遍宇內 得之者以爲寶 以不得恥之 古之一字千金 豈虛語也哉 斯 役起於癸亥莫春 凡六閱月而竣焉 從茲燕安得所 神怡氣泰 研覈益深 日臻日新之域 且 列陳先徽 琳琅堆積 問字之徒 肄書之衆 博古之士 弁雲委而屐廝集 復見稷下遺風 虎嘯 龍起 彬蔚競爽矣 上九一爻之報 果何如也 於是又皆謂克紹家學 于先有光矣 榜之曰白 岳洞府者 亦有所自云爾 是歲白露節 胞弟彰顯拜書

우리 선세(先世)는 한수(漢水)의 북쪽 북악(白岳) 밑에 자리 잡고 이제껏 종로의 북쪽을 떠나지 아니한지 오백 년이 지났다. 국가흥망(國家興亡)의 자취와 인사성쇠(人事盛衰)의 흔적을 낱낱이 보아왔다. 지금 중씨(仲氏)가 관훈동(寬勳洞)에 터를 잡고 조강

* 이 글은 예술의전당 개관 10주년 기념 특별전 일중 김충현 도록(1998년 3월)의 부록에 실린 글이다. ㅡ 엮은이

한 곳을 넓혀 남향으로 큰 집을 층(層)으로 지으니 대체 선업(先業)을 잇고 친목을 기리려는 뜻이다. 중씨(仲氏)는 어려서부터 가정(家庭)의 견문(見聞)이 있어 서책(書冊)에 마음을 두고 書法에 정진하였으니 오묘함을 탐구했고 고금(古今)을 꿰뚫어 용비어천가(龍飛御天歌), 훈민정음(訓民正音), 한비(漢碑), 당첩(唐帖)의 영화(榮華)를 뽑아 책으로 엮었으니 차례가 있고 간요(簡要)하여 후학(後學)에 가혜(嘉惠)됨이 적지 아니하다. 이는 한때 승흥휘쇄(乘興揮灑)한 것과 비할 바 아니다. 붓을 들어 종이에 쓰니 연운(煙雲)이 변화하고 교룡(蛟龍)이 비등(飛騰)하여 사람의 눈을 현혹(眩惑)케 하니 모두 완당(阮堂) 이후에 처음 있는 일이라 하였다. 전각(篆刻)과 편액(扁額)이 국내에 편만(遍滿)하고 이를 얻은 이 보배로 알고 못 얻은 이 부끄러이 여기니 옛말의 일자천금(一字千金)을 어찌 빈말이라 하겠는가! 계해(癸亥) 삼월에 시작하여 육 개월이 지나서 준공(竣工)하니 이로부터 기거(寄居)할 곳이 있게 되어 신기(神氣)가 편안하여 연구함이 날로 새로워질 것이요 또 선휘(先徽)를 진열하니 귀중한 진품이 쌓일 것이라 문자(問字)하는 무리와 이서(肄書)하는 사람과 박고(博古)하는 선비들이 많이 모여 제(齊)나라 직하(稷下)의 유풍(遺風)을 다시 보게 될 것이다. 범과 용처럼 빛날 것이니 상구일효(上九一爻)의 미진한 보답이 과연 어떠하겠는가! 이에 또 모두 가학(家學)을 이어받으니 선대(先代)가 빛날 것이라 말하였다. 그러니 백악동부(白岳洞府)라 이름하여 붙인 것 또한 까닭이 있는 것이다.

이 해 백로절에 포제(胞弟) 창현(彰顯) 삼가 쓰다

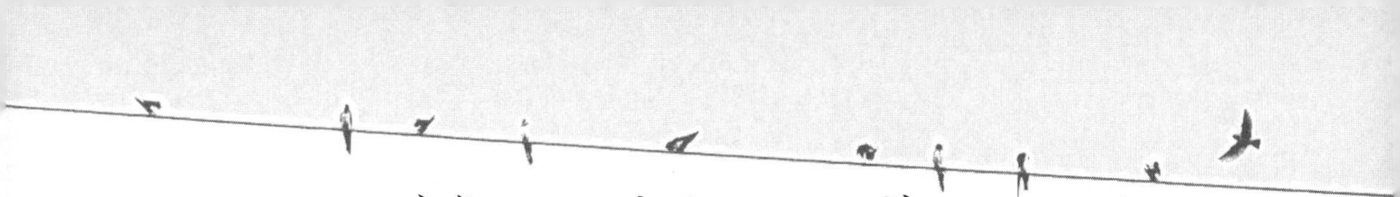

경축(慶祝) 일중(一中) 세형(世兄) 고희(古稀)*

七秩風神似少時 天於善者豈人知

孝思每切蓼莪句 友誼常存鴒鶺詩

操管風生黃耉案 擧壺雲滴紫霞卮

無疆遐壽由何得 龜鶴蟠桃共護之

칠십 세의 풍신(風神)은 어린 옛 모습 그대로이니

하늘이 착한 사람에게 하는 일이라 어찌 사람이 알리요

효도(孝道)는 늘 요아(蓼莪)의 구절(句節)을 간절히 생각하였고

우애(友愛)는 영척(鴒鶺)의 시(詩)를 늘 가슴에 지녔다

붓을 잡으니 바람이 황구(黃耉)의 책상에서 일고

술병을 드니 구름이 자하(紫霞)의 술잔으로 떨어지네

무강(無疆)한 하수(遐壽)는 어찌 얻었는가

거북 학(鶴) 반도(蟠桃)가 그를 감싸고 있다네

구산(九山) 송공호(宋貢鎬)

* 이 글은 예술의전당 개관 10주년 기념 특별전 일중 김충현 도록(1998년 3월)의 부록에 실린 글이다. — 엮은이

부록2

일중을 논하다

일중연구 모음

일중 김충현 선생 행장(行狀)*

최완수

간송미술관 연구실장

일중 김 선생은 전(篆)·예(隸)·해(楷)·행(行)·초(草) 다섯 체(體)에 정통하고 한글 고체와 궁체에 겸통(兼通)하여 법고창신(法古創新)으로 한국 서예의 기준좌표를 마련한 금세(今世)의 필원종장(筆苑宗匠)이며 만대(萬代)에 서가사범(書家師範)이다. 선생의 이름은 충현(忠顯)이고 자는 서경(恕卿), 호는 일중(一中)이다. 별호(別號)로 찬내와 환성재(喚醒齋), 한와연재(漢瓦硯齋), 노초황화실(老蕉黃花室), 석지실(石芝室), 시엽산방(柿葉山房), 여운헌(如雲軒), 운정로초(云丁老樵), 노송취산헌(老松翠山軒) 등도 아울러 썼다.

본관은 안동이다. 고려 태사선평공(太師宣平公)은 시조(始祖)이고 십세(十世)를 내려와 한성부판관(漢城府判官) 계권공(係權公)에 이르러 한성에 터를 잡는데 그 장자인 세조(世祖) 왕사(王師) 학조대사(學祖大師)가 말제(末弟)인 사헌부 장령(掌令) 영수(永銖, 1446~1502) 공(公)을 위해 집터를 마련해주니 장차 그 현손인 선원(仙源) 김상용(金尚容, 1561~1637)과 청음(淸陰) 김상헌(金尚憲, 1570~1652) 두 정승 형제가 출생하는 청풍계(靑楓溪)가 그곳이다. 이로부터 청풍계가 있는 인왕산 동록(東麓)과 백악산 남서

* 이 글은 일중서예기념관 개관 기념 학술대회(2012.5.31) 자료집에 실린 글이다. — 엮은이

록(南西麓) 일대의 북부 순화방(順化坊) 창의리(彰義里)에 선원과 청음의 후손들이 세거(世居)하며 율곡 이이(1536~1584) 선생의 학통을 계승하고 대권을 장악해가니 세상에서는 이들을 장동(壯洞) 김씨라 일컫게 된다.

장동 김씨 가문은 병자호란(1636)을 계기로 조선 제일의 명문으로 부상한다. 선원은 전임 우의정으로 강도(江都) 수호대장이 되어 남문을 지키다 함락 당시 화약에 불을 질러 자결해 절의를 빛냈고, 청음은 예조판서로 있으면서 결사항전을 주장하고 주전파의 수장으로 목숨을 내놓고 청국에 굴복하지 않는 기개를 과시해 민족적 자존심을 지켜냈다. 조선 좌의정 병자척화절신(丙子斥和節臣) 김상헌(金尙憲) 선생은 일중 선생의 14대조이다.

다음 12대조는 영의정 문곡(文谷) 김수항(金壽恒, 1629~1689) 선생인데 문곡은 숙종이 후궁인 장희빈을 왕비로 삼고 인현왕후 민씨를 폐출하자 처첩의 위계질서를 바로 잡으려는 조선성리학적 윤리관에 입각하여 이를 극간하다가 기사사화(1689)에 우암 송시열(160~1689) 선생 등과 함께 사사(賜死)된 충의지사였다.

11대조는 중택재(重澤齋) 김창립(金昌立, 1666~1683) 공이니 문곡의 여섯 째 아들로 막내이다. 인물과 총명이 출중하여 문곡의 기대가 가장 컸었다 하는데 숙종의 모후인 명성왕후(明聖王后) 국상곡반(國喪哭班)에 들었다가 천연두에 감염되어 불과 18세에 요절하고 말았다. 이에 우애와 기대가 남달랐던 삼형(三兄) 삼연(三淵) 김창흡(金昌翕, 1653~1722) 선생이 자기 소생을 계속 입후(立後)시키니 10대조 장예원 사평(司評) 후겸(厚謙, 1687~1727) 공(公)과 9대조 영유현령(永柔縣令) 간행(簡行, 1710~1762) 공이 그들이다. 삼연 선생은 문하에서 진경시(眞景詩)의 대가인 사천(槎川) 이병연(李秉淵, 1671~1751) 선생과 진경산수화의 대성자(大成者)인 겸재(謙齋) 정선(鄭敾, 1676~1759) 선생을 길러내어 진경문화를 주도하게 한 당대 문원의 종장(宗匠)이었다.

8대조는 나주 목사(牧使) 농소(聾巢) 이석(履錫, 1748~1814) 공인데 처음으로 4남 2녀의 자녀를 얻는 다경(多慶)을 누린다. 그중 장남이 이조판서 문간공(文簡公) 화서(華棲) 김학순(金學淳, 1767~1845) 선생이고 큰사위가 효명세자(孝明世子) 대리(代理) 시에 세자의 권우(眷遇)가 남달랐던 형조참판 이인부(李寅溥, 1777~1841)이다. 화서(華棲)는 명필로 소문나 있었고 10촌 형인 척족세도재상(戚族勢道宰相) 풍고(楓皐) 김조훈(金祖淳, 1764~1831)의 눈에 들어 세도에 동참하기도 한다.

그의 서체는 5대조 문곡의 백씨(伯氏) 곡운(谷雲) 김수증(金壽增, 1624~1701) 선생의 서맥(書脈)을 이어 금석기(金石氣)와 전례취(篆隷趣) 짙은 양송체(兩宋體, 송시열과 송준길의 서체) 계열이었을 듯하다. 이는 추사 김정희(1786~1856) 선생에 의해 이룩되는 추사체의 취향과 상응하는 것이었다. 그래서 정조(正祖)의 북학진흥정책에 공감하여 추사체를 선호하던 풍고(楓皐)의 지우(知遇)를 얻게 되었을 것이다.

이 사실은 화서의 장손으로 순조 제2녀 복온공주(福溫公主, 1824~1832)에게 장가들어 김조순(金祖淳)의 외손녀사위가 된 창녕위(昌寧尉) 김병주(金炳疇, 1819~1853) 공의 글씨에서 확인할 수 있다. 금산(錦山) 보석사(寶石寺)에 세운 '의승(義僧) 영규대사비(靈圭大師碑)'가 창녕위 글씨인데 추사체를 방불(彷彿)하게 구사하고 있기 때문이다. 화서는 일중의 7대조이고 공조참판 연근(淵根, 1795~1860) 공은 6대조이며 창녕위는 5대조이다.

돈녕부(敦寧府) 참봉 도균(道均, 1832~1849) 공은 고조부이고 판돈녕(判敦寧) 원사(院事) 오천(梧泉) 김석진(金奭鎭, 1843~1910) 선생은 증조부인데 경술년(庚戌年, 1910) 국치(國恥) 시에 순국자결(殉國自決)하여 충의전가(忠義傳家)의 전통을 더욱 빛낸다. 비서원승(秘書院丞) 동강(東江) 김영한(金甯漢, 1878~1950) 선생은 조부이니 오천(梧泉) 선생 순국 후 일제의 위협에 굴하지 않고 창녕위(昌寧尉) 묘하(墓下)로 낙향하여 세상과 절연하고 오직 문한(文翰)에 전념하며 자손 훈육에 골몰한다. 번계(樊溪) 선생 윤동(潤東, 1895~1977)과 은진(恩津) 송씨 진사 홍순(興淳)의 여식은 일중의 고비(考妣, 돌아가신 어머니)이다.

일중 선생은 서기 1921년 신유(辛酉) 5월 9일, 음력 4월 2일 인시(寅時)에 한성 동소문(東小門) 밖 번동(樊洞) 오현병사(梧峴丙舍)에서 5남 2녀 중 둘째로 출생하니 당시는 경기도 고양군 동부면(東部面) 번동(樊洞)이고 현재 서울 도봉구 번동 93번지이다. 총기가 뛰어나서 6세에 천자문을 읽고 8세에 주역을 먼저 읽은 후에 2세 연하의 아우 백아(白牙) 김창현(金彰顯, 1923~1991) 선생과 함께 13세까지 7서(書)를 독파하니 조고(祖

考) 동강(東江) 선생이 훈도한 결과였다.

동시에 서법(書法) 수련도 병행했으니 양송필법(兩宋筆法)을 계승한 화서(華棲) 선생 서체와 추사체를 추숭(追崇)하던 창녕위의 서법을 가학전통(家學傳統)으로 습득하고 12세부터는 일가 존장(尊丈)이며 조고지우(祖考知友)인 영운(潁雲) 김용진(金容鎭, 1878~1968) 선생의 지도로 안진경(顔眞卿)의 〈마고선단기(麻姑仙壇記)〉, 〈가묘비(家廟碑)〉 등 해서와 〈장천비(張遷碑)〉, 〈을영비(乙瑛碑)〉, 〈예기비(禮器碑)〉, 〈조전비(曹全碑)〉 등 예서와 〈정좌위첩(爭座位帖)〉, 〈안탑성교서(雁塔聖敎序)〉 등 행서와 〈서보(書譜)〉 등 초서 비첩(碑帖)을 임서(臨書)하여 필법의 근간을 다진다. 그런데 그 이전에 이미 구양순(歐陽詢)의 〈구성궁예천명(九成宮醴泉銘)〉과 안진경의 〈다보탑비(多寶塔碑)〉로 해서의 극칙(極則)을 체득하고 있었다.

그러나 시속(時俗)의 변화는 일중을 신식 학교로 인도했으니, 14세에 청진동(淸進洞) 삼흥보통학교 3학년에 편입하여 18세에 중동중학교에 진학했다. 이 해 동아일보사 주최 전 조선 남녀학생 작품전람회에서 한문서예로 최고상을 수상하였다. 이에 일중은 서예를 전공하기로 결심하고 궁체 연구와 〈장천비〉 임서(臨書)에 박차를 가해 1942년 약관 22세로 『우리 글씨 쓰는 법』을 저술하니 당대 문원종장(文苑宗匠)이던 위당 정인보 선생은 서문으로 이를 추장권면(推奬勸勉)했다.

광복과 더불어 우리말과 글을 회복하자 준비했던 듯 그해에 『우리 글씨체』라는 한글서예교본을 출간하고 1946년에는 문교부 검정 『중등글씨체』를 출간했다. 이어 1947년에는 〈병천기의비(並川紀義碑)〉를 궁체로 써내니 한글비의 효시(嚆矢)이다. 1948년에도 〈이충무공 한산도 제승당비(制勝堂碑)〉, 〈이충무공 남해 노량(露梁) 충렬사비(忠烈祠碑)〉를 궁체로 쓰고 1949년에는 〈윤봉길 의사 기념비〉를 썼으며 1950년에는 〈백범 김구 선생 묘비〉 등을 궁체로 써서 30세 이전에 한글서예의 대가로 군림하니 문필에 일가견이 있던 이승만 대통령도 일중을 한글서예 제1인자로 지목했다.

1948년 28세로 최연소 문교부 예술위원에 피촉되자 제1회 국전 창립준비 과정에서 소전(素荃) 손재형(孫在馨) 선생과 협력하여 서예분과를 국전에 포함하게 하고 제1회 추천작가로 출품하기 시작, 제29회까지 매년 출품하는 열성을 과시하는데 12회부터

15회까지는 심사위원으로 출품했다.

그 사이 서예 관련 각종 교과서 편찬과 각종 전시회 심사에 참여하지 않은 경우가 없었고 1957년에는 전통 계승과 후진 양성을 목적으로 동방연서회를 창립하여 이를 주도하니 이곳에서 한국 서예의 기린아들이 속출하여 한국 서단의 주축을 이루고 있다. 그뿐만 아니라 1945년부터 1962년까지 경동중고등학교 등에서 영재를 배양했고 1967년부터는 경희대학교, 서울대학교, 성신여자대학교의 각 사범대학과 동덕여자대학교 등에 출강하여 수많은 서예 제자들을 배출했다.

그래서 1968년에는 한국서예가협회대표위원에 피임(被任)되고 1969년에는 일중묵연(一中墨緣)을 개설하며 1974년에는 한국서예가협회 회장에 추대되고 1980년에는 동 협회 고문으로 퇴좌(退座)했다. 1983년에는 퇴휴안일지소(退休安逸之所)로 관훈동에 백악동부(白岳洞府)를 개관하고 연묵전미지락(硏墨展美之樂)으로 자오(自娛)하며 후진을 계도하니 학예계의 이망(羨望)이 집중하였다.

1981년부터 예술원 회원으로 영입되고 1990년에는 칠질기념(七秩紀念)으로 『일중 김충현 서집』을 발간했으며 1998년에는 예술의전당 개관 10주년 기념 특별전으로 일중서예전을 개최하였다. 그 사이 각종 비문, 현액(懸額) 서사(書寫)는 매거(枚擧)할 겨를이 없으나 〈이충무공 기념비〉, 〈4·19 의거 학생인사비〉, 〈3·1 정신 찬양비〉, 〈인촌 김성수 묘비〉, 〈대통령 이승만 묘비〉, 〈대통령 박정희 묘비〉, 〈용운당(龍雲堂) 만해(萬海) 대선사비〉, 〈순천 송광사 일주문(一柱門) 현액〉, 〈송광사 대웅보전 현액〉, 〈경복궁 건춘문(建春門) 현판〉, 〈경복궁 영추문(迎秋門) 현판〉 등을 대표작으로 꼽을 수 있다.

1991년 숙씨(叔氏) 백아 선생이 급서(急逝)하여, 그 충격으로 상심하여 출입을 예술원으로 한정하고 오직 필묵에만 몰입하였다. 1993년 우연득질(偶然得疾)하여 와석(臥席) 10여 년에 2006년 11월 19일(음력 9월 29일) 술시(戌時)에 서거하니 향수(享壽) 86, 묘소는 경기도 용인시 원삼면(遠三面) 죽릉리(竹陵里) 선영 후록(後麓)에 있다. 자좌오향(子坐午向, 자시 방향을 등지고 오시 방향을 바라봄)이다.

배(配) 은진 송씨(恩津宋氏) 용순(容順) 여사는 동춘(同春) 송준길(宋浚吉) 선생 11대손 내빈지녀(乃彬之女)로 회덕송촌(懷德宋村)에서 법가규범(法家閨範) 아래 생장(生

長)했다. 천품(天稟)이 후덕하고 견문(見聞)이 익숙하여 군자배필(君子配匹)로 일무손색(一無損色)하니 슬하에 재년(載年)과 단희(端喜), 봉희(鳳喜) 3남매를 두었다. 장남 재년은 청풍(淸風) 김철영녀(金哲永女) 김옥경(金玉卿)과 사이에 상일(庠鎰), 용일(庸鎰) 2남과 현일(賢鎰) 1녀를 두었고 큰사위는 남양(南陽) 홍천기(洪天基)이고 작은사위 전주(全州) 최연홍(崔然鴻)은 최재철(崔在喆), 최승희(崔丞喜) 남매를 두었다. 상일은 신미희(申美熙)와 사이에 윤정(倫廷), 호정(浩廷) 2녀를 두었고 용일은 이윤주(李允周)와 사이에 1녀 서연(瑞瑌)을 두었다.

중씨(仲氏) 일중(一中) 선생과 서법예술(書法藝術)*

김응현

서예가

백씨(伯氏) 경인(褧人) 선생을 비롯하여 중씨 일중 선생과의 연령차는 8세이며, 숙씨(叔氏) 백아(白牙) 선생과는 2세이고 필자와는 5세라 숙씨와는 3세가 된다. 그리고 막내아우 정현(政顯)은 필자와 6세 차이기 때문에 우리 다섯 형제는 계축년(1913)으로부터 임신년(1932)에 이르는 19년간에 태어나 오늘에 이르니 그동안 백씨는 을묘년(1975)에 63세로 서거(逝去)하시고, 숙씨는 신미년(1991)에 69세로 졸(卒)하니 현재 중씨(仲氏)와 필자와 막내를 합하여 삼형제가 남아 있다.

백씨는 계축년(1913)에 생탄(生誕)하니 국망(國亡) 3년에 지나지 않았고 중씨는 신유년(1921)에 생(生)하니 아직 3·1 운동의 여파와 제1차 세계대전의 종식으로 국내외가 뒤숭숭한 형편이었다. 그리고 숙씨는 계해년(1923)에 생하였고 필자는 병인년(1926)에 났으며 아우는 임신년(1932)에 태어났다.

이즈음 가정의 실정은 경술국치(庚戌國恥, 1910)를 당하여 증조고(曾祖考) 오천(梧泉) 선생이 순국하시고, 동소문(東小門) 밖 번리병사(樊里丙舍)에 칩거(蟄居)하신 조고

* 이 글은 예술의전당 개관 10주년 기념 특별전 일중 김충현 도록(1998년 3월)에 실린 글이다 — 엮은이

(祖考) 동강(東江) 선생 슬하에서 선고(先考) 번계(樊溪) 선생, 중부(仲父) 창애(蒼厓) 선생, 숙부(叔父) 운정(雲丁) 선생 삼형제가 계셨으며 당시 필자와 종형제(從兄弟)가 한 울타리 안에서 독서와 경운(耕耘)으로 소일할 수밖에 없었다. 장년(壯年)은 수발(守髮)하고 소년(少年)은 발(髮)하였으며 아해(兒孩)는 더벅머리였다.

그러는 동안 백씨는 결혼하여 자녀를 두었으나 다같이 독서, 여가, 서법에 경도(傾倒)할 수 있었던 것은 중부(仲父)가 이웃의 해관(海觀) 윤용구(尹用求) 선생께 서화(書畫)를 사사(師事)하였던 연유(緣由)가 적지 않았다. 그리고 조고(祖考)의 제자인 개성(開城)의 송영귀(宋榮龜) 씨가 중국을 다녀와서 곡부(曲阜) 공림(孔林)의 한비탁본(漢碑拓本) 여럿을 가져와 비로소 한례(漢隸)의 진수(眞髓)를 대할 수 있었고 또 족조(族祖) 영운(穎雲) 선생께 안노공(顔魯公)의 〈대자마고선단기(大字麻姑仙壇記)〉 및 해관(海觀) 선생이 소장한 추사수장(秋史收藏)의 〈황보탄비원탁(皇甫誕碑原拓)〉을 입수(入手)함으로써 개안(開眼)할 수 있었던 것이다. 그리고 오창석각(吳昌碩刻)인 운미인존(芸眉印存)이 실린 전황당인보(田黃堂印譜)와 일본 강담사(講談社)에서 출간한 『서도전집(書道全集)』을 접하고 나서 서법에 대하여 새로운 국면이 펼쳐졌으니 그 고루성(固陋性)을 알 만하다. 물론 가전(家傳)하는 선세(先世)의 유물과 금석탁본(金石拓本)이 없었던 것은 아니지만 서로 비교 연구할 거리가 마땅치 못하였던 것도 사실이다.

본시 우리나라의 학문이나 서법예술은 주로 가학(家學)에 의존하였다. 과거에는 일반적으로 계급사회였기 때문에 자신을 주(主)로 하는 일정한 테두리를 벗어나지 못하였던 관계로 어떠한 한계를 이탈할 수 없었던 것이다. 특히 우리는 경술(庚戌) 이래 궁산벽촌(窮山僻村)에 묻혀 살았고 또 조석(朝夕)으로 만나는 사람이라야 집안 식구 이외에는 아무도 없었으므로 정중지와(井中之蛙)에 지나지 않았으나 같은 또래의 교유(交游)가 있을 수 없었음은 불문가지(不問可知)인 사실이었다고 하겠다. 경오년(1930) 이후 중부(仲父)가 노원(蘆原)으로 살림을 나고 숙부(叔父)는 회기동으로 살림을 나서 대소가(大小家)의 왕래(往來)가 있었으며 갑술년(1934)에 중씨(仲氏)가 수송동(壽松洞)의 삼흥보통학교 3학년으로 편입하는 것을 계기로 삭발하는 한편 신학문을 접하였고 숙씨가 다음 해 3학년에 편입하였으니 이때에 중씨는 14세였다. 그리고 중씨는 중동학교(中東學敎)로, 숙씨는 중앙학교(中央學敎)로 진학하였으며 필자는 숭인보통학교(崇仁普通學敎)에 입학한 것이 10세였다. 을유년(1945) 광복이 되어 비로소 중씨는 경동학교(京東學敎)에서, 숙씨는 중앙대학교(中央大學校)에서 교편을 잡게 된 것이다.

백씨를 비롯하여 여러 형제가 서법예술에 두각을 나타나게 된 것은 오로지 광복 이전 항일기(抗日期)에 일반 사회와 벽을 쌓고 조반석(朝飯夕)으로 감고(甘苦)를 무릅썼고 그보다 부조(父祖)의 가르침에 순종하였다는 이유의 소산(所産)이라 하겠다.

이 시기에 백씨는 가전(家傳)하는 궁체 원적(原籍)인 서적(書籍)·어찰(御札)·봉서(封書)·글월 등을 기초로 하여 우리 글씨 쓰는 법에 대하여 당시 조선일보사에서 발간하는 《여성》지에 매월 발표하였고, 중씨는 독립된 저서로 궁체를 정자, 흘림으로 나누어 정리하였다. 이로써 궁체의 대중화를 꾀하였으니 모두 항일기의 일이라 어렵고도 험난한 작업이었다.

이로써 광복과 더불어 일약 명진해내(名振海內)의 계기를 맞은 중씨는 독립된 국가의 정부기구인 문교부의 서예교과서 사정위원(査定委員)으로 또 검정 서예교과서를 집필하는 등 눈부신 활동을 시작하였다. 그리고 대한민국미술전람회의 서예부 심사위원으로 20여 년을 지속하여 많은 신진을 배출하기에 이른 것이다.

앞에서 지적한 대로 과거에 볼 수 없었던 진적(眞籍)인 산각석(山刻石)의 모각(摹刻)으로 소전(小篆)에 접하고 곡부(曲阜) 비림(碑林)의 한례탁본(漢隸拓本)으로 〈예기비(禮器碑)〉와 〈공주비(孔宙碑)〉, 〈장천비(張遷碑)〉, 〈조전비(曹全碑)〉, 〈희평잔비(熹平殘碑)〉 등을 섭렵할 수 있었고 해서로는 위(魏)의 〈용문이십품(龍門二十品)〉을 비롯하여 당해(唐楷)인 구양순(歐陽詢)의 〈구성궁예천명(九成宮醴泉銘)〉, 〈황보탄비(皇甫誕碑)〉 및 안노공(顔魯公)의 〈다보탑감응비(多寶塔感應碑)〉, 〈대자마고선단기(大字麻姑仙壇記)〉, 〈안가묘비(顔家廟碑)〉와 유공권(柳公權)의 〈현비탑(玄秘塔)〉 등을 임(臨)하였으니 이것이 모두 1940년대 초이다. 그리고 행서로는 주로 안노공의 〈쟁좌위첩(爭座位帖)〉에 입수(入手)하는 등 각 서체의 기초에 공을 들이는 한편 송(宋)·원(元)·명(明)·청(淸)의 대가(大家)들의 글씨를 가까이함으로써 견문을 넓혔으니 그 자세한 것은 방거(放擧)하지 아니하고 식자(識者)의 짐작(斟酌)에 일임하려 한다.

한 가지 특기할 일이 있다. 가전(家傳)하는 선조(先朝)의 필적으로 12대조 문곡(文谷) 선생의 백씨인 곡운(谷雲) 선생은 전(篆)과 예(隸)의 명가(名家)로 당시 금석(金石)을 도맡아 휘호할 만큼 일대(一代)를 풍미하였으며 앞에 든 바 있는 진전(秦篆) 역산각석(嶧山刻石)의 모각(摹刻)도 곡운 선생의 손에서 나온 것이다. 문곡 선생께서도 전(篆)과 예(隸)를 비롯한 각 서체에 백씨와 함께 깊은 조예를 보였으니 이후 대대로 필원(筆苑)에 들 만큼 필명(筆名)을 떨쳤으므로 조고(祖考) 동강(東江) 선생은 우리에게 선대의 필적(筆跡)을 본받으라고도 하였다.

그리하여 백씨는 곡운 선생의 필적을 배웠다면, 중씨는 주대(周代)의 금문(金文), 진전(秦篆)과 한례(漢隸)에 깊이 끌렸고 나아가 위(魏)·당(唐)의 해서와 행서로는 당·송·명·청의 대가(大家)에게 깊이 기울어졌다는 것을 지적하게 된다. 그리고 국문 서체로는 궁체와 판본체(板本體)를 고체(古體)라 하여 국문 글씨의 영역을 넓혔던 것이다. 이상이 중씨 일중 선생의 서예예술을 개관한 것이 되겠다.

달리 서법상의 집필(執筆)과 운완(運腕) 문제로부터 점획(點劃)의 기필(起筆)·행필(行筆)·수필(收筆) 등 구체적인 이론으로 전환(轉換)·제안(提按)·중봉(中鋒)·측봉(側鋒)·방원(方圓)·삽(澁)·활(滑)·골육(骨肉)·경중(輕重)·지속(遲速) 등의 분석에서 오는 여러 조건에 이르기까지 용필(用筆) 관계에 대하여 별로 개심(開心)하는 자세를 나타내지 아니하고 나름대로 소화하여가며 법첩(法帖)이나 비지(碑誌)를 임(臨)하는 태도로 보아 등한(等閑)하였다기보다는 대범(大凡)하였다고 말할 수 있다. 그도 그럴 만한 이유가 있었다고 보아 무방(無妨)한 일이라 해석하고 싶다. 그 까닭은 평소 일중 선생은 깊은 이론을 따져 서법(書法)을 천착(穿鑿)하려는 성격이 아니었는지도 모르겠다. 60여 년간 함께 서법에 관심(關心)하고 평소 함께 붓을 들어 비첩(碑帖)을 임모할 때 필자 나름대로 겪어서 감지(感知)한 일이다.

집필은 발등법(發燈法)에 의존하고 동파(東坡)가 주장하는 '파필무정법(把筆無定法) 요사허이관(要使虛而寬)'을 신봉하였던 것이다. 완법(腕法)에 있어 회완법(回腕法)에 치중함이 없이 평완(平腕)을 주(主)로 하였고 발필(發筆)에 있어서 장봉(藏鋒)과 노봉(露鋒), 측봉(側鋒)과 편봉(偏鋒)에 구의(拘擬)를 받으려고 아니하는 느낌이었다. 따라서 방원(方圓)을 겸용(兼用)할지언정 어느 하나를 고집하는 편모(片貌)도 뚜렷하지 않았다. 행필(行筆)에서 일필삼과(一筆三過) 혹은 일필삼절(一筆三折)을 의식적으로 실천하는 경향(傾向)이며 수필(收筆)에 반드시 회봉(回鋒)을 고집하고 있지 아니하는 것은 하나의 습관이 된 듯하다. 그 까닭은 경우에 따라 회봉을 반드시 해야 할 필요를 느끼지 않을 수도 있기 때문이었을지도 모르겠다.

전환(轉換)에 있어 고심하고 있지 아니한 것처럼 느껴지는 것은 다름이 아니라 집필에 '허이관(虛而寬)'을 실천함으로써 슬그머니 제필(堤筆)하여 꺾으면 된다는 이론이다. 실제로 전절(轉折)의 경우 붓을 들어올리면 전(轉)이 되고 호(毫)의 면(面)을 바꾸면 절(折)이 된다는 평범한 상식이 바로 들어맞는 것이다.

제안(提按)은 일필삼과(一筆三過) 삼절(三折)로 이루어지는 만큼 여기에 특별한 관심을 가지지 아니하여도 제안(提按)은 이루어진다. 그것으로 족하다는 생각이 굳어지면 시끄럽게 제(提)와 안(按)을 분석하여 논할 필요를 느끼지 아니할 수도 있는 일이다.

앞에서도 말하였거니와 중봉(中鋒)·측봉(側鋒)·편봉(偏鋒)을 나누어 생각한다거나 역필(逆筆)과 순필(順筆)을 굳이 따진다는 것은 방필(方筆)과 원필(圓筆)에 대하여 분분하게 왈가왈부(曰可曰否)하려는 데서 기인한다고 보았을 때의 일인 만큼 이를 무시하고 붓 가는 대로 방치한다면 별로 문제가 아닐 수도 있다. 운필(運筆)에 있어서 삽(澁)·활(滑)·지(遲)·속(速)·경(輕)·중(重)은 따지고 여기서 나타나는 고(枯)·윤(潤)·천(淺)·심(沈)·기(氣)·세(勢)·골(骨)·육(肉) 등 문제도 운필(運筆)하는 동안 저절로 나타난다고 생각하면 그만인 일이다.

통틀어 말할 때 손과정(孫過庭)이 『서보(書譜)』에서 지적한

> 篆尚婉而通 隸欲精而密 草貴流而暢 章務檢而便 然後凜之以風神
> 溫之以妍潤 鼓之以枯勁 知之以閑雅 故可達其情性 形其哀樂

이라는 말대로이다. 곧 서법(書法)은 작자(作者)의 예술 개성을 표현하기만 하면 그만이지 작자의 희로애락을 형용(形容)할 수도 없을 뿐 아니라 글씨는 배우는 자로서 말

로 그 뜻을 해치게 할 수도 없는 일이다.

서법예술의 창작은 일종의 미적(美的) 법칙과 미적 정취에 비추어 재창조하는 활동이다. 이것은 일종의 규율이 합(合)하거나 또 규율의 속박(束縛)을 받지 않는 자유활동(自由活動)이기도 하고 또 내함(內含)에 충실하면서 밖으로 형상(形象)을 이루되 성정(性情)을 속에 품고 밖으로 발휘하는 창작활동이며 또 물질공리(物質功利)의 밖으로 초연하고 이해득실(利害得失)을 계교(計較)하지 아니하는 전신(全神)을 관주(貫註)케 하는 활동이어야 한다. 그리하여 서법예술의 창작은 '정성소삭(情性所鑠)'의 선천적 품부(稟賦)를 배척할 수 없으며 또 도염소응(陶染所凝)의 후천적 소양(素養)인 재(才)·기(氣)·학(學)·습(習)으로 구성되는 예술 창작의 네 가지 기본 요소를 물리칠 수 없는 일이다. 이 4종의 기본 요소는 서로 영향하고 삼투(滲透)하여 일개(一個) 서가(書家)의 예술개성(藝術個性)과 창작 풍격(風格)을 이루게 되는 것이다. 서법예술의 창작활동 중에는 인류가 미적 향왕(向往)에 대하고, 진적(眞的) 추구(追求)에 대하여 충만하여야 한다.

진(眞)이란 예술 정감(情感)의 진실한 유로(流露)에 있을 뿐 아니라 예술(藝術) 규율(規律)의 진실한 반영으로 예술 창작의 인식과정 중에 체현(體現)되는 것이다. 미(美)는 또 규율과 자유적 통일로 이루어지는 것이고 진(眞)이 있어야 미(美)가 체현될 수 있으며 이로 인하여 서법예술이 창작은 실제로 법을 추구하는 길이 되니 '이(理)'로써 창작 활동의 종점을 이루는 것이다. 그러므로 도(道)에 반(叛)하거나 경(經)에 어긋나거나 이(理)에 괴리(乖離)되는 창작은 반드시 마도(魔道)로 떨어져 종생(終生)토록 몸을 빼낼 수 없는 일이다.

서법예술의 창작은 속루(俗累)가 되어서 아니 되고 형역(形役)이어서도 안 되며 물폐(物蔽)가 되어서는 더욱 안 된다. 그러므로 자기의 자유 활동에서 나오되 그 가운데에 미묘성(微妙性)은 말로 전하기 어려운 특점(特點)이 있어 더욱 이에 운용(運用)되는 원숙(圓熟)한 필묵(筆墨) 기교(技巧)가 마음속의 유심(幽深)한 의경(意境)이 나타날 때 '묘부가언(妙不可言)'의 특정인 수전구수(手傳口授)할 수 없는 다만 마음에 얻어 손이 이에 응(應)할 수 있으며 가운데에서 발(發)하여 밖으로 형상(形象)될 따름이다. 이것은 일종의 이성(理性)과 감성(感性)이 개재(介在)하여 유의(有意)와 무의(無意) 및 규구(規矩)와 경험(經驗) 사이의 활동인 것이다.

일개인(一個人)의 의식 과정은 저급으로부터 고급에 이르고, 부단한 반복으로 그 곡절(曲折)은 나선형적(螺旋型的)인 상승과정을 거치게 마련이라. 그러는 동안 성패(成敗) 득실(得失)의 감고(甘苦)에 충만하게 된다. 이러한 자유는 넓고도 넓은 예술천지(藝術天地) 중 종횡(縱橫)으로 엄류(淹留)하고 일관(一貫)하여 상하(上下)로 찾아 구(求)함에 끊임없이 인류는 새로운 심미(審美) 영역을 개척하는 것이다.

시대에 따라 변하고 과학적으로 발전하여 사람들은 미를 탐색(探索)하는 과정에서 진일보하여 창작의 구체적인 방법 문제를 고려하게 된다. 방법론적 목적은 이러한 규율에 따르게 되면 사반공신적(事半功信的) 예술 활동으로 창작상의 최대 성공을 획득하려고 한다. 옛사람들은 가원(家園)에서 숨 쉬고 날마다 필연(筆硯)을 대하며 서재에서 분향묵좌(焚香默坐)하여 늙도록 지칠 줄 모르는 창작방법은 이미 오늘의 사회에 있어 생활절주(生活節奏)에 마땅할 수 없게 되었다.

그러나 사람들은 규율 속에서 자유를 획득하기를 바라고 과학적 방법으로 굽은 길을 적게 달리기를 희망하며 그로조차 개성적 해방을 얻고자 할 따름이다.

하지만 지름길은 있을 수 없고 요령(要領)으로 진리를 깨달으려 한다면 크나큰 망계(妄計)일 수밖에 없는 일이다. 그러나 모든 사람이 바라는 것은 될 수 있는 대로 고(苦)보다 감(甘)을, 난(難)보다 이(易)를 취(取)하되 최대의 수확을 걷고자 혈안인 만큼 혼란과 퇴폐(頹廢)를 거듭하여 건전한 인류 사회는 종내(終乃) 멸망을 면할 수 없는 일이다.

서법예술은 같지 아니한 풍격(風格)과 유파(流派)가 분분하여 공동적 객관(客觀) 규율(規律)이 있게 마련이라 일개 서가(書家)라면 반드시 서법예술의 공동미(共同美)에 순준(循遵)하지 아니할 수 없다. 이 공동미는 형식적인 화해(和諧)와 기맥적(氣脈的)인 유창(流暢), 역량적(力量的) 충패(充沛), 기운적(氣韻的) 생동(生動), 의온적(意蘊的)인 풍부(豊富) 등 방면으로 서법예술의 공동미를 구성하여 이 객관적 규율에 따라 '진(眞)'을 체현(體現)할 수 있어야 한다. 그리하여 풍격(風格)은 얼굴에 덮어쓰는 가면구(假面

具)가 아닌 생명적이어야 하고 의온(意蘊)과 영혼적(靈魂的) 생동형상(生動形象)이라야 '진(眞)', 곧 '이(理)'적인 경계(境界)가 내재하지 아니하여야 함은 '진(眞)'이 있을 때 '미(美)'일 수 있으니 이는 '이(理)'의 경계로서 또 '법(法)'에 의(依)하여야만 이에 도달할 수 있는 것이다.

일개 서가(書家)의 필묵(筆墨) 기교(技巧)는 숙(熟)을 뛰어넘어야 하고 공력(功力)은 심후(深厚)함을 초월하였을 때 자기적(自己的)인 창작과 자기적 예술 개성을 발휘할 수 있음은 실천으로 증명된다. 그러므로 성공의 극(極)에 이르는 창작이라면 마땅히 신융필창(神融筆暢)하고 심수상망(心手相忘)하여 법도(法度) 운용(運用)에 원숙한 경계여야 한다.

구양수(歐陽修)도 「이정필설(李晸筆說)」에서 말하기를 "古人各自爲者 用法同而爲字異 然後能名于世"라 하였으니 '법(法)'은 곧 형질(形質) 내부의 객관 규율을 연구하는 것으로 필형(筆形)이나 자형(字形)을 지칭하는 것이 아니다.

서법예술의 형식에서 오는 천변만화(千變萬化)는 모두 용필(用筆)의 중측(中側), 방원(方圓), 절주(節奏), 필세(筆勢)를 거쳐 파생되는 변화로 일개 서가(書家)라면 능히 불변응만변(不變應萬變)하고 흉중(胸中)에 주재(主宰)함이 있어 기환(奇幻)적 형식으로 말미암아 창작 방향을 어지럽혀서는 아니 된다.

이법(理法)이란 전통적으로 가장 기본적 이론정화(理論精華)로서 의취(意趣)를 말하고 신채(神采)와 성정(性情)과 풍도(風度)를 말하게 되니 어떤 사람은 자연을 숭상하고 누구는 중화(中和)를 미(美)로 삼아 각자 같지 아니한 예술 개성으로 같지 아니한 예술 풍격을 창작에서 낳게 된다.

풍격의 형성은 주관적이고 객관적이며 또 선천적이고 후천적인 요소로서 일개(一個) 서가(書家) 심미관념(審美觀念)과 사승관계(師承關係)로 결정(決定)되는 것이다.

천자(天資)·개성(個性)·기질(氣質)을 '정성소삭(情性所鑠)'으로, 풍격의 선천(先天) 요소이며 입의(立意)·사승(師承)·인품(人品)은 '도염소응(陶染所凝)'으로 풍격적 후천인소(後天因素)이다. 그리하여 천자·개성·기질·입의·사승·인품은 풍격을 형성하는 6대 요소이며 또 6대 요소로 구성되는 것이 한 서가(書家)의 개성인 것이다.

서법예술의 대체(大體)를 논한 것은 다름 아니라 일중 선생의 서법을 구체적으로 설명하려는 데 대한 방법이라고도 하겠다. 그러나 이 대체에 비추어 70여 년에 걸친 일중 선생의 서법이 정상 궤도에 올려놓고 관찰할 때 사람마다 각기 이견(異見)이 있을 수 있고 또 공감을 자아내기도 할 것이라고 짐작된다. 그 이견과 공감(共感)을 여하히 소화하느냐 하는 것은 각자의 자유로운 견해에서 올 것으로 믿고 다만 그 자료가 될 수 있다면 다행이겠다. 박학박재(薄學薄才)로 졸문(拙文)을 늘어놓아 대방가(大方家)의 안계(眼界)를 흐리게 한 것을 저어하며 질책(叱責) 빌어 마지않는다.

한국 서예사에 빛나는 일중 선생

곽노봉

동방대학원대학교 교수

한국 서예사를 보면 각 시대마다 대표하는 서예가가 있었다. 예를 들면 고려 이전에는 김생·최치원·탄연이 있었고, 조선에는 김정희가 있었다. 근현대에서는 마땅히 일중(1921~2006) 선생을 손꼽을 수 있다. 이는 개인적 기호에 의해 말하는 것이 아니라 일중 선생이 보여준 작품세계와 업적에 대한 객관적 평가이다.

하나의 입과 마음으로 일이관지하라는 일중(一中)이란 호(號), 뭇 사람의 마음을 내 입장에서 헤아린다는 의미를 담은 서경(恕卿)이란 자(字), 그리고 충직함을 나타내어 세상의 사표로 삼겠다는 충현(忠顯)이란 이름은 일찍부터 한국 서예사를 빛낼 충분한 요소를 담고 있다고 하겠다. 선생이 보여준 작품세계와 한국 서단에서 이룬 업적과 영향은 너무나 많고 훌륭하여 말로 다 형용할 수 없을 정도이다. 이 중에서 가장 중요한 세 가지를 예로 들어 설명하면 다음과 같다.

1. 높은 학양이다

새로운 창작은 시대미를 나타낼 수 있는 변화에 있다. 이는 아는 것이 확실해진 뒤에 주관이 생기고, 많은 '자외공부(字外功夫)'를 섭렵하여 높은 학양을 갖추며, 또한 담력이 있어야 가능한 일이다. 선생은 어려서부터 이 방면에 대한 노력을 게을리 하지 않았다.

선생은 여섯 살 때부터 조부와 부친에게 천자문을 배우기 시작하였고, 아홉 살 때부터 홍종길 선생에게 한문을 배워 경학에 대한 기초를 닦았다. 서예는 약관의 나이에 이미 〈역산각석〉의 모각으로 소전을 접하였고, 곡부의 한예 탁본 〈예기비〉·〈공주비〉·〈장천비〉·〈조전비〉·〈희평잔비〉 등을 섭렵하였다. 해서는 북위의 〈용문이십품〉을 비롯하여 당나라 해서인 구양순의 〈구성궁예천명〉·〈황보탄비(皇甫誕碑)〉 및 안진경의 〈다보탑비〉·〈마고선단기〉·〈안씨가묘비〉와 유공권의 〈현비탑비〉 등을 임서하였다. 행서는 주로 안진경의 〈쟁좌위〉를 입수하여 각 서체의 기초에서 송·원·명·청나라 대가들의 글씨를 가까이하였다.

또한 가학의 전수를 꼽을 수 있다. 집안에 전하는 선대의 필적으로 12대조인 문곡(文谷 金壽恒, 1629~1689) 선생의 맏형인 곡운(谷雲 金壽增, 1624~1701) 선생은 전서·예서의 명가로 당시 금석을 도맡아 휘호하였고, 〈역산각석〉의 모각도 곡운 선생의 손에서 나왔다. 문곡 선생도 전서·예서를 비롯한 각 서체에 조예를 보였으니, 이후 대대로 집안의 서풍을 이루었다. 이를 보면 선생은 일찍이 서예에 대해 높은 학양을 닦았음을 알 수 있다. 선생은 이를 작품으로 승화시켰기 때문에 무수한 불후의 명작을 남길 수 있었다.

선생의 저서로는 『우리 글씨 쓰는 법』(1942)·『우리 글씨체』(1945)·『우리말 중등 글씨체』(1946)·『배우고 본받을 편지체』(1947)·『중학서예』(1955)·『고등서예』(1955)·『초등글씨체』(1956)·『일중서예강의』(1963)·『서예집성(書藝集成)』(1964)·『국한서예(國漢書藝)』(1970)·『일중한글서예』(1978)·『농가월령가(農家月令歌)』(1979)·『일중 김충현 서집(一中金忠顯書集)』(1981)·예술의전당 개관 10주년 기념 특별전 『일중 김충현(一中金忠顯)』(1998)·『예(藝)에 살다』(1999) 등이 있다. 이 중에서 '근역서보'는 신라 이후부터 근대에 이르기까지의 명가를 뽑아 필적과 사적을 함께 엮은 한국 서예사를 정리하여 집대성한 역저이다. 이것들은 비록 직접적인 서예이론에 대한 저작은 아니지만, 서예에 대한 지식과 높은 학양을 갖추지 않고서는 이룰 수 있는 일이 아니다.

유학 시절에 중국의 이른바 대가들에게 선생의 작품집을 소개한 적이 있었다. 모두들 이분이 누구시냐고 묻기에 "여초 선생의 형님이시자 한국 서단의 거목이십니다"라고 하였다. 왜 이러한 분이 중국에 오지 않았느냐는 물음에 "왜 그분이 중국에 와야 합니까? 그분을 모르는 당신들 무지에 안타까움을 표시할 뿐입니다. 정 보고 배우고 싶으면 한국으로 오십시오, 그러면 제가 소개해 드리겠습니다"라고 하였다. 이후 중국에서 제법 이름이 있는 서예가들은 저보고 선생의 작품집이라도 보여달라고 조르는 사람이 많았다. 이유를 묻자 '작품의 내용과 풍격(風格)이 높아 중국 서단에서 통할 뿐만 아니라 본인의 창작에 타산지석으로 삼겠다'는 것이었다. 이는 선생의 높은 학양이 작품을 통해 나타나고 있음을 객관적으로 증명하는 것이라 하겠다.

2. 끝없는 창작의 모색이다

선생은 이미 위에서 말한 바와 같이 약관의 나이에 서예에 대한 폭넓은 기초를 닦았다. 이후 창작한 작품을 보면, 비록 예서와 행초서가 주종을 이루지만 가장 뛰어난 공통점은 '통변론(通變論)'에 입각하여 각종 서체를 섞은 '파체(破體)'라 하겠다.

서예는 그것이 가지고 있는 이치와 법도가 있으며, 또한 그들 사이에 연관된 공통규율이 있다. 따라서 착실한 임모과정에서 서예의 이치·법도·공통규율을 파악한 뒤에 스스로 새로운 뜻을 내어 변화를 나타내어야 하는데, 이를 '통변론'이라 일컫는다. '파체'에는 두 가지 뜻이 있다. 하나는 문자를 규범적으로 쓰지 않는 '속자'·'이체자'를 일컫는 것이고, 다른 하나는 한 서체에 다른 서체를 섞는 것을 일컫는다. '파체'는 최초에 왕헌지가 초서도 아니고 행서도 아닌 '비초비행(非草非行)'을 창조한 이후 정섭의 '육분반서(六分半書)' 등에 이르렀다. 선생이 작품에서 이체자를 운용하는 것과 예서에 행서 필의를 섞거나 행서에 예서의 자형이나 초서를 운용하는 것 등은 모두 '파체'라 할 수 있다.

서예에서 '통변론'이 창작의 본질을 이루는 것이라면 '파체'는 이에 대한 방법이고, 이것의 목적은 바로 새로운 뜻을 나타낸 창작에 있다. 그러나 '통변론'은 누구나 실천

할 수 있는 것이 아니다. 모든 서체에 널리 통해야 비로소 변화를 나타낼 수 있고, 고금을 관통해야 비로소 새로운 뜻을 나타낼 수 있으며, 객관적 법도의 기초인 '타신(他神)'에서 자아의 성정을 나타내는 '아신(我神)'을 발휘할 수 있어야 진정한 '통변론'에 도달하였다고 일컫는다. 이는 바로 높은 학양에서 비롯되는 것으로 선생은 이미 이 방면에 대한 기초가 착실하다고 하겠다. 실제적으로 선생이 창작한 서예작품을 보면, 한 곳에 안주하지 않고 '통변론'에 입각한 끝없는 창작의 모색 과정임을 알 수 있다. 이에 대해 선생의 대표적 서체인 예서작품을 예로 들어 설명하도록 하겠다.

선생이 〈장천비〉를 공부하기 시작한 것은 19세인 1939년부터이다. 1943년에 쓴 〈반생수용(半生受用)〉을 보면, 〈장천비〉의 특징인 고졸하고 방정하며 강한 필력감이 있는 것에 반해 필획은 파리하고 일정하며, 자형은 길고 파책만 강조하여 마치 〈예기비〉의 필의를 본받은 듯하다. 이는 당시 영운(潁雲 金容鎭, 1878~1968) 선생에게 〈장천비〉를 배운 영향에서 나온 것이기도 하다. 그러나 이듬해에 쓴 〈제이목석거상량문(第二木石居上梁文)〉과 〈태고색(太古色)〉을 보면, 필획이 두터워지고 강약·비수를 나타내기 시작하였으며, 1950년대에 쓴 〈예서이첩(隸書二疊)〉에 이르러서는 〈장천비〉를 완전하게 소화하였다. 즉 자형·필획·파책은 〈장천비〉를 본받으면서도 먹색의 농담과 방절(方折)을 원전(圓轉)으로 변화시킨 것, 그리고 자형의 변화를 통해 자신의 성정을 깃들여 새로운 뜻을 나타내었다. 이러한 서풍은 이후 변화의 완성도를 더하면서 1960년대 후반까지 선생의 예서 풍격 기조를 이루었다. 이 과정에서 가장 큰 특징은 〈예기비〉의 장점을 흡수하여 결구는 〈사신비〉를 취하고, 자형과 파책은 〈예기비〉를 취하여 자형은 조금 길며 파책은 부드러우면서도 길게 처리하였으니, 1960년대에 쓴 〈시율배상(詩律杯觴)〉이 대표적인 예라 하겠다. 이러한 시도는 이후 계속 완성도를 더해 선생의 독창적인 개성과 함께 어우러지면서 '일중예서'라 불릴 만한 작품으로 1977년에 쓴 대표작 12곡병의 〈서대행(犀帶行)〉이 탄생하였다.

선생의 예서작품은 여기서 그치지 않고, 진나라 전서를 운용하여 예서의 새로운 조형을 창출하였으니, 1968년에 쓴 〈적과(摘果)〉와 1979년에 쓴 〈서산만조(西山晩眺)〉가 대표적인 예이다. 또한 정적인 예서의 조형에 행초서의 필의를 더해 동적이고 생동하며 변화가 풍부한 조형으로 변화시키기도 하였으니, 예를 들면 1980년에 쓴 〈황과(黃瓜)〉가 그러하다.

이상은 비록 예서라는 하나의 서체를 통해 선생의 창작에 대한 모색 과정을 살펴보았지만, 이는 각 서체에도 통용할 수 있다. 따라서 선생은 서예를 서체의 개념에서 본 것이 아니라 예술작품이란 시각으로 보았기 때문에 고정된 시각에서 벗어나 미적 추구와 자신의 성정을 나타내기 위해서는 '파체'도 마다하지 않았다. 이는 바로 높은 학양에서 '통변론'을 제대로 이해한 결과이다. 이는 또한 선생의 위대한 예술정신의 체현이기도 하다.

3. 한글서예의 정립이다

한국 서예사에서 선생이 이룬 빛나는 업적과 공헌은 한글서예의 정립이라 하겠다. 선생은 「찬내 풀이」 서두에서 "나는 어려서부터 글씨는 반드시 국문과 한문을 병행해야 한다는 뜻을 두고 또 그렇게 해왔다. 더 설명할 나위 없이 내 것을 내가 가꾸어야 한다는 일념인 것이다"라고 하였다. 또한 한글서예에 관심을 가진 까닭에 대해 "나는 한글서예를 공부하며 국문서체가 얼마나 아름다운가를 새삼 깨닫게 되었다. 나랏글씨에 대한 사랑이나 애국심에서 한글서예를 몰래 혼자서 공부했다기보다는 우리글을 내가 써보지 않으면 누가 쓰겠는가 하는 소박한 생각에서 한글서예를 꾸준히 계속했다"라고 하였다. 이를 보면, 서예는 국문과 한문을 병행해야 하고, 한글서예는 아름다울 뿐만 아니라 우리글이기 때문에 써야 한다는 선생의 소신을 알 수 있다.

선생의 집안은 조선왕조의 외척이었던 안동 김씨의 명문가였기 때문에 대궐과 오고간 한글 편지글이 많이 남아 있었다. 이는 선생이 일찍부터 한글서예를 연구하는 데에 큰 도움을 주었다. 선생이 한글서예를 연구한 결과는 1939년 19세 때 중동학교에 다니면서 《동아일보》에 궁체에 관한 글을 발표하기 시작하면서부터 나타났다. 선생은 학교를 졸업하기 전 해인 1942년에 지금까지 연구한 것을 정리하여 『우리 글씨 쓰는 법』이라는 이름으로 출판하려고 정인보 선생에게 서문을 부탁하였다. 정인보 선생은 칭찬을 아끼지 않고 서문을 써주셨는데, 이는 선생이 해방 이후 젊은 나이로 한글서예를 대표하는 서예가로 인정을 받는 중요한 계기가 되었다. 선생이 1942년에 쓴 〈옛시조〉와 〈선원선생훈계자손가(仙源先生訓戒子孫歌)〉 10곡병의 한글서예를 보면, 이 시기에 이미 궁체를 완전히 소화하고 있었음을 알 수 있다.

선생은 1945년 해방과 더불어 『우리 글씨체』를 출판하여 민족교육의 시대를 준비하였고, 같은 해 12월에는 경동학교의 국어교사로 취직하여 한글서예를 보급하기 시작하였다. 이에 대한 첫 사업으로 1946년에 문교부의 검인정을 받아 『우리말 중등글씨체』를 교과서로 펴내었다. 당시 한글부흥운동정책으로 말미암아 전국 각지에 기념비를 세우는 글은 대부분 정인보선생이 짓고, 글씨는 선생이 쓰면서 한글서예가의 명성을 확고히 하였다. 이로 인해 1949년 9월에 제1회 대한민국미술전람회를 개최할 때 선생은 추천작가로 추대되었다. 이후 선생은 국전 추천작가·초대작가로 작품을 출품하면서 예서를 완성함과 동시에 한글서예의 '고체'를 창출하였다. 이는 한글서예가 궁체의 정자·흘림에만 그쳐 단조롭고 조형적 표현이 부족한 것을 보충하며 한글서예의 영역을 넓힌 것이다. 선생은 훈민정음·용비어천가·월인석보 등 고판본의 글씨를 바탕으로 전서·예서의 필법을 섞어 '고체'를 창출하였는데, 이는 현대의 감각에도 맞아 이후 한글서예에 많은 영향을 주었다. 당시 대표작으로 1960년에 쓴 〈관동별곡(關東別曲)〉과 1962년에 쓴 〈정읍사(井邑詞)〉를 들 수 있다. 전자가 예서 필법의 바탕에서 이루어진 것이라 한다면, 후자는 한글서예가 한문서예와 조화를 이룬 작품이라 하겠다. 다시 말하면, 주제인 본문을 한글서예의 '고체'로 크게 서사하고 이에 대한 해설을 한문서예의 예서로 조금 작게 서사하였으며, 또한 본문의 상관(上款)은 한문의 행서로 서사하고 하관(下款)은 궁체의 흘림으로 서사하였다. 이 작품은 제목을 전서로 서사하였기 때문에 한 작품 안에 한글의 고체·흘림과 한문의 전서·예서·행서가 함께 어우러진 보기 드문 명작이다. 선생은 여기에서 진일보하여 국한문 혼용을 시도하였으니, 바로 1963년에 쓴 〈도산가(陶山歌)〉가 그러하다. 선생의 한글서예는 이상의 기초위에서 계속 발전을 거듭하면서 완성도를 높였다. 이를 보면, 선생은 높은 학양을 갖추고 한 곳에 안주하지 않으면서 '통변론'에 입각한 끝없는 창작의 모색이 한글서예에서도 그대로 적용하고 있음을 알 수 있다.

이상에서 설명한 것이 선생의 내적 활동이라면, 많은 금석문의 서사, 예술원 회원과 국전의 심사위원·운영위원 등의 역임은 외적인 서예활동이라 하겠다. 특히 해방 이후 전국 각지에 세우는 기념비의 대부분을 선생이 서사하여 금석문의 새로운 지평을 열어준 것은 한국 서예사에서 매우 의의 있는 일이다. 이를 보면, 28세인 1947년에 문교부 예술위원과 서울시 문화위원이 되고 이후 예술원 회원이 된 것도 결코 우연이 아님을 알 수 있다. 따라서 이에 대한 연구와 정리가 시급한 문제이다.

선생은 추사 이후 한국 서단에 우뚝 솟은 거목이라 할 수 있다. 선생은 한글서예에 대한 사랑이 지극하였고, 이를 몸소 실천하면서 이론적으로도 많은 연구가 있었다. 전해오는 궁체와 많은 차별성을 나타낸 선생의 한글서예는 '일중체'라 하여도 누구도 부인할 사람이 없을 것이다. 그러나 이러한 서체가 본인의 서체라고 명명하기에는 선생이 너무나 양심적이고 겸손한 분이기 때문에 그냥 궁체에 묻힌다는 것은 안타까운 일이다. 선생은 이 외에 전서·예서·해서·행서·초서를 비롯한 모든 서체에 거의 신품에 가까운 경지를 이루었다. 만약 추사의 예서가 전서의 필의를 섞어 예스러운 풍격을 창조했다면, 선생은 여기에 시대미를 가하여 누구나 쓰고 감상할 수 있는 서풍을 창조하였다. 이런 의미에서 볼 때 선생을 추사에 비견할 수 있지만, 이보다 더욱 중요한 것은 한글서예를 비롯한 모든 서체에 통달했기 때문에 감히 추사를 능가하는 서예가라 평가할 수 있다.

종합하여 말하면, 선생은 거의 몇 백 년에 한 번 태어나실 분이고, 이후 선생과 같은 분을 만나려면 얼마나 기다려야 할지 모른다는 말로 선생의 모든 것을 함축하며 글을 마치겠다.

일중 김충현의 한글서예, 그 역사적 정체성*

문종선

서예문화연구원장

일중선생기념사업회가 지난 2012년 5월 31일 백악미술관에 일중서예기념관을 설립하고 그 개관행사로 기념학술대회와 일중 선생의 작품세계를 조명할 수 있는 기념전을 개최했다. 그 두 번째 사업으로 2013년 2월 21일부터 3월 6일까지 '일중한글기획전'을 개최하고 있다.

현대 한국서예에서 한글·한문서예 양쪽에서 공히 일가를 이룬 작가는 좀처럼 찾기 힘들다. 그것은 일중 김충현 선생이 조선 명문가의 후예로 애국 충절의 엄격한 가문에서 태어나 일제침략에 항거하는 분위기나 조국의 독립이라는 위급한 시대상황에서 성장하였기에 가능했다. 한글서예에 특별한 애정을 가진 것도 조선왕조의 부마 집안으로 어려서부터 국학 분위기 속에서 궁중과 오간 궁체서간이나 등서본을 많이 접하고 자연스레 익혀 마음이 끌렸기 때문이다. 일중 선생이 20대 초반인 1942년 궁체를 널리 알리기 위해 '우리 글씨 쓰는 법'을 완성한 것도 같은 맥락이라 할 수 있다. 일중의 한글서예에는 해방공간에서 한글부흥운동과 더불어 당대 최고의 석학으로 국학자인

* 이 글은 월간 《서예문화》 2013년 3월호에 실린 글이다. — 엮은이

위당 정인보 선생의 지원으로 전국에 수많은 한글비석이 세워지면서 한글비의 효시이자 황금기를 맞이하게 된다. 이후 한문서예 연구와 동시 진행된 일중한글서예의 본질인 뿌리 탐색과 전개, 그 진화과정을 추적해보기로 한다.

공주가의 유산 '우리 글씨 쓰는 법'으로 탄생하다

> 우리 집에 궁체가 많다는 것은 그럴 만한 이유가 있어 등서본이 기백책, 서간도 많이 전하였으니 이 글씨들은 영정시대로부터 고종년간의 것으로서 궁체 중에서도 좋은 글씨가 많았다. 자연 이같이 좋은 글씨를 보게 되어 어려서부터 거기 마음이 잠기게 되었다(『예에 살다』 2판, 194쪽).

일중 선생 궁체의 바탕을 이룬 것은 공주가(公主家)로서 집안에 전해지고 있는 궁중과 직접 주고받은 편지들과 등서본들이다. 그 대표적인 자료로는 「사마공모문찬(司馬公母文贊)」, 「팔상록(八相錄)」, 「복온공주방가례시등록(福溫公主房嘉禮時謄錄)」, 「복온공주방정례해(福溫公主房定禮解)」, 김행원이 한글로 옮긴 「유교(遺敎)」 등이다. 일중 선생은 삼흥보통학교 때 동아일보사 주최 제6회 전 조선 남녀학생 작품전람회 초등습자부 한문 입선, 중동학교 입학 후 신춘문예 아동작품전 당선, 제7회 전 조선 남녀학생 작품전람회 중등습자부 특상 등 연속적인 출품과 입상, 그리고 한글궁체 작품으로의 특상이 서예가의 길을 걷게 된 직접적인 계기가 되었다고 회고했다.

1910년 9월 8일 일중 선생의 증조부 오천(梧泉) 김석진(金奭鎭)이 현재는 북서울 꿈의 숲이 있는 창녕위궁의 재사에서 음독 순국하였고 그로부터 10년이 지난 1921년 4월 2일 일중 김충현 선생은 그 창녕위궁에서 태어났다. 조선 23대 왕인 순조의 둘째딸인 복원공주와 결혼한 창녕위 김병주가 일중의 고조부가 된다. 일중 가문은 공주가인 것이다. 순조(純祖, 1780~1834)와 순원왕후(純元王后, 1789~1857) 사이에는 2남 3녀가 있었다. 큰아들인 효명세자(孝明世子, 1809~1830)는 22세의 나이에 4세 된 어린 헌종(憲宗, 1827~1849)을 남기고 세상을 떠났다. 둘째아들은 어릴 때 죽었다. 큰딸 명온공주(明溫公主, 1810~1832)는 동녕위 김현근(1810~1868)과 결혼했으나 23세에 죽었다. 둘째딸 복온공주(福溫公主, 1818~1832)는 창녕위 김병주(金炳疇, 1819~1853)와 결혼했으나 2년 만인 15세 어린 나이에 죽었다. 셋째딸 덕온공주(德溫公主, 1822~1844)도 남녕위 윤의선(?~1887)과 결혼했으나 23세의 나이에 죽는다. 마지막 혈손인 손자 헌종마저 후사를 남기지 못하고 순원왕후가 61세 때 세상을 떠났다. 사위인 창녕위 김병주마저도 세상을 떠나자 순원왕후는 창녕위궁의 제사를 모실 김석진을 후사로 정하고 철종 8년(1857)에 69세로 승하했다.

이러한 불행한 가족사 속에서 순원왕후 김씨는 비빈(妃嬪)으로서는 조선왕조를 통해 유례를 찾기 힘들 만큼 많은 글씨를 쓴 사람 가운데 한 사람으로 평가받는다. 세도재상인 김조순의 딸로 태어나 안동 김씨의 세도정치에 큰 영향을 끼친 사람이기도 하지만 그가 남긴 언간 어필 또한 가장 많기도 하다. 그의 글씨는 궁녀들이 쓰는 궁체는 아니었지만 궁체에 가까운 글씨를 지키면서 뛰어나다. 순원왕후는 40세를 전후한 한창 나이에 사랑하는 자식들을 모두 잃은 비통한 마음의 상처를 달래기 위해 글씨를 열심히 쓰며 보상받으려 했던 것으로 보인다. 삶의 지표를 잃고 방황하는 가운데 새로운 삶의 길을 찾으려는 방편으로 오로지 붓에 매달리며 놀라운 힘을 발휘했을 것이다. 순원왕후가 쓴 많은 편지들이 이를 잘 말해준다.

일중궁체를 추적하다

훈민정음이 창제되었지만 널리 사용되지는 못했다. 동아시아 공동문어인 한문이 민족어인 국문(한글)을 여전히 리드해나가는 형편이었다. 그러한 가운데 국문은 여성이 글을 쓸 때에는 국문을 사용하는 관례가 확립되고 남성이 여성에게 주는 글씨에서는 국문을 사용하는 여성을 위한 글이 되었다. 비빈에서 궁녀에 이르기까지 궁중 여인들이 국문으로 편지를 쓴 사실이 조선왕조실록에 상세히 기록되어 있다. 1446년 반포한 훈민정음이 그 8년 후인 1453년(단종 1)에 묘단(妙丹)이라는 궁녀가 쓴 언문편지가 기록에 올랐다. 그 편지에는 궁녀들과 별감들이 언문편지를 주고받아 수신자인 혜

빈(惠嬪) 양씨가 임금에게 보이자 승정원에 내려 문제 삼게 한 내용이었다. 왕족 집안 부녀자들이 쓴 언문편지도 실록에 보인다. 1482년(성종 13) 제안대군(齊安大君) 아내의 시비와 별인 동성애, 1490년(성종 21) 수춘군(壽春君) 아내의 아들들 유산상속 분쟁을 조정하는 내용 등이다. 세조의 비인 정희왕후가 성종이 왕위에 올랐을 때 대왕대비로서 최초의 수렴청정을 할 때 궁녀들이 언문편지로 대필한 기록도 있다.

훈민정음이 창제되고 한 100년 동안은 역대 왕후가 국문 사용에 앞장서고 부녀자들을 대상으로 예의범절을 위한 훈민에 적극적으로 활용하게 된다. 성종의 어머니인 소혜왕후(昭惠王后, 인수대비)는 부녀자들의 행실을 가르치는 데 도움이 되는 사례를 중국문헌에서 뽑아 모은 『내훈(內訓)』을 1475년에 편찬하고 국문으로 번역하는 성과를 올린 것이 그것이다.

"그(소혜왕후)는 부녀자들의 무지함을 염려하여 『열녀전』, 『여교』, 『명감』, 『소학』 등의 책에 여자들이 꼭 알아야 할 것들이 흩어져 있음을 안타깝게 생각하고 슬기롭게 이것을 한 책으로 묶어 펴냈으니 이것이 바로 『내훈』이라는 책이다. …(중략)… 이에 제가 대비의 뜻을 받들어 그것을 우리말로 쉽게 풀어서 비록 어둔하고 어리석은 사람일지라도 쉽게 배우고 익힐 수 있도록 삼가 옮겨놓기로 하였다. 성화(成化) 을미(乙未) 맹동(孟冬) 십유오일(十有五日) 상의(尙儀) 조씨(曹氏) 경발(敬跋)"(『내훈』 중에서) 조선조 초기 궁녀로 소혜왕후를 모신 조두대(曹斗大) 상궁이 국문으로 옮겨 쓴 글이다.

숙종 연간(재위 1674~1720)을 전후한 시기는 국문의 사용이 다양한 분야에서 왕성하게 전개되었다. 임병양란(壬丙兩亂)을 치른 지 얼마 안 된 시기로 여성들의 개인적 삶을 다룬 여성문학이 유행하기 시작했다. 사실 자체에 대한 서술보다 여성의 관점에서 삶을 되돌아보는 내면의 심리묘사가 더욱 큰 관심거리가 되었다. 여성은 지체와 학식이 높은 집안이라도 국문으로 일생생활에 필요한 글을 썼으며 한문은 예외적으로 사용했다. 그런 관례는 국문이 원래 훈민을 위한 문자라는 훈민정음 창제 이래 일관된 방침에 따른 것이다. 병자호란의 내력을 기록한 『병자일기』, 궁중에서 겪은 일을 회고한 『인목대비 술회문』, 정변의 고행을 한산 이씨(1659~1727)가 쓴 『고행록』 등이 있다. 궁중에서 왕이나 왕비가 궁 밖의 출가한 딸들에게 보낸 편지는 받는 쪽에서 소중하게 간직하고 가보로 삼는 것이 관례였다. 사대부 집안에서 주고받은 국문편지는 정리하기 힘들 정도로 너무 많았다. 집안 부녀자들이 쓴 국문편지는 일부러 모아놓지 않은 자료를 얻기 어려울 정도이나 근래 한 무덤에서 출토된 대규모 자료가 있어 관심을 받았다. 경북 고령에서 출토된 현풍 곽주(郭澍, 1569~1617)의 처 진주 하씨의 무덤 이장 때 발견된 언간이 149통이나 된다. 40여 년간 오간 편지를 고스란히 모은 것이다.

일중 선생이 살았던 창녕위궁에는 1945년 해방되기까지 궁녀가 있었다. 선생의 형님 김문현 선생의 큰딸 김숙현이 지은 책을 보면 "김상궁이 언제부터 우리 집에 기거하게 되었는지는 잘 모르겠으나 예전에는 부마댁, 즉 공주님의 시댁으로 대궐에서 의례적으로 상궁을 보냈기 때문에 우리 집에도 어린 궁녀가 오게 된 것이라고 한다. …(중략)… 언행은 주로 궁중에서 쓰던 말을 썼고, 그의 소일거리는 장안의 사동 대감댁, 국장 댁, 세마 댁 같은 대갓집 잔치에 빠짐없이 두루 다니는 것으로 그의 안목과 견문은 누구도 따라오기 어렵다고 했다. 그 김상궁은 해방 전까지 살았는데 그의 나이가 아흔에 가깝지 않았나 생각된다"(『아버지, 유채꽃이 참 고와요』, 1995, 217~218쪽). 일중 선생의 제자로 이번 기획전의 「일중 김충현의 한글서예」 논고를 쓴 김세호는 일중 선생의 기록에는 궁인과 궁체에 대하여 한 말씀도 없으셨다면서도 "그들이 남긴 흔적에서만이라도 궁체를 어떻게 가르치고 배웠으며 교재가 있었는가 등에 관한 이야기들을 직간접으로나마 들을 수 있었을 것이다"라고 말했다. 그는 "궁체는 대내(大內), 곧 궁중이라는 특정지역을 말하는 것이지 어떤 특정 서체를 지칭하지 않는다. 따라서 궁체는 궁중에서 대(代)를 이어 손에서 손으로 이어가며, 아름다움은 더욱 살리고 조형적 단점들은 차례대로 조금씩 바꾸어온 단서들로 점철되어 있어 한글이 창제된 이후의 500년 역사가 고스란히 담겨 있다 하여도 좋을 것이다"라며 일중의 궁체는 창녕위궁에 내려오는 궁체 자료들을 근간으로 아름답게 승화시킨 것이라고 정의한다.

고체, 훈민정음 판본의 실험적 창조성 모색

일중 선생은 『훈민정음』, 『용비어천가』 등 한글창제 시기의 판본에 새긴 글자를 본받아 쓴 서체를 '고체(古體)'라 명명했다. 일중 선생의 훈민정음 판본체의 실험적 창조성 모색은 다양하게 전개된다. 그의 고체의 대한 이러한 열정은 1981년 지은 『우리 글씨 쓰는 법』의 위당 서문 다음 쪽의 「고체 서설(序說)」에 나타나 있다.

> 우리 글씨의 고유한 가치를 지키며 예술로서의 생명을 불어넣기 위하여 『훈민정음』, 『용비어천가』 등 판본에 좇아 씀을 고체라 이름하고 온고지신(溫故知新)의 발현에 힘을 기울였다. 고체는 옛 자형을 획일적인 획으로 그냥 따라 써서는 그 생명을 끌어낼 수는 없고 획(劃)의 중묘(衆妙)를 잡아 넣음으로써 생명을 잉태시키는 것이요, 이들 생명을 대조와 대비로 모아 한 글자를 이루고 나아가 한 작품을 이룰 수 있는 예술이지 어떠한 기교나 잔꾀로써 판본의 고유한 장중한 맛을 손상시킬 수는 없겠다. 다시 밝히겠거니와 고체 씀은 판본의 답습만이 결코 아니요 획의 중묘를 살려서 써야 할 것이다.

그 실천으로 일중 선생은 한예(漢隸)와 안진경의 글씨를 천착하며 부단히 자신만의 서체 개발에 매진하게 된다. 그 성취는 1960년 〈관동별곡〉과 〈용비어천가〉로 나타난다. 〈관동별곡〉은 획일화된 글자의 공간 개념을 벗어나 획의 굵기나 글자크기를 자유롭게 구사했다. 글자의 중심선을 오른쪽으로 이동하고 초성과 종성의 크기를 불규칙하게 운용하는 등 일정한 틀을 벗어나려 노력했다. 〈용비어천가〉는 한글을 고체로 크게 쓰고 옆에 한문을 작은 글씨의 행서로 단 작품이다. 초·종성의 대비차를 줄이고 가로획의 크기를 가지런하게 통일하여 외형적 균제미의 아름다움을 꾀했다. 1962년 발표한 〈정읍사〉는 한글 고체가 중심이 되고 한글흘림, 한자 예서와 행·초 등 여러 서체가 한 화면에 어우러져 다양한 서체미를 동시에 감상할 수 있는 쾌감을 선사했다. 1963년 발표한 〈도산가(陶山歌)〉는 일중 선생의 대표작이라 할 수 있는 작품이다. 장중한 분위기가 느껴지는 문예미와 정치한 심미적 장중미를 동시에 아우른 대작으로 서체의 경계를 넘어서는 뛰어난 작품이라는 평가를 받았다.

일중 선생은 후학들에게 연구과제로 남긴 고체 학서(學書) 방법을 일중 김충현 문집『예(藝)에 살다』에 실린「서예 미답지 한글 고체」에서 확연히 밝히고 있다.

> 고체는 진(秦) 시대의 전서체인 권량문자(權量文字)의 자체나 예서의 파책 없는 자체를 혼용하면 좋을 것 같다. …(중략)… 고체는 아직 발전의 여지가 많고, 특히 한글, 한자의 혼용에는 그 조화 - 현상에 적지 않은 연구가 필요하다. 그리고 고체는 크기를 막론하고 필력을 구사할 수 있으니 새로운 개발과 발전이 기대된다.

현대 한글서예사에서 일중 김충현 선생과 위당 정인보 선생, 그리고 한글서예는 창작과 실천, 사회적 효용론이란 면에서 매우 중요하다. 위당 선생이 1942년 일중의『우리 글씨 쓰는 법』출간을 위해 써준 서문은 두 부분으로 나누어져 있는데, 앞은 한글창제 이후 서체의 변천을 설명한 것이고 뒤는 이른바 출간을 축하하는 내용이다. 뒷문단의 마지막 부분에 '대내(大內) 유전(遺傳)하온 고체'는 조선조 말의 궁체를 말한다. 일중 선생의 1948년 초간본『우리 글씨 쓰는 법』첫머리에는 위당 선생의 서문은 없고, 1981년 쓴 궁체 서설에 해당하는 글이 맨 앞에 실려 있다.

> 우리글의 글자모양은 굳세고도 부드러운 자태 있어 매우 아름다웁다.『용비어천가』,『월인천강지곡』같은 책의 글시는 가장 예롭고 굳세나 그 뒤 여러 백 년 동안에 글시체가 많이 변하여 궁체같이 아름다운 글시체가 생기게 되었으니 이 궁체는 굳센 곳은 더욱 굳세게 부드러운 곳은 더욱 부드럽게 우리 글자의 특별난 곳을 더 한층 드러내었으며 정자와 흘림의 두 법을 적확히 나누게 되었으니 우리의 배울 글시체로서 오직 한 체를 꼽을 따름이니라(김충현,『'한글서예』, 1978, 제3판, 6쪽).

한글서예의 발전사를 볼 때 궁체가 우리 글씨의 원형임을 강조하는 글이다. 일중 선생의 이러한 궁체 사랑은 질풍노도와 같은 해방공간에서 당대 국학의 거봉인 위당 정인보 선생을 만나 한글부흥운동으로 한글서예의 아름다움을 꽃피우게 된다. 그 시작인 1947년 유관순 열사비인 〈병천기의비(並川紀義碑)〉는 위당이 짓고 일중이 한글궁체로 썼다. 궁체로 쓴 한글비의 효시다. 좌우 이념 대립이 극심하던 어지러운 해방공간에서 애국선열을 추모하고 민족혼을 달래기 위해 정인보가 짓고 김충현이 쓴 수많은 한글 비문이 전국 곳곳에 탄생하게 된다. 정인보의 문장과 김충현의 글씨가 조화를 이루며 변주를 시작한 것이다. 1948년 〈이충무공 한산도 제승당비〉 1949년 정인보의 권유로 쓴 〈윤봉길 의사 기념비〉는 한국 최초의 한글초서 흘림글씨 비문이다. 1950년 정치적 소용돌이 속에서 암살된 〈백범 김구 선생 묘비〉는 서예의 사회적 효용성 발현의 백미라 할 수 있다. 위대한 인물의 삶을 존경받는 명문장가의 글과 최고의 서예가 글씨가 화합을 이루며 그 숨결이 살아 있어 감동을 주기 때문이다. 효창공원에 있는 백범 선생의 비문이 지금도 참배객들에게 끊임없이 의와 뜻의 민족혼을 전해주는 이유이다.

1950년 온양기차역사 앞에 세워진 〈이충무공 기념비〉는 한국 비문 가운데 가장 긴 5,000자가 넘는 문장으로 위당과 일중의 극적인 인연의 일화를 보여준다. 6·25 전쟁의 포화 속에서 위당은 납북되고 일중은 위당이 쓴 비문을 간직한 채 피난길을 헤매게 된다. 전란이 끝난 후 우여곡절 끝에 일중의 정성으로 처음 그 자리에 비가 서게 된다. 나라 사랑의 정신을 고취한 위당과 일중의 시대적 사명과 의리가 신분과 나이 차이를 넘어 동반자의 길을 선택했던 것이다. 이후에도 월탄 박종화가 지은 〈학도의용병현충비문〉, 최남선의 문장을 쓴 〈독립선언서비〉가 있다. 1956년 〈옥포 이충무공 대첩탑명〉은 노산 이은상이 짓고 일중이 고체로 썼다. 한글비가 전무했던 시대에 위당과 일중은 한글과 나라사랑으로 새로운 이정표의 서예의 역사를 쓴 것이다.

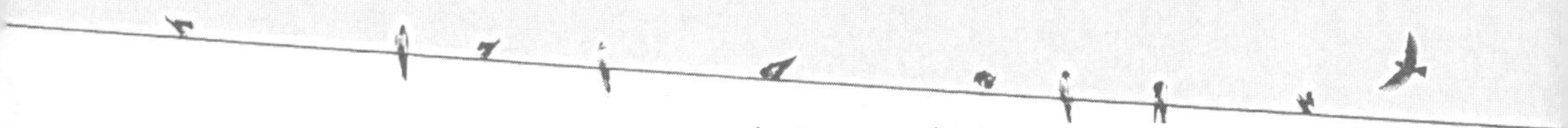

'일중 김충현의 한글서예'*

조선의 역사가 담겨 있다

김세호

서예가

2006년 11월 19일(음력 9월 29일) 향년 86세의 긴 세월을 마치시고, 일중은 경기도 용인시 원삼면 죽능리 선영 한 자리에 묻히셨다. 2011년 4월 30일 묘비를 세우고, 선생의 가족과 제자 등이 선생이 이룬 평생의 업적을 이어가자는 사단법인 일중선생기념사업회를 만들었다. 그 첫 사업으로 지난해 5월 31일 선생이 지으신 백악동부에 일중서예기념관을 열고, 그 개관 기념행사로 학술대회며 기념전을 열었다.

개관에 이어 두 번째 사업으로 '일중한글기획전'을 2013년 2월 21일부터 3월 6일까지 백악미술관에서 연다. 일중 선생의 서예가로서의 일생에서 한글을 떼어놓을 수 없다는 것은 누구도 이의를 달 수 없기에 이번 한글기획전이 갖는 의미는 더욱 크다.

이 글에서는 선생의 뿌리를 찾아 어떤 진화를 보이셨고 그 동인(動因)이 무엇이었으며, 추구하셨던 예술세계는 어떠하셨는지 접근해보고자 한다.

* 이 글은 『일중 김충현 한글서예』(2013년 2월)에 서문으로 실렸다. ― 엮은이

1. 일중 선생의 한글은 마지막 공주가인 창녕위궁에서 비롯되었다

1910년 9월 8일 선생의 증조부 되는 오천(梧泉) 김석진(金奭鎭) 선생이 지금의 서울 북서울 꿈의 숲에 있는 창녕위궁의 재사(齋舍)에서 음독 순국하셨고, 일중 선생은 이로부터 10년이 지난 1921년 4월 2일 태어나셨다. 이것이 아직 태어나지도 않은 일중 선생이 서예가로서의 일생을 결정짓는 계기가 되었다.

순조(1790~1834)와 순원왕후(純元王后, 1789~1857)는 2남 3녀를 낳으셨다. 큰아들이 효명세자(孝明世子, 순조 9~순조 30, 1809~1830)이고, 큰딸이 명온공주(明溫公主, 순조 10~순조 32, 1810~1832), 둘째딸이 복온공주(福溫公主, 순조 18~순조 32, 1818~1832), 둘째아들은 순조 20년(1820)에 태어나자마자 죽었고, 셋째딸이 덕온공주(德溫公主, 순조 22~헌종 10, 1822~1844)이다.

효명세자는 22세의 나이에 8세의 어린 헌종만을 남기고 순조 30년 아버지보다 일찍 세상을 떠났다. 순조에 이어 효명세자의 아들 헌종이 즉위하였으니 세 공주는 헌종(순조 27~헌종 15, 1827~1849)에겐 고모다.

명온공주는 14살 동갑인 안동 김문(金門)의 김한순(金漢淳)의 아들 동령위(東寧尉) 김현근(金賢根, 1810~1868)과 결혼하였으나 결혼생활은 행복하지 못하여 결혼 9년 만인 23세에 죽었다. 둘째딸 복온공주는 안동 김문 김연근(金淵根, 정조 19~철종 7, 1795~1856)의 아들 창녕위(昌寧尉) 김병주(金炳疇)와 결혼하였으나 2년 만인 순조 32년 15세의 어린 나이에 언니 명온공주보다 한 달 앞서 죽었다. 그리고 남령위(南寧尉) 윤의선(尹宜善, ?~1887)과 결혼한 덕온공주도 23살의 나이에 죽는다. 여기에 세 공주 모두 후사가 없었으니 네 자식을 앞세운 순조와 순원왕후의 처참한 마음은 가늠하기조차 어려울 것이다.

여기에 마지막 혈손인 헌종마저 잃고 다음 왕인 철종을 영입해야 하는 순원왕후의 그때의 심정을 잘 나타낸 편지가 있다. 서울대학교 규장각의 순원왕후가 쓴 편지들 가운데 '이문네'에 보내는 편지이다.

(전략) 나도 거리길 거시 업셔 막ᆢ갑ᆢ던 거산 나을 거시니 집의 드러와 안져시니 든ᆢᄒᆡ 내가 엇디 못 되엿ᄂᆞᆫ디 졍신은 즉금 ᄒᆞᆫ 일을 즉시로 닛고 갑오년* 후 브즈런이 구던 마ᄋᆞᆷ이 삼분지일도 못 남아시니 그 째로 즉금 비ᄒᆞ면 십ᄇᆡ나 더ᄒᆞ여 올흘 일인ᄃᆡ 이러ᄒᆞ니 스ᄉᆞ로 그런 줄 아ᄃᆡ 그째 ᄀᆞᆺ디 못ᄒᆞ니 아니 고이ᄒᆞᆫ가 간ᄐᆡᆨ 단ᄌᆞ가 이십여댱 드러와시니 뎨왕가 ᄇᆡᆨ필이 응당 명ᄒᆞ니 이시려니와 시방브터 동ᆢᄒᆞ기 니를 것 업ᄂᆞᆫ 거시 쳐ᄌᆞᄂᆞᆫ 눈으로 보니 알녀니와 ᄉᆞ돈 ᄌᆡ목이 극난ᄒᆞᆫ 거시 문혹이나 잇고 심지나 튱후ᄒᆞ고 상감을 잘 도와 드릴 ᄌᆡ목이야 ᄒᆞᆯᄃᆡ 아모리 ᄒᆞ여도 ᄀᆞᆺ초 그 속을 알 길이 업스니 이 ᄉᆡᆼ각을 ᄒᆞ면 갑ᆢ히 내 뜻이 우리 김시와ᄂᆞᆫ 아니코져 ᄒᆞ미 두 후와 냥 도위가 분수의 과ᄒᆞᆫ 거시 두려워 슬흔 일이로세 판셔ᄃᆞ려도 이 말 여러 번 ᄒᆞ엿ᄂᆡ언마 세월이 가 내년 츄동이 되게 ᄒᆞ엿ᄂᆞᆫ고 내 소견은 이번은 노쇼를 분별티 말고 ᄒᆞ고져 ᄒᆞ니 이 ᄃᆡ답ᄒᆞ소 밤이 됴용ᄒᆞ기 봉셔ᄡᅳ더니 이 말ᄀᆞ디 ᄒᆞᆫᄃᆡ ᄲᅥᆺᄂᆡ …(중략)… 쇼ᄅᆞ고 ᄉᆞ람마다 노만 못ᄒᆞᆯ가 디난 일 노취이ᄒᆞ여도 쇼가 …(중략)… ᄒᆞ나토 엇더ᄒᆞᆫ 일이 업스니 아니 긔특들 ᄒᆞᆫ가 쏙ᆢᄒᆞᆫ 니가 만흔가 시브니 그러ᄒᆞᆫ가 이 봉셔 보고 즉시 세쵸ᄒᆞ소

이 편지는 순원왕후가 철종을 강화에서 영입한 뒤 철종비의 간택을 놓고 유배지에서 돌아와 철종의 강관(講官)이 된 김흥근(金興根)에게 노론계가 아니라 소론 쪽에서 찾아보자는 자신의 뜻을 밝힌 것이다. 그러나 순원왕후는 뜻과는 달리 영흥부원군 김문근(金汶根)의 딸, 곧 철인왕후(헌종 3~고종 15, 1837~1878)로 결정되었고, 순원왕후는 창녕위마저 앞세우고 철종 8년(1857) 69세로 승하하였다.

익종(翼宗)으로 추존된 효명세자의 빈, 곧 신정왕후(神貞王后) 조씨(趙氏, 1808~1890)를 제외한 순조비인 순원왕후, 헌종비인 효현왕후(孝顯王后), 그리고 철종비인 철인왕후(哲仁王后)까지 3대의 왕후를 안동 김씨 가문의 딸로 잇게 한 사람은 바로 순원왕후이다. 결국 고종에 이르러 여흥 민씨인 명성왕후로 넘어갔고, 1905년 을사늑약에 이

* 갑오년은 순조가 승하한 해이다. 곧 효명세자가 부왕보다 일찍 승하하여 계사(繼嗣)가 순조롭지 못했던 일을 말한다.

어 1910년 경술국치를 당하여 일본에 나라를 넘겨주는 결과를 낳고 말았다.

미래는 누구도 모른다. 그러나 어떤 방향으로 가고 있는가만은 가늠할 수 있다. 순원왕후는 자신이 낳은 딸 셋이 그렇게 삶을 마무리할지 몰랐겠지만 또한 조선왕조의 마지막 공주가 될 줄은 생각지도 못했을 것이다.

복온공주가 결혼 2년 만에 죽자 창녕위 김병주(1819~1853)도 오래 병을 앓다 철종 4년(1853) 2월 19일 35세의 나이로 순원왕후보다 앞서 죽자 의정부(議政府) 영의정(領議政)으로 증직되었고 효정(孝貞)의 시호가 내려졌다.

창녕위의 자는 정구(定九)이고 김연근의 외아들이다. 후사가 없어 김병교(金炳敎)의 둘째아들 김도균(金道均)을 후사로 하였으나 철종 4년 3월 18살에 죽어 순원왕후가 김낙균(金樂均)의 큰아들 김석진을 후사로 삼아 창녕위궁의 제사를 모시도록 하였다.

김석진은 자가 경소(景召)이고 호는 오천(梧泉)이다. 헌종 9년(1843) 1월 21일 광주부 팔곡리에서 태어났고, 11살 되던 철종 4년 창녕위궁의 제사를 모시게 되었고, 철종의 승하 때부터 종척집사(宗戚執事)로 궐내의 행사에 참여하게 된 뒤부터 여러 관직을 거치며 고종 19년(1882)에는 예조참판과 한성부좌윤에 올랐다.

44살 되던 고종 23년(1886) 4월, 김석진에게 후사가 없자 신정왕후가 족제 김홍진(金鴻鎭)의 큰아들 동강(東江) 김영한(金甯漢)을 후사로 삼게 하였다. 고종 27년(1900)에는 형조판서에 올랐으며, 국호가 대한제국으로 바뀐 뒤에는 궁내부 특진관으로 비서원경(秘書院卿), 장례원경(掌禮院卿), 귀족원경(貴族院卿) 등을 거쳐 판돈령부사(判敦寧府事)에 이르렀다.

고종 42년(1905) 을사조약이 강제로 체결되자 다음 해 김석진은, '1월 22일 협박에 의한 조약은 공법상으로 폐기되어야 한다'며 외부대신을 불러 여러 외국 공사에게 성명을 내고 '오적신(五賊臣)을 처형주살하여 국헌을 바로잡고 백성을 생지옥에서 구하라'는 상소를 올렸다. 이에 대한 고종의 허락이 없자 다시 '매국노들과 같이 하늘로 머리를 들고 다닐 수도 없는데 하물며 그들과 어깨를 나란히 한 열에 설 수 없다'며 의효전향관(懿孝殿享官)의 직을 버리고 양주에 물러났다. 1906년 고종이 승하하고, 순종 4년(1910) 7월 18일 한일합방 조약이 조인되어 25일 일본이 나라를 넘겨받으며 전직 고

위관료들에게 작위 또는 은사금을 주며 회유하려 들자, 10대를 넘게 효자동·재동·송현동 등 문안에 살던 가족들을 데리고 복온공주와 부마 김병주의 재사가 있는 번리(樊里), 곧 오현(梧峴)으로 물러나 9월 8일 순국을 선택하셨다.

순원왕후는 복온공주가 조선왕조의 마지막 공주가 될 줄 생각지도 못했을 것이다. 그리고 순원왕후가 공주의 제사를 모시라고 후사로 삼은 오천공이 이곳서 순국하게 되리라고는 더욱 생각지도 못했을 것이다. 오천공이 순국한 이곳이 바로 일중 김충현 선생이 태어난 곳이고, 일중 선생은 공주가의 유산인 한글을 우리만의 문화유산인 한글서예로 승화시키셨다 할 것이다.

2. 일중 선생의 궁체에는 600년 한글의 역사가 담겨 있다

일중 선생은 『예에 살다』(1999)에서

> 집에서 웬만큼 한문도 배우고 붓글씨도 익히자 나는 다른 아이들처럼 학교에 가고 싶어 견딜 수가 없었다. 조부와 부친께 학교에 보내줄 것을 간청했고, 또 주위 사람들이 조부께 권유한 덕분인지 나는 14살이 되어서야 비로소 청진동에 있는 삼홍보통학교에 들어갈 수 있었다. 간단한 시험과 함께 3학년에 편입된 나는 뒤떨어진 공부를 위해 퍽 열심히 공부했다.

라며 증조부 오천공이 순국하신 지 24년이 지난 1934년에야 학교에 다니게 되었다고 하셨다. 학교에 다니지 못한 까닭은 바로 오천공이 순국 하루 전에 아들(일중의 조부) 동강공 등을 불러 다음과 같이 말씀하셨기 때문이었다.

> 초 7일 이른 아침 …(중략)… 을사 이후 어찌 잘살길 바라겠냐, 지금부터 관직에 나갈 생각이란 가슴속에 갖지 말라. 단, 문을 닫고 책만 읽고 자손들을 가르치고 집안을 지키는 것 외에 다른 길은 없다. (동강공이) 어찌 감히 명령을 따르지 않겠습니까라 대답하셨다.
>
> 初七日早朝 …(中略)… 乙巳以後, 何嘗有意於榮道, 而從今以往宦念, 尤不可萌諸胸中. 但,

杜門耕讀, 教子孫保門戶外, 無他良算也. 對曰, 曷敢不謹遵敎命乎(『오천실기(梧泉實記)』 118쪽).

창녕위궁이 있는 번동에서 혜화동까지 걷고, 혜화동에서 청진동까지 전차를 타고 다녀야겠기에 일중 선생은 새벽에 집을 나서 힘들게 다니면서도 학교를 못 다니게 하실까 봐 두려워 말 한마디 못하셨다고 하셨다.

일중 선생은 삼흥보통학교에 입학하면서 서예에 큰 관심을 가졌다. 보통학교에 입학한 다음 해인 1936년 4학년 때 동아일보사 주최 제6회 전 조선 남녀학생 작품전람회 초등습자부에서 한문으로 입선하였고, 전체 학교에서 전형적인 모범생이라고 기사에 소개되었다. 중동학교에 입학한 1938년 1월 16일 신춘문예 아동작품전에 당선하였고, 제7회 전 조선 남녀학생 작품전람회 중등습자부에서 『대학(大學)』의 글을 한글로 번역하여 쓴 작품이 특상을 탔다. 기사의 내용은 다음과 같다.

김충현 군은 자세한 소개를 할 필요가 없습니다. 제육회 학생작품전람회에 훌륭하게 입선하엿든 것을 꼭 기억하실 분이 계실 것입니다. 그리고 금년 신춘문예를 모집하엿을 때 학생작품 중에 군의 습자가 입선되엇던 것도 잘 아실 것입니다. 소학교로부터 계속해서 이번에 입상이 되면서 특상이 되엇으니 소학교 당시부터 얼마나 진보되엇다는 것을 알 수 잇습니다. 삼홍소학교 사학년에 초선이 되었고, 오육학년 동안은 본사의 전람회가 중지되엇든 관계상 출품을 못하엿으나 그동안 노력의 결정으로 그만큼 특상을 받게 되엇다는 것은 감축아니할 수 없는 바입니다.

김충현 군은 학교에 입학하기를 좀 늦게 된 것입니다. 구식 가정에서 조부님의 신식학문반대로 서당공부만 하다가 반대를 무릅쓰고 삼홍학교에 입학하여 졸업하고 중동학교에 지금 일학년으로 잇습니다. 금시에 정진하는 만큼 성격이 침착하고 온화하여 소학교 시대부터 전반의 모범생으로 잇엇답니다. 충현 군이 오늘 이러한 성적을 얻게 된 것도 그 백씨 되는 김문현 씨가 서도가로서 아우 되는 충현 군은 옆에서 먹을 갈며 보기도 하고 써보기도 한 것이 천성으로 타고난 재조와 함께 이와 같이 진보가 된 것입니다(《동아일보》 1938년 6월

10일 기사).

선생은 중학교 2학년이 되어서도 제8회전에 출품하여 입상한다. 이러한 연속적인 출품과 입상 그리고 한글궁체 작품으로의 특상이 서예가의 길을 걷게 된 직접적인 계기가 되셨다고 회고한다. 이번 기획전에 바로 특상을 받은 작품[그림 1]이 출품되어 우리의 감회를 새롭게 할 것이다.

일중 선생은 중학교 2학년 이후부터 학생전람회에 더는 출품하지 않았다. 그리고 궁체에 머물지 않고 한문서예로 새롭게 넓혀가는 한편 궁체를 널리 알리는 데 관심을 갖고 『우리 글씨 쓰는 법』을 지었다. 중동학교 5학년 때인 1942년 『우리 글씨 쓰는 법』의 원고를 완성하고 위당(爲堂) 정인보(鄭寅普) 선생에게 서문을 받는다. 선생은 책으로 출판하려 하였으나 당시 일본의 조선어 말살 정책으로 뜻을 이루지 못하고 1948년에야 출판하였다. 그러나 이 초간본은 거의 다 유실되고 선생께서 한 권을 보관하고 계시다 1978년에 『일중한글서예』(시청각교육사)를 내면서 갖고 계시던 초간본을 제자 권창륜의 편집과 교정으로 실었다. 선생은 궁체에 고체를 더한 새로운 책을 내실 생각에서 1978년 12월판부터는 이를 삭제케 하셨던 것이다. 새로 쓰신 『우리 글씨 쓰는 법』은 1983

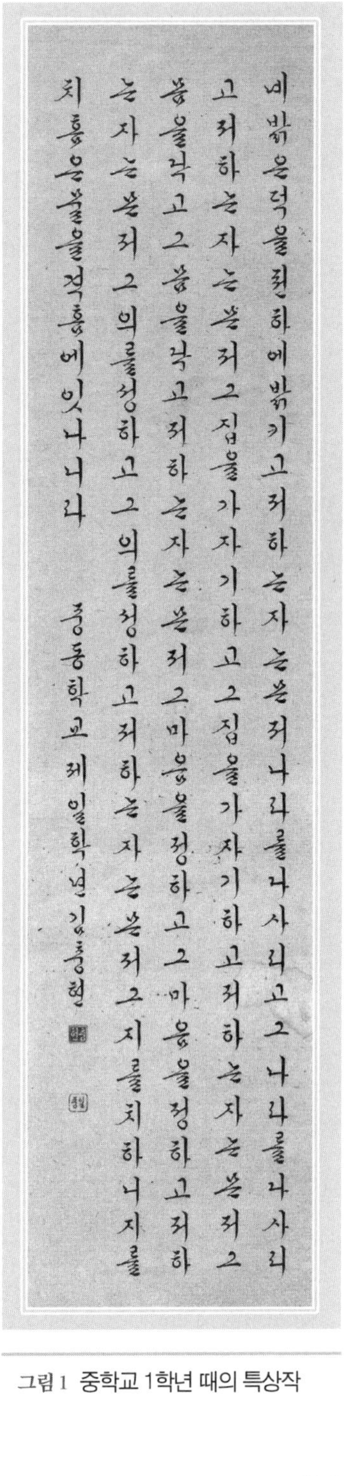

그림 1 중학교 1학년 때의 특상작

년 동산출판사에서 출판되었다.

> 우리 집에 궁체가 많다는 것은 그럴 만한 이유가 있어 등서본이 기백책, 서간도 많이 전하였으니 이 글씨들은 영·정 시대로부터 고종년간의 것으로서 궁체 중에서도 좋은 글씨가 많았다. 자연 이같이 좋은 글씨를 보게 되어 어려서부터 거기 마음이 잠기게 되었다(『예에 살다』 2판, 194쪽).

이와 같이 일중 선생의 궁체의 바탕은 집안에 내려온 궁중과 주고받은 편지들과 등서본들이다. 이번 전시에서 보일 귀중한 자료로는 「사마공모문찬(司馬公母文贊)」과 「팔상록(八相錄)」 그리고 김원행이 한글로 옮긴 「유교(遺敎)」, 「복온공주방가례시등록(福溫公主房嘉禮時謄錄)」, 「복원공주방정례해(福溫公主房定禮解)」 등 일부 자료들이 전시될 예정이다. 이보다 더 중요한 것은 1945년 해방되기까지 일중 선생이 살았던 창녕위궁에 궁녀가 있었다는 것이다. 일중 선생의 언니 되시는 김문현 선생의 큰딸 김숙년 선생은 궁녀와 관련하여

> 김 상궁이 언제부터 우리 집에 기거하게 되었는지는 잘 모르겠으나 예전에는 부마댁, 즉 공주님의 시댁으로 대궐에서 의례적으로 상궁을 보냈기 때문에 우리 집에도 어린 궁녀가 오게 된 것이라고 한다. …… 왼쪽 이마에 자그마한 혹이 있었고, 곱상하고 단아한 모습에 말수가 적었던 김 상궁은 우리 집에서 살다가 늙어서 가까운 언덕 너머로 집을 지어 살림을 냈는데, 더 늙어서는 그 집에서 잠만 자고 조석은 우리 집에 들어와서 먹었다. 항상 옥색치마 저고리나 흰색 저고리 회색치마, 겨울에는 솜을 둔 명주치마를 입던 김 상궁의 옷매무새는 늘 단정했다. 그의 머리에는 항상 검은 자주댕기가 드려져 있었고, 은비녀를 꽂아 나지막이 쪽을 졌으며 뽀얗게 분을 바른 동그스럼한 얼굴이 퍽 인상적이었다. …… 언행은 주로 궁중에서 쓰던 말을 썼고, 그의 소일거리는 장안의 사동 대감댁, 국장댁, 세마댁 같은 대갓집 잔치에 빠짐없이 두루 다니는 것으로 그의 안목과 견문은 누구도 따라오기 어렵다고 했다. 그 김 상궁은 해방 전까지 살았는데 그의 나이가 아흔에 가깝지 않았나 생각된다(김숙

년, 『아버지, 유채꽃이 참 고와요』, 1995, 217~218쪽).

남녀가 유별한 시대와 환경에 살았기 때문에 이미 성인이 된 일중 선생께서 궁인들과 이야기를 나눌 기회는 거의 없었을 줄 안다. 일중 선생의 기록 등에 궁인에 대하여 특히 궁체와 관련되어 한 말씀도 없었기 때문이다. 그들이 남긴 흔적에서만이라도 궁체를 어떻게 가르치고 배웠으며, 교재가 있었는가 등에 관한 이야기들은 직간접으로나마 들을 수 있었을 것이다. 그렇지만 이와 관련해서도 어떤 이야기도 남기지 않으셨다.

조선왕조실록 및 그 많은 문집 등 기록자료에서 한글의 서체와 관련되어 '궁체(宮體)'란 말은 그 어느 곳에서도 찾아지지 않는다. 곧 한글이 창제된 이후 서체와 관련해서 그 어떤 명칭도 거론되지 않는다. 글씨만을 쓰는 서사상궁이 있다고 말들 하지만 내명부의 조직 안에 궁녀들에게 한글을 가르치거나 이와 관련된 실무를 전담하는 곳도 설치되었다는 자료가 없다.

궁중의 문안편지들은 모시는 상궁들이 대필한 것이 대부분이다. 이들 각전(各殿)의 상궁 또는 여관(女官)들의 글씨들은 각자의 개성이나 우열은 있을지라도 시대적 특성만은 모두 한 가지로 되어 있어 이들이 어떻게 발전되었는지를 밝힐 수 있는 중요한 단서가 될 것이다.

궁체는 대내(大內), 곧 궁중이라는 특정지역을 말하지 어떤 특정 서체를 지칭하지 않는다. 따라서 궁체는 궁중에서 대(代)를 이어 손에서 손으로 이어가며, 아름다움은 더욱 살리고, 조형적 단점들은 차례대로 조금씩 바꾸어져 온 단서들로 점철되어 있어 한글이 창제된 이후의 500년 역사가 고스란히 담겨 있다 하여도 좋을 것이다.

일중 선생이 1938년 특상을 받았을 때의 작품은 바로 조선왕조 말의 궁체를 본받고 있지만 조선왕조 시대의 궁체는 아니다. 창녕위궁에 내려오는 문서의 기록, 등서, 서로의 사연을 나누는 편지글 등을 단순히 옮기는 데 그치지 않고 그들의 아름다움을 서예(書藝)로 탈바꿈시키는 새로운 시대를 여는 시작이었다.

1942년 일중 선생은 『우리 글씨 쓰는 법』을 완성하고 8월 22일 위당 정인보 선생에게 그 서문을 받는다. 서문을 받기에 앞서 칠석날 호은정 최 선생에게 〈시조 10첩〉을 써 드렸고, 서문을 받고 한 달도 안 된 중양절 다음 날에 쓴 〈송순(宋純)의 시조〉, 동지에 아우 백아(白牙) 김창현(金昌顯) 선생에게 써주신 〈선원 선생 훈계 자손가(仙源先生訓戒子孫歌)〉 모두 반년 만에 쓰신 작품들이다. 이들은 조선왕조에서는 찾아볼 수 없는 작품이었고, 앞으로도 이른바 한글서예 작품의 전형으로 남을 것이다.

3. 위당 선생이 고체(古體)를 과제로 얹어주셨다

일중 선생은 늘 위당 선생의 『우리 글씨 쓰는 법』 서문을 가슴에 새기신다. 다시 한 번 그 서문을 꼼꼼히 살핀다면 그 까닭을 알 수 있다. 서문 전문은 아래와 같다.

> 훈민정음 처음 지으실 제 엄과 혀와 입시울과 이와 목궁게의 그대로와 및 변화하는 것을 형상하사 성음의 미묘함을 눈앞에 나타나게 하시니 이는 세종예성으로 인류문화역사에 처음 비최오신 광명이라 반포 전 용비어천가 나고 반포한 뒤 여러 가지 서적번역이 있어 지금에 전하는바 오히려 몇몇을 세이게 되니 훈민정음을 비롯하야 월인천강지곡을 날로한 석보상절 같은배 가장 두렷하니 문짜 예롭고 장중하야 태를 아니 보이고 규구로만 쓰은 전차로 저은주고전과 같아 부르고 빤 획이 없고 삐치고 어슷하는 모양을 만드지 아니하얏더니 나려오며 여러 손을 지나 비로서 필법이 생기여 정자 흘림 두체되니 비컨대 진한 이래 예서와 해초 있게 된 것과 같다.
> 대내에서 쓰오시던 체법이 특히 단정엄중하야 자미 가운데 예스러움을 가지니 이른바 궁체라 우리 젊은 벗 김충현이 귀주고가(貴胄高家)의 후손으로 이 체를 배워 이미 세상에 알리웠거니와 이제 또 그 쓰는 법을 적어 이 책을 만드니 이로조차 널리 퍼짐을 볼지라. 오호라 글자는 선왕어제요 필법은 대내 유전하온 고체(古體)라 서를 쓰며 감회를 이긔지 못하노라.
>
> 임오(1942) 팔월 이십일 뎡인보

위당 선생의 서문은 두 부분으로 되어 있는데 앞은 한글의 창제 이후 서체의 변천을 설명하셨고, 뒤는 이른바 『우리 글씨 쓰는 법』의 출간을 축하한 것이다. 뒤 문단의 마지막 부분에 '대내(大內) 유전(遺傳)하온 고체(古體)'는 바로 조선조 말의 궁체를 말한다.

그러나 일중 선생은 1948년의 초간본 『우리 글씨 쓰는 법』 첫머리에 위당 선생의 서문이 없고, 1981년 쓰신 궁체 서설(序說)에 해당하는 글이 맨 앞에 실려 있다.

> 우리글의 글자모양은 굳세고도 부드러운 자태 있어 매우 아름다웁다. 용비어천가 월인천강지곡 같은 책의 글시는 가장 예롭고 굳세나 그뒤 여러 백년 동안에 글시체가 많이 변하여 궁체같이 아름다운 글시체가 생기게 되었으니 이 궁체는 굳센 곳은 더욱 굳세게 부드러운 곳은 더욱 부드럽게 우리 글자의 특별난 곳을 더한층 드러내었으며 정자와 흘림의 두 법을 적확히 나누게 되었으니 우리의 배울 글시체로서 오직 이 한 체를 꼽을 따름이니라(『일중 한글서예』, 시청각교육사, 1978년 제3판, 6쪽).

이 글에는 일중 선생이 한글창제초의 판본체를 이름한 고체에 대한 언급이 없다. 이는 『우리 글씨 쓰는 법』은 처음 궁체에 관한 것만을 쓰신 것이었기 때문에 언급하지 않은 것이 당연하다. 그러나 위당 선생은 서문에는 창제 시기의 서체에서 궁체로의 진화과정을 설명하신 것만은 일중 선생이 앞으로 새로운 서체를 준비해야 할 과제를 안겨주신 것으로 보아야 할 것이다. 이는 1981년 여름 쓰신 『우리 글씨 쓰는 법』의 위당 선생의 서문 다음 쪽의 고체 서설에서

> 우리 글씨의 固有한 가치를 지키며 藝術로서의 生命을 불어넣기 위하여 訓民正音 龍飛御天歌 등 板本에 좇아 씀을 古體라 이름하고 溫故知新의 發現에 힘을 기울였다. 古體는 옛 字形을 劃一的인 畫으로 그냥 따라 써서는 그 生命을 끌어 낼 수는 없고 畫의 衆妙를 잡아 넣으므로써 生命을 胚胎시키는 것이요 이들 生命을 對照와 對比로 모아 한 글자를 이루고 나아가 한 作品을 이룰 수 있는 藝術이지 어떠한 技巧나 잔꾀로써 板本의 固有한 壯重한 맛을 損傷시킬 수는 없겠다. 다시 밝히겠거니와 古體 씀은 板本의 踏襲만이 결코 아니요 畫의 衆妙를 살려서 써야 할 것이다.

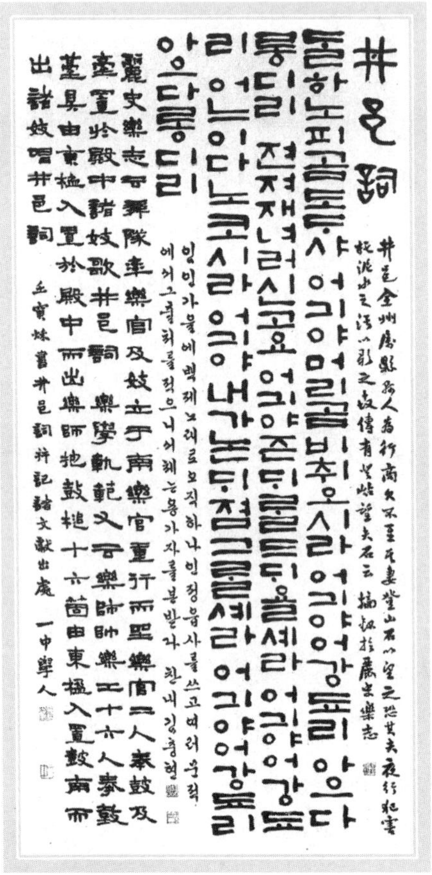

그림 2 〈정읍사〉

라고 하셨다. 선생은 훈민정음 용비어천가 등 한글 창제 시기의 판본(板本)에 새긴 글자를 본받아 쓴 서체를 '고체'라 새로 이름을 지으셨던 것이다. 일중 선생이 이 궁체 이전의 고체에 대하여 언제부터 관심을 가지셨는지 명확히 언급하신 적은 없다. 이에 관련하여 『우리 글씨 쓰는 법』을 지으시고 위당 선생의 서문을 받은 다음해인 '癸未殷春 一中金忠顯放漢碑隸法'의 관지를 단 예서 작품이 그 단서가 될 것이다. 이러한 예서는 백농(白儂) 최규동(崔奎東) 선생의 회갑을 축하하여 쓴 수자족(壽字簇)에서도 나타난다. 백농 선생이 고종 19년, 곧 임오생(壬午生)이시니 바로 1942년 써 드린 것이다.

이들 예서는 일중 선생이 구룡산인(九龍散人) 김용진(金容鎭) 선생을 따라 한예(漢隸)와 안진경의 글씨를 배우셨을 때에 해당하는 것으로 1944년 쓰신 〈第二木石居上梁文〉의 예서와 큰 차별을 보이고 있다. 그러나 처음 한예를 쓰셨을 때의 파책(波磔)만을 강조하고 다른 획들이 두터움을 갖지 못한 까닭에 이를 고체 쓰는 데 적용하기에는 바라던 바를 얻기 어려우셨을 것이다.

선생이 40세 되시던 1960년 말 중요한 작품 두 점을 보이셨다. 하나는 폭 4.5미터에 높이 1.5미터의 대작으로 정철의 〈관동별곡〉을 고체로 쓰신 것이고, 다른 하나는 〈용비어천가〉를 고체로 크게 쓰시고 옆에 한문을 행서로 단 것이다. 〈관동별곡〉이 두터운 질감의 획으로, 때론 초성을 때론 종성을 크게 쓰고, 글자의 중심축을 오른쪽

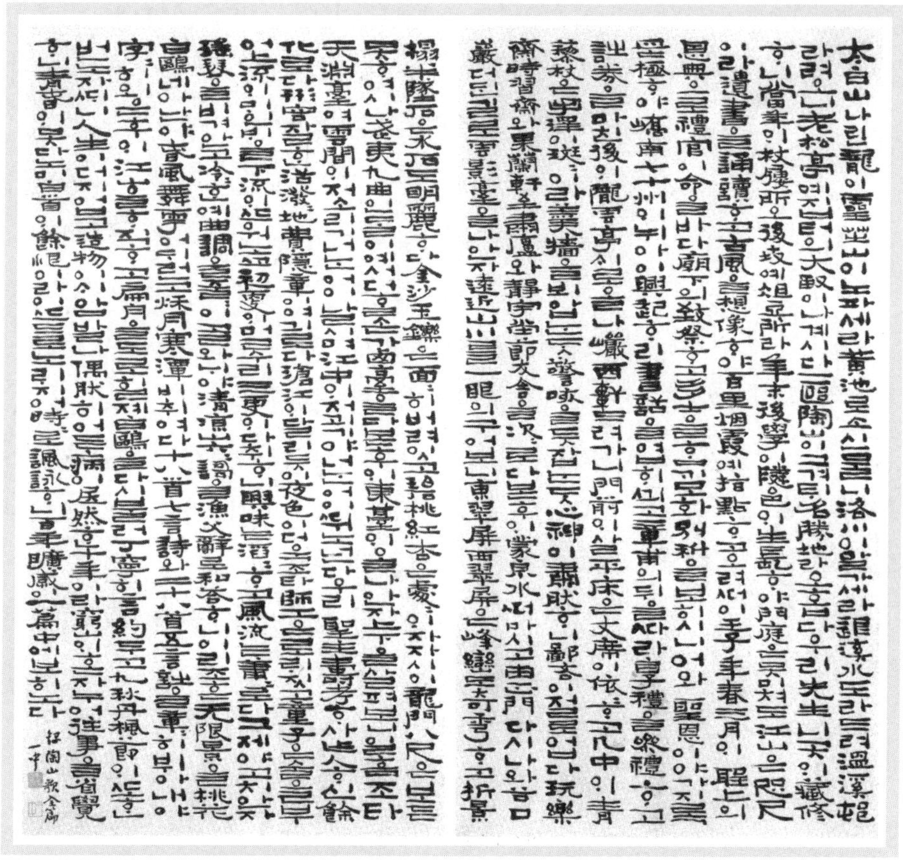

그림 3 〈도산가〉

으로 옮기기도 하는 등 일정한 틀에서 벗어나려는 시도를 하셨다면, 〈용비어천가〉는 초·종성의 대비차(對比差)를 줄이고 조형의 중심축을 옮기지 않았으며 한문을 행서로 작게 쓰셔 한글이 한문보다 돋보이게 하셨다. 곧 고체와 한문을 병렬시켜 두 이질적인 문자를 하나의 작품으로 어우러지게 하셨던 것이다. 이러한 시도를 가능케 했던 것은 이보다 앞서 예서에서 파책을 흔적만으로 남기는 굵은 획으로 주어진 공간을 최대한 활용한 일중만의 예서가 자리 잡으면서부터다. 그리고 1962년 〈정읍사〉[그림 2]에서는 한글의 고체가 중심이 되어 한글의 흘림, 한자의 예서와 행·초 등 여러 서체들이 나란히 어우러져 아름다움을 이루어내는 작품을 보여주셨다. 이는 한글 고체가 한글서예를 대표하는 새로운 서체로 자리 잡는 절대적인 계기를 만들어놓으셨다고 할 수 있다. 〈정읍사〉에 이어 1963년 언제든지 선생의 대표작으로 꼽는 〈도산가(陶山歌)〉[그림 3]를 쓰셨다. 〈도산가〉는 한자며 한글 가릴 것 없이 글자의 폭을 자연스럽게 하고, 필획이며 서체의 경계까지도 무너뜨리는 대작품이었기 때문에 일중의 서예는 서체의 경계를 넘어섰다는 평을 듣게 하였다. 이 작품에 이르러 우리들은 일중 선생이 앞으로 펼치실 서예의 경계가 어디까지인지 가늠조차 할 수 없었다. 이때 선생이 마흔 셋이셨으니 제자들만 아니라 세인들의 우러름도 한 몸에 받기 시작하셨다.

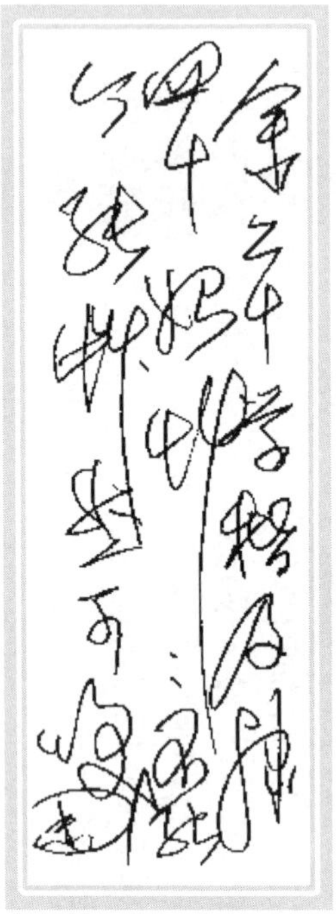

그림 4 필자가 받은 글

필자가 일본에서 귀국한 뒤 얼마 안 된 1985년쯤 한 술자리에서 종이를 내라시며 사인펜으로 '내 이십에 해서와 예서를 배웠고, 사십에 초서를 썼으나 못 쓸 것 같았는데, (환갑을 넘긴) 지금에야 쓴다는 소리 듣는다(余二十學楷及隷, 四十始草不能, 今能草, 然可喚)'란 글[그림 4]을 써주셨다.

한문이야 그렇고 한글은 어떠하신가? 나이 이십에 궁체로 명가의 반열에 드셨고, 사십에 위당 선생이 얹어주신 과제를 고체라 하여 한글서예의 영역을 넓히셨는데 회갑을 넘기시며 일중의 한글이란 새 서체를 이루지 못하시고 병고의 자리에 누우신 것이 아쉽기만 하다. 일중 선생을 잃은 것이 아니라 일중의 한글이란 새 서체를 잃은 아쉬움이 더 크다. 그러나 일중 선생이 평소에 늘 그랬듯이 곳곳에 새로운 서체를 위해 준비를 남겨놓으셨음을 잊어서는 안 될 것이다.

일중 한글서예의 특성*

윤양희

전 계명대학교 교수

1. 머리말

한자 문화권에서의 서예는 약 3000년의 역사 속에 그 절반은 서체의 적립이었고 다음은 그것의 조형적 표현이었다. 서체의 변화와 발전은 환경적 영향이나 서자의 개성도 중요하지만 근본적인 요인은 문방구, 즉 재료와 용구 등의 특성과 표현의 편리성이 크게 작용하여 만들어진다. 그리고 시대와 환경적 요인이 작용하며 서체의 생성과 변화가 나타난다.

세종 28년(1446) 훈민정음을 반포하고 『월인석보』(1459)가 간행되기까지 세 종류의 자체가 만들어져 활자 또는 판본에 쓰였고 차츰 서사의 수단으로 사용되었다. 그 가운데 가장 오래 살아남아 일반화된 글씨체는 붓으로의 표현이 용이한 서체(자체)였다. 이것은 재료나 용구가 주는 사용상의 편리성이 사람들의 미적 표현 욕구를 앞지른다는 것이다.

『훈민정음 해례본』[그림 1]의 한글 자체는 기필이나 수필의 단계가 분명하지 않아

* 이 글은 일중서예기념관 개관 기념 학술대회(2012.5.31) 자료집에 실린 글이다. — 엮은이

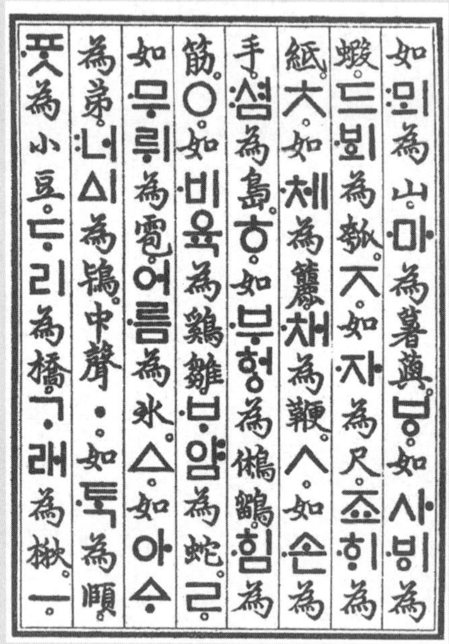

그림 1 『훈민정음 해례본』(1446)

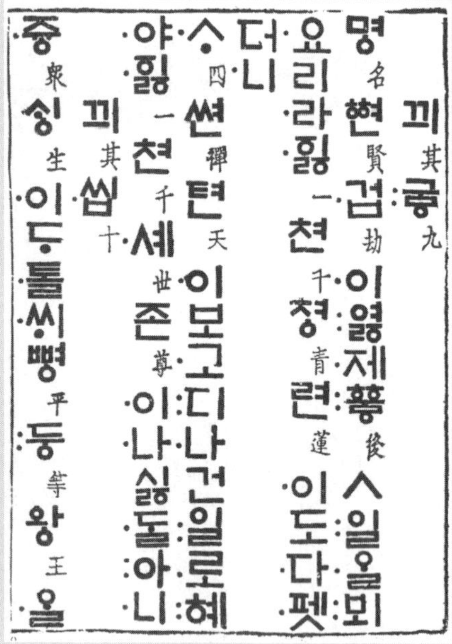

그림 2 『월인천강지곡』(1447)

붓으로 쓰기에는 매우 불편하다고 주장하는 견해도 있다. 그러나 이는 모두 인쇄된 판본이며 판본은 육필을 바탕으로 하기 때문에 서체의 성립에는 문제가 되지 않는다.

『훈민정음 해례본』의 모음에 사용된 아래 아(·)와 소릿점(·, :)을 제외한 모든 점을 직선으로 변형시킨 것이 『용비어천가』와 『월인천강지곡』[그림 2], 『석보상절』의 자체이다. 이러한 자체가 세조 10년(1464)에 쓰여진 『오대산 상원사 중창권선문』[그림 3]에는 한자의 해서 필법과 유사한 형태로 바뀌었다.

조선 중기 이후에는 궁중에서 궁체의 사용이 빈번하고 사대부 집안이나 일반 서민층까지 널리 쓰여 숙종 무렵에는 궁체가 완성미를 보인다. 특히 영조, 정조 시대는 문예부흥기로 고대 소설을 베껴 쓰는 과정에서 등서체가 더욱 세련미를 갖추게 되었다. 그러나 일제 치하를 거치면서 국어의 사용이 억제 되고 서사 방법도 경필화되면서 한글 서예는 침체기를 맞는다.

성당 김돈희(1923)와 사후당 윤백영(1931)은 〈조선문〉으로 선전(鮮展)에 참여한 바도 있었지만 한글서예 발전의 계기가 되지는 못했다. 그러나 해방 이후 한글서예는 크게 세 개의 계보를 형성하게 된다. 즉 일중 김충현의 고체와 궁체, 갈물 이철경의 궁체, 소전 손재형의 국문전서를 중심으로 한 유파를 말한다.

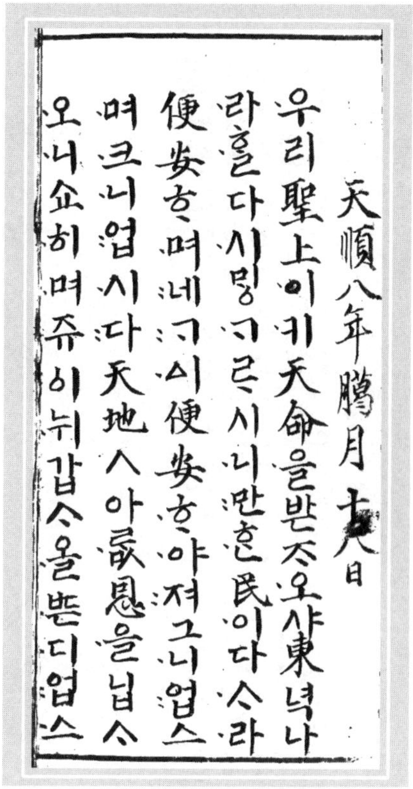

그림 3 『오대산 상원사 중창권선문』(1464)

군청정 편수국장 최현배는 해방 다음 해 이철경에게 초등 글씨본과 중등 글씨본을 집필케 함으로써 궁체 중심의 교과서가 만들어졌다. 이철경의 궁체는 남궁억의 『신편언문체법』과 운현궁과 안동별궁에 기거하던 나인들의 글씨가 바탕이 되었다. 그의 궁체는 궁중의 정통적 필법에 따른 곱고 단아한 느낌의 서풍이다.

손재형의 한글서예 작품이 처음 발표된 것은 〈이충무공 동상명〉(1951)과 〈이충무공 벽파진 전첩비〉(1956)인데 한글을 전·예서화한 것으로 국한문을 혼서하였다. 한글의 자형은 〈석고문(石鼓文)〉, 〈산씨반명(散氏盤銘)〉, 〈장천비〉 등의 영향을 받아 창작된 것으로 중세 국어의 한글 자체와는 자형을 달리하고 있다. 김기승은 이 글씨를 평하며 "점이나 선이 변화무쌍하고 부드럽고 날카로움, 깊이와 무게, 운필과 결구 등이 전무후무한 기운생동(氣運生動)의 명작"이라 했다. 그러나 서체를 완성하는 데는 일관된 자형과 용필 방법이 전제되어야 하는 문제가 있다.

김충현(1921~2006)은 가학(家學)으로 서예에 입문하여 제1회 대한민국미술전람회에서 추천작가, 초대작가, 심사위원, 운영위원 등을 역임했다. 한자 서법과 한글 궁체를 연구하여 체계화하였고 일중풍의 궁체를 정립하였다. 중년에는 『훈민정음 해례본』,

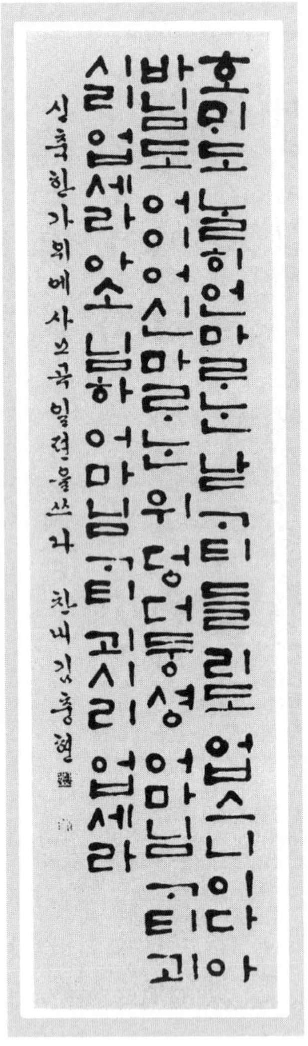

그림 4 〈사모곡〉(1961)

『용비어천가』 등의 한글 자체를 전·예의 필법으로 표현한 고체를 완성하였고 국전에 고체로 쓴 〈사모곡〉(1961)[그림 4]을 처음 발표하였다. 그 밖에도 일중은 서예 교육을 위한 교과서를 집필하고 창작활동을 통해 한글서예 발전에 기여한 큰 별이다.

다음으로는 일중의 한글서예 작품(금석문 제외)의 분석을 통하여 서체의 특성, 문장의 선택과 구성 방법 등에 관하여 살펴보고자 한다.

2. 일중 한글서예의 서체별 특징

한글의 서체 명칭에 대해서는 최근에 와서 여러 가지 논란이 따르고 있다. 지금까지 나타난 명칭을 보면 훈민정음 창제 당시의 자체, 서체를 만든 사람 또는 사용자, 서체의 용도, 표현 재료, 한자와 혼서하는 것 등의 경우에 따라 명명된 것들이 대부분이다. 그러나 이러한 경우 연구의 목적이나 신분에 따라 일반화를 고려하지 않은 것과 한자의 서체명을 그대로 쓴 경우도 있다.

홍윤표(2004)와 박병천(2004) 등에 의해 한국 서단에서 사용되고 있는 용어는 거의 파악되었다.

일중은 훈민정음과 용비어천가 등의 한글에 예술로서의 생명을 불어넣기 위하여 판본에 좇아 씀을 '고체'라 하고 …(하략)…

궁체는 '판본체'에서 필사체로 변화시키려는 움직임이 일게 되고 이 시기의 처음에는 제작 원리를 지키며 쓰려 하였기 때문에 필의를 크게 살리지 못하고 고졸하게만 써왔다. 이 고졸한 글씨를 체계 있고 맵시 있게 쓰려 한 것이 바로 궁체의 생성이라 했

구분	서체 명칭	비고
판본체류	판본체, 반포체, 고체, 판본고체, 판본필사체, 정음체, 정음고체	• 판본체는 교과용 도서에서 사용되는 용어임 • 일중은 고체로 씀
혼서체류	조화체, 혼서체, 잡체, 효민체, 필사체, 서간체, 모방체, 민체, 선비연필체	• 일중은 국한문혼서체라는 용어를 쓰기도 했음
궁체류	궁체, 정자, 흘림, 진흘림, 반흘림	• 궁체의 용어는 빈도수로 보아 모두 일반화된 것으로 봄

서체별 용어의 사용(2005)

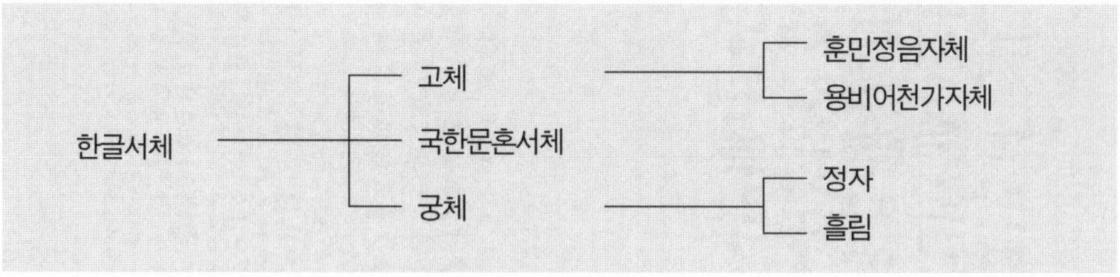

김충현의 분류

다(『우리 글씨 쓰는 법』). 일중은 궁체를 우리의 표준서체로 보았고 용도에 따라 등서, 서간으로 구분하기도 했다.

1) 고체

일중 자신도 「서예 미답지 한글 고체」(『예에 살다』)에서 밝혔듯이 훈민정음 창제 당시의 자체는 『훈민정음』과 『용비어천가』 두 가지 자체가 대표될 만하다고 지적했다. 판본체 자체에서 우러나는 모양을 모필로 쓸 때 전·예서를 먼저 익히고 그 자형을 연구하여 표현함으로써 별경을 이루는 좋은 글씨가 나오리라는 것을 기대했다. 따라서 일중풍의 고체에는 『훈민정음 해례본』 외에 세종 시대에 사용되었던 사각형 자형과 전·예의 필법이 바탕에 깔려 있다.

그의 작품(고체) 중 대표적인 것은 〈관동별곡〉(1960)[그림 5], 〈정읍사〉(1962)[그림

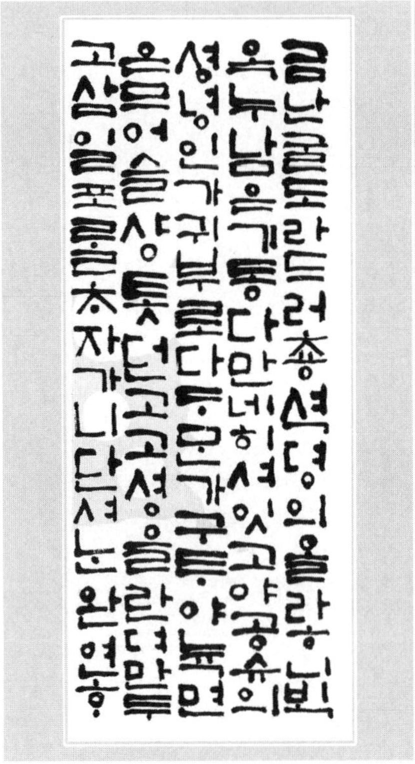

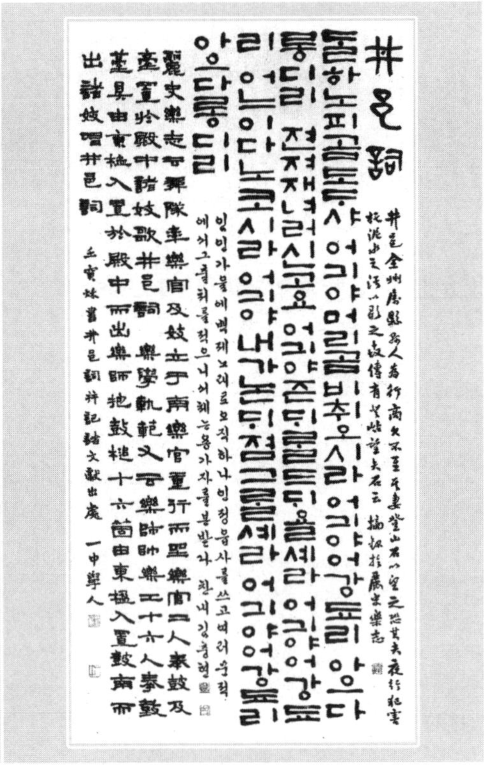

그림 5 〈관동별곡〉(1960) 일부

그림 6 〈정읍사〉(1962)

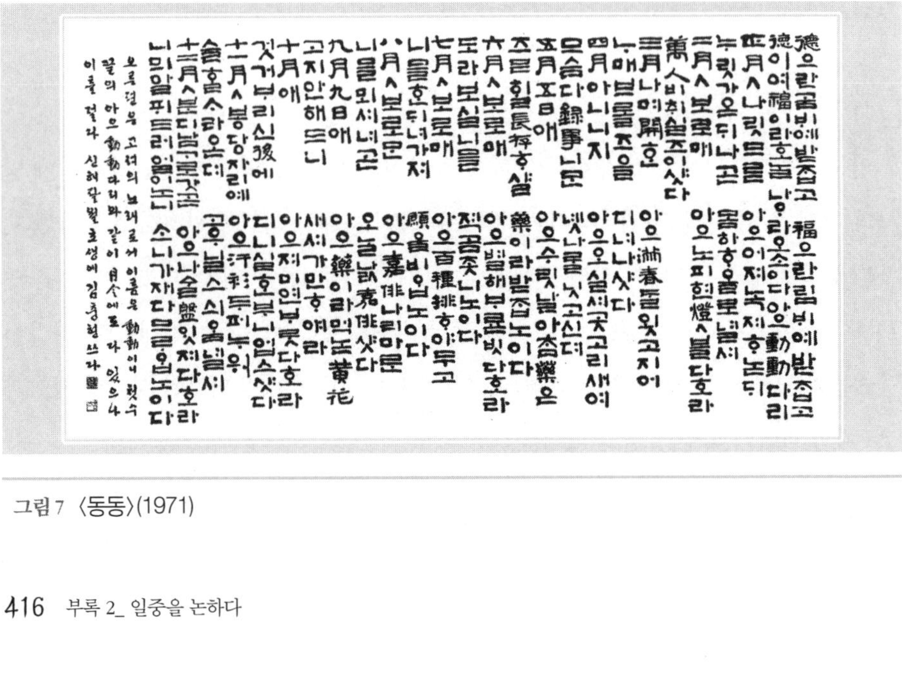

그림 7 〈동동〉(1971)

6], 〈시엽산방 8영〉(1978)[그림 14], 〈정과정〉(1978)[그림 15] 등 다양한 작품이 있다.

〈관동별곡〉은 고체의 초기 작품으로 점획의 세태, 자형의 크기 변화에서 세련미를 보인다. 〈정읍사〉는 국한문의 여러 가지 서체로 구성하였다. 〈정과정〉 역시 국한문을 혼서하고 상단만 맞추어 배자하였다. 〈동동〉(1971)[그림 7] 또한 2단으로 배자하여 상단만 맞춘 새로운 형식의 국한문 혼서 작품이었다.

일중의 1960년대 고체의 자형 특징을 살펴보면 다음과 같다[도판은 〈사모곡〉(1960), 〈관동별곡〉(1960), 〈정읍사〉(1962)에서 집자하였다].

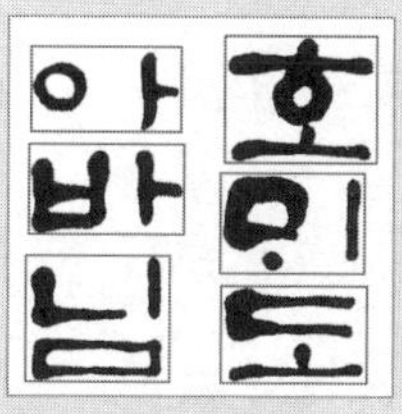

그림 8 자형

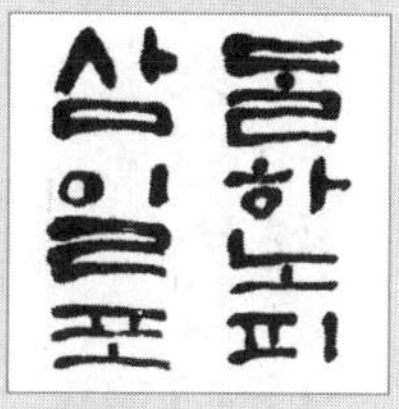

그림 9 굵기 변화

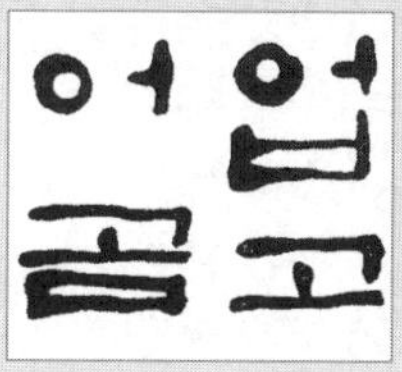

그림 10 자형의 길이

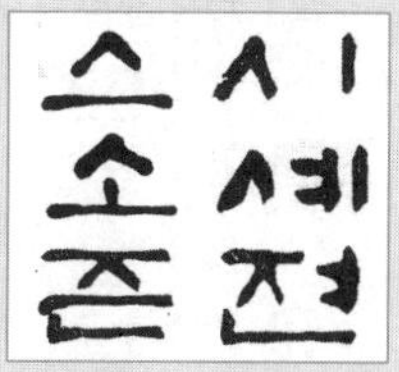

그림 11 ㅅ의 필법

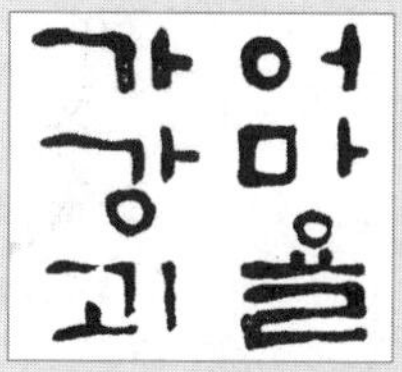

그림 12 ㄱ, ㅁ, ㅇ의 크기

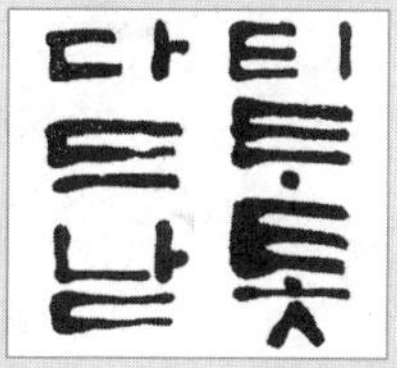

그림 13 ㄷ과 ㅌ의 필법

① 자체의 길이가 짧고 자폭이 길어 편방형의 자형을 이룬다[그림 8].

② 점과 획의 굵기 변화가 나타난다.
특히 기필을 굵게 하여 글자의 왼쪽이 강조되었다. 또 가로획의 오른쪽이 쳐지는 경향이 나타난다[그림 9].

③ 받침의 유무에 따라 자형의 길이 변화가 크다[그림 10].

④ 비스듬한 획 ㅅ, ㅈ, ㅊ이 모음 위에 올 때 'ㅅ'은 두 획의 길이가 짧고 폭이 좁아진다. 세로획의 왼쪽에 오는 ㅅ의 두 번째 획의 길이가 조금 짧다[그림 11].

⑤ 세로획 왼쪽에 오는 'ㄱ'의 가로획이 길어지고, 'ㅁ'과 'ㅇ'은 작게 쓴다[그림 12].

⑥ 'ㄷ,ㅌ'은 'ㅡ'의 기필 부분에 'ㄴ'을 접필한다[그림 13].

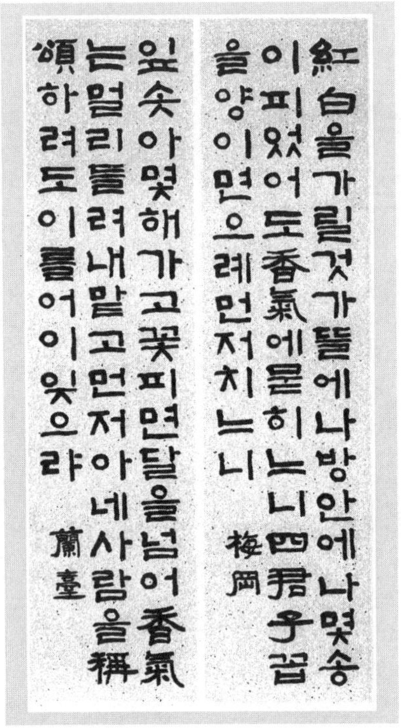

그림 14 〈시엽산방 8영〉(1978) 일부

⑦ 선질, 선성, 결구 등에 〈조전비〉의 필의가 나타난다.

일중 고체는 1970년대로 들어와서 완성기를 맞게 되는데 1960년대와 비교하여 다소 변화가 보인다[도판은 〈시엽산방 8영〉(1978)[그림 14], 〈정과정〉(1978)[그림 15]에서 집자하였다].

① 자형이 길어진다[그림 16].

② 점획의 굵기가 비슷하다[그림 17].

③ 자형의 길이 변화가 적어진다. 세로획 모음이 길어지고 왼쪽에 오는 자음은 길이가 짧아진다. 그뿐만 아니라 세로획 모음 'ㅏ, ㅑ, ㅓ, ㅕ'의 점획은 상단으로 높

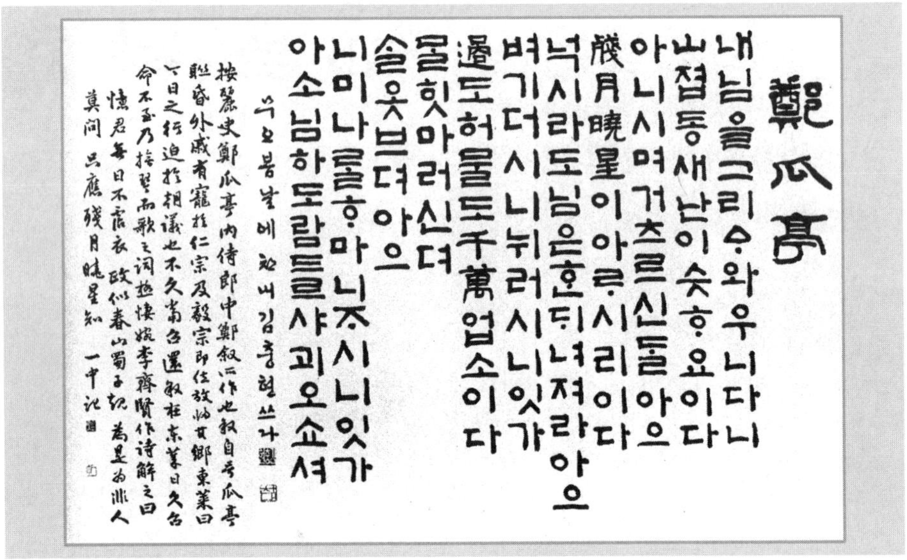

그림 15 〈정과정〉(1978)

여 접필했다[그림 16, 17, 20].

④ 'ㅅ, ㅈ, ㅊ'의 'ㅅ'에서 오른쪽 획을 약간 짧게 썼다. 특히 'ㅅ'의 2획은 첫 획보다 조금 내려서 접필했다[그림 19].

⑤ 세로획 앞에 오는 'ㄱ'의 가로획이 길고, 'ㅁ, ㅇ'은 다른 자음보다 작게 썼다[그림 20].

⑥ 'ㄷ,ㅌ'에서 첫 획이 'ㄴ'보다 왼쪽으로 조금 나간다. 'ㄹ'도 같은 방법으로 접필하였다. ㄷ, ㅌ, ㄹ은 같은 원리로 자형이 변화되었다[그림 21].

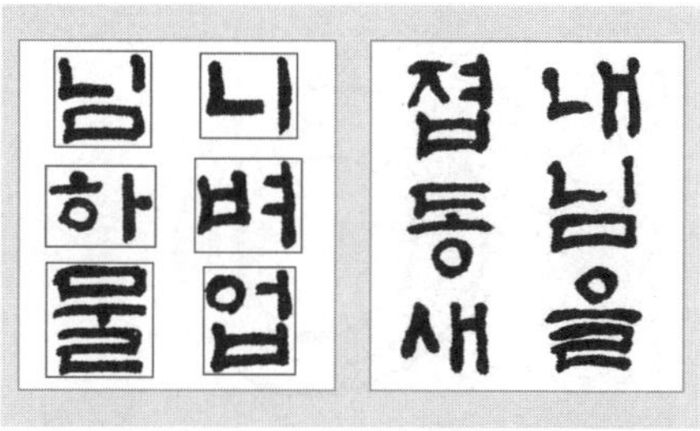

그림 16 자형 그림 17 굵기

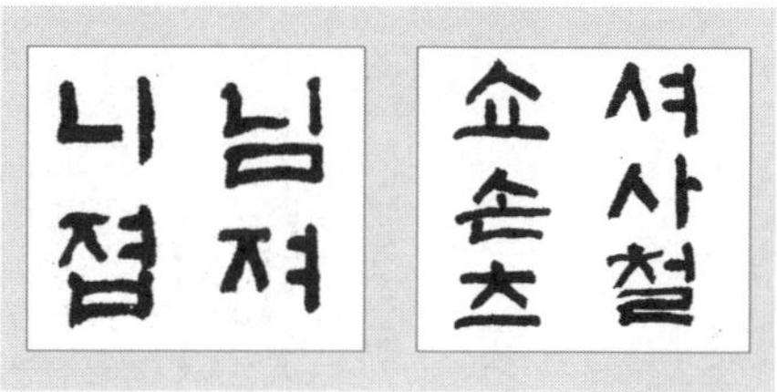

그림 18 자형의 길이 그림 19 ㅅ의 필법

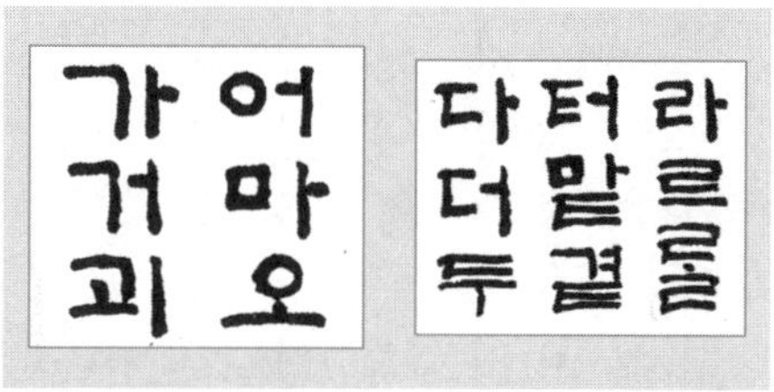

그림 20 ㄱ, ㅁ, ㅇ의 크기 그림 21 ㄷ, ㅌ, ㄹ의 필법

2) 국한문 혼서체

일중의 서체 명칭에서 '행서, 국한문 혼서체'라는 용어가 『일중서예강의』 제1집(1963.6.20)에 나타난다. 한문 행서와 혼서된 한글은 궁체와 비슷하나 점획이 둔탁하여 예서의 기운이 나타난다.

그리고 1952년 대구에서 발행된 김충현 선생 『펜습자』는 한글의 정자, 흘림(차례에는 정자를 해서, 흘림을 행서로 괄호 속에 표시했음)과 한자의 해서, 행서 자료를 제시했다. 또 「독립선언문」 서간문(행서, 초서), 이력서, 봉투, 엽서 쓰기 자료가 수록되었다. 발표자는 이것을 궁체(정자, 흘림) 쓰기 지도에 적용한 바 있다. 일중은 그 머리말에서 글씨(경필) 잘 쓰는 방법을 첫째, 정확하고, 둘째, 아름답고, 셋째, 빠르게 써야 한다고 했다. 이것은 경필 쓰기의 방법이다.

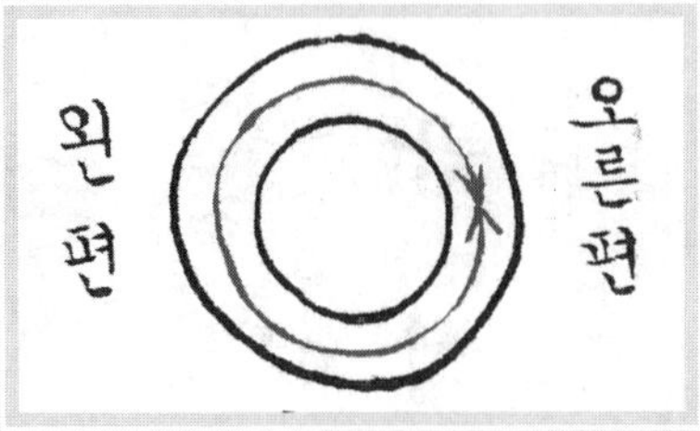

그림 22 ㅇ 쓰기(우리 글씨 쓰는 법)

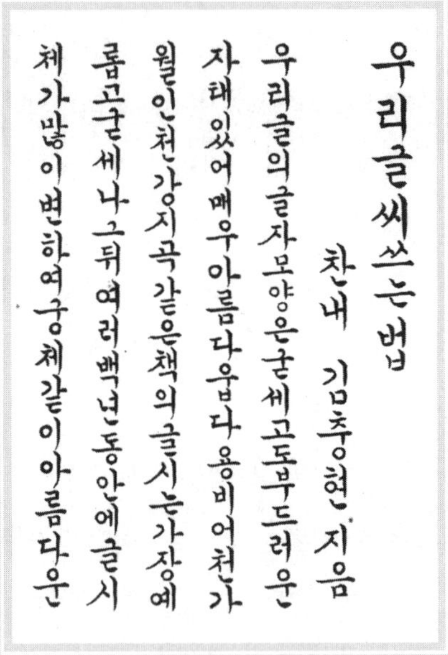

우리글씨쓰는법

찬내 김충현 지음

우리글의글자모양은굳세고도부드러운
자태있어매우아름다웁다용비어천가
월인천강지곡같은책의글시는가장예
롭고굳세나그뒤여러백년동안에글시
체가많이변하여궁체같이아름다운

그림 23 〈우리 글씨 쓰는 법〉(1942)

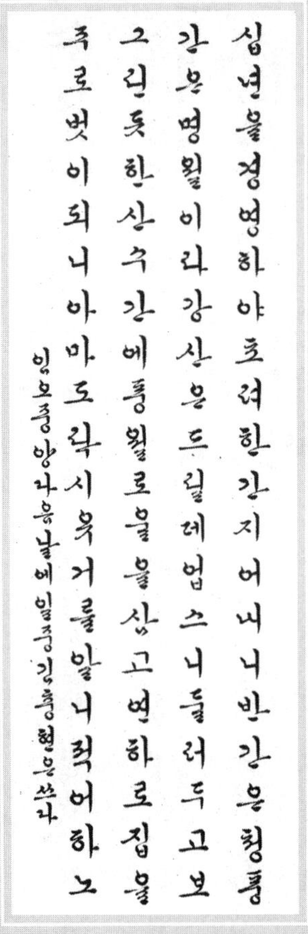

십년을경영하야초려한간지어내니반간은청풍
간은명월이라강산은드릴데업스니둘러두고보
그린듯한산수간에풍월로울을삼고연하로집을
주로벗이되니아마도락시욱거를알니적어하노
임오중양다음날에일중김충현은쓰다

그림 24 〈고시조〉(1942)

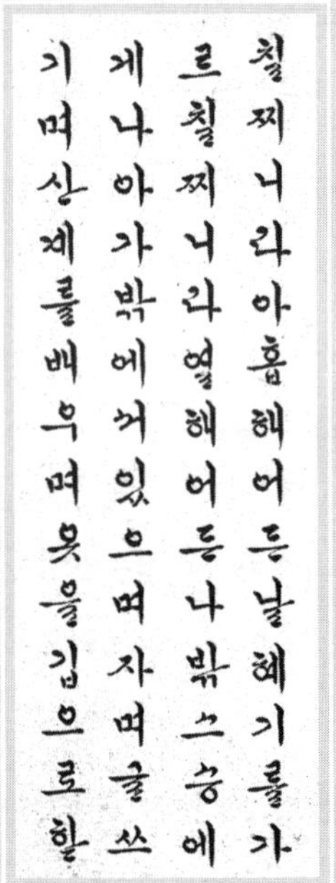

칠찌니라아홉해어든날혜기를가
르칠찌니라열해어든나밖스승에
게나아가밖에거있으며자며글쓰
기며산계를배우며옷을깁으로할

그림 25 〈소학〉(1955) 일부

3) 궁체

일중은 중동학교를 졸업하던 해(1942) 독학으로 연구·정리한 것을 책으로 엮어 『우리 글씨 쓰는 법』[그림 23]이라 했다. 모필로 쓴 이 책은 궁체를 체계적으로 정리한 것으로 글씨 자체만으로도 세련미를 보인다. 특히 'ㅇ' 쓰기의 설명이 구체적이다[그림 22]. "획 속에 가는 줄은 붓 움직임을 보인 것이며 ×는 시종을 표한 것이다. 반드시 오른편에서 시작하여 한 붓끝으로 한 바퀴 돌아 맞추라. 위아래로 도는 것은 편할 대로 하라. 궁체는 오른편을 맞추기 때문이며 이는 정자에만 쓴다"라고 한 것이 그것이다. 'ㅇ'을 두 번에 쓰지 않고 한 붓으로, 오른편에서 기필과 수필이 이루어진다는 것이다.

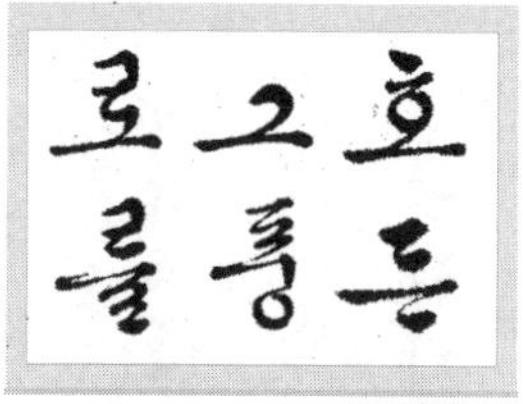
그림 26 길고 가는 가로획

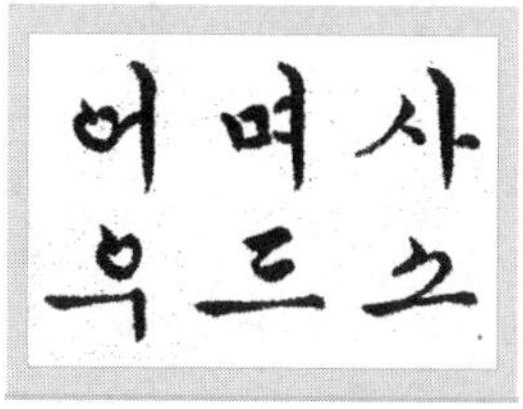
그림 27 가로획과 세로획의 방향

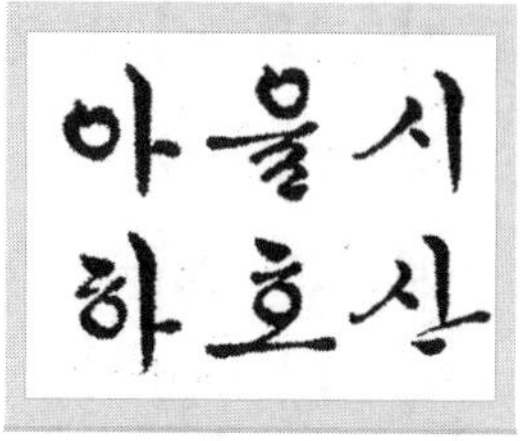
그림 28 자음 ㅇ, ㅎ의 크기와 ㅅ의 길이

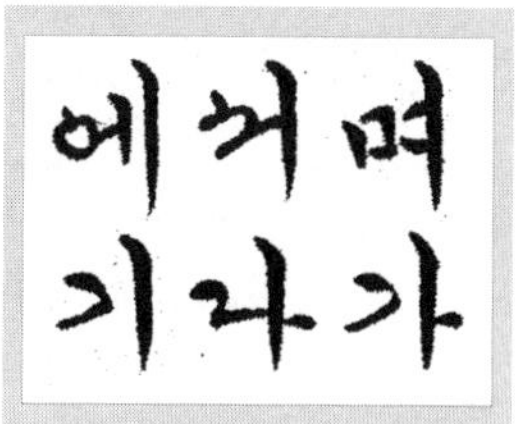
그림 29 세로획의 수필

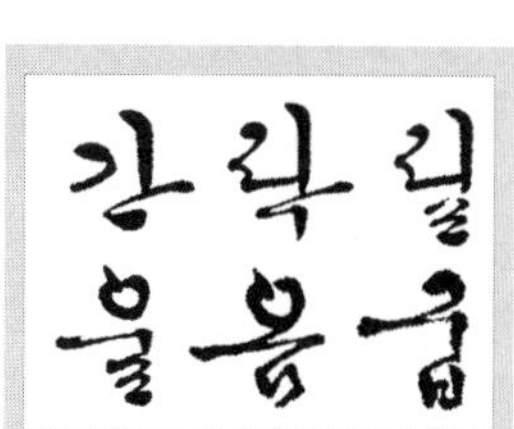
그림 30 받침의 크기

1978년 출판된 『일중 한글서예』(시청각교육사 발행)는 『우리 글씨 쓰는 법』같이 이론적 체계를 갖춘 것은 아니었으나 궁체 입문서로서의 역할을 다했다. 그러나 내용 구성상 여러 가지 자료의 통합으로 인해 일중 궁체의 변화 과정을 이해하고 감상하는 데 더 큰 의미를 갖게 한다.

1940~1950년대의 일중의 궁체 작품에 나타나는 특징을 분석해보면 다음과 같다[도판은 〈우리 글씨 쓰는 법〉(1942)[그림 23], 〈고시조〉(1942)[그림 24], 〈소학〉(1955)[그림 25]에서 집자하였다].

① 정자보다는 흘림 작품이 많고 조선시대 궁체의 고전적 특징을 살렸다.

② 가로획이 길고 가늘다[그림 26].

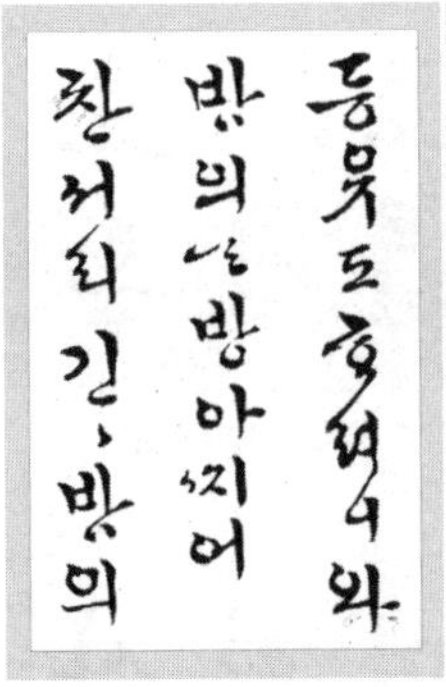

그림 31 연면과 방필 [〈농가월령가〉(1980)]

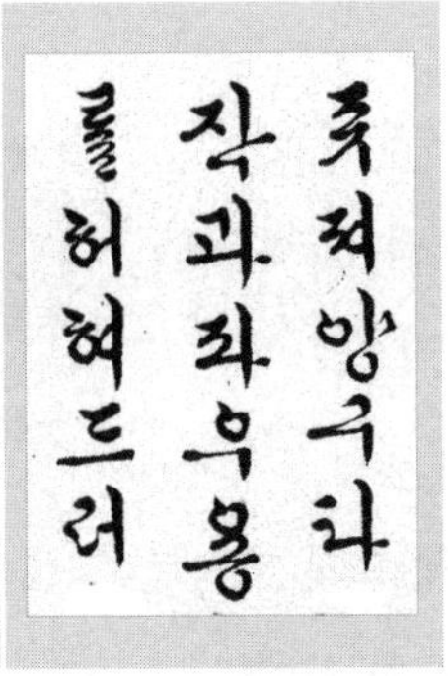

그림 32 세로획과 자형의 길이[〈노계가〉(1963)]

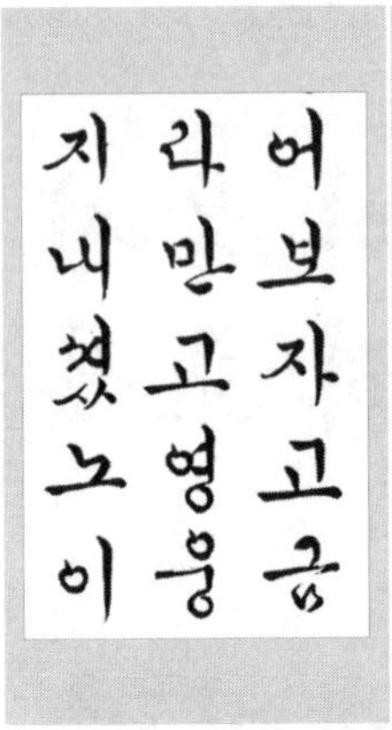

그림 33 글자의 너비 [〈고시조〉(1960)]

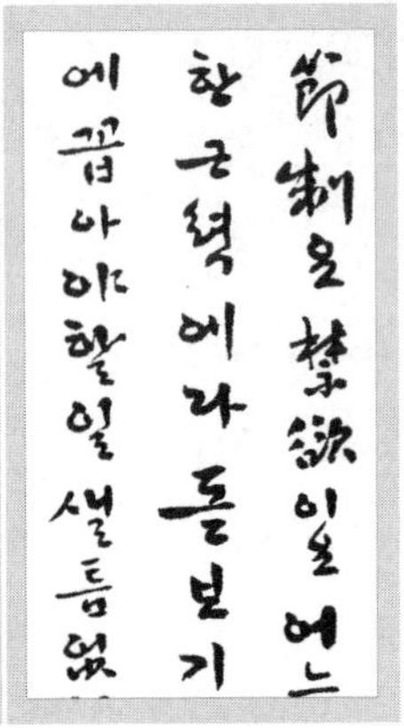

그림 34 국한문 혼서 [〈해어수시〉 부분(1966)]

③ 가로획은 수평, 세로획은 수직이다[그림 27].

④ 초성 'ㅎ'의 'ㅇ'은 크고, 세로획 앞에 오는 'ㅅ'의 첫 획이 길다[그림 28].

⑤ 세로획은 하단이 가늘어지고 수직으로 붓을 뽑았다[그림 29].

⑥ 대부분의 받침 글자가 작다[그림 30].

1960년대 이후는 일중 궁체 서풍이 완성기라고 규정하고 그 특징의 몇 가지를 살펴본다[도판은 〈고시조〉(1960), 〈한림별곡〉(1960), 〈노계가〉(1963), 〈농가월령가〉(1980)에서 집자하였다].

① 자형의 길이가 짧아졌다[그림 31].

② 세로획은 굵기 변화가 크며, 수필 방향이 왼쪽으로 쏠린다[그림 32].

③ 글자의 너비와 길이가 일정하게 갖추어졌다[그림 32].

④ 국한문 혼서의 경우 한글 점획에 굵기 변화가 나타났다[그림 33].

⑤ 진흘림에서 글자와 글자의 연면과 방필을 섞어 자유롭고 경쾌함이 나타난다[그림 34].

3. 작품의 창작

1) 작품 소재의 선택

국어교사의 경험이 작용했을 수도 있으나 문장의 선택은 고문이 많았고 내용은 교훈적이다. 크게 구분하면 고전 문학작품, 현대문학작품, 자작시조 등이다. 그 밖에 금석문이나 현판 등은 가장 많은 비중을 차지하고 있다. 대략을 열거해보면 다음과 같다.

① 고전 문학 작품: 〈상춘곡〉, 〈강촌별곡〉, 〈사모곡〉, 〈정읍사〉, 〈도산가〉, 〈동동〉, 〈월인천강지곡〉, 〈용비어천가〉, 〈농가월령가〉, 〈관동별곡〉, 〈정과정〉, 〈노계가〉, 〈고시조〉, 〈두시언해〉, 〈소학언해〉 등

② 현대문학 작품: 〈조국강산〉(이은상), 담원 선생 시문(〈삼일절〉 노래, 〈제헌절〉 노래, 〈광복절〉 노래, 〈개천절〉 노래)

③ 자작시문: 〈시엽산방 8영〉, 〈명경수병〉 등 다수

④ 기타: 금석문(가장 많음), 현판

2) 서체의 선택

① 고체

- 자형의 길이가 짧고 자폭이 넓은 것
- 가로획, 세로획에 굵기 변화와 움직임이 나타나는 것
- 모음의 세로획이 긴 것
- 〈동동〉같이 모음에 오는 점획을 모두 아래아(·)를 사용한 것

② 궁체

- 고전적 궁체의 용필과 자형을 따른 것
- 1960년대 이후의 독창적인 일중 서풍을 따른 것
- 그 밖에 궁체의 기본을 벗어나 국한문 혼서체로 쓴 것

3) 배자의 여백

① 고체

- 금석문을 제외하면 세로쓰기가 대부분으로 자간과 행간이 좁은 것
- 원문대로 배자하여 하단을 맞추지 않은 것
- 좌우상하를 맞추어 배자한 것
- 글자의 소밀에 따라 자형의 길이 변화를 주어 배자한 것

② 궁체

- 자간보다 행간이 넓은 것
- 띄어쓰기를 한 것
- 좌우상하를 맞추어 배자한 것

4. 맺음말

1967년 3월호 《신동아》(동아일보사)의 「한국의 얼굴 서예가 10인」에서 석도륜은 궁체 한글에서는 국내의 독보적인 존재로 한글(궁체)은 서단에서 그를 따를 자가 없다 하였다. 또 《계간 미술》(1978.5)의 '오늘의 서예가 10인'에서는 정음판본서체의 한글서법을 김응현과 더불어 초유의 창안자라 했다. 그의 작품세계는 국한문에 걸쳐 고아한 품격을 갖추고 있으며 궁체는 고전의 경계를 넘어 자신만의 세계를 구축했고 고체 또한 세종시대의 한글 자형에 기초한 독창적 자형과 필법으로 궁체 이후 또 하나의 서체를 완성하였다.

이 글을 작성하면서 금석문을 제외했다. 앞으로 오랜 시간이 걸리더라도 이것들의 탁본 작업을 통해 후속 연구가 필요하다고 본다. 이를 통해 일중 서예의 새로운 면모를 별견할 수 있으리라 기대한다.

일중 서예상 수상자로서 일부 자료만의 접근을 통해 무엇을 제대로 볼 수 있었을까 하는 부끄러움이 마음속에 가득하다.

참고문헌

건국대학교 도서관. 1973. 『동국정운』. 건국대학교 출판부.

김일근. 1973. 「한글 서체 변천사」, 《월간 서예》 창간호.

김정수. 1990. 『한국의 역사와 미래』. 열화당.

김충현. 1978. 『일중 한글서예』. 시청각교육사.

______. 1983. 『우리 글씨 쓰는 법』. 동산출판사.

______. 1997. 『일중 김충현 서집』. 이화문화출판사.

______. 1999. 『예에 살다』. 범우사.

노마 히데키. 2012. 『한글의 탄생』. 돌베개.

문교부. 1969. 『초등학교 교사용 교과용 글씨본』. 교학도서주식회사.

세종대왕기념사업회. 1978. 『분류두공부시언해』, 세종대왕기념사업회.

안병희. 1992. 『국어사자료 연구』. 문학과지성사.

예술의전당. 1991. 『한글서예 변천전』. 예술의전당.

윤양희. 1985. 『한글서예 지도 방법 개선을 위한 연구』. 한국교육개발원.

이상백. 1957. 『한글의 기원』. 통문관.

이종덕. 1998. 『일중 김충현』. 우일출판사.

일중 김충현 서집 편찬위원회. 1981. 『일중 김충현 서집』. 경미출판사.

임창순 외. 1981. 『한국 현대 서예사』. 통천문화사.

大角芳圓. 1984. 『書藝入門』. 東京: 二玄社.

小倉不折. 1982. 『小中學書寫指導』, 東京: 日貿出版社.

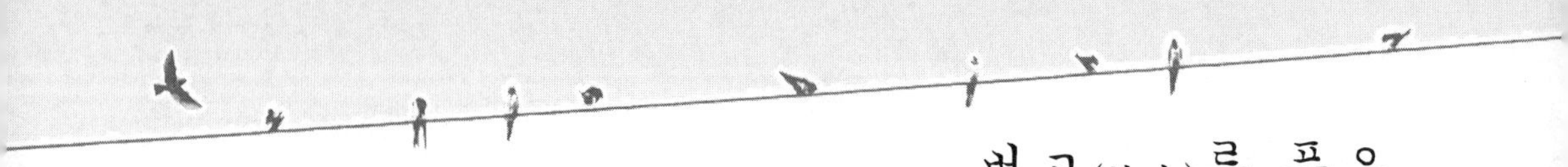

법고(法古)를 품은 창신(創新)의 김충현 현판글씨*

예서에서 '일중풍(一中風)'을 이루다

정현숙

열화당 책박물관 학예연구실장

1. 현판의 정의

현판(懸板)의 사전적 뜻은 '글자나 그림을 새겨 문 위나 벽에 거는 널조각'이다. 현판은 편액[扁額, 또는 현액(懸額)], 기문(記文) 편액, 주련(柱聯), 표지(標識)로 세분된다.[1] 편액은 대궐문이나 대전(大殿), 사찰의 일주문(一柱門)이나 누각, 사당, 정자 등의 문 위나 처마 아래에 걸어놓기 때문에 그 건축물의 명칭을 나타낸다. 그리고 편액의 글씨는 멀리 또는 아래에서도 식별할 수 있도록 대자로 쓰기 때문에 방서(榜書)에 속한다. 전각 안쪽 천장 가까이 거는 기문 편액은 주로 사찰의 중건·중수 사실을 기록하거나 시 또는 기행문을 적은 것으로, 금석학적 자료의 역할을 한다.[2] 주련은 좋은 글귀나 법문을 새겨 사찰이나 건축물의 기둥에 거는 현판이다. 세로로 긴 주련은 글자의 뜻 그대로 '글귀를 이어 기둥에 건다'는 의미에서 명명되었다. 표지는 건물이나

* 일중선생기념사업회 편, 『김충현 현판글씨, 서예가 건축을 만나다』(2015)에 실린 글이다. — 엮은이

1) 김충현, 『藝에 살다』(범우사, 2000), 194쪽.

2) 중건·중수기 현판의 의미와 실례는 신대현, 『한국의 사찰현판』 전 3권(혜안, 2002~2011) 참조.

단체 또는 모임의 명칭을 새긴 현판으로 주로 건물 입구의 우측에 세로로 길게 건다.

현판은 주로 나무 널빤지를 사용하고, 건물의 규모나 성격에 어울리게 색채와 장식을 더한다. 글씨는 금니, 은니, 먹, 호분 등을 쓰며 바탕색은 글씨의 색을 고려해 칠을 하거나 그냥 두기도 한다. 현판 중에서 편액은 보통 다양한 틀을 만들어 거기에 문양을 새기거나 색채를 가하기도 한다. 편액은 대부분 건물의 명칭을 담은 건물의 얼굴이므로 건물의 정중앙 처마 아래에 부착한다.[3] 누각이나 정자의 건물 내부에도 건물을 상징하는 글 또는 좋은 글귀를 담은 현판을 건다.

이 글은 다음의 순서로 논하겠다. 첫째, 현판 글씨의 연원과 그것이 지니는 의미를 중국과 한국의 역대 기록을 통해 찾아보고, 둘째, 김충현(1921~2006)이 현판을 쓰게 된 동기를 알아보고, 셋째, 그의 현판 글씨의 특징을 살펴보겠다. 마지막으로 현판 글씨와 그것이 걸린 건축물과의 비교를 통해 서예와 건축의 연관성을 고찰해보겠다.

2. 현판의 연원과 의미

현판의 연원은 중국 진(秦)나라로 거슬러 올라간다. 전국칠웅(全國七雄)의 하나였던 진국(秦國)이 중국을 통일한 후 문자를 통일하게 되는데, 이때 서체나 용도에 따라 문자를 팔체(八體)로 정리했다. 그 여섯 번째인 '서서(署書)'가 건물의 명칭을 쓰는 데 사용했던 편액 글씨다. 서서는 제서(題書) 또는 방서(榜書)라고도 하는데, 방서를 청나라 이후에는 벽과대자(擘窠大字)라고 했다.[4]

편액에 대한 더 구체적 기록은 한나라 때 나타난다. 한나라 사람들은 글씨를 중히 여겼다. 당시 명필은 명필이라는 이유만으로 높은 벼슬을 얻었고, 군주의 명으로 궁궐의 편액을 썼다. 서한의 장안세(張安世, ?~B.C. 62)는 글씨를 잘 써서 상서(尙書)에 봉해졌으며, 유방[후의 한 고조(高祖)]의 책사였던 소하(蕭何, ?~B.C. 139)는 고조(재위

3) 건축물이 짝수 칸인 경우는 왼쪽에 건다. 영암 전주 최씨 재실의 〈영모재〉, 녹동서원의 〈녹동서원〉이 여기에 해당되는데, 유가에서는 좌가 우보다 우위다.

4) 강유위, 『광예주쌍집』 상권, 정세근·정현숙 옮김(다운샘, 2014), 402쪽.

B.C. 206~B.C. 195) 6년(B.C. 201)에 〈창룡(蒼龍)〉·〈백호(白虎)〉 두 대궐의 편액을 쓰기에 앞서 3개월을 깊이 생각했는데, 그것을 보려는 사람들이 줄을 이었다.[5] 그는 털이 빠진 붓으로 편액을 썼는데 그 글씨는 전서(篆書)인 것으로 추정된다.

소하가 궁궐 이름을 쓴 후 양곡(梁鵠)·위탄(韋誕, 179~253)·위기(衛覬)가 방서로 칭송받았다. 이들 가운데 위탄이 가장 유명한데, 한단순(邯鄲淳, 132~220)을 스승으로 삼은 그의 필법을 배우기 위해서 종요(鍾繇, 151~230)는 그의 무덤까지 파헤쳤다. 위탄은 모든 서체를 두루 잘 썼는데, 특히 방서에 능숙해 한나라·위나라 궁관(宮館)의 편액은 모두 그가 썼다고 전해진다. 위나라 2대 황제인 조예(曹叡)가 능운대(陵雲臺)를 완성하고 그에게 편액을 쓰라 명했다. 그는 바구니에 실려 높은 곳에 올라가 해서로 〈능운대〉를 쓴 후, 그 두려움과 수치심으로 붓을 꺾고 이후로는 '절대 해서를 쓰지 말 것'을 가훈으로 남긴 고사는 잘 알려져 있다. 이후 동진의 왕헌지(王獻之, 348~388)도 사안(謝安)으로부터 태극전(太極殿)의 액자(額字) 의뢰를 받았으나 위탄의 이야기를 상기하면서 거절했다.

북조에도 방서로 이름이 알려진 사람들이 많다. 북위 낙양 궁전의 현판을 쓴 사람은 심함형(沈含馨)과 강식(江式, ?~523)이었다. 강식은 전서를 잘 써서 낙양 궁전문의 편액을 썼다.[6] 역도원(酈道元)은 『수경주(水經注)』에서 "낙양 궁전문의 편액에 대전이 많았다. 낙양으로 천도하고 나서 비로소 중서사인(中書舍人) 심함형에게 명하여 예서로 그것을 쓰게 했다"라고 했다. 이는 동한의 수도 낙양의 현판은 주로 전서였는데, 북위의 수도가 된 후 심함형에 의해 예서로 바뀌었음을 말해준다. 북위 천도 이전에 북경인 평성(平城)의 대전(臺殿)·누관(樓觀)·궁문(宮門)의 서서를 쓴 사람은 두근(竇瑾)·두준(竇遵) 부자였다. 『위서』「두준전」에는 '준은 해서와 전서를 잘 썼고 북조 경성(京城)의 여러 비와 대전·누관·궁문의 서서는 대부분 준의 글씨였다'고 기록되어 있다.

5) 정세근·정현숙, 「康有爲『廣藝舟雙楫』「自敍」 및 「本漢」편 譯註, 《木簡과 文字》 10(2013), 345쪽; 강유위, 앞의 책, 204, 402쪽.

6) 정현숙, 「康有爲『廣藝舟雙楫』「傳衛」·「寶南」·「備魏」편 譯註, 『木簡과 文字』 11(2013), 268쪽, 주 39; 강유위, 앞의 책, 224쪽, 주 37.

조문심(趙文深)7)은 북주 무제 천화(天和) 2년(567)에 노침(露寢, 천자의 성전)이 완성되자 그 제방(題牓)을 쓴 공으로 조흥태수(趙興太守)에 임명되었다. 황제는 방서를 쓸 때마다 다시 그를 불렀으니 방서를 중하게 여김이 이처럼 지극했다.

당나라 때는 왕지경(王知敬)과 은중용(殷仲容)이 서서에서 이름을 나란히 했다. 측천무후의 부름을 받아 한 사람이 한 사찰의 편액을 썼는데, 은중용의 〈자성사(資聖寺)〉와 왕지경의 〈청선사(淸禪寺)〉는 독자적으로 뛰어나 그 이름을 날렸다. 이와 같이 방서는 쓰기가 지극히 어려워 그것을 잘 쓰는 사람을 세상에서 중히 여겼다.8)

현판의 의미는 현대 중국에서도 마찬가지다. 전형적인 중국 가정의 정원을 보면 누각, 정자, 다리 등의 장식적 건축물에는 탐춘정(探春亭)·문앵정(聞鶯亭)·취성정(聚聖亭)·남월교(攬月橋)와 같은 시적인 이름을 붙이고, 명서가들의 다양한 서체로 새긴 편액이 걸려 있다. 그 글씨들은 장식성뿐만 아니라 그 장소의 중요성을 의미한다.9) 대부분의 중국 사업가들은 자신들의 회사나 가게의 간판과 현수막 위에 쓰인 한 점의 좋은 글씨는 행운을 가져온다고 믿기 때문에 훌륭한 서예가를 찾아가 글씨를 부탁한다. 그들은 그것을 얻기 위해서라면 큰 대가라도 기꺼이 지불한다. 간판의 글씨가 완성되면 간판을 걸기 전에 그 앞에 향을 피우고 의식을 행한다. 이것은 분명히 간판을 거는 것에 대한 배려와 경의, 그리고 사업가들에게 그 현판이 뜻하는 바가 얼마나 큰지 잘 보여준다.10) 한 개인의 현판도 이러하거늘 궁궐이나 사찰, 또는 유적지 현판의 의미는 짐작하고도 남음이 있다.

한편 우리나라에서 현판은 삼국시대에 처음 등장한다. 『삼국사기』, 『삼국유사』, 『동문선』 등의 문헌에 편액이 있었다는 기록이 있다. 통일신라시대의 것으로 공주 마곡사 대웅보전(보물 제801호)의 현판 〈대웅보전(大雄寶殿)〉은 신라의 명필 김생(金生, 711~791년 이후)이 쓴 것으로 전해진다. 그렇다면 이것은 우리나라의 현존 현판

7) 본명이 조문연(趙文淵)이었으나 당 고조 이연(李淵)의 휘를 피하여 심(深)으로 고쳤다.

8) 강유위, 앞의 책, 405~406쪽.

9) 장이(蔣彝), 『서예 미학과 기법』, 정현숙 옮김(교우사, 2009), 7~8쪽.

10) 같은 책, 4~5쪽.

중에서 가장 오래된 것이다. 통일신라 말기의 명필 최치원(崔致遠, 857~?)도 현판과 같은 성격의 필적을 남겼다. 하동 쌍계사 입구 길 좌측 큰 바위에 〈석문(石門)〉, 우측 바위에 〈쌍계(雙磎)〉라고 새겨진 큰 석각이 있는데, 글씨를 붉은 색으로 칠하여 눈에 띈다. 비록 현판이 아닌 금석문이지만 일주문으로 올라가는 입구에 표시한 것으로 현판과 같은 역할을 한다.[11]

고려시대에는 공민왕(재위 1352~1374)의 편액이 있다. 영주 부석사의 〈무량수전(無量壽殿)〉, 안동군청의 〈안동웅부(安東雄府)〉, 안동 낙동강변의 〈영호루(映湖樓)〉는 모두 공민왕의 어필이다. 속리산 법주사 복천암에는 그의 모사 편액 〈무량수(無量壽)〉가 있다.

조선시대에는 사찰은 물론 궁궐 전각, 도성(都城) 문루(門樓), 지방 관아와 향교, 서원, 심지어 고관의 주택에까지 편액이 걸렸다. 이때는 당대의 명필은 물론 어필(御筆)과 선필(禪筆)도 많았다.[12] 조선시대에는 현판의 의미는 매우 진중했고 그 제작이 성행했던 것으로 보인다.

근대기에는 김규진(金圭鎭), 김돈희(金敦熙), 서병오(徐丙五), 오세창(吳世昌), 정현복(鄭鉉福), 박세림(朴世霖), 유희강(柳熙綱) 등이 현판을 남겼다. 20세기 후반에는 대통령 이승만이나 박정희도 편액 글씨를 썼다. 해인사 설법문 안쪽에 걸린 〈해인대도장(海印大道場)〉(1953), 영주 부석사 안양루의 〈부석사(浮石寺)〉(1956), 북한산성 문수사의 〈문수사(文殊寺)〉, 양주 흥국사의 〈흥국사(興國寺)〉는 이승만 대통령의 하사필(下賜筆)이다. 그의 글씨는 초서 필의가 많은 행서다. 김천 직지사의 〈사명각(四溟閣)〉,[13] 경주 불국사 불이문(不二門)의 〈토함산 불국사(吐含山佛國寺)〉는 박정희 대통령의 하사필이다.[14] 그의 글씨는 행서의 필의가 있는 해서다.

현대에 이르러 김충현과 동시대 서예가인 송성룡(宋成龍), 손재형(孫在馨), 김기승(金基昇), 김응현(金應顯) 등도 다양한 장소에 자신들의 고유한 서풍으로 현판 글씨를

11) 金一斗, 『名刹扁額巡歷』(한진출판사, 1980), 27쪽.
12) 어필 편액은 같은 책, 35~70쪽; 사대부와 명필 편액은 같은 책, 71~106쪽 참조.
13) 성보문화재보존연구원, 『直指社(本寺篇)』(대한불교조계종 제8교구 직지사, 1994), 78쪽.
14) 두 대통령이 현판을 쓴 내력은 김일두, 앞의 책, 164~168쪽 참조.

남겼다. 21세기에 들어 한국에서 현판에 대한 경이로움이 이전에 비해 약해지긴 하였으나, 그것이 지니는 역사적·문학적·금석학적·서예사적 의의는 결코 가볍게 취급될 수 없고, 소중한 문화재로 보전되어야 할 것이다.

3. 김충현의 현판 창작 경위

김충현의 현판이 걸린 장소는 궁궐, 사찰, 사당, 서원, 서당, 미술관, 대교(大橋), 명사(名士)의 생가 또는 고택, 전적지(戰跡地), 자택 등 다양하다. 작성 시기는 1942년대부터 1997년까지로 반세기에 걸쳐 있으며, 편액이 주를 이룬다. 『김충현 현판글씨, 서예가 건축을 만나다』에 실린 175점의 현판에서 한글 열 점 이외에는 모두 한문이며, 한문은 주로 예서로 쓰였다. 현판의 수는 한 서예가의 것으로는 실로 방대한 양이다. 이는 당시 현역 서예가로는 단연 으뜸이며, 한국 서예사에서도 뛰어난 업적이다. 김충현은 어떻게 이처럼 많은 현판을 쓰게 된 것일까. 그에게 현판의 의미는 무엇이며, 현판 글씨를 임할 때의 마음가짐은 어떠했을까. 그의 글 속에서 답을 찾아보자.

김충현은 〈한강대교〉의 창작 경위를 이렇게 말한다. "한글인 〈한강대교〉(1957) 제자는 당시 서울시의 부탁으로 쓰게 되었다. 6·25 전란으로 파괴된 한강대교가 1956년 완전히 복구되어 준공식을 가졌다. 지금까지 제1한강교 입구를 지키고 있는 제자(題字)를 부탁해온 시청 직원의 태도나 그가 준비해온 물건을 보고 나는 놀랐다. 그 보따리 안에는 당시에는 보기 드문 한지가 글씨 쓰기 좋은 크기로 수십 장 준비되어 있었다. 내가 물었다. "내 글씨를 받는데 어떻게 이런 준비를 다 해왔습니까?" 시청 직원이 대답했다. "사실은 이 대통령께 휘호를 받으려고 경무대에 이것을 준비해 갔는데 대통령께서 한글서예는 익숙지 않으니 선생을 찾아보라는 지시가 있어 이렇게 찾아왔습니다." 이 말을 듣고 나는 이승만 대통령이 내 이름을 알고 있다는 사실에 놀랐지만 그 시청 직원의 정중한 태도를 이해할 수 있었다. 내가 또 한 번 놀란 것은 제자에 대한 사례금이었다. 대통령의 한마디 덕분에 지금 돈으로 약 100만 원 정도의 많은 사례금을 받았다."[15] 이는 35세 젊은 서예가 김충현의 당시 위상을 잘 보여주는 대목이다.

안진경풍의 해서로 쓴 대표적 현판으로는 경복궁 동편에 복건된 〈건춘문(建春門)〉(1961), 서쪽에 세워진 〈영추문(迎秋門)〉(1975)이 있다. 그는 이 두 현판에 대해 이렇게 회고했다. "옛날에는 대궐문의 현판은 명필로서 높은 벼슬을 한 사람이 썼다는 전통이 있어 지금도 나는 두 대궐문의 현판을 쓴 데 대해 일생의 영광으로 삼고 있다."[16] 이 대목은 마치 한나라의 소하가 〈창룡〉·〈백호〉 동서 두 대궐의 현판 쓴 일을 연상시킨다. 대궐 현판의 가치와 의미를 새삼 일깨워주는 대목이다.

그는 사직공원의 〈사직단(社稷壇)〉(1962) 현판도 썼다. 사직단은 옛날에 임금이 백성을 위해 토신과 곡신을 모시고 제사를 지내던 제단으로, 그 유지(遺址)가 사직공원에 남아 있다. 이러한 제단 현판을 썼다는 것도 당시 그의 인지도를 자명하게 보여준다.

김충현은 전국 명찰의 일주문 현판도 많이 썼다. 일주문은 사찰에 들어서는 산문(山門)의 첫 번째 문으로, 예로부터 명찰(名刹)의 일주문 현판은 명필이 썼다. 그도 순천 송광사, 고창 선운사, 김제 금산사 등 전국 유명 사찰의 일주문 현판을 많이 썼는데, 이것은 그가 '불자라서가 아니라 많은 사람들이 보게 되고 오래 남게 될 것이라 여겼기 때문'이다.[17] 사찰 현판 가운데 일주문 현판이 열두 점으로 가장 많다.

같은 해 경기도 파주 〈앙지대(仰止臺)〉(1973) 현판과 앙지대 중건비(1978)도 썼다. '앙지대'는 조선 태조 때 정승 황희(黃喜)가 만년에 은거하며 시조도 짓고 한유하며 보내던 곳이다. 김충현은 '조선조 500년을 통틀어 가장 명정승인 황희의 유적이자 그의 동상이 서 있는 앙지대에 자신의 글씨로 현판과 앙지대의 내력을 알리는 중건기를 남겼다는 것은 자신뿐만 아니라 조상에게도 자랑스러운 일'이라고 말했다.[18] 김충현이 들려주는 현판을 쓰게 된 동기와 소회를 통해 우리는 그가 자타가 안정하는 당대의 명필임을 확인할 수 있다.

15) 김충현, 앞의 책, 40~41쪽.
16) 같은 책, 56쪽.
17) 같은 책, 69쪽. 사찰 현판 가운데 일주문 현판이 열두 점으로 가장 많다.
18) 같은 책, 70쪽.

4. 법고와 창신의 김충현 현판글씨

김충현의 현판 글씨는 한문이 압도적이다. 한문은 오체(五體)로 쓰였지만 예서가 대부분을 차지한다. 초서는 낙관에서만 쓰였다. 전체에서 한글이 열 점이라는 것은 현판에서 한글이 그다지 보편화되지 않았다는 것을 말한다. 먼저 한글을 간략하게 살펴보자.

한글에는 궁체(宮體)가 두 점, 고체(古體)가 여덟 점 있다. 궁체인 〈한강대교〉(1957)와 〈서울대학교〉(1964)는 세로쓰기인데 정연하면서 전아(典雅)한 서풍이 한글의 아름다움을 잘 보여준다. 이들은 600년 한글서예의 역사를 고스란히 담고 있는 김충현 궁체의 전범을 보여주는 대표작으로, 장엄한 대교와 국립대학의 위상이 해정한 글씨와 잘 어우러진다. 그의 궁체는 대대로 집안에 내려온, 궁중과 주고받은 편지들과 소장본에 근거한다.[19]

김충현은 한글 창제 초의 판본체를 자신의 풍으로 바꿔 '고체'라고 불렀는데, 〈한강대교〉와 〈서울대학교〉를 제외한 여덟 점은 모두 고체로 쓰였다. 제주도의 〈순의문〉(1978), 천안의 〈독립기념관〉(1986), 삼척의 〈삼척문화예술회관〉(1994), 여주 영릉의 〈훈민문〉(1997)은 모두 한글을 쓰는 순서대로 왼쪽에서 오른쪽으로 썼다. 위에서 아래로 쓴 것은 〈원효대교〉(1982), 〈동호대교〉(1984), 〈대법원〉(1995), 대련 형식의 자택 주련 〈봄빛〉(1993)이 있다. 〈봄빛〉은 편액과는 달리 굵기에 변화가 있고 단아한 분위기를 연출한다. 자택에 걸릴 글씨라 편안한 마음으로 썼음을 알 수 있다.

이제 한문 글씨를 용도별로 편액, 기문 편액, 주련으로 나누어 각 글씨의 특징을 살펴보자. 표지는 두세 점에 지나지 않으므로 생략한다.

19) 김세호, 「一中 金忠顯의 한글서예 — 조선의 역사가 담겨 있다」, 『일중 김충현 한글서예』(미술문화원, 2013), 116~119쪽. 그의 궁체가 궁체 소장본에 근거한다는 것은 조선 19세기 순조대의 『제물정례책祭物正禮冊』(백악미술관 소장)과 김충현의 〈농가월령가〉 목판본(오옥진 각)을 비교해보면 알 수 있다.

1) 편액

건물 명칭을 표시한 편액의 서체로는 예서가 가장 많고 해서·행서·전서 순이다. 고대 현판 서체의 변천을 따라 김충현의 편액 글씨를 논하겠다.

첫째, 전서 편액이다. 사찰 편액은 일주문 편액과 당우(堂宇) 편액으로 나눌 수 있다. 일주문 편액은 모두 열두 점으로 6~8자로 구성되어 있으며, 서체는 전서와 해서가 각각 한 점이고 나머지는 예서다. 전체 편액에서 전서는 두 점이다. 첫째는 창문여고 표석인 〈기영관(祈永館)〉(1980)으로, 김충현 소전의 빼어남을 보여준다. 둘째는 동두천 자재암의 〈경기 소금강(京畿小金剛)〉(1982)[그림 1]이다. 그 글씨는 전형적인 소전이고 낙관은 초서인데 상형에 가까운 글씨와 간이함을 좇은 초서가 한 작품 안에서 서로 고유한 색깔을 드러낸다. 원필(圓筆)의 곡선미, 소밀(疎密)을 갖춘 결구에서 김충현 전서의 정수를 보여준다. 같은 시기에 같은 장소에 쓴 〈소요산 자재암(逍遙山自在庵)〉(1982)[그림 2]은 예서로 쓰여 두 서체의 다른 맛을 감상할 수 있다.

둘째, 해서 편액이다. 이것은 안진경풍과 북위풍으로 쓰였는데 전자가 후자보다 훨씬 많다. 특히 초기의 작품은 대부분 안진경풍이다. 경복궁의 〈건춘문(建春門)〉(1961)·〈영추문(迎秋門)〉(1975), 창경궁의 〈문정문(文政門)〉(1986)과 사직공원 안의 〈사직단(社稷壇)〉(1962), 동국대학교의 〈정각원(正覺院)〉(1979)은 안진경풍 해서의 대표작으로 모두 1960~1970년대 그의 나이 40~50대에 쓴 것이다. 경복궁의 〈만춘전(萬春殿)〉(1988)도 필법에서는 안진경법이 덜 드러나나 힘찬 서풍은 안진경풍이다. 이들은 작가의 중년기 것으로 그 웅강무밀한 서풍이 궁궐과 제단, 불경과 관련된 건물 명칭의 글씨 서풍으로 적합하다. 반면 비교적 이른 시기의 것인 〈노강서원(鷺江書院)〉(1969)은 예외적으로 원필의 북위풍 해서로 썼다.

일주문 편액인 김제의 〈모악산 금산사(母岳山金山寺)〉(1975)[그림 3]도 풍후한 안진경풍으로 획의 굵기에 변화가 없는 힘찬 글씨다. 웅장한 일주문의 건축 규모와 웅건한 서풍이 서로 잘 어우러진다. 하남의 〈사충서원〉(1968), 포천 옥병서원의 〈숭현각〉(1980), 1980년에 쓴 김천 직지사의 〈관음전〉·〈약사전〉·〈만세루〉·〈황악루〉, 진천 길상사의 〈홍무전〉(1976)도 안진경 풍이다. 그중 직지사의 〈약사전〉과 〈황악루〉에

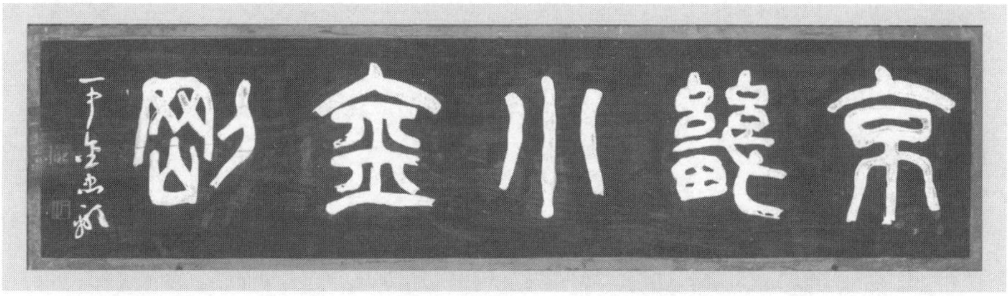

그림 1 김충현, 〈경기 소금강〉(1982, 전서, 44.5×179cm, 동두천 자재암)

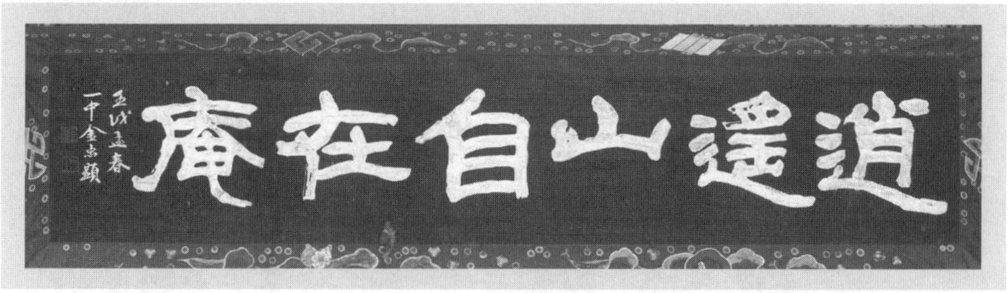

그림 2 김충현, 〈소요산 자재암〉(1982, 예서, 73×275cm, 동두천 자재암)

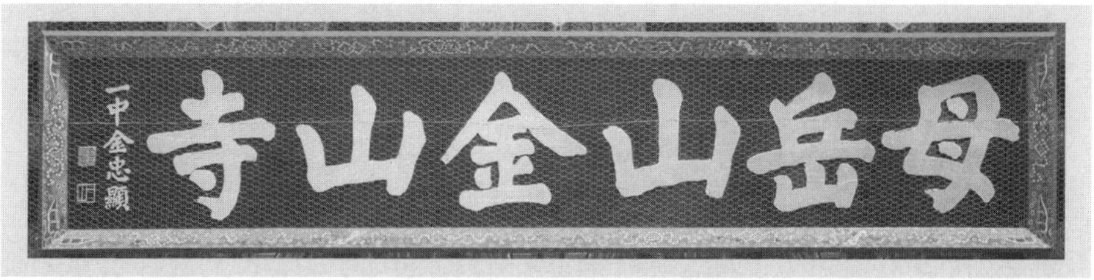

그림 3 김충현, 〈모악산 금산사〉(1975, 해서, 50×220cm, 김제 금산사)

는 북위풍도 약간 가미되어 있어 같은 해 같은 사찰의 해서 편액이 네 점이라는 점을 감안하여 약간의 변화를 시도한 것으로 보인다. 직지사 〈관음전〉[그림 4]을 손재형의 경주 불국사 〈관음전〉[그림 5]과 비교해보면 당대를 풍미한 두 서가의 서풍이 다름을 알 수 있다.

대웅전 편액 네 점 중 세 점은 해서다. 순천 송광사의 〈대웅보전〉은 안진경풍 해서며, 공주 동학사의 〈대웅전〉(1980), 인천 홍륜사의 〈대웅전〉(1980)은 북위풍 해서로

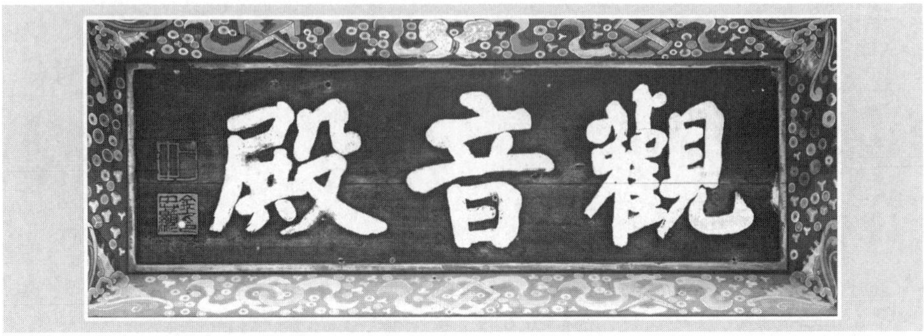

그림 4 김충현, 〈관음전〉(1980, 해서, 80×170cm, 김천 직지사)

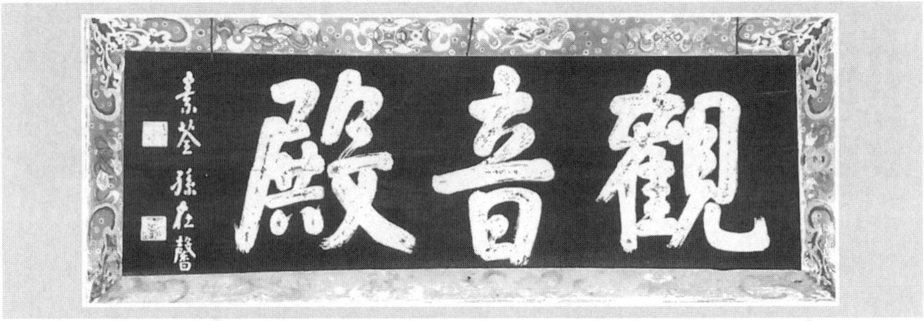

그림 5 손재형, 〈관음전〉(해서, 경주 불국사)

같은 작품이다. 하나는 원본, 다른 하나는 복제본으로 추정된다.

한국 서단에서 북위풍 해서가 유행하던 20세기 후반에도 김충현의 해서 현판은 대부분 안진경풍이다. 안진경 글씨의 장법과 결구는 무밀한 〈부각송(郙閣頌)〉에서 나왔다. 한나라 팔분(八分) 가운데 지금의 해서에 가까운 〈고이궐(高頤闕)〉도 안진경 글씨와 닮았다. 대단히 힘찬 안진경의 〈배장군시(裴將軍詩)〉도 한나라 팔분의 필법을 초서에 사용했기 때문에 색다른 형태가 많다.[20] 후대 사람들이 안진경 글씨를 열심히 받들었음에도 그 힘찬 필력의 근원을 아는 사람이 드물었다. 안진경 글씨의 근원이 한나라 예서에 있으므로 안진경풍에 능숙하기 위해서도 한예는 반드시 공부해야 함

20) 정세근 · 정현숙, 위의 글, 350쪽; 강유위, 앞의 책, 204쪽.

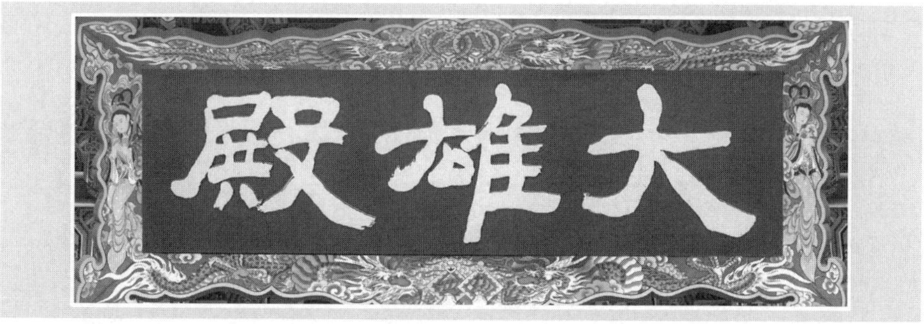

그림 6 김충현, 〈대웅전〉(1971, 예서, 약 66×235cm, 광주 증심사)

을 김충현은 숙지하고 있었던 것 같다.[21] 고법에 충실한 그의 예서는 무밀한 안진경풍을 가능하게 했고, 마침내 '일중풍' 예서를 만들었다.

셋째, 예서 편액이다. 예서 편액 가운데 서울 사육신묘의 〈신도비각〉은 유일하게 왼쪽에서 오른쪽으로, 단정하고 정연한 표준 예서로 썼다. 예서로 쓴 일주문 편액은 열 점이다. 고창의 〈도솔산선운사(兜率山禪雲寺)〉(1972), 완주의 〈종남산송광사(終南山松廣寺)〉(1974), 순천 송광사의 〈승보종찰조계총림(僧寶宗刹曹溪叢林)〉(1975), 단양의 〈소백산구인사(白山救仁寺)〉(1978), 대구의 〈팔공산파계사(八公山把溪寺)〉(1980), 청도의 〈호거산운문사(虎踞山雲門寺)〉(1980), 동두천의 〈소요산자재암〉(1982), 부안의 〈능가산내소사(楞伽山來蘇寺)〉(1984), 양평의 〈용문산용문사(龍門山龍門寺)〉(1986), 삼척의 〈두타산천은사(頭陀山天恩寺)〉(1995)가 그들이다. 일주문 편액은 정도의 차이는 있으나 마지막 것을 제외한 대부분은 파책이 절제되고 획의 굵기가 일정하며, 정방형에 가까운 고예의 특징을 보인다. 사찰 입구를 알리는 일주문 글씨의 웅건무밀함은 일주문이라는 무게에 걸맞은 서풍이다.

대웅전 편액 글씨는 통상 해서로 쓴다. 네 점의 대웅전 편액 가운데 광주 증심사의 〈대웅전〉(1971)만 예서로 썼다. 1986년 중수 때 새로 건 지금의 편액[그림 6]을 1971년 편액(『김충현 현판글씨, 서예가 건축을 만나다』, 244쪽 그림)[22]과 비교해보면 글씨는 같

21) 장녀 김단희에 의하면 김충현은 이를 논한 『광예주쌍집(廣藝舟雙楫)』을 열심히 공부했다고 한다.

으나 문양이 화려해졌음을 알 수 있다.

범종각 편액 다섯 점은 모두 예서로 쓰였는데, 세 점이 같으므로 결과적으로 세 점을 쓴 셈이다. 용문사(1987), 내소사(1987), 내장사(1987), 백련사(1989), 안국사(1994)의 〈범종각〉 가운데 용문사, 내장사, 내소사의 것은 같은 글씨인데, 내소사와 내장사의 것은 용문사 〈범종각〉의 변형이다. 용문사 글씨의 낙관에서 '丁卯夏日(정묘[1987] 하일)'만 지웠으며, 획간이 더 성글어져 정방형이다. 모두 1980~1990년대 작품이므로 서풍이 유사하다.

관음전 편액은 범종각 편액처럼 다섯 점이지만 세 점이 같으므로 실제로는 세 점을 쓴 셈이다. 해서로 쓴 직지사의 것을 제외하면, 용문사와 내장사의 것이 예서인데 서풍이 유사하다. 완주 정수사, 전주 남고사의 것은 양평 용문사의 것과 같다. 용문사의 당시 주지 선걸(현 광주 국청사 주지)이 1993년 김충현으로부터 받은 〈관음전〉이 원본이고 나머지 두 점은 복제본이다. 이는 선걸이 〈관음전〉 원본 글씨를 소장하고 있는 것으로 증명된다.

김충현의 예서 편액 가운데 가장 독특하고 빼어난 것은 지인에게 써준 네 점이다. 예천의 〈예천법가(醴泉法家)〉(1983)[그림 7]는 전서의 필법이 가미된 예서로 쓰였다. 취기가 약간 있을 때 쓴 것으로 전해지는데, 자간이 밀하고 네 글자의 대소, 장단, 조세(粗細), 그리고 먹의 농담, 포치 등에서 가장 변화무쌍하다. 낙관의 초서도 변화가 무궁한데, 특히 제자 초정의 호에서 '艸'자, 스승 일중의 호에서 '中'자의 세로획은 이 현판 글씨의 절정이다. 이 파격적 이색(異色)은 제자 권창륜을 위해 편안하고 자유스러운 분위기에서 썼기 때문이다. 이것은 전체 현판 글씨 가운데 백미이다.

생전 빈번한 교유를 가진 동시대 서예가 송성룡(宋成龍, 1913~1999)에게 써준 전주의 〈남취헌(攬翠軒)〉(1974)[그림 8]은 원필의 파책이 강하지 않은 전형적 '일중풍' 예서로 쓰였다. 변화가 많은 〈예천법가〉와는 달리 전체 구성은 가지런하고 자간과 하부의 여백이 넉넉하여 전체적으로 시원하다. 행초로 쓴 낙관의 꿈틀댐과 현판 바탕 요철의

22) 大韓佛教振興院, 『韓國寺刹의 扁額과 柱聯』, 上(대한불교진흥원 출판부, 2002), 495쪽.

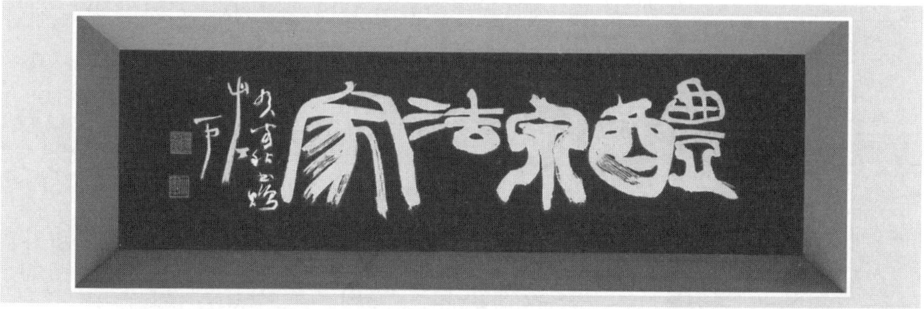

그림 7 김충현, 〈예천법가〉(1983, 예서, 35 × 135cm, 예천 권창륜 고택)

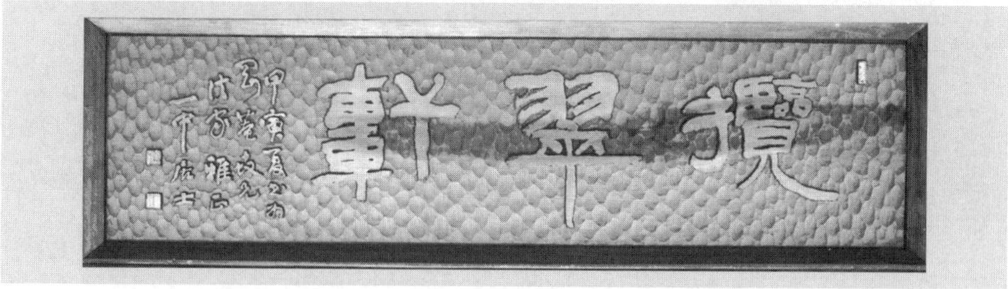

그림 8 김충현, 〈남취헌〉(1974, 예서, 39 × 139cm, 전주 강암 고택)

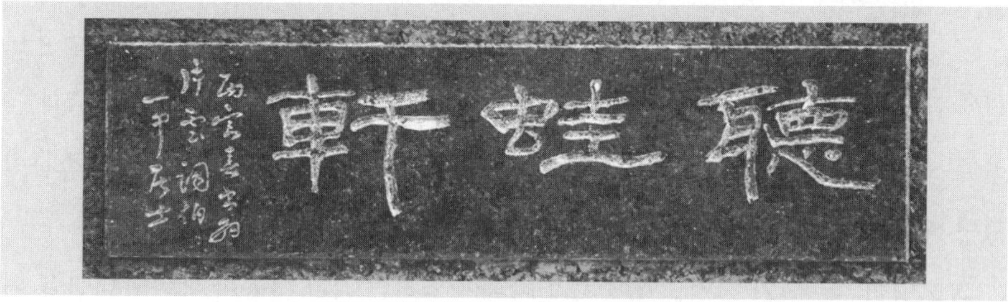

그림 9 김충현, 〈청와헌〉(1986, 예서, 돌, 15 × 55cm, 안성 조병화문학관)

입체미가 어우러져 글씨가 더욱 돋보인다. 구성의 정연함과 필획의 변화도 조화를 이루어 전체적으로 정연한 듯하지만 자세히 보면 변화가 많은 글씨인데, 이것과 유사한 분위기의 예서는 예산 이남규 고택의 〈평원정〉이다. 〈예천법가〉는 전체적 변화미를, 〈남취헌〉은 부분적 변화미를 표현했다.

같은 예술원 회원으로 친분을 가진 조병화에게 써준 〈청와헌〉(1986)[그림 9]도 '일중

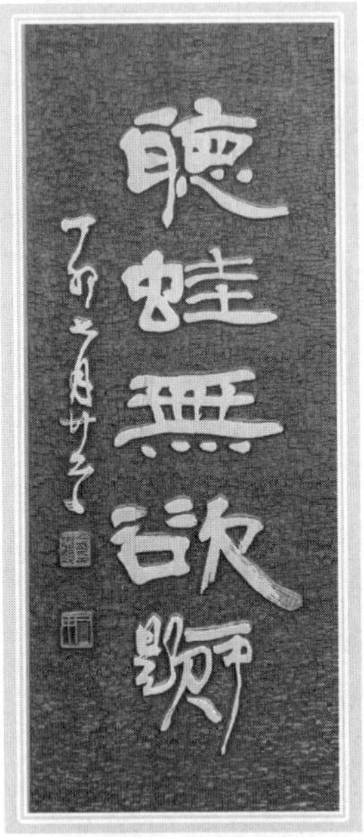

그림 10 김충현, 〈청와무욕〉(1987, 예서, 62×25cm, 안성 조병화문학관)

풍' 예서로 우아하고 세련되게 썼다. 이것도 벗을 위한 편한 마음으로 작품에 임했다는 것을 보여준다. 반면 〈청와무욕〉(1987)[그림 10]은 조금 다르다. '청와무욕' 아래에 한 글자가 더 있는데 마치 다섯 자로 된 작품인 듯하나, 마지막 글자는 낙관에 해당되는 '一中題(일중제)'의 합성어로 구성이 독특하다.

조선후기부터 풍류를 즐긴 사람이면 누구나 한 번은 들러 흔적을 남긴 곳이 강릉 선교장이다.23) 〈오재당(吾在堂)〉(1983년경)[그림 11]은 대원군과 친분이 있던 대주 이회숙(李會淑)이 대원군 사랑채의 아재당(我在堂)과 같은 의미로 지은 것이다. 〈오재당〉은 김충현의 아우 김응현의 〈오은고택(鰲隱古宅)〉(1985)[그림 12] 편액이 붙어 있는 동별당을 지나 약간 높은 곳에 위치해 있다. 사당을 복원한 후 쓴 것으로 원숙하고 노련한 '일중풍' 예서다. 원필의 행서로 쓴 낙관 '일중 김충현'도 편액 글씨와 비슷한 전아한 분위기를 연출한다. 이것은 조금 경직된 〈오은고택〉과 달라 부드러우면서 골기가 있는 일중 예서의 특징을 더욱 분명히 드러낸다. 거스름이 없는 빼어남이 1980년대 '일중풍' 예서의 특징이다.

그 쓰임이 공적인가 사적인가에 따라 작품에 임하는 작가 마음이 확연히 다름을 위의 현판들은 말한다. 이들은 긴장과 이완의 상반된 분위기의 서사 환경이 작품에 미치는 영향을 보여주면서 각각 다른 모습으로 김충현의 예술성을 잘 드러낸다.

23) 선교장은 조선 후기부터 금강산을 오가는 당대의 문인들이 머물렀고, 그들은 자신들의 홍취를 시문과 글씨로 남겼다. 이 전통은 근현대까지 이어졌는데 김충현·김응현 형제도 예외는 아니었다. 선교장에는 추사 김정희의 예서 〈홍엽산거(紅葉山居)〉, 소남(少南) 이희수(李喜秀, 1836~1909)의 예서 〈선고유거(仙嶠幽居)〉 현판이 있다. 이희수는 대원군이 '너의 필력은 신의 힘이라 신필이다'라고 극찬한 당대의 명필이다. 성당 김돈희, 해강 김규진이 쓴 〈활래정(活來亭)〉 현판도 있다. 차장섭, 『船橋莊』(열화당, 2011), 175~184쪽.

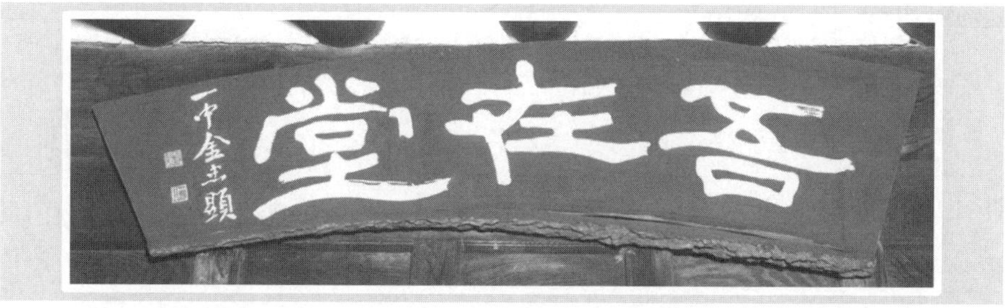

그림 11 김충현, 〈오재당〉(1983년경, 예서, 35 × 125cm, 강릉 선교장)

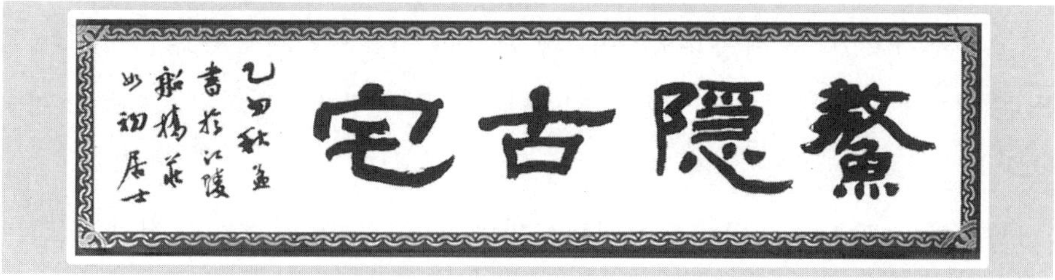

그림 12 김응현, 〈오은고택〉(1985, 예서강릉 선교장)

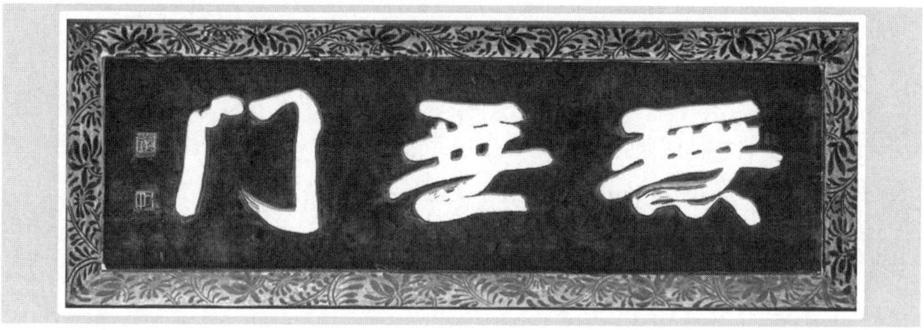

그림 13 김충현, 〈무무문〉(1991, 행서, 30 × 105cm(안), 순천 송광사)

넷째, 행서 편액이다. 행서 편액은 순천 송광사의 〈무무문(無無門)〉[그림 13], 상주 임란북천전적지의 〈충의문(忠義門)〉(1991), 경기도 광주의 〈소동각(小東閣)〉 세 점이다. 현판 글씨임을 인식한 탓이지 결구가 절제된 행서다. 김충현의 행서 편액은 흔하지 않기 때문에 이들은 더욱 귀한 것들이다.

지금까지 논한 바를 종합해보면, 현판의 유형과 서체를 불문하고 김충현의 편액 글씨에는 몇 가지 특징이 있다.

첫째, 같은 장소의 다른 건축물에는 서로 다른 서체를 사용했다. 상주 임란북천전적지의 〈충렬사〉는 예서이고, 〈충의문〉은 행서이다. 순천 송광사에는 일곱 점의 현판이 있는데, 각기 다른 서체 또는 서풍으로 썼다. 〈대웅보전〉·〈승보전〉은 안진경풍, 〈적광전〉은 원필의 북위풍 해서로 썼고, 〈무무문〉은 행서로 썼다. 예서인 〈승보종찰조계총림〉·〈구산선문〉·〈석림정사〉 가운데 첫째는 획의 굵기가 일정한 웅건한 서풍이고, 둘째는 변화미를 추구했고, 셋째는 유려한 일중풍이다. 구례 매천사의 〈성인문〉·〈창의문〉도 각각 예서와 북위풍의 해서로 썼다. 이처럼 같은 장소에 여러 점을 쓴 경우에는 다른 서체로, 같은 서체라면 서풍을 달리하여 변화된 모습을 보여주었다.

둘째, 같은 해에 쓴 같은 이름은 서체가 다르다. 하남 사충서원에 두 점의 〈사충서원(四忠書院)〉(1968)이 있다. 입구의 것은 〈장천비〉풍의 예서로, 사당의 것은 안진경풍의 해서로 썼지만 둘 다 웅건한 서풍으로 충신의 절개를 표현했다.

셋째, 같은 이름을 같은 서체인 예서로 쓰되 서풍을 달리하여 변화를 주었다. 파주 황희 선생유적지의 〈경모재〉, 남원 소덕사(昭德祠)의 〈경모재〉(1984), 밀양 경모재의 〈경모재〉(1983)는 예서지만 서풍은 각기 다르다. 이러한 서풍의 다양성은 다름과 변화를 끊임없이 추구한 작가의 고뇌하는 모습을 그대로 보여준다.

넷째, 장소는 다른데 글씨가 같다. 이런 경우 하나는 원본이고 나머지는 모각이다. 원필의 북위풍 해서로 쓴 인천 홍륜사 〈대웅전〉과 공주 동학사 〈대웅전〉은 1980년 작으로 같은 작품이다. 이는 60대의 작품으로, 40~50대의 안진경풍 해서와는 달라 장년기로 접어들면서 해서에서 새로운 변화를 시도한 것이다. 1981년 작인 양산의 미타암 〈경권다로(經卷茶爐)〉와 홍룡사 〈경권다로〉도 같다. 새긴 이의 솜씨 차이로 조금 다른 듯하지만 자세히 보면 동일한 글씨임을 알 수 있다. 1987년 작인 양평 용문사의 〈범종각〉에서 낙관의 간지 부분을 지우고 획간을 넓게 변형시킨 것이 부안 내소사와 정읍 내장사의 〈범종각〉이다. 1993년 작인 용문사 〈지장전〉에서 간지가 있는 낙관을 지운 것이 무주 안국사 〈지장전〉이다. 1993년 작인 완주 정수사 〈관음전〉, 전주

남고사 〈관음전〉은 원작 용문사 〈관음전〉과 낙관까지 동일하다. 1993년 작인 원작 용문사의 〈자비무적〉은 청도 운문사 〈자비무적〉과 같은데 후자에서 간지가 지워져 있다. 이들은 모두 사찰의 현판들로 작가의 의도와는 별개로 첫 소장자의 복제본이다.[24]

2) 기문 편액

전각명이나 누각명을 기록한 횡액 현판과는 달리 이 유형의 현판은 보통 사찰이나 건물의 역사나 중수·중건을 기록하고 있어 문학적·사료적 가치가 매우 크다.[25] 그러나 자택이나 작업실 이외의 김충현의 기문 현판은 주로 시문을 기록하고 있다. 2-8자로 구성된 횡액 현판에 비해 글자 수가 훨씬 많고, 서체는 주로 해서나 행서지만 드물게 예서도 있다.

이 유형의 현판은 공적인 것과 사적인 것으로 나누어 살펴보자. 공적인 것으로는 1992년에 쓴 삼척 죽서루 현판 세 점이 있다. 칠언절구와 칠언율시로 구성된 이구(李球)의 〈죽서루〉, 이이(李珥)의 〈죽서루차운(竹西樓次韻)〉, 〈정조어제(正祖御製)〉는 모두 초서의 필의가 있는 행서이며, 제목 '正祖御製'만 예서로 쓰였다. 세 점 모두 유려한 서풍에는 큰 차이가 없으며, 시원한 주련의 행서와 비교해보면 정방형이 많고 절제감이 있으나 각 글자는 변화가 무쌍하다. 그 변화는 세 현판의 '竹西(죽서)'라는 글자를 통해서 알 수 있다.

개인적인 것으로는 1942년에 쓴 선조의 시 여섯 점이 있다. 김수항(金壽恒, 1629~1689)의 〈옥주억목식동(沃州憶木食洞)〉은 예서로, 김창집(金昌集, 1648~1722)의 〈귀목

24) 범종각, 관음전, 지장전 편액은 양평 용문사의 것이 원본이다. 2014년 8월 9일 경기도 광주 국청사를 방문했을 때 주지 선걸(禪杰, 당시 용문사 주지)이 소장하고 있는 화선지 반절의 원본을 실견했다.

25) 예컨대 송광사의 〈연천옹유산록(淵泉翁遊山錄)〉 현판은 1831년 문인이자 고위 관료인 홍석주(洪奭周, 1774~1842)가 송광사를 방문한 사실을 기록한 기행문으로 19세기 송광사의 모습을 재현할 수 있고 그 역사를 이해하는 데 필요한 내용을 담고 있다. 申大鉉, 「「淵泉翁遊山錄」 懸板을 통해 본 松廣寺 역사의 一面: 懸板의 자료적 가치 照明을 위한 일 고찰」, 《佛敎考古學》 4 참조.

식동(歸木食洞)〉은 행서로, 김창협(金昌協, 1651~1708)의 〈목동제석염두율운(木洞除夕拈杜律韻)〉, 김창흡(金昌翕, 1653~1722)과 김창집(金昌緝, 1662~1713)의 〈회목식동(懷木食洞)〉, 김영한(金甯漢, 1878~1950)의 〈목식와중건기(木食窩重建記)〉는 해서로 썼다. 이들은 초기 글씨의 특징을 잘 보여준다.

이 외에도 작업실인(현 백악미술관)의 〈백악동부기공석〉(1983)과 자택 기공석인 〈보현재(普賢齋)〉(1993)가 있다. 전자는 예서와 행서의 필의가 농후한 원필의 해서로 쓰였는데, 글자의 대소, 결구의 모양, 필획의 조세에 변화가 많으면서 그 자연스러움이 유수(流水)와 같다. 후자에서는 당호인 '보현재'는 원필의 '일중풍' 예서로, 준공에 관한 설명은 원필의 해서로 썼다. 〈백악동부기공석〉의 해서에 비해 다소 정연한 편이나 필획의 굵기와 필법에 변화가 있다.

3) 주련

열 점인 한문 주련은 4~12행, 1행 5~7자로 구성되어 있으며, 서체는 예서·해서·행서가 혼재되어 있다. 서체별로 주련 글씨의 특징을 살펴보자.

첫째, 해서 주련은 세 점이다. 유일한 행 5자인 4행의 창문여고 〈사안당주련〉(1942)[그림 14]은 초기 안진경풍의 특징을 보여준다. 안진경풍 자체와 비교해보면 풍후하지는 않고 그 골격을 유지하고 있다. 4행인 공주 동학사 〈대웅전주련〉(1980), 밀양 홍제사 〈설법보전주련〉(1990)은 원필의 북위풍 해서로 써, 안진경풍 못지않게 북위풍 해서에도 달필임을 보여준다.

둘째, 예서 주련은 두 점이다. 8행인 청도 운문사 〈대웅보전주련〉(1994)은 파책이 길지 않은 원필의 예서로 쓰였다. 정방형 또는 장방형의 정연한 결구는 대웅전의 분위기와 조화를 이룬다. 4행인 부안 내소사 〈천왕문주련〉(1984)[그림 15]은 운문사의 것과는 달리 파책이 길고 유려한, 원필의 '일중풍' 예서로 쓰였다. 획간의 소밀이 분명하여 예서의 화려함과 아름다움을 한껏 표현했다.

셋째, 행서 주련은 다섯 점이다. 정도의 차이는 있으나 대부분의 행서에는 해서의 필의가 많다. 5행인 군포 안양군묘 〈공회사주련〉(1973)은 단아하면서 세련된 맛이 있

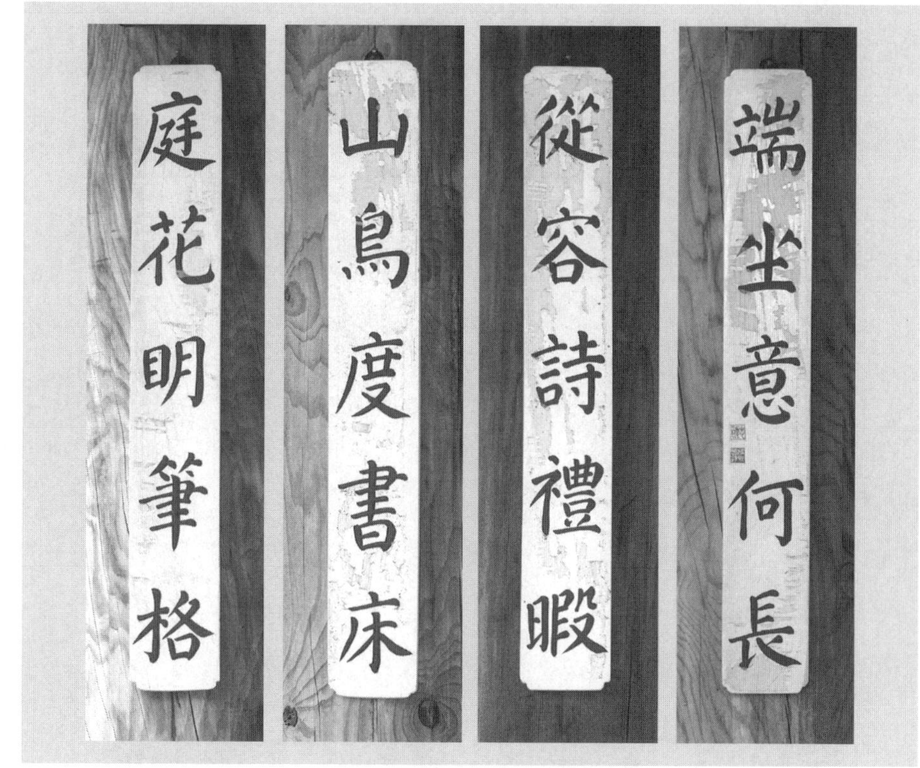

그림 14 김충현, 〈사안당주련〉(1942, 해서, 75.5×10.8(×4)cm, 서울 창문여고)

다. 4행과 2행으로 구성된 6행인 서울 경국사 〈명부전주련〉(1981)과 8행과 4행으로 구성된 12행인 여주 대로사 〈대로서원주련〉(1990)은 유려하면서도 힘차며, 4행인 양평 용문사 〈지장전주련〉(1993)은 자간이 시원해서 정연하면서 단정하다. 4행인 서울 전등사 〈전등선림주련〉(1984)[그림 16]은 원필의 활달한 행서로 쓰였는데, 획간의 연결이 유려하며 기운이 넘치는 수려한 작품이다.

이처럼 다양한 서체와 서풍의 주련 글씨는 각기 다른 색깔로 서자의 노련함과 원숙함을 보여준다. 한글뿐만 아니라 한문에서도 모든 서체와 서풍에 능통한 김충현의 예술성이 주련 글씨를 통해서도 어김없이 증명된다.

김충현의 현판 글씨 가운데 특히 예서는 결구와 필법, 여백, 장단, 대소, 조세, 소밀

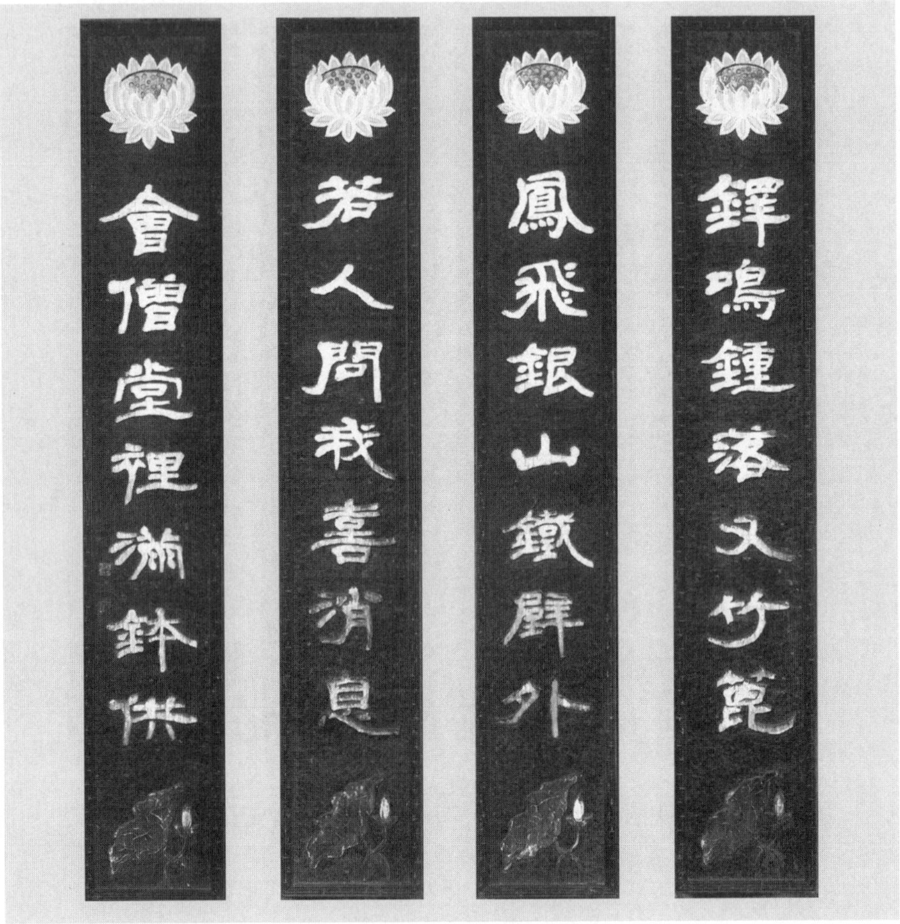

그림 15 김충현, 〈천왕문주련〉(1986, 예서, 235×37.5(×4)cm, 부안 내소사)

등도 각기 달라 서풍도 다양하다. 어떤 것은 모범으로 삼은 글씨, 즉 법고(法古)에 가깝고 어떤 것은 그것을 응용한 글씨, 즉 창신(創新)에 가깝다. 김충현 예서의 독창성은 '한나라 예서'를 배운 법고의 실천에서 시작되었고, 마침내 그것을 넘어 창신을 이룸으로써 '일중풍' 예서를 얻게 되었다. 그는 글씨를 배울 때는 윗대 것을 배우고 취해야 한다는 것을 알고 실천한 역대 명서가의 학습 방법을 좇았으며, 그 결과 20세기의 명필이 될 수 있었다.

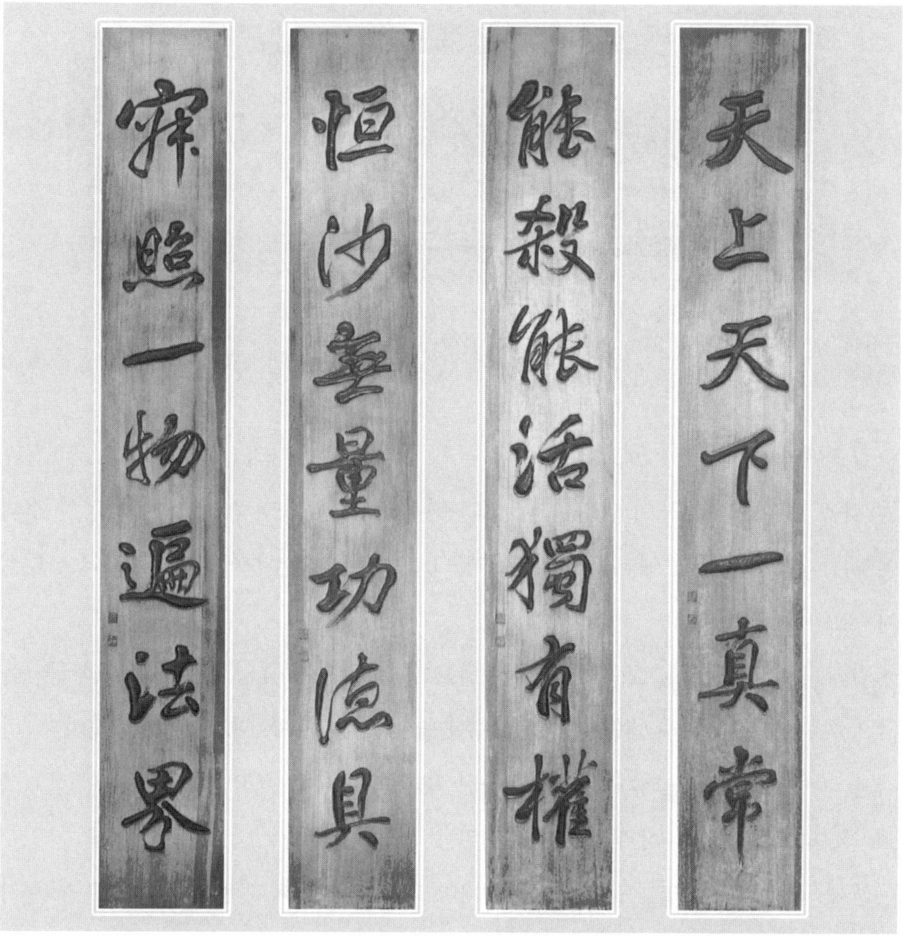

그림 16 김충현, 〈전등선림주련〉(1983, 행서, 211 × 31.4(× 4)cm, 서울 전등사)

5. 서예와 건축의 조화

서예는 고대로부터 여러 분야의 예술과 함께 할 때 더욱 빛을 발하는 융·복합적 예술로서 자리매김한 소통의 예술이다. 그림과 서예의 관계는 서화동원의 논리로 발전하고, 조각과 서예의 연관은 조각의 원천을 문자에서 비롯한 것으로 보고, 건축과 서예의 상관은 고대건축과 고대문자의 생성과정의 선후에 관한 논쟁을 불러왔다.[26]

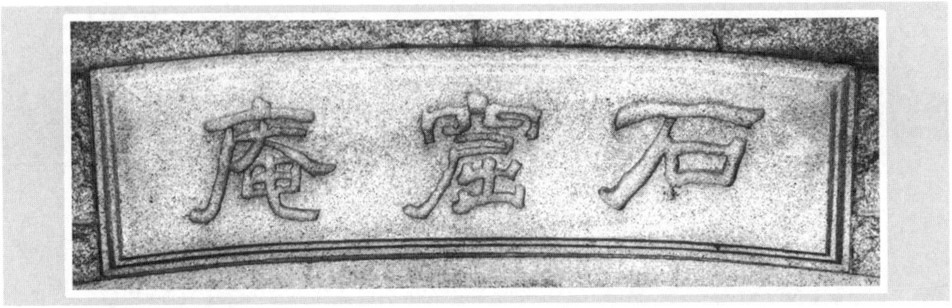

그림 17 김충현, 〈석굴암〉(1971, 예서, 돌, 47 × 170cm, 서울 보문사)

김충현의 현판에는 서예가 어떤 건축물을 만나느냐에 따라 그 예술성이 달라진다는 것을 보여주는 것들이 있다. 일반적인 편형의 직사각형과는 달리 아치형인 것이 여섯 점 있다. 이 중 서예와 건축의 조화를 고려한 세 점은 서자보다는 각자의 창의성이 돋보이는 작품이다.

첫째, 돌에 새긴 서울 보문사의 〈석굴암〉(1971)[그림 17]이다. 이것은 경주 석굴암을 닮은 아치형 굴 상부와 ∩형인 건축의 형태를 따라 약간 휘어지게 배치한 것이다. 파책을 길게 늘인 1980년대의 일중풍이 아닌, 파책이 절제된 1970년대의 표준 예서로 쓰여 엄숙하고 근엄한 불상과 잘 어우러진다.

둘째, 강릉 선교장의 〈오재당〉(1983년경)[그림 11]이다. 이 현판의 아치형도 작은 사당 건물의 좌우 양쪽 지붕 아래에 차양이 처져 ∩형으로 보이는 건축물과의 조화를 고려한 것으로 보인다.

셋째, 안동 만송헌의 〈서운고당〉(1990)[그림 18]이다. 부채꼴 현판이 현재 'ㅁ'자형으로의 복원 이전 'ㄷ'자형 건물과 잘 어울린다. 1980년대의 〈오재당〉과 1990년의 〈서운고당〉은 1970년대의 〈석굴암〉과는 달리 파책이 긴 원필의 '일중풍' 예서로 쓰였다.

이 세 현판은 현판 글씨와 현판 디자인의 조화라는 측면에서 서자와 각자의 합작품

26) 장이(蔣彝), 앞의 책, 212~222쪽 참조.

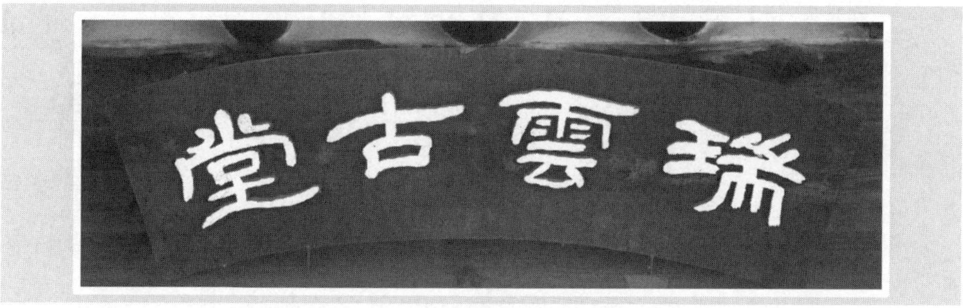

그림 18 김충현, 〈서운고당〉(1990, 예서, 30×110cm, 안동 만송헌)

이다. 이는 새긴 이의 예술적 감성이 현판과 건축물의 어우러짐에 영향을 준다는 것을 말한다. 현판은 전통적 동양 건축의 마무리 작업이므로 그 글씨와 건축은 불가분의 관계에 놓여 있다. 현판이 어떤 건축물을 만나느냐에 따라 그 글씨의 작품성이 확연히 달라진다는 것을 김충현의 현판들이 생생하게 보여준다. 따라서 그의 현판은 서예 자체로서의 가치는 물론 '서예가 건축을 만날 때' 그것이 어떻게 변형될 수 있는지를 보여준다는 점에서 그 의의가 자못 크다.

일중 김충현 선생의 서예술(書藝術) 개관*

한문서예의 특성을 중심으로

권창륜

기념사업회 고문

1. 서

일중 김충현 선생의 탄신 91주년을 맞이하여 제3회 일중서예대상 수여와 신진 서학도에게 주어지는 제2회 일중장학금 수여 및 제2회 일중서예대상 수상자 초대전을 동시에 개최하면서, 그동안 숙원 사업이던 일중서예기념관을 준공하고 개관기념전으로 선생의 유묵과 유품, 문방제구를 전시하며 아울러 일중 선생의 예술세계와 한국서단에 끼친 영향 등을 조명 탐구하는 학술대회를 개최하게 되었다.

1998년 예술의전당 개관 10주년 기념 일중 김충현 특별전에 곁들인 학술대회보다 더 광범위한 내용으로 연토회(硏討會)를 열게 되어 선생의 인품과 학덕 및 예술 경지를 조명하여 후학들에게 그 경개를 알리는 좋은 기회가 아닐 수 없다. 이 글에서는 일중 선생의 한문서예의 특징만을 추출하여 선생의 학서 과정과 풍격을 연대별로 변용 추이의 대강을 가늠해보고자 한다.

---

* 이 글은 일중서예기념관 개관 기념 학술대회(2012.5.31) 자료집에 실린 글이다. — 엮은이

2. 일중의 서예

1) 생장 및 수학

일중 선생은 1921년 5월 9일(음 4월 2일) 서울 도봉구 번동 93번지 오현병사에서 번계 김윤동 공의 2남으로 태어났다. 문한(文翰)과 필법(筆法), 충절(忠節)로 성예(聲譽)가 드높은 명문세가의 후예로서 유소시(幼少時)부터 경학과 서예를 공구(攻究)하였다.

6세에 벌써 천자문을 읽고 글씨를 익혔으며 8세 때에는 주역을 읽었다. 9세에는 귤원 홍종길 선생에게 집지(執贄)하여 『소학』을 배우고 12세에 『대학』과 『논어』를 읽었으며 한글 궁체와 안진경 서법을 배웠다. 13세에는 『맹자』와 『중용』을 읽고, 14세에 삼흥보통학교 3학년에 편입학하여 신학문을 대하게 되었다.

이 무렵 독서 여가에 서법에 매우 심취되었다. 그 당시에 일중 선생 중부(仲父)이신 창애 김순동 공이 이웃에 살고 계신 해관(海觀) 윤용구 선생께 서화를 사사하면서 어느 정도 간접적인 영향을 받아 초기 행서에서 해관장의 필의(筆意)가 나타나고 있다.

한편 조고(祖考) 동강(東江) 김영한(金甯漢)의 제자인 개성의 송영구(宋榮龜) 씨가 중국 곡부(曲阜)를 다녀올 때 공림(孔林)에 소장된 한비(漢碑) 탑본 여러 종류를 가져와 비로소 한예의 진수를 대할 수 있었고, 또 조부와 동갑인 영운 김용진(金容鎭) 선생으로부터 안노공의 〈대자마고선단기(大字麻姑仙壇記)〉와 추사구장(秋史舊藏)의 〈황보탄비원탁(皇甫誕碑原拓)〉을 해관장으로부터 입수함으로써 더욱 개안(開眼)할 수 있었다. 그리고 오창석 각 〈운미인존(芸楣印存)〉이 실린 『전황당인보(田黃堂印譜)』와 일본 고단샤(講談社)에서 출간한 『서도전집(書道全集)』을 구하고 나서 서법에 대한 새로운 국면이 전개되었다.

이 시기에 한편으로는 가전(家傳)하는 궁체 원적인 등서·어찰·봉서 등을 기초로 하여 우리 글씨 쓰는 법에 대하여 당시 조선일보사에서 발간하는 《여성》지에 매월 발표하였고, 18세 되던 해 중동중학 제1학년에 입학하고 그해에 동아일보사 주최 전 조선 남녀학생 작품전람회에 한문서예로 최고상을 수상하였다.

19세에는 동아일보 지상에 궁체에 대한 논문을 발표하였으며 처음으로 예서 〈장천비〉와 안진경 행서를 배웠다. 드디어 22세 때인 1942년『우리 글씨 쓰는 법』을 저술하였고 1945년 25세 때『우리 글씨체』를 출간하고 26세 때는 '중등글씨체', '한글과 궁체'에 대한 논문을 발표하였으며, 27세 때에는『배우고 본받을 편지체』를 발간하였다. 35세에는『중학서예』,『고등서예』를 발간, 28세 때에「바로 찾아야 할 국문 쓰는 법」논문을 발표하였다.

이러한 서예 수련이 모두 항일기에 이루어졌으니 증조부인 오천공(梧泉公)의 순국정신의 유훈(遺訓)에 힘입었을 것으로 생각된다.

앞에서 말한 산둥성 곡부에서 가져온 한나라 예서 탁본인〈예기비〉,〈장천비〉,〈공주비〉,〈조전비〉,〈희평잔비〉등과 위나라 용문 20품을 비롯하여 당나라 해서인〈구성궁예천명〉,〈황보탄비〉및 안노공의〈다보불탑감응비〉,〈대자마고선단기〉,〈안씨가묘비〉와 유공권의〈현비탑〉등을 임서하였으니 1930년대부터 1940년대 초엽에 모두 이루어진 학서 과정이었다. 그리고 행서로는『난정서』와『집자성교서』,『쟁좌위첩』,『삼표첩』을 위주로 고구하였다.

전서는 진전을 공구(功究)함과 더불어 선생의 12대조이신 곡운 선생의 필법을 함께 익혔다. 이는 조부 동강공의 권면하는 선대 조상의 글씨, 즉 우리나라 필법을 배우라는 교육 방침이었다.

2) 법고창신(法古創新)

일중 선생은 책상물림으로 전수받은 연원이 깊은 가학(家學)과 청백전가(淸白傳家)의 경개(耿介)한 절의(節義), 혼금박옥(渾金璞玉)의 천품(天稟)에 한층 더하여 당대 예단(藝壇)의 태두(泰斗)로부터 받은 훈도(薰陶)의 영향으로 약관의 나이에 한국 서단에 혜성같이 등단하게 된다.

선생의 서법 연찬 과정을 상고해볼 때 특이한 점은 국·한문의 각종 서체를 폭넓게 섭렵하였으며 그 성취도로 볼 때 어느 한 서체에 국한되지 않고 각체에 능하다는 것이다. 다만 미세한 정도의 차이가 거의 나지 않을 정도로까지 균일한 서품을 창출하였다.

세간에는 일중은 예·서가 제일이다, 행·초가 더 빼어나다 등등 세평이 같지 않은 것은 그만큼 연찬의 폭이 넓고 깊은 까닭이 아니겠는가? 우선 점과 획을 방필과 원필을 혼용하였으며 포치(布置)는 대담하고 결자(結字)는 매우 안정감 있고 너그럽다.

전체 포국(布局)에서 주어진 지면을 십이분 활용하면서 넘쳐 거북하거나 지나친 여백으로 허전함이 없이 항상 적당한 공간 구성을 하여 짜임새 있는 체재를 갖추는 것은 병법에 달통한 진세(陣勢)와 방불하다.

이러한 포국과 장법(章法)으로 제작된 하나하나의 작품에서 창경(蒼勁), 연려(姸麗), 박무(樸茂), 웅혼(雄渾), 섬농(纖穠), 기굴(奇崛), 고졸(古拙) 등의 풍격이 흘러나오고 거기에 또한 일상생활에서 체득하는 일과 몬의 생활상이 배어있어서 해학과 골계미(滑稽美)가 함축되어 더욱 은근하다. 묵법(墨法)은 임리(淋漓)하여 매우 푸근한 정서를 자아낸다.

3) 통변(通變)

서법에 달통하였으면 마땅히 변환하여야 한다. 옛 법, 즉 타신(他神)을 모두 흡수·소화한 연후에는 나의 법인 아신(我神)을 창출해내야 한다. 이러한 과정을 거치지 않으면 예술의 독창성이 결여되어 작가로서 생명력을 잃게 된다.

일중 선생은 중묘(衆妙)를 한 솥에 용주(鎔鑄)하여 융회(融會)시키는 신통력을 지니고 있어서 각 체의 특질을 뽑아내어 혼융시킴으로써 나타나는 미감(美感)을 얻고자 하였다.

예컨대 행·초서에 전·예를 혼합하고, 초서에 전법과 형태를 가미시키기도 하여 시종일관성 있게 조화시켰다. 용필에서는 방원(方圓)을 겸비하고, 체제를 시각적으로 쇄신하고자 허실(虛實)의 대비(對比)를 극대화하고, 혹은 주제(主題)와 대의(大義)의 문구를 확대·부각시키고 잔주(殘註)를 달아 붙인다거나 특히 편액의 경우 홍예형(虹蜺形) 구성이나 대소장단(大小長短)의 안배로써 대칭 구조를 취하고 소밀법(疏密法)을 극구 활용하여 감상가로 하여금 더욱 인상적인 감흥을 유발케 하였다.

3. 일중서(一中書)의 특장(特長) 및 공업(功業)

일중 선생은 국한문 모두 옛 법을 두루 섭렵하여 나만의 독자적인 법을 창출해낸 데 대하여 그 위대성이 인정된다. 서화의 구극(究極)의 경지인 형사(形似)보다 심의(心意)를 요체(要諦)로 삼아 조탁(彫琢)하였으며 말년에는 천연(天然)으로 다시 회귀하였다.

조선(祖先)의 문한(文翰)을 이어받고 소박한 선비 글씨가 지니고 있는 서권기(書卷氣)를 근저(根抵)로 하여 역대의 명적을 고구하여 터득한 청고고아(淸高古雅)한 서품(書品)으로서 국운의 쇠망과 더불어 점점 퇴상(頹喪)되어만 가는 우리 서법을 명징(明澄)하고 창윤(蒼潤)한 풍격으로 회복시키고 민멸(泯滅)된 우리 민족의 심미(審美) 기풍을 진작시킴은 물론, 서예의 정격(正格)을 이탈한 한악무도(漢惡無道)한 왜풍(倭風)을 이 땅에서 불식시킨 공업도 다대(多大)하다.

서법(書法)의 실제에서는 많은 사람들이 잘 알지 못하는 정통 서론을 재정립하고, 한나라 예서를 정련(精鍊)하여 개장웅위(開張雄偉)의 법상(法相)과 체태(体態), 법아혼목(典雅渾穆)의 풍격으로 승화시킨 것은 전무(前無)한 일사(逸事)가 아닐 수 없다.

또한 우리 글씨의 제자원리에 따라 여러 판본체를 종합하고 전·예의 필법을 원용하여 고체를 창안하였으며 한글 궁체를 종합 정리하여 체계화시킨 공로 등 이루 헤아릴 수 없다.

4. 결어

일중 선생의 한평생의 공효(功効)가 천추만대에 길이 빛날 것은 명약관화하여 각 시대별로 변모해가는 선생의 서풍을 다섯 단계로 구분해보았다.

제1기: 수학기(修學期, 1940~1960) — 창고박실(蒼古朴實)

〈장천비〉, 〈예기비〉, 〈공주비〉, 〈조전비〉, 〈희평잔비〉 등 예서 천착, 〈마고선단기〉, 〈안씨가묘비〉, 〈장맹룡비〉 등 해서 연구, 석촌의 구체를 근간으로 한 필의에 『난정서』, 『집자성교서』 등을 가미하여 매우 순박하면서도 강건한 필치이다.

제2기: 창신기(創新期, 1961~1970) — 웅위박대(雄偉博大)

전·예·해·행·초 등 각 체에 실험적이고 탐색작업이 두드러진다. 여러 가지 체, 심지어는 여섯 체까지 혼성 배치하여 다양한 심미감을 시험하였다. 선질과 포국에 있어서도 웅장하면서도 기이하고 유려한 듯 고삽(苦澁)한 듯한 구사(構思)로서 매우 굉위(宏偉)하다.

제3기: 원숙기(圓熟期, 1971~1980) — 백화제방(百花齊放)

필의(筆意)가 난만(爛漫)하여 박무(樸茂), 응중(凝重), 창경(蒼勁), 서전(紓展), 분방(奔放), 한아(閑雅), 담박(淡泊), 기굴(奇崛)의 중묘(衆妙)를 구사하여 자재(自在)로운 운용을 하였다. 40여 년 연마한 기법을 대거 활용하였다.

제4기: 연변기(演變期, 1981~1990) — 만상함신(萬象咸新)

전서, 예서를 초서와 조화시키고 예서의 체태(体態)에 〈사삼공산비(祀三公山碑)〉를 대입시키고 원용(援用)하였으며 글자 형태와 태세를 변용하여 새로운 꼴의 조형을 표출함으로써 다른 서체가 서로 어우러져 별미의 풍격을 시도하였다. 초서의 광초까지 구사.

• 제5기: 퇴졸기(頹拙期, 1991~2000) — 박소기졸(朴素奇拙)

기이하고 치졸한 서풍이 드러나는 것은 자연스런 이치이며 만년의 노쇠한 기력과 내함(內含)의 신운(神韻) 발로로서 자연히 서품은 치졸하고 박소괴리(朴素乖離)하게 나타난다. 이미 조탁(彫琢)을 다 마친 까닭으로 자연으로 회귀하는 순진성이 있다.

우리나라 근현대 서예의 흐름과 '일중(一中)' 예술의 특질*

이동국

예술의전당 서예부장

1.

예술의 역사는 보는 사람의 관점에 따라 다양하게 해석될 수 있다. 작품의 소재나 도구, 재료의 변천과정으로도 예술의 역사가 간파됨은 물론이다. 서예(書藝)는 말 그대로 '글씨예술'이다. 한자문화권에서는 소재가 되는 문자로 한자(漢字)·한글·일본 문자가 있고, 도구나 재료로 지필묵(紙筆墨)에 국한해서 주로 이야기되어왔다. 이러한 한자·한글과 붓·먹·종이는 예술 이전에 문자생활의 소재와 도구 재료였다는 점에서 서예는 예술성과 함께 실용성을 바닥에 깔고 있다.

과거의 서예가는 지금처럼 직업으로서 전문서예가를 자처하지 않더라도 문자를 이해하는 사람, 소위 식자층이면 누구나 행위 당사자가 될 수 있다. 또 그것을 이해할 수도 있다는 입장에서 문인(文人) 사대부(士大夫)는 물론 사자관(寫字官) 도학자(道學者) 국왕 선승(禪僧)들에게 까지 다양하게 분포되었다. 그리고 그 작품의 성격 또한 보편적인 시대서풍(時代書風) 안에서도 각기 다른 개성적인 면모를 보이고 있음은 서예사의 흐름을 통해 확인할 수 있다.

---

* 이 글은 일중서예기념관 개관 기념 학술대회(2012.5.31) 자료집에 실린 글이다. — 엮은이

본고는 일중 김충현(1921~2006)의 서예 특질과 그 영향력을 근현대 서단의 전개 맥락에서 보는 것이 목적이다. 그래서 '식민지(植民地)'와 '서구화(西歐化)'로 압축되는 한국의 근대(近代)라는 시대양상의 전개를 먼저 보는 것이 필요하다. 그뿐만 아니라 그 이전의 조선과 고려, 통일신라 등과 같은 역사 속에서 서예문화가 어떻게 전개되었는지를 한국 서예의 자생성 내지는 독자성은 물론 중국 서예의 수용과 재해석 내지는 소화양태를 동시에 볼 필요가 있다. 일중서예의 특질은 이와 같이 긴 역사적인 호흡에서 조망해볼 때 더 뚜렷이 그 특질이 드러나기 때문이다.

2.

우리나라 서예사만 하더라도 삼국시대에는 고예풍(古隷風)은 물론 육조해풍(六朝楷風)의 과도기적인 해서에서 고구려·백제·신라가 각기 다른 지역적 특색을 띠며 전개되었다.

그러나 그것은 통일신라시대에 들어와 전형적인 해서로 통일이 되었다. 표준적인 당풍(唐風)의 유입과 이것을 토대로 왕법(王法)과 삼국시대 재래의 글씨를 혼융해냄으로서 화엄불국(華嚴佛國)의 장엄미학이 김생(金生, 711~?)으로 대표되는 '김생체(金生體)'로 구현된 것이다. 김생을 해동서성(海東書聖)이라 말하듯 가장 한국적인 글씨의 전형을 만들어낸 때가 바로 8세기이다. 중국의 경우 안진경(顔眞卿), 일본의 경우 공해(空海)가 등장하여 각각 중국과 일본의 독자적인 서풍을 제시한 것도 바로 이때였음이 주목된다.

익히 잘 아는 바대로 통일신라와 마찬가지로 고려도 불교국가이다. 고려 또한 그 정신성을 반영하듯 선사탑비(禪師塔碑)에서 보는 바와 같이 종래의 구양순(歐陽詢, 557~641)·구양통(歐陽通, ?~691) 계통의 글씨가 주류를 이루었다. 그리고 소식·미불·황정견 등과 같은 혁신풍의 송대(宋代) 명서가 들과의 직접적인 교류보다는 탄연(坦然, 1070~1159)이 등장하여 왕희지(王羲之, 307~365)와 안진경(顔眞卿, 709~795)을 재해석한 '탄연체(坦然體)'를 만들어 새로운 글씨흐름을 주도한 것이 중국과 다른 고려중기

서풍의 특질이라면 특질이다.

조선시대는 고려 말에 도입된 송설체(松雪體)가 조선글씨의 1차적인 토대가 되었다. 안평대군 이용이 그 중심인물이다. 하지만 우리나라 서예역사는 물론 세계문자역사에서 주목되는 사건은 1443년 한글의 창제이다.

이때부터 한국 서예의 역사는 한자와 한글이라는 두 가지 문자를 소재로 이야기되기 시작했던 것이다. 사실 '훈민정음(訓民正音)'이 한자와 한글문자 혼용의 실천 현장이라고 할 수 있는데 한글조형은 해례본(解例本)과 언해본(諺解本)에서 확인되듯이 애초부터 고체(古體)와 정자, 즉 한자의 전·예와 해서에 해당되는 글씨체가 동시에 만들어졌음을 알 수 있다. 이것은 종래 고체가 16~17세기 과도기를 거쳐 조선후기 엄정한 해서격인 소위 궁체(宮體)가 완성되었다고 보는 종래의 입장과는 배치된다. 또『해례본』의 정인지「서문」의 자방고전(字倣古篆)에서 확인되듯이 한글 자형은 한자(漢字)의 옛 전서, 즉 필획(筆劃)의 굵기가 시종일관 똑같은 소전(小篆)을 모방한 데에서 비롯됨을 알 수 있다.

그리고 그 천(天)·지(地)·인(人) 삼재, 즉 하늘이 둥근 모양을 '·', 땅이 평평한 모양을 'ㅡ', 사람이 곧게 선 모양을 'ㅣ'로 나타낸 것은 분명 한글의 창제원리 중 하나가 상형(象形)이라는 점을 반증하고 있다. 자음(子音) 또한 발음기관(發音器官)을 본뜬 것이라는 점에서 같은 맥락인데 한자나 이집트 고대문자의 제자원리와도 기본적으로는 상통하는 것이다. 물론 한글이 말은 물론 삼라만상(森羅萬象)의 소리와 짝한다고 하는 점에서 단연 독자적이라고 하겠다.

하지만 조선시대 글씨의 주류는 여전히 한자였던 만큼 서예로서 한글의 본모습은 후술하게 될 오늘날과 같은 근현대에 들어와서이다. 조선 중기(中期)에는 도학자(道學者)인 이황(李滉, 1501~1570)이나 사자관(寫字官)인 한호(韓濩, 1543~1605) 등을 중심으로 초기 송설체의 연미함을 극복하고 도학정신에 충실한 엄정(嚴正)·단아(端雅)한 미학의 구현을 위해 다시 왕희지로 돌아갔고, 후기에는 미불(米芾, 1051~1107)과 동기창(董其昌, 1555~1636)의 글씨가 여러 명서가들에 의해 조선적으로 재해석되었다.

아마 왕법(王法)의 재해석으로서 통일신라 김생이나 고려의 탄연, 조선의 안평대군을 넘어 퇴계나 석봉시대만큼 조선중의 조선 맛으로 재해석된 때도 없었다고 생각된다. 임창순의 경우 이 시대를 역으로 중국과의 문화교류가 사실상 단절된 암흑기로 간주하고 서예문화역시 낙후성을 면치 못하다고 보았지만 주자 성리학(性理學)이 조선 성리학으로 소화되어 나오듯이 이 시기만큼 독자적으로 조선문화를 꽃피운 때도 없었던 것은 분명해 보인다.

한편 임진(壬辰) 병자(丙子) 양란 이후 뒤바뀐 사회상과 청과의 문화교류 양상을 증명하듯 말기에는 김정희(金正喜, 1786~1856)가 등장하여 왕법(王法) 중심의 종래 첩(帖)의 성과에다 왕희지 이전에 만들어진 한예(漢隷) 중심의 비(碑)를 녹여낸 '추사체(秋史體)'를 창안해냄으로써 당시까지의 동아시아 세계 서예사의 전개맥락을 뒤집어놓았다.

요컨대 서예 역사라는 것은 전형(典型)으로서 고전의 수용과 재해석의 역사로 점철되어 있다고 하겠다. 전형(典型)으로서 왕법(王法)의 첩파(帖派)가 근 1500년의 서예역사를 주도했다면 18·19세기에 들어와서는 그 반전(反轉)으로서 비파(碑派)라는 고전으로 더 거슬러가 서예역사의 패러다임을 바꿔놓고 있었던 것이다.

다시 말하면 일중의 서예역사가 전개된 20세기 근현대마저도 좁은 의미에서는 '식민지'라는 관점에서 한국 서예의 역사(歷史) 내지는 전통(傳統)의 단절을 말하고 있지만 시각을 달리하면 여전히 새로운 고전(古典)이 수용되어 재해석되고 있었다고 볼 수 있는 것이다. 여기에다 '서구화'라는 관점을 중첩시키면 어느 시대보다 더 큰 충격으로 20세기 한국 서예는 전개되어왔다고 하겠다.

3.

그러면 지금 우리의 삶이 맞닿아 있는 근현대의 한국 서예는 어떻게 전개되었을까. 우선 일상의 문자생활은 물론 서예문화의 토대 자체가 뒤 바뀌었다. 전통시대 지필묵이 근현대에 와서 펜으로 ― 지금은 물론 자판으로 ― 완전히 교체되었다. 지금까지 서예 역사에서 겪지 못한 일상 문자생활에서의 문자도구 재료의 혁신을 넘어 혁명적인 변화이다. 이와 동반하여 전통시대 서예의 생산자이자 소비자였던 문인(文人) 사대부

(士大夫)가 사라지고 직업작가로서 전문서예가 집단이 등장한 것도 이때이다.

한글 중심의 어문정책(語文政策)과 앞서 본 대로 일상문자생활에서 지필묵(紙筆墨)의 퇴조가 서예 판의 변혁에 가장 큰 요인으로 작용하였다. 또 전통시대에는 서화(書畵)가 한 몸이었지만 근대에 들어 서예가 그림과 분리되어 정규 교육과정에서 사실상 배제되면서 사숙(私塾)과 조선미술전람회(朝鮮美術展覽會), 국전(國展) 등과 같은 공모전(公募展)으로 생존의 길을 모색해왔다. 요컨대 일제침략과 근대화 과정 속에서 전통 서예는 단절에 가까운 변혁을 뼛속까지 체험하였던 것이다.

하지만 한편으로는 새로운 문자자료로 은허(殷墟)에서 갑골문(甲骨文)이 발굴됨으로써 역사상 모든 서체가 공개되었고, 일본의 서도(書道)와 현대 추상미술의 영향으로 다양한 실험이 전개되면서 기회의 시대가 된 때이기도 하였다.

요컨대 근현대 서예는 전통의 입장에서 보면 그 세력이 약화되어가는 때라고 할 수 있지만 이 시기만큼 역사상 많은 문자자료가 공개된 때도 없었던, 그야말로 백가쟁명(百家爭鳴)의 시대라고 할 만큼 고전파는 고전파대로 법(法)을 화두로 한글과 한자서예를 이어갔고, 실험은 실험대로 새로운 형상성을 모색하면서 전개되고 있다.

그리고 이전 시대와는 달리 이러한 글씨를 구사한 사람들의 주류는 전통시대 문인 사대부와 같은 아마추어들이 아닌 전문 서예가들로서 서숙(書塾)과 공모전(公募展)을 이끈 중심인물들이자 그 출신들이었다.

4.

1876년 강화도조약 체결을 시작으로 일제강점기, 6·25 전쟁 등으로 밀어닥친 일본과 서구문화는 조선 전래의 전통적인 사회질서에 변혁을 가져다주면서 급속하게 해체시켜나갔다.

글씨 또한 여기서 예외가 아니었다. 가장 큰 변화는 일본을 통해 서예문화가 수용되었다는 점이다. 우리 역사상 어느 시대를 살펴보아도 일본을 통해 중국문화가 간접 수용된 사례는 일제강점기 외에는 잘 찾아보기가 어렵다는 점에서 일제강점기의 예술사적 성격이 얼마나 강한지를 짐작하고도 남는다. 특히 육조해(六朝楷)의 수용과 전개는 20세기 동아시아 세계서예의 성격을 규정짓는 중요한 지렛대인데 중국에서 일본으로, 다시 일본에서 한국으로 재해석에 재해석을 거치면서 유행하였다. 육조해에 관한 한 수용과 재해석, 그리고 다시 전래 내지는 배급의 중심에 선 일본이 20세기 서예의 중심임에는 분명하였다.

예컨대 1922년(대정 11년)부터 1936년(소화 6년) '조선미술전람회(朝鮮美術展覽會)' 제3부인 '서(書)'에 출품된 다양한 서풍을 분석해보면 육조해가 단연 두드러진다. 특히 선전의 중심에서 거의 매회 출품하다시피 한 성당(惺堂) 김돈희(金敦熙)의 경우 황산곡풍의 해(楷) 행서(行書)에다 육중한 예서(隸書)를 녹여낸 글씨를 구사하였는데 이것이 당시 시대서풍을 주도하였던 것이다. 거의 같은 입장에 있었던 해강 김규진의 경우도 사군자(四君子)를 겸한 사실을 빼면 성당과 마찬가지 입장이지만, 재미나는 점은 성당의 이런 서풍이 당시 일제가 1919년 3·1 만세 운동 이후 무단정치(武斷政治)에서 문화정치(文化政治)로 조선지배 방식을 선회하면서 등장한 재등실(齋藤實) 총독의 글씨 서풍과 같다는 점이다.

이미 미술대학에서 서예가 정규교육과목이나 학과로 빠진 상태에서 당시 '선전'이 거의 유일한 서예작가 등용문(登龍門)이었다는 점을 감안한다면 일제강점기 일본에 의해 재해석된 육조해의 도입과 그것의 또 다른 재해석 구조가 얼마나 한국 근현대 서단에 영향을 주었는지는 짐작하고도 남음이 있다. 게다가 광복 이후 1949년부터 시작된 대한민국미술전람회[국전] 또한 주도적인 입장에 있었던 사람들이 선전과 뿌리를 같이하고 있다는 점에서 그 영향력은 생각보다 훨씬 큰 것이었다.

이미 '선전'이라는 공모전의 등장으로 서단의 구조가 조선시대와는 근본적으로 달라진 일제강점기의 사회분위기 속에서도 선전과 같은 공모전에 가담하지 않고 독자적으로 조선 전래의 서풍(書風)을 이어가거나 청대 금석고증학의 성과를 소화해내는 부류가 없지는 않았지만 당시 시대 서풍의 흐름을 바꾼다거나 본격 작가 신분으로서 그것과 양립하는 힘을 가지지 못한 것은 사실이다.

예컨대 역매 오경석과 위창 오세창 부자와 같이 청대의 금석(金石) 고증학(考證學)

의 성과를 반영한 전(篆)·예(隸)와 조상기(造像記) 중심의 중국 고대 금석문 자료를 소개하거나 추사의 학예연구 방법론으로 우리나라 금석문 연구에 큰 족적을 남긴 사람들도 있는가 하면, 여전히 문인 사대부나 학자·정치가·화가 등의 명인 중에서 뛰어난 필력을 소유한 사람들이 나타나 주류 공모전을 벗어나 당대 서단을 이끌어갔다면 간 것이라고 할 수 있다.

5.

개화기와 일제강점기에 정치가로서 필명을 날린 사람은 김윤식(金允植, 1835~1922)·김성근(金聲根, 1835~1918)·김가진(金嘉鎭, 1846~1922)·윤용구(尹用求, 1853~1939)·박영효(朴泳孝, 1861~1939)·김옥균(金玉均, 1851~1893) 등을 들 수 있고, 문사(文士) 학자(學者)로서는 현채(玄采, 1856~1925)·유창환(兪昌煥, 1870~1935)·정만조(鄭萬朝, 1858~1935) 등이 있다. 애국지사(愛國志士)로 활약한 오세창(吳世昌, 1864~1953)·안중근(安重根, 1879~1910)·김구(金九, 1876~1949)·신익희(申翼熙, 1891~1956) 등의 필적은 그 정신성으로 인해 더욱 주목되었다. 이들은 모두 조선시대 전통적인 문인사대부 서예가의 성향도 지니고 있다는 점에서 전문서예가가 등장하는 근현대사회에서 작가로소 과도기적 성격을 지닌다고 볼 수 있다.

서화협회전이나 조선미술전람회에 적극 가담하면서 서예가나 서화가에 해당되는 인물로는 정학교(鄭學敎, 1832~1914)·지운영(池雲英, 1852~1935)·김응원(金應元, 1855~1921)·안중식(安中植, 1861~1919)·김규진(金圭鎭, 1868~1933)·김돈희(金敦熙, 1871~1936) 등을 들 수 있다.

요컨대 '선전' 민간 개인을 통틀어 일제강점기 글씨의 흐름을 본다면 이 시기에 활동한 사람들 중에서도 전·예 전각으로는 오세창·김태석, 행·초서로 현채·유창환·정학교·김돈희가 뛰어났다고 할 수 있다. 하지만 작가마다 다른 입장에서 조선과 중국 역대 글씨는 물론 청조 비학(碑學)의 성과를 일본을 통해서든 아니면 직접적으로 다양하게 소화시키고 있음을 볼 수 있는 것이 특징이다.

이러한 일제강점기 서예는 1945년 광복과 함께 '선전'의 제도는 '국전'으로 이어졌고, 서예 판의 성격도 더 다양한 양상으로 전개되었다. 특히 일제강점기와는 달리 현대에 들어서는 서숙과 공모전의 확대와 함께 직업서예가는 양적으로 증가되었고, 서예전문잡지의 발행, 서예전문박물관의 개관, 대학의 서예과 개설 등으로 서예의 질적 수준 향상과 전문화를 위한 인프라도 점차 확충되고 있는 과정으로 볼 수 있다.

서체와 서풍에서도 한자와는 달리 한글서예에서는 기존 궁체의 심화, 소위 '고체(古體)'와 '민체' 등의 이름으로 한글 고전에 대한 재해석이 시도되면서 단조롭다고만 인식해오던 한글서체에 큰 변화를 가져왔다.

이 시기를 대표하는 작가로는 손재형(孫在馨, 1903~1981)·유희강(柳熙綱, 1911~1976)·현중화(玄中和, 1908~1999)·송성용(宋成鏞, 1913~1999)·이철경(李喆卿, 1914~1989)·배길기(裵吉基, 1917~1998)·이기우(李基雨, 1921~1993)·김충현(金忠顯, 1921~2006)·조수호(趙守鎬, 1924~)·정환섭(鄭桓燮, 1926~2010)·김응현(金膺顯, 1927~2007)·서희환(徐喜煥, 1934~1995) 등을 들 수 있다.

이들 작가의 작품 성향을 큰 흐름으로 보면 다음과 같이 갈래지울 수 있다. 우선 뛰어난 조형성과 전서의 필법으로 해·행을 구사하면서 한자의 각 체는 물론 한글까지도 실험적으로 해석해내는 손재형과 같은 입장이 있다.

육조해(六朝楷)의 금석 기운이 두드러지는 필법으로 일가를 이룬 유희강이나, 진당의 고법에다 육조해를 녹여낸 현중화나 김응현이 있고, 그리고 우리나라와 중국의 역대 비첩을 동시에 소화하여 가장 고전적인 입장에서 한자는 물론 한글서예의 새로운 전형을 제시했다고 평가되는 김충현과 같은 작가가 있다. 이들은 모두 동시대 인물이면서도 서로 대조적인 서풍을 보이고 있는데, 여기서 개성이 강조되고 있는 이 시대 서예의 특징을 읽어낼 수도 있다.

6.

그렇다면 이런 다양한 서풍과 특질을 지닌 작가들 중에서 일중 김충현의 예술을 좀 더 상세히 살펴보자. 그 원류가 어디며, 일중체의 형성과정과 조형특질, 그리고 20세기 한국 근현대 서단에서 차지하는 비중이 어떤지를 보자.

일중의 글씨는 한마디로 서예사에서 손꼽는 명서가들이 그래왔듯이 '옛것에서 새로움을 만들어내는' 이른바 '법고창신(法古創新)'의 귀감이 된다고 할 수 있다. 조선시대가 아니라 지금이라서 특히 주목되는 것은 그가 가학을 강조하는 부분에서다. 우선 일중의 교육철학을 보자.

> 나는 지금도 글씨를 가르치는 데 있어 절대로 내 글씨를 모방하지 않도록 지도한다. …(중략)… 대신 제자들에게 한국과 중국의 옛 명필글씨를 되풀이해서 연습케 하고 있다. 내 글씨를 가르치지 않는 이유는 서예에 있어 재주가 뛰어난 사람일지라도 내 글씨만 흉내 내다 보면 결국 나의 아류가 될지언정 나보다 더 나은 글씨를 쓸 수가 없기 때문이다.[1]

내 글씨가 아니라 고전을 통해 스스로 글씨의 근본을 터득하도록 한 일중의 학서태도가 주목된다. 여기서 일중예술의 본질이 어디서 비롯되는가가 간취된다. 이것은 결국 가학(家學)[2]이 일중 예술의 1차적인 토대임을 말해준다. 그리고 이를 토대로 우리나라와 중국의 고전을 소화하여 현대 감각에 맞는 새로운 서체를 창안하고자 노력한 결과가 바로 '일중체'라 할 수 있다. 다시 일중의 증언을 들어보자.

---

1) 김충현, 「일중묵연에서 제자 가르쳐」, 『藝에 살다』(범우사, 2000), 61쪽.

2) 김충현의 자(字)는 서경(恕卿), 호는 일중(一中), 찬내이고, 당호(堂號)는 시엽산방(柿葉山房), 한와연재(漢瓦硏齋), 제이목석거(第二木石居), 노초황화실(老蕉黃華室) 등을 사용하고 있다. 김충현은 안동 김씨 가문의 29대손으로 부친 윤동(潤東)의 다섯 아들(文顯·忠顯·彰顯·膺顯·政顯) 중 둘째로 1921년 서울 오현(梧峴, 현 장위동 북서울 꿈의 숲에 위치)에서 태어났다. 안동 김문(金門)은 충절과 문필의 가문으로 역사에 기록되는데 병자호란 때 강화 함락을 자책하고 자결한 선원(仙源) 김상용(金尙容, 1561~1637)과 반청(反淸)에 앞장선 청음(淸陰) 김상헌(金尙憲, 1570~1652)이 그 대표적인 예이다. 일중의 고조(高祖)인 오천(梧泉) 김석진(金奭鎭)은 1910년 일제가 강제로 조선을 합방하자 음독자결을 하였고 이를 계기로 조부는 온 가족을 이끌고 외부와 관계를 완전히 끊고 오현에 은둔하였다.

우리나라에는 특수한 풍습이 있었다. 전통을 계승하려는 법도가 두려워 그랬던지 선조 중에 명필이 있으면 그 자손은 그 글씨체를 본받는 것이 상례인 양 되어 있었다. 그래서 퇴계 후손은 퇴계체, 동춘 후손이면 동춘체를 많이 써왔다. 그뿐 아니라 당론에도 적지 아니 좌우되었던 것이다. 추사 김정희 자하 신위 이 두 분은 다 근고의 명가가 아니던가. 추사는 노론이요 자하는 소론이다. 그 후 글씨도 이 당론에 기운 것을 많이 보았다.[3]

일중은 여기서 자신은 안동 김문의 글씨를 생래적으로 받아들였음을 말 하고 있다. 그리고 그 연장선상에서 안진경체로 필력을 얻고 장천비(張遷碑)와 예기비(禮器碑) 등의 한예(漢隸)를 조종으로 삼은 것은 영운 김용진 문하에서다.

철이 들자 영운 김용진 선생의 영향을 많이 받게 되었다. 그래서 해서로 안진경의 〈마고선단기〉·〈가묘비〉 등을 썼고, 예서도 시작하여 〈장천비〉·〈을영비〉·〈예기비〉·〈조전비〉 등 한대(漢代) 제비(諸碑)를 썼다. 행서로는 〈쟁좌위〉·〈성교서〉, 초서의 〈서보〉 등을 써서 오늘에 이르는 셈이다.[4]

그리고 이와 동시에 한글고체의 필법인 전서체를 가미하여 소위 '일중체(一中體)'를 만들어낸 것이 그것이다. 한자와 한글이 필법으로 하나 되는 지점에서 일중예술이 제대로 이야기될 수 있는 것이다.

훈민정음은 제자원리도 상형(象形)에 근본을 두어 그 변화하는 모습을 그렸으며 글자는 고전을 본받은 것이라[자방고전(字倣古篆)] 하여 우리 글씨체를 형성한 것이니 서법(書法)의 새 길을 여는 길이 될 것이다. …(중략)… 한글고체(古體)는 아직 발전의 여지가 많고 특히 한글 한자의 혼용에는 그 조화현상에 적지 않은 연구가 필요하다. …(중략)… 고체는 글자의 크기를 막론하고 필력을 구사할 수 있으니 이 체(體)의 개발과 무궁한 발전이 기대되는

3) 김충현, 「학서총화 — 소년기부터 회고하며」, 『藝에 살다』(범우사, 2000), 115쪽.
4) 같은 책, 115쪽.

것이다.5)

> 훈민정음 원본의 글씨를 보면 과연 고전(古篆)의 기원설이 부합된 것을 알겠고 『용비어천가』나 『월인천강지곡』의 자체도 살펴보면 얼마든지 그 글씨로서 발전할 수 있으리라 생각하여 전·예의 필법으로 그 자체를 본령삼아 써보니 조형미를 내포하여 좋게 보였다. …(중략)… 한자의 전·예를 써야만 한글의 고체를 쓸 수 있다는 것을 잊지 말아야 한다.6)

일중은 시종일관 '훈민정음은 제자원리도 상형(象形)에 근본을 두어 그 변화하는 모습을 그렸으며 글자는 고전을 본받은 것이라[자방고전(字倣古篆)] 하여 우리 글씨체를 형성한 것이니 서법(書法)의 새 길을 여는 길이 될 것이다'고 강조하면서 '한자의 전·예를 써야만 한글의 고체를 쓸 수 있다는 것을 잊지 말아야 한다'고 강조하고 있다. 물론 이러한 과정에서 일관되게 견지해온 작가의 학서 태도는 주목을 요한다.

> (글씨) 학습의 주의할 것은 무엇보다 정신집중이다. 정신이 흐트러지면 일점일획(一點一劃)을 이룰 수 없다. 그리고 많이 쓰는 것이 결코 능사가 아니다. 체법(體法)을 정확히 파악하고 정서(精書)하는 것이 가장 중요하다.7)

체법의 정확한 체득만이 필획의 본질에 도달할 수 있다는 일중의 철학과 실천은 단적으로 "고체는 옛 자형을 그냥 따라 써서는 그 생명을 끌어낼 수가 없는 것이고 획의 중묘(衆妙)를 잡아넣음으로써 생명을 배태시키는 것이요, 이들 생명을 모아 한 글자를 이루고 나아가 한 작품을 이룰 수 있는 것"8)이라고 한 데에서도 확인된다. 이런 글씨 철학과 실천 속에서 배태되고 성숙되고 이루어진 이러한 일중의 예술은 그 형성 과정

5) 김충현, 「서예 미답지, 한글 고체」, 앞의 책, 143쪽.
6) 김충현, 「국·한 서예논고」, 앞의 책, 143쪽.
7) 김충현, 「먹을 갈이 갈며」, 앞의 책, 113쪽.
8) 김충현, 「국·한 서예논고」, 앞의 책, 143쪽.

을 대체적으로 다섯 시기로 구분하고 있다.

7.

일중은 가장 고전적인 입장에서 서예를 자기 식으로 해석해내는 작가 중 한 사람으로 볼 수 있는데, 변화의 기간이나 작가가 보인 관심사의 동시다발성과 방대함으로 인해 단선적으로 작품의 변모 양상을 잡아낸다는 것은 무리가 따를 수 있다.

그러나 전시작품을 근거로 크게는 초기의 한글 궁체와 한자 예서를 중심으로 한 병행과정, 40대에서부터 보이기 시작한 한글 고체에 한자의 전법과 예법을 적용하거나 국한문 혼용을 시도하는 실험 시기, 60대를 전후해서 본격적으로 보이는 전볍과 예법, 그리고 해서와 행초가 한 화면에서 두루 구사되는 혼융시기 등으로 국면을 구분해볼 수 있다.

특히 약관의 나이에 보인 우리 글씨에 대한 남다른 관심은 22세 때인 1942년『우리 글씨 쓰는 법』을 만들어냈고, 전·예의 필법으로 구사한 한글 고체는 그의 글씨에 대한 근본적인 입장과 학서 태도를 잘 보여준다. 한문의 경우에도 하나의 화면 안에서 구사되는 각 체의 특장 조합과 이것을 통한 새로운 조형성 모색은 일중서예에서 보여주는 전형적인 실험의 하나이다. 다음은 일중 글씨의 대체적인 시기 구분이다.

- 1기: 입지(立志)와 한글에의 관심[1934년 중동학교 입학 이후 1945년까지]
- 2기: 축적(蓄積)과 개발[1945년에서 1962년까지]
- 3기: 새로운 조형세계를 찾아서[1962년에서 1969년 일중묵연(一中墨緣) 설립까지]
- 4기: 예서(隷書)와 행초서(行草書)의 융합(融合)[1969년에서 1980년까지]
- 5기: 예술가로서 소요(逍遙)[1981년 이후 작고 때 까지]

이 중에서 일중의 한글서예는 이미 1기 때인 22세(1942년)부터『우리 글씨 쓰는 법』을 저술한 것을 시작으로 일생을 두고 궁체 중심의 한글의 조형적 단조로움을 극복하기 위하여 『훈민정음(訓民正音)』, 『용비어천가(龍飛御天歌)』, 『월인석보(月印釋譜)』 등 한글 고판본의 글씨체를 토대로 하고, 한자의 전·예 필법을 융합하여 '한글 고체'를 제시하였다는 데에서 그 위대성이 있다.

> 우리의 처지는 중국과 달라 우리 고유문자가 있으니 우리 문자에 대해 소홀히 할 수 없는 것이다. 그런 까닭에 우리는 중국 사람에 비해 배전의 힘이 필요하다. 다시 말하면 국한병진(國漢竝進)의 정신을 가지고 공부해야 한다는 것이다.9)

그 대표작으로는 〈시엽산방 8영(枾葉山房八詠)〉(1978년작), 〈월인천강지곡〉(1988년작) 등을 들 수 있다. 그리고 일중의 한자 서예는 전술한 바와 같이 중국의 역대 비·첩을 동시에 소화하여 가장 고전적인 입장에서 전·예·해·행·초는 물론 국·한문 혼용 등의 각 체를 구사하였다는 데 특장이 있다. 특히 전·예의 획법이나 결구가 해·행·초에 구사되면서 이들의 필법과 조형이 융합된 파서체(破書體)는 일중 예술의 득의처(得意處)라 자리매김할 수 있는데, 새로운 조형세계를 찾아 나선 일중 예술의 3기와 4기에 해당하는 1960년대 말기에 시작되어 1970~1980년대에 꽃을 피웠다.

> 예서는 전서와 해서 중간에 위치하여 서체성격조차 이에 따르므로 전의(篆意)를 품은 예서도 있고 해의(楷意)를 품은 예서도 있을 것이다. 또 해서라 할지라도 전의나 예의를 품는 원필(圓筆)과 방필(方筆)로 쓴 글씨가 있다. 나아가서 행서나 초서에도 전·예의 필법을 원용하여 쓸 수 있고 심지어는 이들 서체를 굳이 혼용하는 것도 좋은 것이다. 이러한 경지에 이르려면 모든 서체를 다 습득하여야 함은 더 말할 나위도 없는 것이다.10)

전·예는 물론 해·행·초 한글까지 모든 서체가 종횡으로 통하지 않는 곳이 없는

9) 김충현, 「먹을 같이 갈며」, 앞의 책, 113쪽.
10) 김충현, 「예서와 경수당 시」, 앞의 책, 205쪽.

일중의 이러한 파서체는 〈청음군옥소기(淸陰群玉所記)〉(1979년작), 〈수소명덕개물성무(守素明德開物成務)〉(1980년작), 〈촌음시경(寸陰是競)〉(1980년작), 〈홍경사비시(弘慶寺碑詩)〉(1980년작), 〈귀주(歸舟)〉(1987년작) 등에서 보는 바와 같이 일중 특유의 원만하고 둥글둥글한 원필(圓筆)을 중심으로 하면서도 방필(方筆)의 혼용으로 예법(隷法)을 가지고 행·초(行草)를 구사하거나 결구(結構)를 만드는(또는 그 반대) 쪽으로 진행되었다.

이상의 논의를 종합하면 일중이 한국 근현대 서예사에 끼친 영향은 다음 몇 가지로 요약된다. 우선 일제강점기에 『우리 글씨 쓰는 법』을 만들어내고 다시 궁체 위주의 한글서체의 단조로움을 극복하고 그 표현 영역을 넓히기 위해 『훈민정음』·『용비어천가』·『월인석보』 등 한글 고판본의 글씨체를 바탕으로 한자의 전·예 필법을 구사하여 오늘날의 '고체'를 부활시킨 점이다.

그리고 이러한 작서 태도의 확장으로 한글과 한문, 한문 안에서도 각체를 두루 혼융시키면서 한 화면 안에서 구사되는 파체서로 영역을 무한대로 넓힌 점이다.

물론 이러한 일중의 성취는 좀 더 큰 역사적인 맥락에서 보면 전통시대와 다른 20세기 근현대 서예의 특질의 본 모습을 그대로 드러낸다고 하겠다.

전술한 바대로 20세기 한국의 근현대가 식민지와 서구화로 요약된다고 할 때 일중의 학서 궤적은 가학을 통해 전통시대에 깊이 뿌리내리고 있다는 점이나 일제강점기 '선전'의 영향력에서 일찌감치 벗어남으로 해서 광복 후 근현대 서단에서의 소전계통과도 다르고 검여나 여초, 소암과 같은 육조해 계통과도 다른, 국전활동에서도 정통파로서 실험에도 열려 있는 독자적인 성격을 견지하였던 것이다.

물론 일중 예술의 연장선상에서 각종 서예교과서나 교육교재의 발간을 통해 서예교육에 대한 체계를 선구적으로 제시한 것이나 그리고 동방연서회와 일중묵연 등의 활동을 통한 한국 서단의 중추를 이루는 작가를 배출시킨 것은 일중의 교육자로서 면모를 동시에 각인시키는 것이다.

요컨대 한국 서예는 실로 2000년이 훨씬 넘도록 우리 민족이 한자(漢字)를 일상문자로 사용해온 이래 크고 작은 변화에 변화를 거듭해 오늘에 이르고 있다. 하지만 19

세기 추사가 비첩을 혼융해 동아시아 세계 서예의 패러다임을 바꾼 때는 물론 15세기 세종이 한글을 창제한 때보다, 8세기 해동서성 김생이 비로소 한국 서예의 법도를 세운 때 이상으로 문자예술 환경이 급변하고 있다. 이 시대 서예의 진로를 고민하는 데 고전의 원리통찰에 근본을 두고 모든 문자와 서체에 하나로 열려 있는 일중의 작서 태도와 정신이 더없이 크게 들리는 오늘이다.

> '훈민정음'은 한자가 자연을 대상으로 그 형음의로 출발했던 것과 달리 음운의 원리를 살펴 자형을 창출한 글자다. 초성글자 아·설·순·치·후 오음(五音)은 형상과 작태를, 중성글자는 천·지·인 삼재의 의(意)를 점획의 근본으로 삼았다. 글자를 만듦에 있어 음운의 이(理)뿐만 아니라 규구(規矩)의 이(理)까지 겸하도록 했으니 이를 앎이 우리 글씨 서법의 근본이다.[11]

11) 김충현, 「국한서예논고」, 앞의 책, 232쪽.

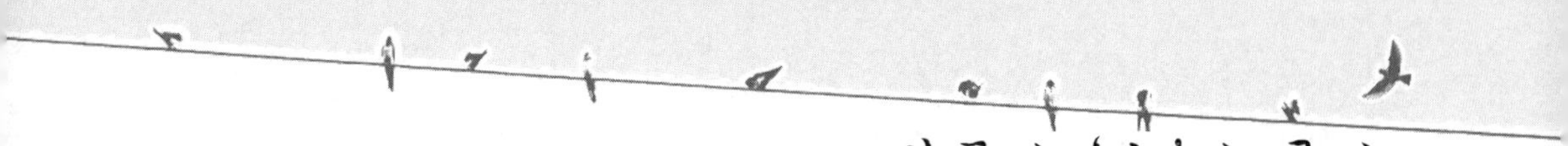

일중의 '中'의 글씨*

예술의전당 개관 10주년 기념 일중 김충현 특별전

이흥우

시인

첫날 개회식의 잡담 속에서 일중(일중 김충현, 예술의전당 1998년 3월 17일~4월 12일)의 백씨수병(伯氏壽屛, 행서, 10曲屛)을 보며 '글씨는 사람'이라는 생각을 다시 했다. 맏형님[文顯, 斐人]의 회갑을 기려 작은 아우[彰顯, 白牙]가 글을 짓고(한문 약 600자) 큰 아우(일중)가 글씨를 쓴 열곡 병풍이었다. 백아 다음이 여초(應顯)인데 5형제 중 여초까지 위로 네 분은 모두 글씨를 잘 쓰고 한문을 익혀 배웠다. 백아는 한학에 더욱 깊고, 일중과 여초는 글씨(書法)로 각각 정상을 이르는 경지를 확립했다.

할아버지 동강(東江, 甯漢) 선생은 일중이라는 호를 지어주며 일중은 충(忠)이고 이중(二中)은 병[患]이라고 가르쳤다 한다. 동양에서의 중[中庸, 中和, 中絶]은 엉거주춤한 양시양비론이 아니라 굳건한 중심을 가누며 밸런스를 지키는 일이다. 바른 마음이 오로지 가득한 것을 충이라고 하는데 네모와 한 개의 세로 줄이 결합된 중이 상정하는 것은 또한 충만한 내용과 아울러 지극한 균형감이다. 중용은 최고의 덕(德)이라는 말처럼 중은 동양의 궁극적인 가치관이다. 불교에는 또 중도(中道, 空)라는 구극(究極)의

* 이 글은 1998년 3월 예술의 전당 개관 10주년 기념 일중 김충현 특별전을 맞아 월간 《서법예술》 4월호에 실렸다. — 엮은이

가치관이 있다. 손과정(孫過庭)의 글씨이론[書譜]에 처음에는 반듯하고 쉬운[平正] 글씨를 익히고, 다음에는 힘써 험절(險絶: 굳세고 분방함)을 추구하며, 험절을 잘 익히고 나서는 다시 평정으로 돌아온다[至如初學分布 但求平正 旣知平正 務追險絶 旣能險節 復歸平正]는 말이 있다.

붓글씨[書藝]는 종종 음악으로도 비유된다. 가령 대금이나 피아노나 기교적으로 한껏 날렵하고 분방한 연주가 있고 다시 그런 단계를 거치며 평정한 듯 원융(圓融)한 연주가 있다. 여초는 더 치열한 험절을 겪고 닦으면서 일중은 근엄하고 강직한 평정 가운데 꾸준히 닦으면서 서로 교도한 완성도를 지향, 성취했다. 여초는 옛 서법을 폭넓게 더 근대적으로 천착, 추구하며 준절(峻絶)·청수(淸秀)한 다양한 세계를 이루어가고, 일중은 전통적인 바탕에서 든든한 중심을 가누는 가운데 상대적으로 원만한 글씨를 쓴다. '글씨는 사람'처럼 각각 천성적인 인품에 따라 그런 각자의 세계가 이루어지는 것이다.

일중의 글씨 아닌 글에서도 그 인품과 같은 '중'을 느낄 수 있다. 하나의 예가 아주 평정한 격으로 할 말이 다 갖추어진 「찬내(한글 아호) 풀이」라는 짤막한 글[自述]이다. 일중의 행서들은 안진경(顔眞卿)의 행서 〈쟁좌위첩 제질문고(爭座位帖 祭姪文稿)〉의 영향이 짙으면서도 꽤 격정이 보인다는 '제질문고'에 비해 원만하고 온화한 '중'의 면모를 보인다. 내가 일중의 이런 행사를 처음 본 것은 1975년의 한국서예가협회전에 출품된 귀거래사(歸去來辭 陶淵明, 이번 출품, 是庵 裵吉基 소장)였다. 나는 그때 일중의 무르익은 듯한 글씨들을 보며 '조용하면서도 엄격한 뜻있는 변모'라는 생각을 했었다. 그 밖에 간혹 유석암(石菴 劉墉, 淸, 1950년대 千嶂五湖)이나 조지겸(趙之謙, 淸, 1983년 淸陰詩)의 뜻이 깃든 행서도 있다.

일중이 한문을 수학하던 12세 때부터 배운 것은 안진경의 해서[〈마고선단기(麻姑仙壇記)〉, 〈안씨가묘비(顔氏家廟碑)〉, 탑본(榻本)]와 궁체, 이어 한나라 예서(隷書)의 탑본 글씨였다. 탑본은 일가이며 조부와 친한 영운(潁雲 金容鎭, 서화가)이 준 것이었다. 일중의 초기의 예서(1942년 〈옥주억목식동(沃州憶木食洞)〉은 더 예스러운 〈장천비(張遷碑)〉의 글씨인데 그 후 한예(漢隷) 최고의 완성미를 이루었다는 〈예기비(禮器碑)〉, 그리고 그보다 조금 삐치는 획(파임)이 긴 〈조전비(曺全碑)〉적인 예서들을 많이 썼다. 한글 글씨는 궁체, 고체(古體)를 개척, 확립하며 더러 판본체의 뜻이 있는 글씨(1950년 〈이충무공 기념비〉)도 썼다. 일중의 초기의 궁체는 획이 가늘며 맑은 느낌이 있는데 나중에는 중봉이 긋는 듯한 획의 꿋꿋하고 중후한 맛이 더해진다.

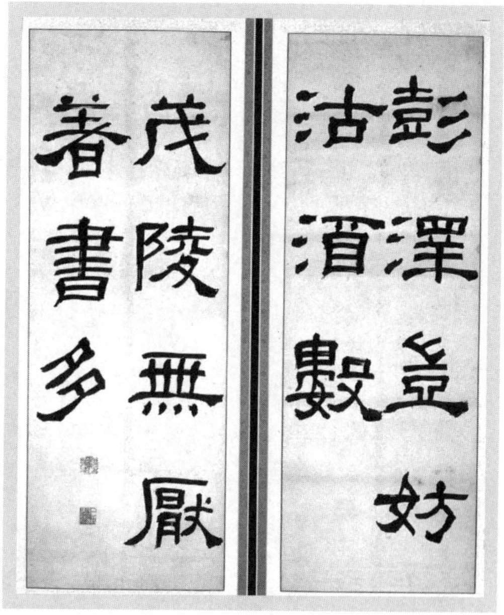

〈삼체육곡병(三體六曲屛)〉 일부

이번 출품작 중 할머니[반남(潘南) 박씨]의 흘림궁체 글씨[〈삼해주(三亥酒) 방문(方文)〉]에 일중, 백아, 여초가 나란히 발문을 단 작품[1985년 〈근제조비유필후(謹題祖妣遺筆後)〉)이 있어 한글글씨[반흘림 〈소폭(小幅)〉] 에도 나타난 그 세 형제분의 특성이 헤아려져서 인상적이었다.

일중은 각 체의 글씨를 두루 잘 썼으나 예서와 아울러 또한 홍미를 느끼는 것이 여러 경향의 해서이다. 우선 두드러진 것이 안진경 노년(60대 이후)의 글씨체들[1942년 편액 〈목동제석염두율운(木洞除夕拈杜律韻)〉, 〈목식와중건기(木食窩重建記)〉, 〈목식와주련(木食窩柱聯)〉: 이 주련은 더 정제된 다보탑비 등의 뜻이 가산됨]이다. 더욱 큰 글자를 쓴 편액[1962년 〈사직단〉, 1975년 〈영추문(迎秋門)〉, 1980년 〈만세루(萬歲樓)〉 등]의 매우 훌륭한 안체(顔體) 해서들이 있다.

일중의 또 하나의 좋은 해서가 1987년에 쓴 금의(琴儀)의 신도비[〈고려태보영렬봉화금공의신도(高麗太保英烈奉化琴公儀神道碑)〉, 이규보 글]이다. 안진경의 40대의 해서[〈다보탑비(多寶塔碑)〉]에 육조(六朝, 北魏)의 꿋꿋한 뜻이 융해된 듯한 일중의 개성적인 해서이다. 1979년의 백호 기념비[〈백호 임제 선생 기념비(白湖林悌先生紀念碑)〉], 1980년의

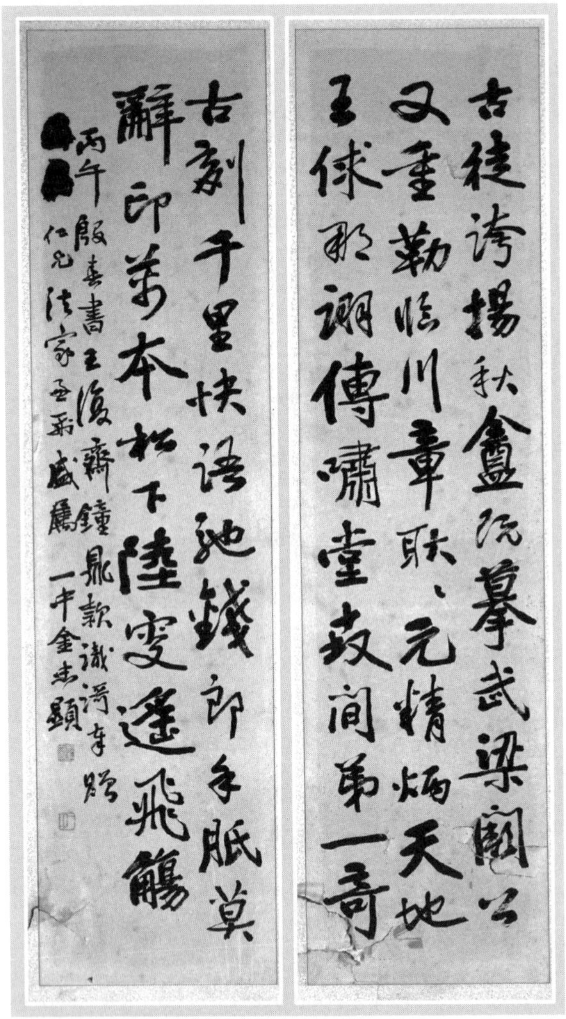

〈왕복재종정관지가(王復齊鍾鼎款識歌)〉 일부

김복한 선생의 의거기념비[〈지산 김선생 기의비(志山金先生紀義碑)〉] 등의 비문의 한문(국한문 혼용, 한글은 궁체)의 해서도 그처럼 일중적인 해서이다.

1940년대의 작품으로 세 가지 체를 쓴 작품[〈삼체육곡병(三體六曲屛)〉]이 있다. 〈마고선단비〉의 육조적인 해서, 그리고 〈예기비〉적인 예서가 각 2폭씩 함께 꾸며진 것이다. 또한 이번에는 출품수가 적었지만 더 북비(北碑)적인 해서[1978년 〈두보 시 한별(杜甫詩 恨別)〉, 1980년 〈동학사영련(東學寺楹聯)〉 등]들도 많고, 같은 느낌이 깃든 행서[1966년 〈왕복재종정관지가(王復齊鍾鼎款識歌)〉]도 있다. 그 모든 옛 글씨의 요소들은 물론 그의 천품과도 같은 '중'의 도가니 안에서 다시 제련되어 나온 일중의 글씨들이다.

조선시대의 글씨는 대개 중국의 첩본(帖本)을 따라서 씌어지며[특히 왕희지의 낙곡론(樂穀論), 황정경(黃庭經) 등 번각(飜刻)에 따라 원형이 왜곡되었으나] 그런대로 하나의 서풍을 형성했다. 일중 댁에도 그렇게 내려오는 조상의 좋은 글씨들이 있고 원래 동강 선생은 손자들이 그런 글씨를 쓰기를 바랐었다. 젊은 시절의 일중의 편액에는 그런 글씨들[1942년 〈억목식동(憶木食洞)〉, 〈회목식동(懷木食洞)〉]도 있다. 문득 일중의 근엄과 균형이 호방하게 깨치는 듯한 드문 예[1983년 〈소헌(紹軒)〉 등]가 또 있다. 취중에 쓴 분망한 본능이 일회적으로 분출된 듯한 글씨[1983년 초서〈소헌(紹軒)〉 등]들이다. 안진경의 글씨에도 파체(破體)[〈송배장군시(送裵將軍詩)〉]가 있었다. 충의당첩(안진경, 忠義堂帖 日本 二玄社판)의 '배장군을 보내는 시[送裵將軍詩]'를 보면 복각의 한계 같은 것이 어쩔 수 없이 느껴지면서도 볼수록 유출유괴한 변화를 느끼게 된다. 그리고 그에 대한 역시 유출유괴한 찬사가 있다.

'해서 · 행서 · 예서 · 전서(正行分篆)의 체들을 겸하고, 문득 (획이) 굵다가, 문득 가늘다가, 문득 기교적이다가, 문득 무기교적이다가[巧, 拙] 혹은 단단하기 강철 같고, 혹은 나긋나긋하기 미녀와 같고, 혹은 높은 벼슬아치가 조정의 당상[廟堂上]에서 위의를 떨치듯, 용이 하늘[天門]에 날듯, 호랑이가 대궐문에 웅크리듯, 금강역사가 눈을 부릅뜨고 야차(夜叉)가 팔뚝을 당기듯, 혹은 태풍과 소나기처럼, 꽃잎이 흩어지듯 눈이 날리듯[飄風驟雨, 落花飛雪], 손을 따라 만 가지로 변하며 뛰어난 형태가 자유롭고 자재롭다[手信萬變, 逸態橫生]'[명(明) 장응문(張應文) '청비장(淸秘藏)']. 언뜻 중국적 한문투의 과장이 느껴지면서도, 거듭 변화하는 글씨들을 찬찬히 보아가면, 마디마디가 그럴듯하게 맞는 것 같기도 하다.

일중의 많지 않은 파격적인 글씨에도 초서가 있고 전서[1970년대 〈화목련실(華木蓮室)〉], 예서[1971년 〈해정(海庭)〉] 그리고 각 체가 혼화된 작품[1987년 〈귀주(歸舟)〉]까지 있다. 그리고 파격적인 일중의 글씨들도 그 핵심에는 또한 일중의 초기에서 후기에 이르는 여러 경향의 예서[1944년 〈제이목석거상량문(第二木石居上梁文)〉 동강(東江) 지음; 1960년 〈예서십이병(隸書十二屛)〉: 주전(周篆)의 뜻이 있는 한례(漢隸); 1977년 〈서대행(犀帶行)〉; 1981년 〈천자문(千字文)〉]의 확고한 '중심'이 지긋이 서 있다.

석봉(石峯)·추사(秋史)를 잇는 조선 후기 서맥(書脈)의 적손*

일중 김충현 글씨의 서예사적 맥락

최완수

간송미술관 연구실장

일중 김충현은 현대 한국 서예계를 이끌어온 원로 대가이다. 여든에 가까운 고령인데 노환이 겹쳐 서예 활동을 더는 지속하기가 곤란하므로 이를 마무리 짓는 회고전 성격의 특별전이 작년 마련되었다. 마침 예술의전당 서예관이 개관 10주년을 맞게 되어 그 기념 특별전으로 이 전시회의 개최를 자청하였기에 적시에 이루어질 수 있었다고 한다.

이 전시회를 배관(拜觀)하고 나서 예술의전당 서예부가 참으로 의미 있는 전시회를 개최했다는 생각을 하게 되었다. 한국 근현대 서예사의 맥락이 이 전시를 통해 확연히 드러나기 때문이다.

일중은 인조반정(1632) 이후 조선 왕조를 이끌어온 율곡학파의 중심 가문 중 하나였던 안동 김씨 집안의 후예이다. 청음(淸陰) 김상헌(金尙憲, 1570~1652)의 14대손이요 문곡(文谷) 김수항(金壽恒, 1629~1689)의 12대손이다. 청음은 율곡계의 조선성리학적 세계관에 입각하여 병자호란(1636) 당시 예조판서로 있으면서 여진족 청(淸)에게 굴복할 수 없다고 끝까지 결사항전을 주장하였던 주전파의 수장이었으며 문곡은 숙종

---

* 이 글은 일중 김충현 문집 『藝에 살다』(1999) 초판과 2판의 해설로 실렸다. — 엮은이

이 후궁인 장희빈을 왕비로 삼고 인현왕후 민씨를 폐출하자 처첩의 위계질서를 바로 잡으려는 조선 성리학적 윤리관에 입각하여 이를 극간하다가 기사사화(1689)에 우암(尤庵) 송시열(宋時烈, 1607~1689) 등과 함께 사사된 충의지사였다.

가학(家學) 전통 충실 계승

이들이 모두 좌의정과 영의정을 지낸 대관이면서 이토록 충의로 이름을 떨치니 이로부터 이 집안은 조선후기의 최고 명문가로 부상해가는데, 특히 문곡의 자제들인 몽와(夢窩) 김창집(金昌集, 1648~1722), 농암(農岩) 김창협(金昌協, 1651~1708) 삼연(三淵) 김창흡(金昌翕, 1653~1722) 등 6형제가 나와서 진경산수화의 대가인 겸재(謙齋) 정선(謙齋, 1676~1759) 등을 길러내며 조선 고유색 짙은 진경(眞景) 문화를 주도하게 되자, 숙종(1675)에서 정조(1800)에 이르는 125년간의 조선 고유문화 절정기인 진경 시대에 이 가문이 율곡학파(老論)의 중추 역할을 담당해간다.

따라서 이 가문에서는 글씨를 한석봉체(韓石峰體)에 근간을 두고 안진경체(顔眞卿體)를 가미한 양송체(兩宋體)를 주로 따라 쓰게 되는데, 양송체란 당시 율곡학파의 양대 수장이던 우암 송시열과 동춘(同春) 송준길(宋浚吉, 1606~1672) 양인(兩人)의 서체라는 의미이다. 그뿐 아니라 김수항의 맏형인 곡운(谷雲) 김수증(金壽增, 1624~1701)은 금석학(金石學)에 밝고 전서(篆書)와 예서(隸書)에 능하여 수많은 비석의 비전(碑篆)은 물론 〈자운서원묘정비(紫雲書院廟庭碑)〉, 〈정몽주신도비(鄭夢周神道碑)〉 등 예서비도 남길 정도였으니 전서와 예서도 이 가문의 가학(家學)으로 전해지게 된다. 그런데 일중은 소위 육창(六昌)으로 불리던 김창집의 6형제 중 막내인 중택재(重澤齋) 김창립(金昌立, 1666~1683)의 후손이니 이런 필법을 가학으로 전수받지 않을 수 없었을 것이다.

한편 김창집의 증손인 풍고(楓皐) 김조순(金祖淳, 1764~1831)에 이르러서는 순조의 국구(國舅)로 척족세도를 시작하여 안동 김씨 세도 60년의 길을 열어놓는다. 그런데 이때는 정조의 북학(北學) 진흥책의 결과로 청조 고증학이 들어와 노쇠한 조선성리학을 대체해나가던 시기였다. 김조순 자신이 그런 성향의 인물이었다. 따라서 왕실 주

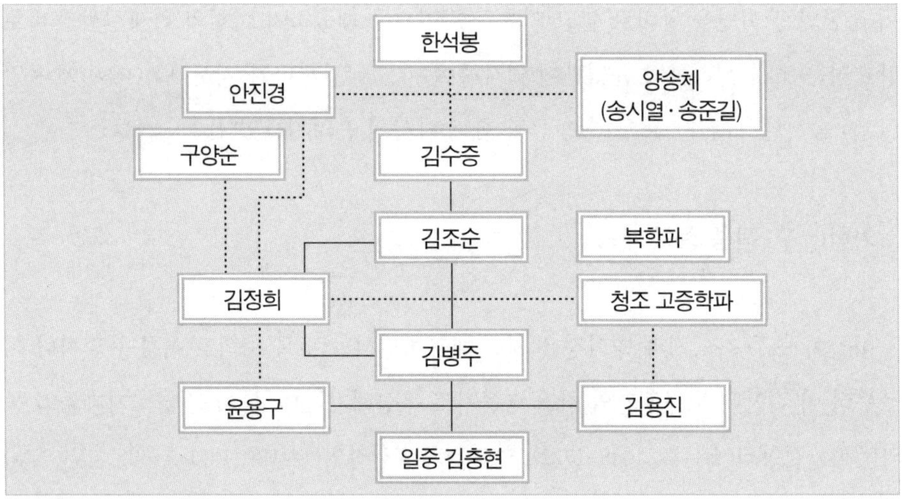

서맥(書脈)으로 본 일중

—— 사승 및 가학 계승
······ 간접 영향

변 내·외척을 중심으로 청조 고증학을 바탕으로 한 새로운 예술양식이 이루어지게 되었으니 영조의 부마 월성위(月城尉) 김한신(金漢藎, 1720~1758)의 증손인 추사(秋史) 김정희(金正喜, 1768~1856)가 이룩한 추사체가 바로 그것이다.

한글 서체(書體) 정립 노력

일찍이 정조는 양송체를 근간으로 하는 조선 고유 서체를 익히고 나서 안진경체의 중후한 맛에 매료되어 그가 가장 존경하던 우암 송시열과 충무공 이순신의 신도비를 어제(御製)로 직접 지은 다음 안진경 글씨를 집자하여 이를 쓰게 하니, 이로부터 안진경체가 점차 경화거족(京華巨族)들 사이에 유행하기 시작하였다. 추사가 초기에 안진경풍의 옹방강(翁方綱, 1733~1818) 글씨를 따라 썼던 것도 이런 맥락에서 이해되어야 한다.

그러나 추사는 여기에 머물지 않고 우리 서예의 근간이 되어왔던 구양순체로 필력을 다진 다음 한(漢)의 예서로 조종(祖宗)을 삼으면서 우리 역대의 필법과 중국 필법의 장처를 혼합하여 추사체를 이루어냈던 것이다. 이 사실은 유일한 혈육이던 서자 상우(商佑)에게 글씨 쓰는 법을 가르치는 글에서 극명하게 드러나고 있다.

"글씨 쓰는 법은 구양순의 '예천명(醴泉銘)'이 아니면 손에 익힐 수 없다"라고 허두를 떼고는 "예서는 서법의 근본[祖家]이니, 만약 서도에 마음을 두고자 한다면 예서를 알지 않을 수 없다"라고 못 박은 것이 그것이다.

이에 세도하던 안동 김씨 일문도 추사체를 따라 쓰게 되는데 김조순의 자제로 제2대 세도재상이던 황산(黃山) 김유근(金逌根 : 1785~1840)이 그 대표적인 인물이었다. 그러니 순조의 둘째 따님인 복온(福溫)공주에게 장가들어 김유근의 생질서(甥姪婿)가 된 일중의 5대 조부 창녕위(昌寧尉) 김병주(金炳疇, 1819~1853)도 추사체를 방불하게 구사한다. 금산 보석사에 세운 의승(義僧) 영규(靈圭) 대사비의 글씨에서 이를 확인할 수 있다. 이런 서맥은 일중의 증조인 오천(梧泉) 김석진(金奭鎭, 1843~1910)을 거쳐 조부 김영한(金甯漢, 1878~1950)에게까지 이어진다. 이렇게 조선후기를 주도해온 서예 양식을 차례로 가학 전통 으로 축적해온 것이 일중 가문이었다.

독창적 일중체(一中體) 개발

그런데 일제의 강점으로 대한제국이 망하는 1910년 경술국치를 당하자 김석진이 자결로 순국하여 항일의지를 표방하면서 이 집안은 창녕위 묘막으로 낙향하여 세상과 절연하고 전통문화를 고수하게 된다. 이런 상황에서 일중은 일제 식민통치가 기틀을 잡아가던 1921년에 태어나 자라게 되는데 일제의 위협에도 불구하고 일제 작위를 거절하였던 기개 있는 선비인 조부 김영한의 훈육으로 유년 시절에 가학 전통을 익히게 된다.

그리고 이웃해 살던 순조 막내부마 남녕위(南寧尉) 윤의선(尹宜善)의 자제인 해관(海觀) 윤용구(尹用求, 1853~1939)로부터도 추사 이래로 전해지는 『서법정전』을 전수받는다.

또 한편으로 일중은 조부 김영한과 동갑친구이자 일가인 영운(潁雲) 김용진(金容鎭,

1878~1968)을 통해 오창석(吳昌碩) 등 청조 말기 비학파들의 서법을 접하게 된다. 그런데 김용진은 마지막 안동 김씨 세도재상이던 영초(潁樵) 김병국(金炳國, 1825~1968)의 손자로 19세(1896)에 한성 영어학원을 졸업하여 당시로는 가장 서구화된 사대부 신지식인이었다.

이런 김용진의 영향은 장차 일중으로 하여금 신식교육을 갈망하게 하여 삼동보통학교와 중동중학교로 진학하게 한다. 여기서 일중은 일어와 영어를 배우며 한글의 중요성을 깨우치게 되어 중동학교 재학 중에 『우리 글씨 쓰는 법』을 저술하고 위당(爲堂) 정인보(鄭寅普)의 인정을 받게 되니 이를 기반으로 한글 서체 정립에 평생을 바쳐 한글서예의 성립을 가능케 하였다.

법고창신(法古創新) 정신 귀감

그리고 가학을 바탕으로 현대 감각에 맞는 새로운 서체를 계발하려 노력한 결과 안진경체로 필력을 얻고 나서 〈장천비(張遷碑)〉와 〈예기비(禮器碑)〉 등 한(漢)대 예서를 조종으로 삼고 한글 고체의 필법인 전(篆)서체를 가미해서 일중체를 이루어낸다. 일중만이 가지고 있는 가학연원(家學淵源)과 성장과정이 아니라면 이루어낼 수 없는 서체인데 이런 서체가 일중에 의해 이루어져서 현대 한국 서체로 자리 잡았다는 것은 우리 현대문화에서 가장 바람직한 현상 중 하나라 하겠다.

다른 분야도 사실 일중체처럼 전통을 바탕으로 하여 현대(서구문화) 감각을 수용해 들이는 법고창신(法古創新)의 면모를 갖추어나갔어야 했다. 다만 일중체에서 결여된 점이 있다면 우리 전통 미감(美感)이라 할 수 있는 강경한 암석기(巖石氣)가 부족하다는 것인데, 이는 일중이 큰 목소리로 좌중을 제압하는 호기와는 반대로 가슴속에 부드럽고 자상한 성품을 지녀 이를 반영한 탓이 아닐까 한다. 행서 소자(小字)가 동글동글 부드러운 맛이 나서 마치 청나라 서예 대가인 석암(石庵) 유용(劉墉, 1719~1804)의 글씨와 같은 풍미가 있는 것도 이런 현상일 것이다.

일중의 문학세계*

이근배

예술원 회원

'글은 사람이다'라고 한 것은 서양의 뷔퐁이 한 말이고 '글씨는 사람이다'라고 한 것은 중국의 유희재(劉熙載)가 한 말이다. 인류가 문자를 쓰기 시작한 이래 동양이나 서양이나 글씨의 발달이 꾸준히 있어왔지만 한문 문자권인 동양[韓·中·日]에서는 글의 예술성 못지않게 글씨의 예술성을 개발하고 존중해왔다. 서양인들은 인쇄체나 만들어진 글씨가 아니라 손으로 쓴 글씨[肉筆]의 가치를 존중하지 않은 것은 아니다. "글씨는 목소리의 그림"이라고 볼테르는 그 예술성을 높이 샀으며 니진스키는 "육필은 매력적이다. 그것은 살아 있고 개성으로 가득 차 있기 때문"이라고 글씨의 생명력에 찬사를 보내고 있다.

그러나 한국에서는 서예, 중국에서는 서법, 일본에서는 서도, 이렇게 글씨 예술을 그림이나 조각과 같은 독립된 예술의 한 장르로서 또는 그보다 한층 높이는 학문이나 사상이나 인간 능력의 총체적 적필로 인식되는 것은 아무래도 동양에서는 글씨의 역사가 만들어낸 것이다.

---

* 이 글은 예술의전당 개관 10주년 기념 일중 김충현 특별전 세미나에서 발표되었으며, 일중 김충현 문집 『藝에 살다』(1999) 초판의 해설로도 실렸다. — 엮은이

일중 김충현 선생의 문학을 말하고자 하면서 먼저 글과 글씨에 대한 일반론을 내세운 것은 일중 선생은 한국의 현대 서예사에 한 획을 그은 대표적 서예가로 그 광채를 널리 비출 뿐 그분이 시, 시조, 수필, 금석문 등을 창작해온 문사임을 아는 이가 그리 많지 않기 때문이다.

비록 글씨예술[書藝]이 중국에서부터 시작되었다고는 하나 일중 선생의 글씨는 한자만이 아니고 한글이 창제된 지 500여 년 동안 거의 미개척 분야로 남아 있던 한글 글씨를 예술로 완성시킨 업적이 있다. 이는 저 중국의 서예가들이 임서로서 이룩한 자기 서체의 개발과는 그 성격이 사뭇 다른 것임을 먼저 전제해야 한다.

바로 이 점은 일중 선생의 글씨뿐만 아니라 문학과도 깊은 연관이 있다. 다시 말하면 일중 선생이 한문체와 한글체의 조화를 이루는 서제를 창조하여 한국 서예라는 새 금자탑을 이룬 뿌리에는 한글 혼과 한글 문학의 정신이 깊이 젖어 있음을 엿볼 수 있는 것이다.

일중 선생의 문학은 대체로, 시조, 가사, 수필 그리고 금석문으로 나눌 수 있다. 그 가운데서도 일중 선생의 문학적 성과로 꼽을 수 있는 것은 시조와 수필이라 하겠다. 그러면 먼저 시조의 세계에 들어가보자.

잎 좋고 열매 좋며 나무도 좋다하네
예부터 이른 것은 그대로 좋게 여겨
이 숲에 집을 얽고서 시엽산방(柿葉山房) 새기니

— 시원(柿園)

한 잎이 다 자라면 또 한 잎 빼이느니
한여름 다하도록 새 잎을 이어보네
노조(老蕉)에 황화(黃華) 곁들여 집 이름을 처본다

— 초정(蕉庭)

홍백(紅白)을 가릴 것가 뜰에나 방 안에나
몇 송이 되었어도 향기에 묻히느니
사군자 꼽을 양이면 으레 먼저 치느니

— 매강(梅岡)

잎 솟아 몇 해 가고 꽃 되면 달을 넘어
향기는 멀리 들려 내맡고서 먼저 아네
사람을 칭송하려도 이름 이어 잊으랴

— 난대(蘭臺)

만상이 시들 적에 네 어이 생생한가
서리 친 아침이면 내란 듯 버젓하다
고절(高節)을 오상에 비겨 귀히 알아주니라

— 국포(菊圃)

대숲이 어데 없고 뉘 아니 질겨하랴
길 넘게 어른 대며 백천(白千)도 세고 남네
제 고장 아닌 데 보니 떠다 논 듯하여라

— 죽림(竹林)

바위 곁 두 나무에 열리기 주렁주렁
가을이 다가오면 둥근 볼 붉어지네
손 아들 두 손 벌리고 재롱떨며 조른다

— 조암(棗巖)

사철에 어느 때나 변할 줄 아는 것가

둥글게 뻗은 가지 정자라 하리로다
아마도 사시가흥은 이를 두고 알리라

— 송정(松亭)

「시엽산방 8영(柿葉山房八詠)」의 제목으로 된 이 시조는 “계축년 여름 내가 서울 동선동에 집을 지었다. 이곳은 본디 감나무가 많이 있는 언덕으로 숲이 매우 그윽하여 마음에 먹었다가 일이 이루어진 것이다. 양지가 바르고 바람이 잘 통하여 여름·겨울에 서늘하고 따뜻하여 살기에 합당할 뿐 아니라 초목은 잘 자라며 사철에 여러 가지 꽃이 성하게 되고 열매도 잘 맺는다. 이를 아름답게 여겨 팔경 삼아 팔영을 지어내 낮을 펴본 것이다. 이 터에서 손자를 지금 둘이나 보았으니 사람 사는 데 복지(福池)가 따로 있으랴. 바로 여긴가 여겨진다. 이에 병풍을 만들어 길이 전케 한다”(시작노트 발췌)와 함께 병풍으로 쓴 글씨가 『일중 김충현 화집』에도 나와 있다.

저 조선조의 큰 선비들은 자신들이 살고 있는 고향의 자연의 아름다움을 몇 경(景) 몇 영(詠)으로 나누어 노래하는 풍류를 즐겨왔거니와 이 「시엽산방 8영」은 퇴계 이황의 「도산십이곡(陶山十二曲)」이나 고산 윤선도의 「오우가(五友歌)」의 시 세계를 연상케 하는 자연관과 인생관이 시조의 형식으로 잘 형상화되고 있다.

시조는 모국어의 운율과 우리의 내면적 정서가 자연스럽게 형성된 민족 고유의 정형시다. 신라 향가에 뿌리를 두고 고려 중기 이후의 정형이 이루어져 천년토록 우리 민족의 시대정신과 정한을 남김없이 노래하는, 시조는 일찍이 최남선이 말했듯이 나라 시가문학의 ‘본류’인 것이다. 그러나 오늘에 와서 시조에 전념하는 시인들 이외에 이 시조의 형식을 제대로 익혀서 한 편의 시조를 온전하게 창작하는 이들은 만나기 어렵다.

그러나 일중 선생이 언제부터 시조의 형식과 운율을 체득했는지 또한 몇 편의 작품들을 창작했는지는 모르겠으되 이 8수의 시조는 시조의 정체성에서 한 치의 어긋남이 없는 완결성을 보여주고 있어 일중 선생의 시적 역량이 글씨 못지않게 넘쳐 있음을 보게 된다.

백악하(白岳下) 터를 잡고 집 한 채 지었는데
발길이 닿기 좋아 벗님네 자조 온다
늙으막 흉금을 열고서 그런대로 즐기네

「백악동부」라는 제목의 이 작품은 관훈동 백악동부(白岳洞府)에 친필로 쓴 것으로 목각이 되어 걸려 있다. 별 꾸밈이 없이 물 흐르듯 담은 뜻은 3장 을 가득히 채운다. 여기서 아쉬운 것은 일중 선생이 서예가로서가 아니고 시조시인의 길을 걸었어도 이 나라 문학사에 각인된 천상(天賞)을 보여주고 있다는 것이다.

이러한 시적 역량은 경동고등학교, 창문고등학교의 교가 작사에서도 나타난다. 경동이나 창문 같은 명문학교 등의 교가 작사는 이름 있는 시인들에게 위촉했을 법한 일인데 어떻게 해서 일중 선생에게 돌아갔으며 일중 선생도 자신의 전공이 아닌 작사를 선뜻 받아들였을까 하는 의문은, 바로 앞의 시조 창작이 우연한 것이 아니고 남모르게 시 쓰기에 힘써 왔음을 밑받침하는 것으로 들리게 된다.

뼈다귀에
쇠붙이에
돌덩이에
나무 조각에
생명을 붙여
오늘의 문화를
꽃피게 하였노라

팔만대장경
대동여지도

깁에

종이에

써서 전하기야 전했지만

어찌 그리 장수야 했으랴

정으로 쪼고 칼로 새긴 자취,

붓에 견주어 오래도 간다

붓은 붓대로 묘하다 하지만

칼은 칼대로 묘하니라

인류 문화는 천 년 만 년

너로 하여 빛나리

끊겼다 이었다 하는

무상한 운명 끊겼다 다시 이은

철재(銕齋)의 솜씨

무궁한 앞날을

미리 보려는

철재의 솜씨

「머릿노래」라는 을축년(1985) 봄에 지은 이 시는 서각(書刻)의 장인 철재 오옥진을 칭송한 것이다. 이 작품은 자유시의 형식으로 쓰인 것이나 서각의 문화적 예술혼을 새기며 더불어 장인의 업적을 기림에 있어 오랜 시업(詩業)을 해도 시인들의 필력에 뒤지지 않는 문형(文形)을 만나게 된다.

이 밖에도 아우 명경의 화갑에 부치는 시로 8수와 화답의 시로 2수가 더 있으나 여기서는 생략한다.

일중 선생은 김동리, 곽종원, 조병위, 정한원, 한한모, 김경승, 이대원, 차범석, 권정련, 전봉초 등 예술원 회원들이 중심이 된 수요회 동인으로 산문집 『자리는 같이 삶은 따로따로』에 5편의 수필을 내놓고 있다. 「학서총화」, 「임지승량」, 「서단수상」, 「서울의 산과 강」, 「중국기행」이 그것인데 제목들이 말해주는 것처럼 일중 선생의 묵향이 저절로 번지는 서예의 이론을 담고 있다.

「학서총화」는 '소년기부터 회고하면서'라는 부제가 뜻하듯이 일중 선생이 어려서 글과 글씨를 어떻게 익혀왔으며 오늘에 이르렀는가를 축약한 글로, 한 편의 수필로서뿐만 아니라 일중 선생의 서력(書曆)을 알게 하는, 놓쳐서는 안 될 글이다.

선비의 글씨는 일반적으로 체법과 계통이 별로 없이 문장을 기록하는 데 그쳤다. 그런 유소(儒素)의 맛이 풍겨 이를 흔히 문인지필(文人之筆)이라 일컬었다. 이러한 바탕에 계통과 체법이 뚜렷하면 이는 과연 필원에 들 만한 명필로 치게 되었다. 비로소 누구의 체라 전해지고 있다. 그러므로 비판(碑版)이나 현액(懸額)에 남아 사자관(寫字官) 글씨와는 다르게 알려졌다.

수필은 일정한 형식이 없이 자신의 생각을 옮겨 적은 것이지만 그 성패를 가름하는 것이 곧 문장력이다. 아무리 좋은 생각, 좋은 체험을 가졌다 해도 문장력이 따르지 못하면 죽은 글이 되고 만다. 리처즈(I. A. Richards)가 '수사(Rhetoric)'를 가리켜 "정확한 이해에 도달하기 위한 언어 기술"이라고 정의한 것도 바로 그것이다. 서예가가 글씨를 아름답게 쓰는 기능을 가진 것이라면 문인들은 문장을 아름답게 쓰는 기능을 가진 것밖에 다른 것이 아니다. 그런데 바로 그 문인이 갖추고 있는 문장력을 일중 선생은 자연스럽게 체득하고 있으면서 시조나 수필의 창작에 전념하지 않았다는 것뿐이다.

끝으로 일중 선생은 문체가 물을 만난 고기처럼 생동하는 것은 금석문에서임을 우리는 익히 보아왔다. 금석문은 당대의 대문장가들도 그 붓끝이 무딤을 느끼게 하는 글 속의 글이다. 당대에도 빛나고 후대에도 길이 감동을 주는 명문이어야 한다. 불과 천자 안팎으로 선인의 업적이나 생애를 알리고 더불어 칭송하는 데는 범상한 문재(文材)로는 하기 어렵다. 일중 선생의 문학성이 금석문에서 더 돋보이는 것은 글씨와 어우러짐도 있지만 조선조 거유석학들도 하기 어려웠던 '찬병서(瓚幷書, 짓고 아울러 씀)'

에 있다.

지금까지 시조, 시, 수필, 금석문 등 일중 선생의 문학세계를 일별해보았다. 여기서 얻어지는 결론은 일중 선생이 저렇듯 '한국 서예'의 금자탑을 이룬 근저에는 학문적 깊이와 계성(界性) 그리고 끊임없는 내면적 문장력의 연마가 있었다는 것이고, 그 문학세계의 특징은 절제미가 잘 조화된 우리 문장의 정체성을 지니고 있다는 것이다.

김충현의 서예에 담긴 문학

최연홍
시인

시·서·화 삼절

일중 김충현, 찬내 김충현은 한글과 한자로 한평생 글씨를 쓴 한국의 서예가로, 세상은 그를 국필로 평가하고 있다.

그는 글씨가 담고 있는 문장에 언제나 관심이 많았다. 문장은 문학. 그래서 서예는 문학을 담고 있는 그릇으로 보았다. 서예 자체가 예술이지만 서예가 담고 있는 문장은 그 서예를 더 높은 수준의 예술로 승화시키는 힘을 갖고 있다. 그 스스로 문학적 안목을 갖고 있었다. 전문적인 시인으로 자처하지는 않았지만 시인의 마음을 안고 살았다. 시는 미학, 아름다움이 아닌가. 그의 서예는 아름다움을 추구하고 있었다. 그래서 그의 서예는 시와 한 배를 타고 가는 동반자였다. 그렇지 않았다면 그의 서예가로서의 품위는 달라졌을 것이다.

그가 쓴 백제가사 〈정읍사〉 한 폭은 한글서예의 아름다움과 한문서예의 균형과 대칭을 보여주는 국한혼서체 파격적 작품이었다. 〈정읍사〉는 한국의 고전적 시가. 백제 여인의 사랑과 한이 담긴 노래가 바로 한국 고전 문학의 금자탑이다. 그는 한국의 향가, 가사, 시조, 한시, 현대시뿐 아니라 중국의 고전, 당시에 달관한 서예가였다. 그만큼 두보와 소동파를 아는 이 드물었다. 오늘엔 찾기 어려운 비범한 서예가였다. 그가 고전에 밝았고 시문학를 섭렵했기에 〈정읍사〉가 오늘의 한국인에게도 새롭게 다가서고 있다. 일중 기념관의 대문 역할을 담당하고 있다.

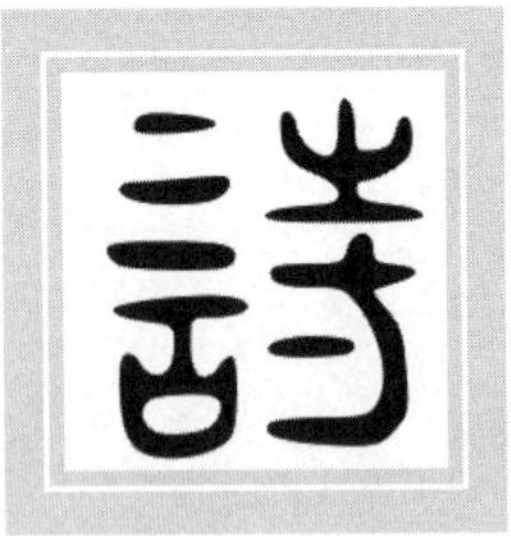

글씨와 그림은 이미지의 세상이다. 그러나 문자도 이미지로 구성되어 있고 또한 이미지를 만들어내고 있다. 시는 한자로 '언어의 사원'이다. 여기에서 보는 한자 '시(詩)'는 전서체 상형문자이기 때문에 글자 자체가 시를 안내, 소개하며 설명한다. 시의 정의는 어렵지만 한자로 쓴 '언어의 사원'만큼 좋은 정의는 아직 동서고금에 없다. 성경도 하나님의 말씀이다. 하나님 자체가 성경에 말씀으로 나타나고 있다. 한글로 쓴 '시', 그 자체는 소리글자이기 때문에 이미지로 성공하기 어려운 글자이지만 한편의 시는 그 시가 담고 있는 이미지를 동반하고 있다. 왜냐하면 시가 이미지이기 때문이다. 예를 들어 조지훈의 시 「고풍의상」은 궁체로 써야 그 멋과 맛을 찾을 수 있는데 김단희의 서예작품 〈고풍의상〉은 그래서 조지훈의 시 품위를 지키고 있는 좋은 서예작품이다.

한마디로 서예와 시, 그림, 음악은 조화로운 예술의 장르다. '세 개의 완성(The Three Perfections)'은 서예와 시, 그림의 조화를 이룬 대가를 칭송한 중국 황제의 말이다. 8세기 중엽 중국의 시인, 화가, 서예가로 알려진 쟁 쿼안이 장안의 황제에게 보낸 그의 시서화 한 폭에 대한 황제의 답신이었다. 그 답신이 '세 개의 완성'이란 휘호다. 그 후 중국의 문화는 지성인이 갖추어야 할 시와 서예, 미술의 화합을 최고의 가치로 높이 평가해왔다. 아니, 기원전 3세기부터 중국의 문화 형성에 시서화는 중국인 삶의 일부가 되었고 지성인이 되는 자격조건이 되었으며 학자와 지도자의 덕망이 되었다. 시서화에 인격이 담기고, 문화가 창달되었던 것이다. 당나라 문화가 중국 역사의 찬란한 금자탑이었다면 그 문화는 현대의 모택동 주석까지 이어져 왔고 지금도 이어지고 있다. 서예는 당 이전 4세기 왕휘지의 '천하제일행서'로 알려진 〈난정서〉 진본을 찾는 데 당태종이 심혈을 경주했고 모택동 주석도 그 왕휘지의 〈난정서〉를 찾는 일에 가담한 것을 보면 서예의 중국역사와 문화에 미친 영향을 헤아릴 수 있다. 모택동 스스로 시인으로 자처했고, 서예가로 평가받고 있다.*

중국의 문화가 한국 문화에 미친 영향은 참으로 크다. 우선 한자가 동아시아 문화의 기초를 이루고 있다. 따라서 한자의 공유는 시·서·화가 고급문화를 이루고 있음을 보여준다. 고구려, 신라, 백제 문화에 당의 문화가 미친 영향은 절대적이었으며 신라시대 이미 김생이라는 명필이 탄생하게 되었다. 신라 말기에 최치원이라는 시인 명필도 나타났다. 만주 집안현에 있는 광개토대왕 치적 비문도 한자로 쓰여 있고 경복궁의 현판 모두 한자로 쓰여 있다. 세종대왕의 한글 반포까지 한자는 이 나라의 문자였다. 한자를 그대로 쓴 삼국시대, 그 후 1,000년 중국 문화의 시·서·화는 한국과 일본의 문화 형성에도 크게 영향을 미쳤다고 평가한다. 조선조 시·서·화 삼절에 해당하는 분으로 표암 강세황(1713~1791)을 꼽을 수 있고 한국적인 남종문인화풍을 정착시킨 그의 탄생 300주년 기념행사도 있었다. 강세황의 자화상은 한국의 국보가 아닌가.

시·서·화는 일중의 선대까지 이어져 왔다. 일중 가문의 김용진은 시·서·화의 세 개의 완성을 보여준 마지막 선비였는지 모른다. 그러나 세월이 가면서 화가 시서로부터 떨어져 나갔다. 아직도 시·서·화를 추구하는 일중의 제자들이 있다. 일사 구자무 씨가 그중 한 분이다. 그림 그리는 화가의 재능을 겸비한 시인, 서예가가 나온다면 시·서·화를 포기할 수는 없지 않은가. 시와 서는 떨어지려야 떨어질 수 없는 사이로 지금까지 이어져 오고 앞으로도 동반자적인 관계를 유지할 것으로 보인다.

중국의 도처에는 아직도 시와 서가 함께 가고 있다. 예를 들면 두보, 이백, 백거이의 시가 훌륭한 서예에 담겨 있다. 중국의 어느 지방을 다녀도 역사유적 탐방, 박물관과 미술관 탐방에서 그들의 시는 서예 속에 빛나고 있다. 사천성의 수도 성도에서 무한, 상해까지 양자강 유역을 답사하는 가운데 가장 흔하게 대하는 것들이 현판이나

---

* 이와 관련하여 Mae Anna Pang, "Three Perfections: Poetry, Calligraphy and Painting in Chinese Art"(28 Nov. 2013). http://www.ngv.vic.gov.au/essay/three-perfections-poetry-calligraphy-and-painting-in-chinese-art/ 참조.

돌 위에 새겨진 시편들이었다. 당대의 시인들이 얼마나 많이 자기 작품을 자기 서예로 남겼는지 알 수 없지만 후세의 서예가들이 그들의 시를 여러 체의 글씨로 현판 위에, 돌 위에 남긴 것을 보았다. 중국 동진 시대 왕휘지(307~365)의 천하제일의 행서 작품 〈난정서〉는 그가 편집한 시집 서문이었고, 북송 최고의 시인 소동파(1037~1101)의 〈적벽부〉 또한 그의 자작시이자 서예작품으로 남아 불후의 명작이 되었다. 저명한 시인들이 화선지 위에 붓으로 남긴 시편들이 얼마나 남아 있는지 모르지만 그 가치는 돈으로 환산할 수도 없으리라고 추측한다. 쌍계사의 비문이 최치원의 명필을 새긴 것으로 알려져 있어 그 가치는 국보가 아니겠는가. 반 고흐, 피카소나 드가의 작품보다 호가할 것이다. 중국과 일본의 시·서·화는 미국이나 영국, 세계의 미술관, 박물관에 상시 전시되고 있고 학술적인 모임도 정기적으로 열리고 있다.*

필자의 핸드폰으로 찍은 두보의 시는 괜찮은 행서 글씨 속에 잘 담겨 있다. 두보가 오늘의 캐나다에 와서 보아도 반가워할 작품이 아닌가.

중국의 사천성 수도 성도에서 만난 두보의 초당에 있는 시보다도 캐나다 브록빌 음식점에 걸린 시가 더 인상적이다. 두보가 1,000년 후 미래를 내다보았겠는가.

2016년 여름 캐나다의 온타리오 주 작은 도시 브록빌의 중국음식점 벽에 걸려 있는 두보의 시는 21세기 중국인들의 현대문화 속에 당나라 시대의 시성 두보의 시와 서예가 아직도 건재해 있음을 증명하고 있었다. 두보의 시와 서예작품이 그 음식점의 품위를 높여주고 있었다. 두보의 시는 사람들이 먹고 마시는 일이나 음식점이 성공적으로 돈을 잘 벌게 해달라는 희망과 상관없는 봄날의 서정시가 행서체 글씨와 어울려 보기 좋았다. 필자의 한시 번역은 다음과 같다.

화창한 봄날 강산은 아름답고

---

* 이와 관련하여 "Three Perfections: Poetry, Painting and Calligraphy," *The New York Times*(May 12, 1996); Words and Images: Chinese Poetry, Calligraphy, and Painting. An International Symposium at the Metropolitan Museum of Art(May 1985); The Haiga: Haiku, Calligraphy, and Painting. *Academy of American Poets*(Feb. 21, 2014) 참조.

봄바람은 꽃향기를 전해오는데

얼었던 흙이 녹아 제비들 바삐 날아들고

모래가 포근해 원앙새 잠드네

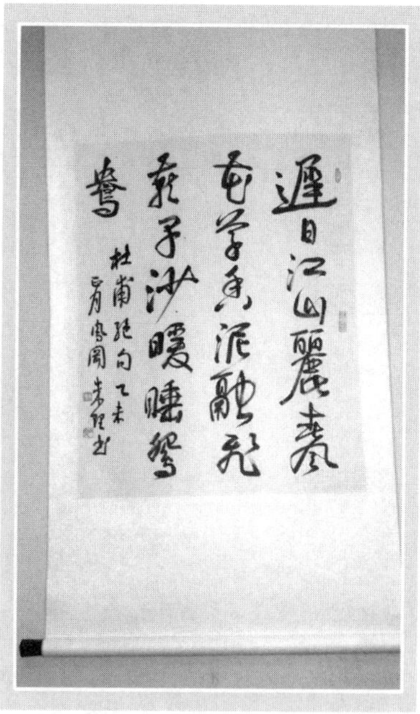

캐나다 음식점에서 본 두보의 시

시와 서예의 2중주를 이루고 있다. 이 시를 받쳐주는 그림이 있을 수 있다. 두보가 서예가일 수 있고 화가일 수 있었지만 세상 사람들은 두보를 시성(詩聖)이라고 부르고 있다. 시·서·화를 그도 알고 있었겠지만 그는 시성으로 만족하고 있을 터이다. 그의 시는 지금까지 많은 서예가를 만들었을 것이고 앞으로도 만들어낼 것이다. 좋은 시가 좋은 서예가를 만들고 화가를 만들었을 것이다. 시와 그림, 서예는 결국 시심과 그 이미지를 공유하고 있기 때문이다.

시·서·화가 조화를 이루는 많은 작품들이 있다. 다음 그림은 그 가운데 하나. 청대의 왕계(1677~1705) 작품이다. 그는 학자로, 화가로, 시인으로 알려져 있지만 문인화가에 가깝게 여겨진다.

그림 속의 시는 다음과 같다.

滿樹藤花覆草亭　꽃들이 만개한 등나무가 초가를 덮고 있구나

一湖春水立鵁鶄　물새들은 봄 호수에 서 있고

漁舟蓋向窓[illegible]宿　어부들의 배는 내 창 앞에서 밤을 새우고

到曉煙鐙如引星　새벽안개 자욱한 등불은 별들의 무리와 비슷하구나

檻外湖雲似水流　내 어선 넘어 호수 위 구름은 흐르는 물 같고

珠簾十里憶揚州　십 리 펼쳐진 염주의 발은 양자강의 추억을 가져오고

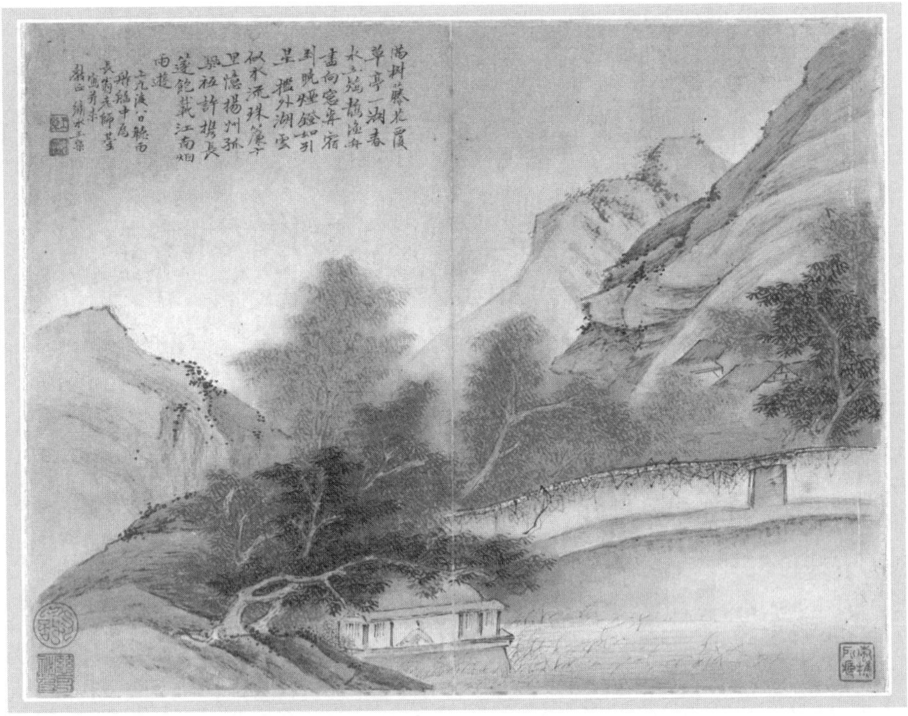

시·서·화가 조화를 이루는 17세기 왕계의 풍경화

孤飄祇許携長篴　이 고독한 항해는 징난의 비와 안개비 사이 방랑을 싣고

飽載江南煙雨遊　긴 피리를 간직하누나

시·서·화의 양식은 조선 조의 시·서·화 양식과 비슷하다. 그림 위 한 모퉁이에 시가 서예로 위치하고 예술가의 낙관이 찍혀 있다. 청대의 학자, 화가, 아마추어 시인으로 알려진 왕계의 시·서·화가 그렇듯 자연의 봄, 여름, 가을, 겨울 정서를 그린 작품들이 시와 그림의 동반자로 나타나고 있다. 시가 중심이 아니라 그림이 중심이 되고 있다. 오늘 서양의 삽화는 문장을 지원하는 형식이다.

일중 서예와 한국 문학의 관계

그의 서예 작품은 한국문학을 떠나서 존재할 수 없을 정도다. 그는 한국 당대의 시인, 작가와 서예로 교류하며 살았다. 시인의 작품을 서예에 담았고, 문장을 비문에 새겨놓았다. 위당 정인보의 글은 일중의 서예로 빛났다. 정인보로부터 최남선, 소월, 변영로, 이희승, 이은상, 최현배, 박종화, 김동리, 김광섭, 조지훈의 글과 시문에서, 이육사, 한용운, 변영로, 신석초, 박목월, 양상경, 전봉건 시비에 이르는 그의 서예는 한마디로 한국문학을 담고 있다.

그는 한글서예, 한문서예, 국한문서예를 통해 많은 작품을 남겼다. 그 과정은 그의 끝없는 실험 정신으로 가능했다고 본다. 한글과 한문의 병용을 주장했지만 국문, 나라 글에 대한 그의 사랑은 지극했다. 후일 상형문자인 한문과 달리 소리글인 한글을 예술로 승화한 공을 한국 사회가 높이 평가하고 있다. 한글서예를 훈민정음의 고판본체에 한문서예의 예법을 도입함으로써 한글서예의 새로운 가능성을 그는 어린 시절 일본 식민지 시대부터 탐험해나갔다. 그는 한글의 아름다움을 고체에서, 예서에서, 초서에서 시도했고 성공했다. 그의 끝없는 실험과 노력은 그의 가문에서, 그리고 그를 격려했던 정인보와의 교류에서 출발했다.

일중은 한글서체 근본 탐구와 서체 정립에 독보적인 업적을 이루었는데, 종래 해서·행서·초서 계통의 궁체를 탐구하여 훈민정음의 제자원리인 전서·예서 필법으로 한글 고체를 만들어낸 것이 그것이다. 고전의 철저한 현대적 변용을 거둔 일중체는 법고창신의 전형으로 조선조 추사체 다음에 온 서체로 평가받고 있다.

그는 일제 식민지 시대 조선의 명문가에 태어나 빼앗긴 나라의 언어와 글에 소년의 사랑을 퍼부었다. 10대에 『우리 글씨 쓰는 법』을 스스로 공부, 연마해 저술로 내놓을 만큼 그는 애국자였다. 그 소년의 책에 서문을 써주신 어른이 위당 정인보였다. 정인보는 서문을 소년의 책에 써주었다. 한 시대의 큰 어른이 한 소년의 책을 위해 쓴 서문이라고 보면, 김충현의 서예가적인 삶은 이미 거기서 예견된 것이다.

소년 김충현은 세종대왕의 한글 창제, 훈민정음 반포, 한글로 쓴 최초의 문학적 시가 — 『용비어천가』, 『월인천강지곡』, 『석보상절』 — 를 분석하고 집현전 학자들의 언어학적 탐구, 그 모두를 독학으로 공부하였으니 위당 정인보의 찬사를 받을 만했다. 위당은 일제 강점기 한학자, 역사학자, 시인이며 작가였다. 한국정부 수립 후 초대 감찰위원장, 오늘의 감사원장으로 일하다 한국전쟁 중 납북되었지만 한국예술문화사에 거인으로 남아 있다. 그가 쓴 『조선고전해설』(1931), 『조선사연구』(1946)는 고전이 되었고 그가 지은 「삼일절」, 「광복절」 노래는 지금도 우리 가슴을 숙연하게 만든다. 그는 1993년 이 달의 독립운동가로, 2000년에 이 달의 문화인물로 선정되었다. 정인보 선생과의 인연은 젊은 서예가를 대가로 만들어주었다.

소년 김충현은 한글 궁체, 고체에서 예술적인 글씨를 만들어냈으니 한국 문화사에 남을 인물이다. 그는 물론 가학(家學)에서 『천자문』으로부터 『대학』, 『논어』, 『맹자』, 『중용』으로 이어진 중국의 고전과 서도를 먼저 읽힌다. 그는 한문을 공부한 후에 한글을 공부해서 균형된 서예의 도를 연마한다. 조선의 역사, 한국의 문학에서 한문도 우리의 글 일부분이 되었으니 한문을 우리글이 아니라고 배척할 수는 없다. 그래서 그는 한글을 국문이라 칭했고 한자를 한문이라 칭했다.

그는 1938년 늦은 나이에 신학문 수학을 위해 중동중학에 입학하였고 그 해 동아일보 주최 전 조선 남녀학생 작품전람회 서예부문에서 특상(최고상)을 수상하였는데 그 작품은 한글이 아니라 한문서예였다.

김충현이 1945년 해방을 맞아 『우리 글씨체』라는 서예 책을 세상에 내놓으면서 경동중고등학교 교사 발령을 받는다. 광복 후 정치적으로 혼란스럽던 나라에서 조선의 독립을 위해 싸우다 희생된 애국선열들을 추모하면서 비문을 쓰고 민족혼을 달랬다. 1947년 정인보가 지은 유관순열사비를 국문으로 쓰면서 정인보와 김충현의 인연이 다시 이어진다. 해방 후 처음 한글로 새겨진 비문이 되었다. 1948년 성웅 이순신 제독의 〈한산도 제승당비〉 비문을 정인보가 짓고 김충현이 쓴다. 그리고 이충무공이 깨어진 배 열두 척으로 대승을 거둔 노량에 세워진 〈충열사비〉 비문을 정인보가 짓고 김충현이 쓴다. 같은 해 김충현은 문교부예술위원, 서울시문화위원으로 뽑힌다. 나라사랑을 고취한 시대적 사명에 위당 정인보와 일중 김충현은 그들의 나이 차이, 신분을 넘어 한결같은 동반자가 된다.

1949년 충남 예산에 〈윤봉길 의사 기념비〉 비문을 정인보가 짓고 일중이 쓴다. 이 비문은 한글초서, 흘림글씨로 쓴 최초의 비문이다. 정인보는 일중에게 한글초서체를 권유했다고 일중은 회고했다. 그 전에는 모두 정자로 쓴 글씨였으니 〈윤봉길 의사 기념비〉는 그래서 특별한 의미가 있다. 정인보의 문장이 김충현의 한글 초서 글씨로 빛을 발하고 조화로웠다. 정인보가 일중을 당대 최고의 서예가로 만들었다. 문장과 글씨가 하나로 화음을 내기는 쉽지 않음을 위당이 알고, 일중도 알았으리라.

1950년. 해방 후 정치적 격동기에 암살당한 백범 김구의 비문을 정인보가 짓고 일중이 쓴다. 비문의 인물이나 그의 위대한 생을 찬미하는 문장과 글씨체가 서로 화합의 숨결을 이루는 삼위일체가 바로 여기에 있다. 효창공원 백범의 묘지에 장중한 비문이 지금도 참배객들에게 가신 이의 의와 뜻을 전한다.

그해 충남 온양 기차역사 앞에 〈이충무공 기념비〉 비문을 정인보가 짓고 일중이 쓴다. 한국 비문 가운데 5,000자가 넘는 문장은 이 글이 처음이자 마지막일 것이다. 그러나 6월 25일 한국전쟁 발발, 휴전, 우여곡절 끝에 그 자리에 서게 된다. 전쟁을 겪으면서도 일중 김충현은 위당 정인보가 지은 비문을 소중하게 간직하며 피난길을 헤맸다. 정인보가 납치되어 갔어도 그의 비문이 온양역사 앞에 장중하게 서 있음을 일중의 정성과 뜻으로 가능한 것이었다. 한국인들은 온양 기차역을 그냥 지나칠 수 없다.

한국전쟁의 포화가 멎은 1953년 그는 30대 초반의 나이로 서예가로서의 활동을 계속한다. 그는 고구려 을지문덕 장군의 동상. 충주 탄금대, 임경업 장군의 비문을 쓴다. 전후의 국민들에게 전쟁의 아픔을 달래며 애국심을 고취하는 육당 최남선의 문장을 일중 김충현이 쓴다. 육당 최남선은 기미년 독립선언문을 기초한 문장가이자 「해에게서 소년에게」라는 한글시를 최초로 발표하면서 한국현대문학을 이끈 문학인, 독립운동가. 바다와 소년을 대비한 그의 시적 구상은 어네스트 헤밍웨이의 『노인과 바다』와 근사하다.

1955년 조선조 초기 단종의 복위를 꿈꾸다 처형된 여섯 충신의 묘비를 쓴다. 묘비문은 시인 김광섭이 지은 글이었다. 한국전쟁에 산화한 학도의용병현충비문을 월탄

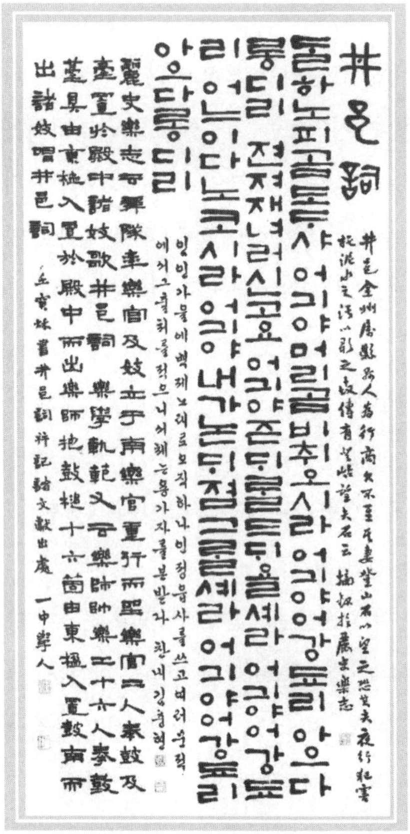

〈정읍사〉

박종화가 짓고 일중 김충현이 쓴다.

그는 조국광복과 함께 시작한 국전 심사위원, 추천위원으로 문학적 가사, 시조를 출품해왔다. 국전 제1회에 출품작은 궁체로 쓴 〈성산별곡〉, 제3회에 두보의 〈상춘곡〉을 예서로 쓰고, 제5회 국전에 조선시대 가사 〈환산별곡〉을 출품한다. 제6회 국전에는 〈귀거래사〉, 〈용비어천가〉를 예서체로 출품한다. 제9회 국전에 〈한림별곡〉을 국문, 한문으로 출품한다. 제11회 국전에는 백제 가사 〈정읍사〉를 출품한다. 멀리 장사 나간 남편을 기다리는 백제여자의 사랑과 기다림이 한국의 고전적 시가로 남아 있지만 그의 글씨는 5세기, 6세기 이 나라 여자의 사랑을 담은 한국 서예의 명작으로, 한국 서예사에 한 획을 그은 작품으로 평가받고 있다. 고체와 예서를 병렬, 대립시키고 그 좌우 공간에 행서와 궁체흘림을 끼워 대립시키는 효과를 얻고 한문자의 전서·예서·행서 각 서체와 국문의 조화를 보여준 일중 최초의 대표적 실험 성공작이다. 1972년 국전에 출품한 추사 김정희의 〈완당시〉 또한 일중 김충현 서예의 성숙을 보여주고 있다. 그가 쓴 〈정과정〉도 높이 평가받고 있다. 그가 그의 일생 국전에 출품한 서예작품들을 한자리에 모아도 좋은 전시회가 된다. 국전출품작들은 문학적 시가, 가사이어서 사회적·정치적 비문, 현판과는 다른 대상이기 때문이다. 한국의 고전문학과 함께한 일중의 서예를 한자리에서 관람할 수 있기 때문이다. 서예와 문학을 이해하는 데 그보다 더 좋은 기획전은 없다.

그의 나이 35세. 그는 한국미술가협회 상임위원으로, 37세에 동방연서회 창립위원, 이사가 되어 서예인의 긍지, 교류, 친목, 젊은 서예가 발굴에 힘쓴다.

1956년, 남해 옥포에 세운 〈이충무공 대첩탑〉 문장을 시인 노산 이은상이 짓고 일중이 쓴다. 남해 통영 출신 시인 이은상은 「가고파」란 가곡의 작사자로서, 이은상과 일중은 기미년 3·1 운동의 지도자였던 의암 손병희 선생 묘비에도 함께 문장을 짓고 쓴다. 두 분의 동반자적인 관계는 오랫동안 이어졌다.

일제 강점기 해학과 풍자로 알려진 월남 이상재 선생 묘비문을 시인 수주 변영로가 짓고 일중 김충현이 쓴다. 전후 다시 복구된 〈한강대교〉를 일중이 쓴다. 전쟁의 상처를 아물게 한 글씨라고 평가되었다.

1960년 4월 19일, 학생의거는 한 시대를 거두고 새로운 시대를 여는 한국의 정치적·문화적 전환기의 상징이었다. 일중은 40세. 그는 일석 이희승 선생의 민주혁명학생위령탑문을 쓰며 젊은 대학생 희생자들의 영령을 위로한다. 이듬해 4·19 학생혁명의 도화선이 된 고려대 학생들의 봉기를 기념해 고려대 교정에 세운 〈4·18 혁명기념탑〉 문장을 시인 조지훈이 짓고 일중 김충현이 쓴다.

1964년, 그는 부산 해운대에 세운 신라시대 시인 고운 최치원의 유적비를 쓴다. 문장은 이은상의 작품. 그리고 항일 저항시인 이육사 시비를 쓴다. 글은 조지훈의 작품.

1966년, 그는 덕수궁 안에 세워진 〈어머니헌장〉을 고체로 쓴다. 어머니의 사랑이 묻어나는 글씨가 보는 이들에게 어머니의 사랑을 전한다. 이듬해 일중은 세종대왕 동상에 한글학자 최현배의 문장을 서예로 쓴다. 그리고 서울 파고다 공원(탑동 공원) 안에 들어선 〈3·1 운동 사적비〉, 〈3·1 정신 찬양비〉, 그리고 33인 중 한 분인 불교계 스님 시인 한용운의 비문을 쓴다. 만해 한용운은 「님의 침묵」으로 저명한 시인이다. 후일 동국대 교정에 세워진 만해 한용운 시비 「님의 침묵」 전문을 쓴다. 시와 서는 하나가 된다.

1968년, 그는 남산에 세운 시인 김소월의 시비를 고체로 쓴다. 소월은 한국문학사에 남을 만한 전통적인 시정의 가락을 지닌 시를 남기고 간 시인으로 그의 「진달래꽃」이나 「산유화」는 노래로도 불리고 있다. 일중의 글씨가 소월의 시 속에서, 아니면 소월의 시 속에서 일중의 글씨가 돋보인다. 남산에 가면 일중의 글씨가 여기저기 보이는데 백범 김구 선생의 동상 전면에 백범이 쓴 「나의 소원」을 고체로 쓰고, 박종화의 건립문장을 궁체로 썼다. 그해 한산도에 충무공 영정을 모신 사당의 현판을 쓴다. 이 충무공의 유적지에는 어디나 일중의 글씨가 돌 위에, 편액에 쓰여 있다.

1969년, 그의 나이 49세. 한국문학사에 시 「논개」와 술을 좋아한 애주가로 알려진 시인 수주 변영로의 시비를 일석 이희승이 짓고 일중이 예서, 고체로 쓴다. 일중묵연을 연다.

1970년, 그의 나이 50세. 그해 김포여중에 세운 〈유관순 열사 기념비〉 비문을 쓰고, 최치원 동상에 그의 한시를 고체로 쓰고 다산 정약용의 동상 비문을 쓴다.

1971년, 그는 〈세종대왕 제실 중건기〉를 쓰고 보문사 석굴암 편액과 조성기를 쓴다.

1972년 충청북도 영동에 세워진 〈3·1 운동 기념비〉 비문을 이희승이 짓고, 일중이 쓰다.

이듬해 부산의 상징 〈부산탑〉 문장을 이은상이 짓고 일중이 쓴다.

1974년, 경기도 파주 자운산에 조선의 어머니를 대표하는 신사임당과 그의 아들 이율곡 선생 유적 정화비를 쓰고, 그분의 고향인 강원도 강릉 경포대에 〈신사임당 찬가비〉를 쓴다.

1977년, 경주 〈삼국통일 기념비〉를 예서, 궁체로 쓰고 시인 신석초의 시비를 고체, 예서체로 쓰고 〈강화도전적지 정화기념비〉를 쓰고 영릉 세종대왕상에 〈훈민정음〉을 쓴다. 또한 『일중 한글서예』 책을 상재한다.

1980년, 일중은 60세. 시인 박목월의 묘비를 예서체로 쓴다. 조선 후기 농업 사회에서 힘써야 할 농사일과 철마다 알아두어야 할 풍속과 예의 범절을 노래로 부른 시편, 「농가월령가」를 한글 초서체로 쓴다.

1981년, 61세. 회갑을 기념하여 『일중서집』을 발간, 그해 재판을 발간한다. 그의 제자들이 모여 그의 서예작품들을 처음으로 수집, 조사하고 사진으로 찍어 좋은 기록을 남겨놓게 되었다. 그해 『우리 글씨 쓰는 법』 증보판을 간행한다. 그는 『우리 글씨 쓰는 법』이 그의 박사학위 논문에 해당된다고 필자에게 건넨 적이 있다. 그의 삶 전체를 관통한 업적이기 때문이다. 소설가 김동리는 이 책의 발문에서 "일중 서백은 한글의 고체와 궁체를 새로운 예술로 발전시켰다. 이론과 자형을 체계화시킨 『우리 글씨 쓰는 법』은 세종대왕의 훈민정음 반포 이래 손꼽을 만한 경사의 하나이다. 이 책은 활자를 쓰지 않고 일중이 모든 것을 육필로 썼다는 데 놀라지 않을 수 없다"라고 이 책의 가치를 평가하고 있다.

회갑을 맞은 해에 그는 한국 최고 예술가들의 단체인 한국 예술원 회원이 된다. 한국학술원과 함께 한국예술의 최고봉을 이룬 시인, 작가, 화가, 조각가, 음악가, 연극인들로 구성되어 있다. 예술원 회원은 그의 회갑 기념 작은 선물이었다.

성웅 이순신의 당항포 대첩기념비문을 예서체로 쓴다. 국립묘지에 안장된 시인 노산 이은상의 묘비를 고체로 쓴다. 노산과 일중, 시인과 서예가의 인간관계는 일중의 고 체로 영원이 남아 있다.

1983년, 『우리 글씨 쓰는 법』 증보판을 간행하면서 제15회 대한민국 문화예술상을 받는다. 그의 서예가적 삶에 대한 나라의 공로패가 되었다.

1985년, 예술원 회원으로 재임하게 된다. 서울 종묘 앞에 세워진 월남 이상재 선생 동상에 추모시를 궁체로 쓴다.

1987년, 서울 강남에 세워진 〈예술의전당〉 편액을 고체로 쓴다. 문화훈장 보관서훈을 받는다.

1989년, 시인 양상경의 시비를 예서, 고체로 쓰고 시인 전봉건의 묘비, 연극인 이해랑의 묘비를 예서체로 쓴다.

1990년, 그의 나이 70세. 고희를 기념해 제자들이 다시 모여 『7순 기념 일중서집』을 출간한다.

그해 미국을 거처 러시아, 스페인 여행을 다녀와 《예술원회보》에 여행기를 쓴다. 그가 바라본 러시아의 새로운 모습, 제정 러시아 시대 건축된 고도, 모스크바, 상트페테르부르크의 역사성·문학성·예술성, 그리고 마드리드, 토리도, 세고비아 등 중세기 스페인 문화 예술을 특별히 감상했다.

시인 일중 김충현

1998년. 그의 노환의 병색이 짙어갈 때 예술의전당은 특별전으로 일중 김충현의 서예작품을 한자리에 모아 전시했다. 예술원 회원, 서예가들이 모여 축하한 일중의 축제였다. 그 기획전은 일중의 문학적 예술적 작품들을 보여주었다. 한국의 고시조, 고려가사, 한시, 그리고 그 자신의 문학적 작품들을 선보였다. 일중은 동선동에 새 집을 짓고 일련의 시조 「시엽산방 8영」을 지었고 그 시조들을 서예로 옮겼다. 그날 한국의 중견시인 이근배는 일중의 시조가 신춘문예에 올라왔더라면 장원상을 주었을 것이라고 극찬했다. 그 축제에 던진 축사가 아니라 시조의 품위를 아는 분들은 그의 진담을 이해할 것이다.

글씨가 담는 문학적 향기를 그는 알고 있었고, 그래서 그의 서예는 단연 국필에 이르렀던 사실을 다시 확인할 수 있다.

「시엽산방 8영」은 일중의 문학적 향기를 전하는 귀한 작품이었다. 그가 가르쳤던 경동중고등학교 교가와 그의 가문에서 세운 창문여자중고등학교의 교가를 그 스스로 지었다. 그 노래가 시조의 운률을 담고 있는 시조로도 품위가 높다. 그러나 그의 문학적 작품은 여기서 끝나는 것이 아니라 그의 삶 속에 언제나 녹아 있는 자양이었음을 알게 된다. 그의 아우 명경, 농경의 회갑에 지어 보낸 시편들이 이를 증명하고 있다. 그의 미국에 사는 둘째딸에게 보낸 편지는 언제나 한지에 먹으로 쓴 붓글씨였다. 둘째딸이 미국으로 시집 갈 때 써 주신 글씨 한 폭은 아버지의 사랑을 담고 있다. 이 시대 어느 아버지가 그런 글씨 한 폭으로 아버지의 사랑을 전할 수 있을까.

그의 글씨는 세월이 변해도 변하지 않을 아름다움을 바탕으로 하고 있어서 그가 남긴 글씨는 천년 후에도 누구에게나 아름다운 미술이 되리라고 예측한다. 글씨는 글씨가 담고 있는 문장을 떠나서 존재할 수 없고 그래서 문학과 서예는 언제나 공존하리라고 본다. 그가 말한 글자꼴은 우리말로 서예. 그의 말은 새삼 경청할 만하다.

예술원 회원이었으며 일생 벗으로 지낸 월전 장우성은 그의 마지막 '예술의전당' 특별전에서 일중을 이렇게 말하고 있었다.

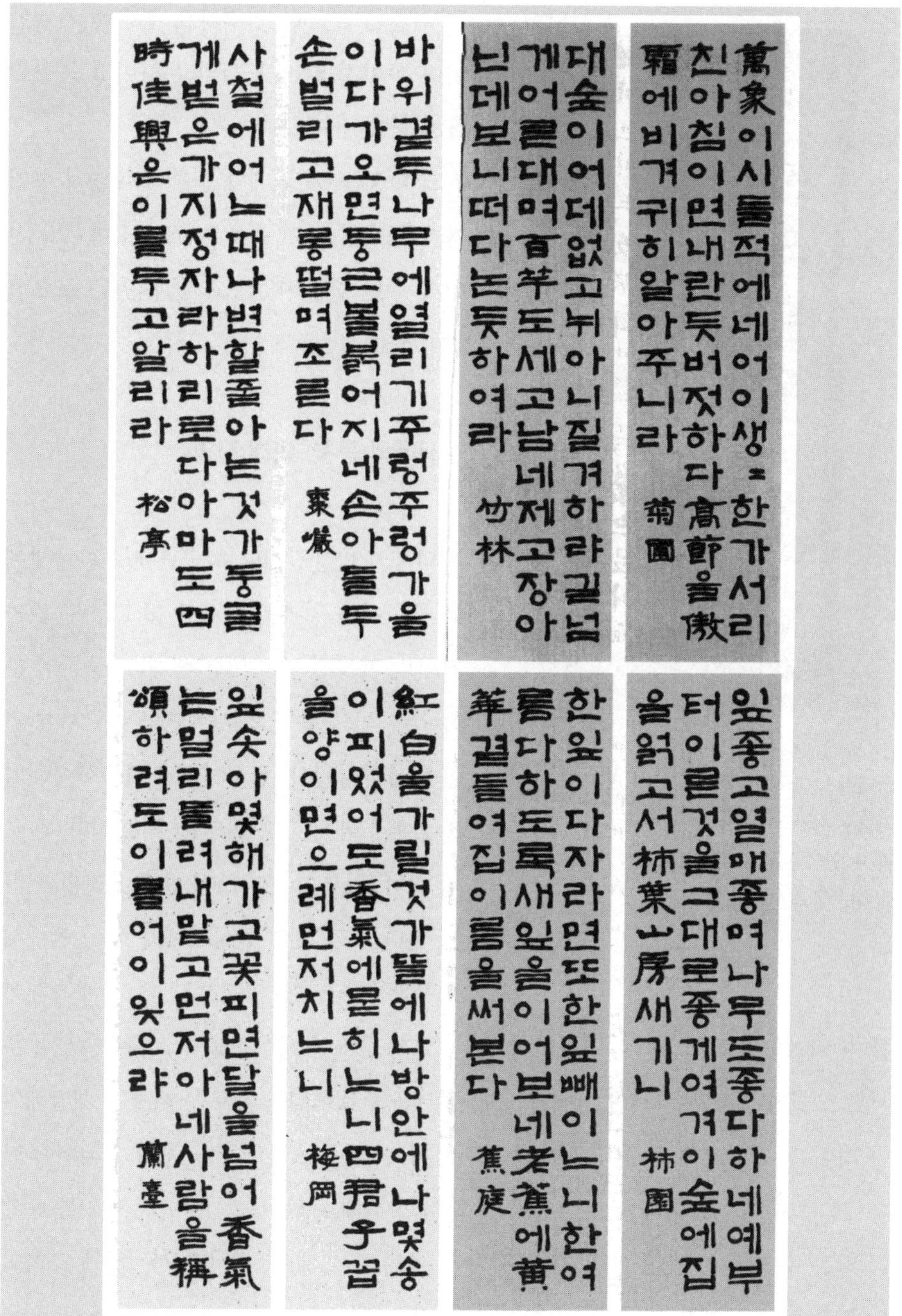

〈시엽산방 8영(柿葉山房八詠)〉

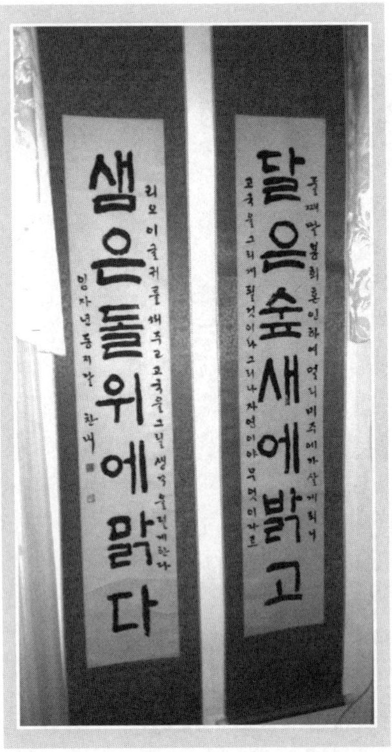

둘째딸이 미국으로 시집 갈 때 써준 일중의 마음은 시인의 마음인 것을 누구든 쉽게 헤아릴 수 있다. 한글 고체와 흘림체가 그분 시인의 마음을 충분히 보이고 있다.

"일중은 과묵한 인격자요 겸손한 지식인이며 설치지 않는 도시의 은사이고 문장력을 지닌 선비다."

그의 삶 속에 언제나 문학적 예술적 향기가 있었으니 그의 죽음은 조선의 마지막 선비가 떠난 슬픔이었다고 한 시인은 토로하고 있었다.

서예와 문학: 미래 전망

외국의 박물관이나 미술관에서 한국서예는 중국이나 일본의 서예와 비교할 수 없는 거의 보이지 않는 미미한 존재다. 중국의 문화, 일본의 문화 속의 서예만큼 한글서예 연륜이 짧아서일까. 한국서예가 한국예술해외홍보에서 아직도 빠져 있는 듯 보인다. 한국이 중국, 일본의 문학 수준만큼 올라와 있다고 본다. 그렇다면 한국서예가 한국 안에서 문학작품을 담을 그릇으로 다시 부흥해야 한다. 제2의 일중 김충현이 나타나야 한다. 그가 중요한 서예작품을 고체로, 예서, 초서로 쓰셨지만 새로운 시대 서예가는 기존 서체를 뛰어넘는 새로운 서체를 개발해야 할 것이다. 그리고 시의 성격에 따라 고체, 궁체, 예서, 초서로 담을 준비가 되어야 한다. 모든 시편을 고체로, 궁체로, 초서로 하나의 서체로 써서는 시문학의 향기를 온전히 담을 수 없을 것이다. 시의 내용에 따라 궁체로, 고체로, 초서가 적절하게 조화를 이룰 수 있는 이미지로 쓰여질 수 있다고 본다.

새로운 서예는 오늘의 자유시를 작품으로 선정할 때 새로운 기법을 창조하여 세상에 보여주어야 한다. 적절한 띄어쓰기 하나로는 시편을 담아낼 수 없다. 쉼표(,), 마침표(.), 물음표(?), 인용문("……")을 위한 부호 처리를 어떻게 해야 할까 고민해야 한다. 한시에 이러한 부호가 없어서 한국서예도 일체의 부호 없이 여기까지 왔다. 서예 안의 시를 읽다가 어디서 숨을 가누고 다시 읽어야 할지 어려운 때가 많았다. 그 이유는 서예 안에 그런 부호들이 전무했기 때문이었다. 새로운 서예는 새로운 모습을 보여주어야 한다. 전통과 변화는 함께 가야 한다. 영어에도 고딕체, 이탤릭체가 있듯이 서예도 영어의 여러 체를 넘어서기를 바란다. 혼합체도 가능하다.

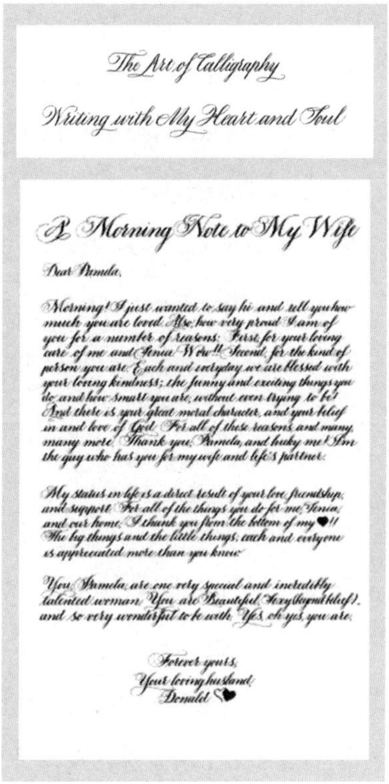

다음 그림은 미국의 한 서예가가 쓴 작품이다. 가슴과 영혼으로 쓰는 서예를 그녀는 알고 있다.

그녀는 컴퓨터 시대에 다음과 같은 서예의 묘미를 서술하고 있다.

At a time when it's easier to sit at a computer and type out my message, I know that as a calligraphy artist my senses are filled as a computer cannot do. The shapes of the letters imitate nature; look at the flow of a tree branch or the stem of a flower. There are no rigid lines in calligraphy just as there are no rigid lines in nature. Man-made objects have strong angles and sharp corners. Everything in calligraphy curves or bends gradually. There is no abrupt start or finish to the letters. As a calligraphy artist, when I look at calligraphy, I want to slow down, relax and take the time to read what was scripted. When I write in my everyday hand, my writing is practically illegible. When I pick up one of my calligraphy pens, I feel a change come over me and I automatically slow down. I form each letter, then each word and then each line, then the entire "picture" with each stroke of my pen. These are inspired moments for me and I take great pride in being a calligraphy artist.

Whether you want your favorite quote transferred into a beautiful script, or you want your invitations for your special event done in calligraphy, I invite you to choose the hand-written beauty of calligraphy from a calligraphy artist.

— Gail Greer, personal communications. August 2016

컴퓨터의 글자꼴이 서예보다 간편해서 서예를 찾는 이가 적어진다 해도 서예의 예술을 찾아 나서는 묵객이 생겨야 한다. 붓글씨, 먹을 갈고 화선지에 글을 쓰는 향기. 그 향기가 서예의 도를 연마하게 하리라. 현대인들의 정신수양, 수련으로 명상이나 요가를 찾듯 그들이 서예를 찾아가는 새로운 시대를 열어야 한다. 컴퓨터 자체의 글자꼴 개발도 가능하겠지만 붓으로 쓴 서예의 수묵화적인 작품을 대하고자 하는 이들이 나오도록 유도해야 한다. 서예가 기술적인 재능을 뛰어 넘어서 예술가의 경지에 이르는 비법을 세상에 알려야 한다. 서예의 예술성을 득도의 경지라고 할까. 애플 창업자 스티브 잡스는 1년 동안 대학을 다녔는데 그 이유가 서예, 글씨체에 매료되어서였다고 말하고 있다. 글씨체가 바로 서예이지 않은가.

필자가 1960년대 한국을 떠날 때까지 문학의 밤과 시화전이 유행하고 있었다. 시와 그림이 있었지만 서예(글씨)는 빠져 있었다. 시인의 자필 시 아니면 화가의 글씨체로 쓴 시였다. 문예지가 시인들의 자필 시를 사진으로 게재한 적도 있고 영인문학관은 시인, 작가의 자필 원고를 수집, 전시하고 있다. 지금도 문학의 밤, 시 낭송회는 여전하지만 시화전이 그전처럼 이어지고 있는지 모르겠다. 가끔 시화전 기사를 본다. 원고지에 쓴 자필시 가운데 윤동주의 시들이 인상적이다. 원본이 간직되고 있는지 모르지만 사진으로 찍은 윤동주의 자필시가 윤동주 기념사업의 중요한 일부이다. 일제 식민지시대 윤동주는 서예를 모르고 짧은 삶을 마쳤다. 지금 윤동주의 시를 서예로 담고 있는 서예가도 몇 분 만났다. 윤동주 기념사업회가 내년(2017년) 윤동주 탄생 100주년을 기념해 윤동주의 대표 시를 적절한 서체로 서예에 담는다면 주목을 받을 만하다고 생각한다. 한국인들이 가장 사랑하는 시인이 바로 윤동주 아닌가.

필자의 시와 어머니의 여학교 시절 자수 작품, 하나의 조화를 이루고 있다. 어머니의 자수 작품에 동기가 생긴 시이기 때문일 것이다. 이 시와 자수 작품은 blog.naver.com/yhsisarang에 올라와 있다.

어머니와 비둘기

어머니가 여학교 때 수놓았던 비둘기는
내가 사물을 바라보기 시작할 때부터
내 옆에서 모이를 쪼고 있었습니다
전쟁이 모든 것을 파괴하고 갔어도
그 비둘기들은 살아남아
어린 시절 옆에서 평화를 쪼고 있었습니다

어머니가 아들에게 건네준 비둘기, 그 비둘기는
태평양을 날아와
대서양 연안의 도시에서 어머니의 사랑을 쪼고
있습니다

어머니는 고희를 넘으시고
아들은 흰 머리칼을 감출 수 없지만
비둘기는 아주 평화스러웠던
유년의 아들과 어머니의 시대 그대로 남아
날고 있습니다

어머니의 손을 떠나온 따스한 체온으로
내 곁에 날아와
아들의 평화를 기구하고 있습니다
어머니, 나의 어머니
비둘기, 나의 비둘기

시가 서예에 담겨질 만한 가치를 잃었는지도 모른다. 현학적이고 모호함이 지배하는 시편들은 대중적 독자들을 떠난 지 오래이고, 전문적인 문학인들의 전유물이 되어가고 있다. 그럼에도 필자는 그런 전문가 중심의 문학인들의 시편들이 추상의 미술작품과 함께 현대판 시화전에 모습을 드러낼 수 있다고 본다. 중국이나 일본의 시·서·화에 담겨져 있는 시는 간결한 이미지의 자연묘사의 절구, 하이쿠 시편들이다. 현대시가 고전의 시로 돌아갈 필요는 없겠지만 5행 절구, 5언 율시나 7행 절구, 7행 율시, 17개 음절의 하이쿠에서 배울 만한 가치는 충분하다. 시가 노래로 불릴 수 있을 때 시가 다시 살아날 것이다. 아니면 간결한 이미지, 그러나 깊은 의미를 찾아낼 수 있는 색갈이나 공간이 시·서·화, 시서의 복구 운동에 도움이 될 것이다. 자연으로 돌아가는 운동, 새로운 환경운동도 정치적인 운동으로부터 예술적 운동으로 전환할 필요가 있고 새로운 서예운동과 연대할 필요가 있다. 아마추어 문학으로 돌아간다 해도 시가 다수의 사랑을 받을 만한 친 대중적인 시로 돌아갈 필요도 충분히 있다.

새로운 시대는 종합예술을 지향하고 있다. 새로운 대학도 분업화된 학문세계로 너무 나갔다가 르네상스적인 종합대학으로 새롭게 지향하고 있다. 서예의 다양한 서체도 통합의 모색을 찾을 필요가 있다. 일중이 고체와 예서, 궁체를 한 작품에 섞어 예술성을 높였듯 오늘의 서예가도 새로운 시도를 할 만한 가치가 있다. 서예가 새로운 종합예술의 불을 지를 수 있는 리더십을 발휘하기 바란다. 가슴과 영혼으로 쓴 서예가 컴퓨터 시대를 넘어서는 아름다운 세상을 만들기 바란다. 시인이 서예가의 경지에 들고, 서예가가 시인의 경지에 드는 새로운 고전의 시대를 열어간다면 다행이다. 서예와 문학이 손을 잡고 함께 새로운 고전의 시대를 열어가기를 희망한다. 지금도 시를 쓰는 서예가가 있고, 서예가 중에 시인도 있다. 임보 시인은 시·서·화에 능한 우이동 시마을의 주인장으로 알려져 있다. 시조시인이며 서예가 신웅순 중부대 교수, 전주대학교의 송하선 시인/서예가, 심연 노충석 시인/서예가, 김필연, 한상진, 이상만(서울대 명예교수) 제씨가 서예가/시인으로 알려져 있는 분들이다. 그런 분들을 새롭게 조명, 발굴할 필요가 있다. 시인단체와 서예가단체가 함께 공동의 목표를 세울 만하다. 경남여류문학회가 2014년 가을 〈문학이 서예를 만났을 때〉 시서전을 열었다는 경남일보 기사가 인터넷에 나타난 것은 고무적이다. 한뉘 조주연 서예전에 피천득, 이해인, 법정의 글이 담겨 있음도 보기 좋았다.

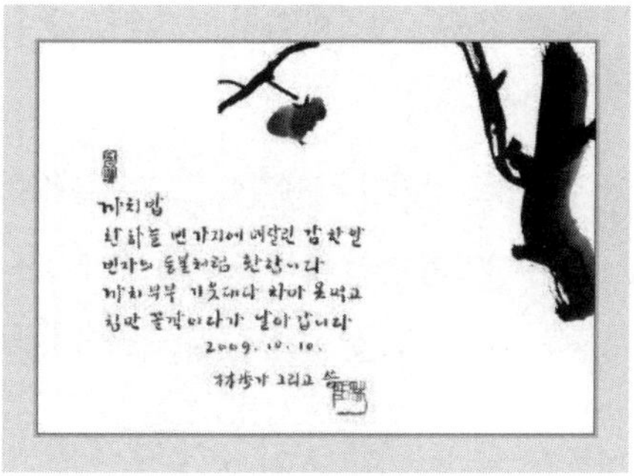

시인 임보의 시·서·화 한 폭

한국시인협회는 2015년 시인의 육필시에 화가 전혁림의 그림을 전시한 기획전을 열었다. 시인 30여 명이 참여한 수원 이영미술관 초대전이었다.

서예가 서영근은 「서예와 문학」 이란 글에서 다음과 같이 적고 있다.

> 우리 서예가들은 문자로써 시인의 감정을 표현해야 한다. 다시 말하면 서예작품을 보고 서예가의 감정뿐만 아니라 시인이 표달하려는 사상감정까지도 찾아볼 수 있어야 훌륭한 작품이라 할 수 있다. 여기서 제일 중요한 것은 감정포착을 잘하는 것이다. 시를 읊는 사람이 읊기 전에 먼저 시작품을 반복적으로 읽으면서 시인의 감정을 자기의 감정으로 전환시키는 것과 마찬가지로 서예가들도 시를 외우면서 자기의 시인의 입장이 되어 감정을 포착해야 한다. 그다음 감정을 그대로 필묵에 담아 화선지에 옮기면 된다. 즉, 격정이 흘러넘치는 부분은 먹의 짙고 옅음, 획의 굵고 가늚 등의 변화를 크게 주고 평온한 부분에서는 강약을 적게 넣고, 허무하고 쓸쓸한 감정 부분에서는 먹색을 메마르게 하며, 여운을 남기는 부분은 끝선을 좀 길게 긋는 등의 변화를 줄 수 있다. 또한 속도 조절에도 신경을 써야 한다. 이렇

게 쓴 작품은 시인의 감정을 그대로 찾아볼 수 있기에 진정한 예술성이 있는 훌륭한 작품이라 할 수 있다.

자작시로 창작한 서예작품은 그 예술성이 더욱 짙다. 그것은 서예가인 동시에 시인이 되어 다른 사람의 감정이 아닌 본인의 감정을 직접 필묵에 담기 때문에, 즉 타인의 감정을 포착하는 과정이 필요 없이 100% 자기의 사상을 표현하기 때문이다.

시·서·화의 새로운 연대·연합 가능성을 열어두고 싶다. 새로운 시대를 종합예술의 장으로 이끌고 간다면 세상이 훨씬 좋은 예술인을 배출하고, 적어도 교양 있는 시민들을 더 많이 배출할 것이라고 예측한다.

지은이 **김충현**

1921년 김윤동의 차남으로 서울에서 태어났다. 본관은 안동, 자는 서경(恕卿), 호는 일중(一中)이다. 경성 삼흥보통학교와 중동학교를 졸업했으며, 일가이자 조부의 절친이던 서화가 김용진으로부터 서예를 익혔다. 1942년 일제의 조선인 민족 말살 정책에 맞서 『우리 글씨 쓰는 법』을 저술했고, 『훈민정음』, 『용비어천가』 등의 옛 판본체에 전서와 예서의 필법을 가미한 한글 고체를 선보였다. 궁중에서 쓰던 궁체를 연구해 한글서예를 보급하는 데 힘썼으며, 1947년에는 최초의 한글 비문인 「유관순 기념비」를 썼다.

경동공립중학교, 경동고등학교의 국어교사와 오산학교 이사장을 역임하고 서실 겸 작업실인 일중묵연(一中墨緣)과 동방연서회(東方硏書會)를 열어 평생에 걸쳐 후진 양성에 주력했다. 또한 한국 서예가 협회장, 국전 운영위원 등을 역임하며 서단에서 지도자적인 역할을 담당했다. 2006년 11월 19일 별세했다.

다수의 유적지와 공공 건축물의 현판을 썼는데, 대표적인 예로는 〈윤봉길 열사 기의비〉, 〈백범 김구 선생 묘비〉, 〈사육신 묘비〉, 〈4·19 혁명 기념탑〉, 〈한강대교〉, 〈동호대교〉, 경복궁 〈영추문〉과 〈건춘문〉 등이 있다. 저서로는 『우리 글씨 쓰는 법』, 『우리 글씨체』, 『서도집성(書道集成)』, 『일중 김충현 서집(一中金忠顯書集)』 등이 있다.

엮은이 **일중선생기념사업회**

일중 김충현 선생이 돌아가신 다음 해인 2007년 선생의 업적과 예술 정신을 기리고 계승·발전시켜 한국 미술의 발전과 문화 창달에 기여하는 것을 목적으로 설립되었다.

일중선생기념사업회는 '일중서예상'을 제정해 한국 서단 발전에 기여한 인물을 선정·시상 및 작품 전시를 하고 있으며, 일중서예기념관을 만들어 일중 선생의 작품들을 상설 전시하고 있다. 또한 학술대회를 통해 서예 문화의 발전을 도모하는 한편, 일중 선생이 작품으로 표현한 사상을 오늘날에도 이어가려는 노력을 지속하고 있다.

예에 살다

서예가 일중 김충현의 삶과 예술

지은이 | 김충현
엮은이 | 일중선생기념사업회
펴낸이 | 김종수
펴낸곳 | 한울엠플러스(주)
편집책임 | 신순남

초판 1쇄 인쇄 | 2016년 11월 24일
초판 1쇄 발행 | 2016년 11월 30일

주소 | 10881 경기도 파주시 광인사길 153 한울시소빌딩 3층
전화 | 031-955-0655
팩스 | 031-955-0656
홈페이지 | www.hanulmplus.kr
등록번호 | 제406-2015-000143호

Printed in Korea.
ISBN 978-89-460-6250-4 03640

※ 책값은 겉표지에 표시되어 있습니다.